소비자
전문상담사

2급

실기 한권으로 끝내기

시대에듀

머리말 PREFACE

최근 세계 각국은 대내외적 사회·경제변화에 적극적으로 대응하기 위해 국가 및 기업 차원의 효율적인 인력 양성·관리·활용에 힘쓰고 있다. 급속한 기술발전에 따른 직업세계의 변화에 탄력적으로 대응하기 위해 평생직업능력계발, 그 일환인 직업교육훈련을 강화하고 있으며, 국가적 수준에서 질 높은 인력을 양성하고 개인의 직업능력을 객관적·효율적으로 평가하기 위한 자격제도 또한 구축·운영해 가는 중이다.

우리나라에서도 국가 간 경쟁에서 비교우위를 갖기 위해 개인이 보유하고 있는 잠재능력을 최대한 계발·활용할 것이 요구되고 있다. 이러한 차원에서 소비자전문상담사는 시대와 사회의 변화에 가장 민감히 대처할 수 있는 새로운 유망직종이다.

우리 기업들은 과거 소비자보호 부서 내지는 상담실 부서를 한직으로 취급해 왔다. 하지만 인터넷 발달의 영향으로 한 명의 소비자라도 소홀히 취급하면 바로 공시되고 항의로 이어지며 "소비자는 왕이다"라는 말을 다시 한번 실감하고 있고, 과거 모 기업 경영자 회의에서는 "소비자는 왕의 개념을 넘어 폭군이다"라고까지 정의를 내릴 만큼 현대사회에서 소비자의 권리는 강화되어 가고 있다. 이러한 현상에 따라 기업들은 1차적인 생산이나 2차적인 마케팅보다 중요한 것이 소비자 관리라는 것을 인식하고 그에 대한 투자를 아끼지 않는 모습을 보인다.

수많은 기업과 다양한 종류의 제품에 대한 정보가 쏟아지지만, 방대한 정보는 소비자에게 혼란을 가중하여 부작용을 초래하기도 한다. 이에 따라 전문적인 상담사의 필요성이 강조되고 있으며, 이러한 맥락에서 소비자전문상담사는 제2의 생활 변호사로서의 역할을 하게 될 것으로 전망할 수 있다.

본서는 이처럼 그 중요성이 날로 커지고 있는 소비자전문상담사 시험을 준비하는 수험생들의 보다 효율적인 학습에 도움을 주고자 출간되었다. 본서를 통해 학습하는 모든 수험생들의 합격을 진심으로 기원한다.

편저자 씀

 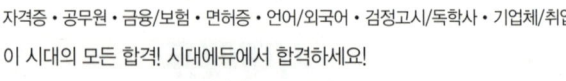 

시험안내 INFORMATION

※ 다음 사항은 2024년 현재 Q-net에 게시된 소비자전문상담사 2급 자격정보를 바탕으로 작성된 것으로, 정확하고 자세한 확인을 위해 시험 전 최신 공고사항을 반드시 확인하시기 바랍니다.

⊙ 소비자전문상담사란?

현대사회에서는 기업들이 제공하는 다양한 형태의 제품과 서비스에 대한 소비자의 의견을 수렴하고 소비자들이 가지는 불만과 문제점을 해결하는 등 소비자 권익 보호에 대한 관심이 높아지고 있다. 이에 따라 유사한 피해를 예방해 기업의 매출 증대와 이미지 제고에 기여하고자 2003년 신설된 국가자격제도로서의 소비자전문상담사는 소비자가 제기하는 다양하고 복잡한 문제들을 상담으로 원활히 해결하는 전문인력을 말한다.

⊙ 주요 업무

기업 및 소비자단체, 행정기관의 소비자 관련 부서에서 물품과 용역 등에 관한 소비자불만 및 피해상담, 모니터링, 소비자교육프로그램의 기획 및 실시, 소비자조사 등 소비자복지 향상을 유도하는 직무를 수행한다.

⊙ 우대현황

자 격	• 시험위원 • 군무원 경력경쟁채용시험 신규채용 • 직업능력개발훈련교사 • 기업부설연구소 등의 연구시설 및 연구전담요원 • 국회의 동종직무에 관한 자격증소지자에 대한 경력경쟁채용 • 국가 비상사태 시 인력자원 • 연구직 및 지도직 공무원의 경력경쟁채용 시험 등의 응시 • 지방공무원 경력경쟁시험 등의 임용
우 대	• 공공기관 등 채용 • 교원 임용 • 군 부사관
가점 · 가산	• 교육감 소속 5급 이하 지방공무원, 연구사 및 지도사 • 국가공무원 채용시험 • 6급 이하 지방공무원 신규임용 필기시험 • 5급 이하 지방공무원, 연구사 및 지도사
기 타	중소기업의 해당 직종과 관련 분야에서 신기술에 기반한 창업의 경우 지원

시험안내 INFORMATION

향후 진로
❶ 기업의 고객상담센터, 고객만족실, 콜센터 등에 취업할 수 있다.
❷ 한국소비자원, 소비자단체, 행정기관 등으로 진출할 수 있다.
❸ 국가기술자격법에 의해 공공기관 및 일반기업 채용 시 보수, 승진, 전보 및 신분보장 등에 있어서 우대받을 수 있다.

응시자격
소비자전문상담사 2급은 특별한 자격요건 없이 누구나 응시할 수 있으며, 자격을 취득한 후 소비자상담 실무경력 2년 이상인 자에게 소비자전문상담사 1급의 자격이 주어진다.

시행처 및 시험수수료

구 분	시행처	시험수수료
필기시험	한국산업인력공단	19,400원
실기시험		20,800원

출제경향
소비자불만 및 물품·서비스 등의 구매, 사용방법 등을 상담할 수 있는 능력 및 시장조사 및 각종 정보를 수집하고 보고서를 작성할 수 있는 능력 평가

시험일정(2024년 기준)

회 별	필기시험 원서접수 (인터넷)	필기시험	필기시험 합격자 발표	실기시험 원서접수 (인터넷)	실기시험	최종합격자 발표
제1회	01.23~01.26	02.15~03.07	03.13	03.26~03.29	04.27~05.17	06.18
제2회	04.16~04.19	05.09~05.28	06.05	06.25~06.28	07.28~08.14	09.10

시험과목 및 합격기준

구 분	시험과목	합격기준
필기시험	1. 소비자상담 및 피해구제 2. 소비자관련법 3. 소비자교육 및 정보제공 4. 소비자와 시장	각 과목 40점 이상, 전 과목 평균 60점 이상
실기시험	소비자상담 실무	60점 이상

연도별 응시인원 및 합격률

연 도	필기시험			실기시험		
	응 시	합 격	합격률(%)	응 시	합 격	합격률(%)
2023	391	232	59.3%	232	86	37.1%
2022	489	263	53.8%	271	168	62.0%
2021	680	380	55.9%	395	169	42.8%
2020	710	374	52.7%	414	226	54.6%
2019	1,012	452	44.7%	522	134	25.7%

최신뉴스 NEWS

구독(계약)해지 어렵게 한 OTT 5곳 제재

공정거래위원회는 OTT(구O, 넷OO스, KO, LOOOOO, 콘텐츠OOO) 업체들이 소비자의 멤버십 해지, 결제취소 등 청약철회를 어렵게 한 행위로 전자상거래법 위반 행위를 적발해 시정명령과 과태료를 부과하기로 결정하였다.

OTT 사업자별 법 위반 행위·조치 내역

사업자	법 위반 행위	조치 내역
구O	❶ 거짓 사실을 알려 소비자의 청약철회를 방해한 행위 ❷ 청약철회 기한/방법/효과에 관한 정보제공 의무 위반 행위 ❸ 사업자의 신원에 관한 정보제공 의무 위반 행위	• 시정명령 • 과태료 700만 원
넷OOO	❶ 거짓 사실을 알려 소비자의 청약철회를 방해한 행위 ❷ 청약철회 기한/방법/효과에 관한 정보제공 의무 위반 행위 ❸ 사업자의 신원에 관한 정보제공 의무 위반 행위	• 시정명령 • 과태료 350만 원
KO	❶ 거짓 사실을 알려 소비자의 청약철회를 방해한 행위 ❷ 소비자가 온라인으로 청약철회를 할 수 없게 한 행위 ❸ 사업자의 신원에 관한 정보제공 의무 위반 행위	• 시정명령 • 과태료 300만 원
LOOOOO	❶ 거짓 사실을 알려 소비자의 청약철회를 방해한 행위 ❷ 소비자가 온라인으로 청약철회를 할 수 없게 한 행위 ❸ 사업자의 신원에 관한 정보제공 의무 위반 행위	• 시정명령 • 과태료 300만 원
콘텐츠OOO	❶ 거짓 사실을 알려 소비자의 청약철회를 방해한 행위 ❷ 소비자가 온라인으로 청약철회를 할 수 없게 한 행위 ❸ 사업자의 신원에 관한 정보제공 의무 위반 행위	• 시정명령 • 과태료 300만 원

이번 조치로 소비자들은 온라인 동영상 서비스 멤버십 계약해지, VOD 콘텐츠 결제취소 등을 할 때 전자상거래법에 따라 보장되는 청약철회권을 최대한 행사할 수 있게 되었다.

공정위는 앞으로도 온라인 동영상 서비스를 비롯한 디지털 경제 분야에서 소비자의 권익이 더욱 두텁게 보호될 수 있도록 법 집행과 제도개선에 노력할 계획이다.

출처 : 공정거래위원회 공정위 뉴스

부당 광고하고 주문취소 방해한 ○○○ 제재
– 전기자동차 성능에 대한 부당 광고 및 주문취소 방해 행위 최초 시정 –

공정거래위원회(위원장 한기정, 이하 '공정위')는 ○○○코리아 유한회사* 및 ○○○ 인코퍼레이티드의 표시광고법 및 전자상거래법 위반 행위에 대해 시정명령, 과징금 28억 5천 2백만 원(잠정) 및 과태료 100만 원을 부과하기로 결정하였다.

* ○○○ 인코퍼레이티드(미국 본사)가 국내에 설립한 판매 법인이며, 이 사건 법 위반 행위는 ○○○ 미국 본사와 한국 법인이 공동으로 책임이 있으므로 이하에서는 2개 회사를 구분하지 아니하고 "○○○"라고 함

○○○의 법 위반 행위·조치 내역

적용 법률	법 위반 행위	조치 내역
표시광고법	❶ 1회 충전 주행가능거리를 거짓·과장 광고한 행위 ❷ 수퍼차저 충전 성능을 거짓·과장 및 기만 광고한 행위 ❸ 가솔린 차량 대비 연료비 절감금액을 기만 광고한 행위	• 시정명령 • 과징금 2,852백만 원
전자상거래법	❶ 주문을 취소한 소비자에게 10만 원씩 위약금을 징수한 행위 ❷ 온라인으로 주문취소를 할 수 없게 한 행위	• 시정명령
	❸ 주문취소 기한·방법·효과에 관한 정보제공 의무 위반 행위 ❹ 온라인몰 초기화면에 이용약관 등을 제공하지 않은 행위	• 시정명령 • 과태료 100만 원

이번 조치는 전기자동차 구매에 관한 소비자 관심이 증가하고 있는 상황에서 신기술·신산업 분야에서의 부당 광고 및 소비자 권익 침해 행위를 적발·제재함으로써 소비자의 합리적인 선택 및 권익 보호에 기여하였다는 점에서 의의가 있다.

공정위는 앞으로도 제품의 성능 등을 오인시킬 우려가 있는 부당 표시·광고 행위를 지속적으로 감시하고, 온라인상에서 소비자의 정당한 주문취소(청약철회)권 행사를 제한하거나 방해하는 행위를 지속적으로 점검·관리하여 소비자에게 정확한 정보가 전달되고 신뢰할 수 있는 소비 환경이 조성될 수 있도록 노력할 계획이다.

출처 : 공정거래위원회 공정위 뉴스

합격수기 REVIEW

이렇게 합격했어요!!
소비자전문상담사 2급 실기 합격수기 ❶

ID : fjlkjsdfj

"아는 내용을 최대한 많이 작성하세요!"

필기시험은 객관식이라 어떻게든 합격할 수 있었지만, 중요한 것은 주관식인 실기시험이었습니다. 이 때문에 필기시험을 준비하면서도 실기시험을 나름 걱정했는데요. 제가 시험을 봤을 때 문항수는 대략 16~18개 정도였습니다. 따라서 문제당 점수는 6점 정도로 생각하시면 됩니다. 부분 점수가 있긴 하지만 실기시험에서 60점 이상 받기란 하늘의 별 따기인 것 같습니다. 범위가 워낙 방대하기도 하고, 필기시험과는 다르게 답안을 글로 써야 하는 부분이 수험생에게 부담으로 작용하기 때문입니다.

저는 보통 실기시험을 준비할 때 기출문제를 중심으로 학습하는데요. 이 학습법의 단점은 기출문제 이외의 문제를 만나면 답안을 제대로 작성할 수 없다는 것입니다. 그래서 이번에는 기출문제와 함께 교재에서 내용을 뽑아 모의문제를 만들어보려고 했지만, 결국에는 최근 10개년이 좀 넘는 기출문제만을 암기하고 시험장에 갔습니다. 실제 시험에서 제가 외웠던 부분은 많이 나오지 않았습니다. 역시 혼자 공부하는 것은 어려운 일입니다. 그래도 답안을 빈칸으로 두고 끝내는 것보다 문제와 관련된 어떠한 내용이라도 작성하는 게 낫다고 생각해서 빈칸 없이 답안을 작성하고 시험을 마무리하였습니다.

시험을 마친 후 큰 기대 없이 다음 시험을 준비해야겠다는 마음을 먹고 있던 차에 합격 통보를 받았습니다. 그래서인지 기쁨이 두 배였습니다. 지금 공부를 하고 계신 분들도 실제 시험에서 모르는 문제가 있다고 포기하지 마시고, 문제와 조금이라도 관련된 내용으로 답안을 작성하세요. 열심히 공부하시는 수험생 여러분을 응원합니다.

이렇게 합격했어요!!
소비자전문상담사 2급 실기 합격수기 ❷

ID : toperiteupoi

"주요 키워드를 중심으로 암기하세요!"

많은 분들이 소비자전문상담사 시험은 필기시험보다 실기시험이 어렵다고 하는데요. 그래도 최선을 다해 시험을 준비한다면 누구나 합격할 수 있다고 생각합니다.

제가 순수하게 공부한 시간은 보름 정도입니다. 교재를 바탕으로 기출문제를 분석한 후 자주 출제되는 키워드를 뽑아 정리하고 답안을 외우는 방식으로 공부했습니다. 저는 학창 시절부터 무언가를 암기할 때 그 내용을 종이에 쓰면서 외웠는데, 이번에도 이 방식을 택했습니다.

물론 사람마다 공부하는 방식이 다르니 제 방법이 무조건 옳다고만은 할 수 없습니다. 그러나 이 방법은 소비자전문상담사 실기시험의 형식을 따져봤을 때 그렇게 나쁜 방법은 아니라고 생각합니다. 이 시험은 답안을 서술 및 논술형으로 작성해야 하는데, 제가 느낀 바로는 아는 내용을 최대한 많이 적는 것이 좋기 때문입니다.

특히 기출문제를 공부하다 보면 특정 키워드가 반복되는 것을 알 수 있는데, 그만큼 자주 출제되는 문제가 있다는 뜻입니다. 제가 공부하면서 찾은 키워드는 '소비자전문상담사의 일반적/전문적 자질', '언어적/비언어적 의사소통', '소비자정보특성', '청소년소비자', '우유부단한 소비자', '청약철회' 등입니다. 제가 시험을 보기 전 최근 3년 정도 실기시험의 합격률이 오르고 있던 추세라 이렇게 주요 키워드만 뽑아 공부해도 합격의 가능성이 있다고 생각합니다. 아무쪼록 제 합격수기가 수험생 여러분께 도움이 되기를 바랍니다.

이 책의 구성과 특징 STRUCTURES

최신뉴스

공정거래위원회의 공식 홈페이지에 게재된 공정위 뉴스를 읽어보며 앞으로 학습할 이론이 실생활에서 어떻게 활용되는지 살펴보세요.

핵심이론

실제 시험의 출제경향을 꼼꼼히 분석하여 핵심적인 내용으로만 구성하였습니다. 표나 그림 등의 다양한 시각자료는 쉬운 이해를 돕습니다.

답안작성방법과 답안작성예시

필답형으로 진행되는 시험에서 어떤 어휘를 활용하여 어떻게 답안을 전개해야 높은 점수를 받을 수 있는지 파악할 수 있도록 답안작성방법과 그 예시를 제공합니다.

기출복원문제

총 16개년의 기출복원문제를 수록하였습니다. 실제 시험에 출제되었던 문제와 자세하고 체계적인 해답이 합격의 지름길을 제시합니다.

이 책의 차례 CONTENTS

1장 ★ 소비자상담 개관

01 소비자상담의 의미   3
02 소비자상담의 필요성과 특성   4
03 소비자전문상담사   9

2장 ★ 마케팅의 개념 및 마케팅 전략

01 마케팅의 본질   15
02 마케팅 전략   20

3장 ★ 소비자정보의 구축 및 활용

01 소비자정보의 구축   31
02 소비자업무와 업무정보모델의 분석   36
03 소비자모니터링   40
04 소비자정보의 분석   47

4장 ★ 소비자자료의 수집

01 소비자조사   55
02 조사설계   62
03 자료수집   65
04 설문지 구성   72

5장 ★ 소비자상담

01 소비자와 의사소통하기   79
02 소비자불만의 처리   108
03 소비자관계 강화하기   251
04 소비자제안 · 정보 수집 · 활용하기   282

6장 ★ 고객지원

01 고객 요구사항 파악   285
02 고객 요구사항 대응 및 이력관리   290

7장 ★ 소비자상담 결과의 피드백

01 고객관계관리와 활용   299
02 소비자상담의 분석 및 자료정리   301

부록1 ★ 답안작성방법과 답안작성예시

01 답안작성방법   307
02 답안작성예시   308

부록2 ★ 기출복원문제

2020~2005년 기출복원문제   321

1장
소비자상담 개관

01 소비자상담의 의미

02 소비자상담의 필요성과 특성

03 소비자전문상담사

행운이란 100%의 노력 뒤에 남는 것이다.

– 랭스턴 콜먼(Langston Coleman) –

보다 깊이 있는 학습을 원하는 수험생들을 위한
시대에듀의 동영상 강의가 준비되어 있습니다.
www.sdedu.co.kr ➜ 회원가입(로그인) ➜ 강의 살펴보기

1장 소비자상담 개관

01 소비자상담의 의미

상담이란 내담자로 하여금 어떤 문제를 해결하거나 그의 능력을 보다 효과적으로 활용할 수 있도록, 혹은 중요한 생의 결정을 하도록 돕는 목적으로 이루어지는 상담자와 내담자 간의 일대일 상호작용이라고 정의된다.

상담은 상담의 내용이 되는 영역에 따라 진로상담, 심리상담, 가정상담, 목회상담, 소비자상담 등 다양하게 분류될 수 있다.

소비자상담은 소비자에게 소비생활에 필요한 정보제공을 통하여 소비자피해를 사전에 예방하고, 물품이나 용역을 구매한 소비자의 불만이나 피해 등을 사후적으로 구제한다. 또한 소비자의 의견수렴이나 반영을 통해 소비환경을 개선함으로써 소비자의 기본권익을 보호할 뿐만 아니라, 소비생활의 향상과 합리화를 도모한다.

종래 소비자상담은 단순히 소비자불만 및 피해의 구제역할에 머물러 왔으나, 오늘날 대부분의 기업과 기관들이 '고객감동'을 중요시하게 되면서, 소비자상담의 효과에 힘이 실리고 있다. 더욱이 하루가 다르게 복잡하고 다양한 제품들이 쏟아져 나오면서, 이에 따라 소비자문제도 빈번하게 발생하게 되어 기업의 이익과 소비자의 이익을 동시에 만족시켜 줄 수 있는 소비자상담의 역할이 중요하다.

02 소비자상담의 필요성과 특성

1 소비자상담의 필요성

오늘날 소비시장의 광역화와 소비물품의 다양화로 인해 소비자들의 선택 범위가 넓어지면서 생산자 중심의 시장구조에서 소비자 지향적인 시장구조로 변하고 있다.

더 나아가 자본주의 시장경제구조에 있어 양 주체인 생산자와 소비자의 상호관계에서 최종적인 의사결정의 힘이 소비자로 이동하게 되는데 이를 소비자주권이라고 하며, 이는 소비자의 자유로운 선택에 의하여 자원배분이 결정되는 것을 의미한다.

그럼에도 불구하고 소비자정보의 불완전성 및 객관적인 정보의 부재, 가격결정에서 소비자의 소외, 소비자의 순수한 인간적인 약점에서의 판단력 결여, 위법적 · 탈법적 상행위, 불량상품, 과대 허위광고 등에 의한 소비자불만 및 피해가 급증하고 있다는 점에서 소비자상담의 필요성이 증대되고 있다.

소비자의 정의

- **소비자의 일반적 정의** : 소비자란 장래 시장의 구성원, 상품이나 서비스를 사적인 용도를 위해 제공받는 사람, 그리고 타인이 공급하는 제품, 서비스를 소비생활을 위해 구입, 이용하는 자 등으로 정의되고 있다. 즉, 소비자는 소비생활을 위하여 상품이나 서비스를 구입, 사용하는 모든 자연인을 의미한다고 할 수 있다.
- **「소비자기본법」에서의 정의** : 소비자라 함은 사업자가 제공하는 물품 또는 용역(시설물을 포함)을 소비생활을 위하여 사용(이용한다를 포함)하는 자 또는 생산활동을 위하여 사용하는 자로서 대통령령이 정하는 자를 말한다.

소비자의 역할

소비자에게 기대되는 역할로서 자원의 획득에서 구매, 사용, 처분의 과정에 이르기까지 소비자의 경제활동을 포함하여 소비자의 권리실현과 책임의 수행이 중심이 된다.

---

(1) 소비자와 소비자상담

① 소비자라 함은 사업자가 제공하는 물품 또는 용역을 소비생활을 위하여 사용 · 이용하는 자를 말한다.

② 종래 구매행동에만 국한되었던 소비자의 역할이 확대되어, 구매의사결정과 관련된 신체적 · 정신적 활동의 집합, 제한된 자원의 효율적인 사용, 인간의 욕구를 충족시키기 위한 재화나 용역의 획득 등 여러 활동에서 각각 획득자, 배분자, 구매자, 사용자, 폐기처분자 등의 역할을 수행한다.

③ 소비자의 입장에서 보면 소비자상담은 상품과 용역에 대한 소비자정보를 제공하고, 소비자불만이나 피해를 신속하게 구제한다는 데 그 필요성이 있다.

④ 소비자가 상품이나 용역의 구매 전에 사용방법과 관리방법에 대한 정보를 제공받는다면 잘못된 사용이나 관리로부터 오는 소비자불만이나 피해를 사전에 예방할 수 있고, 여러 회사의 상품이나 용역 간 비교를 통해 소비자의 합리적인 선택을 도울 수 있을 뿐만 아니라 소비자가 가진 금전의 배분과 지출에 관한 합리적인 계획을 세울 수 있다.
⑤ 소비자가 구매한 상품으로부터 소비자불만이나 피해가 발생한 경우 이를 구제하기 위한 행정적 절차 및 법적 절차를 인지하거나 숙지하게 되어 신속하게 문제를 해결할 수 있다는 장점이 있다.

소비자와 소비자상담
- 소비자정보 제공
- 소비자불만 및 피해를 신속하게 구제
- 높아진 소비자 권리의식 실현
- 소비자불만 사전예방

---

(2) 기업과 소비자상담

① 종래에 기업의 소비자에 대한 인식은 단순히 자회사 제품을 구매하는 사람이었으나, 오늘날 기업 간 경쟁이 치열해지고 소비자들의 선호가 다양해지면서, 고객만족경영을 통한 기업이미지 향상과 이윤의 극대화에 경영의 중심을 두어 소비자에 대한 인식이 바뀌어 가고 있다.
② 고객만족경영이란 경영의 모든 부문을 고객인 소비자의 입장에서 생각하고, 소비자를 만족시켜 기업을 유지하고자 하는 새로운 경영기법으로 1980년대 후반부터 미국과 유럽 등지에서 주목받기 시작하였다.
③ 소비자의 만족을 높이기 위해서는 소비자의 기대를 충족시킬 수 있는 제품을 제공하고, 소비자의 불만과 피해를 효과적으로 처리하는 것이 필수적이다.
④ 상품의 품질뿐 아니라 제품의 기획·설계·디자인·제작·사후서비스 등 모든 과정에 걸쳐 제품에 내재된 기업문화이미지와 함께 상품이미지·기업이념 등을 소비자에게 제공하여 소비자의 만족감을 기대 이상으로 충족시킴으로써 고객의 재구매율을 높이고 선호가 지속되도록 해야 한다.
⑤ 고객만족경영을 함으로써 신규고객이 창출되고, 기존의 고객을 유지하며, 충성도 있는 고객이 늘어남으로써 기업의 경쟁력을 확보할 수 있는 것이다.
⑥ 따라서 기업의 입장에서 보면 소비자상담은 고객만족경영과 기업이미지 향상을 통한 이익창출의 기반이 되고, 소비자피해에 대한 실질적 구제수단이 된다는 점에서 그 필요성이 증대되고 있다.

> **기업과 소비자상담**
> - 고객유지 및 신규고객 창출
> - 고객만족경영과 기업이미지 향상을 통한 이익창출
> - 소비자피해에 대한 실질적 구제

(3) 소비자단체와 소비자상담

① 소비자기본법은 소비자가 스스로의 권익을 증진하기 위하여 단체를 조직하고, 이를 통하여 활동할 수 있는 권리를 소비자의 기본적 권리 중 하나로 인정하고 있다.
② 소비자단체가 활동하는 가장 큰 목적은 소비자의 권익보호에 있다. 따라서 소비자단체의 입장에서 보면 소비자상담은 소비자와의 상담과정에서 나타나는 다양한 소비자문제를 분석하여 정부나 지방자치단체의 시책에 반영하도록 건의할 수 있고, 실질적인 상담을 통하여 소비자 불만이나 피해를 구제하기 위한 해결책을 제시할 수 있으며, 사업자와 소비자 간 합의를 유도할 수 있다는 데 그 필요성이 있다.
③ 결과적으로, 소비자피해를 구제하기 위하여 적극적으로 노력하는 소비자단체는 소비자의 조직력 강화를 통해 소비자의 권익을 보호하고 소비자 주권을 확립하는 데 큰 기여를 하게 된다.
④ 소비자단체가 소비자기본법에 의한 보호와 지원을 받기 위해서는 소비자기본법이 정하는 요건을 갖추어 공정거래위원회나 지방자치단체에 등록하여야 한다. 즉, 등록을 하지 않으면 소비자단체의 일반적인 활동을 할 수 있더라도 공신력이 약해지고, 법에 의한 보호와 지원을 받을 수 없다는 약점이 있다.

(4) 정부행정기관과 소비자상담

① 소비자기본법은 소비자의 기본적 권리가 실현되도록 하기 위해 '필요한 행정조직의 정비 및 운영 개선'을 국가 및 지방자치단체의 책무로 규정하고 있다.
② 국가는 지방자치단체의 소비자권익과 관련된 행정조직의 설치·운영 등에 관하여 필요한 지원을 할 수 있도록 하고 있다.
③ 국가는 사업자가 소비자에게 제공하는 물품 등으로 인한 소비자의 생명·신체 또는 재산에 대한 위해를 방지하기 위하여 위해방지기준을 정하여야 한다.
④ 소비자가 사업자와의 거래에 있어서 표시나 포장 등으로 인하여 물품 등을 잘못 선택하거나 사용하지 아니하도록 물품 등에 대하여 표시기준을 정하여야 한다.
⑤ 물품 등의 잘못된 소비 또는 과다한 소비로 인하여 발생할 수 있는 소비자의 생명·신체 또는 재산에 대한 위해를 방지하기 위한 광고기준을 정하도록 하고 있다.

⑥ 국가 및 지방자치단체는 소비자의 기본적인 권리가 실현될 수 있도록 소비자의 권익과 관련된 주요 시책 및 주요 결정사항을 소비자에게 알려야 하는 정보제공 의무가 있다.
⑦ 소비자의 올바른 권리행사를 이끌고 물품 등과 관련된 판단능력을 높이며 소비자가 자신의 선택에 책임을 지는 소비생활을 할 수 있도록 필요한 교육을 하여야 할 의무를 부담해야 한다.
⑧ 소비자의 불만이나 피해가 신속·공정하게 처리될 수 있도록 관련 기구의 설치 등 필요한 조치를 강구하여야 한다.
⑨ 정부행정기관의 소비자상담은 제도적으로 보장된 사항이며, 소비자문제 해결에 있어서 사업자와 소비자를 제외한 제3자로서 중간역할 내지는 중재자로서의 역할을 하게 된다.
⑩ 정부행정기관은 소비자문제의 최종해결자로서의 역할을 하기도 하고, 소비자상담을 지원하거나 직접 문제를 해결하기도 하며, 소비자정보의 제공 및 교육에 관한 부분을 담당하기 위하여 필요하다.

소비자기본법의 목적

소비자의 권익을 증진하기 위하여 소비자의 권리와 책무, 국가·지방자치단체 및 사업자의 책무, 소비자단체의 역할 및 자유시장경제에서 소비자와 사업자 사이의 관계를 규정함과 동시에 소비자정책의 종합적 추진을 위한 기본적인 사항을 규정함으로써 소비생활의 향상과 국민경제의 발전에 이바지함을 목적으로 함

소비자의 권리와 책무

- 소비자 8대 권리
  - 물품 또는 용역으로 인한 생명·신체 또는 재산에 대한 위해로부터 보호받을 권리
  - 물품 등을 선택함에 있어서 필요한 지식 및 정보를 제공받을 권리
  - 물품 등을 사용함에 있어서 거래상대방·구입장소·가격 및 거래조건 등을 자유로이 선택할 권리
  - 소비생활에 영향을 주는 국가 및 지방자치단체의 정책과 사업자의 사업활동 등에 대하여 의견을 반영시킬 권리
  - 물품 등의 사용으로 인하여 입은 피해에 대하여 신속·공정한 절차에 따라 적절한 보상을 받을 권리
  - 합리적인 소비생활을 위하여 필요한 교육을 받을 권리
  - 소비자 스스로의 권익을 증진하기 위하여 단체를 조직하고 이를 통하여 활동할 수 있는 권리
  - 안전하고 쾌적한 소비생활 환경에서 소비할 권리
- 소비자의 책무
  - 소비자는 사업자 등과 더불어 자유시장경제를 구성하는 주체임을 인식하여 물품 등을 올바르게 선택하고, 소비자의 기본적 권리를 정당하게 행사하여야 함
  - 소비자는 스스로의 권익을 증진하기 위하여 필요한 지식과 정보를 습득하도록 노력하여야 함
  - 소비자는 자주적이고 합리적인 행동과 자원절약적이고 환경친화적인 소비생활을 함으로써 소비생활의 향상과 국민경제의 발전에 적극적인 역할을 다하여야 함

2 소비자상담의 특성

소비자상담은 심리상담과 가족상담, 청소년상담, 약물상담, 진로진학상담, 여성상담, 법률상담, 성상담 등 다른 형태의 상담과는 구별되는 다른 특성이 있다.

① 소비자상담은 객관적이고 정확한 정보전달이 요구되는 상담이다. 다른 분야의 상담은 상담고객의 정서적 지원을 중요시하는 반면, 소비자상담은 구매전후를 불문하고 합리적 소비행위를 할 수 있도록 도와주는 소비자정보의 제공에 목적이 있기 때문이다.

② 소비자상담은 상담매체가 한정되어 있지 않아 특별한 절차나 형식에서 자유롭다. 다른 분야의 상담은 정서적 측면을 중시하기 때문에 보통은 방문이나 면접형식의 상담을 진행하지만, 소비자상담은 이외에도 전화, 팩스, 문서, 온라인 등 다양한 방법을 선택할 수 있기 때문이다.

③ 소비자상담의 상담영역은 소비과정의 전 영역에 걸쳐있다. 구매 전후로 보면 각종 소비자정보 제공에서부터 소비자교육, 상품이나 용역의 사용 후 발생하게 되는 불만 및 피해구제 등 전문적인 분야이기 때문에 소비자전문상담사의 상담이 필요하다.

④ 소비자상담의 궁극적인 목적은 소비자의 권익실현과 소비자복지 향상이다. 소비자주권 시대의 도래로 소비의 패턴을 소비자가 주도하고 있으나 그로부터 발생하는 피해 또한 증가하게 되어, 소비자의 기본 권리와 이익을 법률상 보호하고, 이를 실현하는 소비자복지를 할 필요가 있기 때문이다.

소비자전문상담의 특성

- 객관적인 정보제공
    - 물품과 용역에 대한 소비자의 합리적인 선택 유도
    - 불만 및 피해에 대한 구제절차의 정확한 정보
- 상담의 특별한 절차나 형식을 필요로 하지 않음
    - 직접 대면에 의한 상담 : 면접, 방문
    - 비대면에 의한 상담 : 전화, 팩스, 인터넷, 서신 등
- 소비자상담 전문인력의 필요
- 소비자복지향상 목표
    - 소비자의 기본권익 보호
    - 소비자복지증진과 국민경제의 발전

03 소비자전문상담사

소비자전문상담사는 소비자의 불만과 피해를 합리적으로 해결해주고, 복잡한 현대의 시장환경에서 소비자의 선택을 돕는 소비자정보를 제공하며, 소비자교육의 기획과 실행을 통해 소비문화의 합리화 및 건전화에 기여함으로써 소비자복지의 향상을 유도하는 소비자전문가를 말한다.

따라서 복잡한 소비자문제를 상담하여 처리하고, 소비자문제 처리업무를 기획 및 관리·평가하며, 소비자와 기업·행정기관·소비자단체 간의 업무를 연결 및 조정하고 전략을 수립하는 능력을 갖추어야 한다.

특히 소비자상담은 심리상담과 가족상담, 성상담, 청소년상담 등 다른 형태의 상담과는 달리 구매 전 객관적이고 정확한 정보를 제공하여 소비자의 합리적 선택을 돕고, 구매 후 소비자의 안전과 불만족 또는 소비자피해에 대하여 스스로 권리를 지킬 수 있도록 돕는 것이라는 특징에 근거한다.

소비자전문상담사는 다른 분야의 상담전문가와 공통하여 가지는 일반적인 자질과 소비자전문상담사에게 특별히 요구되는 전문적 자질을 모두 필요로 한다.

1 일반적 자질

소비자전문상담사에게 요구되는 일반적 자질은 친절한 태도와 언어, 공정하고 객관적인 응대, 적극적인 경청을 통한 소비자문제의 정확한 이해, 숙련된 언어 및 비언어적 표현기술의 습득 등이다.

(1) 친절한 태도와 언어

소비자상담은 상담서비스를 제공하는 소비자전문상담사의 전달태도와 방법에 따라 상담을 받는 소비자의 만족 정도에 큰 차이를 나타내기 때문에 친절한 태도와 언어를 유지하는 것이 필요하다. 특히 불만을 가진 소비자에 대해서 어떠한 태도로 답변을 하느냐에 따라서 소비자의 불만을 더욱 가중시킬 수도 있음을 명심해야 한다.

(2) 공정하고 객관적인 응대

소비자전문상담사는 상담을 하는 소비자의 상황이나 내용을 정확하게 판단하기 전에는 소비자가 잘못했을 것이라거나, 분명 불만을 가졌을 것이라는 예단을 갖지 말고 공정하고 객관적인 태도로 소비자를 응대하여야 한다. 이는 소비자전문상담사가 기업에 소속하여 근무하는 경우에도 마찬가지이다. 기업의 입장을 옹호하거나 대변하여 소비자를 이해시키고 설득하기보다는 철저히 중립적인 입장에서 소비자의 의견이나 불평을 듣고 그러한 것들의 본질이 무엇인지 파악하여 기업에 전달하여 기업이 제품을 기획하거나 생산하는 과정에 반영할 수 있도록 해야 한다.

(3) 적극적인 경청을 통한 소비자문제의 정확한 이해

소비자전문상담사는 상담의 내용이 되는 소비자문제를 해결하기 위해 소비자의 말을 적극적으로 듣는 자세가 필요하다. 소비자의 말을 잘 들어줌으로써 소비자는 마음에 담았던 불만을 배출할 수 있어서 안정을 찾을 수 있게 된다. 또한 소비자가 전달하고자 하는 내용을 제대로 다 표현할 수 있도록 소비자가 이야기를 하는 중간중간에 적절한 반응을 하면서 소비자문제에 대한 정확한 이해를 하는 것이 문제해결의 단초가 된다.

(4) 숙련된 언어 및 비언어적 표현기술의 습득

소비자상담은 소비자전문상담사와 소비자와의 대화를 통하여 이루어지기 때문에 소비자전문상담사는 언어적·비언어적 의사소통기술을 잘 이해하고 있어야 한다.

무엇보다도 상담은 언어적 의사소통을 주요 수단으로 하게 되므로 자기를 표현하고 전달함에 있어서 왜곡이 없도록 하여 궁극적으로는 소비자의 태도와 행동에 바람직한 변화가 일어날 수 있도록 해야 한다. 언어적 의사소통은 항상 비언어적 표현들과 수반되어 나타나며 비언어적 표현들은 때때로 언어적 표현들보다도 더 정확한 내용을 전달할 수 있으므로 세심한 주의를 기울일 필요가 있다.

소비자전문상담사의 일반적 자질
- 친절한 태도와 언어
- 공정하고 객관적인 응대
- 적극적인 경청을 통한 소비자문제의 정확한 이해
- 숙련된 언어 및 비언어적 표현기술의 습득

2 전문적 자질

소비자전문가의 전문적 자질은 소비자전문상담사의 상담영역과 무관하지 않다. 소비자상담은 소비생활 전 과정에서 발생하는 소비자피해뿐만 아니라 정보탐색, 평가, 소비자불만, 예산 수립, 그리고 구매, 사용, 처리과정과 관련한 의사결정에 대한 상담을 모두 포함한다. 소비자욕구가 다양화·개성화되고 있으며, 소비자문제 및 피해가 다양화·복잡화되고 있는 상황에서 보다 광범위한 차원에서 소비자상담이 적극적으로 실시되어야 한다. 소비자상담은 단순히 피해구제차원의 상담에서 벗어나 소비자욕구를 보다 능동적으로 파악하고, 소비자들의 합리적 선택을 지원할 수 있는 적극적 차원의 소비자정보제공, 소비자교육 등의 내용을 포함하여야 한다. 따라서 다음과 같은 전문적 자질이 요구된다.

(1) 소비자보호와 관련된 법률적 제도와 구조체계에 대한 지식

소비자보호와 불만 및 피해구제를 위해 가장 근원적으로 접근하여야 할 것은 법률적 제도이다. 법률상 소비자에게 인정되는 권리와 책임은 무엇이 있는지 그리고 어떠한 절차를 통하여 구조되는지 등이 법률제도로 보장되어 있는 것이 보통이기 때문이다. 뿐만 아니라 소비자문제의 발생영역도 다양해지다 보니 특별히 상담영역이 전문화되는 경우도 있으므로 소비자구조를 위한 기관은 어떠한 것들이 있는지 등도 파악하고 있어야 한다. 즉, 소비자전문상담사는 소비자보호와 관련된 법률적 제도와 구조체계에 대한 지식을 갖추고 있어야 한다.

(2) 소비자행동에 대한 이해

소비자행동은 소비자의 잠재적인 요구 판단과 향후 소비행태의 변화에 대한 예측을 가능하게 한다. 또한 소비자문제의 근원이 무엇인지 간접적으로 파악할 수 있도록 한다. 따라서 소비자전문상담사는 전문적 자질로서 소비자행동의 영향요인이 되는 전반적인 소비자시장의 경제적·환경적 요인, 소비자문화 및 라이프스타일, 준거집단의 이해 등에 대한 전문적인 지식을 갖고 있어야 한다.

(3) 상품에 대한 정확한 지식

대부분의 소비자상담은 주로 소비자가 상품 및 서비스를 사용하는 과정에서 대두되는 하자로 인하여 불만족하거나 피해를 겪게 되면서 발생한다. 그러므로 소비자전문상담사는 소비자문제의 효과적인 해결을 위하여, 상품의 특성과 성능 및 상품 관리상 필요한 지식 등을 갖추어야 한다.

(4) 정보조사 및 분석기술과 컴퓨터·통계의 활용기술

소비자전문상담사는 복잡한 현대의 시장환경에서 소비자의 선택을 돕는 소비자정보를 제공하며, 소비자교육의 기획과 실행을 통해 소비문화의 합리화 및 건전화에 기여하는 역할도 한다. 따라서 소비자동향 파악을 위한 조사, 소비자 만족도 조사 등 다양한 영역에서의 정보조사 및 분석기술이 있어야 하고, 특히 정보화시대에 있어서 컴퓨터·통계의 활용기술을 통한 조사·분석은 필수적이다.

소비자전문상담사의 전문적 자질
- 소비자보호의 구조와 소비자보호 관련기관 및 관련법에 대한 숙지
- 소비자행동에 대한 이해
- 상품에 대한 정확한 지식
- 각종 정보조사와 분석기술
- 컴퓨터 및 통계의 활용기술

2장
마케팅의 개념 및 마케팅 전략

01 마케팅의 본질

02 마케팅 전략

훌륭한 가정만한 학교가 없고, 덕이 있는 부모만한 스승은 없다.

– 마하트마 간디 –

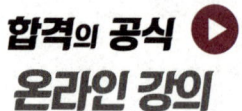 

보다 깊이 있는 학습을 원하는 수험생들을 위한
시대에듀의 동영상 강의가 준비되어 있습니다.
www.sdedu.co.kr ➜ 회원가입(로그인) ➜ 강의 살펴보기

2장 마케팅의 개념 및 마케팅 전략

소비자전문상담사 Consumer Adviser Junior

01 마케팅의 본질

1 마케팅의 정의

마케팅이란 기업이 고객만족 및 이윤극대화를 위하여 자신의 목적을 달성시키는 교환을 창출하고 유지할 수 있도록 시장을 정의하고 관리하는 과정을 말한다. 기업은 소비자를 고객이라고 부른다. 기업은 이윤극대화를 위하여 고객만족경영을 지향하게 되는데, 고객만족경영에서 기업은 고객을 단지 경영의 수단으로만 보지 않는다. 기업은 지속적인 이윤창출을 위해서 신규고객을 유치하고 기존 고객의 만족수준을 높여 고객의 충성도를 증가시키기 위해 노력한다.

2 마케팅 이념의 변천

고객만족을 기업 최고의 경영철학으로 혹은 고객서비스를 최고의 자산으로 인식하는 기업들은 오늘날 고객중심의 마케팅 노력을 해야 한다는 사실을 당연하게 받아들이고 있다. 고객중심, 즉 소비자 중심의 마케팅 개념이 형성되기까지 마케팅의 개념은 시대에 따라 생산개념, 제품개념, 판매개념, 마케팅개념, 사회 지향적 마케팅개념, 관계 마케팅개념 순으로 변천해 왔다.

(1) 생산개념

수요가 공급을 초과하는 판매자 시장에서 소비자들은 그들이 지불 가능한 가격으로 상품을 구매하는 데 관심을 가지는 반면 기업은 제품을 만들기만 하면 쉽게 팔리기 때문에 제품에 대한 생산성을 높이고 생산량을 늘리는 데 관심을 갖는다.

(2) 제품개념

기업 간 제품이 유사해지고 공급이 증대되면서 각 기업들은 자사의 경쟁력을 증대시키기 위해 경쟁사와 차별화된 제품이나 좋은 품질의 제품에 승부를 걸게 된다. 이 시기에 기업은 자사의 제품이 아무리 좋더라도 소비자의 필요에 부합하지 않을 경우 실패할 수 있다는 위기의식으로 제품에 대한 생산성 향상보다는 제품의 특성, 성능, 품질 등에 관심을 갖고 마케팅활동에 주력하게 된다.

(3) 판매개념

기업들의 과다진출로 인하여 공급이 수요를 초과하게 되는 구매자 시장에서 기업은 기업이 원하는 만큼의 제품판매를 할 수 없다. 때문에 경쟁시장에서 살아남기 위해 판매나 촉진활동, 즉 광고나 세일즈맨의 노력에 의한 판매증대로 마케팅의 중심이 이동하게 된다.

(4) 마케팅개념

기업이 지향하는 이윤극대화를 위하여 마케팅 행위의 중심에 고객을 위치시킴으로써 고객의 욕구 파악에서부터 고객만족에 이르는 모든 과정을 고객 지향적 관점에서 접근하는 개념을 말한다.

(5) 사회 지향적 마케팅개념

기업의 사회적 책임 측면에서, 기업이 고객만족뿐만 아니라 기업이윤 및 사회전체의 이익도 고려하여야 한다는 관점에서 생성된 마케팅개념이다. 즉, 기업의 마케팅정책 수립 시 기업이익, 소비자 욕구충족 및 대중이익과 사회복지가 균형을 이루도록 해야 한다는 것을 의미하는데, 개인 소비자의 욕구충족에만 초점을 맞추는 것은 잘못이며 환경오염, 자원부족, 기아, 사회복지 등 장기적인 사회공리 문제에 관심을 가져야 한다는 주장에 근거를 두고 있다.

(6) 관계 마케팅개념

생산자 또는 소비자중심의 한쪽으로 치우치는 것이 아니라 생산자와 소비자의 지속적인 관계를 통해 서로 윈윈할 수 있도록 하는 관점의 마케팅개념이다. 고객들과 오랫동안 만족스러운 관계를 형성함으로써 고객들이 자사 제품에 대하여 지속적인 충성도를 갖도록 하는 것을 목표로 하는 마케팅을 말한다.

3 고객만족과 가치

고객가치(Customer Value)란 제품이나 서비스로부터 고객이 얻기를 기대하는 이익과 그것을 얻기 위한 비용의 차이를 의미한다. 소비자는 가치가 크다고 생각하는 제품이나 서비스를 선호하기 때문에 기업은 자사의 제품에 대해 소비자가 자신에게 필요하다고 느끼게 하는 가치 증대를 위한 마케팅 노력이 필요하다. 최근에는 프로슈머(Prosumer=Producer+Consumer)의 개념을 넘어서 크레슈머(Cresumer=Creation+Consumer)의 개념까지 등장하고 있어 고객이 획득하고자 하는 고객가치는 크게 변화되고 있다는 사실을 알 수 있다.

고객만족(Customer Satisfaction)이란 소비자가 제품 및 서비스의 사용으로부터 느끼게 되는 심리적 만족감을 의미하며, 기대했던 것보다 실제 이득이나 성과가 좋으면 만족도는 크게 증가하게 된다. 만족한 고객은 기업의 제품을 재구매할 가능성이 높으며 그 제품에 대한 충성도를 갖게 되는 것이다.

(1) 고객만족지수(Customer Satisfaction Index)

기업의 상품 및 서비스에 대한 고객의 만족 정도를 나타내는 종합지수로 약칭은 CSI이다. 산업의 질적 성장을 유도하고, 각 산업 또는 기업들이 경쟁력을 확보할 수 있도록 개발한 지수로 1992년부터 매년 발표한다. 고객만족도를 측정하는 모델이며, 생산성 지표와 달리 산업경제의 질적 성장을 평가하는 지표이다. 해마다 기업의 현 위치를 확인하고, 향후 관련 기업의 경쟁력 향상을 위한 기초 자료로 활용할 수 있게 한다. 조사 결과를 통해 기업은 시장에서 자사의 경쟁력을 파악할 수 있고, 고객의 불만을 일으키는 상품이나 서비스문제를 개선함으로써 고객지향적인 경영활동을 펼칠 수 있다. 기업의 미래성장가능성을 예측할 수 있어 미래에 대비할 수 있는 자료로도 활용된다. 산출방식은 전반적 만족도 40%, 요소 만족도 40%, 재구매(거래) 의향률 20%를 반영해 다음과 같이 산출한다.

> CSI(종합만족도) = 전반적 만족도 40% + 요소 만족도 40% + 재구매(거래) 의향률 20%

(2) RFM(Recency, Frequency, Monetary)기법

RFM은 가치 있는 고객을 추출해내어 이를 기준으로 우량고객을 분류할 수 있는 매우 간단하면서도 유용하게 사용될 수 있는 방법으로서 마케팅에서 가장 많이 사용되고 있는 분석방법 중 하나이다. 고객의 미래 구매행위를 예측하는 데 있어 가장 중요한 것이 과거 구매내용이라고 가정하는 시장분석기법이다. 즉, RFM은 구매 가능성이 높은 고객을 선정하기 위한 데이터 분석방법으로서 분석과정을 통해 데이터는 의미 있는 정보로 전환된다.

- R(Recency) : 고객이 얼마나 최근에 구매했는가? (최근성)
- F(Frequency) : 고객이 얼마나 자주 구매했는가? (거래빈도)
- M(Monetary) : 고객이 얼마나 많이 구매했는가? (구매액)

(3) 소비자중심경영(CCM ; Consumer Centered Management)

[출처 : 한국소비자원 홈페이지]

① 의의

소비자중심경영의 기본 개념은 소비자 관련 사항에 대하여 전사적으로 모든 임직원이 참여하고 제품 및 서비스의 기획부터 개발 및 생산, 판매에 이르기까지 소비자불만의 사전 예방활동과 신속한 처리를 수행하여 소비자불만을 해소하고 소비자 만족을 지속적으로 향상시킴으로써 궁극적으로 기업 경쟁력을 제고하는 경영활동이라 할 수 있다.

② CCM 인증제도
  ㉠ 개념 : 기업이 수행하는 모든 경영활동을 소비자 관점에서, 소비자중심으로 구성하고 관련 경영활동을 지속적으로 개선하고 있는지를 평가하여 인증하는 제도
  ㉡ 목적 : 기업 및 기관의 소비자 지향적 경영문화 확산과 소비자 권익 증진 노력을 통한 경쟁력 강화 및 소비자 후생증대에 기여
  ㉢ 인증 및 운영기관 : 인증기관은 공정거래위원회, 운영기관은 한국소비자원

③ 심사항목

CCM 심사항목은 4개 대분류, 11개 중분류, 19개 소분류, 그리고 대기업은 45개, 중소기업은 36개, 공공기관은 44개 지표로 구성되어 있다.

리더십	CCM 체계	CCM 운영	성과관리
• 최고경영자의 리더십 • CCM 전략 • 사회적 가치 실현	• 조직관리 • 자원관리 • 교육관리 • 문서관리	• 소비자정보 제공 • 소비자불만 사전예방 • VOC 운영절차	CCM 운영성과

④ 기대효과

기대효과

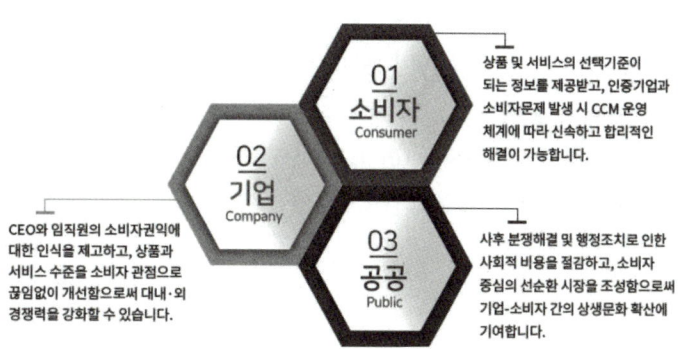

[출처 : 한국소비자원 홈페이지]

㉠ 소비자 측면 : 상품 및 서비스 선택기준이 되는 정보를 제공받고 인증기업과 소비자문제 발생 시 CCM 운영체계에 따라 신속하고 합리적인 해결 가능
㉡ 기업 측면 : CEO와 임직원의 소비자권익에 대한 인식을 제고하고 상품과 서비스 수준을 소비자 관점으로 끊임없이 개선함으로써 대내외 경쟁력 강화
㉢ 공공 측면 : 사후 분쟁해결 및 행정조치로 인한 사회적 비용을 절감하고 소비자중심의 선순환 시장을 조성함으로써 기업, 소비자 상생문화 확산에 기여

02 마케팅 전략

1 마케팅 전략 수립

기업이 실행하는 마케팅활동은 환경의 지배를 받는다. 이렇게 기업의 마케팅 목표 달성에 영향을 미치는 기업의 내부 및 외부 요인들을 마케팅 환경이라고 하며, 기업은 변화하는 환경에 따라 적합한 전략을 수립해야 한다. 마케팅 환경의 변화는 기업에 위협의 요인이 되기도 하지만 기회로 작용하기도 한다.

마케팅 전략이란 소비자 마케팅의 목표를 달성하기 위해서 다양한 마케팅활동을 통합하는 가장 적합한 방법을 찾아 실천하는 활동을 말한다. 하나의 제품시장을 세분화하여 표적시장을 선정하고, 각 시장에서 경쟁우위를 달성할 수 있는 제품포지션을 확보하기 위해 통제 가능한 마케팅 믹스 계획을 수립하는 것을 내용으로 하며, 이는 마케팅활동의 기본이라 할 수 있다.

마케팅 전략을 개발하기 위한 주요 도구로 STP 전략이 이용된다. STP 전략이란 시장세분화(Segmentation), 표적시장 선정(Targeting), 포지셔닝(Positioning)의 이니셜을 따서 명명한 전략으로, 시장을 나누고 표적시장을 선정하며 소비자에게 자사상품을 어필하기 위해 펼쳐지는 마케팅활동 전략을 의미한다.

(1) 시장세분화

기업의 제품에 대한 소비자의 욕구는 천차만별이므로 기업의 제품판매 증가에 의한 이윤을 극대화하기 위해서는 소비자의 욕구를 개별적으로 파악하여 시장환경에 대응하는 것이 필요하다. 따라서 기업은 시장을 세분화하여 세분시장들 중 한 개 또는 다수의 시장을 대상으로 각 시장에 가장 적절하게 마케팅하는 방법인 세분시장 마케팅을 수행하게 된다.

시장세분화란 효과적인 마케팅 믹스를 개발하기 위해 전체시장을 소비자의 특성과 상품에 대한 욕구가 비슷하거나 영업활동에 의미 있는 동질적 부분시장으로 나누는 작업을 말한다.

시장세분화의 목적은 정확한 시장상황 파악, 기업의 경쟁좌표 설정, 마케팅자원의 효과적 배분, 정확한 표적시장 설정에 있다. 뿐만 아니라 기업은 시장세분화를 통해 다양한 소비자의 욕구를 파악하는 가운데 세분시장이 원하는 차별적 제품의 개발을 통해 이를 충족시킬 수 있으며, 새로운 시장기회를 찾아낼 수도 있고, 자사 상표들 간의 불필요한 경쟁을 막을 수도 있다.

(2) 표적시장 선정

시장이 세분화되면 기업은 세분시장의 크기와 예상매출액, 기업의 재원, 기존사업과의 연관성, 경쟁기업의 전략, 제품수명주기 등을 고려하여 기업의 목표에 가장 합당한 세분시장을 선정하여 표적시장으로 선택하여야 하는데 이를 표적시장(Target Market) 선정이라고 한다. 표적시장을 선정하기 위한 전략으로는 집중화 전략(단일표적시장 전략), 차별화 전략(복수표적시장 전략), 비차별화 전략(전체시장 전략)이 있다.

① **집중화 전략(단일표적시장 전략)** : 기업이 세분시장 중에서 자신의 기업 활동과 제품에 가장 적합한 하나의 세분시장을 선택하는 전략이다. 기업의 규모가 작거나 시장진입 경력이 미약한 기업에 적합하고 제한된 시장에서 경쟁우위를 확보한다면 이윤극대화를 꾀할 수 있다는 장점이 있으나 고객의 욕구변화와 대기업의 진출에 대응하기 어렵다.

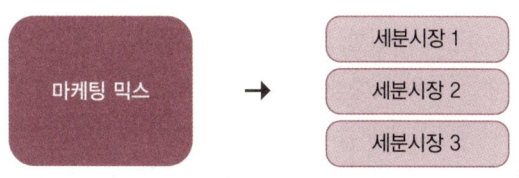

[집중화 전략]

② **차별화 전략(복수표적시장 전략)** : 두 개 또는 그 이상의 세분시장을 표적시장으로 선정하는 전략으로 세분화된 시장별로 다른 제품을 진수시킴으로써 이윤을 꾀할 수 있지만 비용이 증가될 수 있다.

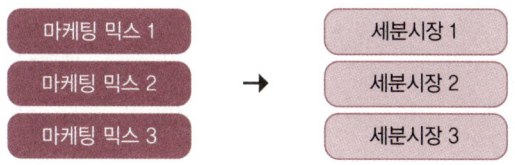

[차별화 전략]

③ **비차별화 전략(전체시장 전략)** : 시장을 세분화하여 표적시장을 선정하기보다는 하나의 제품을 전체시장에 내놓는 방식의 전략이다. 생산비용, 마케팅비용 등 기업의 비용이 절감된다는 장점이 있으나 세분시장 밖의 소비자들을 고객화할 수 없다는 단점이 있다.

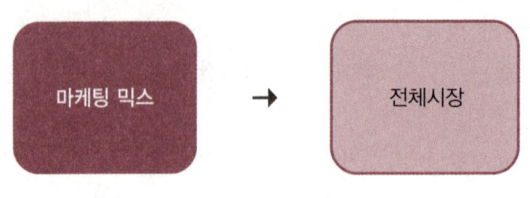

[비차별화 전략]

(3) 제품 포지셔닝(Product Positioning)

포지셔닝이란 세분화된 시장에 진입한 기업이 소비자들의 욕구를 파악하여 경쟁기업과 차별화된 제품을 개발하고, 이러한 제품의 특성을 소비자들에게 어필하는 일련의 과정을 말한다. 즉, 어떤 제품은 경쟁제품에 비해 차별적 특징을 갖도록 제품 개념을 정하고 이에 따른 제품의 생산, 촉진 활동을 통해 소비자의 지각 속에 적절하게 위치시키는 활동을 의미한다. 포지셔닝은 일반적으로 경쟁상표의 결정, 표적시장 내 고객의 분석, 경쟁상표의 포지셔닝 조사, 포지셔닝 콘셉트의 개발, 포지셔닝 실행, 평가 및 재포지셔닝 등의 절차에 의해 진행된다.

(4) 블루오션 전략

① 의 의

기업이 경쟁이 무의미한 비경쟁 부분을 창출함으로써 유혈경쟁의 레드오션을 깨고 벗어날 수 있는 새로운 기회에 도전하는 것을 의미한다. 즉, 경쟁자를 벤치마킹하거나 줄어드는 수요를 경쟁업체와 나누는 대신, 수요를 늘리고 경쟁으로부터 벗어나는 전략을 일컫는다.

② 블루오션과 레드오션

블루오션 전략	레드오션 전략
경쟁자 없는 새 시장 공간을 창출	기존 시장 공간 안에서 경쟁
경쟁을 무의미하게 만듦	경쟁에서 이겨야 함
새 수요창출 및 장악	기존 수요시장을 공략
가치-비용 동시 추구	가치-비용 가운데 택일
차별화와 저비용을 동시에 추구하도록 회사 전체 활동 체계를 정렬	차별화와 저비용 가운데 하나를 택하여 회사 전체 활동 체계를 정렬

블루오션은 현재 존재하지 않는 모든 산업으로, 대부분의 사람들이 모르는 새로운 시장을 의미한다. 레드오션이 치열한 경쟁이 벌어지는 붉은 바다라고 한다면 블루오션은 새로운 수요창출과 고수익 성장을 위한 푸른 바다를 뜻한다고 볼 수 있다. 블루오션 전략은 치열한 기존의 경쟁 시장인 레드오션에서 가치혁신을 통해 새로운 창조적 시장인 블루오션으로 나아갈 수 있는 전략과 방법을 제시하고 있다.

2 마케팅 믹스

마케팅 믹스란 표적시장에서 마케팅 목표를 효과적으로 달성하기 위해 마케팅에서 고려되어야 하는 여러 가지 요소들을 균형 잡히도록 구성하고 조정하는 업무를 말한다. 마케팅 믹스의 핵심은 4P, 즉 제품(Product), 가격(Price), 유통(Place), 촉진(Promotion) 등의 요소들을 어떻게 조합하여 마케팅 목표를 효과적으로 달성하는가에 있다. 마케팅 믹스에 있어서 4P 요소들은 독립된 개체가 아니라 서로 밀접하게 연결되어 있다.

(1) 제품(Product)전략

소비자마케팅에 있어서 제품이란 소비자들의 욕구와 필요를 충족시켜 고객만족을 도출하기 위해 설계된 단순한 제품뿐만 아니라 상표(브랜드), 포장 등을 총칭하는 개념이다. 제품전략은 제품의 기능, 제품의 차별화, 디자인·품질수준, 포장형태, 상표, 서비스, 고객지원 및 서비스 등에 대한 기업의 전략을 말하며, 크게 브랜드전략과 신제품 개발전략, 제품수명주기 등으로 구성된다.

① **브랜드전략** : 브랜드란 기업의 제품 및 서비스를 식별하는 데 사용되는 명칭·기호·디자인의 총칭을 말하며, 브랜드에 가미된 마케팅 효과를 브랜드자산이라고 한다. 브랜드자산은 소비자들이 특정 브랜드를 선호하고 계속 구매하는 정도를 나타내는 브랜드 충성도, 소비자들이 브랜드를 인식하는 정도인 브랜드 인지도, 소비자들이 주관적으로 기대하는 품질수준인 지각된 품질, 브랜드와 관련되어 일어나는 연상인 브랜드 연상에 의해 결정된다.

기업이 신제품을 개발함에 있어서 사용하는 신제품 브랜드전략으로는 크게 계열확장전략, 다상표전략, 브랜드확장전략, 신규브랜드전략이 있다. 계열확장전략이란 기존의 브랜드가 획득한 자산가치가 높아 신제품에 해당 브랜드명을 그대로 사용하는 전략이고, 다상표전략이란 신제품에 기존의 브랜드와 다른 브랜드를 부착시키는 전략이다. 한편 브랜드확장전략은 고가치로 인정된 브랜드를 다른 제품범주의 신제품에 사용하는 전략이며 신규브랜드선략은 기존의 브랜드에 새롭게 개발한 브랜드를 부착하는 전략이다.

② **신제품 개발전략** : 신제품 브랜드전략과는 달리 기업이 새로운 제품을 개발하거나 기존 제품에 비하여 혁신적인 개발, 응용, 약간의 변화, 경쟁기업의 제품모방 등에 의해 새로운 제품을 개발하는 경우 신제품 개발전략이 수행되는데 그 유형으로는 선제전략, 대응전략이 있다. 선제전략은 새로운 제품을 경쟁기업보다 먼저 개발하는 것을 말하고, 대응전략은 경쟁기업의 제품에 대응하여 자기 기업의 제품을 보호하거나 경쟁우위를 점하기 위하여 제품개발에 임하는 전략을 말한다.

③ **제품수명주기(PLC ; Product Life Cycle)** : 제품수명주기란 어떤 제품이 시장에 도입되어 수용되고 보급된 후 시장의 기호에 맞지 않아 생산 또는 판매가 중단될 때까지의 시간적인 과정을 말하며, 그 과정은 도입기, 성장기, 성숙기 그리고 쇠퇴기의 단계를 거치게 된다.

제품의 도입기에는 잠재고객들에게 제품에 대해 적극적으로 인지시키고 촉진활동을 통하여 소비자들의 구매 욕구를 증진시키는 전략이 필요하고, 제품의 성장기에는 소비자들의 반복구매 및 새로운 소비자 유입을 위한 시장점유율 확대와 브랜드 가치 강화가 필요하다. 한편 제품의 성숙기에는 확장된 시장점유율 및 적정이윤의 유지를 위한 전략으로 시장 확대, 제품수정, 재포지셔닝 등의 조치가 취해져야 하고, 쇠퇴기에는 수확, 철수, 재활성화 중 어느 하나를 선택하는 전략이 필요하다. 따라서 기업은 앞서 매출액, 시장점유율, 비용, 이익추세 등을 정기적으로 검토하여 그 제품이 어느 위치에 있는지 여부를 확인해야 하며, 그 후 특정 제품의 수확 및 철수에 대해서도 신중히 결정해야 한다.

(2) 가격(Price)전략

가격은 마케팅 믹스의 핵심요소인 4P 가운데 마케팅과 가장 밀접하게 연관되어 있는 요소로서 제품 또는 서비스를 제공받은 소비자가 반대급부로서 판매자에게 주는 유형적, 무형적 가치의 총합을 의미하며, 가격의 변화에는 소비자뿐만 아니라 경쟁기업도 매우 민감하게 반응한다. 가격을 결정하는 과정은 가격결정 목표의 설정, 수요추정, 비용추정, 경쟁제품의 비용과 가격분석 등을 거치게 된다. 그리고 제품단위당 가격이 제품단위당 평균가격을 초과해야 이익이 발생한다. 지나치게 저렴한 제품가격은 제품의 이미지에 손상을 입힐 수 있으며, 지나치게 비싼 제품가격은 소비자의 접근성을 제한하거나 시장진입을 어렵게 할 수 있다. 가격을 결정하는 방법에는 비용 지향적 가격결정, 경쟁 지향적 가격결정, 수요 지향적 가격결정이 있다. 비용 지향적 가격결정은 비용 대비 수익의 관점에서 마진 확보, 목표수익 확보 등을 고려하여 가격을 결정하는 것으로 객관적이기 때문에 판매자와 소비자가 쉽게 수용 가능하다는 장점이 있으나 생산과 수요함수에 대한 고려가 부족하다는 단점이 있다. 경쟁 지향적 가격결정은 자기 기업제품의 원가나 수요보다는 경쟁기업의 가격을 근거로 자기 기업제품의 가격을 결정하는 것이고, 수요 지향적 가격결정은 가격에 따라 반응하는 소비자의 행동을 고려하여 가격을 결정하는 것이다. 한편 가격의 결정에는 제품의 수명주기와 제품 포지셔닝이 함께 고려되어야 한다.

(3) 유통(Place)전략

소비자의 욕구충족을 통한 소비자 만족을 위해 제품의 생산으로부터 판매, 소비에 이르기까지 공간적, 시간적 괴리를 없애고 교환거래를 연결해 줌으로써 가치를 창출하는 활동을 유통이라 하며, 제품이 생산자에서 소비자에게 넘겨지기까지의 경로를 유통경로라고 한다. 다품종 소량생산을 통한 기업 간 판매경쟁이 치열한 오늘날, 기업들은 신제품을 출시하고도 소비자에게 접근하기 어려운 요인들을 분석하여 유통과정에 대한 통제력과 소비자의 구매편의를 위한 유통경로를 체계적으로 설계함으로써 이윤을 극대화하기 위한 노력을 다하고 있다. 유통경로는 경로서비스에 대한 고객욕구의 분석, 유통경로 목표의 설정, 경로 커버리지 전략의 결정, 경로길이의 결정, 개별 경로구성원의 결정단계를 거쳐 설계된다.

경로커버리지란 유통집중도를 말하는 것으로서 경로커버리지 전략에는 집중적으로 가능한 한 많은 점포들이 제품을 취급하도록 하는 집중적 유통전략, 일정한 지역에서 한 점포가 제품을 독점적으로 취급하도록 하는 전속적 유통전략, 특정지역 내에 제품을 적극적으로 취급하기를 원하는 중간 유통기관 중 일정 자격을 갖춘 유통기관에 제품을 취급하도록 하는 선택적 유통전략이 있다.

(4) 촉진(Promotion)전략

촉진전략이란 기업이 의도적으로 예상소비자, 고객의 수요와 욕구를 환기하고 증진시키고자 하는 모든 활동과 관련된 전략을 말한다. 기업이 촉진전략을 수행하기 위한 수단으로는 광고, PR, 인적 판매, 판매촉진 등이 있다. 광고란 기업이 대가를 지불하고 제품, 서비스, 아이디어 등을 매체를 통해 소비자에게 알리고 구매를 자극하는 형태의 촉진활동을 말하고, PR(Public Relations)이란 홍보 등을 통해 기업과 기업의 제품에 대한 소비자의 호의적인 태도나 의견을 조성하기 위해 이루어지는 다양한 형태의 커뮤니케이션 활동을 말하며, 인적 판매란 기업이 자사의 인적 구성원을 통하여 잠재적인 고객에게 직접 자사의 제품을 소개하여 판매하는 활동을 말한다. 그 밖에 소비자의 수요와 욕구를 환기하고 증진하는 모든 활동을 판매촉진이라고 한다. 촉진전략의 수행은 상황분석, 목표수립, 촉진예산결정, 촉진수단관리, 평가와 통계 등의 과정을 거치게 된다.

3 마케팅 전략 분석기법

(1) SWOT 분석

SWOT 분석이란 강점(Strength), 약점(Weakness), 기회(Opportunity), 위협(Threat)의 요인을 분석하는 것이다. 내부환경의 강점과 약점을 분석하고 외부환경에서 오는 기회와 위협을 분석하여 기업이 마케팅 전략을 수립할 수 있도록 실행하는 과정이다. 대부분 기업의 내부환경은 통제 가능한 부분이지만 외부환경은 통제에서 벗어난 부분들이 많기에 외부환경을 제대로 파악하고 진단하여 이를 내부환경에 대응시켜 효과적인 마케팅 전략을 세우는 것이 SWOT 분석의 목적이라 할 수 있다.

① SWOT 전략의 유형

시장환경의 기회와 위협을 자사의 강점과 약점에 대응시켜 효율적인 마케팅 전략을 수립하는 것이 중요한 성공요인이라고 볼 수 있다.

S : 우리의 강점은 무엇인가?	W : 우리의 약점은 무엇인가?
O : 우리에게 기회는 무엇인가?	T : 우리에게 위협은 무엇인가?

[SWOT 분석]

㉠ S/O(강점/기회) 전략 : 가장 유리한 전략으로 성공 가능성이 가장 크다. 시장 기회를 선점하는 전략이나 제품의 라인을 늘려가면서 시장을 확장하고 제품의 다각화를 꾀하는 전략을 추구할 수 있다.

㉡ W/O(약점/기회) 전략 : 자사의 핵심 역량을 강화하여 시장 기회를 포착하거나 자사의 핵심 역량을 보완하는 제휴 전략을 선택할 수 있다.

㉢ S/T(강점/위협) 전략 : 기존에 경쟁하던 시장에 더 깊이 침투하여 안정된 시장을 확보하거나 제품 계열을 확충함으로써 다양한 위험을 예방하는 전략을 선택할 수 있다.

㉣ W/T(약점/위협) 전략 : 기업이 가장 회피하고 싶은 상황으로 제품과 시장을 재구축해 제품 시장을 집중화하는 전략을 전개하거나 일시 축소하거나 매각 처분 및 철수하는 전략을 선택하게 된다.

(2) BCG 매트릭스

1970년대 초반, 보스턴컨설팅그룹에 의해 개발된 것으로 기업이 경영전략을 수립하는 데 있어서 기본적인 분석도구로 활용하는 사업 포트폴리오 분석기법이다. 자금의 투입, 산출에 있어서 사업이 현재 처해있는 상황을 파악하여 상황에 따른 대처방안을 알아내기 위한 분석도구로 성장-점유율 매트릭스(Growth-Share Matrix)라고도 불린다. 산업을 성장률과 점유율로 구분하여 4가지로 분류한다.

① 4가지 산업분류

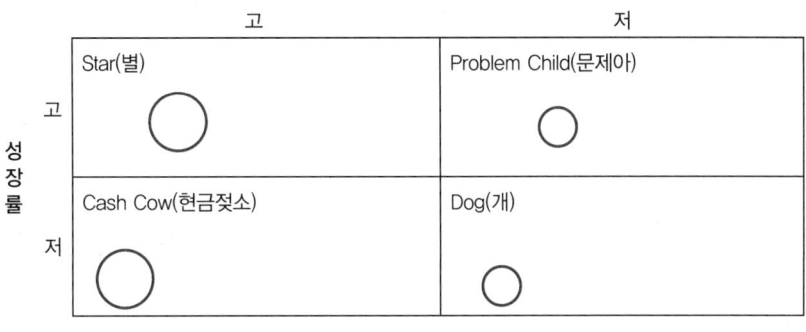

㉠ 문제아(Problem Child) : 아직 태동기에 있어 성장가능성만 있는 단계로 벤처회사나 신규사업팀, 기획단계의 상품들이 이에 해당한다. 이 단계의 사업은 조만간 본격적인 실행에 들어갈 것인지, 포기할 것인지를 판단해야 한다.

㉡ 별(Star) : 성장률도 대단히 높고 시장점유율도 높아 사업유지전략을 세워야 하는 단계이다.

㉢ 현금젖소(Cash Cow) : 성장률은 높지 않지만 시장점유율이 높은 사업으로 기업은 투자를 줄이는 수확전략을 쓰게 된다.

㉣ 개(Dog) : 성장도 없고 시장점유율도 낮은 사업으로 손해를 보는 경우가 많아 철수전략의 대상이 된다.

② 전략적 분석

BCG 매트릭스에서는 현금젖소사업에서 나온 자금을 문제아사업 중에서도 가장 잠재경쟁력이 있는 사업을 골라 시장점유율을 높이기 위한 투자로 옮겨 별사업으로 만드는 방안이 가장 좋은 방안이다. 별사업은 다시 현금젖소사업으로 변하여 또 다른 별사업에 대한 투자지원을 하게 되므로 문제아, 별, 현금젖소의 투자순환이 이루어진다. 반면 개사업에 계속 투자를 하는 것은 투자의 효율성을 떨어뜨리므로 사업실패로 이어질 가능성이 많아 철수하는 것이 타당하다.

(3) GE 매트릭스

'BCG 매트릭스'의 한계점을 보완하고자 GE(General Electric)사와 Mckinsey Company에서 개발한 'GE 매트릭스'라고 불리는 이 포트폴리오 모델은 시장의 가능성, 규모, 매력성, 사업의 현재 위치 등 보다 다양하고 많은 정보를 포함하고 있기 때문에 효과적이고 정확한 의사결정을 도울 수 있다. 시장의 매력도를 고·중·저로 나누고, 사업의 강점에 따라 강·중·약으로 구분하여 전략적으로 사업단위를 비교한다.

		경쟁적 위치(사업의 강점)		
		강	중	약
시장의 매력도	고	위치확보 유지전략	기반조성 투자전략	선택적 조성전략
	중	선택적 조성전략	선택적 수익성 관리전략	제한적 확대 또는 회수전략
	저	지속과 재집중화전략	수익관련전략	철수(탈락)전략

3장
소비자정보의 구축 및 활용

01 소비자정보의 구축
02 소비자업무와 업무정보모델이 분석
03 소비자모니터링
04 소비자정보의 분석

지식에 대한 투자가 가장 이윤이 많이 남는 법이다.

– 벤자민 프랭클린 –

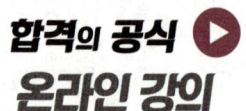

보다 깊이 있는 학습을 원하는 수험생들을 위한
시대에듀의 동영상 강의가 준비되어 있습니다.
www.sdedu.co.kr → 회원가입(로그인) → 강의 살펴보기

3장 소비자정보의 구축 및 활용

소비자전문상담사 Consumer Adviser Junior

01 소비자정보의 구축

1 소비자정보의 개관

(1) 소비자정보의 개념 및 필요성

소비자정보란 소비자가 의사결정을 하는 데 사용될 수 있도록 의미 있고, 유용한 형태로 가공된 내용을 말한다. 즉, 소비자 의사결정 시 불확실 정도를 감소시키며 현재 및 미래의 의사결정에서 소비자 자신의 욕망충족 및 기타 목표달성에 유용하고 유의성 있는 가치를 지니는 정보이다. 이는 일반적으로 미분석, 미처리된 사실 등을 모두 모아놓은 상태의 원시적 자료인 데이터와 구분된다. 소비자정보는 구매의사결정의 투입요소로 작용하여 대체한 평가의 불확실성을 해소해 주고, 구매 후 인지적 부조화를 최소화시켜 줌으로써 소비자 효율성이나 구매 후 만족을 증대시켜 준다. 따라서 소비자가 시장에서 주체적 지위를 확립하고 실질적 이익을 확보하기 위해서는 사실에 준거하고 주관적 편견이 없는 객관적이고 신뢰할 수 있는 소비자정보의 제공과 획득이 필수적이다.

(2) 소비자정보의 특성

소비자정보는 비귀속성, 비대칭성, 이용능력에 따른 효용성, 결합성, 비소비성과 비이전성, 공공 재석 특성을 갖는다.
① **비귀속성** : 소비자정보는 정보제공자가 정보를 제공한다고 해도 해당 정보의 채택여부는 소비자의 판단에 맡겨져 있다.
② **비대칭성** : 소비자정보는 같은 정보라 하더라도 판매자와 소비자 간 전문적 지식이 차이로 인해 이해도가 다르며 이를 소비자정보의 비대칭성이라 한다.
③ **이용능력에 따른 효용성** : 소비자정보는 이용자의 사전지식 정도에 따라 효용성과 정보의 가치가 다르다.
④ **결합성** : 소비자정보는 결합되고 가공되어 새로운 정보를 생성해내는 결합성을 갖는다.

ⓢ 비소비성과 비이전성 : 소비자정보는 그 정보를 타인에게 양도한다고 하더라도 사라지지 않는다.
ⓢ **공공재적 특성**
  ㉠ 개념 : 소비자정보는 공공재적 특성을 가지고 있기 때문에 일반적인 재화와는 달리 그것이 얼마만큼 공급되든지 간에 일단 공급되기만 하면 공급자가 누구이든 모두가 아무 불편이나 효용의 감소 없이 공동으로 이용할 수 있는 성질, 즉 비배타성과 비경합성을 가지고 있다.
  ㉡ 무임승차의 문제 : 공공재적 특성으로 인하여 모든 소비자가 소비자정보를 필요로 하지만 다른 누군가가 그러한 소비자정보를 획득하여 제공해 주기만을 원할 뿐, 스스로는 이를 위한 시간과 비용을 들이지 않으려 하는 성향을 나타내는 것이다.
  ㉢ 소비자정보정책 : 소비자정보의 공공재적 특성 때문에 시장의 자율적인 기능을 통해서는 소비자정보가 충분히 공급될 수 없으므로, 정부가 적극적으로 나서서 소비자정보를 생산하고 분배하여 주는 소비자정보정책을 펼쳐야 한다.

소비자정보의 공공재적 특성
- 비배타성
- 비경합성

소비자정보의 공공재적 특성의 문제와 해결책
- 무임승차의 문제
- 정부의 적극적 소비자정보정책

2 소비자정보의 구축

소비자는 무한한 욕구와 욕망 속에 제한된 자원으로 그 욕구와 욕망을 충족시켜야 하는 소비자경제문제에 직면하여 광범위한 시장거래에 참여한다. 즉, 소비자가 자신의 다양한 욕구와 욕망을 충족시키기 위해서는 매우 다양한 제품과 서비스를 필요로 하고 그 결과 다양하고 광범위한 거래를 해야 하는 소비자는 제한된 범위의 제품과 서비스에서 전문성과 조직력을 발휘하는 사업자에 비해 매우 비전문가적인 입장에 서게 된다. 이와 같은 상황에서 상품과 서비스의 구매와 사용에 따른 소비자의 재정적·심리적 불확실성의 회피 및 위험을 감소시키기 위해 소비자정보의 구축이 무엇보다도 필요하다.

(1) 소비자정보가 기능을 다하기 위한 요건

소비자정보가 정보의 효용성을 갖고 소비자정보로서의 기능을 다하기 위해서는 적시성, 신뢰성, 명확성, 경제성, 접근가능성, 저장가능성이 필요하다.

① **적시성** : 소비자정보는 소비자가 정보를 필요로 하는 짧은 시간에 내에 구매의사결정에 도움이 될 만한 최근의 것으로 얻어낼 수 있어야 한다.
② **신뢰성** : 소비자정보는 사실에 근거한 정확한 것이어야 하고, 의도적이든 비의도적이든 왜곡되거나 편파적으로 제공돼서는 안 된다.
③ **명확성** : 소비자정보는 명확하고 쉽게 이해될 수 있어야 하며, 정보제공자와 소비자 간에 명확한 의사전달이 이루어져야 한다.
④ **경제성** : 소비자정보는 적은 비용으로 획득 가능하여야 한다.
⑤ **접근가능성** : 소비자정보는 소비자가 그 정보를 필요로 할 때에 획득이 가능해야 하고 누구든지 획득할 수 있어야 한다.
⑥ **저장가능성** : 소비자정보는 보관해 두었다가 필요할 때에 다시 사용할 수 있어야 하며, 재사용 시 처음과 같은 효용을 얻을 수 있어야 한다.

(2) 소비자정보의 탐색

① **소비자정보 탐색행동**

소비자는 누구나 먼저 내부적으로 자기가 알고 있는 지식을 근거로 하여 상품선택을 위해 구매와 관련된 정보를 찾게 되고 여기에서 부족한 것은 외부정보원에서 찾아보게 되는데, 이와 같은 내·외적 행동을 정보 탐색행동이라고 한다. 구매력이 있는 모든 소비자가 정신적·육체적으로 쓸모 있고 바람직한 의사결정을 하기 위해서 여기저기서 필요한 정보원을 찾고 있는 것이다. 소비자는 자기행동을 통하여 우발적이거나 충동적으로 구매를 하려는 경향도 있지만 합리적 의사결정에 의하여 대부분 여러 가지 생각을 하면서 제품을 비교·평가한 후 최종 구매선택을 하게 되는 것이다. 소비자가 문제해결의 과정에서 활용할 수 있는 소비자정보를 획득하는 방법은 크게 정보탐색에 의한 방법과 정보흡수에 의한 방법으로 구분할 수 있다. 소비자정보가 제공되는 원천으로 광고나 제품 자체 또는 판매원과 같은 마케터들이 있다.

② **디지털 소비자정보**

최근 디지털사회에서는 인터넷이라는 새로운 매체가 등장함에 따라 이러한 소비자정보의 제공·획득·활용의 방식이 혁명적으로 변화하였다. 디지털방식은 정보형태와 관계없이 동일한 저장방식과 재생방식을 필요로 한다. 그러므로 영상, 소리, 문자 등 외형상 다른 형태의 정보라도 전송이나 인출방식이 컴퓨터라는 동일한 매체를 통하여 이루어진다. 따라서 디지털정보는 디지털코드로 환원되어 저장, 처리, 전달될 수 있는 모든 자료의 연관으로 파악할 수 있다. 종례외는 다른 형태의 정보수집, 처리와 가공, 전송, 분배, 이용 등이 가능해진 이른바 뉴미디어를 통해 자유롭게 전달될 수 있는 것이다.

㉠ 긍정적 영향

㉮ 소비자가 사업자와 대등한 교섭력을 가질 수 있는 정보를 제공받아 소비자와 사업자가 대등한 정보력을 갖게 되어 시장의 효율성을 달성할 수 있다.

⑭ 소비자가 시간과 공간을 초월하여 전국적인 판매망에 있어서의 상품정보와 가격정보를 접할 수 있으므로 상품을 좀 더 저렴하게 접할 수 있다.
㉮ 소비자가 디지털 소비자정보를 거의 비용 없이 소유할 수 있게 됨으로써 소비시장의 주도권이 소비자중심으로 재편된다.
ⓛ 부정적 영향
㉮ 디지털 소비자정보는 컴퓨터 장비와 인터넷 서비스를 제공받을 수 있어야 획득할 수 있기 때문에 소비자의 지불능력과 이용능력에 따라 정보 불평등구조가 형성될 가능성이 있다.
㉯ 기업이 이익실현을 위해 소비자정보를 왜곡하거나 일정 층의 소비자를 위한 정보제공에 편중한다면 정보왜곡 상태를 초래한다.
㉰ 이외에 정보의 과부화, 정보격차, 정보결함, 프라이버시 및 개인정보침해, 정보범죄, 정보재산보호 미흡, 비용의 문제 등이 나타난다.

③ 인터넷상 가격비교

소비자정보 중 가격비교사이트를 통한 효과적인 가격비교 방법은 다음과 같다.
㉠ 구매하고자 하는 상품의 범주를 미리 정하고 검색을 시작한다.
㉡ 구매하고자 하는 상품을 특정하고 사이트별 가격 검색을 한다.
㉢ 구매하고자 하는 상품의 품질 등에 관한 정보를 검색하기 위해 소비자단체 사이트나 구매후기를 확인하여 해당 물품을 소비해 본 소비자들의 경험이나 불만을 검색한다.
㉣ 가격정보 사이트별 소비자정보의 제공형식이나 검색방식이 다소 상이하므로 가능한 한 많은 가격정보 사이트를 방문해서 비교·분석한다.
㉤ 컴퓨터제품이나 전자제품 등 특정상품은 전문매장에서 특화된 가격정보를 얻는다.
㉥ 가격정보 이외에 운송료, 애프터서비스의 조건, 사양, 부가세의 포함여부, 배송기간 등 종합적인 정보를 통해 가장 합리적인 소비선택이 이루어지도록 한다.

(3) 소비자정보의 기능

① 일반적 기능
㉠ 소비자선택의 기회 확대 : 재화와 서비스가 복잡·다양화되는 상황에서 소비자정보는 소비자의 올바른 선택의 기회를 확대시켜 주는 데 의의가 있다.
㉡ 소비자만족의 증대 : 공급자 간 경쟁이 심화되고 거래의 방법도 방문판매, 통신판매, 할부, 신용, 전자화폐, 다단계 등 새롭게 등장하거나 다양화되고 있는 상황에서 소비자정보는 소비자의 만족을 증대시켜 줄 수 있는 데 의의가 있다.
㉢ 소비자불만족의 해소 : 소비자는 소비자교육을 통하여 많은 소비자정보 가운데 양질의 소비자정보를 선별하여 취할 수 있으므로 소비자불만족을 해소할 수 있는 데 의의가 있다.
㉣ 소비자 자신을 보호할 수 있는 수단이자 힘 : 소비자정보는 복잡·다양한 소비자문제의 해결은 물론 소비자 스스로 자신을 보호할 수 있는 수단이자 힘으로서 의의가 있다.

② 구체적 기능

소비자정보는 소비자의 만족을 높이고, 소비자 주권을 실현하는 데 의의가 있다. 제품평가기준과 대체안의 장단점에 관한 정보는 보다 나은 선택에 직접적인 도움을 주고, 제품의 올바른 사용방법은 이용과정에서 제품의 기능을 충분히 활용할 수 있도록 해준다. 또한, 올바른 관리방법은 제품을 오랜 기간 사용할 수 있도록 해줌으로써 화폐가치의 효용을 극대화시켜 준다.

3 소비자정보 시스템

(1) 소비자정보 시스템의 필요성

오늘날 정보는 어느 누구에게나 필요한 것이고 중요성은 더욱 증대되고 있으며, 정보 없이는 한시도 살아갈 수 없는 시대로 변모해 가고 있다. 그중에서도 정보의 효율적인 관리를 필요로 하면서 정보의 욕구가 가장 요구되는 곳이 기업과 소비자이다. 정보화는 컴퓨터, 통신 등의 하드웨어만으로는 불가능하며, 실제 유통되는 정보와 상호보완관계가 유지되어야만 가능하다. 정보화는 기업 내에서 발생하고, 보유하고 있는 정보들을 효율적으로 관리하고 정보를 재창조하고 이를 활용할 수 있는 정보관리체계가 성숙되어야만 가능한 일이다. 정보란 소비활동에서 없어서는 안 될 가장 기초적이고 기본적인 요소인 동시에 합리적이고 효율적인 소비를 위하여 소비와 관련된 정보들을 보다 신속하고 정확하게 입수하기 위한 것이다.

(2) 소비자정보 시스템의 구성

일반적으로 데이터베이스는 편리하게 검색하기 위하여 조직된 관련 데이터의 포괄적인 수집체로서 컴퓨터를 이용하여 검색할 수 있도록 체계적으로 구성한 것이라고 할 수 있다. 따라서 데이터베이스는 분야별·분류별로 관련되어 있는 모든 종류의 정보들을 컴퓨터를 이용하여 편리하게 검색하려고 체계적으로 정리·축적하기 위한 것이기 때문에 정보분석이 선행되어야 한다. 데이터베이스 시스템의 하드웨어나 소프트웨어는 비교적 단기간에 평가되기 용이하지만, 시스템 내의 데이터에는 시스템 운영에 필요한 최소한의 정보가 축적되어야 한다. 또한 등록되어 있는 정보의 질이나 정보의 이용 측면에서 평가되어야 하므로 단기간 내에 평가하기는 어렵다. 따라서 데이터베이스의 필요성이 증대되어 구축에 착수하게 되면 수년간의 데이터를 축적하여야만 효용성이 증대되므로 장기적인 비전을 가지고 구축되어야 하며, 데이터베이스는 모든 사람이 활용하기 쉬운 시스템으로 많은 정보이용자를 확보하는 것이 필요하다.

① 고객콜센터 시스템

고객의 주문 및 불만이나 의견 등을 처리하고 데이터화·관리하며, 텔레마케팅과 사후 마케팅을 수행한다. 고객관리는 물론 의사결정을 지원하는 역할도 담당하므로 그 중요성이 증가하고 있다. 고객콜센터 시스템은 고객설문조사·분석, 인바운드·아웃바운드 성과, 콜관리·분석, 부서별 고객만족도 조사 등 활용 폭이 매우 넓다.

② 고객정보관리 시스템

새로운 고객의 정보를 입력하는 것에서부터 출발해서 데이터베이스 마케팅 관리, 고객응대의 처리, 주문 및 콜의 처리, 고객의 이탈 방지와 중요도 체크 등의 활동을 통해 양질의 마케팅활동을 수행한다.

③ 성과분석 시스템

조직의 생산성, 효율성, 활동의 수익성, 고객만족도 등을 측정한다. 근래에 들어서 성과분석 시스템은 분석의 측면을 탈피해 차별적 방법들이 시도되고 있다. 성과분석 시스템은 활동결과를 수치화하고 분석하여 앞으로의 활동전략을 개선할 수 있는 기능을 담당한다.

02 소비자업무와 업무정보모델의 분석

1 소비자상담 조직관리

소비자상담 조직관리란 기업 또는 소비자상담의 목표를 달성하기 위해 조직구조, 행위, 조직과정 등의 환경과 상호유기적인 관련을 맺으면서 상호작용하는 개방시스템을 말한다. 소비자상담조직의 구조란 조직의 구성원 간에 이루어지는 상호작용의 틀을 말하고, 행위는 조직 구성원의 특성에 적합한 조직의 구조가 존재할 때 그 조직은 적절한 구성원 행동의 활성화를 통하여 조직목표의 달성이 가능하게 된다는 의미이다. 또한 조직의 목표달성을 위해 구성원은 개인으로서 하는 행위뿐만 아니라 서로 간에 일련의 상호작용을 하게 되는데 이러한 상호작용을 조직의 과정이라고 한다.

(1) 소비자상담조직의 설계

소비환경이 급속히 변화하는 환경에 있어서 기업은 고객만족을 통한 이윤극대화를 위하여 외적 환경에 적응함과 동시에 다른 한편으로는 구성원의 만족을 구할 수 있는 생산적인 일을 부과하여야 한다. 이 중 전자가 조직설계 및 관리의 문제로서 이는 외부적 환경의 변화를 수용하는 과정에서 이루어지는 조직 및 직무의 변화방향에 여러 가지 제약조건 등을 모두 고려해야 한다. 조직은 그 조직을 둘러싸고 있는 환경에 따라 조직의 구조, 행위 및 과정 등의 3요소를 적절히 결합시키게 되며, 이에 따라 각 조직의 특성은 독특하게 형성된다. 소비자상담조직은 기업조직 내 운영방식에 따라 중앙 중심적 운영과 지역 집중식 운영으로 나뉘며, 그 외에 기업조직 내 위치에 따라 여러 가지로 분류된다.

① 기업조직 내 운영방식에 따른 분류
   ㉠ 중앙 중심적 운영
       소비자상담조직의 중앙 중심적 운영은 효율성이 높고 전산화될 수 있으며, 성과측정이 쉽고 부서의 전문화를 꾀할 수 있다. 또한 정책과 과정을 적용하는 데 있어서 원칙을 고수할 수 있고, 최고경영자에게 접근이 용이하며, 대량생산체제에 적합하다는 장점이 있다. 이에 비하여 특정지역이나 지역적 욕구에 민감하게 대응하기 어렵고, 고정원칙을 모든 지역이나 시장에 맞출 수 없다는 단점이 있다. 뿐만 아니라 현장실무분야의 경험이 미약하고 지나치게 구조적인 접근으로 개인의 창의력 발휘가 어렵다.
   ㉡ 지역 집중식 운영
       소비자상담조직의 지역 집중식 운영은 고객과의 밀접한 관계를 가질 수 있고 지역적 조건과 문제에 민감하며, 규모가 적어 적응에 유연할 뿐만 아니라 감각이 있다는 장점이 있다. 또한 다품종 소규모 생산에 적합하고 지역형 사업과 기관에 적합하다는 것도 장점이다. 그러나 중심적 지원이 어렵고 모든 지역에 일관적인 과정이나 정책을 적용하기가 어려우며 서비스 품질을 측정하고 원칙을 유지하기 어려울 뿐만 아니라 최고결정권자에게 접근이 쉽지 않다는 단점이 있다.

② 기업조직 내 위치에 따른 분류
   ㉠ 소비자상담부서가 조직 내 말단조직인 유형
       소비자상담 및 서비스 업무를 소비자의 불만처리 정도로 규정하고 있는 시스템으로 불만처리는 가능하나 유지 기능이 부족한 유형이다.
   ㉡ 소비자상담부서를 자극요인으로 고려하는 조직 유형
       소비자상담부서를 라인조직의 일부로 하여 다른 부서와 나란히 두는 시스템으로 소비자문제에 관한 정보수집과 피드백의 원칙이 시행된다.
   ㉢ 소비자상담부서가 최고경영자의 참모인 유형
       소비자상담부서를 다른 라인조직이 아니라 최고경영자의 참모로 보고 다른 부서와 독립시켜 영향을 받지 않는 위치에 두는 것으로 가장 이상적인 조직모형이라 할 수 있다.
   ㉣ 소비자상담부서를 기능에 따라 혼합적으로 운영하는 유형
       소비자서비스 부분의 기능 중 불만처리의 운영은 지점이나 영업소 등 판매 제1선에 이관하고, 그 외의 관리·지도·유지기능은 경영자의 참모진으로 본사의 소비자담당부서가 담당하는 시스템을 말한다.

(2) 소비자상담 조직구조의 기본유형

① 직능부제 조직

직능부제 조직은 기업 전체의 조직을 기능에 따라 분류시키고 소비자상담부서를 두어 소비자상담 및 서비스기능을 담당하도록 하는 것이다. 소비자상담 및 서비스에 관한 일을 하나의 관리자 아래에 집단화시킴으로써 소비자상담부서를 형성시키는 데 직능이 모든 조직구조 형성의 기본이 됨으로써 직능을 분화할 수 있다는 의미가 있으나 조직의 경직화, 정보소통능력의 결핍, 최고경영자에 대한 과다한 업무집중, 기업가적 인재육성의 한계 등의 문제점이 발생할 소지가 있다.

② 사업부제 조직

사업부제 조직은 기업 내에 소비자상담부서를 자주성을 갖는 통일적인 경영단위로 형성하는 것으로 기업환경의 변화, 경영의 다각화, 경영의 민주적 운영 등의 관점에서 채택되는 조직이다. 이 조직은 전략적 결정이 용이하고, 의사결정의 합리성을 확보할 수 있으며, 의사소통의 합리화 내지 경영의 자립성을 도모할 수 있다는 장점이 있다. 그러나 각 사업단위가 자기 단위의 이익만을 생각한 나머지 기업 전체에 손해를 줄 가능성이 있고, 조직변화의 구조적인 측면에 중점을 두므로 가치적·운영적인 측면을 도외시할 뿐만 아니라 자칫하면 적정규모를 무시하고 조직의 방만한 운영이 이루어질 수 있다는 단점이 있다.

③ 프로젝트 조직

프로젝트 조직은 조직을 둘러싼 환경이 복잡·다양해지고 지속적인 소비환경이 변화함에 따라 변화하는 환경에 적응하기 위하여 분화·전문화된 직무를 통합·조정한 시스템을 말한다. 이는 기업의 경영조직을 프로젝트별로 분화하여 조직화를 꾀한다는 의미가 있으나 프로젝트 자체의 계획을 수행하기 위하여 시간적으로 유한성을 가질 뿐만 아니라 기존 조직과의 사이에 갈등을 유발할 가능성이 있고 프로젝트의 성공과 실패가 구성원의 능력과 책임에 과중하게 의존한다는 단점이 있다.

④ 매트릭스 조직

매트릭스 조직이란 직능부제 조직과 프로젝트 조직을 통합하되 프로젝트 조직이 전통적인 직능조직의 상위에 위치하고 있는 것을 말한다. 양 조직이 유기적으로 결합하고 보완되면 큰 효과를 발휘할 수 있으나, 시스템이 제대로 작동하지 않으면 직능부제와 프로젝트 조직의 장단점이 서로 교차하게 된다.

(3) 소비자상담조직의 관리와 평가

조직관리란 기업 내에서 구성원들이 집단적으로 만들어내는 성과를 관리하고 평가함으로써 책임을 지는 일체의 행위를 말한다. 따라서 소비자상담조직의 관리라 함은 소비자상담조직 내 소비자상담원의 능력, 업무프로세스, 성과 등을 관리하고 평가함으로써 소비자상담조직이 존재하는 이유의 준거를 삼고, 궁극적으로는 소비자만족을 통한 기업이윤을 극대화하는 데 그 목적이 있다.

이를 위해 먼저 소비자상담조직이 미래에 이루어야 할 활동계획을 세우고 이를 지속적으로 관리하는 가운데 환경변화와 영향을 평가하는 것이 필요하다. 이 과정에서 기업의 새로운 목표를 창출할 수 있고, 각 업무에 따른 비용이 결정되며, 상담업무 및 조직의 조정이 필요할 수 있다.

2 소비자 관련업무

(1) 소비자업무 분석의 필요성

오늘날 조직구성원의 경우라 하더라도 그 가치관이 지속적으로 변화하여 욕구수준이 향상될 뿐만 아니라 다양화되고 있으므로 기업이 그 목표를 달성하기 위하여 구성원이 하는 일에 대한 업무분석 및 합리적인 업무분장이 이루어지지 않으면 안 된다. 이를 인사관리 측면에서 살펴보면 합리적인 인사관리를 위해 기업은 먼저 직무분석을 하여 직무를 정의하고 그 기준에 따라 필요한 인력의 선발·배치·평가·이동·훈련·보상이 이루어져야 한다는 것이다. 소비자상담조직에 있어 각 소비자상담원들이 행하는 업무에 대하여도 이러한 원리가 적용된다고 할 수 있다.

(2) 소비자상담의 업무내용

① 제품정보 및 각종 정보의 제공
  소비자상담부서는 제품의 유통과 올바른 사용방법, 구매방법 등 각종 정보를 소비자들에게 신속하고 정확하게 제공하는 역할을 한다.

② 소비자불만의 접수와 해결
  소비자상담부서는 소비자의 불만을 접수하고 관련 부서에 연락하여 신속하게 불만이 처리되도록 한다. 이외에도 대리점이나 영업점 등 평가 자료를 작성하고, 판매사원 및 신규매장 관련 소비자교육 등을 실시하기도 한다.

③ 소비자상담 자료의 정리·분석·보고
  정보제공 관련 상담, 구매 후의 불만 및 피해구제 상담, 소비자들이 의견이나 아이디어 수집, 각종 고객만족도 조사 등 상담결과를 토대로 이를 정리하고 데이터베이스화하여 분석한 내용을 최고경영진에게 보고하는 역할을 담당한다.

④ 소비자만족도 조사
  전화나 인터넷, 우편, 제품 내의 응모 등을 통해 소비자만족도를 조사하여 제품의 개발이나 서비스개선에 이를 반영하는 역할을 담당한다.

⑤ 고객관련 정보의 수집·분석
  기업제품에 대한 소비자들의 의견 및 고객들의 요구나 욕구를 파악하고 이를 기업경영에 반영하도록 하는 업무를 수행한다.

⑥ 고객관리와 사내·외 소비자교육

　소비자상담부서는 고객들에 대한 지속적인 관리를 통하여 시장의 수요를 유지하고, 차별적인 고객관리전략을 통하여 시장의 수요를 개발하는 역할을 담당한다. 그리고 사내·외 소비자교육을 통하여 고객의 중요성, 고객대응태도, 고객서비스 상담기술과 능력향상, 고객지향적 기업경영 등에 대한 교육을 실시한다.

⑦ 소비자단체, 소비자정책의 동향파악 및 대응책 마련

　소비자단체, 소비자정책의 동향을 파악하고 이에 대한 대응책을 마련한다. 즉, 소비자정책 동향이 신속하게 기업경영전략에 반영되도록 보고체계를 마련하고 이의 원활한 운영을 위한 노력을 기울인다.

03 소비자모니터링

1 소비자모니터링의 개념

　소비자모니터링은 기업이 소비자가 기대하는 수준의 서비스를 제대로 제공하고 있는지를 평가·점검하는 최상의 수단이고, 소비자서비스 수준이 지속적으로 유지되고 있는지를 확인할 수 있으며, 더 나아가 회사 전체의 수익극대화에 중요하고 가치 있는 정보를 획득할 수 있는 수단이다. 이를 통해 소비자만족과 소비자로열티(충성도)를 향상시켜 기업의 수익극대화를 이룰 수 있다. 특정한 대상에 대해 비판적인 안목에서 객관적이고 합리적인 방법으로 관찰·분석하여 관리 기준대로 되고 있는지 평가하고 문제점을 찾아내어 이를 개선·해결하기 위한 방안을 모니터링이라고 한다. 모니터 요원은 직접 소비자로서 체험을 하는 것으로 소비자들의 고충과 제안, 의견 등을 청취하여 소비자문제에 대한 발견과 해결방안을 모색하는 조사활동을 적극적으로 수행한다. 모니터의 조사활동에서 얻어진 자료를 토대로 소비자문제를 발견함으로써 이를 사회문제화, 여론화, 이슈화시킬 수 있으며 소비자들의 의견과 요구를 기업과 정부에 전달하여 제품향상을 꾀할 수 있고 정부의 소비자정책 수립에 제안이나 건의를 할 수 있다. 모니터링은 시기에 따라 사전모니터링, 사후모니터링으로 구분되고, 방법에 따라 방문모니터링, 전화모니터링, 비디오촬영 모니터링으로 구분되며, 모니터링 방법에는 인터뷰방법, 질문지이용방법, 실태조사법 등 소비자조사에서 사용되는 방법이 다양하게 이용된다.

2 소비자모니터링의 주체와 목적

(1) 소비자모니터링의 주체

① 소비자단체

소비자단체의 모니터 활동은 소비자의식조사 및 소비생활환경실태조사, 상품테스트, 시장조사 등 소비자 관련 문제에 대한 발견과 해결방안을 모색하는 조사활동이다. 또한 상품, 서비스뿐만 아니라 법이나 제도에 관한 부분도 포함된다.

② 기 업

㉠ 소비자와 거래처(특약점, 대리점, 납품업체)로부터 각종 고충과 제안의견 등을 접수하고 분석하여 경영개선에 도움이 되는 자료를 생산하는 것이다.

㉡ 소비자의 불만평가 등을 토대로 제품향상과 고객만족을 목표로 소비자의 의견을 청취하고 기업이 의도하는 대로 조정해 나가고자 하는 활동이다.

㉢ 회사이미지 및 회사제품에 대한 불만사항을 조기에 발견하여 회사가 시의적절하게 대응할 수 있다.

㉣ 소비자피해에 대해서도 단순처리보다는 이를 해결하는 과정에서 제품하자의 근본적인 원인을 적극적으로 규명함을 목적으로 해야 최대의 성과를 얻을 수 있다.

③ 정부 및 행정기관

정부의 소비자 관련 정책이나 소비자제도 등을 홍보하고, 모니터링 결과를 반영하기 위하여 행해지기도 한다. 예컨대 중소기업청의 제조물 책임에 대한 모니터링 조사는 제조물 책임법의 제정 및 개정에 중요한 자료로 쓰인다. 한국소비자원의 표시·광고 모니터링은 광고감시업무를 수행함으로써 기업의 허위적·기만적 광고에 대한 제재를 가하는 규제나 입법을 지원하고 기업 스스로 부당광고, 이해광고, 비윤리적인 광고를 자율 규제하도록 유도하여 최종적으로는 소비자 권익을 보호하고 소비자 피해를 예방한다.

(2) 주체별 소비자모니터링의 목적

① 소비자단체의 모니터링

㉠ 상품에 대한 문제점을 파악할 수 있다.

㉡ 중요한 소비자문제를 발견함으로써 사회문제화, 여론화, 이슈화시킬 수 있다.

㉢ 정부의 소비자정책 수립에 제안이나 건의를 한다.

㉣ 소비자들의 의견과 요구를 기업에 전달할 수 있다.

② 기업의 모니터링
　㉠ 소비자 만족을 높이는 소비자 만족 경영을 실천할 수 있다.
　㉡ 제품기획에 반영하여 제품을 개선하고 향상시킬 수 있다.
　㉢ 모니터링을 통해서 같은 종류의 불평 재발을 방지할 수 있다.
③ 정부 및 행정기관
　㉠ 소비자 관련 법과 제도를 홍보·확대시킬 수 있다.
　㉡ 사회의 소비자문제를 파악하고, 소비자를 보호하기 위한 방안을 설정할 수 있다.

3 모니터링 보고서의 작성

(1) 모니터링 결과에 대한 보고서 작성

보고서와 프레젠테이션은 서로 밀접하게 연관되어 조사결과를 보여주는 데 효과적이어야 하므로 포함될 내용은 서론, 표집, 연구방법, 조사결과, 효과 및 개선방안 등이다.

① **서론** : 한 페이지 이내의 분량으로 연구의 개요를 설명한다. 조사의 목적, 장소, 형태, 조사 시기, 표본의 수, 자료수집방법 등을 간단히 설명한다.
② **표집** : 표집방법과 조사대상 수, 소비자 자료 사용여부 등을 밝혀준다.
③ **연구방법** : 평가척도, 척도의 구성내용, 조사방법과 해당 방법의 선택이유, 면접원에 대한 훈련여부 등을 설명한다.
④ **조사결과**
　㉠ 중요한 조사결과는 표와 그래프를 이용하여 제시하되 각각에 간단한 설명을 덧붙인다.
　㉡ 요약적 단언문을 사용한다.
　㉢ 양적 데이터를 이용하여 전체적인 동향과 결과에 대한 통계치를 제시한다.
　㉣ 양적 데이터에 관한 부분은 그래프, 차트 등을 이용하여 시각적 효과를 나타내도록 한다.
⑤ **결론(효과 및 개선방안)**
　㉠ 조사자는 조사결과로부터 문제점, 해결점, 개선방안 등 어떤 결론을 도출해내야 한다.
　㉡ 조사의 목적을 달성했는지에 대한 평가를 내린다.

4 모니터링 결과의 활용

(1) 콜모니터링의 정의
① **콜모니터링** : 콜센터의 상담원과 실제 고객의 통화내용을 녹음하여, 녹음된 통화내용을 청취하면서 잘 기획된 평가기준표에 의해 상담수준을 평가·진단한 후 개별상담원의 장단점을 수치로 환산하여 구체적인 개선방안을 제시함으로써 콜센터의 생산성을 목적으로 하는 모니터링을 말한다.
② **콜모니터링 방법** : 공개모니터링과 비공개모니터링의 두 가지 방법이 있다.
  ㉠ 공개모니터링 : 관리자가 어떤 내용을 모니터링할 것인지, 목적은 무엇인지에 대해 상담사에게 미리 알려 준 뒤에 실시하는 것으로 이는 상담사의 상담능력을 평가할 수 있음은 물론 모니터링은 자신들을 감시하기 위해 비밀리에 한다는 상담사들에 대한 불신을 없앨 수 있는 장점이 있다.
  ㉡ 비공개모니터링 : 관리자들이 선호하고 있는 방법으로, 상담사가 평소에 고객과의 대화를 어떻게 수행하고 있는지를 정확하게 평가할 수 있다. 상담사들도 언제, 어떤 내용을 모니터링하는지 모르기 때문에 항상 주의하여 통화하는 습관을 갖게 되며 창의적인 상담기술을 스스로 개발하게 만드는 장점이 있다.

(2) 콜모니터링의 목적과 주된 요소
① **콜모니터링의 목적**
콜모니터링은 상담사의 고객서비스 수준을 평가하기 위한 최상의 측정수단일 뿐만 아니라 모니터링을 통해 콜센터는 물론 사회 전체의 수익을 향상시킬 수 있는 중요한 정보를 획득할 수 있다. 모니터링의 궁극적 목적은 고객만족과 고객로열티 향상을 통해 기업의 수익을 극대화하는 데 있다. 그러나 아직까지 대부분의 콜센터에서는 모니터링 프로그램을 단순히 상담사의 평가 또는 통제수단만으로 활용하는 것이 현실이다.
② **콜모니터링의 주된 요소**
모니터링 프로그램이 단순한 평가도구를 넘어, 통화품질 관리와 유용한 정보의 활용으로 고객만족, 고객로열티 향상을 통한 기업의 수익극대화 수단으로 활용되려면 대표성, 객관성, 차별성, 신뢰성, 타당성, 유용성 등의 6가지의 요소가 필수적이다.

㉠ 대표성

모니터링은 표본추출 테크닉이기 때문에 모니터링 대상콜을 통하여 전체 콜센터의 특성과 수준을 측정할 수 있어야 한다. 상담사의 개별적인 수준을 정확하게 측정하기 위해서는 모니터링 대상콜은 하루의 모든 시간대별, 요일별 및 그 달의 모든 주를 대표할 수 있도록 수행하여야 한다. 왜냐하면 상담원은 교대 후 콜을 막 시작했을 때와 가장 활발하게 콜을 할 때, 그리고 그날의 일을 마무리할 때 등 모두 다른 업무 리듬을 가지고 있기 때문이다. 따라서 각각의 경우를 모두 대표할 수 있는 모니터링 프로그램이 필요하다. 또한 모니터링 빈도는 콜센터의 업무 흐름, 콜의 양과 성격 등을 반영해야 한다.

㉡ 객관성

평가를 위한 모니터링의 경우 상담원들은 자신이 감시당하고 있다고 생각하거나 프라이버시를 침해당한다고 생각하여 심한 스트레스를 느끼게 되고 오히려 평상시보다 더 경직된 상태로 고객을 대하게 되는 경우가 많다. 이는 모니터링이 자신을 정당하게 평가하는 것이 아니라는 불신과 그 결과가 자신에게 도움이 되지 않는다는 선입견에서 비롯되는 것이다. 따라서 단지 평가만을 위한 모니터링이 아닌 상담원의 장단점을 발견하고 능력을 향상시킬 수 있는 수단으로 활용해야 하는데, 이때 가장 중요한 것은 편견 없이 객관적인 기준으로 평가하여 누구든지 인정할 수 있게 해야 한다는 것이다. 평가자가 모니터링 대상 상담원이 누구인지, 개인적인 상황은 어떠한지 너무 잘 알고 있을 때 편견이 발생하게 된다. 평가 시 편견은 슈퍼바이저에 대한 보상이 팀의 모니터링 결과에 의해 좌우될 경우에도 발생할 수 있는데 이때 모든 팀원들은 고객에게 제대로 서비스를 제공했는지에 관계없이 대다수가 높은 점수를 받게 된다. 따라서 모니터링이 객관성을 유지할 수 있도록 하는 방법이 프로그램 개발 시 반드시 고려되어야 한다.

㉢ 차별성

모니터링 평가는 서로 다른 기술 분야의 차이를 반드시 인정하고 반영해야 한다. 모든 콜에는 효과적인 대응행동과 비효과적인 대응행동이 있다. 모니터링 결과는 이러한 차이점을 반영해야 한다. 뚜렷한 차이를 분명히 정립하는 것은 각 콜의 강점과 약점을 아는 데 도움을 줄 수 있으며, 이러한 기준은 기대를 넘는 뛰어난 기술과 고객서비스행동은 어떤 것인지, 또 거기에 대한 격려와 보상은 어떻게 해야 하는지 등을 판단하는 데 도움을 줄 수 있다.

㉣ 신뢰성

평가는 지속적으로 이루어져야 하고 누구든지 결과를 신뢰할 수 있어야 하므로 평가자는 성실하고 정직해야 하며 업무능력이 뛰어나다고 인정받는 사람이어야 한다. 또한 언제, 누구를 대상으로 모니터링을 하더라도 확고하고 일관적이며 객관적인 기준을 가지고 있어야 한다. 또한 모든 평가자가 동일한 방법으로 모니터링을 해야 하며 누가 모니터링을 하더라도 그 결과가 큰 차이 없이 나와야만 신뢰를 획득할 수 있을 것이다. 이 두 가지 사항은 신뢰를 획득하기 위하여 모니터링 전 과정에 걸쳐 철저하게 지켜져야 한다.

ⓜ 타당성

　　　타당성은 고객들이 실제로 어떻게 대우를 받았는지에 대한 고객의 평가와 모니터링 점수가 일치해야 하고 이를 반영해야 한다는 것을 의미한다. 타당성은 모니터링 계획 수립 시 고려하여야 하며, 모니터링 평가표는 고객 응대 시의 모든 중요한 요소가 포함될 수 있도록 포괄적이어야 한다. 평가기준은 반드시 고객의 관점을 반영하여 고객을 만족시킬 수 있는 행동들을 높게 평가하고, 고객을 불만족시키는 행동들은 낮게 평가될 수 있도록 설정되어야 한다. 모니터링 프로그램의 타당성을 측정하기 위해서는 모니터링 대상콜의 고객만족도 조사를 정기적으로 실시해야만 한다.

　　ⓑ 유용성

　　　모니터링의 궁극적인 목적은 고객만족과 로열티 향상을 통한 수익극대화에 있는데, 위에서 제시한 다섯 가지 요소들은 대표적이고 객관적이며 신뢰할 수 있는 유용한 데이터를 만들기 위한 것이다. 즉, 가치 있는 정보를 확보하고 활용하기 위한 전 단계라고 할 수 있으며 궁극적으로 정보는 조직과 고객에게 영향을 줄 수 있어야만 가치를 발휘하게 된다.

(3) 상담원의 커뮤니케이션 품질평가항목

상담사의 커뮤니케이션 품질평가는 크게 인바운드 업무와 아웃바운드 업무를 중심으로 평가목적, 방법, 체크포인트 등을 달리해야 한다. 물론 인바운드, 아웃바운드, 혼합 상황, 복합 상황이 생겨나는 경우에는 인바운드와 아웃바운드의 동시상황처리평가가 이루어져야 한다.

① 인바운드에서는 상담사의 성향 중 인성, 전화 받는 태도, 음성·발성의 진지함과 정밀성, 친밀성, 인내력 정도를 중심으로 평가를 한다. 특히 고객의 질문이나 문의사항에 대해서는 상담의 본질에 대한 충분한 이해와 커뮤니케이션의 핵심사항이 이루어져야 한다.

② 아웃바운드에서는 진취적 성격, 상품·서비스 전문지식의 전달, 고객 설득능력, 경청과 공감, 피드백, 상황대응능력을 중심으로 평가를 한다.

③ 매니저나 수퍼바이저는 상담사에 대한 모니터링 평가 시에 다음과 같은 점을 종합적으로 고려하여 평가할 수 있도록 한다.

　㉠ 인성 자질(성격, 직업정신)
　㉡ 업무성향 자질(인바운드, 아웃바운드)
　㉢ 음성·발성적 자질(음성, 발음 기초)
　㉣ 커뮤니케이션 용어 및 대화수준 자질(대화인격 및 수준)
　㉤ 전문성 자질(제품, 서비스에 대한 설명과 대응)
　㉥ 고급자질(복합상황 대응능력, 불만사항 처리능력, 고객설득능력)
　㉦ 개인별 능력변화과정

(4) 콜모니터링 데이터의 활용

① 통화품질의 측정

모니터링 통화품질을 측정하는 가장 효과적인 방법이며, 생산성 측정과 마찬가지로 매우 중요하다. 모니터링을 통해 친절성과 정확성 등 모든 고객서비스 행동을 포함하여 고객만족과 고객로열티 요소들을 광범위하게 평가할 수 있다.

② 개별적인 코칭과 팔로우업

모니터링 데이터를 활용하여 콜센터 상담원 개개인의 특성에 맞는 개발계획을 마련하여 교육함으로써 전화상담 기술향상을 효과적으로 지원할 수 있다. 이때 유의할 점은 이러한 모니터링 내용의 피드백이 제때 정확하게 이루어지고 전화상담원의 행동을 변화시키는 데 코칭의 초점이 맞추어져야 한다는 것이다. 그리고 이러한 피드백은 지속적으로 이루어져야 한다.

③ 보상과 인정

모니터링이 6가지 기준(대표성, 객관성, 차별성, 신뢰성, 타당성, 유용성)에 따라 효과적으로 수행된다면 그 결과 데이터는 성과평가의 자료가 되며, 탁월한 성과를 보인 콜센터의 상담원에 대한 보상의 근거로 활용할 수 있다. 이러한 보상과 인정은 전화상담원들에게 확실한 동기를 부여할 뿐 아니라, 모니터링을 감시가 아닌 자신을 발전시키는 수단으로 인식할 수 있도록 해준다.

④ 교육 요구 파악

모니터링을 통해 드러난 평가자료를 근거로 전화상담원 개개인과 콜센터 전체의 교육 요구를 명확히 알 수 있다. 이를 통해 개별적인 자기개발 요구에 맞춰 교육을 실시할 수 있다.

⑤ 인력선발과정 수정

모니터링을 통해 드러난 개개인의 자질을 분석함으로써 선발과정에서의 문제점을 알 수 있다.

⑥ 업무과정 개선

모니터링 과정에서 고객의 다양한 소리(컴플레인, 클레임, 어려운 문제, 원하는 서비스 등)를 듣게 되며, 이 정보는 마케팅, 판매, 기술관련 부서에서 유용하게 활용될 뿐 아니라 업무과정 개선의 기회를 발견하게 해준다.

04 소비자정보의 분석

소비자정보의 분석 시에는 우선 컴퓨터에 입력된 정보나 기타 정보를 대상으로 의사결정을 위한 분석이 가능한가를 점검한다. 직접 소비자문제의 해결을 위해 본 분석을 실행하게 되는데 이 분석에서는 상호 관련성이나 변수들 간의 영향관계를 밝히게 되며, 이를 통하여 통계분석의 결과가 소비자문제를 해결하는 데 적합하도록 해석한다.

1 과학적 연구의 기본요소

(1) 연구문제

연구문제는 연구자로 하여금 과학적 탐구를 통해 해답을 구하도록 만드는 지적 자극이다. 연구자는 무엇을 연구할 것인지, 연구문제를 통하여 연구 활동의 범위를 정할 수 있다. 그러므로 연구문제는 명확성과 구체성의 조건을 갖추어야 하며 기존의 지식체계에 기여할 수 있고 시의적절한 것이 바람직하다.

(2) 분석단위

연구문제를 구성할 때 신중하게 고려해야 할 사항은 연구의 분석단위이다. 분석단위는 후속 연구설계, 자료수집·분석방법을 좌우한다. 분석단위는 원칙적으로 제한이 없으나 하나의 연구과정 안에서 분석단위를 이동시키는 것에 문제가 생길 수 있는데, 예를 들어 개인을 분석단위로 삼은 연구를 한 다음 집합에 대한 일반화를 시도하게 된다면 오류를 범하는 것이다.

① 생태적 오류(Ecological Fallacy) : 분석단위는 집합에 관한 것이었으나 그 결과를 개인에 적용하여 일반화시킬 때 범하는 오류를 생태적 오류라 한다.
② 개인주의적 오류(Individual Fallacy) : 환원주의적 오류라고도 하며, 생태적 오류와는 반대로 분석단위는 개인이있으나 결과 해석과 일반화는 집단의 수준에서 이루어질 때 오류를 범하는 것이다. 개인주의적 오류는 개인의 특성을 바탕으로 집단이나 사회적 성격을 설명하거나 예측할 수 없다는 것을 시사한다.

(3) 변수(Variable)

변수란 하나 이상의 값을 취함으로써 변할 수 있는 하나의 양 또는 질을 말하며, 각각의 값은 서로 다른 속성을 나타낸다. 그러므로 변수는 상호배타적인 속성들의 집합으로 표현될 수 있다. 예를 들어, 빨강, 노랑, 파랑의 속성은 서로 겹치는 부분이 없는 상호배타적인 속성들로서 '색'이라는 변수를 형성한다. 이때 각각의 속성에 1, 2, 3, … 등의 수치를 부여하여 사용한다.

하나의 변수가 체중이나 신장과 같이 연속적인 수량적 값을 가질 수 있을 때 즉, 양이나 크기를 나타내는 계속적인 수치로 표현할 수 있을 때 연속변수(Continuous Variable) 혹은 양적변수(Quantitative Variable)라 한다. 이에 반해 색이나 사회계층 등과 같이 질적으로 다른 값 또는 어떤 특정한 수치로만 표현할 수 있을 때 이를 불연속변수(Discrete Variable) 또는 질적변수(Qualitative Variable)라 한다. 연구자가 과학적 연구를 통해 설명을 하려는 변수는 종속변수(Dependent Variable)이며, 그 원인이 되는 것은 독립변수(Independent Variable)라 한다.

(4) 가설(Hypothesis)

주어진 변수들 간의 관계에 대한 최선의 가정적 해답 또는 추측을 내린 후 이를 가설로 만들어 실증적으로 검증함으로써 보다 확실한 해답을 구할 수 있다. 가설이란, 두 개의 변수나 그 이상의 변수들 사이의 관계에 대한 가정적 서술문이며 경험적으로 혹은 논리로써 증명이 가능한 명제(Proposition)이다. 가설은 연구문제에 대한 예측적 해답이 되며 경험적으로 평가된 후에 증명된다. 따라서 가설은 간단명료하면서도 변수들과의 관계가 뚜렷하게 명시되도록 하며 실증적으로 검증 가능한 것이어야 하고, 긍정 또는 부정될 수 있도록 서술되어야 한다.

2 통계분석

소비자조사는 다양한 방법들을 이용하여 정보를 획득하고, 여러 가지 분석기법으로 수집된 자료를 분석·해석하여 소비자정책의 수립 및 소비자문제 해결에 도움을 주는 일련의 과정을 의미한다. 정보를 분석하기 위해서는 일반적으로 정보의 유형, 조사설계, 통계량의 검정 및 이와 관련된 사항을 고려한 분석방법을 선택하여야 한다. 자료의 유형마다 어떠한 척도를 사용한 자료인가, 표본집단수 및 변수의 수는 몇 개이고 어떻게 구성되어 있는가에 따라서 사용될 수 있는 통계분석방법이 다르게 결정되기 때문이다.

(1) 통계분석 이전의 정보처리

소비자 관련 정보의 통계분석은 소비자문제에 관한 정보를 수량적으로 파악하여 통계적으로 수집·정리하여 실태를 밝히는 일을 말한다. 소비자 관련 정보조사를 통해 얻어진 원천 정보를 구체적으로 분석하기에 앞서 먼저 분석 가능한 형태로 정보를 변환하는 과정이 필요하다. 이는 일정한 조사과정을 통해 얻어진 정보라도 조사방법이나 내용이 불완전하다면 일부 정보 또는 모든 정보를 분석하기에 부적절한 경우도 있으므로 통계분석이 가능하도록 정보를 변환할 수 있다.

① 분석에 이용할 수 없는 정보

설문조사의 응답자료 중 통계분석에 이용할 수 없는 정보를 제외하고 분석을 실시하여야 한다. 분석에 이용할 수 없는 정보는 다음과 같다.

㉠ 설문에 대해 상당부분 응답이 없거나 중요 항목에 대한 무응답의 정보
㉡ 설문에 대한 이해가 제대로 되지 않은 상태에서 응답하였다고 의심되는 정보
㉢ 설문에 대해 같은 번호로 지속 응답하여 진지하게 설문에 응하지 않았다고 의심되는 정보
㉣ 설문지의 일부가 분실되어 표본추출의 정확성을 기할 수 없는 정보
㉤ 응답자가 설문에 성의 없이 임하여 유사질문에 대한 응답에 내적 일관성이 결여된 정보
㉥ 설문조사방법 및 계획된 절차에 따라 작성되지 않은 응답정보 등

② 정보의 코딩(Coding)

조사정보에 대한 통계분석을 보다 편리하게 하기 위하여 편집과정을 거친 응답을 수치화하거나 기호화하는 과정이 필요한데 이를 정보의 코딩이라고 한다. 정보의 코딩은 통계분석에 유용하도록 하는 것이므로, 설문과 코딩 그리고 통계분석은 일목요연하게 연계성을 갖도록 하여야 한다. 따라서 코딩의 경우에 통계분석이 가능하도록 가능한 한 숫자로 입력하는 것이 좋으며, 각 응답 항목들이 중복되어서는 안 될 뿐만 아니라 전체적으로 볼 때 모든 질문에 응답을 하여야 한다.

(2) 통계분석과 활용

조사된 소비자 관련 정보가 편집되고 코딩이 되면, 소비자정보의 조사목적이나 연구목적에 적합한 통계분석기법을 선택하여 분석하여야 한다. 소비자정보의 종류 및 특성에 따라 조사 초기단계인 조사설계와 설문지 작성단계부터 분석에 이용할 분석기법을 미리 염두에 두고 실행에 옮기는 것이 필요하다. 통계분석의 기법은 변수의 수, 변수의 성격, 측정의 종류, 모집단의 수, 표본의 독립성 등에 의하여 다음과 같이 분류된다.

① 표본추출

㉠ 모집단 : 일정한 특성을 공통으로 갖고 있는 개체들의 완전한 집합체를 의미하며, 연구결과를 적용할 수 있는 전체 표적시장

ⓒ 표본 : 모집단 안에 포함된 조사 대상자들의 명단이 수록된 목록을 의미하며, 특정 모집단으로부터 대표집단을 추출해내는 과정이나 방법인 표본추출(Sampling)을 통해 조사대상을 선정한다. 표본의 크기는 조사 결과의 일반화에 영향을 미치며, 조사에 있어서 소요되는 시간과 비용과도 연결된다.

ⓒ 표집방법 : 확률표집방법과 비확률표집방법으로 나눌 수 있다. 표집목록 내 요소들이 표본으로 추출될 확률이 알려져 있고 무작위로 추출할 때 확률표집이라 한다. 따라서 표본을 추출하기 전 표집목록 내에 속해 있는 연구대상에 대한 정보를 가지고 있어야 하며 이는 표본으로 추출될 확률을 밝혀줄 수 있는 정보를 입수할 수 있어야 한다는 의미이다. 이러한 문제점들로 인하여 확률표집이 용이하지 않을 수 있으며 비확률표집방법에 비해 더 많은 시간과 비용을 필요로 하기 때문에 종종 비확률표집방법을 선택하는 경우를 볼 수 있다.

확률표집방법	• 단순무작위표집법 • 층화표집법	• 체계적 표집법 • 군집표집법
비확률표집방법	• 편의표집법 • 눈덩이표집법	• 유의표집법 • 할당표집법

② 확률표집
  ㉮ 단순무작위표집법 : 모집단으로부터 모집단의 모든 표본단위가 선택될 확률이 모두 같도록 선택하는 방법
  ㉯ 체계적 표집법 : 단순무작위표집법을 다소 수정한 것으로 먼저 표본 간격을 결정한 다음 이 구간을 이용하여 모집단에서 표본을 추출하는 방법
  ㉰ 층화표집법 : 추정값의 표본오차를 감소시켜 표본의 대표성을 높이기 위하여 사용되는 방법으로 전체의 모집단에서 표본을 추출하는 것이 아니라 모집단을 일련의 하위집단들로 층화시킨 다음 적절한 수의 표본을 뽑아내는 방법
  ㉱ 군집표집법 : 표집단위가 개인이 아니라 군집 혹은 집단으로서 모집단이 매우 크며 단순무작위표집이나 체계적 표집이 불가능할 때 주로 이용되는 방법으로 집단단위로 표본을 추출하는 방법

⑩ 비확률표집
  ㉮ 편의표집법 : 표집이 용이한 대상을 표본에 포함시키는 경우로 필요한 정보를 빨리, 그리고 값싸게 수집하기 위하여 손쉽게 이용 가능한 대상만을 선택하는 표집방법
  ㉯ 유의표집법 : 판단표집법, 의도적 표집법이라고도 불리는데, 모집단에 대한 연구자의 주관적인 사전 지식을 바탕으로 표본을 추출하는 방법. 이 방법은 연구자가 모집단에 대한 지식이 많을 경우에 유용
  ㉰ 눈덩이표집법 : 연구대상자가 또 다른 연구대상자를 소개하는 방법. 처음에는 표집대상이 되는 소수의 응답자들을 찾아내어 면접하고 다음 단계에서는 이들을 정보원으로 활용하여 비슷한 속성을 가진 사람들을 소개하도록 하여 수행함

㉣ 할당표집법 : 표집방법 중 가장 많이 쓰이는 방법으로 연구대상의 범주나 할당을 찾아내어 그 범주에 배당될 표본을 추출하는 방법. 모집단을 나이, 성별, 소득 또는 주소지에 따라 나누어 각 부문에 표본을 임의로 할당하는 방법

② **자료의 유형**
  ㉠ 정성적 데이터 : 성별, 크기 등 수치로 변환되지 않는 데이터를 의미한다.
  ㉡ 정량적 데이터 : 수치로 변환되는 데이터를 의미한다.

③ **측정과 척도**
  경험적 사실들의 관계를 좀 더 단순하게 파악하고 이를 바탕으로 이론을 정립하기 위해서는 척도를 이용하여 측정해야 한다.
  ㉠ 측정 : 추상적인 개념의 속성에 수치를 부여하여 실증적인 자료화를 추구하는 과정으로 특정 사물의 속성 가치나 수준을 결정하게 된다.
  ㉡ 척도의 4분류 : 측정 대상의 속성을 정확히 조사하여 적합한 숫자를 부여하고 이에 대한 정확한 해석을 하여야 하는데, 이때 측정의 수준 또는 형태라 불리는 척도는 4가지로 구분할 수 있다.
    ㉮ 명목척도 : 성별, 종교, 전화번호 등과 같이 두 개 이상 각기 다른 범주에 동시에 속할 수 없는 비연속 변수들을 의미하며 순서나 서열이 존재하지 않는다.
    ㉯ 서열척도 : 명목척도보다는 추상적인 성격을 지니고 있고 일정한 기준에 따라 순서나 서열을 나타낼 수 있으나 연산은 불가능하다.
    ㉰ 등간척도 : 각각의 서열뿐만 아니라 수치들 사이의 차이 정도가 동등한 정도를 의미하고 연산 가능한 수치자료로서 일정한 간격을 나타낸다.
    ㉱ 비율척도 : 가장 높은 수준의 척도로 등간척도와 거의 모든 특성에서 동일하지만 절대영점이 존재하는 데 차이가 있다.
  ㉢ 척도의 3분류
    ㉮ 리커트척도 : 태도측정법의 하나로 각각의 항목 정도에 동의 정도를 표시하는 측정 방법이다. 각 문항에는 몇 개의 응답 범주들이 나열되어 있는데, 긍정 또는 부정, 찬성 또는 반대 등과 같은 반응을 그 느낌의 강약 정도에 따라 3점, 5점, 7점 척도로 표시하게 되어 있다. 이렇게 만들어진 전체 문항의 총 점수를 리커트척도라 한다.
    ㉯ 서스톤척도 : 유사등간척도라고도 하며, 조사자들이 어떠한 대상에 대해 가능한 한 많은 설명을 문장으로 만들어 놓고, 일정수의 응답자들이 가장 많이 동의하는 문장을 찾아 이를 바탕으로 하여 척도에 포함된 적절한 문장들을 선정하여 척도를 구성하는 방법이다.
    ㉰ 거트만척도 : 누적척도의 대표적인 형태로 태도의 강도에 대한 연속적 증가 유형을 측정하고자 하는 척도이다. 어떤 사상에 대한 태도를 일련의 질문에 의해 측정하는 방법으로 관심 또는 무관심 등에 관해 어떤 순서하에 나열되도록 하는 것이 특징이다.

④ **변수(Variable)** : 하나 이상의 값을 취함으로써 변할 수 있는 하나의 양 혹은 질을 말하며, 각각의 값은 서로 다른 속성을 나타낸다. 변수는 상호배타적인 속성들의 집합으로 표현할 수 있다.
  ㉠ 연속변수(양적변수)
  ㉡ 불연속변수(질적변수)
  ㉢ 독립변수 : 연구자가 관찰하고자 하는 현상의 원인으로 작용하는 변수로, 다른 변수에 영향을 미치는 자극변수라 한다.
  ㉣ 종속변수 : 다른 변수에 영향을 받는 종속변수는 반응 또는 행동변수이다.

⑤ **통계방법의 활용**
  ㉠ 회귀분석(Regression Analysis) : 사회과학 분야에서 가장 널리 사용되고 있는 통계기법 중 하나이다. 단순회귀분석은 독립변수가 종속변수에 미치는 영향력을 분석하거나, 독립변수에 따라 종속변수의 변화를 예측하기 위해서 사용하는 통계기법이다. 독립변수는 종속변수에 영향을 주는 변수로 설명변수(원인변수)라고도 하며, 종속변수는 독립변수에 영향을 받는 변수로 반응변수(결과변수)라고도 한다. 중회귀분석은 종속변수와 두 개 이상의 독립변수들 사이의 관계를 밝히고자 할 때 사용하는 통계적 기법이다. 단순회귀분석과 중회귀분석은 관련된 독립변수의 개수만 다를 뿐이고 분석방법은 별다른 차이가 없다.
  ㉡ 분산분석(ANOVA, Analysis of Variance) : 어떤 기준에 의해 구분된 집단들 간 서로 차이(특정변수의 평균값)가 있는지를 검증하는 통계기법이다.
  ㉢ 상관관계분석(Correlaion Analysis) : 두 변수들 간의 연관성 정도를 알아보는 통계기법이다. 즉, 하나의 변수(원인변수)가 다른 변수(결과변수)와 얼마나 밀접한 관련성을 가지고 변화하는가를 분석하기 위하여 이용된다고 할 수 있다.
  ㉣ 요인분석(Factor Analysis) : 가설적인 몇 개의 변수로 묶음으로써 자료를 요약하는 방법으로, 여러 변수들 간 관계유형을 밝히고 서로 밀접히 연관되어 있는 변수들의 묶음을 발견해내는 작업을 통해 많은 변수들을 보다 적은 수의 변수, 즉 요인들로 바꾸는 통계적 기법이다.
  ㉤ 군집분석(Cluster Analysis) : 많은 대상을 일정한 속성에 따라 몇 개의 집단으로 분류하여 집단 내 대상물의 유사성과 집단 간의 차이점을 규명하고자 함에 목적이 있다. 집단의 수나 구도가 가정되어 있지 않아 객체들의 유사성 또는 비유사성 등을 통해 집단화하는 탐색적 통계기법이다.

4장
소비자자료의 수집

01 소비자조사
02 조사설계
03 자료수집
04 설문지 구성

얼마나 많은 사람들이 책 한 권을 읽음으로써
인생에 새로운 전기를 맞이했던가.

– 헨리 데이비드 소로 –

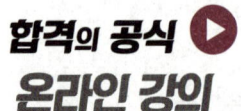

보다 깊이 있는 학습을 원하는 수험생들을 위한
시대에듀의 동영상 강의가 준비되어 있습니다.
www.sdedu.co.kr → 회원가입(로그인) → 강의 살펴보기

소비자전문상담사 Consumer Adviser Junior

4장 소비자자료의 수집

01 소비자조사

1 소비자조사와 필요성

일반적으로 소비자조사(Consumer Research)라 함은 소비자 또는 소비에 대해 인구통계학적, 사회심리학적, 라이프스타일 등 다양한 방법을 통해 조사하는 것을 의미한다. 특히, 소비자조사 중 소비자들의 전반적인 의식을 조사하여 건전한 소비의식을 유도하고, 상품·상품시장·소비자 보호제도·구매결정 등에 관한 지식 및 정보의 정도를 조사하여 소비자교육 등에 이용할 목적으로 이루어지는 조사를 소비자 의식조사라고 한다. 또한 소비자의 행동, 태도, 구매동기, 구매유형이나 브랜드 선호도 등을 파악할 목적으로 행해지는 많은 조사들이 소비자 의식조사에 속한다.

(1) 기업 소비자조사의 필요성

기업의 목표인 이윤의 극대화는 소비자의 요구나 욕구, 의식을 잘 파악하여 이를 경영의 의사결정에 잘 반영하는 데에 달려 있다. 소비자 요구사항들을 정확하고 신속하게 파악하여 경영활동에 제대로 반영하기 위해서는 체계적이고 과학적인 소비자 의식조사가 이루어져야 한다. 요즘처럼 경영환경의 요소들이 급속히 변하고 소비자의 니즈가 다양한 시대에서는 시장정보의 중요성이 더욱 강조되고 있다. 결국 기업은 소비자 관련 조사를 통해 소비자의 니즈를 파악할 수 있고, 상품기획에 반영하여 고객만족도를 향상시킬 수 있다.
① 소비자의 욕구변화를 파악하여 신상품 기획에 반영할 수 있다.
② 상품이나 용역의 품질개선을 통한 고객만족도를 향상시킬 수 있다.
③ 조사결과의 피드백을 통해 고객충성도를 향상시킬 수 있다.

(2) 소비자단체 소비자조사의 필요성

소비자기본법 제28조는 소비자단체의 업무 중 하나로 소비자문제에 관한 조사·연구를 명시하고 있다. 결과적으로 소비자단체는 이러한 조사·분석 등을 통하여 소비자 의식 변화를 파악할 수 있고, 조사결과 나타난 소비자들의 의식과 욕구를 기업에 전달할 수 있다. 또한, 소비자 시장정보 등 각종 정보를 소비자에게 전달함으로써 합리적이고 건전한 소비문화를 창출할 수 있다. 그리고 이를 바탕으로 국가나 지방자치단체에 소비자 정책 및 제도에 관한 건의나 제안을 할 수 있다는 필요성도 있다.
① 소비자 의식 변화를 파악하여 소비자의 피해를 예방하기 위해 노력한다.
② 소비자 의식을 파악하여 교육 및 정보제공이 가능하다.
③ 소비자 의식을 파악하여 합리적이고 건전한 소비문화를 창출할 수 있다.

(3) 행정기관의 소비자조사 필요성

소비자기본법은 국가 및 지방자치단체의 의무로서 소비자의 기본적 권리가 실현되도록 필요한 시책의 수립·실시를 규정하고 있다. 이처럼 행정기관의 소비자 관련 조사는 소비자 욕구와 의식을 바탕으로 소비자의 권익보호를 위한 목적에서 출발한다. 결국 소비자조사로부터 나타나는 문제점을 파악하여 소비자보호시책에 반영함으로써 합리적이고 건전한 소비생활문화를 형성해 간다.
① 소비자 의식 변화를 파악하여 시장을 이해할 수 있다.
② 소비자 의식을 파악하여 교육 및 정보제공이 가능하다.
③ 소비자 의식을 파악하여 소비자 정책 및 제도 수립에 반영할 수 있다.

2 소비자조사의 기획

(1) 소비자조사의 기획 순서

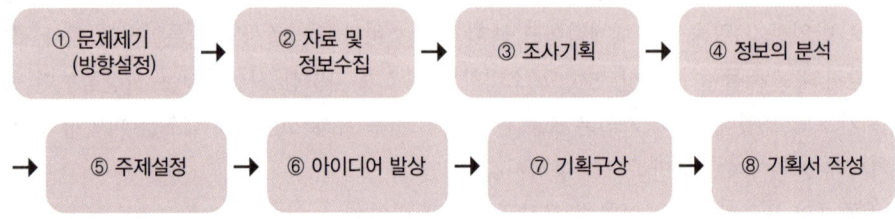

① 문제제기(방향설정)

소비자조사를 위한 기획을 하는 데 있어 가장 먼저 해야 할 일은 기획방향을 결정하는 것이다. 기획방향이 제대로 설정되어 있어야 해당 기획의 실행으로부터 최대의 효과를 달성할 수 있고, 일관성 있는 조사가 가능하기 때문이다.

② **자료 및 정보수집**

기획방향이나 내용에 연관되는 1차 자료, 2차 자료 및 정보를 수집해야 한다. 짧은 기간 동안 필요한 자료나 정보를 효율적으로 수집하는 것이 필요하며, 다양하고 실질적인 정보는 아이디어의 기본 자료가 된다.

③ **조사기획**

기획단계에서 목적과 목표를 명확히 하는 데 있어서 시장 및 현황 등을 객관적으로 조사하여 파악할 필요가 있고, 조사 대상과 자료수집방법, 조사방법, 기간, 시기 등 구체적인 계획 선정이 필요한 단계이다.

④ **정보의 분석**

조사한 자료나 정보에 대한 분석이 필요하다. 조사한 자료나 정보에서 문제점을 파악하고 분석하여 미래를 예측하여야 하며, 이것은 철저한 사전조사에 바탕을 둔 것이어야 한다.

⑤ **주제설정**

자료나 정보를 분석함으로써 기획목적이나 주제가 정해지면, 많은 시간 동안의 회의와 토론을 거쳐서 아이템을 결정한다.

⑥ **아이디어 발상**

정해진 과제나 행사 아이템을 풀어 나갈 아이디어 발상을 시작한다. 아이디어 발상은 기획의 성공여부를 결정하는 중요한 사안이다. 기획서 작성단계에서 기획 발상을 한다고 하지만 아이디어 발상은 때와 장소를 가리지 않는다.

⑦ **기획구상**

아이디어 발상을 하였으면 이것을 구체화하는 기획구상이 필요하다. 기획 전체의 전망 그리고 아이디어로부터 구체적인 계획을 짜는 능력이 필요한데, 이때 요구되는 것이 통합력과 기획력이다. 기획의 종류별로 표본이 되는 시트 위에 다양한 시뮬레이션을 시도해 본다.

⑧ **기획서 작성**

체계적이고 짜임새 있는 기획서를 작성하여 기획서가 채택되도록 설득한다. 기획서가 설득력을 가지려면 구성력과 표현력 및 문장력이 요구된다.

(2) 소비자조사 기획 시 유의사항

① **목적의 명확성**

기획을 통하여 얻게 되는 효과가 무엇인지를 미리 예측하여 목적을 명확히 해야 한다.

② **내용의 구체성**

기획의 목적이 명확해지면 목적을 달성하기 위하여 필요한 정보가 무엇인지를 구체화한다.

③ **방법의 구체성**

기획과 관련한 조사를 하기에 앞서 조사를 어떤 식으로 진행할 것인지에 관해 구체화한다.

3 소비자조사의 고려사항과 과정

(1) 소비자 관련 조사 시 고려사항

① 목적성

소비자조사에 있어서 조사내용이나 영역은 조사목적과 일치하여야 한다.

② 타당성(타당도)

타당도는 조사자가 만든 측정도구 내지는 조사방법이 측정하고자 하는 개념을 제대로 측정하고 있는가에 관한 것으로, 적합성이라고도 이야기할 수 있다. 예를 들어 기업에 대한 인지도를 조사하는 경우, 만족도를 물어보는 질문으로 인지도를 조사하려 한다면 그 조사 결과는 인지도에 대한 잘못된 정보를 제공할 것이다.

③ 신뢰성(신뢰도)

신뢰도는 조사 및 분석의 정확성 내지는 일관성을 의미한다. 즉, 같은 조건과 같은 변수인 경우 반복해서 측정하여 조사·분석하여도 같은 결과가 도출되어야 한다. 예를 들어 어떤 제품의 만족도를 여러 가지 문항으로 질문한 경우 각각 다른 결과들이 나타난다면 이 문항들은 믿을 수가 없게 되는 것이다.

④ 객관성

시장조사 결과는 일반적으로 모두에게 적용되어야 하는데, 어느 특정 사람들이나 집단 등 특정 대상에 편중되어 있다면, 이 결과는 객관적으로 이용할 수가 없게 된다. 따라서 조사를 할 때에는 표본을 편중적으로 뽑는다거나 설문지의 질문을 편중적으로 하는 일들은 배제하여 객관성, 대표성을 높여야 할 것이다.

⑤ 정밀성

시장조사 결과를 합리적으로 사용하기 위해서는 여러 가지 대상(예 설문지, 자료, 응답자 등)에 대한 것들을 해결할 수 있도록 자세하고 정밀하게 조사를 수행해야 한다.

> **신뢰도와 타당도**
> - 신뢰도(= 분석의 정확성, 일관성)
> - 타당도(= 측정의 적합성)

(2) 소비자조사의 과정

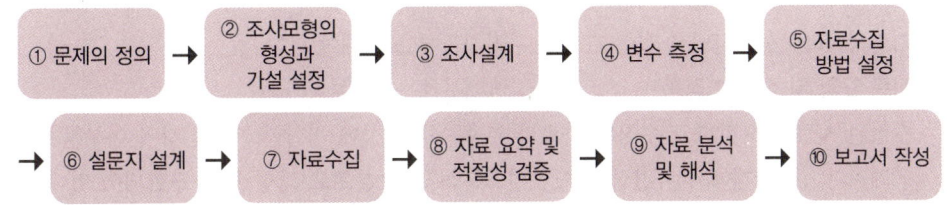

① 문제의 정의

소비자조사를 위해 먼저 소비자조사의 문제가 무엇인가를 명확히 규정하는 과정이 필요하다.

② 조사모형의 형성과 가설 설정

조사에 적절한 개념적 모형을 개발하고, 이를 토대로 논리적인 가설을 도출하는 단계이다. 가설이란 조사에서 얻어질 결과를 잠정적인 해답으로, 경험적으로 검증할 수 있는 것이어야 한다. 이러한 가설은 기존 법칙이나 이론을 체계적으로 분석하는 과정에서 형성되는 것이 바람직하다.

③ 조사설계

가설 설정이 이루어지면 조사설계 단계에 들어가는데, 조사설계란 조사목표를 달성하기 위한 자료의 수집과 분석을 구체적으로 진행하는 계획으로서, 조사 형태, 대상 기간, 자료수집의 방법 및 표본설계, 자료처리 방법의 예비적 결정을 포함하기 때문에 소비자조사의 성과와 효율성에 많은 영향을 미친다.

④ 변수 측정

변수는 하나 이상의 수준이나 값을 가진 측정 가능한 실체로 정의된다. 변수는 변화하는 특성을 가지고 있다. 즉, 현상에 대한 구성개념을 조작적으로 정의함에 따라 하나의 측정 가능한 실체가 된다. 따라서 변수를 측정하기 위해 정확하고 구조화된 측정도구를 찾는 것이 중요하다.

⑤ 자료수집 방법 설정

모든 조사의 결과는 자료의 품질에 크게 의존한다. 따라서 조사자는 자료의 원천과 그 품질에 대하여 항상 주의해야 한다. 조사 목적이나 주제에 따라 자료의 수집방법이 다르니 적절한 자료수집방법을 설정하여야 한다.

⑥ 설문지 설계

설문지를 제작하는 단계이다. 설문지란 응답자로 하여금 자신의 응답을 기록할 수 있도록 일련의 질문들이 체계적으로 담겨져 있는 작은 책자를 말한다. 설문지는 조사자가 필요로 하는 조사의 내용과 변수의 측정방법을 정확하게 알고 있을 때 효율적으로 이용되는 자료수집 도구이다.

⑦ 자료 수집

현장 설문, 인터넷, 전화, 우편 등을 통하여 실제로 자료를 수집하는 단계이다. 이때 조사자는 객관성·타당성·신뢰성 있는 자료를 수집하도록 노력해야 한다.

⑧ 자료 요약 및 적절성 검증

수집된 자료를 요약하고 수집된 자료가 추후 통계분석에 적합한 자료인지의 여부를 판단하는 단계이다. 이 단계에서는 편집, 코딩, 빈도분석, 도수분포표 작성 등이 포함되어 있다. 수집된 자료는 우선 통계적으로나 도표로 요약되어야만 자료의 전반적인 특성을 이해할 수 있게 되는 것이다. 즉, 가설검정을 준비하는 단계이다.

⑨ 자료 분석 및 해석

자료를 기초로 해서 내려진 결론의 확실성 정도와 관련된 문제를 해결하는 단계이다. 통계적 자료 분석을 함으로써 가설을 검증하여 문제를 해결하는 것이다.

⑩ 보고서 작성

조사결과는 단순히 조사자의 개인적인 호기심 충족을 위한 사유물이 되어서는 안 된다. 조사자가 행한 조사결과가 실제 현상을 이해하고 개선하는 데 기여하기 위해서는 조사결과를 보고하고 발표하는 과정이 필요하다. 이러한 조사결과의 보고에는 결과를 전달하는 일과 활용하는 일 등이 포함된다. 조사보고서를 작성하는 목적은 조사한 결과를 제3자 혹은 조사 의뢰자에게 가장 효과적으로 알리는 것에 있다. 이를 위해서는 미리 전달할 내용과 형식 등을 어떻게 조직하고 발표할 것인지 정한 후에 보고서를 작성해야 한다.

4 소비자조사의 내용

(1) 조사목적별 분류

소비자조사는 조사를 통해 우연히 얻게 되는 아이디어나 전략을 위해 실시하는 것이 아니라, 조사를 통하여 얻게 되는 것이 무엇인지 미리 예측된 상태에서 조사를 수행하므로, 목적이 무엇인지 명확히 밝힌 후에 조사를 실행하는 것이 중요하다.

소비자조사를 계획하고 기획서를 작성할 때는 이러한 조사목적을 명확히 하고 그 목적에 대한 이유나 배경 등을 구체적으로 밝혀야 한다. 일반적으로 소비자조사는 소비자 관련 정보의 수집과 계획의 수립, 소비자문제의 해결 및 통제에 있지만, 개별적인 조사목적에 따라서 소비자 동향조사, 소비자상담 동향조사, 소비자 요구도조사, 소비자 만족도조사, 소비자 의식조사, 소비생활 환경조사, 인지도 및 기업이미지 조사 등이 있으며, 각각 다음과 같은 차이점이 있다.

① 소비자 동향조사

소비자의 경제에 대한 인식이 향후 소비행태에 영향을 준다는 전제하에 경기 또는 생활형편 등에 대한 주관적 판단과 전망, 미래 소비지출 계획 등을 조사하는 것으로, 가계의 소비지출을 분석하고 전망하는 것을 목적으로 한다.

② 소비자상담 동향조사

소비자상담 내용을 토대로 소비자분쟁 및 피해유형, 피해처리 결과 등을 분석하여, 소비자 피해를 미연에 방지하기 위한 정책을 마련하거나, 상품기능의 향상 및 판매방법의 개선 등을 목적으로 하는 조사이다.

③ 소비자 요구도조사

소비자의 요구에 부응하는 상품기획과 개발을 위해 소비자들의 요구와 소비자들의 상품 선택에 대한 판단기준을 조사하는 것으로 물품의 디자인, 포장, 크기, 색상 등에 관한 요구도를 조사하여 제품설계 및 기획에 이용할 수 있다.

④ 소비자 만족도조사

상품, 서비스, 품질, 가격, 성능, 디자인, 사용감 등에 대한 소비자의 만족 정도를 수치화하기 위해 조사하는 것으로 이를 통해 소비자불만을 최소화할 수 있는 방안을 만들고, 기업의 이미지를 향상시켜 기업이윤을 극대화한다.

⑤ 소비자 의식조사

소비자들의 전반적인 의식을 조사하여 건전한 소비의식을 유도하고, 상품·시장·소비자보호제도·구매결정 등에 관한 지식 및 정보의 정도를 조사하여 소비자교육 등에 이용할 목적으로 이루어지는 조사를 말한다.

⑥ 소비생활 환경조사

위해상품이나 식품, 소비생활과 관련한 시장 환경의 상태 및 특징 등을 조사하여 소비자로 하여금 안전하고 쾌적한 환경에서 소비할 여건을 만들어 주기 위한 목적이다.

⑦ 인지도 및 기업이미지 조사

기업의 자사제품에 대한 소비자의 인지수준을 파악하는 조사로서 주로 기업이미지와 관련되어 조사된다.

(2) 조사내용 또는 대상별 분류

조사의 목적이나 조사 주체에 따라 조사내용과 대상은 다양하게 세분화될 수 있다. 소비자 관련 조사의 목적이 명확해지면 이 목적을 달성하기 위하여 필요한 정보, 조사내용이 무엇인지 구체화해야 한다. 예컨대, 고객만족도를 측정하기 위하여 상품이나 용역에 대한 컴플레인 빈도를 조사한다면 고객만족도의 측정은 조사목적이 되는 것이고, 컴플레인 빈도는 조사내용이 되는 것이다. 즉, 소비자 관련 조사를 통하여 얻게 되는 내용을 구체화하는 것이 중요하다.

① 목표고객에 대한 조사

기업에서 목표로 삼고 있는 고객들의 특징을 파악하고자 성별, 연령, 학력, 거주지 등의 인구통계적 특성뿐만 아니라 취미나 관심분야, 요구사항, 필요로 하는 것, 심리적인 특성 등에 대해 조사하는 것이다.

② 잠재고객에 대한 조사

기업에서 자사 제품에 대한 구매 가능성이 높은 고객들을 가려내기 위해 조사를 하는 것이다. 자사 제품이나 서비스를 구매한 경험이 있는 고객들에 대하여 조사를 한 후, 이들의 특성을 파악하기도 하고 구매력이 높거나, 주 고객층으로 볼 수 있는 사람들을 대상으로 조사하기도 한다. 잠재고객에 대한 조사도 목표고객 조사와 마찬가지로 인구통계적인 특성, 심리적 특성, 구매행동과 관련된 특성 등을 조사하여 그 특징을 알아낸다.

③ 소비자 구매행동에 대한 조사

구매한 경험이 있는 소비자들을 대상으로 조사하여 구매행동에 영향을 주는 요인들을 찾아내는 것이다. 주로 환경적 요인과 심리적 요인을 찾아낸다. 환경적 요인은 개인일 경우 인구 통계적 특성과 가족, 문화, 가입단체 등의 외부 요인이 포함될 수 있고, 조직일 경우 경제 환경 등의 요인이 포함될 수 있다. 심리적 요인에는 소비자들의 욕구와 요구, 인지, 태도, 지각, 동기, 개성, 학습 등이 포함된다.

02 조사설계

1 조사설계 방법

(1) 탐색적 조사

① 탐색적 조사의 개념

소비자조사 문제의 전반적인 성격을 파악하거나, 연구조사를 위해 가능한 의사결정 및 대안 또는 의사결정 시 중요하게 고려되어야 할 요인들에 관해서 탐색하여 조사하는 것을 말한다.

② 탐색적 조사의 목적

㉠ 조사문제를 정립하거나 조사문제를 구체적으로 정의하고자 할 때

㉡ 의사결정을 위한 대안을 확인할 때

ⓒ 가설을 개발할 때
② 조사문제의 기존 이론을 파악할 때
⑩ 추가적인 조사(본 조사)에 필요한 주요 변수들 간의 관계를 확인할 때
⑪ 본 조사로의 접근방법 및 관련 정보를 얻고자 할 때
⑫ 본 조사를 위한 우선순위를 결정하고자 할 때

③ **탐색적 조사의 종류**
  ㉠ 문헌조사
    가장 신속하고 경제적으로 조사하는 방법으로 소비자문제를 해결하기 위해 기존에 조사된 자료(논문, 잡지, 신문, 자료집, 출판물 등)을 이용하는 조사를 말한다.
  ㉡ 전문가 의견조사
    소비자문제를 해결하기 위해 소비자전문가에게 직접적으로 정보를 얻는 조사방법으로 문헌조사보다 더욱 신속하고 정확한 정보를 얻을 수 있다.
  ㉢ 사례조사
    소비자문제를 해결하기 위하여 해당 분야와 관련된 사례 혹은 현재 직면하고 있는 상황과 유사한 사례들을 집중적으로 분석하여 정보를 얻는 것이다. 실제로 일어났던 사건의 기록이나 목격한 사실을 분석하는 경우도 있지만, 시뮬레이션에 의한 가상적인 현실을 만들어 분석하는 방법도 있다.
  ㉣ 표적 집단 면접조사(FGI)
    소비자문제를 해결하기 위하여 전문지식을 보유한 조사자가 소수의 응답자 집단을 대상으로 특정한 주제를 가지고 자유로운 토론을 벌여 필요한 정보를 획득하는 방법이다. 가설의 설정, 설문지 구성에 필요한 정보 취득, 신제품 아이디어, 신제품의 성공 가능성 타진 등에 적합한 방법이다.

(2) 기술적 조사

① **기술적 조사의 개념**
  조사대상인 소비자의 특성이나 기능, 상황, 실태에 대한 전반적인 내용을 설명할 목적으로 수행되는 조사로 1차 자료 수집방법에 속한다.

② **기술적 조사의 목적**
  ㉠ 소비자·판매자·관련기관·시장 등의 특성을 설명하고자 할 때
  ㉡ 특정 구매행동을 나타내는 소비자집단의 특성을 파악하고자 할 때
  ㉢ 제품의 가격·디자인·속성 등을 결정하고자 할 때
  ㉣ 시장과 관련된 여러 변수 간의 관계를 알아보고자 할 때

③ 인과적 조사의 목적
　㉠ 소비자문제의 원인과 결과의 상호관계를 명확히 규명하고자 할 때
　㉡ 소비자문제를 널리 분석하는 것보다는 직접적인 원인을 찾고자 할 때
　㉢ 외생변수를 통제하고 실험적인 조사를 하고자 할 때
　㉣ 보다 정확한 예측을 하고자 할 때
④ 인과적 조사의 종류
　㉠ 실험설계조사
　　결과에 영향을 미치는 원인을 명확히 규명하여 이들 간의 관계를 파악하는 조사방법이다.
　㉡ 유사 실험설계조사
　　실험실 내보다는 실제 상황에 실험적인 상황을 발생시켜 이에 따른 결과를 관찰하여 그 변화 관계를 파악하는 조사방법이다.
⑤ 인과관계 추론의 3조건
　㉠ 시간의 선후성
　　원인이 되는 사건이 결과가 되는 사건보다 항상 먼저 일어나야 한다.
　㉡ 공동변화
　　원인이 변하면 결과도 함께 변해야 한다.
　㉢ 허위관계 배제
　　원인이 되는 사건 외 결과에 영향을 미치는 다른 변수들을 배제하여야 한다.

2 정량조사와 정성조사 방법

(1) 정량조사

정량조사는 주로 서베이조사나 실험법을 통하여 조사대상에 대해 정교화된 측정방법을 사용하여 양적인 자료를 수집하여 동질적 특성을 분석하는 방법이다. 주로 표본 집단을 대상으로 통일된 유형의 설문지와 질문을 통해 일정한 모집단의 태도, 의견, 규격화된 응답을 구한다. 일반적으로 설문지를 이용하는 대부분의 소비자조사가 여기에 해당된다. 규격화된 설문 문항과 짧은 응답시간으로 대규모 조사가 가능하며, 통계처리를 통하여 그 결과를 수치화함으로써 조사결과를 객관화할 수 있다는 장점이 있다. 따라서 일반적인 수준에서 소비자의 인식과 반응을 파악할 수 있으며 이 결과를 기존활동의 성과 파악과 새로운 전략수립의 방향성 설정에 활용할 수 있다.

(2) 정성조사

정성조사의 목적은 고객의 믿음이나 감정, 동기요인 등 소비자의 심리적인 부분에 대한 정보를 얻는 것이다. 이 접근에서는 주관적 의식, 의미의 상호이해를 바탕으로 사건이나 현상을 지속적으로 관찰하고 의미를 해석하는 일을 중요하게 다룬다. 따라서 응답이 주관적이라는 이유 때문에 비과학적인 사회과학 조사라는 말을 듣기도 하지만, 정량조사에서는 밝혀내기 힘든 개인의 동기나 태도와 같은 미묘한 심리상태까지 깊숙이 알아볼 수 있다는 장점이 있다. 주로 통상적인 대규모 정량조사를 실시하기 전에 가설을 설정하거나 조사결과를 예측하기 위해서 미리 실시한다.

(3) 혼합적 조사

혼합적인 연구방법은 정량적인 연구방법이나 정성적인 연구방법 중 한 가지만을 채택할 경우에 야기되는 편견이나 오류를 최소화하기 위해 새로이 등장한 일종의 융합적 접근법이다. 따라서 연구방법을 혼합하여 각각의 단점을 보완하는 역할을 한다. 예를 들면, 정량적 연구로 설문지를 통해 집단을 분류하고, 집단별로 정성적 연구를 통해 내면의 동기를 파악하는 등의 방법이 있다.

03 자료수집

1 소비자 자료의 종류

(1) 1차 자료와 2차 자료

① 1차 자료

㉠ 1차 자료의 의미

조사자가 직접 조사목적을 달성하기 위해 자료를 수집하여 얻은 자료를 말하며, 이는 조사자가 주어진 의사결정문제, 조사목적 등에 적합한 자료를 수집하기 위하여 사전에 적절한 통계에 의해 수집된 자료이기 때문에 2차 자료보다는 적합성이나 타당성, 신뢰성 등이 훨씬 높다. 사료를 직접 조사하는 경우에는 경제적·시간적 부담이 클 수 있기 때문에 1차 자료의 수집은 항상 2차 자료를 확인한 후에 이루어지는 것이 보통이다.

ⓛ 1차 자료의 수집 시 고려사항
  ㉮ 다양성
    1차 자료의 수집방법을 먼저 결정할 때 고려해야 하는 상황은 조사자가 조사목적을 달성하기 위해 필요한 자료들이 얼마나 다양한가를 파악하는 것이다. 만약 조사에 필요한 자료가 무척 다양하다면 조사대상을 관찰만 하는 수집방법으로는 여러 가지 종류의 자료를 얻기가 힘들 것이다. 이럴 경우에는 응답자에게 직접적으로 질문을 던짐으로써 자료를 수집해야만 원하는 다양한 자료를 충분히 얻을 수 있을 것이다.
  ㉯ 신속성
    1차 자료의 수집시간은 2차 자료의 수집시간보다 더 오래 걸리기 때문에 1차 자료의 수집방법을 결정할 때, 조사자가 필요로 하는 자료를 얼마나 빨리 입수할 수 있는가를 고려하여야 한다. 예컨대, 신속성을 요하는 경우는 우편을 통한 자료조사보다는 전화면접이나 직접면접을 통하여 조사하는 것이 조사시간을 단축시킬 수 있다.
  ㉰ 조사비용
    1차 자료는 2차 자료에 비하여 조사비용이 많이 들지만 1차 자료 중에도 수집방법에 따라 비용의 차이가 크다. 조사비용을 많이 써서 양질의 자료를 수집하는 것이 타당하겠지만 이 관계가 항상 비례하는 것은 아니므로 적은 비용으로도 양질의 자료를 얻을 수 있는 방법을 생각해야 한다.
  ㉱ 신뢰성
    측정 대상을 얼마나 일관성 있게 측정했는가에 대한 것이다. 조사자나 조사시점 또는 조사상황이 달라져도 동일한 자료가 수집되어야 하는 것으로, 동일한 개념을 반복해서 측정했을 때 그 측정값이 같아야 한다. 설문내용이나 응답에 얼마나 신뢰할 수 있는가의 개념으로 증명된 척도를 사용하여 신뢰성을 높일 수 있다.
  ㉲ 타당성
    수집된 자료가 조사목적에 맞는 정확한 자료인가를 의미한다. 예를 들어 만족도를 조사하는데 요구도 설문 문항으로 측정을 한다면 타당도가 낮게 나타날 것이다. 따라서 측정하고자 하는 개념을 정확히 측정하여 타당도를 높여야 한다.

② **2차 자료**
  ㉠ 2차 자료의 의미
    소비자문제를 해결하거나 의사결정에 필요한 정보를 얻고자 직접적으로 자료를 수집하는 것이 아니라, 소비자문제와 관련하여 조사된 자료를 구하고 이를 통하여 문제해결이나 의사결정에 필요한 정보를 추출하는 것이다. 즉, 2차 자료는 직접적으로 얻은 자료라기보다는 다른 목적으로 미리 구해진 자료이다.

ⓒ 2차 자료의 장단점
  ㉮ 장 점
    • 조사자가 필요한 자료가 이미 데이터베이스로 구축되어 있기 때문에 새로 조사할 필요가 없어 1차 자료를 얻는 것보다 비용이 저렴하다.
    • 2차 자료가 구축되어 있다면 직접 1차 자료를 수집하기 전에 1차 자료의 수집타당성 여부 판단이나 1차 자료수집에 필요한 시간 및 비용을 절감할 수 있다.
  ㉯ 단 점
    2차 자료의 경우 소비자 관련 조사문제에 정확히 적합한 경우가 드물다.
ⓒ 2차 자료 사용 시 유의점
    2차 자료가 소비자문제 해결에 적합하게 쓰이기 위해서는 유용성, 적합성, 정확성, 충분성이라는 조건이 만족되어야 한다.
  ㉮ 유용성
    소비자문제를 해결하는 데 필요한 2차 자료가 존재하지 않는 경우가 많으며, 이 경우 직접적으로 1차 자료를 수집할 필요성이 있다.
  ㉯ 적합성
    2차 자료의 주제와 조사자가 조사하고자 하는 문제의 주제가 동일하다 할지라도 조사문제를 해결하는 데 정확하게 부합하지 않을 수 있으며, 이 경우 역시 직접적으로 1차 자료를 수집할 필요성이 있다.
  ㉰ 정확성
    2차 자료는 조사자가 직접 조사한 자료가 아니기 때문에 2차 자료를 조사한 조사자가 어떠한 의도나 경로를 통하여 그 자료를 획득했는지를 정확히 알아내기가 힘들어 이를 직접 사용할 경우 상당히 왜곡된 결과를 초래할 수 있다.
  ㉱ 충분성
    2차 자료가 유용성·적합성·정확성을 아무리 잘 갖추었다 하더라도 조사자가 어떠한 결과를 내는 데 있어서 충분한 정보를 모두 추출해 줄 수 없다면 추가적으로 1차 자료가 수집되어 보완되든가, 1차 자료를 새롭게 다시 수집해야 할 것이다.
ⓔ 2차 자료의 종류
  ㉮ 내부 자료
    조사자가 소속된 단체나 회사에 속하여 있는 자료들을 말하며, 이는 수집이 용이하고 비용도 거의 들지 않아 그 정보의 이용이 쉽다는 장점이 있다. 내부 자료를 더욱 원활히 이용하기 위해서는 잘 정리된 정보시스템을 구축하는 것이 중요하지만, 정보를 외적인 문제로 확대시킬 경우에는 편협한 자료일 수도 있고, 양적으로도 상당히 부족한 경우가 많다.

㉴ 외부 자료

조사자가 속한 단체나 기관·회사가 아닌, 외부단체·기관·회사에서 조사, 수집, 발행된 자료로서 정기적 혹은 부정기적 간행물, 정부기관의 간행물, 자료를 판매하는 회사의 자료, 전산화된 자료 등이 있다.

2 자료수집방법

자료수집방법은 크게 관찰법, 의사소통법, 실험법으로 나뉜다. 그중 가장 많이 쓰이는 방법이 의사소통법인데 이 의사소통법은 질문지법과 면접법으로 구분할 수 있다. 질문지법과 면접법을 자세히 살펴보면 다음과 같다.

(1) 의사소통법

질문지법		면접법	
• 집단조사	• 우편조사	• 표준화면접	• 심층면접
• 전화조사	• 인터넷조사	• 집단면접	

① 면접법(표준화면접, 집단면접, 심층면접)

1 : 1의 대인면접을 통하거나 소규모의 집단을 통해 설문지조사 혹은 인터뷰를 하여 기록하는 조사방법으로, 표준화면접, 집단면접, 심층면접으로 세분화된다. 면접원 혹은 조사원과 응답자가 직접적으로 대면하고 상호작용을 하기 때문에 조사원의 역할이 조사결과에 큰 영향을 미치며, 자기기입식 응답이 어려운 노인·아동 등에게 실시하는 데 적합하다.

장 점	단 점
• 조사원의 분위기 조성에 따라 응답자들에게 더 깊은 응답을 유도할 수 있다. • 직접적인 상호작용이 이루어지기 때문에 오류가 줄어들 가능성이 높다. • 상황에 따라 부족한 부분이나 중요한 부분에 대해 더 많은 정보를 얻을 수 있다.	• 조사원의 역량에 따라 자료의 질이 달라진다. • 익명성이 보장되지 않아 특정 주제에는 곤란한 경우가 있다. • 응답자와 직접 대면해야 하기 때문에 시간과 비용이 많이 든다.

㉠ 표준화면접

조사 시에 미리 구조화된 질문지를 만들고, 그 질문 내용대로 응답자와 면접을 통해 자료를 수집하는 방법이다. 비표준화된 면접에 비해 시간은 단축할 수 있지만, 자료의 질이나 범위가 한정될 수 있다.

ⓒ 집단면접

전문지식을 보유한 면접원이 소수집단을 대상으로 자유로운 토론을 벌이게 하여 필요한 정보를 획득하는 방법으로 가장 많이 사용된다. 특히 척도를 개발할 때나, 특정 경험을 한 집단 또는 관계자들을 통해 집단면접을 하여 심도 있는 정보를 얻어 낼 수 있다.

ⓒ 심층면접

조사자와 응답자가 1 : 1로 자유롭게 토론하는 개인면접법으로, 질문이 정해져 있지 않아 조사자의 역량에 따라 응답의 질이 달라진다. 응답자의 폭넓은 의견반영이 가능하여 탐색적 조사에 많이 이용되지만, 시간과 비용이 많이 든다.

② **질문지법**

㉠ 집단조사

조사대상자를 일정한 장소에 모아 놓고 질문지를 배포하여 조사대상자가 직접 질문지에 응답하는 방법이다. 세미나나 워크숍 등에서 많이 사용되며, 기업이나 학교에서의 교육 후에도 많이 이루어진다.

장 점	단 점
• 시간과 비용이 절감된다. • 적은 수의 조사원으로도 많은 자료를 수집할 수 있다. • 적은 수의 조사원이라도 직접 대면할 수 있어 문의가 생길 시 바로 대처가 가능하다.	• 응답자를 한 자리에 모으기 힘들다. • 집단으로 모였을 때 다른 사람에게 영향을 받기 쉽다. • 집단으로 모였을 때 통제가 힘들다.

ⓒ 전화조사

전화를 통해 주로 미리 준비된 질문지의 질문을 이용하여 조사하는 방법이다. 앙케트 조사, 서비스나 제품이용 실태조사 등 간단한 자료를 수집하고자 하는 경우에 적합한 방법이다.

장 점	단 점
• 자료수집 기간이 가장 빠른 방법이다. • 자료수집에 들어가는 노력이 적다. 특히 전국적인 조사에 적합하다. • 단순한 조사 시 활용도가 높다.	• 시간의 제약이 있는 대상자의 경우 조사가 힘들다. • 응답률이 낮다. • 그림이나 참고자료 첨부에 어려움이 있다. • 개방형 질문을 하기 힘들다.

ⓒ 우편조사

응답자들이 응답결과를 우편을 통하여 보내주는 조사방법으로, 표본을 근거리에 위치한 사람으로 선정하였을 경우보다 전국적으로 선정하였을 경우에 적합하다.

장 점	단 점
• 넓은 지역을 대상으로 조사가 가능하다. • 비교적 비용이 적게 소요된다. • 익명성이 보장된다.	• 응답률이 낮다. • 시간이 오래 걸린다. • 응답의 사실여부를 확인하기 힘들다.

ⓔ 인터넷조사

인터넷을 이용하여 응답자들과 상호작용을 통하여 자료를 수집하는 조사방법으로 이메일조사, 웹사이트조사, 인터넷패널조사 등이 있다. 이메일조사는 전자우편을 통하여 응답자들에게 설문지를 보내고 응답자가 이를 기록하여 다시 이메일로 보내는 방식이고, 웹사이트조사는 조사자가 직접 운영하거나 미리 확보한 사이트를 이용하여 자료를 수집하는 방법으로, 응답자들이 이 사이트를 접속했을 때 설문을 받는 것이다. 인터넷패널조사는 인터넷상에서 패널을 선정하여 이들에게 주기적으로 자료를 수집하는 방법이다.

장 점	단 점
• 적은 인력으로 다수의 응답을 얻어낼 수 있다. • 지역적 · 지리적 제약을 받지 않는다. • 비용을 절감할 수 있다.	• 익명성 보장이 어렵다. • 응답률이 낮고, 불성실한 응답이 많다. • 컴퓨터를 통한 조사로 접근방법에 제한이 있어 대표성 문제가 있다.

(2) 제조사에 따른 조사방법

① 소비자패널조사

소지자패널조사란 소비자들을 대상으로 표본을 선정한 후 이들을 반복적으로 조사하여 의미 있는 결과를 도출하는 것이다. 표본으로 선정된 소비자들은 주기적으로 구입한 제품에 대한 내용이나 이용실태를 항상 기록하고 이에 대한 보상을 받는다. 소비자패널을 지속적으로 유지하는 것이 중요하고, 기록이 계속 이루어질 수 있게 해야 정확한 자료를 받을 수가 있다. 대형 유통점에서 주로 패널을 구성하는 경우가 많다.

② 회장조사

회장조사란 조사장소를 일정 기간 동안 개방하여 응답자들이 방문하도록 만들어 놓고 개별적인 면접을 통하여 조사하는 방법으로, 특정 신제품이나 서비스 · 광고 등에 대한 소비자들의 반응을 측정하는 데 주로 이용된다. 회장조사는 실제로 제품을 시연함으로써 고객들의 실제 구매상황과 유사하게 만드는 것으로, 표본 규모는 그리 크지 않아도 의미 있는 결과를 도출할 수 있다.

③ 갱서베이식 조사

응답자들을 특정 장소에 모이게 한다는 점은 회장조사와 비슷하지만 갱서베이식 조사는 응답자들을 동시에 모이게 하고, 자료를 수집하는 조사방법이라는 데 차이가 있다. 응답자들이 동시에 모이기 때문에 조사자가 직접 제품이나 광고에 대하여 설명할 수 있고, 자료수집과정을 조사자가 통제할 수 있어 자세하고 정밀한 자료를 수집할 수 있다. 제품이나 식품 등의 테스트나 광고에 대한 테스트 등을 수행하는 데 이용된다.

④ 신디케이트조사

신디케이트조사는 리서치나 시장조사 전문회사에서 조사된 제품에 대한 동향이나 경쟁기업에 관한 정보, 해당 고객에 대한 조사, 시장점유율에 대한 조사 등의 결과를 분석해 놓은 것을 필요로 하는 기업에서 구매하는 것으로, 여러 기업이 공동으로 비용을 부담하고 정보를 공유하기도 한다. 이미 조사된 정보를 구입하는 것이지만 주로 사전계약을 통하여 거래가 이루어지며, 따라서 정보 자체는 1차 자료의 성격이 강하지만 조사자의 입장에서는 2차 자료라고 보아야 한다.

⑤ 옴니버스조사

옴니버스조사는 조사회사가 보유하고 있는 표본들을 대상으로 하여 조사를 하는 것으로, 조사회사에서 대규모 옴니버스조사를 실시할 때 필요한 정보를 얻기 위해 필요한 질문을 삽입하는 것이다. 필요한 몇 가지 정보만을 단발적으로 얻고자 할 때 적합한 방법으로서 대규모의 표본을 조사하는 것에 비해서는 비용이 저렴하다. 제품에 대한 만족도, 브랜드인지도, 광고효과 등에 관한 사항을 일회성으로 조사하는 시장조사에 주로 활용한다.

04 설문지 구성

1 설문지 구성

(1) 설문지 제작절차

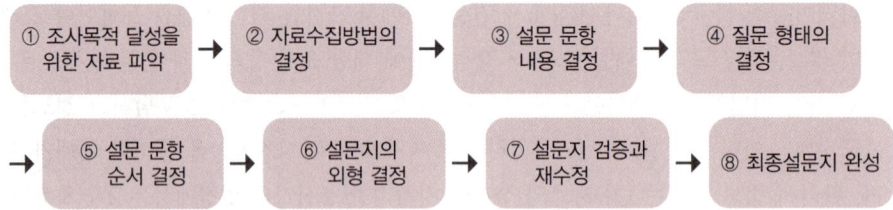

① 조사목적 달성을 위한 자료 파악

설문지 제작에 있어서 가장 먼저 수행해야 할 절차는 소비자 관련 조사목적 달성을 위한 정보가 무엇인가를 판단하여, 관련 정보를 획득하기 위해 필요한 자료를 결정하는 것이다.

② 자료수집방법의 결정

소비자 관련 조사목적 달성을 위해 필요한 자료가 결정되면 다음으로 필요한 자료의 형태, 조사비용, 조사기간 등을 고려하여 자료수집방법을 결정하여야 한다. 자료수집방법에 따라 설문지의 내용이나 형태, 분량 등이 달라지기 때문이다. 자료수집방법으로는 대인면접에 의한 조사, 전화조사, 우편조사, 컴퓨터를 이용한 조사 등이 있다.

③ 설문 문항 내용 결정

조사목적 달성을 위해 필요한 자료나 자료수집방법이 결정되면 얻고자 하는 정보의 성격에 따라 질문 문항 내용을 결정하여야 한다. 응답자의 응답을 유도하기 위해 효과적인 설문 문항의 내용을 결정하여야 하고, 이 경우 기술한 설문지 제작 시 주의사항을 고려하여야 한다.

④ 질문 형태의 결정

질문 형태의 결정이라 함은 설문내용의 유형에 따라 얻게 되는 정보의 차이 및 코딩과 분석방법을 고려하여 질문을 개방형으로 할지, 선택형으로 할지 결정하는 것을 말한다.

㉠ 개방형 질문

응답자가 자신의 의견을 자유롭게 표현할 수 있도록 주관식 형태로 질문하는 것을 말한다. 개방형 질문은 응답자가 자유롭게 기록할 수 있기 때문에 얻을 수 있는 정보의 폭이 넓고, 예상치 못했던 정보도 얻어낼 수 있다는 장점이 있지만, 응답의 체계성 부족으로 필요 없는 정보가 입력될 수 있으며, 다양한 부류의 응답으로 이를 분석하는 데 많은 비용을 지불할 수밖에 없는 한계점이 있다. 개방형 질문은 탐색조사에 유용한 응답형태이며, 소비자들이 조사목적과 관련된 문제들을 정확하게 인지하고 있는가를 알아볼 때 주로 쓰인다.

ⓒ 선택형 질문

　　　응답자가 응답할 수 있는 내용을 몇 가지로 제한하는 방법, 즉 보기를 제시하여 여러 개의 예상응답 중 선택하도록 객관식 형태로 질문하는 것을 말한다. 선택형 질문은 예상응답을 미리 제시하기 때문에 응답자들이 쉽게 설문에 응할 수 있어 설문 협조가 용이해지고 응답 오류가 줄어들게 된다. 또한, 설문결과를 받고 이를 정리할 때 편리하다는 장점이 있다. 그러나 설문 제작 시 예상되는 응답을 제작하는 데 시간과 비용이 많이 들 뿐만 아니라 설문에 대한 완성도가 부족할 경우 응답자의 의견을 충분히 받아들일 수 없다는 단점도 있다. 선택형 질문은 본조사의 설문지에 주로 쓰이는 방법이며, 선택형 질문은 모든 응답 내용을 포괄해야 하고, 응답 내용들은 상호 배타적이어야 한다.

⑤ 설문 문항 순서 결정

　설문의 성격이나 내용에 따라 배열 순서를 적정하게 결정함으로써 설문조사의 실효성을 높이고, 정확한 문제점과 해결방안을 모색할 수 있다. 질문의 배열 방법은 다음과 같다.

　㉠ 민감하거나 어려운 질문은 가급적 마지막에 배치한다.
　㉡ 주제와 관련된 설문이나 흥미를 유발할 수 있는 설문을 앞에 배치한다.
　㉢ 연상 작용을 일으켜 뒤의 질문에 영향을 주는 질문은 떨어트려 배치한다.
　㉣ 같은 주제나 관련된 문항들은 모아서 배치한다.
　㉤ 대상자가 봤을 때 설문의 흐름이 논리적이게 배치한다.
　㉥ 인구통계학적 질문은 맨 앞이나 맨 뒤(민감한 요소가 많을 경우)에 배치한다.

⑥ 설문지의 외형 결정

　설문지를 제작할 때에 설문내용이나 순서를 체계적으로 배열하는 것도 중요하지만 설문지의 외형 또한 응답자의 설문을 받는 데 있어 응답결과에 중대한 영향을 미칠 수 있음을 고려하여야 한다.

　예 용지의 품질, 글자의 크기, 여백, 문항 배치, 가독성

⑦ 설문지 검증과 재수정

　설문지가 완성되면 설문조사 실시 전 오류나 수정하여야 할 사항이 없는가에 대한 검증이 필요하다. 표본추출을 통한 사전조사나 전문가집단의 검토 등이 필요하고, 이 검증절차를 거쳐 다시 한 번 설문지를 수정한다.

⑧ 최종설문지 완성

　마지막 검증을 거친 최종설문지를 완성한다. 설문조사가 끝나면 조사의 목적에 따른 결론을 도출하기 위하여 통계분석이 필요하고, 이를 위해 자료정리가 필요하다.

(2) 설문지의 구성과 내용

① 설문지 표지
설문지 표지에는 조사자의 소개, 조사목적의 소개, 응답자의 비밀보장 등과 같은 내용을 포함해 조사의 신뢰성을 드러내고 응답자의 응답을 독려하여야 한다.
- ㉠ 조사제목 및 목적 : 조사의 제목과 목적을 밝혀 응답자로 하여금 어떠한 조사에 참여하고 있는지 인식시켜주는 역할을 한다.
- ㉡ 조사대상의 선정 : 어떠한 방식으로 표본선정을 하였는지와 연구의 대상으로 정해진 내용을 언급하여야 한다.
- ㉢ 조사기관 : 조사를 시행하는 기관의 이름을 적어 신뢰를 높여야 한다.
- ㉣ 조사의 중요성 : 본 조사의 중요성을 언급하며 응답의 중요성과 결과의 중요성을 강조하여 설문의 성실한 참여를 유도한다.
- ㉤ 익명성 보장 : 설문에 익명성을 보장하여 응답률을 높인다.
- ㉥ 담당자 연락처 : 담당자 연락처를 기재하여 신뢰도를 높이고 설문 시 발생하는 문제나 의문사항을 바로 질문할 수 있도록 한다.

② 설문지 내용
설문지에 포함되어야 하는 내용은 설문지 구분 부호, 설문지 작성방법, 자료수집을 위한 설문, 응답자의 특성에 대한 자료 등을 생각할 수 있다.
- ㉠ 설문지 구분 부호 : 설문지의 가장 앞부분에 설문지들을 구별하기 위한 일련번호, 조사원의 이름, 조사 일시·장소 등을 기재하여 자료편집 및 코딩이 체계적으로 이루어질 수 있도록 한다.
- ㉡ 설문지 작성방법 : 개괄적으로 혹은 각 설문 항목마다 설문의 주요 내용이나 작성방법을 상세히 소개함으로써 응답오류를 방지하고, 응답자가 설문지를 작성하는 데 있어 도움을 주는 내용의 글을 사용한다.
- ㉢ 자료수집을 위한 설문 : 소비자 관련 자료의 조사목적 및 조사내용에 맞게 설문내용 결정의 점검사항을 고려하여 설문을 작성한다.
- ㉣ 응답자 특성에 대한 자료 : 통계분석이 용이하도록 응답자의 특성을 파악할 수 있는 인구통계적인 변수들, 즉 성별, 연령, 거주지, 학력, 소득 등에 관한 자료를 포함한다. 응답자들의 특성과 관련해서는 응답자의 프라이버시 문제도 함께 고려하여 결정하는 것이 좋다.

(3) 설문내용 결정 시 점검사항

① 합목적성
소비자 관련 조사의 기획에 있어 설문내용이 조사목적에 합치해야 한다.

② 가치중립성

연구자의 편견이나 의견이 개입된 질문 또는 특정 대답을 유도하는 질문으로 구성해서는 안 된다.

③ 조사가능성

설문내용을 결정하기 위해서는 해당 설문이 당초 기획되었던 소비자 관련 자료를 수집하기에 적당한가의 문제이다. 이 경우 응답자들이 소비자 관련 조사의 의도를 용이하게 이해할 수 있도록 하여야 한다. 응답자가 잘 이해할 수 없는 내용을 설문조사를 통해 묻는다면 정확한 자료를 얻을 수 없다.

④ 상호배타성과 포괄성

설문 문항 중 중첩되는 문항이 있어서는 안 되며, 모든 응답자가 대답할 수 있는 문항으로 만들어야 한다. 예를 들어 학력을 묻는 문항에 ㉠ 고졸 이하, ㉡ 고졸 이상이면 두 문항이 중첩되는 상황이 벌어진다. 또한 결혼여부를 묻는 문항의 보기에 ㉠ 기혼, ㉡ 미혼만 있을 경우 이혼이나 사별한 경우는 답하기가 어렵게 된다. 따라서 응답자의 응답을 세심하게 생각한 후 문항을 구성하여야 한다.

⑤ 단일질문

하나의 문항에는 하나만 물어야 한다. 예를 들어 "이 상품에 만족도와 재구매 의사가 있으십니까?"라는 질문은 적합하지 않다.

⑥ 설문의 용어

설문의 어투는 간결하고, 용이하고, 명확하여야 한다. 설문이 간결하지 않으면 응답자가 이를 자세히 읽지 않으려 할 것이고, 애매한 문장을 이용한다면 응답자들을 혼란에 빠트릴 수 있으며, 명확하지 않으면 당초 조사의 목적을 달성하는 데 애로가 있을 것이다. 또한 극단적인 긍정이나 부정문(예 모두, 절대로)을 쓰면 응답자들에게 혼란을 줄 수 있다.

⑦ 설문지의 분량과 외형

먼저 설문의 분량과 관련하여 설문방법이나 설문의 장소, 그리고 설문의 난이도에 따라 적절한 분량으로 제작하여야 한다. 설문조사마다 많은 자료를 받게 된다면 많은 정보를 도출해 낼 수 있지만 오히려 많은 정보를 얻어 내려다 역효과를 낼 수도 있기 때문이다. 예컨대 직접면접은 설문분량이 많아도 좋지만 전화조사는 많은 분량을 조사하기 힘들고, 실내에서의 조사는 설문분량이 많아도 좋지만 거리조사는 많은 분량을 조사하기 힘들다. 설문종이의 질과 관련하여 응답자는 외형만 보고 그 설문의 중요성을 판단하는 경우도 있으므로 이를 적절히 판단하여야 하며, 설문 형태도 무조건 글만 사용할 것이 아니라 다양한 도표, 그래픽 등 시각적 효과도 고려하여야 할 것이다.

5장
소비자상담

01 소비자와 의사소통하기

02 소비자불만의 처리

03 소비자관계 강화하기

04 소비자제안·정보 수집·활용하기

팀에는 내가 없지만 팀의 승리에는 내가 있다.
(Team이란 단어에는 I 자가 없지만 Win이란 단어에는 있다.)
There is no "i" in team but there is in win.

— 마이클 조던 —

5장 소비자상담

소비자전문상담사 Consumer Adviser Junior

01 소비자와 의사소통하기

1 의사소통을 위한 소비자상담의 진행

(1) 소비자상담의 순서

소비자상담은 상담에 이용되는 매체가 무엇이든지 결국 상담사건을 접수하고, 처리경과를 거쳐, 결과 등을 서류로 정리하여 보관하는 절차를 밟게 된다. 다음의 상담순서는 구매 후 소비자상담의 일반적인 상담처리과정을 기술한 것이며, 상품이나 용역의 종류, 불만이나 피해의 내용, 상담주체 등에 따라 상담처리과정이 다소 상이할 수 있음을 인식해야 한다. 특히 메모에 의한 상담접수를 생략하고 상담카드를 직접 작성하며 접수와 동시에 상담을 진행할 수 있다.

① **상담접수**

상담원 또는 소비자전문상담사가 소비자상담을 직접 받는 경우에 소비자의 불만이나 피해의 문제를 신속·정확히 해결하기 위하여 육하원칙에 의한 모든 사항을 꼼꼼히 정리한다는 자세를 가져야 한다. 먼저 상담카드의 작성이나 상담내용의 컴퓨터 입력에 오류를 범하지 않기 위하여, 접수 시 직접 작성 또는 입력하는 것보다는 메모지에 별도로 자세한 상담내용을 적는 것이 필요하다.

상담을 접수할 때에는 상담매체가 전화, 방문, 문서 등 어떠한 것이든지 상담요청자의 신분과 거래상대방의 신분을 명확히 하고, 상담의 개요, 거래관계의 실질, 상담의 목적 등을 확인하는 것이 필요하다. 상담을 접수할 때 상담요청자인 소비자에 대한 이름, 주소, 전화번호 등이 분명할 경우 상담이 접수된다. 소비자상담은 처음부터 이름, 주소 등을 사무적으로 질문하면 소비자가 불필요한 경계를 하기도 하고, 솔직한 상담내용을 듣기 어렵게 된다. 일반적으로 문의나 불평의 경우 그 실태를 파악한 후에 연락할 필요가 생길 경우도 있으므로 소비자의 정확한 연락처를 알아둔다. 거래상대방의 신분을 명확히 하는 것은 소비자 피해구제를 위한 절차를 진행할 경우 상대방을 명확히 하기 위해서이다. 상담내용은 당사자에게 직접 듣고 경위를 분명히 하며, 상담요청자가 어떠한 해결을 희망하는가 또는 상담기관으로서 무엇을 해야만 하는가를 검토할 필요가 있다. 이때 주로 상담카드의 항목에 설정되어 있는 기록 내용을 기재하기 위해 필요한 것을 듣는다. 단, 긴급을 요하는 것, 새로운 상품이나 교묘한 수법, 특히 내용이 복잡한 것 등에 있어서는 상담의 내용에서 더 자세히 들어야 한다.

상담접수 시 상담요청자로부터 필요한 정보를 얻고 그 후 어떻게 해결할 것인가의 방침을 결정한다. 상담접수 때는 상담요청자만으로는 확실한 정보가 얻어지지 않는 경우도 있다. 그러나 처리에 필요한 기본적인 사항은 반드시 확인하는 일이 중요하다. 예를 들면 상품의 기능 고장과 위해, 위험 등의 경우는 상품기능 및 형식, 브랜드 등을 카탈로그를 통해 조사하는 일이 필요하다. 또한 세일즈맨이나 대표자의 이름 등을 자세히 확인하여 사업자를 파악하도록 한다.

② 상담카드 작성

상담접수 시 메모한 내용은 자세히 기록한 것이라 상담내용의 본질적 해결에 필요한 내용도 있고, 그렇지 않은 내용도 있을 것이다. 따라서 상담카드의 목록을 확인하며, 접수메모에서 필요한 부분을 일목요연하게 정리하여 상담카드를 작성하게 된다. 소비자상담카드는 소비자상담의 내용, 처리사항 등 해당 상담에 관한 모든 기록이라고 볼 수 있다. 상담카드를 기록할 때에는 상담내용의 진실성을 확보하여 문제해결에 도움이 되도록 팸플릿, 계약서, 불만상품의 사진 등에 관한 자료도 첨부하는 것이 좋다.

③ 상담의 진행

소비자상담원 또는 소비자전문상담사는 소비자문제에 대한 상담접수 및 상담에 필요한 인적사항이나 거래관계의 기본적인 사항이 상담카드에 기록되었다면 상담내용에 대한 해결책을 제시하여야 한다. 소비자에게 발생한 불만이나 피해의 구제가 규정되어 있는 법률적 제도를 확인하고, 이에 근거한 해결책을 제시하는 것이 가장 합리적이다. 특수판매에 관한 각 법률(「방문판매 등에 관한 법률」, 「전자상거래 등에서의 소비자보호에 관한 법률」, 「할부거래에 관한 법률」 등), 소비자기본법상 소비자분쟁해결기준 등을 살펴보고, 이에 해당하는 사항이 없으면 일반법인 민법과 상법을 확인하며, 다음으로 당사자의 계약내용을 검토할 필요가 있다. 상담원은 소비자와 거래상대방 간의 합의를 유도하거나, 합의가 되지 않는 경우 해당 법률규정에 의한 구제절차를 소비자에게 제시하여야 한다.

④ 상담결과의 기록

상담이 종료되고 해결책을 소비자에게 제시하였다면 소비자상담카드에 처리결과를 기록한 후 이를 상담내용 혹은 상담상품별로 분류하여 컴퓨터에 입력할 필요가 있는 경우도 있다. 이는 소비자상담원이 소비자상담을 해 나가는 데 있어서 샘플링이 될 수도 있고, 소비자상담 내용의 자료보존 차원이기도 하며, 소비자문제의 현황을 파악하여 이를 소비자정책에 반영할 수 있는 근거가 되기도 한다. 또한 정보화 기기를 통하여 소비자문제의 분석을 가능하게 함으로써 소비자문제를 줄이기 위한 대책을 강구할 수도 있다.

⑤ 상담결과에 대한 보고서 작성

　기업, 소비자단체, 행정기관 등 어떤 주체에 소속되어 있든 소비자전문상담사는 업무현황을 상부조직에 보고해야 한다. 상담주체 전체 차원에서 소비자문제 해결의 정책입안에 필요하기 때문이다. 보고의 내용은 주안점을 어디에 두느냐에 따라 달라질 수 있다. 소비자전문상담사가 소속된 조직이 요구하는 바에 따라 개별적인 상담내용을 자세히 보고할 수도 있고, 상담내용에 대한 분석을 통해 주요 소비자문제, 처리경과 및 결과, 향후 정책 등을 중심으로 보고할 수도 있다. 소비자 만족에 대한 모니터링 결과 또한 보고해야 한다.

(2) 상담주체에 따른 소비자상담의 기능

소비자전문상담사가 소속되어 있는 상담주체가 어디인가에 따라 소비자전문상담사의 상담내용이나 주안점 그리고 상담의 기능이 다소 차이가 날 수 있다.

① 기업의 소비자상담

　기업의 소비자상담은 소비자의 불만과 피해구제를 넘어 소비자만족이 결국 기업의 이미지를 향상시키고 기업충성도를 높여 이윤극대화를 창출한다는 인식에서 출발한다. 따라서 기업의 소비자상담은 소비자불만과 피해구제는 물론, 소비자욕구 및 선호도 등에 관한 정보의 수집, 소비자와 기업 간 의사소통의 연결기능을 통한 신제품의 개발, 광고·표시 및 사용설명서 등의 점검기능을 하게 된다.

② 소비자단체의 소비자상담

　소비자단체의 소비자상담은 소비자단체가 소비자의 대변기구로서 그 역할을 충실히 해야 하는 점을 고려하여 소비자의 불만 및 피해를 포함하는 소비자문제 해결에 적극적이다. 이외에 가격·품질·소비생활 등과 관련한 소비자정보 제공, 합리적인 소비문화 창출을 위한 소비자교육의 실시, 소비자법률 및 제도개선이나 정책방향의 마련에 중요한 기능을 담당한다.

③ 정부행정기관의 소비자상담

　한국소비자원 등 정부행정기관의 소비자상담은 소비자가 사업자에 비하여 시장에서 갖는 지위가 열등하고, 사업자와 직접적이고 충분한 교섭력을 갖기 어렵다는 측면에서 그 기능의 중요성이 증대되고 있다. 주요기능으로는 소비자피해구제기구 설치 및 소비자보호행정 등을 통한 소비자의 권익을 실현, 소비자정보 제공을 통한 소비자문제의 해결점 제시, 합리적인 소비문화 창출을 위한 소비자교육 등이 있다.

(3) 구매시점에 따른 소비자상담의 기능

① 구매 전 소비자상담

구매 전 상담은 소비자들에게 정보 제공과 조언을 하여 소비자가 최선의 선택을 할 수 있도록 돕거나, 소비자문제를 사전에 예방하는 차원의 상담이다. 즉, 구매 전 상담과정에서는 소비자의 사용목적과 경제 상태에 맞추어 최선의 구매를 할 수 있도록 상담·조언·교육 등을 제공하고, 제품의 특성이나 사용방법 등에 대해 설명을 하는 등 소비자의 구매선택에 도움을 줄 수 있는 정보를 제공함으로써 소비자가 합리적으로 구매의사를 결정하는 것을 도와주고 이를 통해 소비생활의 질적 향상에 도움을 준다.

> **구매 전 상담 내용**
> - 대체안의 제시와 특성의 비교
> - 대체안 평가방법에 관한 정보
> - 소비자교육 관련 정보
> - 가격과 판매점에 관한 정보
> - 다양한 구매방법에 관한 정보

② 구매 시 소비자상담

구매 시 상담은 소비자가 상점을 찾을 때 소비자와 직접 접촉하여 정보를 제공하고 설득하여 구체적으로 소비자의 욕구와 기대에 맞는 상품과 상표를 선택할 수 있도록 도와주는 일이다. 구매 시 상담과정은 소비자상담자로서의 역할을 하는 판매원이 담당하게 되는데, 상품에 대한 전문적 지식을 바탕으로 소비자의 문제를 이해하고 이를 해결하기 위해 소비자에게 상품선택에 구체적인 정보와 판단기준을 제공하여 소비자가 현명한 구매의사결정을 할 수 있도록 종합적인 조언을 해준다.

> **구매 시 상담 내용**
> - 구매계획과 예산, 목표 파악
> - 구매대안 제시
> - 효과적인 대화 과정의 조절
> - 구매결정 및 계약서 작성

③ 구매 후 소비자상담

구매 후 상담이란 소비자가 재화와 서비스를 사용하고 이용하는 과정에서 소비자의 욕구와 기대에 어긋났을 때 발생하는 모든 일들을 도와주는 상담을 말한다. 구매 후 상담과정은 기업의 고객상담실, 소비자단체 및 한국소비자원의 소비자상담실 등에서 담당하게 되는데, 소비자상담은 재화와 서비스의 사용에 관한 사후 정보제공, 소비자의 불만 및 피해구제, 이를 통한 소비자의 의견반영 등에 관한 기능이 있다.

2 소비자행동의 이해

소비자행동이란 소비자가 일정한 시점에서 상품의 소비와 관련하여 내리는 의사결정들의 집합을 의미한다. 즉, 제품을 탐색, 평가, 획득, 사용 또는 처분할 때 개인이 참여하는 의사결정과정과 신체적 활동을 말한다. 마케팅을 소비자를 만족시키는 과정이라는 관점에서 이해할 때에 소비자의 구매결정보다는 구매를 위한 전체 과정에 초점을 맞추어 소비자행동을 이해해야 한다. 결국 소비자행동을 올바르게 이해할 때 기업은 그에 맞추어 마케팅전략을 수립하여 소비자만족을 통한 기업이윤의 극대화를 꾀할 수 있다.

(1) 소비자행동의 특성

① 소비자는 동기, 즉 자신의 욕구나 만족을 위하여 행동하기 때문에 행동은 수단이 되고, 욕구나 만족은 목적이 되므로 소비자행동은 동기에 근거한다.
② 소비자행동은 구매결정을 위하여 소비자가 생각하고, 느끼고, 계획하고, 구매하고, 평가하는 모든 활동을 말한다.
③ 소비자행동은 구매 전, 구매 시, 구매 후의 행위로 이어지는 일련의 과정을 말한다.
④ 소비자행동은 결정을 위해 소요되는 시간의 길이, 의사결정을 하는 과정의 복잡성에 따라 여러 형태로 나타난다.
⑤ 소비자행동은 소비자 자신이 상품을 구매하는 것뿐만 아니라 다른 사람의 구매에도 영향을 미치는 등 다양한 역할을 포함한다.
⑥ 소비자행동은 개인적 요인 이외에 소비문화, 준거집단 등 외부적 요인들에 의해서도 영향을 받는다.
⑦ 소비자행동은 소비자마다 동기, 욕구, 필요, 라이프스타일 등이 다르므로 각기 다르게 나타난다.

(2) 소비자 의사결정

기업은 소비자들이 제품을 구매하기 전까지 어떤 과정을 거치는가를 알고 그 과정 안에 가장 매력적인 대안과 방법을 제안함으로써 소비자의 선택에 의한 판매력을 높일 수 있다. 소비자가 의사결정을 하는 데 있어서는 문제인식, 정보탐색, 대안평가, 구매결정, 구매 후 행동의 과정을 거친다.

① 문제인식

문제인식이란 소비자가 충족해야 할 욕구를 인식하는 것을 말하며, 현재의 실제 상태와 바라는 바람직한 상태 간에 간격이 크면 바람직한 상태를 향한 구매의사 결정과정을 유발시킨다. 이처럼 특정욕구를 느끼는 단계를 문제인식의 단계라고 하고, 문제를 인식하면 언제, 어디서, 어떻게 구매할 것인가의 정보탐색 단계로 넘어간다. 기업으로서도 소비자가 당면하고 있는 문제를 인식하여 소비자의 욕구에 맞는 제품을 개발함으로써 이윤을 극대화할 수 있고, 제품개선이나 신제품개발 등으로 소비자들의 욕구를 자극할 수도 있다.

㉠ 문제인식의 유형

문제인식의 과정은 문제발생이 예상되었는지 여부와 해결의 긴급성에 따라 네 가지 유형으로 나눌 수 있다(Hawkins, Coney, & Best.)

㉮ 일상적인 문제(Routine problem) : 실제 상태와 바람직한 상태 간의 차이가 발생할 것이 예상되고 문제가 발생하면 즉각적으로 해결이 필요한 문제이다. 예를 들면, 가정에서 흔히 구매하는 편의품의 경우 다 쓰게 되면 욕구 충족을 위해 즉시 재구매의 필요성을 인식하게 된다.

㉯ 계획적인 문제(Planning problem) : 문제발생이 예상되지만 해결을 즉각적으로 할 필요가 없는 문제이다. 예를 들면, 가구를 바꾸려는 소비자는 기회가 생길 때마다 가구점을 방문하여 살펴보며 이에 관해 주의를 더 많이 기울이는 등 정보를 수집하게 된다.

㉰ 긴급한 문제(Emergency problem) : 문제발생을 예상치 못하였으나 즉각적인 해결이 필요한 문제이다. 예를 들어, 자동차를 운전하던 도중 갑자기 타이어가 터지는 경우 가장 가까운 상점이나 정비소에 가서 수리, 구매를 할 수밖에 없는 상황에 처하게 된다.

㉱ 점진적인 문제(Evolving problem) : 패션 관련 용품의 경우 처음에는 극히 일부 소비자들에게 수용되다가 서서히 확산되는 경우가 있다. 새로운 패션의류나 액세서리가 점차 유행하는 것을 보며 자신도 유행하는 제품을 갖고자 하는 욕구가 발생하게 되는데 이러한 경우가 이에 해당한다.

문제인식의 유형

문제발생의 여부	해결의 긴급성	
	즉각적 해결이 요구됨	즉각적 해결이 요구되지 않음
예상된 문제발생	일상적인 문제	계획적인 문제
예상치 않은 문제발생	긴급한 문제	점진적인 문제

② 정보탐색

욕구를 인식한 소비자가 그 욕구를 충족할 수 있도록 정보를 탐색하는 과정을 말한다. 모든 소비자는 정신적·육체적으로 쓸모 있고 바람직한 의사결정을 하기 위하여 여기저기서 필요한 정보원을 찾고 있다. 먼저 내부적으로 자기가 알고 있는 지식을 근거로 하여 상품선택을 위해 구매와 관련된 정보를 찾게 되고, 여기에 부족한 것은 어떤 외부정보원에서 찾아보게 되는데 이와 같이 일어나는 정보행동의 내·외적 행동을 정보탐색 행동이라고 말할 수 있다. 외적 정보탐색은 광고에 의해 얻은 정보, 소비자로부터 얻은 정보, 판매원에게 얻은 정보, 중립적 매체에 의해 얻은 정보, 제품자체로부터 얻은 정보로 구분할 수 있다. 소비자가 구매 후 만족도를 높이고 구매 관련 위험을 감소시킬 수 있는 것은 정보탐색의 결과이다. 소비자는 여러 기준에 의하여 소비자정보를 평가한다. 이러한 평가기준은 소비자가 제품이나 제품의 질을 평가함에 있어서 사용하는 표준이나 명세표라고 할 수 있다. 뿐만 아니라 소비자들은 구매할 때에 상품에 대한 조작의 용이성, 크기, 스타일과 같은 객관적인 기준은 물론 상품이 풍기는 사회적인 우월성, 지위적인 상징성과 같은 주관적 기준들을 함께 생각한다.

③ 대안평가

소비자는 정보탐색을 하면서 복수의 대안을 가지고 어떤 정보가 수집되면 이들을 놓고 대안을 구상하고 평가를 한다. 상품을 고르는 소비자는 시장에 있는 모든 제품의 대안을 평가하는 것이 아니라 구매할 가치가 있다고 확신하는 제품만을 고려대상으로 하는데, 이때의 제품을 고려제품군이라고 한다. 여러 제품 내에서 가장 좋다고 인정되는 대안을 찾기 위해서 평가를 하는 것이다. 이러한 대안평가는 대부분 정보탐색 과정과 동시에 이루어지며, 가장 적합한 대안을 찾는 것은 소비자가 고려제품군 내에서 대안들을 다양한 평가기준과 의사결정방법 또는 각종 규칙을 활용하여 적용하는 것이다.

> **대안평가의 결과**
> - 소비자는 제품 또는 상표가 그의 욕구기준을 충족시키는 정도를 근거로 하여 태도를 형성한다.
> - 수용 가능한 제품을 확인하지 못하였다면 의사결정을 포기하거나 연기할 수 있다.
> - 수용 가능한 대안이 아직 발견되지 않았으나 추가적 탐색활동의 혜택이 부수되는 비용보다 클 것이라고 느낀다면 정보탐색활동을 계속할 수 있다.

대안선택은 소비자가 탐색된 정보를 바탕으로 각 대안들을 신중히 비교 · 평가하는 것을 말한다. 소비자 의사결정과정에서 대안선택이 반드시 이루어지는 것은 아니며, 습관적으로 구매하거나 저가 · 저관여도의 제품인 경우 대안선택과정 없이 바로 구매하기도 한다. 이때 소비자가 사용할 수 있는 의사결정규칙은 크게 보상적 규칙과 비보상적 규칙으로 분류된다.

㉠ 보상적 규칙

㉮ Fishbein모델 : 다속성태도모델이라고도 한다. 소비자가 여러 대체적인 상표를 평가할 때 각 상표의 여러 개의 속성에 대해 평가를 하고 속성별 중요도를 가중하여(기중치 부여) 합산하는 보상모델이다.

㉡ 비보상적 규칙

㉮ 결합 : 각 대안이 속성을 평가하는 데 있어 최소수준을 설정하고 이 수준을 초과하는 대안만을 선택하는 방식이다. 한 개의 속성에서라도 최소수준이 미달되면 그 대안군은 고려상품군에서 제외된다.

㉯ 분리 : 고려 중인 모든 결정적 속성 가운데 하나의 속성에서라도 수용 가능한 최소 수준을 넘어선다면, 다른 속성에 대한 평가에 관계없이 고려상품군에 포함하여 평가한다.

㉢ 사전식 : 사전이 순서에 의하여 편집된 것처럼 속성들 중 가장 중요한 것부터 덜 중요한 순으로 우선순위를 매기고 먼저 가장 중요한 속성을 기준으로 대안들을 비교하여 가장 우수한 대안을 선택하는 방식이다. 만약 두 개 이상의 대안이 첫 번째 평가 속성에 대해서 동일 점수인 경우, 두 번째로 중요한 속성을 비교하여 최종안을 선택한다.

> **보상적 규칙과 비보상적 규칙**
> - 보상적 규칙 : 대안의 많은 속성에 대하여 평가의 평균을 내어서 의사결정을 하는 것이다.
> - 비보상적 규칙 : 특정 평가기준에서의 낮은 점수는 다른 기준에서의 높은 점수로 보상받지 못한다.

④ **구매결정**

소비자는 적정한 품질과 수량의 재화나 서비스를 필요한 시기에 적정한 곳에서 합리적인 가격으로 구입하여 욕구를 최대한도로 충족시킨다. 소비자의 구매행동을 결정하는 요인으로는 소비자 요인, 상품 및 생산자 요인, 광고 및 판매촉진 요인 등이 있다. 소비자의 욕구가 기본요인으로 되어 재화나 서비스에 대한 필요성이 나타나고, 여기에 상품생산자의 요인이 제품믹스로 영향을 미치며, 광고 및 판매촉진에 의한 요인이 촉진믹스로 작용한다. 인간행동의 결정요인에는 주관적인 것과 객관적인 것이 상호작용하므로, 구매행동은 소비자의 인격, 상품의 품격, 판로의 우열 등이 상호작용을 하면서 이루어진다. 소비자는 외부적 제약이 없는 한 실제로 가장 호의적으로 평가된 대안을 선택하여 구매한다.

> **구매를 방해하는 외부적 제약**
> - 특정한 상표가 가용치 않음
> - 다른 사람의 만류
> - 가격인상
> - 새로운 상표

구매와 관련된 부수적 의사결정이 발생할 수 있는데 실제로 구매의도와 구매 사이에서는 여러 가지 부수적인 의사결정들이 존재한다. 특히, 고관여도의 광범위한 의사결정에서는 부수적인 의사결정의 수가 많기 때문에 실제의 구매까지는 많은 시간이 걸리기도 한다. 부수적 의사결정에는 점포의 선정, 대금지불에 관한 결정, 관련제품이나 부대서비스에 관한 의사결정 등이 있다.

⑤ **구매 후 행동**

소비자의 욕구충족은 어떤 물자나 서비스를 구매하거나 소비함으로써 완성되는 것이 아니다. 소비자가 요구하는 궁극적인 목표는 어떤 물자나 서비스가 가지고 있는 특성을 소비함으로써 획득하는 만족감이다. 그렇기 때문에 소비자들의 의사결정 과정도 소비자가 특정한 대안을 선택, 구매한 후의 만족 또는 불만족까지를 고려하여 이루어진다. 소비자가 구매 전 기대와 구매 후 성능평가와의 비교과정을 통해서 기대불일치가 일어나면 불만족이 발생하고 기대가 일치되면 만족이 된다. 소비자의 만족이나 불만족의 중요성은 소비자행동연구에 있어서 소비자구매의 의사결정의 변수로 나타나고 있으며 심리적 이론을 중심으로 한 실험연구들과 조사에서 그 중요성이 나타나고 있고 소비자보호나 소비자복지 측면에서 중요한 척도가 된다. 제품구매 후 평가가 불만족이 되었을 때 소비자의 대응행동이 나타나며 그 대표적인 사례가 소비자불만의 고발이다.

구체적으로 보면 사적 행동으로는 제품의 종류 거절, 상표 거절, 판매자 거절을 하거나 나쁜 경험에 대해 지인에게 이야기하고 경고를 하는 행위가 있으며, 공적 행동으로는 판매자나 제조업자로부터 직접 보상을 구하거나 보상을 위해 소비자단체·소비자보호기관에 연결을 하거나 보상을 위한 법적 행동을 취하는 행위가 있다.

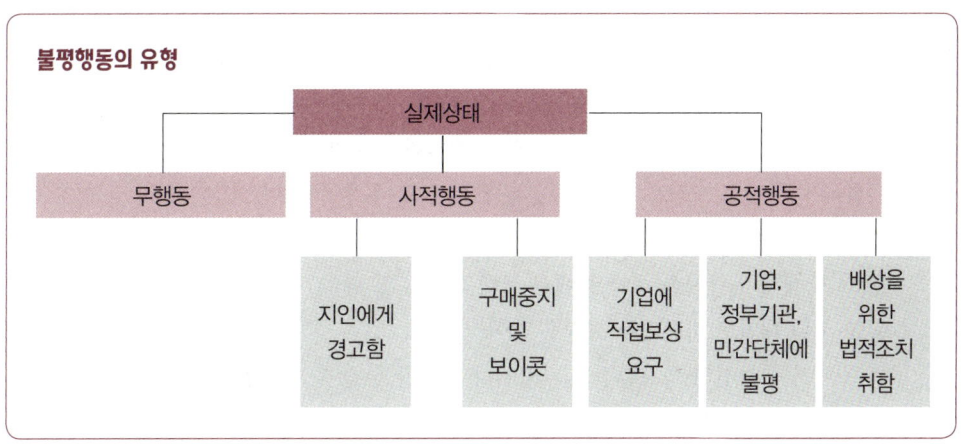

(3) 소비자행동의 제 문제

① 소비자의 가치관과 태도

소비자는 시장에서 거래나 유통을 할 때 하나의 재화나 서비스를 선택해야 한다. 이러한 의사결정은 특정시점에서 선택안에 대한 이용가능성, 가격 등을 참작하여 소비자 자신의 가치관과 태도에 따라 이루어진다.

② 소비사 의사결정의 애로사항

㉠ 소비자들은 정부가 소비자를 보호해 주고 있다고 과신하고 있다.
㉡ 재화나 서비스가 점점 복잡해짐에 따라 제품이나 서비스를 평가하는 것이 점점 어려워지고 있다.
㉢ 교육수준이 높아지고 광고가 증가함에 따라 소비자의 기대수준이 높아졌다.
㉣ 제품의 수가 증가하고 있으며 이에 따라 성공적인 거래를 할 가능성이 줄어들고 있다.

ⓜ 소비자들이 주체할 수 없을 정도로 제품이 다양해지고 있다.
　　ⓑ 소비자들이 더 바빠지고 시간이 없어지게 되었다.
③ **관여도**
　관여도란 소비자가 인지하는 제품의 중요성을 의미한다. 소비자의 입장에서 중요한 제품, 예컨대 가전제품, 자동차, 고급음식점 서비스 등은 고관여가 일어나는 제품이나 서비스이다. 이에 대하여 소비자의 입장에서 별로 중요하지 않은 제품, 예컨대 음료수, 소모성 생활용품, 저가 음식점 등은 저관여가 일어나는 제품이나 서비스이다.
④ **소비자행동과 관련된 변수**
　　㉠ 자극변수 : 광고물, 다른 사람, 제품 등과 같이 대체로 소비자의 외부적 환경 내에 존재하는 변수지만 간혹 내부적으로 산출되기도 하는 변수를 말한다.
　　㉡ 개재변수 : 자극과 반응 사이에 개재되어 있는 변수들을 말한다.
　　㉢ 조정변수 : 두 변수 사이의 관계에 영향을 조정하는 역할을 수행하는 변수를 말한다.
　　㉣ 반응변수 : 자극변수들에 의하여 산출되는 결과적 행동을 말한다.
⑤ **구매 후 디서넌스(불일치, 부조화, Dissonance)**
　구매결과에 대하여 만족하는지 여부와 관계없이 소비자는 구매 후 자신이 내린 의사결정의 현명함에 대하여 회의심을 느낄 수 있는데 이를 구매 후 디서넌스(Dissonance)라고 한다. 구매 후 디서넌스가 발생하는 경우는 다음과 같다.
　　㉠ 여러 개의 바람직한 대안 중에서 선택을 해야 할 때
　　㉡ 거부된 대안도 바람직한 특성을 많이 가질 때
　　㉢ 소비자가 자신의 의사결정을 바꾸거나 취소할 수 없을 때
　　㉣ 소비자가 유사한 의사결정 문제에 대하여 경험이 적을 때
⑥ **구매 후 디서넌스의 감소방법**
　부조화는 소비자에게 있어서 결코 바람직한 것이 아니므로 소비자는 이를 해소 또는 감소시키려고 노력한다. 이러한 부조화의 감소방법에는 여러 가지가 있는데 이를 요약하면 다음과 같다.
　　㉠ 자신이 선택한 대안의 장점을 의식적으로 강화시키고 단점을 의식적으로 약화시킴
　　㉡ 자신이 선택하지 않은 대안의 장점을 의식적으로 약화시키고 단점을 의식적으로 강화시킴
　　㉢ 자신의 선택을 지지하는 정보를 탐색하고 반박하는 정보를 회피함
　　㉣ 의사결정 자체를 그리 중요치 않은 것으로 생각함

3 상담의 수단과 소비자대응 및 관계

(1) 문서상담

소비자전문상담사와 소비자가 직접 대면하는 방식이 아닌 간접 대면방식의 연계수단으로서 문서를 이용하는 경우를 문서상담이라고 한다. 문서상담은 상담내용이 전화로 상담하기에는 길고 그렇다고 직접 방문하기에는 여건이 허락하지 않을 경우 소비자상담에 필요한 자료, 즉 사건경위를 비롯하여 그와 관련된 자세한 영수증·계약서 등을 상담원에게 모두 제공하는 방법으로 많이 이용되고 있다. 문서상담은 수줍어서 직접 찾아올 용기가 없는 사람이나, 서면으로 사람의 반응을 보고 오려는 사람들에게 좋은 방법이 될 수 있다. 친절하게 정성껏 답변한 것이 계기가 되어 문제해결도 하고 소비자상담사에 대한 호감을 갖게 되며 상담실을 직접 찾아오게 할 수 있다.

① 문서상담의 장점

문서상담의 경우 소비자문제를 분석하고, 그 해결안을 요약하며, 근거까지 제시하면서 정확하게 회신할 수 있다는 장점이 있다.

② 문서상담의 단점

문서상담의 경우 문서의 분실가능성이 있고, 문서의 우송·접수·해결의 일반적 과정을 거치기 때문에 시간 소요가 많은 것이 주요 단점이다.

③ 문서상담의 보충성

문제가 복잡하거나 갈등이 심각한 경우 문서상담만으로는 해결이 곤란할 때가 많기 때문에 대부분 문서상담이 일차적인 방법으로 선택되어 단독으로 이루어지기보다는 다른 유형의 상담 후 추가상담의 차원이나 자료의 보강차원에서 이루어지는 것이 보통이다. 즉, 일차적으로 전화상담 혹은 온라인 상담이 이루어진 다음, 구체적인 상담을 위해 필요한 내용이 문서로 요구되는 경우 문서상담이 이루어진다.

④ 문서상담 시 유의점

㉠ 접수된 문서에 접수번호를 부여하고 도착한 날짜, 소비자 이름, 연락처를 확인하여 문서대장에 기록하도록 한다.

㉡ 소비자로부터 문서자료를 받은 후 상담 시 필요한 자료나 부족한 부분을 체크하여 리스트를 만들어 놓는다. 예를 들면, 소비자가 불만족하는 부분의 설명이 불충분하다거나 사업자명, 사업자 주소 등 상담에 반드시 필요한 정보가 빠져 있으면 보완하기 위한 체크리스트를 만든다.

㉢ 만일 소비자에게 연락하기 쉬운 전화번호 혹은 이메일이 없으면 소비자에게 다시 연락이 오기만을 기다리지 말고, 소비자의 연락처나 주소로 안내문을 보내되 안내문은 '상담사의 전화번호 혹은 이메일 주소와 함께 상담사에게 연락해 주기 바란다'는 내용으로 한다.

② 상담요청 내용이 접수되면 될 수 있는 한 빠른 시일 내에 관련법규 등을 파악하고 해결방법을 제시하기 위한 노력을 한다. 대면 혹은 전화상담과는 다르게 서면상담은 직접 소비자와 만나지 않으므로 다른 바쁜 일을 먼저 하고 다음 순서로 미루어지기 쉽기 때문이다.
◎ 꼭 해결해야 할 중요문제를 눈에 띄게 색이 있는 펜으로 표시하여 정리한다.
⑪ 소비자·사건별로 파일을 따로 만들어 그 사건이 해결될 때까지 진행된 모든 사항을 계속 누적하여 보관하도록 하되, 우편물은 자료뿐 아니라 겉봉투도 버리지 말고 함께 보관하도록 한다.
⊗ 상담내용 주제별 혹은 소비자의 이름 순으로 우편물을 분류하되, 스티커 등을 이용하여 표시하거나 숫자를 파일 겉에 표시하여 두면 매우 편리하다. 예를 들면, 의류는 의류 모양의 스티커, 자동차는 자동차 모양의 스티커 등을 붙여 둔다.
◉ 처리가 지연될 때는 상담의 경과를 문서 혹은 전화를 통하여 가능한 한 자주 소비자에게 알리며, 처리결과는 문서를 통해 소비자에게 개별적으로 통지하되 내용증명을 이용한다. 이는 후에 결과통보 등에 문제가 발생할 경우 대비하기 위함이다.

(2) 팩스상담

팩스상담은 문서상담의 일종으로서 시간적·공간적 제약에 구애받지 않고 신속하게 상담하는 방법의 하나이다. 팩스상담은 신속한 접수가 가능하고, 일정한 체계에 따라 팩스의 내용이 꾸며지는 것이 일반적이기 때문에 상담원도 쉽게 내용을 파악할 수 있고 전화상담보다 비교적 정확하게 고객의 문제가 전달되는 장점이 있지만 사용량이 폭주하면 신속한 답변이 이루어지기 힘들다는 단점이 있다. 팩스상담에 있어서의 유의점 또한 문서상담의 유의점과 유사하다.

(3) 인터넷상담

① 인터넷상담의 특성

인터넷상담이란 컴퓨터통신을 사용하여 컴퓨터 가상공간을 활용한 상담활동을 말한다. 즉, 인터넷의 환경을 사용하여 소비자의 고민과 궁금증을 해결하고 소비자문제를 해결하여 주는 데 필요한 각종 정보와 프로그램을 제공하는 커뮤니케이션 활동이다. 정보화시대에 인터넷과 통신기술이 급격히 발전하면서 상담분야에도 인터넷상담이라는 새로운 상담방식이 생겨나게 되었다. 인터넷 공간에서의 상담은 직접대면 방식에 의한 상담처럼 쌍방 커뮤니케이션이라는 형태에서 다소 자유롭다.

인터넷상담은 기존의 상담방법과는 달리 장소, 시간 등에 구애받지 않고 상담을 수시로 할 수 있다는 편리함이 있다. 또한 상담내용을 공개할 수 있어 유사한 내용의 반복적 상담을 줄임으로써 대면상담이나 문서상담 등에 비해 경제적이며, 소비자전문상담사의 업무상 스트레스가 줄어들 수 있고, 명확하고 효과적인 상담을 할 수 있다. 특히, 인터넷상담은 정보제공상담이나 구매 전 소비자상담에 보다 효과적으로 활용할 수 있다. 다만, 인터넷상담에서는 개인정보유출 가능성이라는 단점이 있고, 비대면 방식이라는 특성상 상담과정 중 감정이 폭발하면 비속어가 난무할 수 있다는 단점도 있다.

② **인터넷상담의 형태**

인터넷상담의 형태로는 소비자상담 전용 창구를 이용하거나 이메일을 이용한 전자우편상담, 게시판을 통한 게시판상담, 소비자에게 도움이 될 수 있는 자료들을 데이터베이스화하여 항상 제공하는 프로그램 상담, 그리고 대화방을 통한 채팅상담 등이 있다. 그리고 현재 이용이 가능하지 않지만 인터넷상에서 소비자와 상담사가 동일한 시간에 인터넷 공간을 공유함으로써 직접 상담을 받을 수 있는 웹쉐어링상담이 있다.

㉠ 소비자상담 전용 창구를 이용한 상담

기업에서 운영하는 소비자상담 전용 창구는 인터넷상 거래가 빈번히 이루어지는 인터넷 쇼핑몰을 비롯한 기업의 홈페이지에 대부분 마련되어 있다. 주로 고객만족센터로 불리는 소비자상담코너는 소비자가 직접 자신의 문제를 상담창구에서 제공한 양식에 맞추어 해당사항을 기입하여 접수하면 상담사가 고객의 질문에 대한 답을 제공하도록 되어 있으며 정부, 지방자치단체를 비롯하여 한국소비자원, 민간소비자단체에서는 소비자상담 전용창구를 운영하고 있다.

㉡ 이메일을 이용한 전자우편상담

전자우편상담은 통신으로 주고받으며 진행되는 상담으로 흔히 이메일상담으로 통용된다. 전자우편상담은 소비자가 인터넷상담사에게 문제 사항을 적어서 편지로 보내면 상담사가 소비자에게 답장을 보내는 방식으로 이루어진다. 따라서 전자우편상담은 다른 사람에게 공개되지 않아 남들에게 쉽게 드러낼 수 없는 문제를 인터넷을 통하여 직접 상담받을 수 있다. 전자우편상담은 상담사와 소비자가 신중하게 생각한 내용을 글로 정선하여 주고받으므로 소비자가 스스로 자신의 심정을 먼저 정리해 볼 수 있는 기회를 갖게 해 준다. 상담사도 이러한 소비자의 생각을 여러 차례 읽어보면서 다양한 답변을 제공할 수 있다. 소비자는 하루 24시간 중 자신에게 가장 필요한 순간에 편지를 작성함으로써 스스로의 감정과 생각을 정리할 시간을 가지게 되며, 상담사의 답장을 받고 나서 자신의 감정과 생각을 재점검할 기회를 갖게 된다. 전자우편상담은 문서상담과는 비교도 안 될 정도로 상호 전달의 속도가 빠르기 때문에 소비자들에게 시간·비용 면에서 경제적인 상담을 가능하게 한다. 전자우편상담은 상담 시 익명성이 보장되므로 상대방의 인적사항을 정확하게 파악하기 어렵거나 왜곡된 정보를 받을 가능성이 있다. 더욱이 전자우편상담은 소비자가 보내온 편지의 내용에만 의존하여 진행되기 때문에 소비자의 상태를 충분히 파악하기 어렵고 상담사와 소비자가 서로 편지내용에 대한 해석을 다르게 할 우려가 있다는 한계도 있다. 전자우편상담은 고객상담

전용 창구의 경우처럼 일정한 양식에 의해 체계적으로 상담에 필요한 정보를 얻을 수 있는 것과는 달리 소비자가 일방적으로 자신이 쓰고 싶은 사항을 기록하여 보내는 내용에 의존한다. 따라서 소비자문제 내용을 요령 있게 자세히 기록하고 자료 등이 첨부되어 있는 경우도 있지만, 상품명이나 사업자명이 쓰여져 있지 않을 뿐만 아니라 소비자의 연락처조차 쓰여 있지 않은 경우도 있어 추가로 이메일을 주고받아야 하는 번거로움이 발생한다.

> **소비자의 전자우편상담에 응하는 요령**
> - 인터넷상담사는 매일 일정한 시간에 소비자로부터 들어온 전자메일을 확인한다.
> - 인사말과 상담사의 소속, 성명을 밝히고 정중하고 상냥한 태도로 답신한다.
> - 답변이나 상담은 소비자가 이해할 수 있도록 상세하고 명확하게 설명한다.
> - 전자로 메일 연결이 바로 안 될 경우를 대비하여 담당자의 전자메일뿐 아니라 전화번호, 팩스번호를 응답 시 함께 제공한다.
> - 소비자 메일의 주요 질문부분은 다시 반복하여 확인하는 내용을 적고 그에 따른 해결책을 제시해 준다.
> - 즉시 처리가 어려운 경우는 처리절차와 예상되는 소요기간 등을 안내한다.
> - 따뜻한 인사말로 끝맺음을 한다.
> - 각 메일은 날짜별, 주제별로 정리한 후 저장·보관한다. 이는 상담 후에 소비자와의 상담내용에 서로의 오해가 있을 경우 상담내용을 증명할 수 있는 자료가 될 수 있을 뿐 아니라 상품개발 혹은 상담기법의 개발을 위해 주요한 자료가 될 수 있다.

ⓒ 게시판을 이용한 상담

게시판을 이용한 인터넷상담은 소비자가 상담코너의 게시판에 소비자문제에 관해 글을 올리는 방법이다. 이는 공개적으로 이루어지기 때문에 다른 소비자들도 게시판 내용, 즉 소비자의 질문과 상담원의 답변내용을 읽고 유사한 문제가 발생할 경우 자신의 문제를 해결할 수 있다. 또한 담당 상담사가 아닌 그 인터넷 상담실을 찾는 다른 참여자들도 자신들의 의견을 써 줄 수 있다. 이렇게 공개되는 상담은 소비자의 신원이나 얼굴이 밝혀지지 않기 때문에 상담사와 소비자뿐 아니라 다른 참여자들이 생기고 그들로부터도 많은 도움을 받을 수 있다.

ⓒ 데이터베이스를 이용한 상담

데이터베이스를 이용한 상담은 주로 소비자에게 유익한 정보를 제공하는 것을 목적으로 이용된다. 기존의 상담과 달리 인터넷상담이 가질 수 있는 독특한 프로그램으로, 하드웨어 및 멀티미디어 시스템의 발전에 힘입어 구현된 새로운 상담프로그램이라고 할 수 있는데, 소비자들의 문제해결뿐 아니라 문제의 예방, 그리고 다양한 정보와 시청각 자료들을 모은 프로그램을 인터넷환경에 구현시킨 것이다. 이 상담프로그램의 최대의 장점은 소비자들이 필요할 때 언제든지 자료를 조회하여 도움을 받을 수 있고, 인터넷 공간에서 상담사와 직접 만나지 않아도 간접적인 상담의 효과를 얻을 수 있다는 데 있다. 데이터베이스를 이용한 상담은 주로 제공할 정보를 주제별로 묶어 제공하거나 자주 발생하는 소비자문제에 대한 답변을 모아 제공하고 있다. 데이터베이스를 이용한 상담 시 상담사가 고려하여야 할 중요한 점은 데이터베이스 자료를 계속적으로 업데이트하여야 하며, 자료를 올릴 때는 소비자의 눈에 잘 띄고 편리하게 자료를 검색하고 읽을 수 있도록 디자인해야 하는 것이다.

ⓜ 채팅상담

채팅을 이용한 온라인상담은 인터넷상담의 대표적 유형 중 하나로 상담사와 소비자가 대화방이라는 가상의 상담실에서 만나 대화를 주고받는 상담이다. 인터넷 공간에서 진행된다는 점을 제외하곤 기존의 방문상담과 거의 동일하게 이루어진다. 주로 의료상담과 법률상담의 경우에 많이 이루어진다. 채팅상담은 상담사와 소비자가 실시간으로 자신의 문제점을 밝히고 조언을 얻으며 문제를 해결하는 상담방법이다. 그러나 24시간 상담이 이루어지기는 힘들기 때문에 대부분 일정한 상담시간이 명시되어 있고, 문제가 있는 소비자는 그 시간에 채팅상담 코너에 접속하여 궁금증을 해결한다. 그러나 때로는 채팅시간을 예약하여 이루어지기도 한다. 개인뿐 아니라 집단상담도 가능하다. 집단상담의 경우, 정해진 시간에 열린 대화방에 여러 명의 소비자가 들어와서 상담을 하게 된다. 교육적 성격을 띤 집단 소비자교육 프로그램 또는 워크숍을 운영할 경우에는 다양한 자료나 연습교재를 제공하는 것이 필요한데 현재 채팅을 하면서 음성이나 영상, 그리고 문서 등을 함께 제공할 수 있는 프로그램이 개발되고 있으며 이것이 상담에 활용이 되면 인터넷 집단상담은 화면상에서 문자로만 이루어지는 것보다 훨씬 다양한 자료를 음성과 화상으로 제공하면서 진행될 수 있을 것이다.

채팅상담사에게 요구되는 능력

- 빠른 타자 속도 : 인터넷을 통하여 채팅상담을 요청한 소비자 혹은 고객은 일단 매우 빠른 타자 실력이 있다고 가정하여야 한다. 타자 속도가 빠르지 못한 소비자는 아예 채팅상담을 요청하지 않을 것이기 때문이다. 따라서 상담자의 타자 속도가 느리면 소비자는 답답함을 느끼고 상담에 흥미를 잃을 수 있다.
- 빠른 판단력과 해결책 : 채팅상담은 의사소통의 통로가 문자로 제한되어 있기 때문에 방문 혹은 전화상담과 같이 언어를 통해서 상대방의 감정을 이해하는 데 어려움이 있을 뿐 아니라 소비자가 요구하는 사항에 대하여 즉시 답변을 하여야 하기 때문에 빠른 판단력과 해결책 제시능력이 요구된다.

ⓑ 웹쉐어링상담

많은 소비자들이 인터넷을 통하여 상품을 구입하고 있다. 그러나 일부 소비자는 직접 상품을 볼 수 없다는 점과 상품에 대하여 궁금한 점을 실시간으로 해결할 수 없다는 이유로 인터넷을 통한 상품구입을 꺼리기도 한다. 만일 인터넷상에서 소비자와 상담사의 두 컴퓨터

사이에서 동시에 동일한 인터넷 공간사용, 즉 웹쉐어링이 가능하여 소비자가 상품 구입 시 상담사로부터 직접 궁금한 사항을 자세히 상담받을 수 있다면 매우 바람직한 인터넷 시장 환경이 될 것이다.

③ 효과적인 인터넷상담

　㉠ 소비자상담사는 매일 일정한 시간에 접수된 상담내용이 있는지 확인하여야 하며, 가능한 한 빠른 시간 내에 응답을 해 준다. 인터넷을 통해 상담을 요청한 소비자는 인터넷의 속성에 근거하여 신속한 반응을 기대할 것이다. 게시된 내용은 24시간 내에 답변이 될 수 있도록 하고, 전자메일은 바로 확인하고 응답해야 한다. 데이터베이스를 이용한 상담은 자료를 계속적으로 업데이트해야 한다. 상담사는 일대 다수의 소비자에게 응답을 하지만 소비자와 상담사는 일대일 관계이다. 따라서 소비자가 받은 응답메일에서 소홀함을 느끼면 소비자는 상담사에게 더 이상 신뢰감을 갖지 않을 것이다. 따라서 자주 접속하여 확인하는 것이 중요하다.

　㉡ 답변 시 컴퓨터 스크린상에서 읽기 좋도록 포맷 구성을 염두에 둔다. 적절한 여백을 확보하고, 고객이 쉽게 이해할 수 있도록 주제별로 구획을 구분한다. 알기 쉬운 구어체를 사용하며 문장을 짧게 구성한다.

　㉢ 인사말과 상담사의 소속, 성명을 밝히고 정중하고 상냥한 태도로 답신한다. 상담사가 신원을 밝힘으로써 소비자들이 안심하고 상담에 응할 수 있도록 한다. 서버의 다운 등으로 인터넷상담이 바로 안 될 경우를 대비하여 담당상담사의 이메일 주소뿐만 아니라 전화번호, 팩스번호 등을 응답 시 함께 제공한다. 이 같은 연락처 제공은 1회성이 아닌 지속적이고 책임 있는 상담이 되는 데 필수적이다.

　㉣ 상담의 답변은 정확한 요지를 파악하여 내용을 구성한다. 소비자가 이해할 수 있도록 자세하고 의미가 분명히 전달되도록 한다. 어려운 표현이나 설명은 피하고 정확하면서도 실질적으로 도움이 될 수 있는 상담이 되어야 한다. 소비자가 오해하고 있는 부분이 있으면 그 부분에 대한 정확한 정보를 제공하여 오해의 소지를 없애도록 한다. 잘못이 인정된 부분에는 구차한 변명을 늘어놓는 것이 아니라 반성하는 자세를 표하고 그 부분을 빠른 시일 내에 조치하려고 하는 의지를 나타낸다. 또한 상담사 측에서 모르고 있던 사실을 소비자가 제시했을 경우 그 부분에 대한 정보를 얻기 위해 적극적인 자세를 보여야 한다.

　㉤ 소비자가 요청한 상담내용 중 주요 부분을 다시 반복, 확인하는 내용을 적고 그에 따른 해결책을 제시해 준다. 필요한 경우 참조할 수 있는 사이트나 참고자료를 알려 주는 것도 유용하다. 즉시 처리가 어려운 경우에는 처리절차와 예상되는 소요기간, 그리고 그 이유 등을 상세히 적어 응답한다. 소비자상담사나 소비자상담사가 속한 기관이 처리하기 곤란한 경우에는 그 이유와 법적 근거 등을 자세히 적어 알리고, 그 문제를 해결할 수 있는 기관을 친절히 안내해 준다.

ⓑ 따뜻한 인사말로 상담을 마친다. 가능하다면 상담내용이 소비자에게 잘 전달되었는지, 상담 후 소비자 만족도는 어떤지, 추가적 상담이 필요한지 등을 재확인하는 절차를 갖는 것이 좋다.
ⓐ 상담내용은 접수 날짜별, 처리된 것은 처리 날짜별, 주제별로 정리한 후 저장하여 보관한다. 이는 상담 후에 소비자와의 상담내용에 혼란이나 오해가 있을 경우에 상담내용을 증명할 수 있는 자료가 되며, 상담기법의 개발을 위해 중요한 자료가 될 수 있을 것이다. 다시 말해, 인터넷 상담관련 자료 구축 및 정보의 체계화가 필요하다. 자주 등장하는 상담내용 및 피해사례에 대한 자료를 구축하여 반복적인 상담에 활용하는 것이 좋고, 소비자가 이 같은 축적된 정보나 자료를 쉽게 검색할 수 있도록 유사한 내용의 상담 및 피해 고발에 대한 답변을 계속적으로 해야 하는 수고와 비용을 감소시키는 것도 필요하다.

(4) 전화상담

전화상담은 소비자상담의 대표적인 형태로 소비자상담사가 일정한 양식이나 형식을 미리 준비해 두고 소비자와 전화상의 대화를 통해 상담하는 방법이다.

① **전화상담의 장점**

전화상담은 전화가 가지는 즉시성, 익명성, 보편성의 이점 때문에 다양한 채널을 통해 사용되고 있다. 전화상담은 소비자의 입장에서는 상담이 필요할 때 언제든지 전화를 걸어 쉽게 서비스를 받을 수 있다는 장점이 있다.

② **전화상담의 단점**

전화상담은 목소리만을 통해 의사가 전달되기 때문에 상대방의 얼굴표정·태도·용모 등 시각적이고 비언어적인 정보를 얻을 수 없고, 증거를 남기기 어려울 뿐 아니라 정확한 전달 여부를 확인하기 어렵다는 단점이 있다. 또한 예약 없이 불시에 전화가 걸려오고, 상담요청자가 상담 내용을 명확히 설명하지 못하거나 상담 시 계약서·상품 등 자료를 직접 보지 못하므로 소비자문제나 피해의 파악이 어려운 경우도 있다.

③ **전화상담의 유용성과 합리적인 상담**

전화상담에는 소비자가 직접 전화를 걸어오는 경우와 소비자상담사가 소비자에게 전화를 거는 경우가 있다. 문서를 작성하는 것보다 전화를 통해 이야기하는 것이 자유롭다고 생각하는 소비자의 경우 전화상담은 좋은 방법이 될 수 있다. 글로 무엇인가를 쓰기보다는 전화를 통해 말로 하는 것이 쉽고 비용 면에서도 전화가 더 저렴하다.

그러나 상담사의 입장에서 전화상담은 방문상담처럼 상대방의 얼굴표정, 태도 등 비음성적인 정보를 얻을 수 없고 목소리만으로 소비자의 욕구를 파악하여야 한다는 한계를 가지고 있다. 더욱이 복잡한 사안이 연루되어 있는 문제나 소비자가 감정적으로 매우 흥분된 상태에 있을 때에는 소비자가 문제 상황을 구체적으로 표현하지 못하거나 횡설수설할 수 있기 때문에 이야기의 내용을 파악하기가 몹시 어려울 수 있다.

일반적으로 소비자상담사는 전화가 걸려올 때 소비자의 직업, 연령, 처해 있는 상황과 전화하게 된 경위를 물어 본다. 그리고 나서 문제 상황을 중심으로 소비자의 반응과 현재 나타난 결과와 문제의 심각성을 파악하면서, 현 상황에 대해 소비자가 취하는 행동 및 해결하려는 노력의 실효성에 대한 검토가 필요하다. 이러한 과정에서 소비자상담사는 소비자의 당혹감이나 절망감을 소비자의 입장에서 느끼고 이해하고 있음을 신속하고 성실하게 전달하는 것이 필요하다. 소비자가 상담에 대해 만족스러운 반응을 보이지 않을 경우에는 필요한 정보를 제공하거나, 기타 관련인 등 소비자에게 도움이 될 만한 사람을 만나도록 권고한다.

전화에 응답하는 것은 아주 명확해서 추가적인 설명이 불필요할 정도여야 하는데 실상은 그렇지 못한 경우가 많다. 가령 전화고객에 대한 상냥하고 긍정적인 태도로 유명한 어느 기업상담원들의 경우에도 전화를 건 고객들이 전화상담을 했던 직원의 이름을 알지 못했다. 이것이 대표적인 실패 사례이다. 전화 받는 사람이 누군지를 밝히는 것은 기본적인 전화예절이고, 전화 거는 사람을 긍정적으로 만드는 방법이다. 소비자가 소리를 지르더라도 소비자상담사는 분명하고 잘 들리게 소리치지 말고 대답하여야 한다.

소비자와 직접 만나 문제를 해결하는 소비자상담사들처럼 전화 소비자상담사들도 소비자에 대한 자료를 기록해 놓는 것이 좋다. 방문소비자의 경우와 마찬가지로 전화고객을 응대하는 경우에도 관련 전문가 혹은 상급자에게 전달할 만한 내용이 있을 수 있다. 사실 상담서비스 센터에 전화하는 소비자는 양질의 서비스를 기대한다. 담당 소비자상담사는 자신의 선에서 해결되지 않는 문제를 어떤 전문가 혹은 상부의 누구에게 이야기해야 하는지 그리고 어떻게 지원을 받을 수 있는지를 알아야만 한다.

④ **전화상담의 말하기와 듣기 기법**

전화상담에서 활용하는 기본적 상담방법들은 방문상담에서의 기법과 동일하지만 전화상담은 방문상담과 달리 비음성적 의사소통의 기회가 없고, 음성적 의사소통만이 가능하다는 점에서 말하기와 듣기의 중요성이 더욱 강조된다.

㉠ 전화상담의 말하기 기법

㉮ 음조와 음색

전화상담 시 똑같은 목소리 톤으로 말하기보다는 변화를 줌으로써 소비자의 흥미를 유발하고 상담에 집중시킬 수 있다. 목소리의 높이는 너무 날카롭거나 너무 낮지 않은 중간음이 가장 효과적인데 의식적으로 가볍지 않고 깊은 음조로 말하도록 연습해야 한다. 일반적으로 음계 중 '솔' 음이 가장 듣기에 편안하고 경쾌하게 들리는 높이라고 한다. 높고 낮음이 있는 친근하고 밝은 목소리는 소비자에게 신뢰감을 주는 데 도움이 된다. 그리고 이러한 목소리는 대부분 선천적으로 결정되지만 다음의 지침을 따름으로써 상당히 개선될 수 있다.

- 근육의 긴장을 풀고 편하게 말한다. 얼굴과 목의 근육이 긴장되어 있으면 목소리도 딱딱하고 거슬리는 소리를 낼 뿐만 아니라 말도 자연스럽지 못하게 되므로 전체적으로 근육을 이완시켜 부드러운 목소리를 내도록 한다.
- 전화상담을 하는 동안 미소를 짓는다. 전화로 통화할 때 미소를 지으면 입 구조상 소리의 흐름을 보다 유연하게 해줌으로써 즐겁고 따뜻한 분위기가 나는 소리를 낼 수 있으며, 이는 소비자에게 그대로 전달되어 효과적인 의사소통에 도움이 된다.
- 말하기 전에 깊고 길게 천천히 숨을 쉰다. 이렇게 함으로써 목소리의 음색을 상당히 개선할 수 있다. 대부분의 사람들은 스트레스를 받으면 숨이 얕아지고 가빠지면서 성대가 경직되어 목소리 톤이 높아지고 부자연스러운 소리가 나오게 된다. 따라서 말하기 전에 먼저 자신의 숨 쉬는 상태를 확인한 후에 숨을 천천히 들이마시고 내쉬면 긴장된 성대를 이완시켜 부드러운 음색을 낼 수 있다.

㉯ 말의 속도

상대의 말하는 속도에 보조를 맞추는 것은 상대와 일치감을 형성하는 최상의 도구라 할 수 있다. 말의 속도가 너무 빠르거나 너무 느리면 메시지가 정확하게 전달되지 않거나 산만하게 되어 효율성을 잃게 된다. 일반적으로 전화로 대화를 할 경우, 대면하여 대화하는 경우에 비해 얼굴 표정이나 기타 신체언어를 읽을 수 없기 때문에 서로 이해하는 속도가 느리며, 따라서 특히 말의 속도가 너무 빠르면 의사소통에 문제가 발생할 가능성이 높다. 전화상담사는 의식적으로 너무 느리게 말한다는 느낌만 없으면 되므로 가능한 한 천천히 말하는 습관을 갖는 것이 좋다.

㉰ 음 량

방문상담과는 달리 전화상담의 경우에는 소비자상담사가 자신의 음량을 들을 수 없기 때문에 이 점에 특별히 신경써서 적절한 음량을 낼 수 있도록 훈련해야 한다. 전화상담 시 상대가 화가 난 큰 소리로 말하더라도 큰 소리로 맞대응하지 않고 상대방의 목소리보다 조금 낮은 소리로 이야기를 시작해 상대의 목소리를 자신의 목소리에 점차 맞추어 가도록 하는 것이 현명하다. 혼란에 빠지거나 당황한 사람을 상대할 때는 평상시보다 조금 높은 목소리로 이야기하면 상대가 주의를 집중할 수 있도록 도와줄 수 있고, 또 그렇게 하면 서로의 대화를 보다 쉽게 조절하는 데도 이롭다.

㉱ 발 음

정확한 발음은 메시지 전달을 명확하게 하기 위해 필수적이다. 빠르게 말하거나 우물거려서 발음이 분명하지 못하면 의사전달의 정확도가 떨어지게 되므로, 명확한 발음을 위해서는 큰 소리로 반복해서 말하는 것을 연습하는 것이 효과적이다. 목을 트이게 하기 위해 물을 한 컵 마시거나, 근육을 풀기 위해 깊은 호흡을 한다. 초시계를 가지고 분당 약 200단어를 속도에 변화를 주어가면서 연습하는 것도 좋은 방법이다.

⑮ 적절한 언어표현 및 휴식

현명한 전화상담사는 같은 말이라도 다른 표현을 써서 상대의 기분을 좋게 만든다. 항상 새로운 언어표현과 기술, 참신한 생각, 새로운 내용, 정확한 분석, 적절한 인용, 올바른 문법 등을 활용할 수 있도록 노력을 기울여야 한다. 또한 긴장완화 운동을 하거나 목소리를 가다듬는 휴식시간을 가져야 한다.

ⓒ 전화상담의 듣기 기법

전화상담사들이 상담 시 처리해야 할 업무는 전적으로 고객이 전달한 전화내용에 달려 있기 때문에 듣기는 전화상담에 있어서 매우 중요하다. 더욱이 듣기를 통하여 눈으로 상대방을 보는 것과 같이 고객의 유형과 감정을 파악할 수 있기 때문에 성공적인 전화상담을 위해서는 잘 들을 수 있는 능력이 요구된다.

㉮ 소비자의 모든 말에 집중하는 습관

인간의 두뇌는 분당 600개의 단어로 이루어진 정보를 수용하여 처리할 수 있는 반면에 말하는 단어는 분당 125~150개이다. 이 사실은 소비자가 상담 시 말을 하는 동안 여유 있는 두뇌의 능력으로 인해 잠시라도 딴 생각에 빠지기 쉽다는 것을 의미한다. 일반적으로 사람들은 말하는 것을 좋아하는 반면, 경청은 소홀히 하는 경향이 있다고 한다. 따라서 전화상담사는 의도적으로 자신의 마음속 잡념을 버리고 상대방에게 정신을 집중하고 듣기에 전념하는 태도를 길러야 한다.

㉯ 주위 정돈과 메모할 준비

책상을 정돈한다는 의미는 전화를 받기 전까지 일은 멈추고 소비자의 말에 최대한 집중해서 경청할 수 있는 자세를 갖추고 있음을 의미한다.

㉰ 응대의 말을 진행

상담을 진행해 가면서 적극적이고 적합한 응대는 상담을 요청한 사람의 문제를 적극적으로 경청하고 도와줄 자세가 되어 있다는 의미로 해석할 수 있다. 예를 들어 상품사용 불만족에 대한 불쾌감을 토론하는 소비자에게 "충분히 이해합니다.", 혹은 문제를 설명하는 소비자에게 "네 그렇군요!" 등으로 응대한다. 전화상담의 경우 얼굴표정을 볼 수 없기 때문에 이러한 적절한 응대는 매우 중요하다.

㉱ 전화로 받은 용건은 복창하여 확인

전화는 목소리에만 의존하는 의사소통 수단이기 때문에 전화상담 내용의 정확성에 특히 주의를 기울여야 한다. 소비자로부터 걸려오는 전화 가운데는 서비스 제공요구나 불만 호소 등을 접수하는 것이 상당수 있다. 이때 가장 주의를 요하는 것이 내용의 확인이다. 만약 문의한 내용과 다른 내용을 안내한다면 도움을 주는 것이 아니라 오히려 소비자에게 폐를 끼치는 결과를 가져오기 때문이다. 따라서 전화로 상담하는 경우에는 소비자의 상담내용을 복창하여 실수를 방지하도록 한다.

ⓑ 중요한 숫자를 전할 때에는 읽는 방법을 바꾸어 두 번 말하기

전화로 전하는 용건은 그것을 받는 경우나 전하는 경우도 마지막에는 서로가 복창하는 것이 전화의 매너이다. 그러나 숫자의 경우는 복창했다고 해서 반드시 실수를 방지할 수 있다고 할 수 없다. 따라서 전화로 전하는 중요한 숫자는 단순하게 반복할 뿐 아니라 처음과 읽는 방법을 바꾸어 말한다면 잘못 말하는 것이나 듣는 것으로 일어나는 착오를 막을 수 있다. 가령 전화번호 안내의 경우, 283-8278을 처음에는 '이팔삼에 팔이칠팔'이라 읽고 반복해서 '이백팔십삼에 팔천이백칠십팔'로 반복해서 말하는 것이다.

ⓑ 자주 쓰지 않는 손으로 수화기를 바르게 잡고 자주 쓰는 손으로는 메모

전화의 내용을 바르게 듣고 이에 대한 응답을 바르게 하기 위해서는 수화기를 자주 쓰지 않는 손으로 바르게 잡는 것이 유리하다. 수화기를 귀와 어깨 사이에 끼고 듣거나 말을 하면 소비자가 말하는 것을 정확하게 듣거나, 소비자에게 정확하게 이야기하기 어려울 수도 있기 때문이다. 또한, 수화기를 자주 쓰지 않는 손으로 잡는 것은 자주 쓰는 손으로 메모를 하기 위함이며 전화상담 시 메모를 하여야 하는 것은 필수요소이다.

ⓢ 주위의 산만함을 제거하고 전화받는 일과 다른 일을 동시에 하지 않기

전화하는 동안 먹거나, 담배를 피우거나, 껌을 씹거나, 음료를 마시거나, 다른 사람과 눈짓으로 이야기하거나, 읽는 것 등의 일을 하지 않아야 소비자가 이야기하는 것을 바르게 들을 수 있다.

⑤ **전화상담의 주의사항**

전화를 이용한 효과적인 상담서비스를 제공하기 위한 기초적인 전략 중의 하나는 전화의 모든 특성을 이해하고 그것을 효과적으로 이용하는 것이다.

㉠ 전화를 받을 경우

㉮ 신호가 세 번 울리기 전에 수화기를 들기

전화상담 성공을 위한 방법 중의 하나는 항상 신호가 세 번 울리기 전에 응답하는 것이다. 이것은 소비자에게 상담사가 그들을 돕는 데 기꺼이 준비가 되어 있다는 비음성적 메시지를 보내는 것이다. 또한, 여러 번 울려도 대답 없는 전화는 소비자를 짜증스럽게 하는 원인이 되며, 이렇게 되면 통화를 하기 이전부터 상담의 성공가능성은 낮아진다.

㉯ 전화를 건 상대방에게 반드시 인사하기

전화를 통해 대화를 나눌 때는 항상 인사로부터 출발해야 한다. 인사는 상대방에게 자신의 친절과 열린 마음을 전달해 주기 때문이다. 수학기를 들면 자기 이름이나 소속을 밝히기에 앞서 "안녕하세요?"란 인사말부터 먼저 건넨다. 인사를 건너뛰고 용건부터 말한다면 상대방은 상담사가 무언가 바쁜 일로 서두르고 있다는 인상을 받게 된다.

㉰ 전화를 받은 자신의 이름을 밝혀 바르게 전화하였다는 것을 알려주기

자기 소유 또는 직통 전화를 받을 때는 대개 전화를 건 사람이 상대를 알고 있기 마련이

다. 따라서 전화를 받은 사람은 이름만 밝히면 된다. 기관 혹은 사회의 대표전화를 받을 때는 자기의 이름 대신 기관이나 회사이름을 밝힌다. 부서 전화를 받을 때는 부서명과 자기 이름만 밝혀도 충분하다. 그러나 외부에서 곧바로 연결된 전화일 경우, 부서명과 자기 이름을 밝히기 전에 기관이나 회사이름을 먼저 알려주는 것이 좋다. 그다음 "무엇을 도와 드릴까요?"라고 묻는다. 이 말은 전화를 받은 당사자가 전화를 걸어온 소비자가 원하는 것을 언제든지 도와줄 준비가 되어 있다는 것을 암시하는 것이다. 전화통화의 초기 단계에 상대방의 이름을 물어 받아 적은 후, 통화가 끝날 때까지 적어도 3번 이상은 상대방의 이름을 적절하게 사용하고 넘어가는 것이 좋다.

ⓒ 전화를 걸 경우

전화상담은 소비자로부터 상담요청을 받는 경우가 많지만 해결책을 즉시 해결하지 못할 경우 상담사 측에서 소비자에게 전화를 해야 하는 경우도 많이 발생한다. 소비자에게 전화를 걸 경우에는 전화걸기 전에 미리 심사숙고하면서 다음을 준비한다.

㉮ 논의할 항목들의 목록을 만든다.
㉯ 가장 중요한 항목들을 먼저 논의할 수 있도록 항목들의 우선순위를 정한다.
㉰ 참고가 필요한 파일이나 문서를 곁에 둔다.
㉱ 까다로운 용건으로 전화할 때는 무슨 말을 어떻게 해야 할지 모든 내용을 미리 종이에 적는다. 이는 실제 소비자와 통화가 되었을 때 큰 도움이 된다.

ⓒ 전화를 다른 사람에게 돌려줄 경우

전화를 오래 끌면서 한 사람에게서 다른 사람에게로 연결하는 것은 몹시 짜증스러운 일이다. 소비자의 마음을 상하지 않게 전화를 다른 사람에게 돌려줄 수 있는 지침은 다음과 같다.

㉮ 전화를 다른 사람에게 돌려야 하는 이유와 받는 사람을 밝힌다. 전화를 받고 이를 다른 사람에게 돌려야 할 때 전화를 건 소비자에게 누구에게, 왜 전화를 돌려야 하는지 밝힘으로써 소비자가 마음의 준비를 하도록 한다.
㉯ 전화를 다른 사람에게 돌려도 괜찮겠는지 물어 본다. 전화를 건 사람이 원하지도 않았는데 다른 사람에게 전화가 돌려진다면 이는 소비자를 화나게 하는 일일 것이며, 휴대전화 또는 장거리 전화로 전화를 걸어 온 소비자를 기다리게 하는 것은 금전적인 손해를 입히는 것이기도 하다. 소비자가 통화하기 원하는 사람을 바꿔주려 할 때에는 항상 일방적으로 전화를 돌리기 전에 그럴 의향이 있는지 먼저 물어 보아야 한다.
㉰ 수화기를 내려놓기 전에 바꿔 줄 당사자에게 먼저 전화를 걸어 확인한다. 만일 상담사가 다른 부서 혹은 사람에게 전화를 돌리고 그냥 끊어 버렸는데 그 부서에서 아무도 전화를 받지 않아서 다시 전화를 걸 수밖에 없을 때 소비자는 화가 날 것이다. 따라서 자리에 있지 않은 사람에게 전화를 돌려서 전화를 건 소비자를 당혹스럽게 만드는 일이 없도록 해야 한다.

㉱ 당사자가 전화를 받을 수 없다면 소비자와 다시 연락을 해서 설명해야 한다. 그리고 소비자가 기다리겠다고 하는 경우를 제외하곤 기다리는 동안 다른 사람과 연결해 주기보다는 메시지를 남기도록 제안한다.

㉲ 전화를 돌려받을 사람에게 전화를 건 소비자의 이름과 용건을 전달한다. 전화를 돌려받은 담당자가 소비자의 이름과 기본적인 상황을 전혀 모르고 있다면, 전화를 건 소비자는 똑같은 소리를 몇 번이고 반복해야 하기 때문이다.

㉣ 전화메시지를 남길 경우

자리를 비운 사이에 누군가 자신을 대신해 전화를 받아 메시지를 남긴 경우가 종종 있는데 이때 적혀진 이름과 전화번호를 분명하게 식별할 수 없다면 매우 낭패스러울 것이다. 전화메시지를 전달하면서 전화를 건 소비자에게는 확신을 심어 주고, 동시에 동료에게 힘을 북돋워 주려면 다음과 같이 한다.

㉮ 동료가 지금은 자리에 없다고 알려 준다. 동료담당자가 아프다거나 하는 등 개인적인 정보를 언급하면 소비자에게 부정적인 인상을 심어 줄 수 있기 때문에 삼가야 한다. 또한 메시지를 전달해 주겠다는 평범한 말을 사용함으로써 동료의 부재를 알려주면서도, 동시에 동료의 개인적인 정보를 너무 많이 드러내지 않을 수 있는 요령 있는 대화는 "잠시 자리를 비웠습니다", "오늘은 비번입니다", "지금 회의 중입니다" 등이 있다.

㉯ 동료가 자리로 돌아올 시간을 추정해서 전해준다. 소비자가 통화하려는 동료 직원이 자리로 돌아올 시각을 알 수 있을 때는 대략 그 시간대를 추정해서 알려주는 것이 좋다. 그렇게 해야 소비자는 언제 다시 전화하면 통화할 수 있을지, 메모를 남길 경우에는 상담사가 언제쯤 전화를 걸어올지 짐작할 수 있기 때문이다.

㉰ 메모를 남기라거나 다른 부서로 돌려주겠다는 등 도와줄 의사를 밝힌다. 소비자가 통화하기를 원하는 동료가 전화를 받을 수 없을 때 그 사실을 밝히면서 곧장 메모를 남기거나 다른 사람에게 전화를 돌려도 될까 묻는 것이 예의이다. 전화를 걸어온 소비자의 용무를 처리해 줄 만한 동료 상담사를 알고 있을 때는 앞서 익힌 전화예절에 맞추어 그에게 전화를 돌려준다.

㉤ 전화를 끊을 경우

수화기를 들고 통화하는 동안 완벽한 전화예절을 보였다고 해서 끝난 것은 아니다. 유종의 미를 거둘 수 있는 전화를 끊는 요령 또한 중요하다.

㉮ 전화를 끊기 전 마지막으로 소비자와 상담사가 앞으로 처리하기로 합의한 행동에 대한 내용을 반복하여 확인한다.

㉯ 전화를 걸어온 소비자에게 더 도와줄 일은 없는지 물어 본다. 이렇게 함으로써 소비자에게 통화 도중 논의했어야 하는 내용 가운데 빠뜨린 것이 없는지 점검할 수 있는 기회를 제공하게 되는 셈이다.

㉰ 소비자에게 전화를 주어서 고맙다는 인사와 함께 문제를 자신에게 들고 온 점에 대해서도 고맙게 생각하고 있다는 것을 알려준다.
　　　㉱ 소비자가 먼저 수화기를 내려놓을 때까지 기다린다. 이렇게 함으로써 소비자는 끝까지 존중받으면서 서비스 받았다는 느낌을 가질 수 있다.
⑥ **전화상담의 순서**
　㉠ 전화받기
　　㉮ 벨이 3번 이상 울리기 전에 받는다.
　　㉯ 수화기를 들기 전에 하던 일을 멈추고 심호흡과 미소로 마음의 준비를 한다.
　　㉰ 늦게 받았을 경우 사과의 말을 건네고 신속한 처리를 제안한다.
　㉡ 첫인사
　　㉮ 고객에게 주는 첫 이미지를 분명하게 하고 인사말과 함께 회사명과 본인의 이름을 밝힌다.
　　㉯ 정서표현의 말은 상황에 맞게 변화시킨다.
　㉢ 문의내용 파악
　　㉮ 효과적인 경청을 통해서만 고객의 감정, 관심사 등을 이해할 수 있다.
　　㉯ 고객의 진정한 의도를 이해하면 모든 문제해결의 실마리를 제공받을 수 있다.
　　㉰ 고객의 말을 충분히 경청하고 동감하는 자세로 임해야 한다.
　㉣ 탐색질문
　　㉮ 적절한 질문을 통해 문의내용의 핵심을 파악해야 한다.
　　㉯ 의례적이고 형식적으로 응대하지 않고 고객의 입장이 되어 경청한다.
　　㉰ 자신의 의견과 평가를 섞지 않는다.
　㉤ 해결방안 제시
　　㉮ 충분한 상품지식을 가지고 고객의 입장에서 도움이 될 수 있는 적절한 해결방안을 모색한다.
　　㉯ 회사의 규정, 원칙에 앞서 성의 있는 자세를 보여주어야 한다.
　㉥ 반론 극복
　　고객이 제시하는 반론에 대하여 일차적으로 동감하는 자세가 필요하며, 그다음에 고객이 이해할 수 있도록 설득한다.
　㉦ 요약 · 종결
　　㉮ 전체 상담내용을 정리한다.
　　㉯ 고객이 무엇인가 도움을 받았다는 인상을 받을 수 있도록 끝까지 최선을 다해 마무리한다.
　　㉰ 고객에게 도움이 될 만한 새로운 서비스를 부드럽게 제안한다.
　㉧ 끝인사
　　㉮ 상담상황에 따른 정서표현의 말을 사용한다.

　　　　　㉯ 재전화 약속 시 고객서비스 카드에 고객의 인적사항을 재확인한다.
　　　　　㉰ 재전화 가능시간을 고객의 시간에 맞춰 약속한다.
　　　㉣ 전화 놓기
　　　　　㉮ 고객이 끊은 것을 확인한 후 소리가 나지 않게 끊는다.
　　　　　㉯ 고객에게 주는 마지막 인상임을 명심한다.
　　　　　㉰ 상담한 내용을 자세하게 기록한다.

4 소비자정보의 제작과 가공

(1) 소비자정보의 제작

다품종 소량생산에 의한 상품 및 서비스의 범람은 제한된 자원으로 최대의 효과를 추구하고자 하는 소비자로 하여금 끊임없이 갈등하게 한다. 일반적으로 소비자는 상품이나 서비스에 대한 새로운 지식을 얻을 수 있는 능력의 결여로 인하여 사업자의 광고와 주변의 유행에 의존하여 상품이나 서비스를 선택하게 된다.

사실 최근의 제품들은 고도의 첨단기술이 응용된 경우가 많아 일반 소비자들은 제품의 상세한 기능과 품질, 성능의 차이를 판단할 수가 없는 경우가 많고, 때로는 사용방법이나 관리방법조차 잘 모르는 경우가 많다. 따라서 소비자정보의 제공은 제품의 기능과 성능을 소비자에게 제대로 전달함으로써 소비자의 합리적인 선택을 돕고, 제품의 사용 및 관리방법을 전달해 줌으로써 사후에 발생할 소비자 불만족의 가능성을 사전에 방지할 수 있으며, 장기적으로는 기업의 이익증대 측면에서도 매우 중요하다.

결국 소비자정보는 구매의사결정의 투입요소로 작용하여 구매 후 평가의 불확실성을 해소해 주고, 구매 후 인지적 부조화를 최소화시켜 줌으로써 소비자 효율성이나 구매 후 만족을 증대시켜 준다. 따라서 소비자가 시장에서 주체적 지위를 확립하고 실질적 이익을 확보하기 위해서는 사실에 준거한 객관적이고 신뢰할 수 있는 소비자정보의 제공과 획득이 필수적이며, 이를 위해 소비자정보의 제작에 심혈을 기울이지 않으면 안 된다.

특히, 기업의 입장에서 광고나 판촉활동의 일환으로 소비자정보를 생산하고 소비자에게 제공하는 수단으로는 브로슈어, 카탈로그, 팸플릿, 리플릿, 신문광고, 잡지광고 등이 있다.

① 브로슈어(Brochure)
　　팸플릿의 일종인 브로슈어란 기업 및 제품을 소개하기 위하여 고급스럽게 만들어진 인쇄물을 말한다. 브로슈어란 명칭은 서적의 가제본(假製本)을 의미하는 프랑스어인 'brocher'에서 유래되었다. 지질(紙質)·인쇄·제본·사진 등이 통상의 팸플릿이나 부클릿(Booklet)보다 양질이고 호화로우며, 분량은 대체로 5~6페이지 이상이다.

브로슈어는 기업이미지 및 상품광고의 대체 또는 그 보완역할을 하며 소비자의 마음을 움직이게 하는 중요한 판촉도구이다. 기업 브로슈어는 제품의 카탈로그와 마찬가지로 기업 및 제품의 소개가 상세하여 설득력이 있으며, 매체광고에 비해 보존성이 있어서 지속적인 홍보가 된다. 브로슈어는 단순한 서술형식의 따분한 설명식 책자로 제작되어서는 안 되고, 전체적인 기업의 이미지에 맞는 디자인 체제하에 카피, 디자인, 편집 등에 심혈을 기울여 동종업계 및 다른 기업들과 비교하여 창의성, 장래성이 있는 기업으로서의 인식과 호감을 심어주도록 하여야 한다.

② 카탈로그(Catalogue)

카탈로그란 제품 소개를 주된 목적으로 만들어진 인쇄물로서 제품목록 또는 영업안내 소책자를 의미한다. 잠재적인 소비자에게 제품의 기능이나 특징·가격·디자인 등을 사진이나 그림을 넣어 알기 쉽게 설명하고, 또한 구매시점에 참고가 될 만한 소비자정보를 포함한다. 카탈로그는 제품의 사양 및 특징을 나열하여 소비자가 제품에 대해 쉽게 이해할 수 있도록 제작하여야 하고, 제품을 사용했을 때 소비자가 얻을 수 있는 이익까지 나타내어 제품의 충분한 이해를 도와야 한다. 카탈로그는 예상고객에게 제품의 기능, 특징, 가격, 디자인 등을 설명하여 판매촉진에 도움을 준다. 카탈로그는 기업의 방침 및 기업의 제품에 대해 충분히 검토하여 이해를 마친 상태에서 제작되어야 하며, 카탈로그의 디자인에도 상당한 신중을 기해야 한다.

③ 팸플릿(Pamphlet)

팸플릿이란 가철(假綴)한 소책자를 말하며, 분량은 몇 페이지부터 수십 페이지에 이른다. 광고용 팸플릿은 제품의 삽화를 곁들여 설명하는 것이 보통이며, 통상 상업용 카탈로그나 사외보(House Organ)도 팸플릿 형식을 취하는 경우가 많다.

팸플릿은 손쉽고 빠르게, 보다 많이, 보다 넓은 범위의 상대에게 전해지는 인쇄물로서 제작비용이 상대적으로 저렴하고, 고객에게 큰 부담 없이 접근할 수 있어 제품개발 시 적합하다. 또한 단일상품 소개, 기업홍보용, DM발송용으로 사용하는 대량인쇄물로 책자 형식으로 되어 있으며, 특정 상품의 내용이나 상품 소개를 집중적으로 조명하여 부각시키는 데 많이 사용된다. 뿐만 아니라 팸플릿은 소비자에게 제품의 존재를 시각적으로 쉽게 알릴 수 있는 수단일 뿐 아니라 소비자의 기억을 상기시켜 주므로 소비자행동 과정에서 대체안이 될 확률이 높다.

팸플릿은 단순히 제품의 소개에 그치는 것이 아니라 소비자에게 제품의 효용에 대한 핵심정보를 제공하고 다른 대체안과 비교해 제품의 우수성을 강조하여 전달하는 역할을 하므로 단순히 정보를 나열하기보다는 소비자에게 제품의 속성을 충분히 강조하여 전달할 수 있도록 제작하여야 한다. 또한 소비자가 제품을 구입할 때 가장 중요하게 생각하는 구매기준 중의 하나는 제품의 가격이므로 제품의 속성에 관한 정보와 함께 가격에 관한 정보가 포함되어야 한다. 무엇보다 소비자들이 보다 쉽게 이해할 수 있도록 제작하여야 하고, 다른 제품과 차별화될 수 있을 뿐만 아니라 쉽게 대상제품에 접근할 수 있도록 해야 한다.

④ 리플릿(Leaflet)

리플릿이란 팸플릿보다 분량이 적은 2~3페이지 정도의 인쇄물 또는 광고나 선전용의 한 장짜리 전단(傳單)을 말한다. 기업이 판매하는 모든 제품의 특징과 장점을 간단명료하게 기입하여 소비자가 제품을 선택하는 데 도움을 주고 더 나아가 구매가 일어날 수 있도록 하는 도구로 사용된다. 전시회 등에서 제품 및 기업홍보 수단으로 많이 사용되며, 형태 및 소재 등이 다양해지고 있다.

⑤ 신문광고

신문광고란 신문이라는 매체의 지면을 이용하여 제품에 대한 판매메시지를 담은 광고를 말한다. 신문이라는 매체에 실리기 전에는 단순히 제품에 대한 추상적인 정보이지만 매체의 지면에 담김으로써 구체적인 실물로서의 신문광고가 된다. 신문은 개성이 다른 수많은 사람들이 동시에 읽는 것이기 때문에 신문광고는 일반적이고 누구나 사용하는 제품에 적합하다. 신문광고의 특성은 안전성과 확실성, 그리고 공신력 있는 매체로서의 신뢰성이 높고 전파매체보다는 보존성 및 기록성이 우수하다는 것, 광고주의 계획에 따라 게재일자, 게재횟수, 표현방법의 조정이 자유로우며 기대효과를 측정할 수 있는 편의성이 있다는 것이다.

⑥ 잡지광고

잡지광고란 일정한 간격을 두고 발간되는 잡지의 지면을 통해 광고하는 것을 말한다. 잡지별로 독자의 구성에 대한 차별성이 있으므로 명확한 소비층에 맞는 광고를 집행할 수 있고, 잡지의 수명이 다른 매체에 비해 비교적 길뿐 아니라 회독률이 높아 광고효과가 크다.

그러나 잡지에는 많은 광고가 함께 게재됨으로 인해 기사와 광고가 분리되어 있어 광고 페이지를 한꺼번에 지나치는 등 신문처럼 기사를 보면서 자연스럽게 광고로 시선을 유도하는 것과 같은 효과를 기대할 수 없다.

⑦ POP(Point of Purchase)광고

POP광고란 구매시점 광고의 약어로 상품을 판매하는 점포 내외 혹은 소비자가 상품을 구매하는 현장에서 실시하는 제반 광고활동을 의미한다. 대중매체 광고가 불특정 다수를 상대로 하는 특성을 가지고 있는 데 반해, POP광고는 판매가 이루어지는 현장에서 제품을 구매할 의사가 있거나 잠재적인 고객이 될 수 있는 소비자를 대상으로 판매를 연결시킨다는 특징이 있다.

⑧ 포스터

포스터란 시각 전달의 목적으로 종이에 인쇄된 공공적·상업적 선전물을 말한다. 포스터는 일단 게시되면 대중의 주의를 환기시킬 수 있는 강한 시각적 인상이 요구되며, 논리적인 설명 방법보다는 감각적이고 인상적인 방법을 사용하는 것이 효과적이다. 읽는 것보다는 보는 것이 효과적인 의사전달방식이다.

(2) 상품설명서의 제작

① **상품설명서와 기업**

상품의 종류가 나날이 다양해지고 새로운 상품들이 등장하면서 상품의 표시사항이 더욱 중요해지고 있다. 표시내용이 충실해지고 있는 반면 표시나 제품설명서가 미흡하다거나 너무 어렵다는 소비자불만도 끊이지 않고 있다. 아무리 잘 만든 제품이라도 판매 시 일일이 설명할 수 없기 때문에 설명서를 쉽고 완벽하게 만들어 주는 것이 기업의 역할이다.

② **상품설명서의 역할**

㉠ 소비자불만과 피해를 사전예방

상품설명서는 소비자에게 가장 1차적이고 중요한 정보이다. 제품사용이나 기능과 관련된 사항, 주의사항 등을 소비자에게 알려줌으로써 소비자불만과 피해를 사전에 예방해 주는 역할을 한다. 기능이 복잡한 제품이나 소비자안전과 관련된 제품의 경우 특히 사용설명서의 활용이 중요하므로 소비자들도 소비자피해를 줄이기 위해 제품구입 시 사용설명서를 주의 깊게 읽어보는 습관이 필요하다.

㉡ 기업의 PL법 관련 대응

최근 제조물 책임법(PL법)의 시행으로 인해 기업들이 상품설명서에 경고나 주의사항 표기에 더욱 관심을 기울이고 있으며 상품설명서의 중요성에 대한 기업의 관심이 높아지고 있다. 정확하고 적절한 표시를 함으로써 분쟁의 소지를 없앨 수 있고, 책임 여부를 따질 때 상당부분 책임을 면할 수 있기 때문이다.

㉢ 소비자상담 업무에 활용

기업은 소비자에게 충분한 정보를 주는 사용설명서를 작성하고, 소비자상담부서나 A/S직원은 사용설명서에 나타난 제품관련 정보와 지식을 충분히 숙지하여 소비자의 불만을 처리하고 정확한 정보를 제공한다. 소비자상담실에서는 PL 사후 대응업무 및 예방업무를 지원할 수 있다.

③ **상품설명서의 내용과 조건**

㉠ 상품설명서에 들어가는 일반적인 내용

㉮ 제품기능 및 사용방법에 관한 내용

㉯ 제품의 작동 원리

㉰ 제품 사용 시 주의해야 할 사항

㉱ 제품 사용 시 위험 · 경고사항

㉲ 손질 및 보관방법

㉳ 수리 의뢰 전 확인사항

㉴ 소비자피해보상 규정

㉵ 고객센터 연락처

ⓒ 상품설명서가 갖추어야 할 조건
  ㉮ 상품설명서는 소비자가 충분히 숙지할 수 있도록 자세하게 작성해야 한다.
  ㉯ 주요 내용이 한눈에 파악되도록 간결하여야 한다.
  ㉰ 상품설명서는 이해가 쉽도록 하기 위해 지나치게 어려운 단어를 사용하거나 뜻이 불명확한 단어, 비문법적인 표현, 한문 투의 표현은 사용하지 말아야 한다.
  ㉱ 제품설명서의 문구는 눈에 잘 띄도록 크기나 색상이 적절해야 한다. 특히, 제품의 위험이나 경고사항은 위험마크를 표시하거나 색상을 다르게 해 한눈에 들어오도록 한다.
  ㉲ 제품의 작동원리 등은 쉬우면서도 과학적인 용어로 설명한다.
  ㉳ 제품에 대한 진실되고 정확한 정보를 제공해야 한다.
  ㉴ 소비자가 알아야 할 중요한 정보는 누락하지 말고 꼭 포함시켜야 한다.

(3) 소비자정보의 가공

소비자정보 분석에 있어서는 소비자자료나 데이터들로부터 가공·수반된 정보들과의 비교·분석을 통하여 실제 요구하는 정보로 가공하지 않는다면 정보의 신뢰성을 부여하기가 어렵다. 소비자정보의 가공 및 관리를 위해 다음과 같은 기술이 필요하다.

① **고객정보전략의 수립**
  기업이 고객관계에 효과적으로 활용하기 위해 고객정보의 필요성을 느끼게 되면 고객정보 수집을 위한 정보가 필요한데, 여기에는 기존의 사실, 현재의 시장상황, 고객의 욕구, 경쟁적인 위험에 대한 이해와 기업의 미래에 대한 기대를 결합한 것으로 미래지향적인 정보를 포함한다.

② **노력의 집중**
  고객정보전략이 세워졌으면 비용보다 이익이 크거나 거의 같은 한도 내에서 고객을 알기 위한 노력의 집중이 요구된다.

③ **정보의 가공**
  노력을 통해 수집된 고객에 관한 정보를 기업의 활동이나 다양한 목적에 맞게 자료로 만드는 것을 정보의 가공 또는 정보의 생성이라고 한다.

④ **정보의 축적과 공유**
  가공된 고객정보는 정보시스템 등에 축적하였다가 필요한 때 적절하게 사용할 수 있도록 하는 것이 필요하다.

⑤ **정보의 활용**
  축적된 고객정보는 고객의 불만처리뿐 아니라 새로운 제품의 개발, 제품판매, 더 나아가 고객서비스에도 활용되어 고객만족을 향상시키는 데 기여할 때에 비로소 가치가 있는 것이다.

02 소비자불만의 처리

1 소비자분쟁해결기준

(1) 일반적 분쟁해결기준

소비자기본법 제16조 제2항에 의하면 국가는 소비자와 사업자 사이에 발생하는 분쟁을 원활하게 해결하기 위하여 대통령령이 정하는 바에 따라 소비자분쟁해결기준을 제정할 수 있도록 하고 있다. 이 기준은 분쟁당사자 사이에 분쟁해결방법에 관한 별도의 의사표시가 없는 경우에 한하여 분쟁해결을 위한 합의 또는 권고의 기준으로 삼고 있다. 이에 따라 동법 시행령 제8조 제2항은 다음과 같은 내용의 일반적 소비자분쟁해결기준을 규정하고 있다.

① 사업자는 물품 등의 하자·채무불이행 등으로 인한 소비자의 피해에 대하여 다음의 기준에 따라 수리·교환·환급 또는 배상을 하거나, 계약의 해제·해지 및 이행 등을 하여야 한다.
  ㉠ 품질보증기간 동안의 수리·교환·환급에 드는 비용은 사업자가 부담한다. 다만, 소비자의 취급 잘못이나 천재지변으로 고장이나 손상이 발생한 경우와 제조자 및 제조자가 지정한 수리점·설치점이 아닌 자가 수리·설치하여 물품 등이 변경되거나 손상된 경우에는 사업자가 비용을 부담하지 아니한다.
  ㉡ 수리는 지체 없이 하되, 수리가 지체되는 불가피한 사유가 있을 때는 소비자에게 알려야 한다. 소비자가 수리를 의뢰한 날부터 1개월이 지난 후에도 사업자가 수리된 물품 등을 소비자에게 인도하지 못할 경우 품질보증기간 이내일 때는 같은 종류의 물품 등으로 교환하거나 환급하고, 품질보증기간이 지났을 때에는 구입가를 기준으로 정액 감가상각하고 남은 금액에 품목별 소비자분쟁해결기준에서 정하는 일정금액을 더하여 환급한다.
  ㉢ 물품 등을 유상으로 수리한 경우 그 유상으로 수리한 날부터 2개월 이내에 소비자가 정상적으로 물품 등을 사용하는 과정에서 그 수리한 부분에 종전과 동일한 고장이 재발한 경우에는 무상으로 수리하되, 수리가 불가능한 때에는 종전에 받은 수리비를 환급하여야 한다.
  ㉣ 교환은 같은 종류의 물품 등으로 하되, 같은 종류의 물품 등으로 교환하는 것이 불가능한 경우에는 같은 종류의 유사물품 등으로 교환한다. 다만, 같은 종류의 물품 등으로 교환하는 것이 불가능하고 소비자가 같은 종류의 유사물품 등으로 교환하는 것을 원하지 아니하는 경우에는 환급한다.
  ㉤ 할인판매된 물품 등을 교환하는 경우에는 그 정상가격과 할인가격의 차액에 관계없이 교환은 같은 종류의 물품 등으로 하되, 같은 종류의 물품 등으로 교환하는 것이 불가능한 경우에는 같은 종류의 유사물품 등으로 교환한다. 다만, 같은 종류의 물품 등으로 교환하는 것

이 불가능하고 소비자가 같은 종류의 유사물품 등으로 교환하는 것을 원하지 아니하는 경우에는 환급한다.
ⓑ 환급금액은 거래 시 교부된 영수증 등에 적힌 물품 등의 가격을 기준으로 한다. 다만, 영수증 등에 적힌 가격에 대하여 다툼이 있는 경우에는 영수증 등에 적힌 금액과 다른 금액을 기준으로 하려는 자가 그 다른 금액이 실제 거래가격임을 입증하여야 하며, 영수증이 없는 등의 사유로 실제 거래가격을 입증할 수 없는 경우에는 그 지역에서 거래되는 통상적인 가격을 기준으로 한다.

② 사업자가 물품 등의 거래에 부수하여 소비자에게 제공하는 경제적 이익인 경품류의 하자·채무불이행 등으로 인한 소비자피해에 대한 분쟁해결기준은 ①과 같다. 다만, 소비자의 귀책사유로 계약이 해제되거나 해지되는 경우 사업자는 소비자로부터 그 경품류를 반환받거나 반환이 불가능한 경우에는 해당 지역에서 거래되는 같은 종류의 유사물품 등을 반환받거나 같은 종류의 유사물품 등의 통상적인 가격을 기준으로 환급받는다.

③ 사업자는 물품 등의 판매 시 품질보증기간, 부품보유기간, 수리·교환·환급 등 보상방법, 그 밖의 품질보증에 관한 사항을 표시한 증서(품질보증서)를 교부하거나 그 내용을 물품 등에 표시하여야 한다. 다만, 별도의 품질보증서를 교부하기가 적합하지 아니하거나 보상방법의 표시가 어려운 경우에는 소비자기본법에 따른 소비자분쟁해결기준에 따라 피해를 보상한다는 내용만을 표시할 수 있다.

④ 품질보증기간과 부품보유기간은 다음의 기준에 따른다.
ⓐ 품질보증기간과 부품보유기간은 해당 사업자가 품질보증서에 표시한 기간으로 한다. 다만, 사업자가 정한 품질보증기간과 부품보유기간이 품목별 소비자분쟁해결기준에서 정한 기간보다 짧을 경우에는 품목별 소비자분쟁해결기준에서 정한 기간으로 한다.
ⓑ 사업자가 품질보증기간과 부품보유기간을 표시하지 아니한 경우에는 품목별 소비자분쟁해결기준에 따른다.
ⓒ 중고물품 등에 대한 품질보증기간은 품목별 분쟁해결기준에 따른다.
ⓓ 품질보증기간은 소비자가 물품 등을 구입하거나 제공받은 날부터 기산한다. 다만, 계약일과 인도일(용역의 경우에는 제공일을 말한다)이 다른 경우에는 인도일을 기준으로 하고, 교환받은 물품 등의 품질보증기간은 교환받은 날부터 기산한다.
ⓔ 품질보증서에 판매일자가 적혀 있지 아니한 경우, 품질보증서 또는 영수증을 받지 아니하거나 부실한 경우 또는 그 밖의 사유로 판매일자를 확인하기 곤란한 경우에는 해당 물품 등의 제조일이나 수입통관일부터 3월이 지난 날부터 품질보증기간을 기산하여야 한다. 다만, 물품 등 또는 물품 등의 포장에 제조일이나 수입통관일이 표시되어 있지 아니한 물품 등은 사업자가 그 판매일자를 입증하여야 한다.

⑤ 물품 등에 대한 피해의 보상은 물품 등의 소재지나 제공지에서 한다. 다만, 사회통념상 휴대가 간편하고 운반이 쉬운 물품 등은 사업자의 소재지에서 보상할 수 있다.
⑥ 사업자의 귀책사유로 인한 소비자피해의 처리과정에서 발생되는 운반비용, 시험·검사비용 등의 경비는 사업자가 부담한다.

2 품목별 소비자분쟁해결기준

소비자기본법 시행령 제8조 제3항은 공정거래위원회가 일반적 소비자분쟁해결기준에 따라 품목별 소비자분쟁해결기준을 제정하여 고시할 수 있도록 하고 있다. 따라서 품목별 소비자문제를 상담함에 있어서는 일반적 소비자분쟁해결기준과 품목별 소비자분쟁해결기준에 따라 해결한다.

(1) 소비자분쟁해결기준

[시행 2023. 12. 20.] [공정거래위원회고시 제2023-28호]

제1조(목적) 이 고시는 소비자기본법 제16조 제2항과 같은 법 시행령 제8조 제3항의 규정에 의해 일반적 소비자분쟁해결기준에 따라 품목별 소비자분쟁해결기준을 정함으로써 소비자와 사업자(이하 "분쟁당사자") 간에 발생한 분쟁이 원활하게 해결될 수 있도록 구체적인 합의 또는 권고의 기준을 제시하는 데 그 목적이 있다.

제2조(피해구제청구) 분쟁당사자 간에 합의가 이루어지지 않을 경우 분쟁당사자는 중앙행정기관의 장, 시·도지사, 한국소비자원장 또는 소비자단체에게 그 피해구제를 청구할 수 있다.

제3조(품목 및 보상기준) 이 고시에서 정하는 대상품목, 품목별 분쟁해결기준, 품목별 품질보증기간 및 부품보유기간, 품목별 내용연수표는 각각 별표 Ⅰ, 별표 Ⅱ, 별표 Ⅲ, 별표 Ⅳ와 같다.

제4조(재검토기한) 공정거래위원회는 「훈령·예규 등의 발령 및 관리에 관한 규정(대통령훈령 제334호)」에 따라 이 고시에 대하여 2016년 1월 1일을 기준으로 매 3년이 되는 시점(매 3년째의 12월 31일까지를 말한다)마다 그 타당성을 검토하여 개선 등의 조치를 하여야 한다.

부칙 이 고시는 발령한 날부터 시행한다.

> ※ 품목별 소비자분쟁해결기준의 방대한 내용은 장기간 실무에 종사한 실무자도 100% 암기하는 것은 불가능할 뿐만 아니라, 시험에서의 출제 비중도 높지 않으므로 중요도(★)의 순서에 따라 이해하며 학습할 필요가 있다. 중요 내용을 이해하며 파악하다 보면 상당수의 기준이 비슷한 패턴으로 이루어져 있음을 알 수 있다.

(2) 대상품목[별표 Ⅰ]

번호	업 종	품 종	해당품목
1	가전제품설치업	가전제품설치업	
2	결혼중개업	결혼중개업	
3	결혼준비대행업	결혼준비대행업	
4	국제결혼중개	국제결혼중개	
5	경비용역업	경비용역업	
6	고시원 운영업	고시원 운영업	
7	골프장	골프장	
8	공공서비스	• 전기서비스 • 전화서비스 • 가스서비스	
9	공산품	가전제품	VTR, 냉장고, 세탁기, 의류건조기, 의류관리기, 선풍기, 에어컨, 라디오, 녹음기, 전축, 전자레인지, 전기보온밥통 및 밥솥, 전기다리미, 전기주전자, 전기장판, 전기담요, 전기청소기, 전기난로, 전기프라이팬, 가습기, 헤드폰, 전기면도기, 식기세척기, 식기건조기, 헤어드라이어, 전기오븐, 전기약탕기, 전기냄비, 전기토스터, 환풍기, 전기머리인두, 전기믹서, 연탄가스배출기, 전기펌프, 쥬서기, 소형전압조정기, 전기탈수기, 형광등기구, 전기스탠드, 전기문걸이, 도어폰, 전기찜통, 전기온수보온기, 전곤로, 전기조리기, 전기온수기, 온장고, 송풍기, 공기청정기, 누전감지기, 살수기, 냉수기, 제빙기, 방범경보기, 빙수기, 차임벨, 전자오락기, 석유난로, 안테나, 정수기, 온수기, 온수세정기(비데기), 연수기, DVD 플레이어, MP3플레이어, Voice-pen, 핸드블랜더, 전기튀김기, 전기찜기, 할로플레이트 등
		사무용 기기	복사기, 타자기, 팩시밀리, 금전등록기, 퍼스널컴퓨터 및 컴퓨터주변기기, 워드프로세서, 계산기, 캐비넷, 파일링캐비넷, 제본기, 등사기, 컴퓨터소모품(룸팩, 디스켓), 빔 프로젝트, PDA 등
		전기통신기자재	유선전화기, 무선전화기, 인터폰, 카폰, 휴대폰, 무선호출기, 화상진화기, 징거리자동진화 발생제어장치, 기타의 전화기, 전화기접속기기류, 간이구내교환기, 기타의 구내교환기 및 그 부대기기, 데이터다중화장치류(디지털방식의 장치로서 2.048Mbps 이하의 것. 다만, 전기통신사업자용은 제외), 비디오팩스,

번호	업종	품종	해당품목
			텔리텍스, 인쇄전신기, 신용카드조회장치, 기타 통신전용 정보통신단말장치 및 그 부대기기, 정보통신용 신호변환장치류(모뎀, 데이터서비스장치, 패드), 선로접속장치류(가입자보호기, 접속함, 단자함, 전화기용 커넥터), 유선방송용 전송기자재류, 기타 통신기류 등
		시계	손목시계, 벽시계, 탁상시계 등
		재봉기	가정용 및 공업용 재봉기 등
		광학제품	카메라, 비디오카메라, 카메라부품, 망원경, 현미경 등
		아동용품	유모차, 유아용삼륜차, 보행기, 작동완구, 봉제완구, 물놀이기구, 물안경, 어린이용그네, 롤러스케이트, 조립식완구, 학습교재, 과학교재 등
		TV(텔레비전)	TV(텔레비전)
		전구	형광등, 백열전구 등
		가구	장류(장롱, 장식장, 찬장, 책장 등), 식탁, 침대, 소파, 캐비넷, 책상, 문갑, 화장대, 싱크대 등
		스마트폰	
		전자담배	
		자동차	승용차, 소형화물자동차, 소형승합자동차
		모터사이클	모터사이클
		자전거	자전거
		보일러	유류보일러, 전기보일러, 연탄보일러, 가스보일러, 태양열보일러 등
		농업용기계	동력경운기 및 그 부속작업기, 농업용트랙터 및 그 부속작업기, 관리기 및 그 부속작업기, 농업용엔진, 농업용모터, 이앙기, 파종기, 농업용방제기, 시비기, 수확기, 농업용건조기, 도정기, 절단기 등
		어업용기계	어업용기관(디젤기관, 어군탐지기), 구명벌, 발전기, 건조기, 냉동기, 나침의, 전자수온계, 축전기, 모터류, 펌프류 등
		농업용자재	농업용호스, 농업용비닐, 비닐폿트, 하우스용 PVC 파이프, 플라스틱묘판, 곡물건조용망 등
		어구	어망류, 연승, 로프류, 부자류, 침자류, 낚시류, 구명동의, 집어등(램프, 안정기), 선등 등
		축산자재	착유기, 포유기, 사료배합기, 케이지, 급수기 등

번호	업종	품종	해당품목
		건축자재	창호재(섀시류, 목재류, 도어체크, 도어록, 후로아힌지 등), 목재류(합판, 바닥널, 쪽매널블럭, 쪽매마루판, 인조목재, 집성목재 등), 페인트류(수성·유성페인트, 바니쉬, 에나멜페인트, 락카), 토공 및 시멘트류(블럭, 벽돌, 기와), 타일류(내장, 외장, 바닥, 모자이크), 위생기구(욕조, 변기, 세면기 등), 조립식제품류(콘크리트부재, 철골부재, 목질부재)
		주방용품	가정용 및 휴대용 가스레인지, 보온병, 홈세트, 알루미늄·스테인리스·법랑제식기 및 냄비, 수저세트, 접시, 유리 및 크리스탈 식기류, 프라이팬, 주전자, 찜통, 압력솥, 김치통, 쌀통, 하수분쇄기, 가정용가스용기 및 그 부속기구, 도자기재 부엌용품, 식탁용품 등
		문구	공책, 만년필, 크레파스, 수채화용그림물감, 유화용그림물감, 연필, 볼펜, 필통, 책가방, 샤프심, 샤프연필, 스케치북, 사진첩 등
		의복류	기성복, 맞춤복, 내의, 넥타이, 와이셔츠, 커튼, 수예품, 침구, 카펫, 스웨터, 한복, 머플러, 모포, 피혁제품 등
		우산류	우산, 양산 등
		신발	운동화, 고무신, 가죽구두, 등산화 등
		가죽제품	가죽혁대, 피혁제품 등
		악기	피아노, 오르간, 기타, 바이올린 등
		타이어	자동차용 타이어, 모터사이클용 타이어, 자전거용 타이어 등
		연탄	
		가방류	가죽가방, 천가방, 합성섬유가방 등(책가방은 문구류 규정에 의함)
		생활위생용품	일회용 기저귀, 물휴지(물티슈), 냅킨, 화장지 등
		가발	
10	공연업	공연업(영화 및 비디오물 상영업 제외)	
		영화관람	
11	농·수·축산물	란류	계란, 메추리알 등
		육류	소고기, 돼지고기, 닭고기 등
		곡류	쌀, 보리, 콩, 조, 수수, 팥, 밀, 참깨, 땅콩 등

번호	업종	품종	해당품목
		과일	배, 사과, 복숭아, 토마토, 수박, 참외, 포도, 감, 바나나, 파인애플
		야채류	무, 배추, 당근, 오이, 가지, 파, 마늘, 감귤, 자두, 대추, 양배추, 양파, 고추, 호박, 상추, 시금치 등
		수산물류	생선류, 조개류, 해조류, 건어물류 등
		종묘 등	채소종자, 화훼종자, 묘목, 버섯종균 등
12	동물사료	사료	가축사료, 특수동물사료, 반려동물사료 등
13	대리운전	대리운전	
14	모바일콘텐츠	모바일콘텐츠업	모바일콘텐츠, 모바일게임
15	문화용품 등	• 귀금속 • 보석	금·백금·백색금·은 및 보석을 이용한 반지, 목걸이, 귀걸이, 팔찌 등(금, 백금, 백색금, 은으로 도금 또는 입힌 것 포함)
		액세서리	귀금속 및 보석을 이용하지 아니한 반지, 목걸이, 귀걸이, 팔찌 등 장신구
		• 도서 • 음반	도서, 음반, 테이프, 비디오물, 학습지, 기타 보충학습부교재 등
		• 스포츠용품 • 레저용품	등산용 버너, 코펠, 텐트, 운동구, 라켓류, 낚시용구, 헬스기구, 스키용품, 골프용품 등
16	물품대여(렌탈) 서비스업	• 장기 물품대여	정수기, 공기청정기, 비데, 안마의자, 제습기 등 생활용품
		• 단기 물품대여	의상, 액세서리 등
17	미용업	• 피부미용업 • 모발미용업 • 네일서비스업 • 왁싱업	
18	봉안시설	봉안시설	봉안묘, 봉안당, 봉안탑
19	부동산중개업	부동산중개업	부동산중개업
20	사진현상·촬영업	사진현상·촬영업	사진인화, 카메라 및 비디오 촬영
21	산후조리원	산후조리원	
22	상조업	상조업	
23	상품권 관련업	상품권 관련업	상품권, 신유형 상품권
24	세탁업	세탁업	세탁업
25	소셜커머스	소셜커머스	
26	숙박업	숙박업	호텔, 여관, 펜션, 민박, 휴양림, 오토캠핑장, 캠핑장

번호	업종	품종	해당품목
27	식료품	청량음료	콜라, 사이다, 환타, 유산균음료, 두유, 넥타류, 쥬스류, 드링크류, 보리음료 등
		과자류	초콜릿, 건과자, 비스킷, 미과, 스낵류, 껌, 캐러멜, 알사탕 등
		빙과류	아이스크림, 빙과, 유사냉동디저트 등
		낙농제품류	우유, 분유, 연유, 발효유, 버터, 치즈, 이유식 등
		통조림류	과실, 해산물, 육류통조림 등
		제빵류	식빵, 파이, 떡, 빵, 찹쌀떡, 카스테라 등
		설탕·제분류	정당, 물엿, 밀가루, 콩가루, 전분 등
		식용유류	참기름, 대두유, 옥배유, 낙화생유, 채종유, 쇼트닝유, 면실유, 팜유, 마가린 등
		고기가공식품류	햄, 소시지, 베이컨, 어육연제품 등
		조미료	마요네즈, 케첩, 카레, 화학조미료, 식초, 소금, 고추분, 후추분, 겨자 등
		장류	된장, 고추장, 간장, 춘장, 소스 등
		다류	커피, 홍차, 율무차, 녹차, 쌍화차, 구기자차, 칡차, 생강차, 계피차 등
		면류	국수, 라면, 당면, 냉면, 인스턴트면류 등
		자양식품	인삼, 꿀, 개소주, 영지버섯, 알로에, 화분 등
		주류	탁주, 소주, 청주, 맥주, 과실주, 양주 등
		도시락	도시락
		찬류	두부, 연두부, 묵, 단무지, 김치, 젓갈류 등
		냉동식품류	햄버거, 돈가스, 새우, 만두 등
		먹는샘물	먹는샘물
28	신용카드업	신용카드업	
29	애완동물판매업	애완동물판매업	개, 고양이에 한함
30	어학 등 연수 관련업	해외어학연수 수속 대행업	어학캠프 등
		국내 연수업	어학, 체험캠프 등
31	여행업	국내여행	
		국외여행	
32	예식업	예식장	예식업
33	온라인게임서비스업	온라인게임서비스업	

번호	업종	품종	해당품목
34	운수업	• 전세버스 • 특수여객자동차	
		• 일반화물 • 개별화물 • 용달화물	
		시외버스	
		철도업(여객)	
		항공(국내여객)	
		항공(국제여객)	
		선박(국내여객)	
35	유학수속대행업	유학수속대행업	유학수속대행업
36	외식서비스업	• 연회시설 운영업	돌잔치, 회갑연 등의 각종 연회시설 운영업
		• 그 외 외식업	각종 연회시설 운영업을 제외한 외식서비스업
37	위성방송 및 유선방송업	• 위성방송업 • 유선방송업	
38	의약품 및 화학제품	의약품	순환계용약, 호흡기관용약, 소화기계용약, 비타민제, 자양강장변질제, 항생물질제제, 호르몬제, 외피용약, 한약, 동물약품 등
		의약외품	생리대, 치약, 은단, 가정용 살충제, 외용소독제, 붕대, 거즈, 마스크 등 '약사법' 제2조 제7호에 따른 의약외품
		의료기기	시력보존용안경, 콘택트렌즈, 이온수기, 휠체어, 보청기, 의족, 혈압계, 자석요, 비데, 안마기 등
		화장품	샴푸, 린스, 크림, 로션, 립스틱, 매니큐어, 포마드, 향수, 파운데이션, 마스카라 등
		비누 및 합성세제	세탁비누, 화장비누, 소독비누, 액체비누, 분말세제 등
		플라스틱 제품	가정용 플라스틱용기, 호일, 랩, 장판 등
		비료	질소비료, 인산비료, 칼리비료, 복합비료, 특수성분 비료 등
		농약	살균제, 살충제, 제초제 등
		고무장갑	가정용 고무장갑, 공업용 고무장갑, 의료용 고무장갑 등
		건전지	알칼리건전지, 망간건전지 등
39	의료업	임플란트	
		성형수술	
		피부과 시술 및 치료	미용을 목적으로 한 치료로 제한

번호	업종	품종	해당품목
40	이동통신서비스업	이동통신서비스업	무선호출서비스, 이동전화서비스
41	이민대행서비스	이민대행서비스	
42	이사화물취급사업	이사화물자동차 운송주선사업 및 화물자동차운송사업	일반화물운송사업, 개별화물운송사업, 용달화물운송사업, 화물자동차운송주선사업
43	인터넷쇼핑몰업	인터넷쇼핑몰업	
44	인터넷콘텐츠업	인터넷콘텐츠업	인터넷 교육서비스, 인터넷 정보이용서비스
45	자동차견인업	자동차견인업	자동차견인업
46	자동차대여업	자동차대여업	자동차대여업
47	자동차운전학원	자동차운전학원	
48	자동차정비업	자동차정비업	1급자동차정비업, 2급자동차정비업, 간이정비업 등
49	전자지급수단발행업	전자지급수단발행업	전자화폐, 선불전자지급수단
50	주차장업	• 주차장업 • 주차대행업	
51	주택건설업	주택건설업	단독주택, 다세대주택, 연립주택, 아파트
52	중고전자제품매매업	중고전자제품매매업	TV, 냉장고, 세탁기, 컴퓨터 및 주변기기
53	중고자동차매매업	중고자동차매매업	중고자동차매매업
54	실내건축공사업	실내건축공사업	
55	청소대행서비스업	청소대행서비스업	
56	체육시설업, 레저용역업 및 할인회원권업	체육시설업	수영장, 체력단련장, 테니스장, 대중종합체육시설업, 골프연습장, 볼링장, 에어로빅장, 요가원 등
		레저용역업	이벤트주관, 주말농장, 영화예매 등
		할인회원권업	할인회원권업
57	초고속인터넷통신망 서비스업	초고속인터넷통신망 서비스업	
58	컴퓨터 소프트웨어	컴퓨터 소프트웨어	
59	통신결합상품	통신결합상품	
60	택배 · 퀵서비스업	• 택 배 • 퀵서비스업	
61	학원운영업 및 평생교육시설운영업	학원운영업	문리, 기술, 예능, 가정, 사무, 독서 등
		평생교육시설운영업	
62	휴양콘도미니엄업	휴양콘도미니엄업	
63	유사투자자문업	유사투자자문업	

(3) 품목별 해결기준[별표 II]

1. 가전제품설치업(1개 업종) ★

분쟁유형	해결기준	비 고
1) 설치하자로 인해 제품에 하자가 발생하는 경우 2) 사업자의 가전제품 설치 하자로 인해 발생한 소비자의 재산 및 신체상의 피해	• 설치비 환급 및 하자 발생한 제품에 대한 손해배상 • 사업자가 손해 배상	설치에 대한 품질보증기간은 1년으로 함

2. 결혼중개업(1개 업종) ★★

분쟁유형	해결기준	비 고
1) 사업자의 귀책사유로 인한 계약해제 및 해지 • 회원가입계약 성립 후 정보(프로필) 제공 전에 해지된 경우 • 정보(프로필) 제공 후 만남일자 확정 전에 해지된 경우 • 만남일자 확정 후에 해지된 경우 • 1회 만남 후 해지된 경우 • 첫 번째 만난 상대방이 계약서상 기재된 소비자의 우선 희망 조건에 부합하지 않아 해지된 경우 2) 소비자의 계약해제 및 해지 • 회원가입계약 성립 후 정보(프로필) 제공 전에 해지된 경우 • 정보(프로필) 제공 후 만남일자 확정 전에 해지된 경우 • 만남일자 확정 후에 해지된 경우 • 1회 만남 후 해지된 경우	• 가입비 환급 및 가입비의 10% 배상 • 가입비 환급 및 가입비의 15% 배상 • 가입비 환급 및 가입비의 20% 배상 • 가입비×(잔여횟수/총횟수)+가입비의 20% 환급 • 가입비 환급 및 가입비의 20% 배상 • 가입비의 90% 환급 • 가입비의 85% 환급 • 가입비의 80% 환급 • 가입비의 80%×(잔여횟수/총횟수) 환급	• 가입비라 함은 계약금, 연회비 등 명칭에 관계없이 소비자가 사업자에게 지급한 일체의 금액을 말함 • 정보(프로필) 제공이란 계약서에 기재된 희망조건에 부합하는 상대의 프로필을 처음 제공한 것을 말함 • 만남일자 확정이란 회원 간 만남에 대한 동의가 이루어져 만남일자가 확정된 경우를 말함(단, 사업자의 귀책사유, 상대방의 약속불이행 등으로 실제 만남이 이루어지지 않은 경우는 제외) • 귀책사유란 사업자가 명백하게 객관적으로 판별할 수 있는 사항(예 결혼정보, 직업, 학력, 병력 등)에 관한 정보를 상대방에게 허위로 제공한 경우, 관리소홀(3개월 내 1회도 만남을 주선하지 않은 경우), 계약서상 기재한 우선 희망 조건(종교, 직업 등 객관적인 내용에 한정함)에 부적합한 상대를 소개한 경우 등을 말함 • 횟수 대신 기간으로 계약한 계약을 해지할 경우에는 해지일까지 일할 계산한 금액으로 정산하고 해지에 책임 있는 당사자가 상대방에게 가입비의 20%를 배상함

3. 결혼준비대행업(1개 업종) ★★

분쟁유형	해결기준	비 고
1) 사업자의 귀책사유로 인한 계약해제·해지 및 손해 발생 • 결혼준비대행 개시 이전 • 결혼준비대행 개시 이후 2) 소비자의 귀책사유로 인한 계약해지 • 결혼준비대행 개시 이전 • 결혼준비대행 개시 이후	• 계약금 환급 및 총 대행요금의 10% 배상 • 손해배상 • 총 대행요금의 10% 공제 후 환급 • 기 발생비용 및 잔여금액의 10% 공제 후 환급	

4. 국제결혼중개(1개 업종) ★

분쟁유형	해결기준	비 고
1) 중도 계약해지 • 사업자의 귀책인 경우 • 소비자 사정으로 인한 계약의 해지 – 계약체결 후 국제결혼 행사 일정이 확정되기 전에 해지할 경우 – 국제결혼 행사일정 확정 이후 국제결혼 상대국가로 출국하기 전에 해지할 경우 – 국제결혼 상대국가로 출국한 이후 맞선 보기 전에 해지할 경우 – 상대 국가에서 맞선 이후 해지할 경우 – 상대 국가에서 결혼이 성사된 이후 해지할 경우 – 결혼을 성사하고 국내에 입국한 이후 해지할 경우	• 손해배상 또는 소비자의 요청 시 사업자는 소비자의 추가 비용 부담 없이 국제결혼중개 다시 이행 • 총비용 중 중개수수료의 10%에 해당하는 금액 소비자 부담 • 총비용의 20%에 해당하는 금액 소비자 부담 • 총비용의 40%에 해당하는 금액 소비자 부담 • 총비용의 50%에 해당하는 금액 소비자 부담 • 총비용의 90%에 해당하는 금액 소비자 부담 • 총비용 전액 소비자 부담	• 비용을 사업자가 이미 수수한 경우에 사업자는 이미 수수한 비용에서 소비자 부담액을 공제한 나머지 금액을 소비자에게 환급함

5. 경비용역업(1개 업종) ★

분쟁유형	해결기준	비 고
1) 제공된 용역이 계약내용과 다른 경우	• 계약해지	• 피해액 입증이 곤란한 경우 계약서에 약정된 범위에서 보상함
2) 경비시스템 성능·기능상 하자	• 무상수리	
3) 경비시스템 수리 후 1개월 내 하자발생	• 교체 또는 계약해지	
4) 경비시스템 성능·기능상 하자 또는 출동지연으로 인한 도난발생	• 도난피해액 보상	
5) 사업자의 귀책사유로 인한 계약해제 및 해지		
• 개시일 전	• 계약금 환급 및 1년간 월정요금 합계액의 10% 배상	
• 개시일 후		
– 잔여계약기간이 1년 이상인 경우	• 1년치 월이용료 총합의 10% 배상	
– 잔여계약기간이 1년 미만인 경우	• 잔여 계약기간 월이용료 총합의 10% 배상	
6) 소비자의 귀책사유로 인한 계약해제 및 해지		
• 개시일 전	• 1년간 월정요금 합계액의 10% 배상	
• 개시일 후		
– 잔여계약기간이 1년 이상인 경우	• 1년치 월이용료 총합의 10% 배상	
– 잔여계약기간이 1년 미만인 경우	• 잔여 계약기간 월이용료 총합의 10% 배상	

6. 고시원 운영업(1개 업종) ★

분쟁유형	해결기준	비 고
1) 사업자의 귀책사유로 인한 계약해제 및 해지		• 총 이용요금이란 이용자가 사업자에게 계약 시 정한 실거래금액을 말하며 계약금·부대시설 이용료 등의 금액을 모두 포함. 다만, 보증금은 포함되지 않음
• 개시일 이전	• 총 이용요금에 총 이용요금의 10%를 가산하여 소비자에게 지급	
• 개시일 이후	• 사업자는 총 이용요금에서 해지일까지 일할계산한 이용요금을 공제한 금액에 총 이용요금(계약기간이 1년을 초과하는 경우에는 1년 이용금액)의 10%를 가산하여 소비자에게 지급	

2) 소비자의 계약 해제 및 해지	
• 개시일 이전	• 사업자는 총 이용요금의 10%를 공제한 금액을 소비자에게 환급
• 개시일 이후	• 사업자는 총 이용금액에서 계약해지일까지 일할계산한 이용료와 잔여이용금액(잔여기간이 1년을 초과하는 경우에는 1년의 잔여금액)의 10%를 공제한 나머지 금액을 소비자에게 환급

7. 골프장(1개 업종) ★

분쟁유형	해결기준	비고
1) 소비자의 책임 있는 사유로 이용취소		
• 골프장 입장절차를 마친 후 소비자가 경기 전에 계약을 취소하는 경우	• 이용요금의 50% 환급	
• 경기개시 후 소비자가 이용계약을 중단 또는 취소한 경우	• 9홀까지는 이용요금에서 기본요금을 제외한 금액의 25% 환급	• 18개 홀을 기준으로 하며, 9개 홀인 경우 5번홀, 6개 홀인 경우 3번홀로 함
2) 불가항력적 사유(강설, 폭우, 안개, 기타 천재지변 등)로 입장절차를 마친 이용자팀 전원이 경기를 마치지 못한 경우		• 이용요금 1. 골프코스 이용에 따른 요금 2. 락커, 샤워실 등 클럽하우스 시설 이용에 부과되는 요금 3. 제세공과금 : 부가가치세와 회원제골프장의 경우에는 개별소비세와 농어촌특별세, 교육세를 포함 4. 카트 이용요금 등 기타 사업자가 정한 특별요금
• 1번째 홀까지 경기를 마치지 못한 경우	• 기본요금을 제외한 이용요금 전액을 환급	
• 2번째 홀 이후	• (이용요금 − 기본요금) × {1−(기 이용한 홀 수/전체 홀 수)}	
3) 불가항력적 사유(강설, 폭우, 안개, 기타 천재지변 등)로 이용예정일에 골프장 이용이 불가능하다고 판단되어 사업자가 임시휴장을 하는 경우	• 예약금 전액 환급	• 기본요금 : 이용요금 중 2번과 3번에 해당하는 요금 • 팀별 이용요금 : 이용요금 중 1번에 해당하는 요금
4) 사업자의 책임 있는 사유로 인한 계약해제 ① 이용예정일이 주말이나 공휴일인 경우		
• 이용예정일로부터 4일 전까지	• 예약금 전액 환급	
• 이용예정일로부터 2일 전까지	• 예약금 전액 환급 및 팀별 이용요금의 10% 배상	

• 이용예정일로부터 1일 전까지	• 예약금 전액 환급 및 팀별 이용요금의 20% 배상	
• 이용예정일 당일	• 예약금 전액 환급 및 팀별 이용요금의 30% 배상	
② 이용예정일이 평일인 경우		
• 이용예정일로부터 3일 전까지	• 예약금 전액 환급	
• 이용예정일로부터 2일 전까지	• 예약금 전액 환급 및 팀별 이용요금의 10% 배상	
• 이용예정일로부터 1일 전까지	• 예약금 전액 환급 및 팀별 이용요금의 20% 배상	
• 이용예정일 당일	• 예약금 전액 환급 및 팀별 이용요금의 30% 배상	
5) 소비자의 책임 있는 사유로 인한 계약해제		
① 이용예정일이 주말이나 공휴일인 경우		
• 이용예정일로부터 4일 전까지	• 예약금 전액 환급	
• 이용예정일로부터 2일 전까지	• 예약금 전액 환급 및 팀별 이용요금의 10% 배상	
• 이용예정일로부터 1일 전까지	• 예약금 전액 환급 및 팀별 이용요금의 20% 배상	
• 이용예정일 당일	• 예약금 전액 환급 및 팀별 이용요금의 30% 배상	
② 이용예정일이 평일인 경우		
• 이용예정일로부터 3일 전까지	• 예약금 전액 환급	
• 이용예정일로부터 2일 전까지	• 예약금 전액 환급 및 팀별 이용요금의 10% 배상	
• 이용예정일로부터 1일 전까지	• 예약금 전액 환급 및 팀별 이용요금의 20% 배상	
• 이용예정일 당일	• 예약금 전액 환급 및 팀별 이용요금의 30% 배상	

8. 공공서비스(3개업종)

전기서비스 ★★★

분쟁유형	해결기준	비 고
1) 계량기 고장, 계량기 오차과다 등으로 인한 전력량의 과다계량 등 계량 부적정으로 인한 피해	• 차액환급 또는 차액차감정산	
2) 검침착오, 검침미실시, 검침기재착오, 전기요금 계산착오, 미검침사용량 협정, 검침기간 부당 등으로 인한 전기요금 과다납부	• 차액환급 또는 차액차감정산	
3) 전기요금 이중청구 또는 소비자의 잘못으로 인한 이중납부	• 환급 또는 차액차감정산	

분쟁유형	해결기준	비 고
4) 계획휴전 안내 미실시로 인한 소비자 피해	• 피해발생액 배상	
5) 이상전압 공급으로 인한 전기기기 손상	• 수리를 통한 원상회복(수리 불가능 시 현품 또는 현금가 배상) 피해발생액 배상	
6) 전기공작물 설치로 인한 소비자 재산피해	• 수리를 통한 원상회복(수리 불가능 시 현품 또는 현금가 배상) 피해발생액 배상	
7) 전기설비의 이격거리미달, 설비노후 등 전기공작물의 위해설비로 인한 피해	• 수리를 통한 원상회복(수리 불가능 시 현품 또는 현금가 배상) 피해발생액 배상	

전화서비스 ★★★

분쟁유형	해결기준	비 고
1) 전화요금 이중청구 또는 착오로 인한 이중납부	• 환급 또는 차액차감정산	
2) 통신설비의 가설로 인한 소비자의 재산피해	• 설비이전 또는 피해발생액 배상	
3) 전화기록장치의 오류, 전화요금 계산착오 등 사업자의 귀책사유로 인한 전화요금 과다납부	• 차액환급 또는 차액차감정산	
4) 전화요금 납부고지서의 미도달로 인한 연체료 납부	• 미납부 시 면제, 기 납부 시 환급	• 객관적 증명자료가 있을 경우에 한함
5) 6시간 이상 서비스 중지 또는 장애로 인한 피해	• 손해배상	• 손해가 천재지변 등 불가항력이나 소비자의 고의 또는 과실로 인하여 발생한 경우에는 배상에서 제외하고, 서비스 중지 또는 장애시간은 소비자가 회사에 통지한 후부터 계산함

가스서비스 ★★

분쟁유형	해결기준	비 고
1) 계량기 고장, 계량기 오차초과 등 계량 부적정으로 인한 피해	• 차액환급 또는 차액차감정산	
2) 검침착오, 검침미실시 등으로 인한 가스요금 과다납부	• 차액환급 또는 차액차감정산	
3) 가스요금 이중청구 또는 소비자의 잘못으로 인한 이중납부	• 환급 또는 차액차감정산	

9. 공산품(30개 업종)

가전제품, 사무용기기, 전기통신기자재, 시계, 재봉기, 광학제품, 아동용품 ★★★★★

분쟁유형	해결기준	비 고
1) 구입 후 10일 이내에 정상적인 사용상태에서 발생한 성능·기능상의 하자로 중요한 수리를 요할 때	• 제품교환 또는 구입가 환급	• 감가상각방법은 정액법에 의하되 내용연수는 별표 Ⅳ 품목별 내용연수표를 (월할계산) 적용 - 감가상각비 = (사용연수/내용연수)×구입가
2) 구입 후 1개월 이내에 정상적인 사용상태에서 발생한 성능·기능상의 하자로 중요한 수리를 요할 때	• 제품교환 또는 무상수리	
3) 품질보증기간 이내에 정상적인 사용상태에서 발생한 성능·기능상의 하자 • 하자발생 시 • 수리불가능 시 • 교환불가능 시 • 교환된 제품이 1개월 이내에 중요한 수리를 요할 때	• 무상수리 • 제품교환 또는 구입가 환급 • 구입가 환급 • 구입가 환급	• 품질보증기간 이내에 동일 하자에 대해 2회까지 수리하였으나 하자가 재발하는 경우 또는 여러 부위 하자에 대해 4회까지 수리하였으나 하자가 재발하는 경우는 수리 불가능한 것으로 봄
4) 소비자가 수리 의뢰한 제품을 사업자가 분실한 경우 • 품질보증기간 이내 • 품질보증기간 경과 후	• 제품교환 또는 구입가 환급 • 정액감가상각한 금액에 10%를 가산하여 환급 (최고한도 : 구입가격)	

분쟁유형	해결기준	비 고
5) 부품보유기간 이내에 수리용 부품을 보유하고 있지 않아 발생한 피해 • 품질보증기간 이내 　- 정상적인 사용상태에서 성능·기능상의 하자로 인해 발생된 경우 　- 소비자의 고의·과실로 인한 고장인 경우 • 품질보증기간 경과 후	• 제품교환 또는 구입가 환급 • 유상수리에 해당하는 금액 징수 후 제품교환 • 정액감가상각한 잔여금액에 구입가의 10%를 가산하여 환급	• 컴퓨터나 전축과 같이 개별기기(본체와 주변기기 등)의 조합으로 이루어진 제품(set물품)을 전체로 구입한 경우의 교환은 각 개별기기를 대상으로 하고, 동일회사에서 판매한 set물품으로서 개별기기에 대한 교환이 불가능하여 환급할 때에는 전체를 대상으로 함. 단 컴퓨터의 경우는 본체와 모니터, 키보드만을 전체로 봄 • 정액감가상각한 잔여금의 계산 : 구입가 - 감가상각비
6) 제품 구입 시 운송과정에서 발생된 피해	• 제품교환(단, 전문운송기관에 위탁한 경우는 판매자가 운송사에 대해 구상권 행사)	• 토너, 잉크 등 필수 소모품(대체품이 없는 경우)은 부품에 포함됨
7) 사업자가 제품설치 중 발생된 피해	• 제품교환	

텔레비전(TV) ★★★★★

분쟁유형	해결기준	비 고
1) 구입 후 10일 이내에 정상적인 사용상태에서 발생한 성능·기능상의 하자로 중요한 수리를 요할 때	• 제품교환 또는 구입가 환급	• 감가상각방법은 정액법에 의하되 내용연수는 별표 Ⅳ 품목별 내용연수표를 (월할계산) 적용 　- 감가상각비=(사용연수/내용연수)×구입가
2) 구입 후 1개월 이내에 정상적인 사용상태에서 발생한 성능·기능상의 하자로 중요한 수리를 요할 때	• 제품교환 또는 무상수리	
3) 품질보증기간 이내에 정상적인 사용상태에서 발생한 성능·기능상의 하자 • 하자발생 시 • 수리불가능 시 • 교환불가능 시 • 교환된 제품이 1개월 이내에 중요한 수리를 요할 때	• 무상수리 • 제품교환 또는 구입가 환급 • 구입가 환급 • 구입가 환급	• 품질보증기간 이내에 동일 하자에 대해 2회까지 수리하였으나 하자가 재발하는 경우 또는 여러 부위 하자에 대해 4회까지 수리하였으나 하자가 재발하는 경우는 수리 불가능한 것으로 봄

분쟁유형	해결기준	비 고
4) 소비자가 수리 의뢰한 제품을 사업자가 분실한 경우 • 품질보증기간 이내 • 품질보증기간 경과 후	• 제품교환 또는 구입가 환급 • 정액감가상각한 금액에 10%를 가산하여 환급 (최고한도 : 구입가격)	• 제조사가 리퍼부품을 활용하여 수리한 경우, 수리한 날로부터 1년 이내에 소비자가 정상적으로 사용하는 과정에서 그 수리한 부분에 고장이 재발하면 무상으로 수리함 - 리퍼부품 : 기존제품에서 회수된 부품으로서 일정한 가공과정 등을 거침으로써 성능과 품질이 新부품과 동등한 상태로 개선된 부품

5) 부품보유기간 이내에 수리용 부품을 보유하고 있지 않아 발생한 피해
• 품질보증기간 이내
  - 정상적인 사용상태에서 성능·기능상의 하자로 인해 발생된 경우
  - 소비자의 고의·과실로 인한 고장인 경우
• 품질보증기간 경과 후
	• 제품교환 또는 구입가 환급
	• 유상수리에 해당하는 금액 징수 후 제품교환
	• 정액감가상각한 잔여금액에 구입가의 10%를 가산하여 환급
		• 정액감가상각한 잔여금의 계산 : 구입가 - 감가상각비

6) 제품 구입 시 운송과정에서 발생된 피해	• 제품교환(단, 전문운송기관에 위탁한 경우는 판매자가 운송사에 대해 구상권 행사)	
7) 사업자가 제품설치 중 발생된 피해	• 제품교환	

전구 ★

분쟁유형	해결기준	비 고
1) 구입일로부터 30일 이내에 제품의 성능·기능상의 하자가 있는 경우(베이스불량, 점등이 되지 않는 경우, 흑화현상 등)	• 제품교환 또는 구입가 환급	
2) 유통과정에서 제품에 하자가 발생한 경우	• 제품교환 또는 구입가 환급	

가 구 ★★★

분쟁유형	해결기준	비 고
1) 좀 등 벌레발생 • 구입일로부터 10일 이내 • 구입일로부터 2년 이내 • 부품교환 후 하자 재발생	• 제품교환 또는 구입가 환급 • 무상수리 또는 부품교환 • 제품교환	

2) 문짝 휨
• 문짝길이의 0.5% 이상
  – 구입일로부터 6개월 이내
  – 구입일로부터 3년 이내
• 문짝길이의 0.5% 이내
  – 구입일로부터 3년 이내
	• 제품교환
	• 무상수리 또는 부품교환
	
	• 무상수리 또는 부품교환	

3) 백화현상 및 도장불량 • 구입일로부터 10일 이내 • 구입일로부터 6개월 이내 • 구입일로부터 3년 이내 • 수리 후 동일하자 발생	• 제품교환 또는 구입가 환급 • 제품교환 • 무상수리 또는 부품교환 • 제품교환	
4) 장류 등 세트단위 가구의 색상차이 • 구입일로부터 1개월 이내	• 제품교환(동일색상이 없는 경우 구입가 환급)	
5) 장류 등 세트단위 가구의 변색 • 구입일로부터 10일 이내 • 구입일로부터 1년 이내	• 제품교환 또는 구입가 환급 • 제품교환	
6) 악취 등 자극성냄새(화학제품 등) • 구입일로부터 6개월 이내	• 제품교환 또는 구입가 환급	
7) 규격치수허용오차(±5mm 이상)	• 제품교환	
8) 칠기가구의 균열, 패각떨어짐, 패각변색 등 • 구입일로부터 10일 이내 • 구입일로부터 1년 이내	• 제품교환 또는 구입가 환급 • 무상수리 또는 부품교환	
9) 등가구의 균열·뒤틀림 또는 변색 • 구입일로부터 10일 이내 • 구입일로부터 1년 이내	• 제품교환 또는 구입가 환급 • 무상수리 또는 부품교환	
10) 침대품질불량(스프링, 매트리스 등) • 구입일로부터 10일 이내 • 구입일로부터 1년 이내	• 제품교환 또는 구입가 환급 • 부품교환 및 제품교환	

분쟁유형	해결기준	비 고
11) 소파품질불량(재료의 변색, 찢어짐, 균열, 스프링불량 등) • 구입일로부터 10일 이내 • 구입일로부터 1년 이내 • 구입일로부터 1년 이후	• 제품교환 또는 구입가 환급 • 무상수리 또는 부품교환 • 유상수리	
12) 제조 과정이나 신제품을 인도하면서 생긴 흠집 • 구입일로부터 15일 이내(단, 소비자가 제조 및 신제품 인도 시 생긴 흠집임을 입증하는 경우는 제외)	• 제품교환	
13) 상표남용 등 유사제품 판매	• 구입가 환급	• 감가상각방법은 정액법에 의하되 내용연수는 별표 Ⅳ 품목별 내용연수표를 (월할계산) 적용함 • 감가상각비=(사용연수/내용연수)×구입가
14) 품질보증기간 내에 동일하자에 대해 2회 수리받았으나 재발(3회째)	• 제품교환 또는 구입가 환급	
15) 선금지급 후 물품배달 전 해약 시 ① 소비자 귀책사유로 인한 해약 　• 주문제작형 가구인 경우 　　- 가구 제작 작업 착수 이전 　　- 가구 제작 작업 착수 이후 　• 주문제작형 이외의 가구인 경우 　　- 배달 3일 전까지 　　- 배달 1일 전까지 ② 사업자 귀책사유로 인한 해약 　• 선금이 물품대금의 10% 이하인 경우 　• 선금이 물품대금의 10%를 초과하는 경우	 • 총 제품금액의 10%를 위약금으로 함 • 실손해배상 • 선금에서 물품대금의 5% 공제 후 환급 • 선금에서 물품대금의 10% 공제 후 환급 • 선금의 배액 • 선금에서 물품대금의 10%를 가산하여 환급	
16) 수리가 불가능하여 발생한 피해 • 품질보증기간 이내 　- 정상적인 사용상태에서 발생한 경우 　- 소비자의 과실로 인하여 발생한 경우 • 품질보증기간 경과 후	 • 제품교환 또는 구입가 환급 • 구입가에서 정액감가상각비 공제 후 환급 또는 제품교환 • 정액감가상각한 잔여금액에 구입가의 5%를 가산하여 환급	• 정액감가상각한 잔여금의 계산 : 구입가 - 감가상각비

스마트폰(명칭 불문하고 이동통신 3세대 이후의 모든 휴대전화 포함) ★★★

분쟁유형	해결기준	비 고
1) 정상적인 사용상태에서 발생한 성능·기능상의 하자로 중요한 수리를 요하는 사항을 구입 후 10일 이내에 문제 제기	• 제품교환 또는 구입가 환급	• 단, 품질보증기간 중 최근 1년(수리접수일 기준) 이내에 동일하자에 대해 2회까지 수리하였으나 하자가 재발하는 경우 또는 여러 부위 하자에 대해 4회까지 수리하였으나 하자가 재발하는 경우는 수리가 불가능한 경우로 봄
• 리퍼폰 교환은 무상수리로 봄
• 품질보증기간 중 최근 1년(수리접수일 기준) 이내에 발생한 정상사용에 따른 하자로 인해 동일인이 4회까지 리퍼폰으로 교환하였으나 또 다시 리퍼폰 교환 사유가 발생하는 경우는 수리 또는 리퍼폰 교환이 불가능한 경우로 봄
• 이동통신사업자는 이용자가 이동통신사업자의 유통망에서 구매한 단말기AS 등의 요청을 하는 경우에 이를 접수한 후 신속히 AS 등에 필요한 조치를 취함
• 감가상각방법
– 정액법에 의하되 내용연수를 (월할계산) 적용
– 감가상각비 계산 : (사용연수/내용연수) × 구입가
– 감가상각 잔여금의 계산 : 구입가 − 감가상각비
2) 정상적인 사용상태에서 발생한 성능·기능상의 하자로 중요한 수리를 요하는 사항을 구입 후 1개월 이내에 문제 제기	• 제품교환 또는 무상수리	
3) 정상적인 사용상태에서 발생한 성능·기능상의 하자에 대하여 구입 1개월이 경과한 이후부터 품질보증기간 이내에 문제 제기
• 하자발생 시
• 수리불가능 시
• 교환불가능 시
• 교환된 신제품이 교환 후 1개월 이내에 중요한 수리를 요할 때
• 무상수리
• 제품교환 또는 구입가 환급
• 구입가 환급
• 구입가 환급 | |
| 4) 부품보유기간 이내에 수리용 부품을 보유하고 있지 않거나, 이 문제를 리퍼폰 교환으로 해결할 수도 없어 발생한 피해
  • 품질보증기간 이내
    – 정상적인 사용상태에서 발생한 성능·기능상의 하자인 경우
    – 소비자의 고의·과실로 인한 고장인 경우
  • 품질보증기간 경과 후 |

• 제품교환 또는 구입가 환급
• 유상수리에 해당하는 금액 징수 후 제품교환
• 정액감가상각한 잔여금에 구입가의 10%를 가산하여 환급 | |

5) 제품 구입 시 운송과정에서 제품 훼손	• 제품교환(단, 전문운송기관에 위탁한 경우는 운송사에 대한 구상권 행사)	• 제조사가 리퍼부품을 활용하여 수리한 경우, 수리한 날로부터 1년 이내에 소비자가 정상적으로 사용하는 과정에서 그 수리한 부분에 고장이 재발하면 무상으로 수리함 − 리퍼부품 : 기존제품에서 회수된 부품으로서 일정한 가공과정 등을 거침으로써 성능과 품질이 新부품과 동등한 상태로 개선된 부품

전자담배 ★

분쟁유형	해결기준	비 고
1) 구입 후 10일 이내에 문제 제기된 정상적인 사용상태에서 발생한 성능·기능상의 하자(액상 누수, 분무량 과다 및 과소 등)로 중요한 수리를 요할 때	• 제품교환 또는 구입가 환급	• 품질보증기간 이내에 동일 하자에 대해 2회까지 수리를 하였으나 하자가 재발하는 경우 또는 여러 부위 하자에 대해 3회까지 수리를 하였으나 하자가 재발하는 경우는 수리 불가능한 것으로 봄 • 품질보증기간 : 1년
2) 구입 후 1개월 이내에 문제 제기된 정상적인 사용상태에서 발생한 성능·기능상의 하자(액상 누수, 분무량 과다 및 과소 등)로 중요한 수리를 요할 때	• 제품교환 또는 수리	
3) 품질보증기간 이내에 정상적인 사용상태에서 발생한 성능·기능상의 하자 • 하자발생 시 • 수리불가능 시 • 교환불가능 시 • 교환된 제품이 1개월 이내에 중요한 수리를 요할 때	 • 무상수리 • 제품교환 또는 구입가 환급 • 구입가 환급 • 구입가 환급	

자동차 ★★★★★

분쟁유형	해결기준	비 고
1) 품질보증기간 이내의 경우 • 재질이나 제조상의 결함으로 고장 발생 시	• 일차적으로 부품교환을 원칙으로 하되 결함잔존 시 관련 기능장치 교환 (예 원동기, 동력전달장치 등)	• 품질보증기간 기준 – 차체 및 일반부품 : 2년 이내 ※ 주행거리가 4만km를 초과한 경우에는 기간이 만료된 것으로 함 – 원동기(엔진) 및 동력전달장치 : 3년 이내 ※ 주행거리가 6만km를 초과한 경우에는 기간이 만료된 것으로 함 – 수리는 제조자, 판매자 또는 그의 대리인(직영 또는 지정정비업소)에 의해 수리한 경우로 한정함 • 하자란 기계적·기능적 결함으로 인한 차량의 사용·가치·안전을 실질적으로 손상시키는 하자로서 외관 및 내장재 마감 등의 단순하자가 아닌 수리가 필요한 하자를 말함 • 중대결함이란 원동기(엔진) 및 동력전달장치, 제동장치, 조향장치, 기타 이에 준하는 주행·안전도와 관련된 결함을 말함
• 차량인도일로부터 1개월 이내에 주행 및 안전도 등과 관련한 중대한 결함이 2회 이상 발생하였을 경우	• 차량교환 또는 필수제비용을 포함한 구입가 환급	
• 차량인도일로부터 12개월 이내 – 동일하자에 대해 3회까지 수리하였으나 재발하였을 경우 – 주행 및 안전도 등과 관련한 중대한 결함이 발생하여 동일 하자에 대해 2회까지 수리하였으나 재발하였을 경우 – 하자에 대한 수리기간이 누계 30일(작업일수 기준)을 초과할 경우	• 차량교환 또는 필수제비용을 포함한 구입가 환급	

수리소요기간 계산
• 수리기간은 실제 작업에 소요된 작업일수를 기준으로 함
• 소비자가 서면으로 제조자, 판매자 또는 그 대리인에게 하자수리신청을 한 경우에만 누계일수에 포함(제조자, 판매자 및 그 대리인은 수리신청서를 비치·교부하여야 함)
• 당일로 수리가 될 때는 수리소요기간을 1일로 계산하고 1일 이상 수리 기간이 소요될 때는 초일을 산입하여 수리소요기간을 계산(단, 공휴일 및 파업, 천재지변 등에 의해 수리가 불가능한 경우는 누계일수에서 제외)

분쟁유형	해결기준	비고
2) 수리용 부품을 보유하지 않아(부품보유기간 이내) 수리가 불가능한 경우 ① 품질보증기간 이내 • 정상적인 사용상태에서 발생한 경우 　– 차량인도일로부터 12개월 이내 　– 차량인도일로부터 12개월 초과 　– 사용상 과실로 인하여 발생한 경우 ② 품질보증기간 경과 후 ③ 내구연한 경과 후 수리용부품의 의무보유기간 이내	 • 필수제비용을 포함한 구입가 환급 또는 차량교환 • 필수제비용을 포함한 구입가에서 정액감가상각비를 공제한 금액에 10%를 가산하여 환급 또는 차량교환 • 구입가에서 정액감가상각비를 공제 후 환급 또는 차량교환 • 필수제비용을 포함한 구입가에서 정액감가상각비를 공제한 금액에 10%를 가산하여 환급 • 필수제비용을 포함한 구입가의 10%를 환급	• 수리용 부품 미보유 시 피해보상에서 제외되는 경우 : 화재, 충돌 등에 의한 사고차량 중 수리가 불가능한 차량 • 교환 및 환급에 따른 제비용 계산 　– 임의비용(종합보험료, 할부부대비용, 공증료 등)을 제외한 제비용(필수비용 : 등록세, 취득세, 교육세, 번호판대 등)은 사업자가 부담함 　– 차량 임의 장착비용은 제외함 • 감가상각방법은 정액법에 의하되 내용연수는 별표 Ⅳ 품목별 내용연수표를 (월할계산) 적용함 　– 감가상각비 계산 : (사용연수/내용연수)×구입가 (필수제비용 포함 : 등록세, 취득세, 교육세, 번호판대 등)로 함
3) 사전에 서면최고 없이 할부보증보험에 잔여할부금을 보험 청구한 경우	• 청구취소	
4) 차량 인도 시 이미 하자가 있는 경우(탁송과정 중 발생한 차량하자 포함)	• 보상 또는 무상수리, 차량교환, 구입가 환급	• 판금, 도장 등 육안으로 식별 가능한 하자인 경우에는 차량 인수 후 7일 이내에 이의를 제기하여야 함
5) 자동차옵션용품(에어백, ARS, 원격시동경보기, 차량용 내비게이션, 블랙박스, 하이패스 단말기 등)의 하자 • 당해옵션용품 품질보증기간 이내 • 당해옵션용품 품질보증기간 이후	 • 무상수리, 구입가 환급 또는 교환 • 유상수리	• 보상책임자 　– 차량 출고 시 장착된 옵션 용품 : 자동차회사 　– 차량 출고 후 장착된 옵션 용품 : 용품 제조업자, 판매자, 장착 사업자 및 지도 업데이트 사업자(차량용 내비게이션에 한함) 중 책임 있는 사업자 • 차량용 네비게이션(사용연한)의 지도 업데이트서비스가 1년 이상 제공되지 않을

		경우 서비스 불이행으로 간주하고 동 서비스 이행에 책임 있는 제조업자 또는 판매업자가 구입가에서 정액감가상각한 금액에 10% 가산한 금액을 환급함

모터사이클 ★

분쟁유형	해결기준	비 고
1) 품질보증기간 및 주행거리 이내의 경우 • 재질이나 제조상의 결함으로 고장 발생 시 • 엔진 또는 전장부분(점화장치, 충전장치, 시동장치)에 발생한 동일하자에 대해 2회까지 수리하였으나 고장이 재발(3회째)	• 무상수리 또는 부품교환 • 제품교환 또는 구입비 환급	

2) 부품의 미보유(부품보유기간 이내)로 수리가 불가능한 경우
• 품질보증기간 이내
  - 정상적인 사용상태에서 발생한 경우
 	
  - 사용상 과실로 인하여 발생한 경우
 	
• 품질보증기간 경과 후
	
	• 필수제비용을 포함한 구입가 환급 또는 제품교환
	• 구입가에서 정액감가상각비 공제 후 환급 또는 제품교환
	• 필수제비용을 포함한 구입가에서 정액감가상각한 잔여금액에 필수제비용을 포함한 구입가의 10%를 가산하여 환급
		• 감가상각방법
		  - 정액법에 의하되 내용연수(월할계산)를 적용
		  - 감가상각비계산 : (사용연수/내용연수)×구입가 (필수제비용 포함 : 등록세, 취득세, 교육세, 번호판대 등)로 함
		  - 감가상각한 잔여금의 계산 : 구입가－감가상각비

자전거 ★★★

분쟁유형	해결기준	비 고
1) 구입 후 1개월 이내에 정상적인 사용상태에서 발생한 성능·기능상의 하자로 중요한 수리를 요할 때	• 제품교환 또는 구입가 환급	
2) 품질보증기간 이내에 정상적인 사용상태에서 발생한 성능·기능상의 하자로 인한 피해 • 하자발생 시 • 수리불가능 시 • 교환불가능 시 • 교환된 제품이 1개월 이내에 중요한 수리를 요할 때	 • 무상수리 • 제품교환 또는 구입가 환급 • 구입가 환급 • 구입가 환급	• 품질보증기간 이내에 동일하자에 대해 2회까지 수리하였으나 하자가 재발하는 경우 또는 여러 부위 하자에 대해 4회까지 수리하였으나 하자가 재발하는 경우는 수리 불가능한 것으로 봄

보일러 ★

분쟁유형	해결기준	비 고
1) 구입 후 10일 이내에 정상적인 사용상태에서 발생한 성능·기능상의 하자로 중요한 수리를 요할 때	• 제품교환 또는 구입가 환급	• 교환 및 환급에 따른 비용 계산 : 제설비에 따른 시공비용 포함
2) 구입 후 1개월 이내에 정상적인 사용상태에서 발생한 성능·기능상의 하자로 중요한 수리를 요할 때	• 제품교환 또는 무상수리	
3) 품질보증기간 이내에 정상적인 사용상태에서 발생한 성능·기능상의 하자발생 • 하자발생 시 • 수리불가능 시 • 교환불가능 시 • 교환된 제품이 1개월 이내에 중요한 수리를 요할 때	• 무상수리 • 제품교환 또는 구입가 환급 • 구입가 환급 • 구입가 환급	• 품질보증기간 이내에 동일하자에 대해 2회까지 수리하였으나 하자가 재발하는 경우 또는 여러 부위 하자에 대해 4회까지 수리하였으나 하자가 재발하는 경우는 수리 불가능한 것으로 봄 • 감가상각한 잔여금의 계산 : 구입가−감가상각비
4) 수리용 부품을 보유하고 있지 않아(부품의무보유기간 이내) 발생한 피해 • 품질보증기간 이내 − 정상적인 사용상태에서 성능·기능상의 하자로 인해 발생한 경우 − 소비자의 고의·과실로 인한 고장인 경우 • 품질보증기간 경과 후	 • 제품교환 또는 환급 • 정액감가상각비 공제 후 환급 또는 제품교환 • 정액감가상각한 잔여금액에 구입가의 10%를 가산하여 환급	
5) 품질보증기간 이내에 시공상의 하자가 있는 경우	• 무상수리 또는 배상(시공업자 책임)	

농업용기계, 어업용기계 ★

분쟁유형	해결기준	비 고
1) 품질보증기간 이내의 경우 • 제품의 결함으로 인하여 발생한 고장 • 재질 및 소재불량으로 인한 고장 • 가공치수 불량으로 인한 고장 • 조립불량 또는 설치 잘못으로 인한 고장 • 주요 성능·기능상의 동일하자에 대해 2회까지 수리했으나 고장이 재발(3회째) • 포장 및 수송 불량으로 발생한 고장	• 제품교환 • 무상수리 • 무상수리 • 무상수리 • 제품교환 또는 구입가 환급 • 무상수리	• 다음의 경우에 사업자는 현지 출장수리 − 소비자의 현품운송 거부 − 현품운송곤란 또는 운송비 과다 − 농번기

분쟁유형	해결기준	비 고
2) 수리용 부품을 보유하지 않아(부품보유기간 이내) 발생한 피해 • 품질보증기간 이내 – 정상적인 사용상태에서 성능·기능상의 하자로 인해 발생한 경우 – 소비자의 고의·과실로 인한 고장인 경우 • 품질보증기간 경과 후	• 제품교환 또는 구입가 환급 • 유상수리비 부담 후 제품교환 • 정액감가상각한 잔여금액에 구입가의 10%를 가산하여 환급	• 감가상각한 잔여금의 계산 : 구입가-감가상각비
3) 정당한 사유의 통보 없이 약정한 날로부터 수리기간이 10일 이상을 초과할 경우(농번기 중)	• 피해배상	

농업용자재 ★

분쟁유형	해결기준	비 고
1) 품질불량 2) 제품하자로 인한 피해	• 제품교환 또는 구입가 환급 • 손해배상	

어 구 ★

분쟁유형	해결기준	비 고
1) 품질불량 2) 제품하자로 인한 피해	• 제품교환 또는 구입가 환급 • 손해배상	

축산자재 ★

분쟁유형	해결기준	비 고
1) 품질불량 2) 제품하자로 인한 피해	• 제품교환 또는 구입가 환급 • 손해배상	

건축자재(위생기구) ★

분쟁유형	해결기준	비 고
1) 품질불량(작동불량, 색채불량, 균열, 도금불량, 기준규격 미달 등) 2) 시공상의 하자(파손, 작동불량, 균열, 누수)	• 시공 전 : 교환, 환급 시공 후 : 수리, 배상 • 수리, 배상	

건축자재(벽지) ★

분쟁유형	해결기준	비 고
1) 품질불량(변·퇴색, 색채불량, 기준규격 미달 등) 2) 시공상의 하자(변·퇴색, 보풀현상)	• 시공 전 : 교환, 환급 시공 후 : 수리, 배상 • 수리, 배상	

건축자재(타일) ★

분쟁유형	해결기준	비 고
1) 품질불량(변·퇴색, 기준규격 미달 등) 2) 시공상의 하자(백화·동해현상, 접착불량, 매직불량)	• 시공 전 : 교환, 환급 시공 후 : 수리, 배상 • 수리, 배상	

건축자재(F.R.P. Tank) ★

분쟁유형	해결기준	비 고
1) 품질불량(부식, 규격미달, 이음쇠불량) 2) 시공상의 하자(누수, 부식, 이음쇠불량)	• 시공 전 : 교환, 환급 시공 후 : 수리, 배상 • 배 상	

건축자재(페인트류) ★

분쟁유형	해결기준	비 고
1) 품질불량(색상불량, 응고 등) 2) 시공상의 하자(색채·광택·배색·마감불량, 변·퇴색) 3) 용량부족	• 시공 전 : 교환, 환급 시공 후 : 수리, 배상 • 수리, 배상 • 교환, 환급	

건축자재(시멘트 제품류) ★

분쟁유형	해결기준	비 고
1) 품질불량(균열, 강도불량, 기준규격 미달 등) 2) 시공상의 하자(균열, 마감불량)	• 시공 전 : 교환, 환급 시공 후 : 수리, 배상 • 수리, 배상	

건축자재(창호재) ★

분쟁유형	해결기준	비 고
1) 품질불량(작동불량, 파손, 기준규격 미달 등) 2) 시공상의 하자(작동불량, 파손)	• 시공 전 : 교환, 환급 시공 후 : 수리, 배상 • 수리, 배상	

건축자재(목재류) ★

분쟁유형	해결기준	비 고
1) 품질불량(파손, 균열, 규격미달, 색채불량, 건조불량 등) 2) 시공상의 하자(파손, 접촉불량, 마감불량 등)	• 시공 전 : 교환, 환급 시공 후 : 수리, 배상 • 수리, 배상	

주방용품 ★

분쟁유형	해결기준	비고
1) 제품구입 후 1개월 이내에 자연 발생한 품질, 성능·기능상의 하자로 인한 피해	• 제품교환 또는 구입가 환급	
2) 품질보증기간 이내에 정상적인 사용상태에서 발생한 품질·성능·기능상의 하자로 인한 피해 • 하자발생 시 • 수리하였으나 하자가 재발(2회째) • 수리불가능 시 • 교환불가능 시 또는 교환받았으나 동종의 하자가 발생한 경우	 • 무상수리 • 제품교환 • 제품교환 • 구입가 환급	

3) 부품보유기간 이내에 수리용 부품을 보유하고 있지 않아 발생한 피해
• 품질보증기간 이내
  – 정상적인 상태에서 자연 발생한 품질, 성능·기능상의 하자로 인해 발생된 경우
  – 소비자의 고의·과실로 인한 고장인 경우
• 품질보증기간 경과 후
	
	• 제품교환 또는 구입비 환급
	
	• 유상수리에 해당하는 금액 징수 후 제품교환
	• 정액감가상각한 잔여금액에 구입가의 10%를 가산하여 환급
		• 감가상각한 잔여금의 계산 : 구입가-감가상각비

4) 소비자가 수리 의뢰한 제품을 사업자가 분실했을 경우 • 품질보증기간 이내 • 품질보증기간 경과 후	 • 제품교환 또는 구입가 환급 • 정액감가상각한 금액에 10%를 가산하여 환급 (최고한도 : 구입가격)	

문구 ★

분쟁유형	해결기준	비고
1) 정상적인 사용상태에서 제품하자 발생	• 제품교환 또는 구입가 환급	
2) 하자로 인한 피해 발생	• 제품교환 및 손해배상	

의복류 ★★★★★

분쟁유형	해결기준	비 고
1) 봉제불량	• ① 무상수리 → ② 교환 → ③ 환급	• 수리 불가능 시는 교환
2) 원단불량(제직불량, 세탁 후 변색, 탈색, 수축 등)	• ① 무상수리 → ② 교환 → ③ 환급	
3) 부자재불량(단추, 지퍼, 천 조각, 실오라기 등)	• ① 무상수리 → ② 교환 → ③ 환급	
4) 치수(사이즈)의 부정확	• ① 무상수리 → ② 교환 → ③ 환급	
5) 부당표시(미표시 및 부실표시) 및 소재구성 부적합으로 인한 세탁사고	• ① 무상수리 → ② 교환 → ③ 환급	
6) 치수(사이즈)가 맞지 않거나 디자인 · 색상 불만	• 교환 또는 환급(제품구입 후 7일 이내로서 제품에 손상이 없는 경우)	
7) 맞춤복의 원부자재 불량	• 수리, 재맞춤, 환급(원부자재를 선정한 맞춤업자는 원부자재업자와 연대하여 책임짐)	• 배 상 – 맞춤복 원부자재 불량의 경우 공임까지 배상

• 교 환
  – 동일가격, 동일제품교환을 원칙으로 함
  – 상하 일착인 경우 한쪽에만 이상이 있어도 일착으로 처리함
• 배 상
  – 맞춤복은 원단불량일 경우 공임까지 배상함
• 보상순위
  – 보상은 무상수리, 교환, 환급의 순으로 함
• 하자원인 규명
  – 시험검사 불가 등의 사유로 하자원인 규명이 곤란할 경우 제조업자(판매사업자, 수입업자)는 당해 의류의 품질이 정상적임을 규명하여야 함(구입 후 2년 이내의 제품에 한함)
• 교환 및 환급기준
  – 교환 또는 환급은 구입가격기준을 원칙으로 함. 단, 품질보증기간 이내 제품은 구입가 환급, 품질보증기간 경과 제품은 감가(세탁업배상비율표 적용)함
  – 표시가격 변동 시의 구입 및 특수매장 구입여부를 불문하고 구입처 교환을 원칙으로 함
  – 상하 일착인 경우 한쪽에만 이상이 있어도 일착으로 처리함. 단, 소재 및 디자인이 다를 경우엔 해당 의류만 교환함
  – 환급요구 시 영수증을 제시해야 함

우산류 ★

분쟁유형	해결기준	비 고
1) 제품구입 후 1개월 이내에 발생한 품질상 하자 • 부속품의 고장으로 접고 펴지지 않을 경우 • 구입 시 녹이 붙어 있는 경우 • 원단의 색상이 변색 · 퇴색되는 경우 • 원단불량으로 누수되는 경우 • 오염된 경우	• 제품교환	• 품질보증기간 : 1개월
2) 품질보증기간 이내에 정상적인 사용상태에서 발생한 품질상 하자	• 무상수리	

신발 ★★★★

분쟁유형	해결기준	비 고
1) 봉제불량	• ① 무상수리 → ② 교환 → ③ 환급	• 보상제외 - 소비자과실 및 부주의로 인한 하자 - 장기착화제품 • 수리불가능 시는 교환 • 교환/환급기준 - 품질보증기간 이내 제품은 구입가 기준, 품질보증기간 경과 제품은 감가함(세탁업 배상비율 참조)
2) 접착불량	• ① 무상수리 → ② 교환 → ③ 환급	
3) 염색불량	• ① 무상수리 → ② 교환 → ③ 환급	
4) 부자재 불량	• ① 무상수리 → ② 교환 → ③ 환급	
5) 치수(사이즈)가 맞지 않거나 디자인 및 색상 불만	• 교환 또는 환급(구입 후 7일 이내로 미착용 시)	
6) 방수화에 물이 스며듦	• ① 무상수리 → ② 교환 → ③ 환급	

가죽제품 ★★

분쟁유형	해결기준	비 고
1) 접착불량	• ① 무상수리 → ② 교환 → ③ 환급	• 교환/환급기준 - 품질보증기간 이내 제품은 구입가 기준, 품질보증기간 경과 제품은 감가함(세탁업 배상비율 참조)
2) 봉제불량	• ① 무상수리 → ② 교환 → ③ 환급	
3) 염색불량	• ① 무상수리 → ② 교환 → ③ 환급	
4) 부자재 불량	• ① 무상수리 → ② 교환 → ③ 환급	
5) 디자인 · 색상 불만	• 교환 또는 환급(구입 후 7일 이내로 미착용 시)	

악기 ★

분쟁유형	해결기준	비고
1) 구입 후 10일 이내에 정상적인 사용상태에서 발생한 성능·기능상의 하자로 중요한 수리를 요할 때	• 제품교환 또는 구입가 환급	• 품질보증기간 이내에 동일 하자에 대해 2회까지 수리하였으나 하자가 재발하는 경우 또는 여러 부위 하자에 대해 4회까지 수리하였으나 하자가 재발하는 경우는 수리 불가능한 것으로 봄
2) 구입 후 1개월 이내에 정상적인 사용상태에서 발생한 성능·기능상의 하자로 중요한 수리를 요할 때	• 제품교환 또는 무상수리	
3) 품질보증기간 이내에 정상적인 사용상태에서 발생한 성능·기능상의 하자발생 • 하자발생 시 • 수리불가능 시 • 교환불가능 시 • 교환된 제품이 1개월 이내에 중요한 수리를 요할 때	• 무상수리 • 제품교환 또는 구입가 환급 • 구입가 환급 • 구입가 환급	
4) 조 율 • 품질보증기간 이내 : 2회 • 품질보증기간 이후	• 무상조율 • 유상조율	

타이어 ★

분쟁유형	해결기준	비고
1) 세퍼레이션(Separation) • 접착불량 • 공기잠입에 의한 주행 중 성장 • 미가황에 의한 물성변화 • 이물입상태(모래, 약품 등)	• 제품교환(교환 불가능 시 환급)	• 적용 : 제조상 과실에 의한 손상인 경우 • 교환 : 마모율 10% 미만 • 환급 : 마모율 10% 이상 80% 미만 • 환급금액 = 구입가×(1-마모율) • 마모율(%) : (표준스키드깊이-잔여스키드깊이)/표준스키드깊이×100
2) 균열(Cracking) • 트레드(Tread)와 사이드 월(Side Wall)접합부 불량 • 과가황에 의한 물성변화	• 제품교환(교환 불가능 시 환급)	
3) 비드(Bead)부 파손 • 비드 부위에 공기가 들어감 • 비드 부위에 미가황 • 비드와이어 위치불량 • 가황 후 몰드 및 팽창기에서 인출 시 비드 부위 손상 • 비드 굴곡 • 비드와이어 접착불량	• 제품교환(교환 불가능 시 환급)	

분쟁유형	해결기준	비고
4) 치핑, 청킹, 컷팅(Chipping, Chunking, Cutting) • 배합고무 분배불량에 의해서 고무가 떨어짐 • 과가황에 의한 고무 떨어짐	• 제품교환(교환 불가능 시 환급)	• 보상제외 – 마모율 80% 이상인 경우 – 수리제품 – 구입일로부터 3년 이상인 제품(증빙서 없는 경우는 제조일을 기준함) – 부당한 목적을 갖고 고 타이어를 수집하여 보상 청구를 한 것이 분명한 제품
5) 이음매 벌어짐(Joint Open) • 트레이드의 이음매 부위가 접착불량으로 벌어짐 • 사이드 월 이음매 부위가 접착불량으로 벌어짐	• 제품교환(교환 불가능 시 환급)	
6) 공기누출(Air Leakage) • 송곳(Awling)작업 불량에 의한 공기누출 • 비드 위치 불량, 굴곡 Toe 불량으로 인한 공기누출	• 제품교환(교환 불가능 시 환급)	
7) 계약한 규격과 인수한 규격이 다를 경우	• 제품교환(교환 불가능 시 환급)	• 상표명이 없는 제품

연 탄 ★

분쟁유형	해결기준	비 고
1) 품질기준미달 • 석탄산업법 시행규칙 별표 Ⅲ.「석탄가공제품의 품질기준과 검사방법」에서 정한 품질기준에 미달	• 제품교환	
2) 불완전 연소 • 제품수거 검사 후 제품에 이상이 있을 시	• 제품교환	
3) 재·탄이 잘 깨어질 경우	• 제품교환	
4) 연소시간 결함	• 제품교환	
5) 저장품 파손 • 사용자 실수	• 용적 및 중량에서 유통비용 공제 후 제품교환	

6) 이물질(화약류 등) 혼입에 의하여 연소 중 폭발
• 재산피해
• 인명피해
  – 부 상
  – 사 망
	• 손해액 전액 배상
	
	• 완치 시까지 치료비 및 인정할 수 있는 경비 배상
	• 합의배상	

가방류 ★★★

분쟁유형	해결기준	비 고
1) 봉제불량	• ① 무상수리 → ② 교환 → ③ 환급	
2) 원단불량	• ① 무상수리 → ② 교환 → ③ 환급	
3) 부자재불량	• ① 무상수리 → ② 교환 → ③ 환급	
4) 염색불량	• ① 무상수리 → ② 교환 → ③ 환급	
5) 설명서에 의한 정상적인 세탁 후 변형·변질이 있는 경우	• ① 무상수리 → ② 교환 → ③ 환급	
6) 디자인·색상불만	• 교환 또는 환급(구입 후 7일 이내로 미사용 시)	

생활위생용품 ★

분쟁유형	해결기준	비 고
1) 이물혼입	• 제품교환 또는 구입가 환급	
2) 품질, 성능, 기능 불량	• 제품교환 또는 구입가 환급	
3) 용기 불량으로 인한 피해사고	• 치료비, 경비 및 일실소득 배상	• 일실소득 : 피해로 인하여 소득상실이 발생한 것이 입증된 때에 한하며, 금액을 입증할 수 없는 경우에는 시중노임단가를 기준으로 함
4) 부작용	• 치료비, 경비 및 일실소득 배상	
5) 수량부족	• 부족수량 지급	

가발 ★

분쟁유형	해결기준	비 고
1) 품질보증기간 이내에 정상적인 사용상태에서 발생한 성능·기능상의 하자 • 하자발생 시 • 수리불가능 시 • 교환불가능 시 • 교환된 제품이 1개월 이내에 중요한 수리를 요할 때	• 무상수리 • 제품교환 또는 구입가 환급 • 구입가 환급 • 구입가 환급	

분쟁유형	해결기준	비 고
2) 소비자가 수리 의뢰한 제품을 사업자가 분실한 경우 • 품질보증기간 이내 • 품질보증기간 경과 후	• 제품교환 또는 구입가 환급 • 정액감가상각한 금액에 10% 가산하여 환급(최고한도 : 구입가격)	
3) 사업자의 귀책사유로 인한 계약해제	• 계약금 환급 및 제품 가격의 10% 배상	
4) 소비자의 귀책사유로 인한 계약해제 • 제작 이전 • 제작이 진행된 이후 • 제작 완료 후	• 제품가격의 10% 공제 후 환급 • 제작에 소요된 실손해 배상 • 계약해제 불가	• 실손해액은 사업자가 입증해야 함

10. 공연업(2개 업종)

공연업(영화 및 비디오물 상영업 제외) ★★★★

분쟁유형	해결기준	비 고
1) 공연이 취소되거나 관람일이 연기되어 고객이 입장료의 환급을 요구할 때 • 공연업자의 귀책사유로 취소된 경우 • 천재지변 등 불가항력의 경우	• 입장료 환급 및 입장료의 10% 배상 • 입장료 환급	• 관람권을 할인 판매한 경우에는 거래가격을 기준으로 하되, 이는 사업자가 입증함
2) 관객의 환급 요구 시 • 공연일 10일 전까지 • 공연일 7일 전까지 • 공연일 3일 전까지 • 공연일 1일 전까지 • 공연 당일 공연시작 전까지 • 단, 공연 3일 전까지는 예매 후 24시간 이내 취소 시	• 전액환급 • 10% 공제 후 환급 • 20% 공제 후 환급 • 30% 공제 후 환급 • 90% 공제 후 환급 • 전액환급(비영업일은 시간 계산에서 제외)	
3) 공연내용이 계약과 다른 경우(중요 출연자 교체, 예정 공연시간 1/2 이하 공연 등)	• 입장료 환급 및 입장료의 10% 배상	
4) 공연자에게 책임 있는 사유로 인하여 공연이 30분 이상 지연된 경우 • 전체 공연 관람 • 공연 중단	• 입장료의 10% 환급 • 입장료 환급 및 입장료의 10% 배상	
5) 공연 입장권을 구입한 자가 관람시간 표기 오류로 인하여 공연을 관람하지 못한 경우	• 입장료 환급 및 입장료의 20% 배상	

분쟁유형	해결기준	비고
6) 전염병, 전염성 독감 등과 같은 사유로 공연을 관람하지 못한 경우	• 후일 공연기회 부여 또는 위약금 없이 취소	• 공연은 실내공연에 한하며, 전염병, 전염성 독감 등은 소비자가 입증

영화관람 ★★★★

분쟁유형	해결기준	비고
1) 소비자의 사정으로 취소한 경우 • 영화상영 시작 전 20분까지 요청 시 • 영화상영 시작 전 20분에서 시작 시까지 요청 시 • 영화상영 시작 후 요청 시	• 입장료 환급 • 입장요금의 50% 환급 • 환급불가	
2) 사업자의 귀책사유로 상영이 지연된 경우 • 상영 예정시간보다 30분 이상 지연 • 상영 예정시간보다 한 시간 이상 지연	• 입장료 환급 • 입장요금의 두 배 환급	
3) 사업자의 귀책사유로 상영이 중단된 경우 • 상영 중 10분 이상 또는 2회 이상 중단된 경우 • 상영 중 30분 이상 또는 3회 이상 중단된 경우	• 입장료 환급 • 입장요금의 두 배 환급	

11. 농·수·축산물(7개 업종)

란류, 육류, 곡류, 과일·야채류, 수산물류 ★★★

분쟁유형	해결기준	비고
1) 함량, 용량, 중량, 개수 부족 및 표시내용 상위	• 당해품목교환 또는 구입가 환급	
2) 부패, 변질	• 당해품목교환 또는 구입가 환급	
3) 유통기간 경과	• 당해품목교환 또는 구입가 환급	
4) 이물혼입	• 당해품목교환 또는 구입가 환급	
5) 부작용	• 치료비, 경비 및 일실소득 배상	
6) 용기파손 등으로 인한 상해사고	• 치료비, 경비 및 일실소득 배상	

종묘 등 ★

분쟁유형	해결기준	비 고
1) 파종 전 불량 확인 • 용량미달 • 이물혼입 • 포장재 파손 • 유효기간 경과 • 부패, 변질	• 제품교환 또는 구입가 환급	
2) 파종 후 종자불량에 의한 발아불량 및 타품종 혼입 • 재파종 가능 시	• 대파종자 교환 및 직접경비 배상	• 발아불량은 종자포장에 표시된 발아율 이하로서 정상 발아기간 경과 후 15일 이내에 이의를 제기한 경우에 한함
• 재파종 불가능 시 - 타품종으로 재파종이 가능한 경우 - 타품종으로 재파종이 불가능한 경우	• 예상수익과 실수익과의 차액 배상 • 예상수익액 배상	• 직접경비 : 인건비, 자재비 등 • 예상수익은 당초 재배품목의 최근 3년간 평균수확량에 해당연도 농가 수취가격을 곱한 금액으로 산출함
3) 생육장애 및 불량과 발생(재배기간 중 또는 재배결과) • 종자 하자일 경우 • 기상여건불량, 재배기술미흡, 종자하자 등 복합요인이 있을 경우	• 예상수익과 실수익과의 차액 배상 • 종자하자에 의한 기여도(배분율)에 따라 예상수익과 실수익과의 차액 배상	• 실제 생육상태와 광고내용이 다른 경우를 포함함

12. 동물사료(1개 업종)

사료 ★★

분쟁유형	해결기준	비 고
1) 중량부족	• 제품교환 또는 구입가 환급	
2) 부패, 변질	• 제품교환 또는 구입가 환급	
3) 성분이상	• 제품교환 또는 구입가 환급	
4) 유효기간 경과	• 제품교환 또는 구입가 환급	
5) 부작용	• 사료의 구입가 및 동물의 치료 경비 배상	• 수의사의 진단에 의해 사료와의 인과관계가 확인되는 경우에 적용함
6) 동물폐사	• 사료 구입가 및 동물의 가격 배상	

13. 대리운전(1개 업종)

대리운전 ★★

분쟁유형	해결기준	비 고
1) 대리운전 기사의 운행 중 발생한 차량파손 등 물적 손해	• 대리운전 사업자가 차량수리비 등 피해액 배상	
2) 대리운전 기사의 운행 중 발생한 과태료 및 범칙금 발생 피해	• 대리운전 사업자가 해당 과태료 또는 범칙금 배상	
3) 부당한 대금청구	• 대리운전 사업자가 청구취소 또는 부당대금 환급	

14. 모바일콘텐츠업(1개 업종)

모바일콘텐츠 ★★★

분쟁유형	해결기준	비 고
1) 법정대리인의 동의 없는 미성년자의 계약	• 계약 취소	• 기납부한 요금은 환급하고, 미납요금 및 위약금은 청구를 금지함
2) 사업자가 판매하는 유료 콘텐츠를 소비자가 구입 후 7일 이내에 청약철회를 요구하는 경우	• 유료 콘텐츠 구입가 환급	• 단, 「전자상거래 등에서의 소비자보호에 관한 법률」 제17조 제2항에 해당하는 경우에는 청약철회 대상에서 제외함
3) 사업자가 계약 전 기본사항을 고지하지 않았거나 유료정보 표기를 하지 않은 경우	• 계약 취소	• 결제할 때마다 비밀번호 등의 확인절차를 거치게 하는 기본프로그램을 제공하였지만 소비자가 이러한 확인절차를 거치지 않겠다고 설정한 경우에는 제외함
4) 소비자의 동의가 없는 상태에서의 결제 • 소비자 동의 없이 결제된 경우 • 결제 내역을 소비자에게 고지하지 않은 경우	• 계약 취소 • 청구금액 환급	• 고지 방법 : SMS, 이메일 등 • 이용료는 소비자가 지급한 모든 비용임
5) 허위, 과장광고에 의한 이용계약	• 계약 취소	• 단, 계약체결일 또는 서비스 이용 가능일로부터 7일 이내에 해지를 요구하는 경우에는 위약금 없이 이용 일수에 해당하는 금액만 공제하고 환급함
6) 1개월 이상의 계속적 이용 계약인 경우 • 소비자가 계약해지를 요구한 경우 • 사업자의 귀책사유로 인한 계약해지 • 소비자의 동의 없이 무료이용기간이 경과한 후 유료로 전환한 경우 • 대금 자동결제 시 소비자에게 고지를 하지 않은 경우	• 해지일까지의 이용일수에 해당하는 금액과 잔여기간 이용요금의 10% 공제 후 환급 • 잔여기간의 이용료 및 동 금액의 10%를 가산하여 환급 • 유료청구 금액 전액 환급 • 청구 금액 환급	

7) 서비스의 중지 · 장애		
• 사전고지하지 않은 경우 − 3일 이상 서비스가 연속해서 중지되거나 장애가 발생한 경우 또는 1개월 동안의 서비스 중지 · 장애발생 누적시간이 72시간을 초과한 경우 − 4시간 이상 서비스 중지 또는 장애로 인한 피해	• 계약해지 및 잔여기간에 대한 이용료 환급 • 서비스 중지 · 장애시간의 3배를 무료로 연장	• 자동으로 매월 또는 일정 시기에 대금을 결제하기로 한 경우 사업자는 소비자에게 결제내역(결제금액, 결제시기, 결제방법 등)에 대하여 전자우편 또는 휴대전화 문자 메시지 등으로 고지해야 함 • 서비스 중지 · 장애시간에 대하여 다툼이 있는 경우 소비자가 회사에 통지한 후부터 계산하며, 서비스가 불가항력(천재지변 등)이나 소비자 과실로 인하여 중지되거나 장애가 발생한 경우에는 서비스 중지 · 장애시간 계산에서 제외함
• 사전고지한 경우 − 서비스중지 · 장애를 사전에 고지하였으나 서비스중지 · 장애시간이 10시간을 초과하는 경우	• 초과된 시간만큼 이용기간을 무료로 연장	• 사전고지라 함은 서비스 중지, 장애 24시간 이전에 고지된 것을 의미함

- 사업자 : 오픈마켓사업자, 개발자, 통신과금서비스 제공자를 말함
  ① "오픈마켓사업자"란 PC 및 Mobile Device 등을 통해 개발자가 개발한 모바일콘텐츠 등이 거래될 수 있도록 중개를 하는 사업자를 뜻함(단말제조사가 오픈마켓을 운영하는 경우 오픈마켓사업자에 포함)
  ② "개발자"란 모바일콘텐츠 등을 개발, 제작하여 오픈마켓사업자와의 정상적인 계약관계를 유지하면서 이를 오픈마켓사업자가 운영하는 오픈마켓서비스를 통해 일반 구매자에게 제공하는 자를 말함
  ③ "통신과금서비스 제공자"란 타인이 판매 · 제공하는 재화 등의 대가가 이동통신사의 업무를 제공하는 자의 전기통신역무의 요금과 함께 청구 · 징수되도록 거래정보를 전자적으로 송수신하는 것 또는 그 대가의 정산을 대행하거나 매개하는 업무를 수행하는 사업자를 의미함
- 기본 고지사항
  ① 개발자는 모바일콘텐츠 내 이용자 확인이 용이한 방법 및 위치를 활용하여 "이용요금 안내", "고객센터", "서비스 이용약관(또는 개인정보취급방침)"을 기본적으로 고지하여야 함
  ② 오픈마켓사업자는 오픈마켓에 이용자 확인이 용이한 방법 및 위치를 활용하여 "이용요금 안내", "고객센터", "서비스 이용약관(또는 개인정보취급방침)"을 기본적으로 고지하여야 함

〈각 항목별 공지 내용〉

구 분	세부 내용
이용요금 안내	• 판매자명 또는 서비스 제공자명 및 서비스명 • 모바일콘텐츠 대가 및 과금정책
고객센터(또는 개발자 연락처)	E-mail(필수), 휴대폰 · 전화번호 · 홈페이지(선택)
이용약관	서비스 이용 관련 일반사항, 환급규정, 개인정보취급/활용 관련 사항, 위치정보취급/활용 관련 사항 등 포함

③ In-App결제(In-App Purchase, 애플리케이션 내 결제 시스템을 통한 결제 행위)를 포함하고 있는 경우 오픈마켓사업자와 개발자는 앱 내에 In-App결제가 있음을 이용자가 명확히 인지할 수 있는 방법으로 고지하여야 함
- 유료정보 표기
  ① 오픈마켓사업자는 유료정보에 대한 모바일콘텐츠 대가, 기간(월정액제 등 사용기간이 있는 경우)을 직접적인 방법(예 3,000원, 구매일로부터 1개월 등)으로 명시함
  ② 유료정보 표기 위치는 모바일콘텐츠 대가에 대한 이용자 결제가 발생하기 이전 단계에 위치시킴
  ③ 개발자는 In-App결제(In-App Purchase)를 적용한 모바일콘텐츠를 이용자에게 제공하는 경우 제1항 및 제2항과 동일한 방법을 적용해야 함

15. 문화용품·기타(4개 업종)

귀금속·보석 ★

분쟁유형	해결기준	비고
1) 함량 및 중량미달	• 제품교환 또는 구입가 환급	
2) 치수 상이 • 구입 후 1개월 이내	• 무상수리 또는 제품교환	
3) 도금 또는 입힘상태 불량 • 구입 후 1년 이내	• 무상수리 또는 제품교환	
4) 표시와 제품의 내용이 상이(등급, 색상, 크기, 천연 또는 합성품 등)	• 제품교환 또는 구입가 환급	
5) 조립 불량	• 무상수리 또는 제품교환	

액세서리 ★

분쟁유형	해결기준	비고
1) 디자인, 색상, 크기에 불만이 있는 경우 • 구입 후 7일 이내로서 제품에 손상이 없는 경우	• 제품교환	
2) 조립 불량 • 부착물의 이탈, 끈, 고리 등의 절단	• 무상수리 또는 제품교환	
3) 도금 또는 입힘상태 불량 • 구입일로부터 6개월 이내	• 무상수리 또는 제품교환	

도서 · 음반 ★★★

분쟁유형	해결기준	비 고
1) 품질하자(파손, 페이지 수 부족, 녹음 · 녹화상태 불량)	• 교 환	
2) 계약서 미교부 등(법령상 계약서 교부의무가 부여되어 있는 거래의 경우)	• 계약해제	
3) 구입자 철회권 행사기간 이내에 서면계약해제 요구에 대한 부당한 위약금 요구	• 위약금 없이 계약해제	• 기 수수 상품(용역)의 동시 반환 • 상품반환비용 사업자 부담 • 계약해제 시 이행 부분만을 기준으로 손료산정 공제한 후 환급함 • 구독료는 실거래 구독료를 기준으로 함
4) 판매자가 구입자의 철회권 행사를 제한하기 위해 임의로 포장을 훼손한 경우	• 계약해제	
5) 판매원 신분 허위, 판매처 허위인 계약	• 계약해제	
6) 회원제 판매 또는 복합상품 판매 후 일부 계약 불이행	• 계약해제	
7) 정기간행물 구독계약을 중도해지한 경우(서면 계약해지의사 도달일 기준)		
• 사업자 사정으로 인한 경우	• 미경과 계약기간의 구독료 환급과 동 구독료 10% 금액 배상	
• 소비자 사정으로 인한 경우	• 미경과 계약기간의 구독료에서 동 구독료의 10% 금액 공제 후 환급	
8) 도서, 음반, 정기간행물 계약의 중도해지 시 제공받은 사은품		
• 해지에 대한 책임이 소비자에게 있는 경우		
- 제품에 손상이 없는 경우	• 반 환	• 단, 사은품의 단순포장 개봉은 훼손 또는 사용으로 보지 아니함
- 제품이 훼손된 경우	• 해당 사은품과 동종의 상품으로 반환하거나 동종 상품의 시중가격 또는 계약서상에 기재된 해당 사은품의 가격에서 계약 유지 기간만큼 정액감가상각하고 나머지 금액을 배상	
• 해지에 대한 책임이 사업자에게 있는 경우	• 반환의무 면제	
9) 청약철회기간 이후 계약 해제 시(법령상 청약철회가 가능한 거래의 경우)	• 통상사용료 또는 사용손해율에 의한 손율공제 후 계약해제	

- 통상사용률 및 사용손해율
  - 통상사용률과 사용손해율을 비교하여 높은 쪽의 손율을 택함
  - 사용손해율은 원칙적으로 도서류나 음반류의 낱개 각각에 대한 상태를 기준으로 함. 단, 낱개로 분리하기 곤란한 경우에는 분리가능한 단위를 기준으로 함
- 도서류
  - 통상사용률(통상사용료의 비율)

사용기간	1개월 미만	1개월 이상 2개월 미만	2개월 이상 3개월 미만	3개월 이상 4개월 미만	4개월 이상 5개월 미만
통상사용률(%)	20	23	27	30	40

사용기간	5개월 이상 6개월 미만	6개월 이상 7개월 미만	7개월 이상 8개월 미만	8개월 이상 9개월 미만	9개월 이상 10개월 미만
통상사용률(%)	50	60	70	80	90

  - 사용손해율(상품반환 시 손해금 비율)

제품상태	손율(%)
반환상태가 양호한 경우	20
반환상태가 다소 불량한 경우(도서에 다소간의 오파손이 있어 책으로의 재판매가 곤란한 경우)	50
반환상태가 몹시 불량한 경우(도서에 오파손이 심하거나 가필낙인 등이 있어 상품의 가치를 상실한 경우)	85

- 음반류
  - 낱개로 밀봉된 음반, 비디오물 및 소프트웨어에 적용하며 개봉된 음반류는 복사한 것으로 간주하여 개봉된 수량에 대한 가격을 산정. 단, 음반류의 품질에 하자가 있는 경우에는 개봉한 경우라 하더라도 손료를 적용하지 아니함
- 도서류 또는 음반류가 다른 상품과 복합 상품으로 판매된 경우
  - 개별상품의 통상사용률과 사용손해율을 적용함

스포츠 · 레저용품 ★

분쟁유형	해결기준	비 고
1) 구입 후 1개월 이내에 정상적인 사용상태에서 발생한 성능 · 기능상의 하자로 중요한 수리를 요할 때	• 제품교환 또는 구입가 환급	• 품질보증기간 이내에 동일 하자에 대해 2회까지 수리하였으나 하자가 재발하는 경우 또는 여러 부위 하자에 대해 4회까지 수리하였으나 하자가 재발하는 경우는 수리 불가능한 것으로 봄 • 골프용품의 경우 제품교환의 기준이 되는 기간은 다음과 같음 - 골프채 : 구입 후 3개월 이내 - 기타 골프용품(장갑, 구두) : 구입 후 6개월 이내
2) 품질보증기간 이내에 정상적인 사용상태에서 발생한 성능 · 기능상의 하자		
• 하자발생 시	• 무상수리	
• 수리불가능 시	• 제품교환 또는 구입가 환급	
• 교환불가능 시	• 구입가 환급	
• 교환된 제품이 1개월 이내에 중요한 수리를 요할 때	• 구입가 환급	
3) 사용자가 수리 의뢰한 제품을 사업자가 분실했을 경우		
• 품질보증기간 이내	• 제품교환 또는 구입가 환급	
• 품질보증기간 경과 후	• 정액감가상각한 금액을 10%를 가산하여 환급 (최고한도 : 구입가격)	
4) 부품보유기간 이내에 수리용 부품을 보유하고 있지 않아 발생한 피해		
• 품질보증기간 이내		
- 정상적인 상태에서 자연 발생한 품질, 성능 · 기능상의 하자로 인해 발생된 경우	• 제품교환 또는 구입가 환급	
- 소비자의 고의 · 과실로 인한 고장인 경우	• 유상수리에 해당하는 금액 징수 후 제품교환	
• 품질보증기간 경과 후	• 정액감가상각한 잔여금액에 구입가의 10%를 가산하여 환급	• 감가상각한 잔여금의 계산 : 구입가 – 감가상각비

16. 물품대여서비스업(2개 업종)

장기 물품대여서비스업

분쟁유형	해결기준	비 고
1) 사업자의 귀책사유로 인한 고장·훼손 및 손해 발생	• 무상수리·부품교환 및 손해배상	
2) 사업자의 귀책사유로 인한 장애발생		
• 계약해지	• 등록비 상당의 손해배상금액을 소비자에게 반환, 소비자는 해지월의 실제 사용일까지의 사용기간에 비례하여 정산한 월임대료를 사업자에게 지급	
• 계약지속 시	• 장애발생 해당기간 사용료 면제(기지급액 반환)	
3) 소비자의 귀책사유로 인한 고장·훼손	• 소비자의 비용으로 사업자에게 수리 및 부품교환 요청	
4) 소비자의 귀책사유로 인한 계약해지		
• 의무사용기간을 1년 이하로 정한 경우	• 의무사용기간의 잔여월 임대료의 30%에 해당하는 금액과 임대차기간 임대료 총합의 10%에 해당하는 금액 중 적은 금액 배상	• 위약금과 별도로 계약 중도해지 시 발생하는 철거 비용 등은 소비자가 부담하되, 청구사실과 금액 등이 약관이나 계약서에 명시되고 고지된 경우에 한함 • 장기유지조건으로 가입 시 제공받은 면제(할인)금액이 있을 경우, 소비자는 잔존기간에 해당하는 금액(일할계산)을 사업자에게 반환함
• 의무사용기간을 1년 초과로 정한 경우	• 의무사용기간 잔여월 임대료의 10%에 해당하는 금액 배상	
• 의무사용기간은 없고 임대차기간을 1년 이하로 정한 경우	• 임대차기간 잔여월 임대료의 30%에 해당하는 금액과 임대료 총합의 10%에 해당하는 금액 중 적은 금액 배상	• 잔여월임대료 = {월임대료×(의무사용일수−실제사용일수)÷30}
• 의무사용기간은 없고 임대차기간을 1년 초과로 정한 경우	• 임대차기간 잔여월임대료의 10%에 해당하는 금액 배상	

5) 계약해지 후 사업자의 원상회복 불이행	• 계약해지 이후 사용료 면제	
6) 허위·과장 권유에 의한 이용계약	• 계약해제	
7) 사업자의 서비스 지연	• 지연한 기간만큼 렌탈서비스 요금 감액. 단, 재발하는 경우(2회부터) 위약금 없이 계약해지	• 고객의 고의 또는 중과실로 인해 A/S(필터교체 포함)가 지연된 경우는 제외함
8) 이물질 혼입 및 수질이상	• 제품교환 또는 위약금 없이 계약해지	• 필터하자로 인한 이물혼입 및 수질이상인 경우에는 필터를 교체함. 단, 동일하자가 재발(2회부터)하는 경우에는 제품교환 또는 계약해지
9) 부작용 또는 인체에 이상이 생겼을 경우	• 치료비 및 일실소득 배상	• 일실소득 : 피해로 인하여 소득상실이 발생된 것이 입증된 때에 한하며 금액을 입증할 수 없는 경우 시중 노임단가를 기준으로 함
10) 렌탈서비스가 이루어지지 않고 청구된 요금	• 환급	
11) 렌탈서비스비 체납(장기부재 및 연락두절, 일방적 납부거부 등)	• 체납금액 지급. 단, 체납기간 중 유지관리서비스가 제공되지 않은 경우, 체납임대료와 체납임대료에 대해 민법상 법정이율(5%) 따라 산정한 지연배상금만 지급	• 렌탈서비스는 임대료(렌탈비)와 유지관리비(서비스비)로 구성 • 체납분쟁 해결 시 임대료는 렌탈서비스비의 100분의 70을 한도로 함
12) 계약기간 이내에 다른 지역으로 이사 시 • 정기관리가 안 되는 지역으로 이사하는 경우 • 제품 본래의 기능 상실이 우려되는 지역으로 이사하는 경우 • 해외로 이주하는 경우	• 위약금 없이 계약해지 • 위약금 없이 계약해지 • 관련 자료 제출 및 위약금 50% 감면	• 위약금과 별도로 계약 중도해지 시 발생하는 철거비용 등은 소비자가 부담하되, 청구사실과 금액 등이 약관이나 계약서에 명시되고 고지된 경우에 한함 • 장기유지조건으로 가입 시 제공받은 면제(할인)금액이 있을 경우, 소비자는 잔존 기간에 해당하는 금액(일할 계산)을 사업자에게 반환함

• 사업자의 귀책사유란 적절한 성능유지의무, 불품의 하자보수 또는 관리의무를 불이행하거나 해태하는 등의 경우와 품질의 현저한 악화로 물품의 관리 및 유지가 곤란한 경우를 말함
• 사업자에게 귀책사유가 있는 경우 소비자는 상당한 기간을 정하여 그 이행을 최고하고 그 후에도 사업자가 이행하지 아니한 경우에는 소비자는 위약금을 부담하지 아니하고 계약을 해지할 수 있음
• 사업자에게 귀책사유 등이 있어 의무불이행이 있는 경우 그 기간은 제외. 단, 사업자의 동의 없는 양도 등으로 인하여 물품의 관리 및 유지가 곤란한 경우는 설치등록비의 반환 제외

단기 물품대여서비스업

분쟁유형	해결기준	비고
1) 소비자의 책임 있는 사유로 인한 계약해제		• 단기물품대여 : 의상, 액세서리 등 일회성 단기 대여에 해당하는 물품을 대여하는 서비스를 의미함
• 사용예정일로부터 1개월 전까지 취소 또는 계약 후 24시간 이내 취소	• 계약금 및 보증금 전액 환급	
• 사용예정일 15일 전까지 취소	• 대여료의 10% 공제 후 환급	
• 사용예정일 7일 전까지 취소	• 대여료의 30% 공제 후 환급	
• 사용예정일 3일 전까지 취소	• 대여료의 50% 공제 후 환급	
• 사용예정일 1일 전까지 취소	• 대여료의 80% 공제 후 환급	
• 사용예정 당일 취소 또는 연락두절	• 대여료의 100% 공제	
2) 사업자의 책임 있는 사유로 인한 계약해제		
• 사용예정일로부터 1개월 전까지 취소 또는 계약 후 24시간 이내 취소	• 계약금 및 보증금 전액 환급	
• 사용예정일 7일 전까지 취소	• 전액 환급 및 대여료의 10% 배상	
• 사용예정일 5일 전까지 취소	• 전액 환급 및 대여료의 30% 배상	
• 사용예정일 3일 전까지 취소	• 전액 환급 및 대여료의 50% 배상	
• 사용예정일 1일 전까지 취소	• 전액 환급 및 대여료의 80% 배상	
• 사용예정 당일 취소	• 전액 환급 및 대여료의 100% 배상	

17. 미용업(4개 업종)

피부미용업, 모발미용업, 네일서비스업, 왁싱업 ★★★

분쟁유형	해결기준	비 고
1) 제공된 용역이 계약내용과 다른 경우	• 계약해지(해지일까지의 이용일수 해당금액을 공제한 후 환급)	• 이용일수 해당금액 = 전체금액×(실제이용일수/계약상전체 이용일수)
2) 신체상의 피해가 발생한 경우	• 사업자의 책임하에(사업자가 비용부담) 원상회복하고, 원상회복이 불가능한 경우에는 손해배상	
3) 사업자의 귀책사유로 인한 계약해지		• 총 이용금액이란 이용자가 사업자에게 계약 시 정한 총 금액을 말하며 계약금·월이용료 등의 금액을 모두 포함. 다만, 보증금은 포함되지 않음
• 개시일 이전	• 계약금 전액 환급 및 총 이용금액의 10%를 배상	
• 개시일 이후	• 해지일까지의 이용일수에 해당하는 금액 공제 후 환급 및 총 이용금액의 10% 배상	• 서비스 횟수로 계약한 경우 이용횟수에 해당하는 금액 공제 후 환급함
4) 소비자의 귀책사유로 인한 계약해지		• 비용을 사업자가 이미 수수한 경우에 사업자는 이미 수수한 비용에서 소비자 부담액을 공제한 나머지 금액을 소비자에게 환급함
• 개시일 이전	• 소비자는 총 이용금액의 10% 부담	
• 개시일 이후	• 소비자는 해지일까지의 이용일수에 해당하는 금액과 총 이용금액의 10% 부담	

18. 봉안시설(1개 업종)

봉안묘, 봉안당, 봉안탑 ★

분쟁유형	해결기준	비 고
• 봉안 후 소비자가 계약을 해지하는 경우	• 총 사용료 중 아래 표의 연차별 환급률에 해당하는 금액 환급	• 봉안일로부터 최초 1년은 6개월 단위, 1년 경과한 시점부터는 연 단위로 환급률을 적용함(예 소비자가 봉안일로부터 3개월째 계약을 해지할 경우 사업자는 총 사용료의 75%에 해당하는 금액을 소비자에게 환급)

※ 연차별 환급률

연차별	환급률	연차별	환급률	연차별	환급률
6개월 이내	75%	5년 초과 ~ 6년	45%	11년 초과 ~ 12년	15%
6개월 초과 ~ 1년	70%	6년 초과 ~ 7년	40%	12년 초과 ~ 13년	12%
1년 초과 ~ 2년	65%	7년 초과 ~ 8년	35%	13년 초과 ~ 14년	10%
2년 초과 ~ 3년	60%	8년 초과 ~ 9년	30%	14년 초과 ~ 15년	7%
3년 초과 ~ 4년	55%	9년 초과 ~ 10년	25%	15년 초과	5%
4년 초과 ~ 5년	50%	10년 초과 ~ 11년	20%		

19. 부동산중개업(1개 업종)

부동산중개업 ★★★

분쟁유형	해결기준	비고
1) 부동산 중개수수료의 과다징수 2) 부동산 중개대상물의 확인·설명을 소홀히 하여 재산상의 피해를 발행하게 한 경우	• 차액환급 • 손해액 배상	

20. 사진현상 및 촬영업(1개 업종)

사진현상 및 촬영업 ★★★

분쟁유형	해결기준	비고
1) 하자 없이 촬영한 필름인화 의뢰 시 현상과정에서의 하자로 정상적인 사진인화 불가 2) 촬영 의뢰한 사진 및 비디오의 멸실 또는 상태불량 3) 사업자의 카메라 대여 시 소비자 과실로 인한 카메라 손상부분에 대한 수리비용 과다청구 4) 사업자가 소비자의 촉탁에 의해 대가를 받고 촬영한 증명사진 및 기념사진(백일, 돌, 입학, 졸업, 회갑 등)의 원판(광학방식의 필름원판, Digital 방식의 사진 File 포함)의 인도요구를 받은 경우	• 사진 촬영 시 소요된 비용 및 손해배상 • 계약금 환급 및 손해배상 • 손상된 부분의 부품대 및 원자재 비용만 부담 • 사전계약에 의하되, 계약이 없는 경우에는 – 광학방식의 필름원판은 소비자에게 인도 – Digital 방식의 사진 File은 소비자에게 인도하되, 인도에 소요되는 재료비(공CD, 공디스켓 등) 등 실비는 소비자의 부담으로 할 수 있음	• 사진원판의 인도 시 저작권은 양도되지 않음. • 사업자의 사진원판 보관 시 보관기간은 1년임

분쟁유형	해결기준	비고
5) 1회 이상 촬영하는 기념사진(성장앨범 등)의 계약해제 또는 해지		• Digital 방식의 사진원판은 보정된 최종 수정 File을 원판이라 함
• 사업자의 책임 있는 사유로 인한 계약해제 또는 해지 및 손해발생		
– 사진 촬영 개시 이전	• 계약금 환급 및 총 요금의 10% 배상	
– 사진 촬영 개시 이후	• 계약금 환급 및 촬영한 사진원판 제공	
• 소비자의 책임 있는 사유로 인한 계약해제 또는 해지		• 비용을 사업자가 이미 수수한 경우에 사업자는 이미 수수한 비용에서 소비자 부담액을 공제한 나머지 금액을 소비자에게 환급함
– 사진 촬영 개시 이전	• 소비자는 총 요금의 10% 부담	
– 사진 촬영 개시 이후	• 소비자는 기 촬영된 단계 비용 및 잔여금액의 10% 부담(단, 미제작된 앨범가격은 소비자 부담 대상 아님)	• 계약서상 단계별 촬영비용이 기재되어 있지 않는 경우 : 기 촬영된 단계 횟수/총 단계 횟수×총 요금 환급 • 앨범가격에 대한 입증은 사업자가 함

21. 산후조리원(1개 업종)

산후조리원 ★★

분쟁유형	해결기준	비고
1) 입소 전 계약해제		• 계약금이 총 이용금액의 10%를 초과하는 경우에는 초과되는 금액은 전액 환급하고 그 나머지는 보상기준에서 정한 비율에 따라 환급함
• 사업자의 귀책사유로 인한 경우	• 계약금 환급 및 계약금의 100% 배상	
• 소비자의 귀책사유로 인한 경우		
– 입소예정일 31일 이전 또는 계약 후 24시간 이내	• 계약금 전액 환급	
– 입소예정일 전 21일 ~ 30일	• 계약금의 60% 환급	
– 입소예정일 전 10일 ~ 20일	• 계약금의 30% 환급	
– 입소예정일 9일 이전부터	• 계약금 전액 미환급	
2) 입소 후 계약해제		

• 사업자의 귀책사유로 인한 경우	• 총 이용금액에서 이용기간에 해당하는 요금을 공제한 잔액을 환급하고 총 이용 금액의 10% 배상	• 총 이용금액이란 이용자가 사업자에게 계약 시 정한 실거래금액을 말하며 계약금·부대시설 이용료 등의 금액을 모두 포함. 다만, 보증금은 포함되지 않음
• 소비자의 귀책사유로 인한 경우	• 총 이용금액에서 (이용기간에 해당하는 요금+총 이용금액의 10%)를 공제한 잔액을 환급	
3) 산후조리원 이용으로 인한 감염, 부상 등으로 이용자(임산부, 영유아 및 그 보호자)에게 손해를 입힌 경우	• 이용자의 손해(치료비, 경비 등)를 배상(이용자는 해당 피해에 대한 입증자료를 제시)	• 사업자는 고의 또는 과실이 없음을 이유로 면책되지 아니함

22. 상조업(1개 업종)

상조업 ★★★

분쟁유형	해결기준	비 고
1) 계약서 미발급 • 계약일로부터 3개월 이내	• 계약철회(계약금 및 할부금 환급)	• 계약 이후 소비자가 기초생활자가 된 경우에는 전액환급함 • 다음의 어느 하나에 해당하는 사유로 소비자가 계약을 해지하는 경우에는 위약금을 청구하지 못함 – 휴업 또는 폐업신고를 한 때 – 영업정지 처분을 받은 때 – 등록이 취소되거나 말소된 때 –「은행법」에 따른 은행으로부터 당좌거래의 정지 처분을 받은 때 – 파산 또는 회생절차 개시의 신청이 있는 때
2) 사업자 귀책사유로 인한 계약해제·해지 및 손해발생	• 행사개시 이전 : 계약해제 (기 납입액 환급) • 행사개시 이후 : 손해배상	
3) 소비자 귀책사유로 의한 계약해지 • 월단위로 납입한 경우 • 부정기형 선불식 할부 계약으로 납입한 경우 : 특정금액을 (명칭여하 불문) 일시불 납입하거나 혹은 수회에 걸쳐 납입하고 행사 후 잔액을 납입하기로 계약한 상품의 해지	• 다음의 계산식에 의해 환급 • 다음의 계산식에 의해 환급	
4) 소비자가 선불식 할부거래에 관한 청약을 14일 이내에 철회하는 경우	• 계약금 및 할부금 환급	
5) 소비자의 계약해제 : 그 계약에 의한 재화 등의 공급을 받지 아니한 경우	• 이미 지급받은 대금에서 공정위 고시에 의거하여 산출된 위약금을 뺀 금액을 소비자에게 환급	
6) 소비자가 계약해지 시 부가상품 등을 반환하는 경우	• 사업자가 고지한 가액의 85% 이상 환급(단, 부가상품이 일부 소비되거나 훼손된 경우 그 부분만큼 감액 가능)	

※ 정기형 상조상품 해약환급금 계산식
- 해약환급금=납입금 누계−관리비 누계−모집수당 공제액
- 모집수당 공제액=모집수당×0.75+모집수당×0.25×기 납입 월수/총 납입기간 월수
- 납입금 누계가 관리비 누계와 모집수당 공제액의 합보다 적은 경우에는 해약환급금을 0으로 함
- 모집수당은 총 계약대금 대비 최대 10%로 하되, 500,000원을 초과할 수 없음
- 월별 관리비는 월 납입금 대비 최대 5%로 하되, 월별 관리비의 합계는 500,000원을 초과할 수 없음

※ 부정기형 상조상품 해약환급금 계산식
- 해약환급금=납입금 누계−관리비 누계−모집수당 공제액
- 모집수당 공제액=모집수당×0.75+모집수당×0.25×기 납입 선수금액/총 계약대금
- 납입금 누계가 관리비 누계와 모집수당 공제액의 합보다 적은 경우에는 해약환급금을 0으로 함
- 모집수당은 총 계약대금 대비 최대 10%로 하되, 500,000원을 초과할 수 없음
- 관리비는 납입금 누계의 최대 5%로 하되, 관리비의 합계는 500,000원을 초과할 수 없음
- 단, 총 계약대금의 일부를 재화 등의 제공 후에 납기하기로 약정하는 경우(소비자가 재화 등의 제공을 요청하여 남은 계약대금을 납부하게 되는 경우는 제외한다)에는 모집수당 및 모집수당 공제액 산정 시 "총 계약대금"을 "재화 등의 제공 전 납부하기로 약정한 금액"으로 함

※ 만기 10년, 월납 30,000원인 상조상품의 환급액 계산표 예시

납입회차	월회비	관리비 비율	모집수당 비율
120개월	30,000	5%	10%

회차	납입금 누계	관리비 누계	모집수당 공제액	해약환급금	환급률
1	30,000	1,500	270,750	0	0.0%
2	60,000	3,000	271,500	0	0.0%
3	90,000	4,500	272,250	0	0.0%
4	120,000	6,000	273,000	0	0.0%
5	150,000	7,500	273,750	0	0.0%
6	180,000	9,000	274,500	0	0.0%
7	210,000	10,500	275,250	0	0.0%
8	240,000	12,000	276,000	0	0.0%
9	270,000	13,500	276,750	0	0.0%
10	300,000	15,000	277,500	7,500	2.5%
11	330,000	16,500	278,250	35,250	10.7%
12	360,000	18,000	279,000	63,000	17.5%
13	390,000	19,500	279,750	90,750	23.3%
14	420,000	21,000	280,500	118,500	28.2%
15	450,000	22,500	281,250	146,250	32.5%
16	480,000	24,000	282,000	174,000	36.3%
17	510,000	25,500	282,750	201,750	39.6%

회 차	납입금 누계	관리비 누계	모집수당 공제액	해약환급금	환급률
18	540,000	27,000	283,500	229,500	42.5%
19	570,000	28,500	284,250	257,250	45.1%
20	600,000	30,000	285,000	285,000	47.5%
21	630,000	31,500	285,750	312,750	49.6%
22	660,000	33,000	286,500	340,500	51.6%
23	690,000	34,500	287,250	368,250	53.4%
24	720,000	36,000	288,000	396,000	55.0%
25	750,000	37,500	288,750	423,750	56.5%
26	780,000	39,000	289,500	451,500	57.9%
27	810,000	40,500	290,250	479,250	59.2%
28	840,000	42,000	291,000	507,000	60.4%
29	870,000	43,500	291,750	534,750	61.5%
30	900,000	45,000	292,500	562,500	62.5%
31	930,000	46,500	293,250	590,250	63.5%
32	960,000	48,000	294,000	618,000	64.4%
33	990,000	49,500	294,750	645,750	65.2%
34	1,020,000	51,000	295,500	673,500	66.0%
35	1,050,000	52,500	296,250	701,250	66.8%
36	1,080,000	54,000	297,000	729,000	67.5%
37	1,110,000	55,500	297,750	756,750	68.2%
38	1,140,000	57,000	298,500	784,500	68.8%
39	1,170,000	58,500	299,250	812,250	69.4%
40	1,200,000	60,000	300,000	840,000	70.0%
41	1,230,000	61,500	300,750	867,750	70.5%
42	1,260,000	63,000	301,500	895,500	71.1%
43	1,290,000	64,500	302,250	923,250	71.6%
44	1,320,000	66,000	303,000	951,000	72.0%
45	1,350,000	67,500	303,750	978,750	72.5%
46	1,380,000	69,000	304,500	1,006,500	72.9%
47	1,410,000	70,500	305,250	1,034,250	73.4%
48	1,440,000	72,000	306,000	1,062,000	73.8%
49	1,470,000	73,500	306,750	1,089,750	74.1%

회차	납입금 누계	관리비 누계	모집수당 공제액	해약환급금	환급률
50	1,500,000	75,000	307,500	1,117,500	74.5%
51	1,530,000	76,500	308,250	1,145,250	74.9%
52	1,560,000	78,000	309,000	1,173,000	75.2%
53	1,590,000	79,500	309,750	1,200,750	75.5%
54	1,620,000	81,000	310,500	1,228,500	75.8%
55	1,650,000	82,500	311,250	1,256,250	76.1%
56	1,680,000	84,000	312,000	1,284,000	76.4%
57	1,710,000	85,500	312,750	1,311,750	76.7%
58	1,740,000	87,000	313,500	1,339,500	77.0%
59	1,770,000	88,500	314,250	1,367,250	77.2%
60	1,800,000	90,000	315,000	1,395,000	77.5%
61	1,830,000	91,500	315,750	1,422,750	77.7%
62	1,860,000	93,000	316,500	1,450,500	78.0%
63	1,890,000	94,500	317,250	1,478,250	78.2%
64	1,920,000	96,000	318,000	1,506,000	78.4%
65	1,950,000	97,500	318,750	1,533,750	78.7%
66	1,980,000	99,000	319,500	1,561,500	78.9%
67	2,010,000	100,500	320,250	1,589,250	79.1%
68	2,040,000	102,000	321,000	1,617,000	79.3%
69	2,070,000	103,500	321,750	1,644,750	79.5%
70	2,100,000	105,000	322,500	1,672,500	79.6%
71	2,130,000	106,500	323,250	1,700,250	79.8%
72	2,160,000	108,000	324,000	1,728,000	80.0%
73	2,190,000	109,500	324,750	1,755,750	80.2%
74	2,220,000	111,000	325,500	1,783,500	80.3%
75	2,250,000	112,500	326,250	1,811,250	80.5%
76	2,280,000	114,000	327,000	1,839,000	80.7%
77	2,310,000	115,500	327,750	1,866,750	80.8%
78	2,340,000	117,000	328,500	1,894,500	81.0%
79	2,370,000	118,500	329,250	1,922,250	81.1%
80	2,400,000	120,000	330,000	1,950,000	81.3%
81	2,430,000	121,500	330,750	1,977,750	81.4%

회 차	납입금 누계	관리비 누계	모집수당 공제액	해약환급금	환급률
82	2,460,000	123,000	331,500	2,005,500	81.5%
83	2,490,000	124,500	332,250	2,033,250	81.7%
84	2,520,000	126,000	333,000	2,061,000	81.8%
85	2,550,000	127,500	333,750	2,088,750	81.9%
86	2,580,000	129,000	334,500	2,116,500	82.0%
87	2,610,000	130,500	335,250	2,144,250	82.2%
88	2,640,000	132,000	336,000	2,172,000	82.3%
89	2,670,000	133,500	336,750	2,199,750	82.4%
90	2,700,000	135,000	337,500	2,227,500	82.5%
91	2,730,000	136,500	338,250	2,255,250	82.6%
92	2,760,000	138,000	339,000	2,283,000	82.7%
93	2,790,000	139,500	339,750	2,310,750	82.8%
94	2,820,000	141,000	340,500	2,338,500	82.9%
95	2,850,000	142,500	341,250	2,366,250	83.0%
96	2,880,000	144,000	342,000	2,394,000	83.1%
97	2,910,000	145,500	342,750	2,421,750	83.2%
98	2,940,000	147,000	343,500	2,449,500	83.3%
99	2,970,000	148,500	344,250	2,477,250	83.4%
100	3,000,000	150,000	345,000	2,505,000	83.5%
101	3,030,000	151,500	345,750	2,532,750	83.6%
102	3,060,000	153,000	346,500	2,560,500	83.7%
103	3,090,000	154,500	347,250	2,588,250	83.8%
104	3,120,000	156,000	348,000	2,616,000	83.8%
105	3,150,000	157,500	348,750	2,643,750	83.9%
106	3,180,000	159,000	349,500	2,671,500	84.0%
107	3,210,000	160,500	350,250	2,699,250	84.1%
108	3,240,000	162,000	351,000	2,727,000	84.2%
109	3,270,000	163,500	351,750	2,754,750	84.2%
110	3,300,000	165,000	352,500	2,782,500	84.3%
111	3,330,000	166,500	353,250	2,810,250	84.4%
112	3,360,000	168,000	354,000	2,838,000	84.5%
113	3,390,000	169,500	354,750	2,865,750	84.5%
114	3,420,000	171,000	355,500	2,893,500	84.6%

회차	납입금 누계	관리비 누계	모집수당 공제액	해약환급금	환급률
115	3,450,000	172,500	356,250	2,921,250	84.7%
116	3,480,000	174,000	357,000	2,949,000	84.7%
117	3,510,000	175,500	357,750	2,976,750	84.8%
118	3,540,000	177,000	358,500	3,004,500	84.9%
119	3,570,000	178,500	359,250	3,032,250	84.9%
120	3,600,000	180,000	360,000	3,060,000	85.0%

23. 상품권 관련업(2개 업종)

상품권 ★★★

분쟁유형	해결기준	비고
1) 금액상품권의 경우 잔액환급비율의 금액 이상에 상당하는 물품 또는 용역을 제공받고 그 잔액을 환급하여 줄 것을 요구하였으나 잔액 환급을 거부하는 경우	• 잔액 현금 환급	• 금액형 상품권은 상품권 금액잔액을 상품권 구매 시 적용된 할인율을 고려하여 환산한 금액의 100분의 90에 해당하는 금액 반환 예 금액형 상품권 1만 원을 9천 원에 할인 구매한 경우에 상품권 전액을 사용하지 않은 경우 반환금액은 8,100원임 (9천 원×90%)
2) 특정상품에 대하여 상품권 상환을 거부하거나 할인매장 또는 할인기간 중이라는 이유 등으로 상품권 상환을 거부하는 경우	• 당해상품 제공의무 이행 또는 상환을 제시한 상품권의 권면금액 전액 현금 환급	
3) 상품권발행자의 영업양도 등이 있는 경우 상품권발행자의 변경 등의 이유로 상품권상환을 거부하는 경우	• 상환의무 이행	
4) 유효기간은 경과하였으나 상사채권 소멸시효(5년) 이내인 상품권의 상환을 거부하는 경우	• 구매액의 100분의 90에 해당하는 현금, 물품 또는 용역의 상환의무 이행	
5) 물품상품권 또는 금액상품권의 경우 물품 또는 용역의 제공이 불가능하거나 지체되어 당해 상품권의 현금상환을 요구하였으나 이를 거부하는 경우	• 상환의무 이행	

- "상품권"이라 함은 그 명칭 또는 형태에 관계없이 발행자가 일정한 금액이나 물품 또는 용역의 수량이나 기재(전자 또는 자기식 방법에 의한 기록을 포함한다)된 무기명증표를 발행·매출하고 그 소비자가 발행자 또는 발행자가 지정하는 자에게 이를 제시 또는 교부하거나 기타의 방법으로 사용함으로써 그 증표에 기재된 내용에 따라 물품 또는 용역을 제공받을 수 있는 유가증권을 말함. 또한, 전자금융거래법상 전자화폐나 선불전자지급수단이 상품권이 지류(紙類)형 상품권으로 발행(전환)될 경우에도 적용함
- 잔액환급비율(=구매대금/상품권 권면금액)
  - 상품권의 권면금액이 1만 원 초과일 경우 : 100분의 60
  - 상품권의 권면금액이 1만 원 이하일 경우 : 100분의 80
  - 상품권을 2매 이상 동시에 사용한 경우에는 상품권 권면금액의 합계액을 기준으로 함. 다만, 구매대금과 무관한 상품권은 합계액에 포함하지 않음
- 보상책임자 : 상품권 발행자(직영매장 포함)와 상품권발행자가 지정한 자(상품권사용가맹점 등)

신유형 상품권 ★★★

분쟁유형	해결기준	비 고
1) 신유형 상품권의 구매일로부터 7일 이내에 환급을 요구하였으나 거부하는 경우	• 상품권 구매액 전액 환급	• 잔액이란 구매액을 기준으로 사용비율에 따라 계산하여 남은 비율의 금액을 말함 • 다만, 발행자가 미리 상품권에 표시한 경우 특정 매장 또는 물품 등에 대하여 상품권 사용제한 가능 • 금액형 상품권은 상품권 금액의 잔액을 상품권 구매 시 적용된 할인율을 고려하여 환산한 금액의 100분의 90에 해당하는 금액 반환 예 금액형 상품권 1만 원을 9천 원에 할인구매한 경우에 상품권 전액을 사용하지 않은 경우 반환금액은 8,100원임 (9천 원×90%)
2) 금액형 상품권의 경우 잔액환급비율의 금액 이상에 상당하는 물품 등을 제공받고 그 잔액을 환급하여 줄 것을 요구하였으나 잔액 환급을 거부하는 경우	• 잔액 환급	
3) 발행자 등이 판매하는 물품 등을 제공받기 위해 상품권을 제시하였으나 특별한 사유 없이 제공을 거부하거나 할인매장 또는 할인기간 중이라는 이유 등으로 제공을 거부하는 경우	• 당해 물품 등의 제공의무를 이행하거나 제시한 상품권의 구매를 위해 소비자가 지급한 금원을 전액 환급	
4) 유효기간은 경과하였으나 상사채권 소멸시효(5년) 이내 상품권 금액 등 반환을 거부하는 경우	• 구매액의 100분의 90 반환	
5) 물품 및 용역 제공형 상품권의 경우 물품 등의 제공이 불가능하거나 통상적인 기간보다 현저히 지체되는 경우	• 동일한 금전적 가치의 신유형 상품권으로 교환 또는 구매액 반환	
6) 상품권 사용을 이유로 추가대금(예 기프티콘 수수료 등)을 요구하거나, 실제로 수취한 경우	• 추가대금 없이 제공의무를 이행하거나, 제시한 상품권을 위해 소비자가 지급한 금원을 전액 환급 또는 추가로 수취한 대금을 반환	

- "신유형 상품권"이란 그 명칭에 관계없이 발행자가 일정한 금액이나 물품 또는 용역의 수량(이하 '금액 등'이라 함)이 전자적 방법으로 저장되어 있거나 전자정보가 기록되어 있다는 것이 기재된 증표를 다음의 형태로 발행하고 소비자가 이를 발행자 또는 발행자와 가맹계약을 맺은 자 등 발행자에게 제시 또는 교부하거나 기타 방법으로 사용함으로써 그 증표에 기재된 내용에 따라 재화 또는 용역 등을 제공받을 수 있는 것을 말함
    - 전자형 상품권 : 금액 등이 전자적 장치에 저장(전자카드 등)된 상품권
    - 모바일 상품권 : 금액 등이 전자정보로 기록되어 있음이 기재된 증표가 모바일 기기에 저장되고 제시함으로써 사용가능한 상품권
    - 온라인 상품권 : 온라인상으로만 조회 및 사용이 가능한 상품권
- 신유형 상품권은 사용방법에 따라 금액형 상품권과 물품 및 용역 제공형 상품권으로 구분
    - 금액형 상품권 : 충전형 또는 정액형 선불전자지급수단으로 유효기간 내에 잔액 범위 내에서 사용횟수에 제한 없이 자유롭게 상품 등을 제공받을 수 있는 상품권
    - 물품 및 용역 제공형 상품권 : 한정된 재화 또는 용역 제공을 목적으로 발행된 상품권
- 금액형 상품권 잔액환급비율(= 구매대금/상품권 금액)
    - 상품권의 금액이 1만 원 초과일 경우 : 100분의 60 이상 구매 시
    - 상품권의 금액이 1만 원 이하일 경우 : 100분의 80 이상 구매 시
    - 다수의 상품권을 동시에 사용한 경우에는 총 금액을 기준으로 함. 다만, 구매대금과 무관한 상품권은 총 금액에 포함하지 않음

- 보상책임자 : 상품권 발행자(직영매장포함)와 상품권발행자가 지정한 자(상품권사용 가맹점 등)
- 환급요청자 : 상품권의 최종소지자(최종소비자가 환불을 요청할 수 없는 경우 구매자가 요청할 수 있으며 구매자가 환불받은 경우 발행자는 환급에 관한 책임을 면함)

24. 세탁업(1개 업종)

세탁업 ★★★

분쟁유형	해결기준	비 고
1) 하자발생(탈색, 변·퇴색, 재오염, 손상 등)	• 사업자의 책임하에(사업자 비용 부담) 원상회복, 불가능 시 손해배상	
2) 분실 또는 소실	• 손해배상	

(1) 배상액의 산정방식
  ① 배상액 = 물품구입가격×배상비율(배상비율표 참조)
  ② 다만, 소비자와 세탁업자 간의 배상에 대한 특약이 있는 경우에는 그에 따름

(2) 손해배상액의 감액
  ① 세탁물의 손상 등에 대하여 고객도 일부 책임이 있는 경우에는 세탁업자의 손해배상액에서 그에 해당하는 금액을 공제함
  ② 고객이 손상된 세탁물을 인도받기를 원하는 경우에는 배상액의 일부를 감액할 수 있음

(3) 배상의무의 면제
  ① 고객이 세탁물에 이상이 없다는 확인서를 세탁업자에게 교부했을 때는 세탁업자는 세탁 하자에 대한 보수나 손해배상책임을 면함. 이 경우 확인서는 인수증에 날인 또는 기명하는 것으로 대신할 수 있음. 단 고객이 이상 없음을 확인하였더라도 추후 세탁업자의 고의, 과실이 있음을 입증한 경우에는 면책되지 않음
  ② 세탁업자는 다음의 경우 세탁물의 하자 또는 세탁의 지체로 인한 소비자피해에 대해 면책됨
    - 세탁업자의 세탁물 회수에 대한 통지에도 불구하고 통지도달일로부터 30일이 경과하도록 미회수하는 경우
    - 고객이 세탁완성예정일(고객의 동의로 완성예정일이 연기된 경우 연기된 완성예정일)의 다음날부터 3개월간 완성된 세탁물을 미회수하는 경우

(4) 세탁물 확인의무
  세탁업자는 세탁물 인수 시 의뢰받은 세탁물상의 하자여부를 확인할 책임이 있음

(5) 세탁물 인수증 교부의무
  ① 세탁업자는 세탁물 인수 시 다음의 내용을 기재한 인수증을 교부하여야 함
    - 세탁업자의 상호, 주소 및 전화번호
    - 고객의 성명, 주소 및 전화번호
    - 세탁물 인수일
    - 세탁완성 예정일
    - 세탁물의 구입가격 및 구입일(20만 원 이상 제품의 경우)
    - 세탁물의 품명, 수량 및 세탁요금
    - 피해발생 시 손해배상기준
    - 기타사항(세탁물보관료, 세탁물의 하자유무, 특약사항)
  ② 인수증 미교부 시 세탁물 분실에 대해서는 세탁업소에서 책임을 짐

(5-1) 손해배상대상세탁물
　① 손해배상의 산정기준은 인수증에 기재된 바에 따름. 단, 세탁업자가 세탁물의 품명, 구입가격, 구입일이 인수증의 기재내용과 상이함을 증명한 경우에는 그에 따름
　② 세탁업자가 손해배상 산정에 필요한 인수증 기재사항을 누락했거나 또는 인수증을 교부하지 않은 경우에는 고객이 입증하는 내용(세탁물의 품명, 구입가격, 구입일 등)을 기준으로 함
　③ 고객이 세탁물의 품명, 구입가격, 구입일 등을 입증하지 못하여 배상액 산정이 불가한 경우에는 세탁업자는 고객에게 세탁요금의 20배를 배상함

(6) Set의류의 배상액 산정기준
　① 양복 상하와 같이 2점 이상이 1벌일 때는 1벌 전체를 기준으로 하여 배상액을 산정함
　② 단, 소비자가 1벌 중 일부만을 세탁업자에게 세탁의뢰 하였을 경우에는 그 일부에 대하여만 배상함

(7) Set의류의 배상액 배분
　① 상·하의가 한 Set인 경우 : 상의 65%, 하의 35%
　② 상·중·하의가 한 Set인 경우 : 상의 55%, 하의 35%, 중의 10%
　③ 한복 중 치마저고리, 바지저고리는 상의 50%, 하의 50%
　④ 세트의류라 하더라도 각각의 가격이 정해져 있는 경우는 그 가격에 따름

(8) 탈부착용 부속물(털, 칼라, 모자 등)이 손상된 경우는 동 부속물만을 대상으로 배상액을 결정함. 단, 부속물이 해당 의류의 기능 발휘에 없어서는 안 될 필수적인 경우(방한복의 모자 등)에는 의류 전체를 기준으로 배상액을 산정함

배상비율표

배상비율(%) 내용연수	95	80	70	60	50	45	40	35	30	20	10	
1	0~14	15~44	45~89	90~134	135~179	180~224	225~269	270~314	315~365	366~547	548~	물품 사용 일수
2	0~28	29~88	89~178	179~268	269~358	359~448	449~538	539~628	629~730	731~1,095	1,096~	
3	0~43	44~133	134~268	269~403	404~538	539~673	674~808	809~943	944~1,095	1,096~1,642	1,643~	
4	0~57	58~177	178~357	358~537	538~717	718~897	898~1,077	1,078~1,257	1,258~1,460	1,461~2,190	2,191~	
5	0~72	73~222	223~447	448~672	673~897	898~1,122	1,123~1,347	1,348~1,572	1,573~1,825	1,826~2,737	2,738~	
6	0~86	87~266	267~536	537~806	807~1,076	1,077~1,346	1,347~1,616	1,617~1,886	1,887~2,190	2,191~3,285	3,286~	

물품 사용일수(물품 구입일로부터 사용여부에 상관없이 세탁의뢰일까지 계산한 일수)

품목별 평균 내용연수

분류	품목	소재	용도	상품 예	내용연수
외의류	신사정장	모, 모혼방, 견, 기타	하복 춘추복 동복		3 4 4
	코트			오바코트 레인코트	4
	여성정장	모, 모혼방, 견, 기타	하복 춘추복 동복		3 4 4
	스커트, 바지, 자켓, 점퍼	모, 모혼방, 견, 기타	하복 춘추복 동복	타이트스커트, 플레어스커트, 치마바지(큐롯, 잠바스커트), 바지, 슬랙스, 판탈롱, 팬츠류	3 4 4
	스포츠웨어			트레이닝웨어, 스포츠용 유니폼, 수영복	3
	셔츠류			면셔츠, T셔츠, 남방, 폴로셔츠, 와이셔츠	2
	블라우스	견 기타			3 2
	스웨터			스웨터, 카디건	3
	청바지	일반 특수워싱*			4 3
	제복	작업복 사무복 학생복			2 2 3

* 특수워싱 : 본래 제조된 원단 상태가 아니라 인위적으로 외형을 가공(샌드가공, 스톤워싱, 표백제 등 약품처리 가공 등)한 상태의 소재를 말함

분류	품목	소재	용도	상품 예	내용연수
한복류	치마, 저고리, 바지, 마고자, 조끼, 두루마기	견, 빌로드, 기타			4
실내 잔식류	카페트	모 기타			6 5
가방류	가죽가방	가죽, 인조가죽 등			3
	일반가방	천 등			2

양장용품	스카프	견, 모		3
		기타		2
	머플러			3
	넥타이			2
속옷	파운데이션, 란제리, 내복			2
피혁제품	외의	돈피, 파충류		3
		기타		5
	기타			3
	인조피혁			3
실내 장식품	모포	모		5
		기타		4
	소파	천연피혁		5
		기타		3
	커튼		춘하용	2
			추동용	3
침구류	이불, 요, 침대커버			3
신발류	가죽류 및 특수소재		가죽구두, 등산화(경등산화 제외) 등	3
	일반 신발류		운동화, 고무신 등	1
모자				1
모피제품	외의	토끼털		3
		기타		5
	기타			3

25. 소셜커머스(1개 업종)

소셜커머스 ★★★

분쟁유형	해결기준	비고
1) 사업자의 책임 있는 사유로 인한 계약해제 · 해지 • 상품에 대한 허위 · 과장광고 또는 기망행위에 의한 판매 • 계약 내용의 임의 변경 • 사업자의 서비스 중단 또는 사이트 무단 폐쇄 • 상품 제공업자의 서비스 중단 • 상품의 결함 및 결함 상품의 배송	• 서비스 구매대금 환급	• 분쟁해결기준에 관련 기준이 있는 품목에 대해서는 그 품목의 기준을 우선 적용함

분쟁유형	해결기준	비고
2) 사업자가 소비자의 청약철회를 제한하거나 방해하는 행위 • 청약철회 거부 • 청약철회의 제한 또는 고의적 지연	• 서비스 구매대금 환급 및 서비스 구매대금의 10% 배상	
3) 소비자의 책임 있는 사유로 인한 계약해제·해지 • 구입 후 7일 이내	• 서비스 구매대금 환급	
4) 사업자가 소비자의 쿠폰 사용을 제한하는 경우 • 일반 이용자와의 고의적으로 차별	• 서비스 구매대금 환급 및 서비스 구매대금의 10% 배상	
5) 상품구매 쿠폰 유효기간 • 유효기간 명시 불명확 • 쿠폰 사용기간 내 매진	• 서비스 구매대금 환급 • 서비스 구매대금 환급 및 서비스 구매대금의 10% 배상	
6) 상품구매 쿠폰 관련 기타 사항 • 쿠폰발송 지연 • 소비자가 청약철회기간 내에 미사용 쿠폰의 일부 환급 요구 시	• 서비스 구매대금 환급 • 서비스 구매대급에서 사용 쿠폰의 서비스 구매대금을 제외하고 환급	

26. 숙박업(1개 업종)

숙박업 ★★★★★

분쟁유형	해결기준	비 고
1) 성수기 주중 ① 소비자의 책임 있는 사유로 인한 계약해제 • 사용예정일 10일 전까지 취소 또는 계약체결 당일 취소 • 사용예정일 7일 전까지 취소 • 사용예정일 5일 전까지 취소 • 사용예정일 3일 전까지 취소 • 사용예정일 1일 전까지 또는 사용예정일 당일 취소	• 계약금 환급 • 총 요금의 10% 공제 후 환급 • 총 요금의 30% 공제 후 환급 • 총 요금의 50% 공제 후 환급 • 총 요금의 80% 공제 후 환급	• 성수기는 사업자가 약관에 표시한 기간을 적용하되 약관에 관련 내용이 없는 경우에는 다음의 기간을 적용함 - 여름시즌 : 7.15 ~ 8.24 - 겨울시즌 : 12.20 ~ 2.20 • 주말 : 금요일·토요일 숙박, 공휴일 전일 숙박

② 사업자의 귀책사유로 인한 계약해제

• 사용예정일 10일 전까지 취소	• 계약금 환급	• 소비자가 사용당일 사용예정 시간까지 통보가 없는 경우에는 사용당일 취소로 봄
• 사용예정일 7일 전까지 취소	• 계약금 환급 및 총 요금의 10% 배상	
• 사용예정일 5일 전까지 취소	• 계약금 환급 및 총 요금의 30% 배상	
• 사용예정일 3일 전까지 취소	• 계약금 환급 및 총 요금의 50% 배상	
• 사용예정일 1일 전까지 또는 사용예정일 당일 취소	• 손해배상	

2) 성수기 주말

① 소비자의 책임 있는 사유로 인한 계약해제

• 사용예정일 10일 전까지 취소 또는 계약 체결 당일 취소	• 계약금 환급
• 사용예정일 7일 전까지 취소	• 총 요금의 20% 공제 후 환급
• 사용예정일 5일 전까지 취소	• 총 요금의 40% 공제 후 환급
• 사용예정일 3일 전까지 취소	• 총 요금의 60% 공제 후 환급
• 사용예정일 1일 전까지 또는 사용예정일 당일 취소	• 총 요금의 90% 공제 후 환급

② 사업자의 책임 있는 사유로 인한 계약해제

• 사용예정일 10일 전까지 취소	• 계약금 환급
• 사용예정일 7일 전까지 취소	• 계약금 환급 및 총 요금의 20% 배상
• 사용예정일 5일 전까지 취소	• 계약금 환급 및 총 요금의 40% 배상
• 사용예정일 3일 전까지 취소	• 계약금 환급 및 총 요금의 60% 배상
• 사용예정일 1일 전까지 또는 사용예정일 당일 취소	• 손해배상

3) 비수기 주중
  ① 소비자의 귀책사유로 인한 계약해제

• 사용예정일 2일 전까지 취소	• 계약금 환급
• 사용예정일 1일 전까지 취소	• 총 요금의 10% 공제 후 환급
• 사용예정일 당일 취소 또는 연락 없이 불참	• 총 요금의 20% 공제 후 환급

  ② 사업자의 귀책사유로 인한 계약해제

• 사용예정일 2일 전까지 취소	• 계약금 환급
• 사용예정일 1일 전까지 취소	• 계약금 환급 및 총 요금의 10% 배상
• 사용예정일 당일 취소	• 계약금 환급 및 총 요금의 20% 배상

4) 비수기 주말
  ① 소비자의 책임 있는 사유로 인한 계약해제

• 사용예정일 2일 전까지 취소	• 계약금 환급
• 사용예정일 1일 전까지 취소	• 총 요금의 20% 공제 후 환급
• 사용예정일 당일 취소 또는 연락 없이 불참	• 총 요금의 30% 공제 후 환급

  ② 사업자의 책임 있는 사유로 인한 계약해제

• 사용예정일 2일 전까지 취소	• 계약금 환급
• 사용예정일 1일 전까지 취소	• 계약금 환급 및 총 요금의 20% 배상
• 사용예정일 당일 취소	• 계약금 환급 및 총 요금의 30% 배상

5) 기후변화 및 천재지변으로 소비자의 숙박지역 이동 또는 숙박업소 이용이 불가하여 숙박 당일 계약 취소

① 이동수단(항공기 등)의 이용이 불가한 경우	• 계약금 환급	• 기후변화 또는 천재지변으로 숙박업소 이용이 불가한 경우는 기상청이 강풍·풍랑·호우·대설·폭풍해일·지진해일·태풍·화산주의보 또는 경보(지진포함)를 발령한 경우로 한정됨
② 이용이 불가한 경우	• 계약금 환급	

6) 거짓, 과장 또는 기만적인 표시·광고를 한 경우 | • 계약금 환급

7) 1급감염병 발생으로 사업자 또는 이용자가 계약내용 변경 또는 계약해제를 요청한 경우		• 「감염병의 예방 및 관리에 관한 법률」상 1급감염병을 의미
① 숙박시설에 시설폐쇄·시설운영중단 등 행정명령이 발령되어 계약을 이행할 수 없는 경우, 계약체결 이후 숙박지역 또는 이용자의 거주(출발)지역이 특별재난지역으로 선포되어 계약을 이행할 수 없는 경우, 이동수단(항공기 등) 이용이 불가능하여 계약을 이행할 수 없는 경우, 계약체결 이후 필수 사회·경제활동 이외의 활동이 사실상 제한(사회적 거리두기 3단계 및 이에 준하는 조치)되어 계약을 이행할 수 없는 경우		
• 계약내용 변경 시	• 위약금 없이 계약내용 변경	• 계약내용 변경이란, 숙박예정일 연기 등 계약내용 변경에 대해 당사자 간에 합의가 이루어진 것을 말함
• 계약해제 시	• 위약금 없이 계약금 환급	
② 계약체결 이후 숙박지역에 재난사태가 선포되어 계약을 이행하기 상당히 어려운 경우, 계약체결 이후 숙박지역에 감염병 위기경보 심각단계가 발령되고 정부의 여행 취소·연기 및 이동자제 권고(사회적 거리두기 2단계 및 2.5단계 조치) 등으로 계약을 이행하기 상당히 어려운 경우		
• 계약내용 변경 시	• 위약금 없이 계약내용 변경	
• 계약해제 시	• 위약금 50% 감경	• 사업자는 이미 지급받은 숙박요금(계약금 포함) 등에서 위약금 감경 후 잔액을 이용자에게 환급함

27. 식료품(19개 업종)

청량음료, 과자류, 빙과류, 낙농제품류, 통조림류, 제빵류, 설탕·제분류, 식용유류, 고기가공식품류, 조미료, 장류, 다류, 면류, 자양식품, 주류, 도시락, 찬류, 냉동식품류, 먹는샘물 ★★★★★

분쟁유형	해결기준	비 고
1) 함량, 용량부족	• 제품교환 또는 구입가 환급	• 일실소득 : 피해로 인하여 소득상실이 발생한 것이 입증된 때에 한하며 금액을 입증할 수 없는 경우에는 시중노임단가를 기준으로 함
2) 부패, 변질	• 제품교환 또는 구입가 환급	
3) 유통기간 경과	• 제품교환 또는 구입가 환급	
4) 이물혼입	• 제품교환 또는 구입가 환급	
5) 부작용	• 치료비, 경비 및 일실소득 배상	
6) 용기파손 등으로 인한 상해 사고	• 치료비, 경비 및 일실소득 배상	

28. 신용카드업(1개 업종)

신용카드업 ★★★

분쟁유형	해결기준	비 고
1) 분실·도난신고를 통지한 날로부터 60일 전 이후에 제3자가 부정사용한 경우	• 전액보상	• 소비자에게 귀책사유가 있는 경우(신용카드회원 약관에규정)는 과실상계 가능함
2) 발급카드 수령 전 제3자에게 전달되어 부정사용된 경우	• 전액보상	• 다만, 회원이 카드 미수령에 따른 사고발생 사실(타인수령 등)을 인지하였으나 카드사에 신고를 지연함으로써 부정사용대금이 발생한 경우 과실상계 가능함
3) 명의도용에 따른 신용카드 부정발급, 카드의 위·변조에 의해 제3자가 부정사용한 경우	• 명의인의 카드대금 채무무효	• 3)의 경우 소비자에 고의 또는 중대한 과실이 있는 경우는 보상하지 않음
4) 가맹점 수수료가 회원에게 전가된 경우	• 신용카드 가맹점에서 수수료 환급	
5) 비밀번호 유출이 된 경우		
• 분실 또는 도난 시 저항할 수 없는 폭력이나 자기 또는 친족의 생명·신체에 대한 위해로 비밀번호를 누설한 경우	• 전액보상	
• 카드 위변조로 비밀번호가 유출되어 사용된 경우	• 전액보상	

6) 다음의 사유로 인하여 카드사에 항변권을 행사하였으나 거절하는 경우 • 할부계약이 성립되지 않았거나 무효인 경우 • 착오, 사기, 강박, 법정대리인의 동의 없는 미성년자 계약 등으로 할부거래계약을 취소한 경우 • 상품에 결함이 있거나 카탈로그 및 견본과 분명한 차이가 있는 경우로서 가맹점의 하자담보책임을 이행토록 청구했으나 이를 이행하지 않는 경우 • 계속적 거래계약에서 가맹점의 귀책사유로 인해 계약해지를 요청하였으나 이를 거부하는 경우 • 물품 또는 용역의 전부 또는 일부가 회원에게 인도 또는 제공되지 아니한 경우 • 가맹점의 도산 등 기타 채무불이행으로 인하여 할부거래의 목적을 달성할 수 없는 경우	• 카드사에 할부금 지급거절 의사를 통지한 시점 이후에 도래하는 할부금에 대한 지급거절	• 지급거절은 할부가격이 20만 원 이상인 경우에 한하며 할부기간 이내에 카드사에 당해 사유를 통지함
7) 부당한 금융채무불이행자 등재	• 금융채무불이행 기록삭제 및 손해배상	

29. 애완동물판매업(1개 업종)

애완동물판매업(개, 고양이에 한함) ★★★

분쟁유형	해결기준	비 고
1) 구입 후 15일 이내 폐사 시	• 동종의 애완동물로 교환 또는 구입가 환급(단, 소비자의 중대한 과실로 인하여 피해가 발생한 경우에는 배상을 요구할 수 없음)	
2) 구입 후 15일 이내 질병 발생	• 판매업소(사업자)가 제반비용을 부담하여 회복시켜 소비자에게 인도. 다만, 업소 책임하의 회복기간이 30일을 경과하거나 판매업소 관리 중 폐사 시에는 동종의 애완동물로 교환 또는 구입가 환급	
3) 계약서 미교부 시	• 계약해제(단, 구입 후 7일 이내)	

※ 판매업자는 애완동물을 판매할 때 다음의 사항이 기재된 계약서를 소비자에게 제공하여야 함
① 분양업자의 성명과 주소
② 애완동물의 출생일과 판매업자가 입수한 날
③ 혈통, 성, 색상과 판매 당시의 특징사항
④ 면역 및 기생충 접종기록
⑤ 수의사의 치료기록 및 약물투여기록 등
⑥ 판매 당시의 건강상태
⑦ 구입 시 구입금액과 구입날짜

30. 어학 등 연수 관련업(2개 업종)

해외어학연수수속대행업 ★

분쟁유형	해결기준	비 고
1) 사업자 귀책사유로 인한 계약해제		• 해당 학교의 환급규정을 우선 적용하고 해당 학교의 특별한 환급규정이 없을 때에는 동규정을 적용함
• 계약서 작성 후 해지요청 시	• 대행수수료 환급 및 대행수수료의 10% 보상	
• 대행업무가 이루어지지 않거나 출국예정일이 3개월 이상 지연	• 대행수수료의 환급 및 대행수수료의 30% 보상	
2) 소비자 귀책사유로 인한 계약해제 및 해지		
• 계약서 작성 후 해지요청 시	• 대행수수료의 10% 공제 후 환급	
• 서류번역, 입학신청서 작성 후 해지요청 시	• 대행수수료의 30% 공제 후 환급	
• 어학원 신청서 발송 후 해지요청 시	• 대행수수료의 50% 공제 후 환급	
• 입학허가 받은 후 해지요청 시	• 대행수수료의 70% 공제 후 환급	
• 비자발급 완료 후 해지요청 시	• 대행수수료의 90% 공제 후 환급	

국내연수업(어학, 체험캠프 등) ★

분쟁유형	해결기준	비고
1) 사업자의 귀책사유로 인한 계약해제 ① 개시 전		• 계약금이라 함은 "접수비", "행정수속비" 등 그 용어와 상관없이 계약체결 시 지급하는 소정의 비용을 의미함 • 계약금이 총 비용의 10%를 초과하는 경우에는 총 비용의 10%를 위약금으로 함
• 개시 10일 전까지 통보 시	• 기 납입액 환급 및 계약금에 해당하는 금액 배상	
• 개시 1일 전까지 통보 시	• 기 납입액 환급 및 총 비용의 20% 배상	
• 개시 당일 통보 시	• 기 납입액 환급 및 총 비용의 30% 배상	
② 개시 후 계약해제	• 기 납입액 환급 및 총 비용의 1/3에 해당하는 금액 배상	
2) 소비자의 귀책사유로 인한 계약해제 ① 개시 전		
• 개시 10일 전까지 통보 시	• 계약금을 위약금으로 함	
• 개시 1일 전까지 통보 시	• 총 비용의 20% 공제 후 환급	
• 개시 당일 통보 시	• 총 비용의 30% 공제 후 환급	
② 개시 후		
• 총 캠프기간의 1/3 경과 전	• 총 비용의 2/3에 해당하는 금액 환급	
• 총 캠프기간의 1/2 경과 전	• 총 비용의 1/2에 해당하는 금액 환급	
• 총 캠프기간의 1/2 경과 후	• 미환급	
3) 캠프 시작 이후 당초 계약과 달리 이행되지 않은 일정이 있는 경우	• 사업자는 이행되지 않은 일정에 해당하는 금액을 소비자에게 환급	
4) 캠프 시작 이후 당초 계획과 다른 일정으로 대체되는 경우		
① 당초 일정의 소요 비용보다 대체 일정의 소요 비용이 적게 든 경우	• 사업자는 그 차액을 소비자에게 환급	
② 당초 일정의 소요 비용보다 대체 일정의 소요 비용이 많이 든 경우	• 사업자는 그 차액을 소비자에게 청구할 수 없음	

31. 여행업(2개 업종)

국내여행 ★★★

분쟁유형	해결기준	비 고
1) 여행취소로 인한 피해		• 국내여행 표준약관과 동일하게 규정함
• 여행사의 귀책사유로 여행사가 취소하는 경우 〈당일여행인 경우〉		
– 여행개시 3일 전까지 통보 시	• 계약금 환급	
– 여행개시 2일 전까지 통보 시	• 계약금 환급 및 요금의 10% 배상	
– 여행개시 1일 전까지 통보 시	• 계약금 환급 및 요금의 20% 배상	
– 여행당일 통보 및 통보가 없는 경우	• 계약금 환급 및 요금의 30% 배상	
〈숙박여행인 경우〉		
– 여행개시 5일 전까지 통보 시	• 계약금 환급	
– 여행개시 2일 전까지 통보 시	• 계약금 환급 및 요금의 10% 배상	
– 여행개시 1일 전까지 통보 시	• 계약금 환급 및 요금의 20% 배상	
– 여행당일 통보 및 통보가 없는 경우	• 계약금 환급 및 요금의 30% 배상	
• 여행자의 귀책사유로 여행자가 취소하는 경우 〈당일여행인 경우〉		
– 여행개시 3일 전까지 통보 시	• 전액 환급	
– 여행개시 2일 전까지 통보 시	• 요금의 10% 배상	
– 여행개시 1일 전까지 통보 시	• 요금의 20% 배상	
– 여행개시 당일 취소하거나 연락 없이 불참할 경우	• 요금의 30% 배상	
〈숙박여행인 경우〉		
– 여행개시 5일 전까지 통보 시	• 전액 환급	
– 여행개시 2일 전까지 통보 시	• 요금의 10% 배상	
– 여행개시 1일 전까지 통보 시	• 요금의 20% 배상	
– 여행개시 당일 취소하거나 연락 없이 불참할 경우	• 요금의 30% 배상	

• 여행사의 계약조건 위반으로 여행자가 여행계약을 해지하는 경우(여행 전)		
〈당일여행인 경우〉		
– 여행개시 3일 전까지 계약조건 변경 통보 시	• 계약금 환급	
– 여행개시 2일 전까지 계약조건 변경 통보 시	• 계약금 환급 및 요금의 10% 배상	
– 여행개시 1일 전까지 계약조건 변경 통보 시	• 계약금 환급 및 요금의 20% 배상	
– 여행개시 계약조건 변경통보 또는 통보가 없을 시	• 계약금 환급 및 요금의 30% 배상	
〈숙박여행인 경우〉		
– 여행개시 5일 전까지 계약조건 변경 통보 시	• 계약금 환급	
– 여행개시 2일 전까지 계약조건 변경 통보 시	• 계약금 환급 및 요금의 10% 배상	
– 여행개시 1일 전까지 계약조건 변경 통보 시	• 계약금 환급 및 요금의 20% 배상	
– 여행당일 계약조건 변경통보 또는 통보가 없을 시	• 계약금 환급 및 요금의 30% 배상	
• 여행참가자 수의 미달로 여행사가 여행을 취소하는 경우(사전 통지기일 미준수)	• 계약금 환급 및 계약금의 100%(위약금) 배상	
• 천재지변, 전란, 정부의 명령, 운송·숙박기관 등의 파업·휴업 등으로 여행의 목적을 달성할 수 없는 사유로 취소하는 경우	• 계약금 환급	
2) 여행사의 계약조건 위반으로 인한 피해(여행 후)	• 여행자가 입은 손해배상	
3) 여행사 또는 여행종사자의 고의 또는 과실로 인한 여행자의 피해	• 여행자가 입은 손해배상	
4) 여행 중 위탁수하물의 분실, 도난, 기타사고로 인한 피해	• 여행자가 입은 손해배상	
5) 여행사의 고의·과실로 인해 여행일정의 지연 또는 운송 미완수	• 여행자가 입은 손해배상	• 운송수단의 고장, 교통사고 등 운수업체의 고의·과실에 의한 경우도 포함함
6) 1급감염병 발생으로 사업자 또는 여행자가 계약해제를 요청한 경우		• 「감염병의 예방 및 관리에 관한 법률」상 1급감염병을 의미

분쟁유형	해결기준	비 고
• 여행일정에 포함된 지역·시설에 대해 집합금지·시설폐쇄·시설운영중단 등 행정명령이 발령되어 계약을 이행할 수 없는 경우, 계약체결 이후 여행지역이나 여행자의 거주(출발)지역이 특별재난지역으로 선포되어 계약을 이행할 수 없는 경우, 계약체결 이후 필수 사회·경제활동 이외의 활동이 사실상 제한(사회적 거리두기 3단계 및 이에 준하는 조치)되어 계약을 이행할 수 없는 경우	• 위약금 없이 계약금 환급	
• 계약체결 이후 여행지역에 재난사태가 선포되어 계약을 이행하기 상당히 어려운 경우, 계약체결 이후 여행지역에 감염병 위기경보 심각단계가 발령되고 정부의 여행 취소·연기 및 이동자제 권고(사회적 거리두기 2단계 및 2.5단계 조치) 등으로 계약을 이행하기 상당히 어려운 경우	• 위약금 50% 감경	• 사업자는 이미 지급받은 숙박요금(계약금 포함) 등에서 위약금 감경 후 잔액을 이용자에게 환급함

국외여행 ★★★

분쟁유형	해결기준	비 고
1) 여행취소로 인한 피해	• 여행자가 입은 손해보상	
• 여행사의 귀책사유로 여행사가 취소하는 경우		
– 여행개시 30일 전까지(~30) 통보 시	• 계약금 환급	
– 여행개시 20일 전까지(29~20) 통보 시	• 여행요금의 10% 배상	
– 여행개시 10일 전까지(19~10) 통보 시	• 여행요금의 15% 배상	
– 여행개시 8일 전까지(9~8) 통보 시	• 여행요금의 20% 배상	
– 여행개시 1일 전까지(7~1) 통보 시	• 여행요금의 30% 배상	
– 여행 당일 통보 시	• 여행요금의 50% 배상	
• 여행자의 여행계약 해제 요청이 있는 경우		
– 여행개시 30일 전까지(~30) 통보 시	• 계약금 환급	
– 여행개시 20일 전까지(29~20) 통보 시	• 여행요금의 10% 배상	
– 여행개시 10일 전까지(19~10) 통보 시	• 여행요금의 15% 배상	
– 여행개시 8일 전까지(9~8) 통보 시	• 여행요금의 20% 배상	
– 여행개시 1일 전까지(7~1) 통보 시	• 여행요금의 30% 배상	
– 여행 당일 통보 시	• 여행요금의 50% 배상	
• 여행참가자 수의 미달로 여행개시 7일 전까지 여행계약 해제 통지 시	• 계약금 환급	

• 여행참가자 수의 미달로 인한 여행개시 7일 전까지 통지 기일 미준수		
– 여행개시 1일 전까지 통지 시	• 여행요금의 30% 배상	
– 여행출발 당일 통지 시	• 여행요금의 50% 배상	
• 천재지변, 전란, 정부의 명령, 운송·숙박기관 등의 파업·휴업 등으로 여행의 목적을 달성할 수 없는 사유로 취소하는 경우	• 계약금 환급	
2) 여행사의 계약조건 위반으로 인한 피해(여행 후)	• 신체손상이 없을 때 최대 여행대금 범위 내에서 배상 • 신체손상 시 위자료, 치료비, 휴업손해 등 배상	
3) 여행계약의 이행에 있어 여행종사자의 고의 또는 과실로 여행자에게 손해를 끼쳤을 경우	• 여행자가 입은 손해배상	
4) 여행 출발 이후 소비자와 사업자의 귀책사유 없이 당초 계약과 달리 이행되지 않은 일정이 있는 경우	• 사업자는 이행되지 않은 일정에 해당하는 금액을 소비자에게 환급	• 단, 사업자가 이미 비용을 지급하고 환급받지 못하였음을 소비자에게 입증하는 경우와 별도의 비용 지출이 없음을 입증하는 경우는 제외함
5) 여행 출발 이후 당초 계획과 다른 일정으로 대체되는 경우		
• 당초 일정의 소요 비용보다 대체 일정의 소요 비용이 적게 든 경우	• 사업자는 그 차액을 소비자에게 환급	
6) 감염병 발생으로 사업자 또는 여행자가 계약 해제를 요청한 경우		
• 외국정부가 우리 국민에 대해 입국금지·격리조치 및 이에 준하는 명령을 발령하여 계약을 이행할 수 없는 경우, 계약체결 이후 외교부가 여행지역·국가에 여행경보 3단계(철수권고)·4단계(여행금지)를 발령하여 계약을 이행할 수 없는 경우, 항공·철도·선박 등의 운항이 중단되어 계약을 이행할 수 없는 경우	• 위약금 없이 계약금 환급	
• 계약체결 이후 외교부가 여행지역·국가에 특별여행주의보를 발령하거나 세계보건기구(WHO)가 감염병 경보 6단계(세계적 대유행, 팬데믹)·5단계를 선언하여 계약을 이행하기 상당히 어려운 경우	• 위약금 50% 감경	• 사업자는 이미 지급받은 여행요금(계약금 포함) 등에서 위약금 감경 후 잔액을 여행자에게 환급함 • 세계보건기구(WHO)가 감염병 경보 5단계를 선언한 경우는 감염병이 발생한 해당 지역에 한함

32. 예식업(1개 업종)

예식업 ★★★

분쟁유형	해결기준	비 고
1) 사업자의 귀책사유로 인한 계약해제		
• 예식일예정일로부터 150일 전까지(~150) 계약해제 통보 시	• 계약금 환급	
• 예식예정일로부터 60일 전까지(149~60) 계약해제 통보 시	• 계약금 환급 및 총 비용의 10% 배상	
• 예식예정일로부터 30일 전까지(59~30) 계약해제 통보 시	• 계약금 환급 및 총 비용의 20% 배상	
• 예식예정일로부터 29일 전 이후(29~당일) 계약해제 통보 시	• 계약금 환급 및 총 비용의 35% 배상	
2) 소비자의 귀책사유로 인한 계약해제		• 예식일에 대체 계약이 발생했을 경우 계약금 환급 및 위약금 청구를 금지함
• 예식일예정일로부터 150일 전까지(~150) 계약해제 통보 시	• 계약금 환급	
• 예식예정일로부터 60일 전까지(149~60) 계약해제 통보 시	• 계약금 환급 및 총 비용의 10% 배상	
• 예식예정일로부터 30일 전까지(59~30) 계약해제 통보 시	• 계약금 환급 및 총 비용의 20% 배상	
• 예식예정일로부터 29일 전 이후(29~당일) 계약해제 통보 시	• 계약금 환급 및 총 비용의 35% 배상	
3) 소비자의 청약철회		• 계약체결일로부터 15일 이내는 계약체결에 대한 숙려기간으로 보아 예식예정일로부터의 잔여일에 관계없이 언제든지 청약을 철회할 수 있음(계약금 환급 및 위약금 청구 금지)
• 계약체결일로부터 15일 이내 청약철회 통보 시	• 계약금 환급	
4) 부대품 및 부대시설 미사용으로 인한 부당대우	• 예식비용금액 환급	
5) 사업자의 고의·과실로 부대품 및 부대시설 미이용	• 이용요금의 배액 배상	
6) 예식사진 관련 피해		
• 이용자의 동의 없이 촬영된 사진	• 사진금액 환급	
• 촬영 의뢰한 사진의 멸실 또는 상태 불량	• 다음 2호 및 3호에 따라 손해배상	

7) 1급감염병 발생으로 사업자 또는 이용자가 계약의 변경 또는 해제를 요청한 경우		• 「감염병의 예방 및 관리에 관한 법률」상 1급감염병을 의미
• 예식시설 전체에 대해 시설폐쇄·시설운영 중단 등 행정명령이 발령되어 계약을 이행할 수 없는 경우, 예식계약체결 이후 예식예정지역·이용자의 거주지역이 특별재난지역으로 선포되어 계약을 이행할 수 없는 경우 – 예식계약 내용 변경 시 – 예식계약 해제 시	• 위약금 없이 계약내용 변경 • 위약금 없이 계약금 환급	• 예식계약체결 이후 계약서에 명시된 서비스에 대해 이미 이행한 계약내용을 사업자가 이용자에게 입증한 경우에는 해당금액을 공제하고 환급하며, 공제금액이 계약금을 초과하는 경우에는 초과분에 대해 이용자가 사업자에게 지급함(계약을 이행할 수 없는 경우에만 적용)
• 모임·행사 등에 대한 집합제한(시설이용·입장인원 제한 등)·시설 일부 운영중단 등 행정명령이 발령되어 계약을 이행하기 상당히 어려운 경우 – 예식계약 내용 변경 시 – 예식계약 해제 시	• 위약금 없이 계약내용 변경 • 계약금 환급 및 위약금 40% 감경	• 예식계약 내용 변경이란 예식일시 연기, 최소보증인원 조정 등 계약내용 변경에 대해 당사자 간에 합의가 이루어진 것을 말함 • 시설 일부 운영중단이란 예식장 시설(예식홀, 연회장 부대시설 등) 중 일부가 운영 중단되는 경우를 말함
• 예식계약 체결 이후 감염병 위기경보 심각단계가 발령되고 방역당국이 사회적 거리두기 등 방역수칙 준수를 권고하여 계약을 이행하기 어려운 경우 – 예식계약 내용 변경 시 – 예식계약 해제 시	• 위약금 없이 계약내용 변경 • 계약금 환급 및 위약금 20% 감경	

1. 총비용이라 함은 연회비용(연회음식, 음주류 등)과 예식비용(예식장 대관료, 부대시설·부대서비스·부대물품 등 이용요금, 신부드레스, 화장, 사진·비디오 촬영 등)을 포함한 금액으로 계약 시 정한 실거래금액을 말함
2. 소비자가 주요사진의 전부 또는 일부의 재촬영을 원하는 경우에는 사업자 자신의 비용부담으로 재촬영하되 전부를 재촬영하는 경우에는 이에 추가하여 촬영요금(이하 계약에서 정한 촬영요금)을 소비자에게 지급하며, 주요 사진의 일부만을 재촬영하는 경우에는 촬영요금의 배액을 지급함
3. 소비자가 주요사진의 재촬영을 원하지 않는 경우에는 사업자는 촬영요금의 3배액을 소비자에게 지급함
* 주요사진이라 함은 주례사진, 신랑·신부 양인사진, 신부독사진, 양가부모사진, 가족사진, 친구사진을 의미함

33. 온라인게임서비스업 (1개 업종)

온라인게임서비스업 ★★★

분쟁유형	해결기준	비 고
1) 법정대리인의 동의 없는 미성년자 계약	• 계약취소	• 기 납부한 요금은 환급하고, 미납요금 및 위약금 청구를 금지함
2) 서비스의 중지·장애 　• 사전고지하지 않은 경우 　　- 3일 이상 서비스가 중지되거나 장애가 발생한 경우 또는 1개월 동안의 서비스 중지·장애발생 누적시간이 72시간을 초과한 경우 　　- 1일간 누적 4시간 이상 서비스 중지 또는 장애로 인한 피해 　• 사전고지한 경우 　　- 서버점검 등의 사유로 서비스중지·장애를 사전에 고지하였으나 서비스중지·장애 시간이 10시간을 초과하는 경우	• 계약해지 및 잔여기간에 대한 이용료 환급. 단, 기간제서비스에 한함(월정액제 및 기간제아이템 포함) • 서비스 중지·장애시간의 3배를 무료로 연장 • 초과된 시간만큼 이용기간을 무료로 연장	• 서비스 중지·장애시간에 다툼이 있는 경우 소비자가 회사에 통지한 후부터 계산하되 서비스가 불가항력(천재지변 등)이나 소비자과실로 인하여 중지되거나 장애가 발생한 경우에는 서비스 중지·장애시간 계산에서 제외함 • 사전고지라 함은 서비스 중지, 장애 24시간 이전에 고지된 것을 의미함
3) 사업자가 판매하는 유료 게임 및 유료 아이템을 소비자가 구입 후 7일 이내에 청약철회를 요구하는 경우	• 유료 게임 및 유료 아이템 구입가 환급	• 단, 소비자의 책임 있는 사유로 콘텐츠가 멸실 또는 훼손된 경우 등은 제외되며, 콘텐츠의 훼손에 대하여 이용자의 책임이 있는지의 여부, 콘텐츠의 구매에 관한 계약이 체결된 사실 및 그 시기, 콘텐츠의 공급 사실 및 그 시기 등에 관하여 다툼이 있는 경우 사업자가 이를 입증하여야 함
4) 계속적인 이용 관계의 거절	• 이용거절 해소. 단, 유료 서비스의 경우 정지된 시간만큼 이용시간을 무료로 연장	• 소비자가 게임 이용약관상 금지하는 행위를 하는 경우는 제외함(단, 사업자가 입증하는 경우에 한함)
5) 허위, 과장광고에 의한 이용계약	• 계약해제 및 이용료 전액 환급	• 이용료는 소비자가 지급한 모든 비용을 포함함

분쟁유형	해결기준	비 고
6) 1개월 이상의 계속적 이용계약인 경우		• 단, 계약체결일 또는 서비스이용 가능일로부터 7일 이내에 해지를 요구하는 경우에는 위약금 없이 이용 일수에 해당하는 금액만 공제하고 환급함 • 이용료는 소비자가 지급한 모든 비용을 포함함 • 자동으로 매월 또는 일정 시기에 대금을 결제하기로 한 경우 사업자는 소비자에게 결제내역(결제금액, 결제시기, 결제방법 등)에 대하여 전자우편 또는 휴대전화 문자 등으로 고지함
• 소비자가 계약해지를 요구한 경우	• 해지일까지의 이용일수에 해당하는 금액과 잔여기간 이용요금의 10% 공제 후 환급	
• 사업자의 귀책사유로 인한 계약해지	• 잔여기간의 이용료와 동 금액의 10%에 해당하는 금액을 더하여 환급	
• 소비자의 동의 없이 무료이용기간이 경과한 후 유료로 전환한 경우	• 유료청구 금액 환급	
• 대금 자동결제 시 소비자에게 고지를 하지 않은 경우	• 청구 금액 환급	

34. 운수업(9개 업종)

전세버스, 특수여객자동차 ★★

분쟁유형	해결기준	비 고
1) 사업자의 운송 불이행		• 운송인은 자기 또는 사용인의 무과실을 입증하지 못하면 여객이 운송으로 인하여 받은 손해 및 인도를 받은 수하물의 멸실, 훼손 또는 연착으로 인한 손해를 배상할 책임을 짐
• 계약 후 운송취소(출발 전)	• 계약금 환급 및 운임의 50%(위약금) 배상	
• 운송 도중 버스고장, 교통사고 및 기타 사유로 인하여 운송 미완수	• 운임환급 및 여객이 입은 손해배상	
2) 계약과 상이한 운송(출발 후)	• 여객이 입은 손해배상	
3) 여행자의 재산상, 신체상 피해	• 여객이 입은 손해배상	

일반화물, 개별화물, 용달화물 ★

분쟁유형	해결기준	비 고
1) 운송 중 발생한 도난, 파손, 감량, 유출로 인한 사고 피해	• 운임환급(선불 시) 및 손해배상	• 운송인은 자기 또는 운송주선인이나 사용인, 그 밖에 운송을 위하여 사용한 자가 운송물의 수령, 인도, 보관 및 운송에 관하여 주의를 게을리하지 아니하였음을 증명하지 아니하면 운송물의 멸실, 훼손 또는 연착으로 인한 손해를 배상할 책임을 짐
2) 운송지연으로 인한 부패·변질사고 및 연착사고 피해	• 운임환급(선불 시) 및 손해배상	
3) 화기, 인화물질 및 약품 등으로 인한 피해	• 운임환급(선불 시) 및 손해배상	
4) 소비자와 협의된 금액을 초과한 금액 징수	• 차액 환급	

| | | • 농·수·축산물의 피해(분실, 훼손, 감량 등)에 대한 보상금액산정은 화물운송장상의 도착지 인도일을 기준으로 현 시세를 적용함 |

시외버스 ★

분쟁유형	해결기준	비 고
1) 위탁 수하물의 분실, 멸실, 훼손, 연착	• 여객이 입은 손해배상	• 고속버스 등 운송약관을 참고하여 규정함
2) 운송 불이행		• 운송인은 자기 또는 사용인의 무과실을 입증하지 못하면 여객이 운송으로 인하여 받은 손해 및 위탁 수하물의 분실, 멸실, 훼손 또는 연착으로 인한 손해를 배상할 책임을 짐
• 운행취소	• 운임환급 및 운임의 10% 배상	
• 조기출발로 인한 미승차	• 운임환급 및 운임의 10% 배상	
• 운송 도중 고장, 교통사고 및 기타 사유로 인하여 운송 미완수	• 여행불원 시 : 잔여구간 운임 환급 및 잔여구간 운임액의 20% 환급 • 여행계속 시 : 대체차편 제공 및 잔여구간운임의 20% 환급	
3) 운송지연		
• 정상소요시간의 50% 이상 지연	• 운임의 10% 배상	
• 정상소요시간의 100% 이상 지연	• 운임의 20% 배상	
4) 신체상, 재산상 피해	• 여객이 입은 손해배상	
5) 여객이 승차권 반환 시(여행보류 시)		
• 출발 전	• 운임의 10% 공제 후 환급	
• 출발 후 2일까지	• 운임의 20% 공제 후 환급. 단, 주말, 연휴, 명절의 경우 출발 후 운임의 50% 공제 후 환급	
• 출발 후 3일 경과 후	• 무 효	

철도(여객)

분쟁유형	해결기준	비 고
1) 열차운행 중지 • 법령, 정부기관의 명령·전쟁·소요·천재지변 등의 불가항력적인 사유 • 열차고장, 선로고장, 파업, 노사분규 등 철도공사의 책임사유	• 승차하지 않은 구간의 운임·요금 환급 • 승차권에 표시된 영수금액 환급	

2) 열차 지연
- 환급금액

지연 시간 \ 종 별	고속열차	일반 열차
20분 이상 40분 미만	12.5%	12.5%
40분 이상 60분 미만	25%	25%
60분 이상 80분 미만	50%	50%
80분 이상 120분 미만		
120분 이상		

- 승차일로부터 1년 이내 환급
- 승차하지 않은 구간이 철도공사가 정한 최저운임·요금구간인 경우에는 최저운임·요금(단, 운임을 할인한 경우에는 동일 할인율로 계산한 최저운임요금) 환급
- 열차지연 시 일반승차권은 표시된 운임(운임을 할인한 경우에는 할인금액을 공제한 운임)을 기준으로 하고 정기승차권은 1회 운임을 기준으로 환급하며 요금은 제외

분쟁유형	해결기준	비 고
3) 승차권 반환 • 출발 1일 전부터 출발시각 1시간 이전까지 자가발권 승차권을 인터넷으로 반환하는 경우	• 최저수수료 공제 후 환급	• 최저수수료는 여객 운송약관 별표에 정한 금액으로 함 • 철도공사가 정하여 게시한 열차운행 시각표 및 반환청구 시각 기준 • 다만, 도착시각 이후에는 환불불가
• 역에서 반환하는 경우		
– 출발 2일 이전까지	• 최저수수료 공제 후 환급	
– 출발 1일 전부터 출발시각 이전까지	• 영수액의 10% 공제 후 환급	
– 출발시각 경과 후 20분 미만	• 영수액에서 15% 공제 후 환금	
– 출발시각 경과 후 20분 이상 60분 미만	• 영수액에서 40% 공제 후 환금	
– 출발시각 경과 후 60분 이상 도착시각까지	• 영수액에서 70% 공제 후 환금	

철도(화물) ★

분쟁유형	해결기준	비 고
• 화물의 멸실, 연착 또는 훼손	• 손해액 배상	

항공(국내여객) ★★

분쟁유형	해결기준	비 고
1) 위탁수하물의 분실·파손·지연	• 손해배상(항공운송 약관에 의거 배상 또는 국제항공운송에 있어서의 일부 규칙 통일에 관한 협약 및 상법에 따른다)	• 수하물가격신고 후 종가요금을 지급한 경우 신고가격으로 배상함
2) 운송 불이행(Overbooking, No-Record 등). 다만, 국토교통부에서 정하고 있는 항공기 점검을 하였거나 기상사정, 공항사정, 항공기 접속관계, 안전운항을 위한 예견하지 못한 조치 등을 증명한 경우에는 제외	• 체재필요시 적정 숙식비 등 경비부담	• 목적지 도착 기준 • 운송 불이행의 주요 면책사유의 구체적인 개념은 다음과 같음 – 국토교통부에서 정하고 있는 항공기 점검이란 국토교통부가 인가한 항공기 정비에 관한 정비기준을 말함 – 기상사정이란 항공기가 운행할 수 없는 악천후 등의 기상상태를 말함 – 공항사정이란 공항시설 등의 문제로 인하여 항공사업자가 소비자에 대한 운송서비스를 제공하지 못하는 것을 말함 – 항공기 접속관계란 전편 항공편의 지연 및 결항이 다음 연결편에 영향을 미치는 것을 말함 – 안전운항을 위한 예견하지 못한 조치란 항공운송사업자가 채무불이행을 방지하기 위하여 합리적으로 요구되는 조치를 하는 것이 불가능한 상태에서 이루어진 조치를 말함
• 대체편이 제공된 경우		
– 1시간 이후~3시간 이내 대체편 제공 시	• 불이행된 해당구간 운임의 20% 배상	
– 3시간 이후 대체편 제공 시	• 불이행된 해당구간 운임의 30% 배상	
• 대체편을 제공하지 못한 경우	• 불이행된 해당구간 운임환급 및 해당 구간 항공권 또는 교환권 제공	
3) 운송지연. 다만, 국토교통부에서 정하고 있는 항공기점검을 하였거나 기상사정, 공항사정, 항공기 접속관계, 안정운항을 위한 예견하지 못한 조치 등을 증명한 경우에는 제외	• 체제필요시 적정 숙식비 등 경비부담	
• 1시간 이상~2시간 이내 운송지연	• 지연된 해당구간 운임의 10% 배상	
• 2시간 이상~3시간 이내 운송지연	• 지연된 해당구간 운임의 20% 배상	
• 3시간 이상 운송지연	• 지연된 해당구간 운임의 30% 배상	

4) 항공권 미사용 시 환급 조건
• 여객사정으로 항공권 유효기간 만료 전(또는 약관에서 별도로 정한 기간 이내) 환급 요구 시
  – 항공권 전부 미사용 시
 	
  – 항공권 일부 사용 시
 	
5) 항공권 분실 시 환급조건
• 대체항공권을 구입하지 않은 경우
  – 전부 미사용 분실항공권
  – 일부사용 분실항공권
 	
• 대체항공권을 구입한 경우
	
	• 항공권 구입금액에서 취소수수료를 공제한 차액 환급
	• 항공권 구입금액에서 사용구간 적용운임 및 취소수수료를 공제한 차액 환급
	
	• 지급운임 전액 환급
	• 탑승구간 적용운임 공제 후 환급
	• 대체항공권 구입금액 환급
		• 대체편은 12시간 이내 제공된 경우를 말함(타 항공사 포함)
		• "운임"은 소비자(항공교통 이용자)가 구입한 소매가격(구입가)을 말하며 이때 유류할증료, 공항이용료, 기타 수수료 등은 제외한 금액을 말함
		• 목적지 도착 기준
		• 취소시한 이내에 예약을 취소하지 않은 경우 위약금을 공제함
		• 분실항공권 환급은 항공운송약관에서 정한 기간 이내에 분실신고 및 본인 또는 타인에 의해 미사용 또는 미환급확인 및 추후 이중사용 발생 시 배상동의 후 환급함
		• 분실항공권과 동일한 항공사 및 동일구간 이용조건

6) 1급감염병 발생으로 항공사 또는 여객이 계약내용 변경 또는 계약해제를 요청한 경우
 	
• 항공운항이 중단되어 계약을 이행할 수 없는 경우, 계약체결 이후 도착예정지나 여행자의 거주(출발)지역이 특별재난지역으로 선포되어 계약을 이행할 수 없는 경우, 계약체결 이후 필수 사회·경제활동 이외의 활동이 사실상 제한(사회적 거리두기 3단계 및 이에 준하는 조치)되어 계약을 이행할 수 없는 경우
  – 계약내용 변경 시
 	
  – 계약해제 시
	
	• 변경수수료 없이 계약내용 변경
	• 취소수수료 없이 항공운임 전액 환급
		• 「감염병의 예방 및 관리에 관한 법률」상 1급 감염병을 의미
		
		• 계약내용 변경이란, 여행일정 변경 등 계약내용 변경에 대해 당사자 간에 합의가 이루어진 것을 말함

• 계약체결 이후 도착예정지에 재난사태가 선포되어 계약을 이행하기 상당히 어려운 경우, 계약체결 이후 도착예정지역에 감염병 위기경보 심각단계가 발령되고 정부의 여행취소·연기 및 이동자제 권고(사회적 거리두기 2단계 및 2.5단계 조치) 등으로 계약을 이행하기 상당히 어려운 경우		
– 계약내용 변경 시	• 변경수수료 없이 계약내용 변경	
– 계약해제 시	• 취소수수료의 50% 감경	• 항공운임에서 취소수수료의 50% 공제 후 환급함

항공(국제여객) ★★

분쟁유형	해결기준	비 고
1) 위탁수하물의 분실·파손·지연 등	• 손해배상(항공운송약관에 의거 배상 또는 국제항공운송에 있어서의 일부 규칙 통일에 관한 협약 및 상법에 따른다)	• 수하물가격 신고 후 종가요금을 지급한 경우 신고가격으로 배상함
2) 항공권 미사용 시 환급조건 • 여객사정으로 항공권 유효기간 만료 전(또는 약관에서 별도로 정한 기간 이내) 환급요구 시 – 항공권 전부 미사용 시 – 항공권 일부 미사용 시	 • 항공권 구입금액에서 취소수수료를 공제한 차액환급 • 항공권 구입금액에서 사용구간 적용운임 및 취소수수료를 공제한 차액환급	• 취소시한 이내에 예약취소하지 않은 경우 취소수수료 공제, 적용 서비스요금 및 통신비 소요 시 통신비를 운임에서 공제함
3) 항공권 분실 시의 환급조건 • 대체항공권을 구입하지 않은 경우 – 전부 미사용 분실항공권 – 일부사용 분실항공권 • 대체항공권(동일구간)을 구입한 경우 • 분실항공권 재발행	 • 지급운임 전액 환급 • 탑승구간 적용운임 공제 후 환급 • 대체항공권 구입금액 환급 • 탑승구간을 제외한 미사용구간 항공권 발행	• 분실항공권 환급은 항공운임약관에서 정한 기간 이내에 분실신고 및 본인 또는 타인에 의해 미사용 또는 미환급 확인 및 추후 이중사용 발생 시 배상동의 후 환급함 • 분실항공권과 동일한 항공사, 구간 및 등급 이용조건

		• 본인 또는 타인에 의해 이중사용 발생 시 배상동의 및 적용서비스요금(재발행 수수료) 여객부담조건
4) 운송 불이행(Overbooking, No-Record 등). 다만, 국토교통부에서 정하고 있는 항공기점검을 하였거나 기상사정, 공항사정, 항공기 접속관계, 안정운항을 위한 예견하지 못한 조치 등을 증명한 경우에는 제외	• 체재필요시 적정숙식비 등 경비부담	• 목적지 도착 기준 • 각 항공사에서 정하고 있는 탑승수속 마감시간 이후 도착자는 제외
① 대체편이 제공된 경우		• 보상기준 금액은 최고한도임(체제필요시 적정숙식비 등 경비 포함)
• 운항시간 4시간 이내		
– 2시간 이후~4시간 이내 대체편 제공 시	• USD 200 배상	• 운항시간 4시간을 운항거리 3,500km와 동일하게 적용함
– 4시간 초과 대체편 제공 시	• USD 400 배상	
• 운항시간 4시간 초과		
– 2시간 이후~4시간 이내 대체편 제공 시	• USD 300 배상	
– 4시간 초과 대체편 제공 시	• USD 600 배상	
② 대체편을 제공하지 못한 경우	• 불이행된 해당구간 운임환급 및 USD 600 배상	
③ 대체편 제공을 여객이 거부한 경우	• 불이행된 해당구간 운임환급 및 ①의 규정에 준하여 최초 대체편 제공가능 시기를 산정하여 배상	• 목적지 도착기준
5) 운송지연. 다만, 국토교통부에서 정하고 있는 항공기점검을 하였거나 기상사정, 공항사정, 항공기 접속관계, 안정운항을 위한 예견하지 못한 조치 등을 증명한 경우에는 제외	• 체재필요시 적정 숙식비 등 경비부담	
• 2시간 이상~4시간 이내 운송지연	• 지연된 해당구간 운임의 10% 배상	
• 4시간 이상~12시간 이내 운송지연	• 지연된 해당구간 운임의 20% 배상	
• 12시간 초과 운송지연	• 지연된 해당구간 운임의 30% 배상	

분쟁유형	해결기준	비고
6) 감염병 발생으로 항공사 또는 여객이 계약내용 변경 또는 계약해제를 요청한 경우		
• 외국정부가 우리 국민에 대해 입국금지·격리조치 및 이에 준하는 명령을 발령하여 계약을 이행할 수 없는 경우, 계약체결 이후 외교부가 도착예정지역·국가에 여행경보 3단계(철수권고)·4단계(여행금지)를 발령하여 계약을 이행할 수 없는 경우, 항공운항이 중단되어 계약을 이행할 수 없는 경우		• 계약내용 변경이란, 여행 일정 변경 등 계약내용 변경에 대해 당사자 간에 합의가 이루어진 것을 말함
- 계약내용 변경 시	• 변경수수료 없이 계약내용 변경	
- 계약해제 시	• 취소수수료 없이 항공운임 전액 환급	
• 계약체결 이후 외교부가 도착예정지역·국가에 특별여행주의보를 발령하거나 세계보건기구(WHO)가 감염병 경보 6단계(세계적 대유행, 팬데믹)·5단계를 선언하여 계약을 이행하기 상당히 어려운 경우		• 세계보건기구(WHO)가 감염병 경보 5단계를 선언한 경우는 감염병이 발병한 해당지역에 한함
- 계약내용 변경 시	• 변경수수료 없이 계약내용 변경	
- 계약해제 시	• 취소수수료의 50% 감경	• 항공운임에서 취소수수료의 50% 공제 후 환급함

선박(국내여객) ★

분쟁유형	해결기준	비고
1) 위탁수하물의 분실, 멸실, 훼손, 연착	• 여객이 입은 손해배상 (여객운송약관에 의거 배상)	운송인은 자기 또는 사용인의 무과실을 입증하지 못하면 여객이 운송으로 인하여 받은 손해 및 위탁 수하물의 분실, 멸실, 훼손 또는 연착으로 인한 손해를 배상할 책임을 짐
2) 운송 불이행		
• 운항취소	• 운임환급 및 운임의 10% 배상	
• 운송 도중 고의, 사고, 기타 사유로 운송 미완수		
- 타 선박 이용 목적항까지 운송	• 미환급(지연료 지급 별도)	
- 회항 시	• 전구간 운임환급 및 전구간운임의 20% 배상	
- 여행불원 시	• 잔여구간 운임환급 및 잔여구간운임의 20% 배상	

3) 운송지연

분쟁유형	해결기준
• 정상 소요시간의 50% 이상 지연 시(고속, 쾌속선) ※ 할증운임 기준 • 고속선(15~20노트 미만) : 기본운임의 15% 할증 • 쾌속선(20~35노트 미만) : 기본운임의 50% 할증 • 쾌속선(35노트 이상) : 기본운임의 90% 할증	• 할증운임 전액 환급
4) 신체상, 재산상 피해	• 여객이 입은 손해 배상

35. 유학수송대행업(1개 업종)

유학수속대행업 ★

분쟁유형	해결기준	비 고
1) 사업자의 귀책사유로 인한 계약해제	• 대행료 전액 환급 및 손해배상	
2) 소비자의 귀책사유로 인한 계약해제 및 해지		
• 학교선정 사실의 통지 전	• 대행료의 20% 공제 후 환급	
• 학교선정 사실 통지 후 입학관련 서류 발송 전	• 대행료의 50% 공제 후 환급	
• 입학 관련 서류를 발송한 경우	• 대행료의 80% 공제 후 환급	
• 1개교 이상 입학허가서를 수령한 경우	• 대행료의 90% 공제 후 환급	
• 출국수속이 이루어진 경우	• 대행료의 100% 공제	

36. 외식서비스업(2개 업종)

외식서비스업(연회시설 운영업) ★★

분쟁유형	해결기준	비 고
1) 사업자의 사정으로 인한 계약해제		• 총 이용금액이란 이용자가 사업자에게 계약 시 정한 총 금액을 말하며 계약금·부대시설 이용료 등의 금액을 모두 포함. 다만, 보증금은 포함되지 않음
• 사용예정일로부터 1개월 전 이전에 계약을 해제한 경우	• 계약금 환급	
• 사용예정일로부터 7일 전 이전에 계약을 해제한 경우	• 계약금을 위약금으로 함	
• 사용예정일로부터 7일 전 이후에 계약을 해제한 경우	• 계약금 및 총 이용금액의 10%를 배상	

2) 소비자의 사정으로 인한 계약해제

• 사용예정일로부터 1개월 전 이전에 계약을 해제한 경우	• 계약금 환급	
• 사용예정일로부터 7일 전 이전에 계약을 해제한 경우	• 계약금을 위약금으로 함	
• 사용예정일로부터 7일 전 이후에 계약을 해제한 경우	• 계약금 및 총 이용금액의 10%를 배상	

3) 부대품 및 부대시설

• 사업자의 고의·과실로 부대품 및 부대시설 미이용	• 부대품 및 부대시설 이용요금의 배액 배상	
• 부대품 및 부대시설 미사용으로 인한 부당대우	• 부대품 및 부대시설 이용요금의 배액 배상	

4) 1급감염병 발생으로 사업자 또는 이용자가 계약내용의 변경 또는 계약해제를 요청한 경우

		• 「감염병의 예방 및 관리에 관한 법률」상의 1급감염병을 의미
• 연회시설 전체에 대해 시설폐쇄·시설운영중단 등 행정명령이 발령되어 계약을 이행할 수 없는 경우, 계약체결 이후 행사 예정지역 또는 이용자의 거주지역이 특별재난지역으로 선포되어 계약을 이행할 수 없는 경우		• 계약체결 이후 계약서에 명시된 서비스에 대해 이미 이행한 계약내용을 사업자가 이용자에게 입증한 경우에는 해당금액을 공제하고 환급하며, 공제금액이 계약금을 초과하는 경우에는 초과분에 대해 이용자가 사업자에게 지급함 (계약을 이행할 수 없는 경우에 한함)
– 계약내용 변경 시	• 위약금 없이 계약내용 변경	
– 계약해제 시	• 위약금 없이 계약금 환급	
• 모임·행사 등에 대한 집합제한(시설 이용·입장인원 제한 등)·시설 일부 운영중단 등 행정명령이 발령되어 계약을 이행하기 상당히 어려운 경우		• 계약내용 변경이란, 행사 일시 연기, 최소보증인원 조정 등 계약내용 변경에 대해 당사자 간에 합의가 이루어진 것을 말함
– 계약내용 변경 시	• 위약금 없이 계약내용 변경	
– 계약해제 시	• 위약금 40% 감경	• 사업자는 이미 지급받은 계약금 등에서 위약금 감경 후 잔액을 이용자에게 환급함
• 계약체결 이후 감염병 위기경보 심각단계가 발령되고 방역 당국이 사회적 거리두기 등 방역수칙 준수를 권고하여 계약을 이행하기 어려운 경우		

	• 위약금 없이 계약내용 변경	• 사업자는 이미 지급받은 계약금 등에서 위약금 감경 후 잔액을 이용자에게 환급함
- 계약내용 변경 시		
- 계약해제 시	• 위약금 20% 감경	

외식서비스업(연회시설 운영업 외 외식업) ★

분쟁유형	해결기준	비 고
1) 사업자의 예약보증금 요구 시 정보제공의무	• 외식서비스 이용 전에 사업자가 예약보증금 등을 수수하는 경우 예약보증금은 소비자에 대한 명시적인 고지 없이 위약금 및 해약금 등으로 간주되지 않음	• 외식서비스 이용 전에 사업자가 수수하는 예약보증금은 외식서비스 이용계약 체결을 예정하는 증거금이며 외식서비스 이용 후 이용대금에 포함하는 것으로 해석함
2) 사업자의 예약보증금의 계약금 등 성질 미고지		• 예약보증금의 명시적인 고지방법은 문자메시지 등 소비자가 손쉽게 확인할 수 있는 방법을 말함
• 사업자의 사정으로 인한 계약해제	• 예약보증금 환급	
• 소비자의 사정으로 인한 계약해제	• 예약보증금 환급	
3) 사업자의 예약보증금의 계약금 등 성질 고지		• 예약보증금은 총 이용금액의 10%를 넘지 않도록 하고 이를 초과하는 경우 총 이용금액의 10%를 예약보증금으로 봄
• 사업자의 사정으로 인한 계약해제 또는 채무불이행	• 예약보증금의 2배 금액을 환급(예약보증금 환급 + 손해배상금)	
• 소비자의 사정으로 인한 계약해제(예약부도 등)		
- 약정이용시점부터 1시간 전 이전 계약해제	• 예약보증금 환급	
- 약정이용시점부터 1시간 전 이후 계약해제 (예약부도 포함)	• 예약보증금을 위약금으로 봄	

37. 위성방송 및 유선방송업(2개 업종)

위성방송업, 유선방송업 ★★★

분쟁유형	해결기준	비 고
1) 사업자의 귀책사유로 인한 계약해지		
• 개시 이전	• 가입설치비 환급 및 1년간 월정요금 합계액의 10% 배상	• 가입 후 3개월 이내 이전 시에는 이전비를 면제함

• 개시 이후	• 해지일까지의 이용일수에 해당하는 금액 공제 후 환급 및 1년간 월정요금 합계액의 10% 배상(가입설치비가 있을 경우 면제)	• 계약기간에 대해서는 계약서에 명시하고 소비자에게 고지하여야 함
2) 소비자의 귀책사유로 인한 계약해지		• 수신료의 인상요인이 발생한 경우에는 소비자에게 고지하여야 함
• 수신시설의 설치 전 해지	• 사업자는 납입된 시설설치비와 컨버터 보증금을 즉시 반환	
• 개시 이전	• 1년간 월정요금 합계액의 10% 공제 후 환급	
• 개시 이후	• 해지일까지의 이용일수에 해당하는 금액과 1년간 월정 요금 합계액의 10% 공제 후 환급(가입설치비가 있을 경우 배상)	
3) 1시간 이상의 서비스 장애가 월별 5회 이상 발생한 경우 또는 1개월 동안의 서비스 중지·장애발생 누적시간이 72시간을 초과할 경우	• 위약금(가입 시 면제한 설치비 및 할인혜택 포함) 없이 계약해지	• 이 경우 수신장애 발생시점은 수신자가 사업자에 신고하는 때를 기준으로 하되 수신자에게 유리한 다른 증거가 있는 경우에는 이를 기준으로 함. 단, 서비스가 불가항력(천재지변 등)이나 업체의 사전고지(회선공사 등), 소비자의 고의·과실로 인하여 중지되거나 장애가 발생한 경우에는 서비스 중지·장애시간 계산에서 제외함
4) 서비스 장애로 인한 손해배상	• 당월의 월요금을 일단위로 계산한 금액에 수신하지 못한 일수를 곱하여 산출된 금액을 당월 요금에서 감액. 연속 5일 이상 또는 월간 총 7일 이상 수신하지 못한 때는 당해 월 요금 면제	
5) 설치지연	• 예약취소	• 해당업체의 확인 시
6) 계약기간 이내에 서비스가 안 되는 지역으로 이사할 경우	• 위약금 없이 계약해지	
7) 계약기간이 합의 없이 자동연장된 경우 고객의 계약기간 만료 전 해지	• 위약금 없이 계약해지	• 해외이주, 장기유학(1년 이상의 유학)의 경우도 관련 자료제출 시 위약금 없이 계약해지(단, 할인 혜택 금액은 반납)

38. 의약품 및 화학제품(10개 품종)

의약품, 의약외품 ★

분쟁유형	해결기준	비 고
1) 이물혼입	• 제품교환 또는 구입가 환급	• 가축폐사의 경우 가축가격을 보상함
2) 함량, 크기부적합	• 제품교환 또는 구입가 환급	
3) 변질, 부패	• 제품교환 또는 구입가 환급	
4) 유효기간 경과	• 제품교환 또는 구입가 환급	
5) 용량부족	• 제품교환 또는 구입가 환급	
6) 품질·성능·기능 불량	• 제품교환 또는 구입가 환급	
7) 용기 불량으로 인한 피해사고	• 치료비, 경비 및 일실소득 배상	• 일실소득 : 피해로 인하여 소득상실이 발생한 것이 입증된 때에 한하며 금액을 입증할 수 없는 경우에는 시중노임단가를 기준으로 함
8) 부작용	• 치료비, 경비 및 일실소득 배상	
9) 수량부족	• 부족수량 지급	

의료기기 ★

분쟁유형	해결기준	비 고
1) 구입 후 1개월 이내에 정상적인 사용상태에서 발생한 성능·기능상의 하자로 수리를 요할 때	• 제품교환 또는 구입가 환급	
2) 품질보증기간 이내에 정상적인 사용상태에서 발생한 성능·기능상의 하자		
• 하자 발생 시	• 무상 수리	
• 수리하였으나 고장이 재발(2회째)	• 제품교환 또는 구입가 환급	
• 수리 불가능 시	• 제품교환 또는 구입가 환급	
• 교환 불가능 시	• 구입가 환급	
• 교환된 제품이 1개월 이내에 중요한 수리를 요할 때	• 구입가 환급	
3) 부품보유기간 이내에 수리용 부품을 보유하고 있지 않아 발생한 피해		
• 품질보증기간 이내		
– 정상적인 상태에서 자연 발생한 성능·기능상의 하자로 인해 발생된 경우	• 제품교환 또는 구입가 환급	
– 소비자의 고의·과실로 인한 고장인 경우	• 유상수리에 해당하는 금액 징수 후 제품교환	

분쟁유형	해결기준	비고
• 품질보증기간 경과 후	• 정액감가상각한 금액에 10%를 가산하여 환급 (최고한도 : 구입가격)	
4) 소비자가 수리 의뢰한 제품을 사업자가 분실한 경우		
• 품질보증기간 이내	• 제품교환 또는 구입가 환급	
• 품질보증기간 경과 후	• 정액감가상각한 금액에 10%를 가산하여 환급	
5) 제품하자로 인한 상해사고	• 치료비, 경비 및 일실소득 배상	

화장품 ★★

분쟁유형	해결기준	비고
1) 이물혼입	• 제품교환 또는 구입가 환급	• 치료비 지급 : 피부과 전문의의 진단 및 처방에 의한 질환 치료 목적의 경우로 함. 단, 화장품과의 인과관계가 있어야 하며 자의로 행한 성형·미용관리 목적으로 인한 경우에는 지급하지 아니함 • 일실소득 : 피해로 인하여 소득상실이 발생한 것이 입증된 때에 한하며 금액을 입증할 수 없는 경우 시중 노임단가를 기준으로 함
2) 함량부적합	• 제품교환 또는 구입가 환급	
3) 변질·부패	• 제품교환 또는 구입가 환급	
4) 유효기간 경과	• 제품교환 또는 구입가 환급	
5) 용량부족	• 제품교환 또는 구입가 환급	
6) 품질·성능·기능 불량	• 제품교환 또는 구입가 환급	
7) 용기 불량으로 인한 피해사고	• 치료비, 경비 및 일실소득 배상	
8) 부작용	• 치료비, 경비 및 일실소득 배상	

비누 및 합성세제 ★

분쟁유형	해결기준	비고
1) 성분·함량부족	• 제품교환	
2) 실량 미달	• 제품교환	

플라스틱 제품 ★

분쟁유형	해결기준	비고
1) 품질불량	• 제품교환 또는 구입가 환급	
2) 부작용	• 치료비, 경비 및 임금 배상	
3) 시공상의 하자	• 수리 또는 배상	

비료 ★

분쟁유형	해결기준	비고
1) 성분 이상	• 제품교환 또는 구입가 환급	
2) 용량부족	• 제품교환 또는 구입가 환급	
3) 제품의 하자로 인한 작물 피해 시	• 경비 및 예상수익액 배상	
4) 부작용	• 치료비, 경비 및 임금배상	

농약 ★

분쟁유형	해결기준	비고
1) 성분 이상	• 제품교환 또는 구입가 환급	• 예상수익은 당해작물의 최근 3년간 평균수확량에 당해년도 농가수취가격을 곱한 금액으로 산출함
2) 용량부족	• 제품교환 또는 구입가 환급	
3) 유효기간 경과	• 제품교환 또는 구입가 환급	
4) 제품의 하자로 인한 작물 피해 시	• 경비 및 예상수익액 배상	

고무장갑 ★

분쟁유형	해결기준	비고
1) 물이 새어 들어오는 경우	• 제품교환	
2) 양념류나 기타 접촉물에 쉽게 착색되는 경우	• 제품교환	
3) 인체에 유해한 물질이 함유되어 있는 경우	• 제품교환	

건전지 ★

분쟁유형	해결기준	비고
1) 외관 불량	• 제품교환	
2) 선이 절단된 경우	• 제품교환	
3) 제품에 치수가 잘못 기재된 경우	• 제품교환	
4) 제조상의 하자에 의해 누액이 발생하는 경우	• 제품교환 및 사용제품 하자발생 시 무상수리 또는 손해배상	

39. 의료업(3개 업종)

임플란트 ★★

분쟁유형	해결기준	비고
1) 시술 후 1년까지	• 정기검진(환자의 비용 부담 없음)	

분쟁유형	해결기준	비고
2) 시술 1년 내 탈락		• 다음과 같은 소비자의 사유에 대해서는 병원의 별도의 비용청구가 가능함 − 환자의 진료비 지급이 지체되어 치료가 중단된 경우 − 환자가 정기검진을 2회 이상 어긴 경우 − 환자가 자신의 병력을 제대로 고지하지 않은 경우 − 환자가 다른 외상이나 질병에 의해 영향을 받은 경우 − 환자의 부주의에 의해 이식체, 나사 및 보철물의 탈락이 발생한 경우
• 이식체 탈락	• 재시술(비용은 병원 부담), 2회 반복 시 치료비 전액 환급	
• 보철물 탈락	• 재장착(비용은 병원 부담)	
• 나사 파손	• 나사 교체(비용은 병원 부담), 3회 반복 시 환자는 타 의료기관을 선택할 수 있음. 이에 소요되는 치료비용은 당초 치료한 의료기관에서 부담함	

성형수술 ★★

분쟁유형	해결기준	비고
1) 사업자의 책임 있는 사유로 인한 계약해제		• 다만 계약금이 수술비용의 10%를 초과하는 경우 배상 및 환급의 기준은 수술비용 10%만을 기준으로 산정함 • 병원 또는 환자가 수술 예정일을 변경하는 경우는 계약해지 및 해제에 해당되지 않음
• 수술예정일 3일 전 이전까지의 해제	• 계약금 반환 및 계약금의 10% 배상	
• 수술예정일 2일 전 해제	• 계약금 반환 및 계약금의 50% 배상	
• 수술예정일 1일 전 해제	• 계약금 반환 및 계약금의 80% 배상	
• 수술 당일 혹은 수술일자 경과 후 해제하는 경우	• 계약금 반환 및 계약금의 100% 배상	
2) 소비자의 책임 있는 사유로 인한 계약해제		
• 수술예정일 3일 전 이전까지의 해제	• 계약금의 90% 환급	
• 수술예정일 2일 전 해제	• 계약금의 50% 환급	
• 수술예정일 1일 전 해제	• 계약금의 20% 환급	
• 수술 당일 혹은 수술일자 경과 후 해제하는 경우	• 계약금 전액 미환급	

피부과 시술 및 치료(미용을 목적으로 한 치료로 제한) ★★

분쟁유형	해결기준	비 고
1) 사업자의 책임 있는 사유로 인한 계약해지		• 서비스 횟수로 계약한 경우 치료 횟수에 해당하는 금액 공제 후 환급함 • 다만, 계약금이 시술 및 치료비용의 10%를 초과하는 경우 배상 및 환급 기준 계약금은 시술 및 치료비용의 10%를 기준으로 산정함
• 치료 개시 이전	• 계약금 반환 및 계약금의 10% 배상	
• 치료 개시 이후	• 해지일까지 치료횟수에 해당하는 금액 공제 후 기 수납한 금액 환급 및 총 치료금액의 10% 배상	
2) 소비자의 책임 있는 사유로 인한 해지		
• 치료 개시 이전	• 계약금의 10% 배상	
• 치료 개시 이후	• 해지일까지 치료횟수에 해당하는 금액과 총 치료비용의 10% 배상	

40. 이동통신서비스업(1개 업종)

이동통신서비스업 ★★★★

분쟁유형	해결기준	비 고
1) 법정대리인의 동의 없는 미성년자 계약	• 계약취소	• 기 납부한 요금(가입비, 보증금 또는 보증보험료)을 환급하고 미납요금 및 잔여 위약금에 대한 청구행위를 금지함
2) 명의도용 계약으로 인한 피해	• 계약취소	
3) 주생활지(주민등록지, 요금 청구지, 직장 소재지)에서의 통화품질 불량		• 이동통신 서비스계약과 단말기 등의 판매 계약이 결합된 경우에 단말기 및 주변기기를 포함하여 반품함
• 가입 14일 이내	• 계약해제	
• 가입 15일 이후 6개월 이내	• 위약금 및 할인반환금 없이 계약해지 및 해지신청 직전 1개월 기본료 50% 감면	
• 가입 6개월 이후	• 통화품질개선, 소비자가 사업자에게 통화품질불량을 통지한 때부터 1개월 이내 사업자가 통화품질 개선을 완료하지 않는 경우 위약금 및 할인반환금 없이 계약해지	• 통화품질불량은 주생활지에서 엔지니어가 측정하여 확인함 • 통화품질개선이란 통화품질불량이 확인된 주생활지에 대해 중계기 설치 등의 필요한 조치를 한 후 통화품질 불량이 아님을 확인하는 것을 말함

4) 연속 2시간 이상 또는 1개월 누적 6시간 이상 서비스 중지 또는 장애로 인한 피해	• 손해배상	• 누적시간의 기산시점은 서비스 중지·장애 발생일부터 임 • 손해배상액은 서비스를 제공받지 못한 시간에 해당하는 기본료와 부가사용료의 10배에 상당하는 금액을 최저 기준으로 함 • 서비스 중지·장애 시간은 소비자가 사업자에게 통지한 때와 사업자가 서비스를 이용하지 못하는 상황을 안 시간 중 빠른 시간을 기준으로 하되, 서비스가 불가항력(천재지변 등)이나 업체의 사전고지(회선공사 등), 소비자의 고의·과실로 인하여 중지되거나 장애가 발생한 경우에는 서비스 중지·장애 시간 계산에서 제외함
5) 신청하지 않은 부가서비스 요금 징수 6) 무료서비스 사용 후 소비자 동의 없이 유료서비스로 전환되어 발생한 피해	• 환 급 • 유료로 전환된 시점에서 부과된 요금 환급 및 계약해지	

41. 이민대행서비스(1개 업종)

이민대행서비스 ★

분쟁유형	해결기준	비 고

1) 소비자의 계약해지		• 비용을 사업자가 이미 수수한 경우에 사업자는 이미 수수한 비용에서 소비자부담액을 공제한 나머지 금액을 소비자에게 환급함
		• 신청인은 사업자 또는 현지대행업체가 고의 또는 과실로 계약내용을 위반한 경우 14일 이상의 기간을 부여하여 시정조치를 요구하고 사업자 또는 현지 대행업체가 적절한 조치를 취하지 아니한 때에는 계약을 해지할 수 있음
		• 이민신청서 접수 후 다음의 사유가 발생하는 경우 사업자는 소비자에게 계약해지를 요구할 수 있음
		  – 사업자의 파산으로 더 이상 대행업무를 진행할 수 없는 경우
		  – 현지 대행업체의 고의 또는 과실로 인해 업무 진행이 상당히 지연되는 등의 사유로 정상적인 수속 진행이 어려운 경우
		  – 소비자가 각종 서류 제출 및 수수료 납부를 이행하지 않아 상당한 기간(횟수)에 걸쳐 이행을 독촉하였음에도 불구하고 소비자가 조치하지 않은 경우

• 사업자 또는 현지 대행업체가 고의 또는 과실로 계약내용을 위반한 경우	• 사업자는 신청인에게 발생한 손해를 배상	
• 소비자의 개인사정에 의해 해지하는 경우	• 소비자는 다음과 같이 비용을 부담함	
– 계약서 작성 후 소비자가 이민 관련서류를 제출하기 전	– 국내수수료 30%와 대행수수료의 10% 중 적은 금액	
– 소비자가 제출한 서류에 대한 번역서비스 완료 전	– 국내수수료의 60%와 대행수수료의 20% 중 적은 금액	
– 번역서비스 완료 후 이민국 담당기관에 최종 서류 접수 이전	– 국내수수료의 80%(다만 현지 대행업체가 실제 업무에 착수하였고, 이에 대한 대가로 국외수수료가 지급되었음을 사업자가 모두 입증한 때에는 입증된 국외수수료에 대한 반환의무 면제)와 기 납부한 대행수수료의 80% 중 적은 금액	
– 이민국 담당기관에 이민비자 신청을 위한 최종 서류 접수 후	– 기 납부한 대행수수료의 80%	
– 이민 허가 후	– 환급금 없음	
2) 사업자의 계약해지	• 사업자는 이미 수수한 비용을 소비자에게 전액 환급하고 다음의 위약금을 추가로 부담함	
• 계약서 작성 후 소비자가 이민 관련서류를 제출하기 전	– 국내수수료의 30%와 대행수수료의 10% 중 적은 금액	
• 신청인이 제출한 서류에 대한 번역서비스 완료 전	– 국내수수료의 60%와 대행수수료의 20% 중 적은 금액	

42. 이사화물취급사업(1개 업종)

이사화물자동차운송주선사업 및 화물자동차운송사업 ★★

분쟁유형	해결기준	비 고

1) 이사화물의 멸실·파손·훼손 등 피해	• 피해액은 사업자가 직접 배상하되 피해물품이 보험에 가입되어 보험금을 지급받는 경우에는 동 금액을 차감한 후 배상	• 적용범위 : 화물자동차 운수사업법상 이사화물을 취급하는 사업에 적용함
		• 계약금은 운임 등 합계액의 10%에 해당하는 금액으로 함
		• 운임 등 수취 원칙
		  – 운임 등의 수수는 화물의 수취 후 청구서에 기초하는 것을 원칙으로 함
		  – 수수하는 운임 등의 금액은 견적서를 상회하여 청구할 수 없는 것을 원칙으로 하되 견적액과 소요 운임 등의 금액과 차이가 발생하는 경우
		• 견적금액이 실제 소요된 운임 등의 금액보다 적을 경우 : 위탁자의 책임 있는 사유에 의해 견적서 산출에 변화가 생길 때 실제 소요된 운임으로 조정함

2) 사업자의 귀책사유로 인한 운송계약의 해제		
• 약정된 운송일의 2일 전까지 통보 시	• 계약금 환급 및 계약금의 2배액 배상	
• 약정된 운송일의 1일 전에 통보 시	• 계약금 환급 및 계약금의 4배액 배상	
• 약정된 운송일의 당일에 통보 시	• 계약금 환급 및 계약금의 6배액 배상	
• 약정된 당일에 통보가 없는 경우	• 계약금 환급 및 계약금의 10배액 배상 또는 실손해액 배상	
3) 소비자의 귀책사유로 인한 운송계약의 취소		
• 약정운송일의 전까지 취소 통보 시	• 계약금 배상	
• 약정운송일 당일에 취소 통보 시	• 계약금 및 계약금의 1배액 배상	
4) 사업자의 귀책사유로 인한 운송의 지연		
• 약정된 인수일시로부터 2시간 이상 지연된 경우	• 계약해제, 계약금 반환 및 계약금의 2배액 배상	
5) 사업자의 부당한 운임청구 및 위탁자요구에 의한 추가작업 외 수고비 등 요구	• 부당요금반환 및 시정	
6) 소비자의 귀책사유로 인한 운송지연		
• 약정된 인수일시로부터 2시간 미만 지연된 경우	• 약정된 인수일수로부터 지체된 1시간마다 배상액 (지체시간수 × 계약금 × 1/2) 지급	• 계약금의 배약을 한도로 하며 지체시간수의 계산에서 1시간 미만의 시간은 산입하지 않음
• 약정된 인수일시로부터 2시간 이상 지연된 경우	• 계약 해제 및 계약금의 배액 배상	

43. 인터넷쇼핑몰업(1개 업종)

인터넷쇼핑몰업 ★★★

분쟁유형	해결기준	비 고
1) 허위·과장광고에 의한 계약체결	• 계약해제	• 계약해제의 경우 소비자가 선급한 금액에 대한 환급은 해제일로부터 3일 이내에 실시함
2) 물품이나 용역의 미인도	• 계약해제 및 손해배상	
3) 계약된 인도시기보다 지연인도		
• 지연인도로 당해 물품이나 용역이 본래의 구매목적을 달성하지 못한 경우	• 계약해제 및 손해배상	
• 기타(지연인도로 인한 불편야기 등)	• 계약해제 또는 손해배상	
4) 배송과정에서 훼손되거나 다른 물품·용역이 공급된 경우	• 제품교환 또는 구입가 환급	
5) 부당한 대금청구	• 청구취소 또는 부당대금 환급	
6) 기타 사업자의 귀책사유로 인한 계약 미이행	• 계약이행 또는 계약해제 및 손해배상	

44. 인터넷콘텐츠업(1개 업종)

인터넷콘텐츠업 ★★

분쟁유형	해결기준	비 고
1) 법정대리인의 동의 없는 미성년자 계약	• 계약취소	• 정보통신기술 등을 활용하여 원격으로 교습하는 경우 적용 제외함(학원 운영업 및 평생교육시설운영업 적용) • 기 납부한 요금은 환급하고 미납요금 및 위약금 청구행위를 금지함
2) 허위, 과장광고에 의한 이용계약	• 계약해제 및 이용료 전액 환급	• 이용료는 소비자가 지급한 모든 비용을 포함함(예 교재비 등 별도의 부대비용)
3) 사업자가 판매하는 유료 콘텐츠를 사용하지 않은 상태에서 소비자가 구입 후 7일 이내에 청약철회를 요구하는 경우	• 유료 콘텐츠 구입가 환급	• 단, 소비자의 책임 있는 사유로 콘텐츠가 멸실 또는 훼손된 경우는 제외되며 콘텐츠의 훼손에 대한 책임여부, 계약이 체결된 사실 및 시기, 콘텐츠가 공급된 사실 및 시기 등에 관하여 다툼이 있는 경우에는 사업자가 이를 입증하여야 함

| 4) 사업자가 계약 전 중요사항을 고지하지 않은 경우 | • 계약취소 | • 중요사항이라 함은 아래 내용을 말함 |

〈사업자가 계약 전 고지해야 하는 중요사항 – '콘텐츠이용자보호지침' 제8조〉
• 사업자 및 콘텐츠에 관한 정보
  – 콘텐츠의 제작자 및 판매자(수입콘텐츠의 경우 수입업자 및 게임물의 경우 배급자 포함)에 관한 사항(성명, 전화번호, 주소, 전자우편주소 등)
  – 콘텐츠의 명칭·종류 및 내용(이러닝의 경우 시범학습을 포함)
  – 콘텐츠 이용제한에 관한 내용 : 청소년유해매체(19세 미만의 자는 이용할 수 없다는 취지의 내용), 게임물(게임물의 등급), 비디오물(비디오물의 주제·선정성·폭력성·대사·공포·약물·모방위험 등의 우려 여부와 그 정도에 관한 정보), 음악영상물(등급)
• 거래조건 등에 관한 정보
  – 콘텐츠의 가격과 그 지급 방법 및 시기
  – 콘텐츠의 공급 방법 및 시기
  – 청약의 철회 및 계약의 해제 기한·행사방법 및 효과에 관한 사항
  – 콘텐츠계약이 계속거래에 해당할 경우 계약의 해지와 그 행사방법 및 효과에 관한 사항
  – 콘텐츠의 교환·반품·보증과 그 대금 환급의 조건 및 절차
  – 전자매체로 공급이 가능한 콘텐츠의 전송·설치 등과 관련하여 요구되는 기술적 사항
  – 이용자피해보상, 콘텐츠에 대한 불만 및 이용자와 사업자 간 분쟁처리에 관한 사항
  – 거래에 관한 약관
  – 정보통신망을 통하여 전송되는 콘텐츠의 경우·이용자가 신용카드로 결제하는 경우·대금이 5만 원 이하인 경우 또는 분할하여 콘텐츠를 공급하는 경우를 제외하고 이용자가 콘텐츠를 공급받기 전에 대금을 지급하는 경우 결제대금예치의 이용을 선택할 수 있다는 사항
  – 콘텐츠의 가격 외에 이용자가 추가로 부담하여야 할 사항 및 금액
  – 거래일시·거래지역·거래수량·인도지역 등 거래조건과 관련하여 제한이 있는 경우 그 내용
  – 이용자가 미성년자인 경우 법정대리인의 동의를 얻지 못하면 미성년자 본인 또는 법정대리인이 그 계약을 취소할 수 있다는 내용

5) 1개월 이상의 계속적 이용계약인 경우		
• 소비자가 계약해지를 요구한 경우	• 해지일까지의 이용일수에 해당하는 금액과 잔여기간 이용요금의 10% 공제 후 환급	• 단, 계약체결일 또는 서비스 이용 가능일로부터 7일 이내에 해지를 요구하는 경우에는 위약금 없이 이용 일수에 해당하는 금액만 공제하고 환급함
• 사업자의 귀책사유로 인한 계약해지	• 잔여기간의 이용료 및 동 금액의 10%에 해당하는 금액을 더하여 환급	• 이용료는 소비자가 지급한 모든 비용을 포함함(예 교재비 등 별도의 부대비용)
• 소비자의 동의 없이 무료이용기간이 경과한 후 유료로 전환한 경우	• 유료청구 금액 환급	• 자동으로 매월 또는 일정 시기에 대금을 결제하기로 한 경우 사업자는 소비자에게 결제 내역(결제금액, 결제시기, 결제방법 등)에 대하여 전자우편 또는 휴대전화문자 등으로 고지함
• 대금 자동결제 시 소비자에게 고지를 하지 않는 경우	• 청구 금액 환급	

분쟁유형	해결기준	비고
6) 서비스의 중지 · 장애 • 사전고지하지 않은 경우 　- 3일 이상 서비스가 중지되거나 장애가 발생한 경우 또는 1개월 동안의 서비스 중지 · 장애 발생 누적시간이 72시간을 초과한 경우 　- 4시간 이상 서비스 중지 또는 장애로 인한 피해 • 사전고지한 경우 　- 서버점검 등의 사유로 서비스 중지 · 장애를 사전에 고지하였으나 서비스 중지 · 장애시간이 10시간을 초과하는 경우	• 계약해지 및 잔여기간에 대한 이용료 환급 • 서비스 중지 · 장애시간의 3배를 무료로 연장 • 초과된 시간만큼 이용기간을 무료로 연장	• 서비스 중지 · 장애시간에 다툼이 있는 경우 소비자가 회사에 통지한 후부터 계산하되, 서비스가 불가항력(천재지변 등)이나 소비자과실로 인하여 중지되거나 장애가 발생한 경우에는, 서비스 중지 · 장애시간 계산에서 제외함 • 사전고지라 함은 서비스 중지, 장애 24시간 이전에 고지된 것을 의미함
7) 실제 이용한 시간보다 초과하여 이용요금을 청구한 경우	• 초과분 환급	• 초과사용분에 대해서는 사업자가 입증함

※ 인터넷교육서비스의 사은품 반환
• 소비자의 귀책사유로 인한 중도 해지 시
　- 사은품 미사용 시 : 해당 사은품 반환
　- 사은품 사용 시 : 해당 사은품과 동종의 상품으로 반환하거나 동종 상품의 시중가격 또는 계약서상에 기재된 해당 사은품의 가격에서 손율 등에 따른 금액을 지급하고 반환(단, 단순포장개봉은 사은품 사용으로 보지 아니함)
　- 계약서상에 해당 사은품의 품목 또는 가격이 기재되어 있지 않은 경우 : 현존상태로 반환
• 사업자의 귀책사유로 인한 계약해제 · 해지 시 : 사업자에게 사은품 반환하지 않음

45. 자동차견인업(1개 업종)

자동차견인업 ★

분쟁유형	해결기준	비고
1) 소비자와의 협의요금 초과징수	• 차액 환급	• 보상방법은 소비자가 선택함
2) 소비자의 의사에 반한 정비업소로 견인 • 견인 당시 소비자의사에 반하여 견인하거나 견인 당시 소비자가 의사표시를 할 수 없는 상태에서 사회통념상 상당한 원거리 소재 정비공장으로 견인	• 고객이 원하는 정비업소로 견인하거나 추가견인료 배상	
3) 사업자의 고의 · 과실로 인한 차량 파손	• 손해액 배상	

46. 자동차대여업(1개 업종)

자동차대여업 ★★

분쟁유형	해결기준	비고
1) 대여 전 예약취소로 인한 피해		
• 소비자사정에 의한 대여예약 취소 시		
– 사용개시일시로부터 24시간 전 취소 통보 시	• 예약금 전액 환급	
– 사용개시일시로부터 24시간 이내 취소 통보 시	• 예약금 중 대여예정 요금의 10% 공제 후 환급	
• 사업자의 사정에 의한 예약취소 또는 계약의 미체결	• 예약금에 대여예정 요금의 10% 가산 후 환급	
2) 대여개시일 당일(인도 이전) 차량하자로 사용불가		
• 동급의 대체차량 제공 가능 시	• 대체차량 제공 또는 기 지급한 대여요금 전액환급	
• 동급의 대체차량 제공 불가능 시	• 기 지급한 대여요금 전액 및 총 대여예정 요금의 10% 가산 후 환급	
3) 대여기간 중 계약해지로 인한 피해		
• 소비자의 귀책사유로 인한 중도 해지 시	• 잔여기간 대여요금의 10% 공제 후 환급	
• 사업자의 귀책사유로 인한 중도 해지 시	• 잔여기간 대여요금의 10% 가산 후 환급	
• 천재지변에 의한 사용불능	• 잔여기간 대여요금 환급	

47. 자동차 운전학원(1개 업종)

`자동차 운전학원 ★`

분쟁유형	해결기준	비 고
1) 계약해지 • 교육이 시작되기 이전	• 납부한 수강료 등의 전액 반환	• 수강자가 교육기간이 종료되기 이전에 운전면허시험에 합격한 경우에는 학원은 미교육 시간수에 대한 수강료 등의 환급의무 없음
• 교육이 시작된 이후 – 사업자 사정으로 인한 경우	• [기납부 수강료의 전액 –(당해 교육과정의 시간당 수강료×당해 사유 발생 시까지의 교육시간수)]	
– 소비자 사정으로 인한 경우	• [기납부 수강료의 전액 –(당해 교육과정의 시간당 수강료×수강 포기 의사표시 시까지의 교육시간수)] ×50% 반환	
– 교육생의 질병·부상 또는 법령에 다른 신체구속 등 부득이한 사유로 수강을 계속할 수 없는 경우(운전면허 취득사실이 없는 경우에 한정)	• 기납부한 수강료의 전액×(총 교육시간에 대한 미교육시간의 비율) 반환	
2) 교육의 예약을 위반 시 • 학원의 귀책	• 손해배상액을 지급하고 보강	
– 수강자와 사전 협의 없이 예약시간을 지키지 않은 경우	• 당해 교육과정의 시간당 수강료×지키지 않은 교육시간수 배상	
– 수강자와 사전 협의를 거쳐 예약시간을 지키지 않은 경우	• (당해 교육과정의 시간당 수강료×불참한 교육시간수)×20% 배상	
• 소비자 귀책 – 예약시간 48시간 전에 불참을 통지한 경우	• 손해배상책임을 면함	
– 예약시간 48시간 전 이후부터 예약시간 24시간 전까지의 사이에 불참을 통지한 경우	• (당해 교육과정의 시간당 수강료×불참한 교육시간수)×10% 배상	
– 예약시간 24시간 전 이후부터 예약시간 12시간 전까지의 사이에 불참을 통지한 경우	• (당해 교육과정의 시간당 수강료×불참한 교육시간수)×20% 배상	

분쟁유형	해결기준	비고
– 예약시간 12시간 전 이후부터 예약시간 까지의 사이에 불참을 통지한 경우	・(당해 교육과정의 시간당 수강료×불참한 교육시간 수)×30% 배상	
– 예약시간 이후에 불참을 통지하거나 무단 으로 불참한 경우	・(당해 교육과정의 시간당 수강료×불참한 교육시간 수)×50% 배상	

48. 자동차정비업(1개 업종)

자동차정비업 ★★

분쟁유형	해결기준	비 고
1) 정비잘못으로 인하여 해당부위 또는 관련부위에 하자가 재발한 경우 ・차령 1년 미만 또는 주행거리 2만km 이내 차량 : 최종 정비일로부터 3월(90일) 이내 ・차령 3년 미만 또는 주행거리 6만km 이내 차량 : 최종 정비일로부터 2월(60일) 이내 ・차령 3년 이상 또는 주행거리 6만km 이상 차량 : 최종 정비일로부터 1월(30일) 이내	・무상수리	・적용범위 : 관허 자동차정비업자 및 간이정비업자 – 자동차 관리법상 작업범위를 초과한 경우에는 관허정비업소의 재수리 비용을 부담함 ・정비부위 또는 정비 관련 부위의 하자가 정비잘못으로 발생한 경우에만 정비업자가 보증 책임을 짐 ・"정비잘못으로 인하여 해당부위 또는 관련부위에 하자부위가 재발한 경우"에 대한 판단여부는 사업자가 발급한 수리용 견적서를 기준으로 하되 수리용 견적서를 발급하지 않은 경우에는 사업자가 입증책임을 짐 ・수리기간 : 초일을 산입하되 공휴일, 피업, 천재지변, 기타 불가항력으로 인한 수리지연기간은 제외됨 ・차량수리의뢰 계약서(견적서 등)에 기재된 날짜 기준
2) 정비의뢰 후 사업자의 보관상 과실로 인하여 벌과금 등이 소비자에게 부과된 경우	・해당비용 보상	
3) 수리하지 않은 내용을 청구하거나 사전에 고지하지 않은 부분을 수리하여 수리비를 청구하는 경우	・해당금액 청구 취소	
4) 정당한 사유의 통보 없이 약성한 날로부터 수리기간이 초과한 경우	・초과기간에 대해서는 교통비 실비 제공	

49. 전자지급수단발행업(1개 업종)

전자지급수단발행업 ★

분쟁유형	해결기준	비 고
1) 사업자가 잔액에 대한 환급을 거부할 경우		• 선불 전자지급수단 및 전자화폐는 전자금융거래법상의 개념을 준용함
• 선불전자지급수단인 경우	• 기준금액의 60% 또는 80% 이상을 사용한 경우에는 잔액 환급	• 기준금액은 최종 충전 후의 잔액(최종 충전 전의 잔액+최종 충전금액)으로 함
• 전자화폐인 경우	• 잔액의 100% 환급	• 잔액환급비율 – 기준금액 1만 원 초과일 경우 : 100분의 60 이상 사용 시
2) 이용대금을 초과하여 인출된 경우	• 초과인출금액 재충전 또는 환급	– 기준금액 1만 원 이하일 경우 : 100분의 80 이상 사용 시

50. 주차장업(2개 업종)

주차장업, 주차대행업 ★★

분쟁유형	해결기준	비 고
1) 자동차의 멸실 또는 훼손	• 손해배상	• 관리자가 선량한 관리자의 주의의무를 태만히 하지 아니하였음을 증명한 경우를 제외함
2) 차 내의 소지품을 관리자에게 보관한 경우	• 손해배상	
• 보관 받은 물품이 멸실 또는 훼손된 때		
3) 차 내의 소지품을 관리자에게 보관하지 아니한 경우		
• 차 내의 소지품이 주차한 차량과 함께 멸실 또는 훼손된 때	• 손해배상	
• 차 내의 소지품만 멸실 또는 훼손된 때	• 손해배상	
4) 화폐·유가증권 기타의 귀중품의 도난 또는 훼손	• 손해배상	• 관리자의 고의 또는 과실이 있는 경우에 한함 • 이용자가 그 종류와 가액을 명시하여 보관한 경우에 한함

51. 주택건설업(1개 업종)

주택건설업 ★★

분쟁유형	해결기준	비 고
1) 분양주택의 건축 및 설비상 하자발생 　• 하자보수책임기간 이내 　• 하자보수책임기간 이후	• 무상수리 및 보수 • 유상수리 및 보수	• 하자보수 책임기간은 공동주택관리령 등에 규정된 기간으로 함
2) 입주지정(예정)일정 경과한 공사완료로 인한 입주 지연 시	• 지체상금 지급 또는 주택잔금에서 해당액 공제	• 지체상금액=(계약금+중도금)×연체이율×입주지연일수/365 　- 지체상금액 중 계약금 포함은 95.2.11 이후 입주자 모집공고 승인부터 적용
3) 분양계약서상 공급면적(전용면적 + 공용면적)과 공부상면적(건축물관리대장)과의 차이 발생 시	• 부족면적에 대한 대금의 환급	
4) 입주자 동의 없는 분양주택의 저당권설정 등으로 인한 재산권침해	• 손해배상 또는 계약해제	
5) 분양주택에 사용된 자재 및 설비 등이 견본주택에 시공된 것과 품질 등에서 차이가 있는 경우	• 설비대체 또는 차액 환급	• 환급액=공급면적(계약서상) 단위가격×부족면적(㎡)

52. 중고전자제품매매업(1개 업종)

중고전자제품매매업(텔레비전, 냉장고, 세탁기, 컴퓨터 및 주변기기) ★★

분쟁유형	해결기준	비 고
1) 판매업자가 보증한 기간 이내에 정상적인 사용상태에서 성능·기능상의 하자가 발생한 경우	• 무상수리 또는 수리비 보상(단, 수리가 불가능한 경우에는 구입가 환급)	• 보증여부, 보증기간 등은 개별계약에 따름
2) 판매업자가 품질보증에 관한 사항을 명시적으로 소비자에게 고지하지 않은 경우 　• 보증기간(비고란에 정한 기간을 말함) 이내에 정상적인 사용상태에서 성능·기능상의 하자가 발생한 경우 　• 보증기간(비고란에 정한 기간을 말함) 이내에 제품 주요기능과 관련한 동일하자로 총 2회까지 수리하였으나 하자가 재발하는 경우(3회째) 또는 여러 부위의 고장으로 총 3회까지 수리하였으나 하자가 재발(4회째)하는 경우	• 무상수리 또는 수리비 보상(단, 수리가 불가능한 경우에는 구입가 환급) • 구입가 환급	• 보증기간을 소비자에게 명시적으로 고지하지 않은 경우 보증기간은 6개월로 함

53. 중고자동차매매업(1개 업종)

중고자동차매매업 ★★★

분쟁유형	해결기준	비 고
1) 매매의 알선을 하고 이전등록 신청대행의무를 이행하지 않거나 태만히 하여 피해가 발생한 경우	• 배 상	
2) 매매 알선 시 매도인이 부담하여야 할 비용(공과금 포함)을 매수인에게 전가하는 경우	• 배 상	
3) 보증기간 이내에 중고자동차 성능·상태점검 기록부에 기재된 내용과 자동차의 실제 성능·상태가 다르거나 하자가 발생한 경우	• 무상수리 또는 수리비 보상	• 보증기간은 개별약정에 따른다. 단, 보증기간은 30일 이상, 2천km 이상이어야 하며 그중 먼저 도래한 것을 적용함
4) 중고자동차 성능·상태점검기록부를 교부하지 않은 상태에서 하자가 발생한 경우	• 무상수리 또는 수리비 보상	
5) 판매업자가 일방적으로 계약의 해제를 요구하는 경우	• 계약금의 2배액 보상	
6) 판매업자가 보증한 기간 이내에 보증을 약정한 부품에 하자 발생 시	• 무상수리 또는 수리비 보상	• 보증여부, 보증기간, 보증대상 부품은 개별약정에 따름
7) 사고 또는 침수사실을 고지하지 않은 경우	• 구입가 환급 또는 손해배상	• 사고, 침수사실 미고지 시 보상기간은 자동차관리법상 성능점검기록부 보관기간(1년)으로 함
8) 주행거리 조작	• 해약 또는 주행거리 조작에 따른 손해배상	
9) 성능·상태점검 자격이 없는 자 또는 성능·상태점검장 이외의 장소에서 점검을 받아 성능·상태점검기록부를 교부한 상태에서 하자가 발생한 경우	• 무상수리 또는 수리비 보상	• 성능상태점검 자격이 없는 자라 함은 자동차관리법 제66조 제1항의 각 호에 해당하는 자를 말함

54. 실내건축공사업(1개 업종)

실내건축공사업

분쟁유형	해결기준	비 고
1) 시공상 하자(균열, 누수, 파손 등)		• 무상수리 기간 중 소비자의 사용상 부주의로 하자가 발생한 경우 유상수리
• 하자담보책임기간 이내	• 무상수리	• 하자담보책임기간은 건설산업기본법 시행령 별표 Ⅳ의 15. 전문공사 기준을 준용
• 하자담보책임기간 이후	• 유상수리	
2) 품질불량	• 시공 전 : 교환, 환급 • 시공 후 : 수리, 배상	• 세부기준은 하단에 별도 정의
3) 공사의 설계 및 자재변경 등으로 인하여 계약한 제품의 공급이 불가능하여 사업자의 요청에 의한 변경시공을 하는 경우	• 동질·동가의 제품으로 시공(소비자는 추가비용을 지급하지 않으며, 계약상의 규격에 미달하는 경우 공사금액 차액 환급)	
4) 소비자의 요청에 의한 변경시공	• 추가비용 소비자 부담	
5) 사업자의 책임 있는 사유로 인한 계약해제		• 대금정산이란 소비자가 납부한 공사대금 중에서 사업자가 설치한 부분에 대한 비용 정산을 의미함
• 계약 또는 실측만 한 경우	• 선급금 전액 환급 및 총시공비의 10% 배상	
• 공사에 착수한 후	• 대금정산 후 총 시공비의 10% 배상	
6) 소비자의 책임 있는 사유로 인한 계약해제		
• 계약 또는 실측만 한 경우	• 계약금을 위약금으로 하되 총 시공비의 10%를 한도로 배상	
• 제작 또는 공사에 착수한 경우	• 실손해액 배상	• 실손해액은 사업자가 입증
7) 공사기간 지연		• 공사기간 지연에 따른 실손해액(숙박비, 물품보관비 등)은 소비자가 입증
• 공사에 착수하기 전	• 계약해제	
• 공사에 착수한 후	• 실손해액 배상	• 실손해액을 소비자가 입증하지 못하는 경우 소비자가 공사완료 이전까지 지급한 금액에 대하여 공사 지연일로부터 최종 공사 완공일까지 기간에 연체이율(민법상 법정이율 5%)을 적용한 지연손해금 배상

8) 계약서를 미교부한 경우		
• 공사에 착수하기 전	• 계약해제 및 선급금 전액 환급	• 시공 항목별 자재명 단가, 수량 등이 구체적으로 기재된 상세견적서는 계약서로 간주함
• 공사에 착수한 후	• 대금정산 후 계약해제	

- 실내건축공사(건설산업기본법 시행령 별표 Ⅰ의 2. 나.) : 건축물의 내부를 용도와 기능에 맞게 건설하는 실내건축공사 및 실내공간의 마감을 위하여 구조체 · 집기 등을 제작 또는 설치하는 공사를 말함
- 창호공사, 구조체를 사용하여 천장 · 벽체 · 칸막이 등을 설치하는 공사, 내부 도장 · 미장 · 방수 · 타일 · 조적 공사 등을 포함하며, 누수, 방수, 단열 등 기능상 하자를 개선하기 위한 실내공사 등도 해당 기준을 준용함
- 수전, 휴지걸이, 거울, 문고리 등 실내건축 관련 소품의 경우, "주방용품 기준"을 준용함
- 실내건축 품목별 품질불량 및 시공상의 하자 기준
    - 위생기구
      (품질불량) 작동불량, 색채불량, 균열, 도금불량, 기준규격 미달 등
      (시공상의 하자) 파손, 작동불량, 균열, 누수
    - 벽지
      (품질불량) 변 · 퇴색, 색채불량, 기준규격 미달 등변 · 퇴색, 색채불량, 기준규격 미달 등
      (시공상의 하자) 변 · 퇴색, 보풀현상
    - 타일
      (품질불량) 변 · 퇴색, 기준규격 미달 등
      (시공상의 하자) 백화 · 동해현상, 접착불량, 매직불량
    - F.R.P. Tank, 각종 배관
      (품질불량) 부식, 규격미달, 이음쇠불량
      (시공상의 하자) 누수, 부식, 이음쇠불량
    - 페인트류
      (품질불량) 색상불량, 응고 등
      (시공상의 하자) 색채 · 광택 · 배색 · 마감불량, 변 · 퇴색
    - 시멘트 제품류
      (품질불량) 균열, 강도불량, 기준규격 미달 등
      (시공상의 하자) 균열, 마감불량
    - 창호재
      (품질불량) 작동불량, 파손, 기준규격 미달 등
      (시공상의 하자) 작동불량, 파손
    - 목재류
      (품질불량) 파손, 균열, 규격미달, 색채불량, 건조불량 등
      (시공상의 하자) 파손, 접촉불량, 마감불량 등

55. 청소대행서비스업(1개 업종)

청소대행서비스업 ★

분쟁유형	해결기준	비 고
1) 서비스횟수가 1회인 경우		
• 사업자의 사정으로 인한 계약해제		• 총 이용금액이란 이용자가 사업자에게 계약 시 정한 실거래금액을 말하며 계약금·잔금 등의 금액을 모두 포함. 다만, 보증금은 포함되지 않음
− 청소예정일 7일 전에 취소	• 계약금 환급	
− 청소예정일 3일 전에 취소	• 계약금 환급 및 요금의 10% 배상	
− 청소예정일 1일 전에 취소	• 계약금 환급 및 요금의 20% 배상	
− 청소예정일 당일 취소	• 계약금 환급 및 요금의 30% 배상	
• 소비자의 사정으로 인한 계약해제		
− 청소예정일 7일 전에 취소	• 계약금 환급	
− 청소예정일 3일 전에 취소	• 요금의 10% 공제 후 환급	
− 청소예정일 1일 전에 취소	• 요금의 20% 공제 후 환급	
− 청소예정일 당일 취소	• 요금의 30% 공제 후 환급	
• 광고와 서비스 내용이 다른 경우(인원, 첨단 장비, 사후서비스 등)	• 계약해제 및 전체이용요금의 30% 배상	
• 서비스 이행을 위해 소비자를 방문하였으나 주소불명 또는 연락두절로 인해 서비스를 이행하지 못한 경우	• 요금의 30% 공제 후 환급 또는 서비스의 재이행	• 주소불명, 연락두절로 서비스를 이행하지 못했음에 대한 입증은 사업자가 함
• 서비스 이행 중 가전제품, 가구, 생활용품 등을 파손 또는 훼손한 경우	• 손해배상	
2) 서비스횟수가 2회 이상 또는 기간제인 경우		
• 사업자의 사정으로 인한 계약해제 또는 해지		• 서비스일수(기간제)로 계약한 경우 이용일수에 해당하는 금액 공제 후 환급함
− 서비스 개시 이전	• 계약금 환급 및 총 이용금액의 10% 배상	
− 서비스 개시 이후	• 해지일까지의 이용횟수에 해당하는 금액 공제 후 환급 및 이용금액의 10% 배상	
• 소비자의 사정으로 인한 계약해제 또는 해지		
− 서비스 개시 이전	• 총 이용금액의 10% 공제 후 환급	

– 서비스 개시 이후	• 해지일까지의 이용횟수에 해당하는 금액과 총 이용금액의 10% 공제 후 환급	• 단, 연락이 두절되거나 전화번호 오류 등으로 인해 연락을 취하지 못해 서비스가 연기된 경우 연기된 기간은 지연기간에 포함시키지 않음
• 광고와 서비스 내용이 다른 경우(인원, 첨단 장비, 사후서비스 등)	• 계약해지 및 미이용요금 환급과 전체이용요금의 10% 배상	
• 서비스 이행을 2일 이상 지연	• 지연된 해당 서비스 이용요금의 50% 환급	• 주소불명, 연락두절로 서비스를 이행하지 못했음에 대한 입증은 사업자가 함
• 3회 이상 서비스 이행을 지연할 경우	• 계약해지 및 미이용요금 환급과 전체 이용요금의 10% 배상	
• 서비스 이행을 위해 소비자를 방문하였으나 주소불명 또는 연락두절로 인해 서비스를 이행하지 못한 경우	• 미이행된 서비스 재이행 또는 미이행된 서비스에 해당하는 요금에서 30% 공제 후 잔액 환급	
• 서비스 이행 중 가전제품, 가구, 생활용품 등을 파손 또는 훼손한 경우	• 손해배상	

56. 체육시설업, 레저용역업 및 할인회원권업(3개 업종)

체육시설업, 레저용역업, 할인회원권업 ★★★★★

분쟁유형	해결기준	비 고
1) 제공된 물품 또는 용역이 계약내용과 다른 경우	• 계약해제	• 체육시설의 설치·이용에 관한 법률 제19조 및 동법 시행령 제18조의 규정에 의한 회원제 체육시설업 제외 − 회원제 골프장업, 스키장업, 요트장업, 회원제 종합체육시설업
2) 시설고장, 정원초과 등으로 당해 시설물을 이용할 수 없는 경우	• 환급 또는 동급의 타 시설물로 이용대체	
3) 신체상 피해발생	• 배상액 배상	
4) 사업자의 책임 있는 사유로 인한 계약해제		• 이용개시일이란 계약내용이 이용 기간으로 정해진 경우에는 이용 기간이 시작되는 첫날을 말하고, 계약내용이 이용 횟수로 정해진 경우에는 이용을 시작하는 첫날을 말함
• 이용개시일 이전	• 반환금액 환급 − 반환금액=이용료+위약금	
• 이용개시일 이후	• 반환금액 환급	
− 계약내용이 이용 기간으로 정해진 경우	• 반환금액=[이용료−(이용료× $\frac{\text{이미 경과한 기간(일수)}}{\text{계약상 이용 기간(일수)}}$)]+위약금	
− 계약내용이 이용 횟수로 정해진 경우	• 반환금액=[이용료−(이용료× $\frac{\text{이미 이용한 횟수}}{\text{계약상 이용 횟수}}$)]+위약금	• 위약금은 이용료의 1/10에 해당하는 금액을 말함
5) 소비자의 책임 있는 사유로 인한 계약해제		• 이용료란 일반이용자가 사업자에게 계약 시 납부한 총 금액을 말하며, 계약금·입회금·가입비·부대시설 이용료 등의 금액을 모두 포함. 다만, 보증금은 이용료에 포함되지 않음
• 이용개시일 이전	• 반환금액 환급 − 반환금액=이용료−위약금	
• 이용개시일 이후	• 반환금액 환급	
− 계약내용이 이용 기간으로 정해진 경우	• 반환금액=[이용료−(이용료× $\frac{\text{이미 경과한 기간(일수)}}{\text{계약상 이용 기간(일수)}}$)]−위약금	
− 계약내용이 이용 횟수로 정해진 경우	• 반환금액=[이용료−(이용료× $\frac{\text{이미 이용한 횟수}}{\text{계약상 이용 횟수}}$)]−위약금	

① 사은품 반환
  • 소비자의 귀책사유로 인한 중도 해지 시
    − 사은품 미사용 시 : 해당 사은품 반환
    − 사은품 사용 시 : 해당 사은품과 동종의 상품으로 반환하거나 동종 상품의 시중가격 또는 계약서상에 기재된 해당 사은품의 가격에서 손율 등에 따른 금액을 지급하고 반환(단, 단순포장개봉은 사은품 사용으로 보지 아니함)
    − 계약서상에 해당 사은품의 품목 또는 가격이 기재되어 있지 않은 경우 : 현존상태로 반환

- 사업자의 귀책사유로 인한 계약해제 · 해지 시 : 사업자에게 사은품 반환하지 않음
② 체육시설업
- 수영장, 체력단련장, 테니스장, 대중종합체육시설업, 골프연습장 등
③ 레저용역업
- 이벤트 주관, 주말농장, 영화예매 등
④ 할인회원권업
- 여러 업종의 판매업소를 가맹점으로 확보한 후 회원을 모집하고 일정 금액의 회비를 받아 운영하는 업종

57. 초고속 인터넷통신망 서비스업(1개 업종)

초고속 인터넷통신망 서비스업 ★★★★

분쟁유형	해결기준	비 고
1) 법정대리인의 동의 없는 미성년자 계약 2) 임대된 모뎀 등 장비의 불량으로 2회 이상 수리하였으나 하자(3회째)가 재발할 경우	• 계약취소 • 임대된 장비 교환	• 기 납부한 요금을 환급하고 미납요금 및 잔여 위약금에 대한 청구행위를 금지함
3) 1시간 이상의 서비스 장애가 월 3회 이상 발생한 경우 또는 1개월 동안의 서비스 장애 누적시간이 24시간 이상 발생한 경우 4) 2시간 이상 또는 월별누적시간 6시간을 초과하여 서비스 중지 또는 장애로 인한 피해	• 위약금(가입 시 면제한 설치비 및 할인혜택 포함) 없이 계약해지 • 손해배상	• 누적시간의 기산시점은 서비스 중지 · 장애 발생일부터임 • 서비스 중지 · 장애시간은 소비자가 사업자에게 통지한 때와 사업자가 서비스를 이용하지 못하는 상황을 안 시간 중 빠른 시간을 기준으로 하되 서비스가 불가항력(천재지변 등)이나 업체의 사전고지(회선공사 등), 소비자의 고의 · 과실로 인하여 중지되거나 장애가 발생한 경우에는 서비스 중지 · 장애시간 계산에서 제외함

- 손해배상액은 서비스 중지 또는 장애시간에 대하여 최근 3개월(3개월 미만인 경우 해당 기간 적용)의 1일 평균요금을 24로 나눈 요금에 서비스제공 중지 또는 장애시간을 곱하여 산출한 금액의 10배로 함
- 소비자가 계약해지를 요구한 경우 해지희망일을 입증할 수 없는 경우에는 해지신청일을 해지일로 보며 해지희망일과 해지신청일을 모두 입증할 수 없는 경우에는 해지 분쟁발생일을 해지일로 봄. 또한 해지일 이후 부과 · 납부된 요금은 소비자에게 환급함
- 사업자의 모뎀, 셋톱박스 등 장비 회수기간은 해지일 또는 소비자와 협의일로부터 영업일 기준 5일 이내이며 동기간 경과 후에 발생하는 장비 분실 또는 훼손의 책임을 소비자에게 묻지 못함

5) 설치지연	• 예약취소	

분쟁유형	해결기준	비 고
6) 계약기간 이내에 서비스가 안 되는 지역으로 이사할 경우	• 위약금 없이 계약해지	• 해당업체의 확인 시 • 해외이주, 장기 유학(1년 이상의 유학)의 경우 관련 자료제출 시 위약금 없이 계약을 해지함(단, 할인 혜택금액은 반납)
7) 계약기간이 자동 연장된 경우 고객의 계약기간 만료 전 해지	• 위약금 없이 계약해지	
8) 이전지역 상품의 속도가 초기 계약 상품 속도의 50%에 못 미치는 경우	• 소비자는 위약금의 50% 지급 후 계약해지	

58. 컴퓨터소프트웨어(1개 업종)

컴퓨터소프트웨어 ★

분쟁유형	해결기준	비 고
1) 정상적인 사용상태에서 발생한 성능·기능상의 하자에 대하여 구입 후 10일 이내에 문제 제기	• 제품교환 또는 구입가 환급	
2) 정상적인 사용상태에서 발생한 성능·기능상의 중요한 하자에 대하여 구입 후 1년 이내에 문제 제기		
• 하자발생 시	• 제품교환	
• 교환불가능 시	• 구입가 환급	
3) 교환된 제품이 성능·기능상의 중요한 하자가 발생하여 교환 후 2개월 이내에 문제 제기	• 구입가 환급	

59. 통신결합상품(1개 업종)

통신결합상품 ★★★

분쟁유형	해결기준	비 고
1) 사업자의 책임 있는 사유로 인한 계약해제·해지		• 경품에 대한 위약금은 경품의 가액을 계약서에 명시한 경우에만 청구할 수 있음. 경품으로 인한 위약금의 부과 기간은 최대 12개월임 • 소비자에게 면제 혜택이 부여되는 위약금에는 가입 시 면제한 설치비 및 할인 혜택도 포함됨 • 단, 나머지 결합상품이 하나의 서비스만 남게 된 경우는 제외함
• 약관에서 정하고 있는 최저속도 보장 기준 미달로 인한 해제·해지 사유 발생 시	• 결합상품 전체에 대한 위약금 없는 계약해지(단, 이동통신 계약은 제외)	
• 각각의 서비스 항목에서 규정한 장애시간 또는 장애횟수 초과로 해제·해지 사유 발생 시	• 결합상품 전체에 대한 위약금 없는 계약해지(단, 이동통신 계약은 제외)	
2) 소비자가 일부 서비스 불가능 지역으로 이사하는 경우	• 결합상품 전체에 대한 위약금 없는 계약해지(단, 이동통신 계약은 제외)	
3) 1), 2)의 경우에 소비자가 잔여기간 동안 나머지 서비스를 계속적으로 유지하기를 원하는 경우	• 잔여 결합상품의 할인율을 잔여 계약기간 동안 계속 제공	

60. 택배 및 퀵서비스업(1개 업종)

택배 및 퀵서비스업 ★★★

분쟁유형	해결기준	비고
1) 운송 중 전부 또는 일부 멸실된 때	• 운임 환급 및 운송장에 기재된 운송물의 가액을 기준으로 산정한 손해액 지급	• 소비자가 운송장에 운송물의 가액을 기재하지 아니한 경우 – 전부 멸실된 때에 인도예정일의 인도 예정장소에서의 운송물 가액을 기준으로 산정한 손해액 지급 – 일부 멸실된 때는 인도일의 인도장소에서의 운송물 가액을 기준으로 산정한 손해액 지급
2) 훼손된 때 • 수선이 가능한 경우 • 수선이 불가능한 경우	• 무상수리 또는 수리비 보상 • 멸실된 때의 보상기준 적용	
3) 택배의 배달지연으로 인한 피해 • 일반적인 경우	• 인도예정일을 초과한 일수에 사업자가 운송장에 기재한 운임액(이하 '운송장 기재 운임액'이라 함)의 50%를 곱한 금액(초과일수×운송장기재 운임액×50%)배상. 다만, 운송장 기재 운임액의 200%를 한도로 함	• 소비자가 운송장에 운송물의 가액을 기재하지 않은 경우에는 사업자의 손해배상은 다음에 의함. 손해배상한도액은 50만 원으로 하되 운송물의 가액에 따라 할증요금을 지급하는 경우의 손해배상한도액은 각 운송가액 구간별 운송물의 최고가액으로 함 • 부재중 방문표를 투입하고 송하인에게 연락하는 등 충분한 후속조치를 취한 경우에는 면책함
• 특정일시에 사용할 운송물의 경우	• 운송장 기재 운임액의 200% 배상	
4) 퀵서비스 사업자 귀책의 배달지연으로 인한 피해		
• 배송물이 인도예정시간의 50% 이상을 초과하여 수하인에게 인도될 때	• 고객에게 배송비용의 100%에 해당되는 금액을 환급	
• 특정시각에 사용할 배송물이 인도예정시간을 초과하여 수하인에게 인도됨으로써 특정시각에 사용할 수 없게 된 경우	• 배송장에 기재된 배송비용의 200%를 지급	
5) 인수자 부재 시 후속조치 미흡으로 인한 피해	• 운임환급(선불 시) 및 손해배상	

61. 학원운영업 및 평생교육시설운영업(2개 업종)

학원운영업, 평생교육시설운영업 ★★★★★

분쟁유형	해결기준	비 고
1) 사업자가 다음의 부당행위를 하였을 때 수강자가 이 사실을 안 후 지체 없이 계약해제 요구		• 정보통신기술 등을 활용한 원격교습의 경우(실시간으로 제공되는 원격교육은 제외) 반환금액은 교습내용을 실제 수강한 부분(인터넷으로 수강하거나 학습기기로 저장한 것을 말함)에 해당하는 금액을 뺀 금액으로 함
• 허위·과장광고에 의한 수강계약 체결	• 계약해제 및 수강료 전액 환급	
• 정원을 초과한 수강생 모집 및 교습	• 계약해제 및 수강료 전액 환급	
• 무자격 또는 자격미달강사에 의한 교습(단, 강사의 자격기준은 학원법, 평생교육법 등 관련법령에 의함)	• 계약해제 및 수강료 전액 환급	
2) 사업자가 위의 부당행위를 하였을 때 수강자가 계속 수강하다가 계약해제 요구	• 잔여기간에 대한 수강료 환급	• 계약 시 수강료와 교재비 등을 따로 기재하여 고지하여야 함
3) 수강기간 도중 학원인가 또는 등록취소, 일정기간 교습정지 등 행정처분이나 학원의 이전, 폐강, 기타 사업자의 사정으로 인한 수강불능	• 잔여기간에 대한 수강료 환급	• 일할(日割)계산
4) 소비자의 귀책사유로 인한 계약해제 및 해지		
① 교습개시 전	• 기 납부한 수강료 전액 환급	• 일할(日割)계산하여 사유 발생일로부터 5일 이내에 환급함
② 교습개시 후		
• 교습기간이 1개월 이내		
– 독서실 제외한 학원 등		
총 교습시간의 1/3 경과 전	• 수강료의 2/3 해당액 환급	• 총 교습시간은 교육기간 중의 총 교습시간을 말하며 반환금액의 산정은 반환사유가 발생한 날까지 경과된 교습시간을 기준으로 함
총 교습시간의 1/2 경과 전	• 수강료의 1/2 해당액 환급	
총 교습시간의 1/2 경과 이후	• 미환급	
– 독서실의 경우	• 이미 납부한 교습비 등(고지된 1일 교습비 등×독서실 사용 시작일부터 사용을 포기한 전날까지의 일수)	
– 교습기간이 1개월 초과	• 반환사유가 발생한 당해월의 반환 대상 수강료(교습기간이 1개월 이내인 경우에 따라 산출된 수강료를 말함)와 나머지 월의 수강료 전액을 합산한 금액	

62. 휴양콘도미니엄업(1개 업종)

휴양콘도미니엄업 ★★★

분쟁유형	해결기준	비 고
1) 제공된 용역이 계약내용과 다른 경우	• 계약해제	
2) 이용예정일 경과 후 공사 완공으로 인한 이용 지연	• 이용 예정일로부터 실 이용가능일까지의 지연일수에 해당하는 지연보상금 배상	• 지연보상금=(계약금+중도금)×지체이율×(이용지체일수÷365)
3) 부당한 이용료 징수	• 차액 환급	

63. 유사투자자문업(1개 업종)

학원운영업, 평생교육시설운영업

분쟁유형	해결기준	비 고
1) 허위, 과장광고에 의한 이용계약	• 계약취소	
2) 1개월 이상의 계속적 이용계약인 경우		• 계약서를 받은 날보다 서비스 제공 또는 서비스 이용 가능일이 늦은 경우 서비스를 제공받거나 서비스 이용이 가능한 날부터 기산
• 소비자가 계약해지를 요구한 경우	• 해지일까지의 이용일수에 해당하는 금액과 잔여기간 이용료의 10% 공제 후 환급	
• 사업자의 귀책사유로 인한 계약해지	• 잔여기간의 이용료 및 동 금액의 10%에 해당하는 금액을 더하여 환급	• 해지일은 소비자가 계약해지 의사를 사업자에게 전달한 날을 뜻함
• 무료 이용기간 경과 후 소비자 동의 없이 유료로 전환한 경우	• 유료청구금액 환급	
• 대금 자동결제 시 소비자에게 고지하지 않은 경우	• 청구금액 환급	• 잔여기간=계약기간(유·무료 서비스 기간을 합한 총기간)−이용일수
		• 이용료는 소비자가 지급한 모든 비용을 포함함(예 : 월회비, 가입비, 교육자료비, 포트폴리오비, 종목비 등)
3) 소비자의 청약철회	• 위약금 없이 이용일수에 해당하는 금액 공제 후 환급	• 청약철회는 방문판매법상 방문판매, 전화권유판매인 경우 14일 이내, 전자상거래법상 전자상거래, 통신판매인 경우 7일 이내

분쟁유형	해결기준	비 고
4) 사업자가 계약 전 중요사항을 고지하지 않은 경우	• 계약 취소	• 중요사항은 아래 내용을 말함

※ 사업자가 계약 전 고지해야 하는 중요사항
- 사업자 및 서비스에 관한 정보
  - 사업자에 관한 정보(성명, 전화번호, 주소, 전자우편주소 등)
  - 서비스의 명칭·종류 및 내용

- 거래조건 등에 관한 정보
  - 서비스의 가격과 그 지급 방법 및 시기
  - 서비스의 제공기간 및 제공방법
  - 청약의 철회 및 계약의 해제 기한·행사방법 및 효과에 관한 사항
  - 계약의 내용이 계속거래에 해당하는 경우 계약의 해지와 그 행사 방법 및 대금 환급에 관한 사항
  - 이용자피해보상, 서비스에 대한 불만 및 이용자와 사업자 간 분쟁처리에 관한 사항
  - 서비스의 가격 외에 이용자가 추가로 부담하여야 할 사항 및 금액
  - 거래조건과 관련하여 제한이 있는 경우 그 내용(수익률을 조건으로 하는 경우 수익률 산정 방법)

(4) 품목별 품질보증기간 및 부품보유기간[별표 Ⅲ]

※ 부품보유기간의 기산 : 해당 제품의 제조일자(제조연도 또는 제조연월만 기재된 경우 제조연도 또는 제조월의 말일을 제조일자로 봄)를 기산점으로 한다. 다만, 자동차는 동일한 형식의 자동차를 최종 판매한 날부터 기산한다.

품 목	품질보증기간	부품보유기간
1. 자동차	• 차체 및 일반부품* : 2년 이내 다만, 주행거리가 4만km를 초과한 경우에는 기간이 만료된 것으로 함 * 차량 출고 시 장착된 내장형 내비게이션을 포함함 • 원동기(엔진) 및 동력전달장치, 고전원전기장치*, 수소연료생산시스템** : 3년 이내 다만, 주행거리가 6만km를 초과한 경우에는 기간이 만료된 것으로 함 * 「자동차 및 자동차부품의 성능과 기준에 관한 규칙」에 따른 자동차의 구동을 목적으로 하는 구동축전지, 전력변환장치, 구동전동기, 연료전지 등 작동전압이 직류 60볼트 초과 1,500볼트 이하이거나 교류(실효치를 말한다) 30볼트 초과 1,000볼트 이하의 전기장치 ** 연료탱크밸브, 연료전지제어장치(FCU), 연료압력조절기 • 외판[후드, 도어, 필러, 휀더, 트렁크리드(테일게이트), 도어사이드실, 루프] 관통부식 : 5년	8년(단, 성능·품질상 하자가 없는 범위 내에서 유사부품 사용가능)

품 목	품질보증기간	부품보유기간
2. 모터사이클	1년 이내. 다만, 주행거리가 1만km를 초과한 경우에는 기간이 만료된 것으로 함	7년(단, 성능·품질상 하자가 없는 범위에서 유사부품 사용가능)
3. 보일러	2년	8년
4. 농·어업용기기 (1) 농업용기기	• 원동기 및 동력전달장치 : 2년 　단, 주행거리가 5천km 또는 사용시간이 총 1천 시간(콤바인의 경우에는 400시간)을 초과한 경우에는 기간이 만료된 것으로 함 • 기타 장치 : 1년 　단, 주행거리가 2천 500km 또는 사용시간이 총 500시간(콤바인의 경우에는 200시간)을 초과한 경우에는 기간이 만료된 것으로 함	9~14년(농업용기기에 따라 내용연수 포함하여 4년까지 생산·공급. 다만, 성능·품질상 하자가 없는 범위 내에서 유사부품 사용 가능)
(2) 어업용기기	1년	
5. 가전제품, 사무용기기, 전기통신기자재, 광학기기, 주방용품 등 (1) 완제품		
• 에어컨	2년	8년
• 시스템에어컨	1년	8년
• 난로(전기, 가스, 기름), 선풍기, 냉풍기, 전기장판	2년	5년
• TV, 냉장고	1년	9년
• 전축, 전자레인지, 정수기, 가습기, 제습기, 전기청소기	1년	7년
• 세탁기	1년	7년
• 의류건조기, 의류관리기	1년	7년
• 비디오플레이어, DVD플레이어, 전기(가스)오븐, 비데, 전기압력밥솥, 가스레인지, 유·무선전화기, 믹서기, 전기온수기, 냉온수기, 캠코더, 홈시어터, 안마의자, 족욕기, 망원경, 현미경	1년	6년
• 네비게이션, 카메라, 디지털피아노	1년	5년

품 목	품질보증기간	부품보유기간
• 데스크탑(완성품) 및 주변기기, 노트북, 태블릿, 휴대용 음향기기(MP3, 카세트, CD플레이어)	1년	4년
• 스마트폰, 휴대폰	2년(단, 배터리는 1년)	4년
• 전기면도기, 전기조리기기(멀티쿠커, 튀김기, 다용도식품조리기, 전기토스터, 전기냄비, 전기프라이팬 등), 헤어드라이어	1년	3년
• 복사기	6개월. 다만, 복사 매수가 복사기종에 따라 각각 3만 매(소형), 6만 매(중형), 9만 매(대형)를 초과한 경우에는 기간이 만료된 것으로 함	5년
• 신 발	• 가죽제품(가죽이 전체 재질의 60% 이상) : 1년 • 천 등 그 외의 소재 : 6개월	
• 라켓(테니스, 탁구, 배드민턴 등) 몸체(라켓에 부착된 라바 또는 끈 등 제외)	6개월	1년
• 헬스기구, 골프채	1년	5년
• 우산류	1개월	
• 전구류	• 1개월(형광등, 백열전구) • 6개월(LED전구)	
• 문 구	6개월	1년
• 완 구	6개월	1년
• 가 발	• 6개월(인모) • 1년(인공모)	
(2) 핵심부품 • 에어컨 : 컴프레서 • LCD TV, LCD 모니터(단, LCD 노트북 모니터는 제외), LCD 모니터·본체 일체형 PC : LCD 패널	• 핵심부품 품질보증기간 내 정상적인 사용상태 하에서 발생한 성능·기능상의 하자로 부품수리가 필요한 경우 − 핵심부품에 대한 무상수리 • 4년 • 2년(단, 소비자가 확인 가능한 타이머가 부착된 제품으로 5,000시간을 초과한 경우에는 기간이 만료된 것으로 함)	
• PDP TV 패널	2년(단, 소비자가 확인 가능한 타이머가 부착된 제품으로 5,000시간을 초과한 경우에는 기간이 만료된 것으로 함)	

품 목	품질보증기간	부품보유기간
• LED TV, LED 모니터(단, LED 노트북 모니터는 제외) · LED 모니터 본체 일체형 PC : LED 패널	2년(단, 소비자가 확인 가능한 타이머가 부착된 제품으로 5,000시간을 초과한 경우에는 기간이 만료된 것으로 함)	
• 세탁기 : 모터, TV : CPT, 냉장고 : 컴프레서, 모니터 : CDT, 전자레인지 : 마그네트론, VTR : 헤드드럼, 비디오 카메라 : 헤드드럼, 팬히터 : 버너, 로터리히터 : 버너	3년(단, 모니터용 CDT의 경우에는 소비자가 확인 가능한 타이머가 부착된 제품으로서 10,000시간을 초과한 경우에는 기간이 만료된 것으로 함)	
• 의류건조기 : 컴프레서, 의류관리기 : 컴프레서	3년	
• 데스크탑, 노트북 : Main Board	2년	
6. 별도의 기간을 정하지 않은 경우 (1) 유사품목에 따를 수 있는 경우 (2) 유사품목에 따를 수 없는 경우	• 유사품목에 따름 • 1년	• 유사품목에 따름 • 5년

(5) 품목별 내용연수표[별표 Ⅳ]

품 목	내용연수
농업용기기	사업자가 품질보증서에 표시한 부품보유기간으로 함. 다만, 그 기간이 [별표 Ⅲ]의 부품보유기간에 기재된 기간보다 짧거나 미기재한 경우 [별표 Ⅲ]의 부품보유기간으로 함
침대, 책상, 장롱, 장식장, 책장	
보일러, 에어컨, TV, 전축, 냉장고, 정수기, 가습기/제습기, 전기청소기, 식탁, 신발장, 문갑, 전자레인지	
비디오 플레이어, DVD 플레이어, 전기(가스)오븐, 비데, 전기압력밥솥, 가스레인지, 유·무선전화기, 믹서기, 전기온수기, 냉온수기, 캠코더, 홈시어터, 안마의자, 족욕기, 망원경, 현미경, 자동차, 소파, 화장대, 찬장	
선풍기, 냉풍기, 전기장판, 세탁기, 모터사이클, 카메라, 디지털피아노, 네비게이션, 난로(전기, 가스, 기름), 헬스기구, 골프채	
퍼스널 컴퓨터(완성품) 및 주변기기, 노트북PC, 휴대용음향기기(MP3, 카세트, CD플레이어)	
휴대폰, 스마트폰, 전기면도기, 전기조리기기(멀티쿠커, 튀김기, 다용도식품조리기, 전기토스터, 전기냄비, 전기프라이팬 등), 헤어드라이어	
라켓(테니스, 탁구, 배드민턴 등) 몸체(라켓에 부착된 라바 또는 끈 등은 제외), 문구, 완구	
별도의 기간을 정하지 않은 경우로서 유사품목에 따를 수 없는 경우	5년

3 구매유형별 소비자분쟁의 해결

(1) 방문판매 · 전화권유판매 · 다단계판매 · 후원방문판매(방문판매법)
　① 방문판매 · 전화권유판매 · 다단계판매 · 후원방문판매의 개념
　　㉠ 방문판매 : 재화 또는 용역(일정한 시설을 이용하거나 용역을 제공받을 수 있는 권리를 포함)의 판매(위탁 및 중개를 포함)를 업으로 하는 자(이하 "판매업자")가 방문을 하는 방법으로 그의 영업소 · 대리점 그 밖에 총리령으로 정하는 영업장소(이하 "사업장") 외의 장소에서 소비자에게 권유하여 계약의 청약을 받거나 계약을 체결(사업장 외의 장소에서 권유 등 총리령으로 정하는 방법으로 소비자를 유인하여 사업장에서 계약의 청약을 받거나 계약을 체결하는 경우를 포함)하여 재화 또는 용역(이하 "재화 등")을 판매하는 것을 말한다(「방문판매 등에 관한 법률」 제2조 제1호).
　　　㉮ 총리령으로 정하는 영업장소 : 영업소, 대리점, 지점, 출장소 등 명칭에 관계없이 소유 또는 임차하거나 점용허가를 받은 고정된 장소에서 3개월 이상 계속적으로 영업을 하고(다만, 천재지변 등 불가피한 사유로 영업을 계속할 수 없는 기간은 불산입), 판매에 필요한 시설을 갖추었으며, 영업 중에는 소비자가 자유의사에 따라 출입할 수 있을 뿐만 아니라 영업장소 내에서 소비자가 자유의사에 따라 재화 또는 용역을 선택할 수 있는 상태를 유지하고 있는 영업장소를 말한다(동법 시행규칙 제2조).
　　　㉯ 총리령이 정하는 방법 : 사업장 외의 장소에서 권유 등의 방법으로 소비자를 유인하여 함께 사업장으로 이동하는 것, 주된 재화 등의 판매 목적을 숨기고 다른 재화 등의 무료 · 염가공급 또는 소득기회 제공 등의 방법으로 유인하여 소비자가 사업장에 방문하게 하는 것, 다른 소비자에 비하여 현저하게 유리한 조건으로 재화 등을 판매 · 공급한다고 권유하여 소비자를 사업장에 방문하도록 하는 것 중 어느 하나에 해당하는 방법을 말한다(동법 시행규칙 제3조).
　　㉡ 전화권유판매 : 전화를 이용하여 소비자에게 권유를 하거나 전화회신을 유도하는 방법으로 재화 등을 판매하는 것을 말한다(동법 제2조 제3호).
　　㉢ 다단계판매 : 다단계판매조직을 통하여 재화 등을 판매하는 것을 말한다(동법 제2조 제5호). 다단계판매조직이 되기 위해서는 판매업자에 속한 판매원이 특정인을 해당 판매원의 하위 판매원으로 가입하도록 권유하는 모집방식이 있을 것, 판매원의 가입이 3단계(다른 판매원의 권유를 통하지 아니하고 가입한 판매원을 1단계 판매원으로 함) 이상 단계적으로 이루어질 것, 판매업자가 판매원에게 판매원의 수당에 영향을 미치는 다른 판매원들의 재화 등의 거래실적이나 판매원의 수당에 영향을 미치는 다른 판매원들의 조직관리 및 교육훈련실적에 따른 후원수당을 지급하는 방식을 가지고 있을 것 등의 모든 요건을 갖추어야 한다.
　　　다만, 판매원의 단계가 2단계 이하라고 하더라도 사실상 3단계 이상으로 관리 운영되는 경

우로서「방문판매 등에 관한 법률 시행령」제2조 제1항에 의해 판매원에 대한 후원수당의 지급방법이 사실상 판매원의 단계가 3단계 이상인 경우와 같거나 유사한 경우와 다른 자로부터 판매 또는 조직관리를 위탁받은 자(「방문판매 등에 관한 법률」제13조 및 제29조 제3항에 따라 다단계판매업자 또는 후원방문판매업자로 등록한 자는 제외)가 자신의 하위판매원을 모집하여 관리·운영하는 경우로서 위탁한 자와 위탁받은 자의 하위판매조직을 하나의 판매조직으로 볼 때 사실상 3단계 이상인 판매조직이거나 이와 유사하게 관리·운영되는 경우는 다단계판매조직으로 본다(동법 시행령 제2조 제1항).

ⓔ 후원방문판매 : 후원방문판매란 다단계판매의 요건에 해당하되, 특정 판매원의 구매·판매 등의 실적이 그 직근 상위판매원 1인의 후원수당에만 영향을 미치는 후원수당 지급방식을 가진 경우를 말한다. 이 경우 다단계판매에는 해당하지 아니하는 것으로 한다(동법 제2조 제7호).

② 「방문판매 등에 관한 법률」의 적용범위

㉠ 「방문판매 등에 관한 법률」은 사업자(다단계판매원, 후원방문판매원 또는 사업권유거래의 상대방은 제외)가 상행위를 목적으로 재화 등을 구입하는 거래,「금융소비자 보호에 관한 법률」제2조 제3호에 따른 금융상품판매업자와 같은 법 제3조에 따른 예금성 상품, 대출성 상품, 투자성 상품 및 보장성 상품에 관한 계약을 체결하기 위한 거래, 개인이 독립된 자격으로 공급하는 재화 등의 거래로서 방문판매원을 두지 아니하는 방문판매업자가 가공되지 아니한 농산물·수산물·축산물·임산물, 방문판매자가 직접 생산한 재화 등을 방문판매하는 거래에는 적용되지 아니한다. 한편, 사업자가 사실상 소비자와 같은 지위에서 다른 소비자와 같은 거래조건으로 거래하는 경우는「방문판매 등에 관한 법률」이 적용된다(동법 제3조, 동법 시행령 제6조).

㉡ 방문판매, 전화권유판매, 다단계판매, 후원방문판매, 특수판매에서의 소비자보호와 관련하여「방문판매 등에 관한 법률」과 다른 법률이 경합하여 적용되는 경우에는「방문판매 등에 관한 법률」을 우선 적용하되, 다른 법률을 적용하는 것이 소비자에게 유리한 경우에는 다른 법률을 적용한다(동법 제4조). 예컨대 방문판매와 할부판매 양쪽에 모두 해당하는 경우에는 청약철회기간과 관련해서는 방문판매는 14일, 할부판매는 7일 이내가 기준이므로 소비자의 입장에서 보면「방문판매 등에 관한 법률」을 적용하는 것이 더 유리하다.

③ 방문판매·전화권유판매·다단계판매·후원방문판매의 청약철회

㉠ 청약철회기간

방문판매 등의 방법으로 재화 등의 구매에 관한 계약을 체결한 소비자는 다음의 기간(거래당사자 사이에 다음 기간보다 긴 기간으로 약정한 경우에는 그 기간) 이내에 그 계약에 관한 청약철회 등을 할 수 있다.

㉮ 계약서를 받은 날부터 14일. 다만, 그 계약서를 받은 날보다 재화 등이 늦게 공급된 경우에는 재화 등을 공급받거나 공급이 시작된 날부터 14일
㉯ 계약서를 받지 아니한 경우, 방문판매자 등의 주소 등이 적혀 있지 아니한 계약서를 받은 경우, 방문판매자 등의 주소 변경 등의 사유로 기간 이내에 청약철회 등을 할 수 없는 경우 중 어느 하나의 경우에는 방문판매자 등의 주소를 안 날 또는 알 수 있었던 날부터 14일
㉰ 계약서에 청약철회 등에 관한 사항이 적혀 있지 아니한 경우에는 청약철회 등을 할 수 있음을 안 날 또는 알 수 있었던 날부터 14일
㉱ 방문판매업자 등이 청약철회 등을 방해한 경우에는 그 방해 행위가 종료한 날부터 14일
㉲ 재화 등의 내용이 표시·광고의 내용과 다르거나 계약내용과 다르게 이행된 경우에는 그 재화 등을 공급받은 날부터 3개월, 그 사실을 안 날 또는 알 수 있었던 날부터 30일

청약철회
- 다단계판매 또는 후원방문판매의 방법으로 재화 등의 구매에 관한 계약을 체결한 일반 소비자가 아닌 다단계판매원은 재고 보유에 관하여 다단계판매업자·후원방문판매업자에게 거짓으로 보고하는 등의 방법으로 과다하게 재화 등의 재고를 보유한 경우, 다시 판매하기 어려울 정도로 재화 등을 훼손한 경우, 재화 등을 일부 사용하거나 소비하여 그 가치가 현저히 낮아진 경우, 복제할 수 있는 재화 등의 포장을 훼손한 경우, 주문에 의하여 개별적으로 생산되는 재화 등에 대한 것으로서 청약철회 등을 인정하면 다단계판매업자 또는 후원방문판매업자에게 회복할 수 없는 중대한 피해가 예상되는 경우를 제외하고는 계약을 체결한 날부터 3개월 이내에 서면으로 그 계약에 관한 청약철회 등을 할 수 있다.
- 다단계판매와 후원방문판매의 경우 : 소비자가 다단계판매원 또는 후원방문판매원과 재화 등의 구매에 관한 계약을 체결한 경우 그 소비자는 다단계판매원 또는 후원방문판매원에 대하여 우선적으로 청약철회 등을 하고, 다단계판매원 또는 후원방문판매원의 소재 불명 등 대통령령으로 정하는 사유, 즉 다단계판매원 또는 후원방문판매원의 주소·전화번호 또는 전자우편주소 등 연락처의 변경이나 소재 불명 등의 사유로 청약철회 등을 할 수 없는 경우와 해당 다단계판매원 또는 후원방문판매원에게 청약철회 등을 하더라도 대금환급 등의 효과를 기대하기 어려운 경우 등의 사유로 다단계판매원 또는 후원방문판매원에 대하여 청약철회 등을 하는 것이 어려운 경우에만 그 재화 등을 공급한 다단계판매업자 또는 후원방문판매업자에 대하여 청약철회 등을 할 수 있다.

ⓒ 방문판매자 등의 의사와 다르게 청약철회를 할 수 없는 경우
㉮ 소비자에게 책임이 있는 사유로 재화 등이 멸실되거나 훼손된 경우(다만, 재화 등의 내용을 확인하기 위하여 포장 등을 훼손한 경우는 제외)
㉯ 소비자가 재화 등을 사용하거나 일부 소비하여 그 가치가 현저히 낮아진 경우
㉰ 시간이 지남으로써 다시 판매하기 어려울 정도로 재화 등의 가치가 현저히 낮아진 경우
㉱ 복제할 수 있는 재화 등의 포장을 훼손한 경우

ⓜ 그 밖에 거래의 안전을 위하여 대통령령이 정하는 경우, 즉 소비자의 주문에 의하여 개별적으로 생산되는 재화 등에 대한 것으로서 청약의 철회 및 계약의 해제를 인정하면 방문판매자 등에게 회복할 수 없는 중대한 피해가 예상되는 경우로서 사전에 해당 거래에 대하여 별도로 그 사실을 고지하고 소비자의 서면(전자문서를 포함) 동의를 받은 경우

ⓑ 다만, 소비자가 재화 등을 사용하거나 일부 소비하여 그 가치가 현저히 낮아진 경우, 시간이 지남으로써 다시 판매하기 어려울 정도로 재화 등의 가치가 현저히 낮아진 경우, 복제할 수 있는 재화 등의 포장을 훼손한 경우라 하더라도 방문판매자 등이 방문판매자 등의 의사와 다르게 청약철회 등을 할 수 없다는 사실을 재화 등의 포장이나 그 밖에 소비자가 쉽게 알 수 있는 곳에 분명하게 표시하거나 시용상품을 제공하는 등의 방법으로 청약철회 등의 권리 행사가 방해받지 아니하도록 하는 조치를 취하지 않은 경우에는 소비자는 청약철회 등을 할 수 있다.

ⓒ 청약철회의 기한과 효과 등

㉮ 청약철회 등을 서면으로 하는 경우에는 청약철회 등의 의사를 표시한 서면을 발송한 날에 그 효력이 발생한다.

㉯ 소비자는 청약철회 등을 한 경우에는 이미 공급받은 재화 등을 반환하여야 한다.

㉰ 방문판매자 등(소비자로부터 재화 등의 대금을 지급받은 자 및 소비자와 방문판매 등에 관한 계약을 체결한 자를 포함)은 재화 등을 반환받은 날부터 3영업일 이내에 이미 지급받은 재화 등의 대금을 환급하여야 한다. 이 경우 방문판매자 등이 소비자에게 재화 등의 대금의 환급을 지연하면 그 지연기간에 따라(연 100분의 40 이내의 범위에서) 「은행법」에 따른 은행이 적용하는 연체금리 등 경제 사정을 고려하여 대통령령으로 정하는 이율, 즉 100분의 15를 곱하여 산정한 지연이자를 지급하여야 한다.

㉱ 방문판매자 등은 재화 등의 대금을 환급할 때 소비자가 「여신전문금융업법」 제2조 제3호에 따른 신용카드나 그 밖에 대통령령이 정하는 결제수단(이하 "신용카드 등")으로 재화 등의 대금을 지급한 경우에는 지체 없이 그 신용카드 등의 대금결제수단을 제공한 사업자(이하 "결제업자")로 하여금 재화 등의 대금 청구를 정지하거나 취소하도록 요청하여야 한다. 다만, 방문판매자 등이 결제업자로부터 그 재화 등의 대금을 이미 지급받은 경우에는 지체 없이 이를 결제업자에게 환급하고 그 사실을 소비자에게 알려야 한다.

㉲ 방문판매자 등으로부터 재화 등의 대금을 환급받은 결제업자는 지체 없이 소비자에게 이를 환급하거나 환급에 필요한 조치를 하여야 한다.

㉳ 청약철회 등의 경우 공급받은 재화 등의 반환에 필요한 비용은 방문판매자 등이 부담하며 방문판매자 등은 소비자에게 청약철회 등을 이유로 위약금 또는 손해배상을 청구할 수 없다.

(2) 전자상거래 · 통신판매(전자상거래법)

① 전자상거래 · 통신판매의 개념
  ㉠ 전자상거래라 함은 전자거래의 방법, 즉 재화나 용역을 거래할 때 그 전부 또는 일부가 전자문서에 의하여 처리되는 거래의 방법으로 상행위를 하는 것을 말한다.
  ㉡ 통신판매라 함은 우편 · 전기통신 등의 방법으로 재화 또는 용역(일정한 시설을 이용하거나 용역을 제공받을 수 있는 권리를 포함)의 판매에 관한 정보를 제공하고 소비자의 청약을 받아 재화 또는 용역(이하 "재화 등")을 판매하는 것을 말한다.

② 「전자상거래 등에서의 소비자보호에 관한 법률」의 적용범위
  ㉠ 「전자상거래 등에서의 소비자보호에 관한 법률」은 사업자(다단계판매원은 제외)가 상행위를 목적으로 구입하는 거래에는 적용하지 아니한다. 다만, 사업자라 하더라도 사실상 소비자와 같은 지위에서 다른 소비자와 같은 거래조건으로 거래하는 경우에는 그러하지 아니하다.
  ㉡ 전자상거래 또는 통신판매에서의 소비자보호에 관하여 「전자상거래 등에서의 소비자보호에 관한 법률」과 다른 법률이 경합하는 경우에는 「전자상거래 등에서의 소비자보호에 관한 법률」을 우선 적용한다. 다만, 다른 법률을 적용하는 것이 소비자에게 유리한 경우에는 다른 법률을 적용한다.

③ 통신판매의 효력
  ㉠ 통신판매업자는 소비자가 청약을 한 날부터 7일 이내에 재화 등의 공급에 필요한 조치를 하여야 하고, 소비자가 재화 등을 공급받기 전에 미리 재화 등의 대금을 전부 또는 일부 지급하는 통신판매(이하 "선지급식 통신판매")의 경우에는 소비자가 그 대금을 전부 또는 일부 지급한 날부터 3영업일 이내에 재화 등의 공급을 위하여 필요한 조치를 하여야 한다. 다만, 소비자와 통신판매업자 간에 재화 등의 공급시기에 관하여 따로 약정한 것이 있는 경우에는 그러하지 아니하다.
  ㉡ 통신판매업자는 청약을 받은 재화 등을 공급하기 곤란하다는 것을 알았을 때에는 지체 없이 그 사유를 소비자에게 알려야 하고, 선지급식 통신판매의 경우에는 소비자가 그 대금의 전부 또는 일부를 지급한 날부터 3영업일 이내에 환급하거나 환급에 필요한 조치를 하여야 한다.

④ 통신판매의 청약철회
  ㉠ 청약철회기간
    통신판매업자와 재화 등의 구매에 관한 계약을 체결한 소비자는 다음 기간(거래당사자가 다음의 기간보다 긴 기간으로 약정한 경우에는 그 기간) 이내에 해당 계약에 관한 청약철회 등을 할 수 있다.
    ㉮ 계약내용에 관한 서면을 받은 날부터 7일. 다만, 그 서면을 받은 때보다 재화 등의 공급이 늦게 이루어진 경우에는 재화 등을 공급받거나 재화 등의 공급이 시작된 날부터 7일

㉯ 계약내용에 관한 서면을 받지 아니한 경우, 통신판매업자의 주소 등이 적혀 있지 아니한 서면을 받은 경우 또는 통신판매업자의 주소 변경 등의 사유로 기간 이내에 청약철회 등을 할 수 없는 경우에는 통신판매업자의 주소를 안 날 또는 알 수 있었던 날부터 7일

㉰ 거짓 또는 과장된 사실을 알리거나 기만적 방법을 사용하여 소비자를 유인 또는 소비자와 거래하거나 청약철회 등 또는 계약의 해지를 방해하는 행위 또는 청약철회 등을 방해할 목적으로 주소, 전화번호, 인터넷도메인 이름 등을 변경하거나 폐지하는 행위가 있는 경우에는 그 방해 행위가 종료한 날부터 7일

㉱ 재화 등의 내용이 표시·광고의 내용과 다르거나 계약내용과 다르게 이행된 경우에는 그 재화 등을 공급받은 날부터 3개월, 그 사실을 안 날 또는 알 수 있었던 날부터 30일

ⓒ 통신판매업자의 의사에 반하여 청약을 철회할 수 없는 경우

㉮ 소비자에게 책임이 있는 사유로 재화 등이 멸실되거나 훼손된 경우(다만, 재화 등의 내용을 확인하기 위하여 포장 등을 훼손한 경우는 제외)

㉯ 소비자의 사용 또는 일부 소비로 재화 등의 가치가 현저히 감소한 경우

㉰ 시간이 지나 다시 판매하기 곤란할 정도로 재화 등의 가치가 현저히 감소한 경우

㉱ 복제가 가능한 재화 등의 포장을 훼손한 경우

㉲ 용역 또는 「문화산업진흥 기본법」 제2조 제5호의 디지털콘텐츠의 제공이 개시된 경우. 다만, 가분적 용역 또는 가분적 디지털콘텐츠로 구성된 계약의 경우에는 제공이 개시되지 아니한 부분에 대하여는 그러하지 아니하다.

㉳ 그 밖에 거래의 안전을 위하여 대통령령으로 정하는 경우(소비자의 주문에 따라 개별적으로 생산되는 재화 등 또는 이와 유사한 재화 등에 대하여 청약철회 등을 인정하는 경우 통신판매업자에게 회복할 수 없는 중대한 피해가 예상되는 경우로서 사전에 해당 거래에 대하여 별도로 그 사실을 고지하고 소비자의 서면(전자문서를 포함)에 의한 동의를 받은 경우)

㉴ ㉯부터 ㉲까지의 규정에 따라 청약철회 등이 불가능한 재화 등의 경우에는 그 사실을 재화 등의 포장이나 그 밖에 소비자가 쉽게 알 수 있는 곳에 명확하게 표시하거나 시험 사용 상품을 제공하는 등의 방법으로 청약철회 등의 권리 행사가 방해받지 아니하도록 조치하여야 한다. 다만, ㉲의 디지털콘텐츠에 대하여 소비자가 청약철회 등을 할 수 없는 경우에는 청약철회 등이 불가능하다는 사실의 표시와 함께 대통령령으로 정하는 바에 따라 시험 사용 상품을 제공하는 등의 방법으로 청약철회 등의 권리 행사가 방해받지 아니하도록 하여야 한다. 통신판매업자가 이러한 조치를 하지 아니하는 경우에는 ㉯부터 ㉲까지의 규정에 해당하는 경우에도 청약철회 등을 할 수 있다.

ⓒ 청약철회의 기한과 효과 등

㉮ 청약철회 등을 서면으로 하는 경우에는 그 의사표시가 적힌 서면을 발송한 날에 그 효력

이 발생한다. 재화 등의 훼손에 대하여 소비자의 책임이 있는지의 여부, 재화 등의 구매에 관한 계약이 체결된 사실 및 그 시기, 재화 등의 공급사실 및 그 시기 등에 관하여 다툼이 있는 경우에는 통신판매업자가 이를 증명하여야 한다.

㉯ 소비자는 청약철회 등을 한 경우에는 이미 공급받은 재화 등을 반환하여야 한다. 다만, 이미 공급받은 재화 등이 용역 또는 디지털콘텐츠인 경우에는 그러하지 아니하다.

㉰ 통신판매업자(소비자로부터 재화 등의 대금을 받은 자 또는 소비자와 통신판매에 관한 계약을 체결한 자를 포함)는 다음의 어느 하나에 해당하는 날부터 3영업일 이내에 이미 지급받은 재화 등의 대금을 환급하여야 한다. 이 경우 통신판매업자가 소비자에게 재화 등의 대금환급을 지연한 때에는 그 지연기간에 대하여 연 100분의 40 이내의 범위에서 「은행법」에 따른 은행이 적용하는 연체금리 등 경제사정을 고려하여 대통령령으로 정하는 이율인 100분의 15를 곱하여 산정한 지연이자를 지급하여야 한다.

- 통신판매업자가 재화를 공급한 경우에는 ㉯에 따라 재화를 반환받은 날
- 통신판매업자가 용역 또는 디지털콘텐츠를 공급한 경우에는 ④-㉠의 ㉮ 또는 ㉭에 따라 청약철회 등을 한 날
- 통신판매업자가 재화 등을 공급하지 아니한 경우에는 ④-㉠의 ㉮ 또는 ㉭에 따라 청약철회 등을 한 날

㉱ 통신판매업자는 ㉯ 및 ㉰에 따라 재화 등의 대금을 환급할 때 소비자가 「여신전문금융업법」에 따른 신용카드나 그 밖에 대통령령으로 정하는 결제수단, 즉 재화 등을 구입한 소비자가 직접 지급하는 현금(계좌이체에 의한 지급을 포함) 외의 결제수단으로 해당 결제수단을 제공한 사업자(이하 "결제업자")에게 청구를 정지 또는 취소하거나 환급하는 경우 해당 소비자에게 환급한 것과 같은 효과가 발생하는 결제수단으로 재화 등의 대금을 지급한 경우에는 지체 없이 해당 결제수단을 제공한 사업자에게 재화 등의 대금청구를 정지하거나 취소하도록 요청하여야 한다. 다만, 통신판매업자가 결제업자로부터 해당 재화 등의 대금을 이미 받은 때에는 지체 없이 그 대금을 결제업자에게 환급하고, 그 사실을 소비자에게 알려야 한다.

㉲ 통신판매업자로부터 재화 등의 대금을 환급받은 결제업자는 그 환급받은 금액을 지체 없이 소비자에게 환급하거나 환급에 필요한 조치를 하여야 한다.

㉳ 통신판매업자 중 환급을 지연하여 소비자가 대금을 결제하게 한 통신판매업자는 그 지연기간에 대한 지연배상금을 소비자에게 지급하여야 한다.

㉴ 청약철회 등의 경우 공급받은 재화 등의 반환에 필요한 비용은 소비자가 부담하며 통신판매업자는 소비자에게 청약철회 등을 이유로 위약금이나 손해배상을 청구할 수 없다. 다만, 재화 등의 내용이 표시·광고의 내용과 다르거나 계약내용과 다르게 이행된 경우에는 청약철회 등의 경우 재화 등의 반환에 필요한 비용은 통신판매업자가 이를 부담한다.

(3) 할부거래(할부거래법)

① 통상의 할부거래
  ㉠ 「할부거래에 관한 법률」이 적용되는 할부계약의 개념
    할부계약이란 계약의 명칭·형식이 어떠하든 재화나 용역(일정한 시설을 이용하거나 용역을 제공받을 수 있는 권리를 포함)에 관한 다음의 계약(선불식 할부계약에 해당하는 경우는 제외한다)을 말한다.
    ㉮ 소비자가 사업자에게 재화의 대금이나 용역의 대가(이하 "재화 등의 대금")를 2개월 이상의 기간에 걸쳐 3회 이상 나누어 지급하고, 재화 등의 대금을 완납하기 전에 재화의 공급이나 용역의 제공(이하 "재화 등의 공급")을 받기로 하는 계약(이하 "직접할부계약")
    ㉯ 소비자가 신용제공자에게 재화 등의 대금을 2개월 이상의 기간에 걸쳐 3회 이상 나누어 지급하고, 재화 등의 대금을 완납하기 전에 사업자로부터 재화 등의 공급을 받기로 하는 계약(이하 "간접할부계약"). 다만, 사업자가 사실상 소비자와 같은 지위에서 다른 소비자와 같은 거래조건으로 거래하는 경우가 아닌 사업자가 상행위를 위하여 재화 등의 공급을 받는 거래와 성질상 「할부거래에 관한 법률」을 적용하는 것이 적합하지 아니한 것으로서 대통령령으로 정하는 재화 등의 거래에는 할부거래에 관한 법률을 적용하지 아니한다.
  ㉡ 할부거래에 관한 법률과 다른 법률과의 관계 : 할부거래 및 선불식 할부거래에서의 소비자 보호와 관련하여 「할부거래에 관한 법률」과 다른 법률이 경합하여 적용되는 경우에는 「할부거래에 관한 법률」을 우선하여 적용한다. 다만, 다른 법률을 적용하는 것이 소비자에게 유리한 경우에는 다른 법률을 적용한다.
  ㉢ 계약체결 전 정보제공과 할부계약의 서면주의
    할부거래업자는 할부계약을 체결하기 전에 소비자가 할부계약의 내용을 이해할 수 있도록 총리령으로 정하는 바에 따라 다음 사항을 표시하여야 하는데, 표시방법은 사업소에 게시하거나 서면으로 제시하되, 사업소에 게시하는 경우에는 소비자가 보기 쉬운 장소에 붙여야 하며, 서면으로 제시하는 경우에는 9호 이상의 활자를 사용하여야 하고, 할부수수료의 실제연간요율은 소수점 이하 1단위 이상까지 표시할 것을 요한다.
    ㉮ 재화 등의 종류 및 내용
    ㉯ 현금가격(할부계약에 의하지 아니하고 소비자가 재화 등의 공급을 받은 때에 할부거래업자에게 지급하여야 할 대금 전액)
    ㉰ 할부가격(소비자가 할부거래업자나 신용제공자에게 지급하여야 할 계약금과 할부금의 총합계액)
    ㉱ 각 할부금의 금액·지급횟수 및 지급시기
    ㉲ 할부수수료의 실제연간요율

- ㉕ 계약금(최초지급금·선수금 등 명칭이 무엇이든 할부계약을 체결할 때에 소비자가 할부거래업자에게 지급하는 금액)
- ㉖ 지연손해금 산정 시 적용하는 비율
- ㉗ 다만, 여신전문금융업법에 따른 신용카드회원과 신용카드가맹점 간의 간접할부계약의 경우에는 할부가격, 각 할부금의 금액·지급횟수 및 지급시기, 계약금, 지연손해금 산정 시 적용하는 비율 등은 표시하지 아니할 수 있다.

ㄹ) 할부계약 청약의 철회

㉮ 청약철회기간

할부거래에 있어 소비자는 다음의 기간(거래당사자가 그보다 긴 기간을 약정한 경우에는 그 기간) 이내에 할부계약에 관한 청약을 철회할 수 있다.

- 계약서를 받은 날부터 7일. 다만, 그 계약서를 받은 날보다 재화 등의 공급이 늦게 이루어진 경우에는 재화 등을 공급받은 날부터 7일
- 다음의 어느 하나에 해당하는 경우에는 그 주소를 안 날 또는 알 수 있었던 날 등 청약을 철회할 수 있는 날부터 7일
  - 계약서를 받지 아니한 경우
  - 할부거래업자의 주소 등이 적혀 있지 아니한 계약서를 받은 경우
  - 할부거래업자의 주소 변경 등의 사유로 기간 이내에 청약을 철회할 수 없는 경우
- 계약서에 청약의 철회에 관한 사항이 적혀 있지 아니한 경우에는 청약을 철회할 수 있음을 안 날 또는 알 수 있었던 날부터 7일
- 할부거래업자가 청약의 철회를 방해한 경우에는 그 방해 행위가 종료한 날부터 7일

㉯ 청약을 철회할 수 없는 경우

- 소비자에게 책임 있는 사유로 재화 등이 멸실되거나 훼손된 경우(다만, 재화 등의 내용을 확인하기 위하여 포장 등을 훼손한 경우는 제외)
- 사용 또는 소비에 의하여 그 가치가 현저히 낮아질 우려가 있는 경우로서 대통령령으로 정하는 재화 등(「선박법」에 따른 선박, 「항공안전법」에 따른 항공기, 「철도사업법」 및 「노시철도법」에 따른 궤도를 운행하는 차량, 「건설기계관리법」에 따른 건설기계, 「자동차관리법」에 따른 자동차, 설치에 전문 인력 및 부속자재 등이 요구되는 것으로서 냉동기, 전기냉방기(난방 겸용인 것 포함), 보일러 등의 재화를 설치한 경우)을 사용 또는 소비한 경우
- 시간이 지남으로써 다시 판매하기 어려울 정도로 재화 등의 가치가 현저히 낮아진 경우
- 복제할 수 있는 재화 등의 포장을 훼손한 경우
- 그 밖에 거래의 안전을 위하여 대통령령으로 정한 경우인 할부가격이 10만 원 미만인 할부계약(다만, 여신전문금융업법에 따른 신용카드를 사용하여 할부거래를 하는 경우

에는 할부가격이 20만 원 미만인 할부계약)과 소비자의 주문에 따라 개별적으로 제조되는 재화 등의 공급을 목적으로 하는 할부계약
- 다만, 할부거래업자가 청약의 철회를 승낙하거나 사용 또는 소비에 의하여 그 가치가 현저히 낮아질 우려가 있는 경우로서 대통령령이 정하는 재화 등을 사용 또는 소비한 경우, 시간이 지남으로써 다시 판매하기 어려울 정도로 재화 등의 가치가 현저히 낮아진 경우, 복제할 수 있는 재화 등의 포장을 훼손한 경우는 청약철회 등을 할 수 없다는 사실을 재화 등의 포장이나 그 밖에 소비자가 쉽게 알 수 있는 곳에 분명하게 표시하거나 시용상품을 제공하는 등의 방법으로 소비자가 청약을 철회하는 것이 방해받지 않도록 조치하여야 하는데도 불구하고 그 조치를 하지 아니한 경우에는 청약을 철회할 수 있다.

㉰ 청약철회의 방법과 효과 등
- 소비자가 할부거래에 관한 청약을 철회할 경우에는 청약철회기간 이내에 할부거래업자에게 청약을 철회하는 의사표시가 적힌 서면을 발송하여야 한다. 청약의 철회는 서면을 발송한 날에 그 효력이 발생한다.
- 소비자가 할부거래업자에게 간접할부계약에 관한 청약을 철회한 경우에는 청약철회기간 이내에 신용제공자에게 청약을 철회하는 의사표시가 적힌 서면을 발송하여야 한다. 소비자가 신용제공자에게 이 서면을 발송하지 아니한 경우 신용제공자의 할부금지급청구를 거절할 수 없다. 다만, 신용제공자가 청약철회기간 이내에 할부거래업자에게 재화 등의 대금을 지급한 경우, 신용제공자가 할부거래업자로부터 할부금청구의 중지 또는 취소를 요청받은 경우에는 소비자가 그 서면을 발송하지 아니한 경우라도 신용제공자의 할부금지급청구를 거절할 수 있다.
- 소비자는 할부거래에 관한 청약을 철회한 경우 이미 공급받은 재화 등을 반환하여야 한다. 한편, 할부거래업자(소비자로부터 재화 등의 계약금 또는 할부금을 지급받은 자 또는 소비자와 할부계약을 체결한 자를 포함)는 재화를 공급한 경우에는 재화 등을 반환받은 날부터 3영업일, 용역을 제공한 경우에는 청약을 철회하는 서면을 수령한 날부터 3영업일 이내에 이미 지급받은 계약금 및 할부금을 환급하여야 한다. 이 경우 할부거래업자가 소비자에게 재화 등의 계약금 및 할부금의 환급을 지연한 때에는 그 지연기간에 따라 「이자제한법」에서 정한 이자의 최고한도의 범위 내에서 대통령령으로 정한 이율, 즉 100분의 15를 곱하여 산정한 지연이자인 지연배상금을 함께 지급하여야 한다.
- 할부거래업자는 간접할부계약의 경우에 청약을 철회하는 서면을 수령한 때에는 지체 없이 해당 신용제공자에게 재화 등에 대한 할부금의 청구를 중지 또는 취소하도록 요청하여야 하며, 이 경우 할부거래업자가 신용제공자로부터 해당 재화 등의 대금을 이미 지급받은 때에는 지체 없이 이를 신용제공자에게 환급하여야 한다. 할부거래업자

가 이 요청을 지연하여 소비자로 하여금 신용제공자에게 할부금을 지불하게 한 경우 소비자가 지불한 금액에 대하여 소비자가 환급받는 날까지의 기간에 대한 지연배상금을 소비자에게 지급하여야 한다.

- 신용제공자는 할부거래업자로부터 할부금의 청구를 중지 또는 취소하도록 요청받은 경우에는 지체 없이 이에 필요한 조치를 취하여야 하며, 이 경우 소비자가 이미 지불한 할부금이 있는 때에는 지체 없이 이를 환급하여야 한다. 신용제공자가 이러한 환급을 지연한 경우 그 지연기간에 따른 지연배상금을 소비자에게 지급하여야 한다. 다만, 할부거래업자가 신용제공자에 대한 할부금의 청구중지 및 취소요청을 지연하여 신용제공자로 하여금 소비자에 대한 할부금의 환급을 지연하게 한 경우에는 그 할부거래업자가 지연배상금을 지급하여야 한다.

- 할부거래업자 또는 신용제공자는 소비자가 청약을 철회함에 따라 소비자와 분쟁이 발생한 경우 분쟁이 해결될 때까지 할부금 지급거절을 이유로 해당 소비자를 약정한 기일 이내에 채무를 변제하지 아니한 자로 처리하는 등 소비자에게 불이익을 주는 행위를 하여서는 아니 된다. 할부거래업자는 소비자가 청약을 철회한 경우 이미 재화 등이 사용되었거나 일부 소비된 경우에는 그 재화 등을 사용하거나 일부 소비하여 소비자가 얻은 이익 또는 그 재화 등의 공급에 든 비용에 상당하는 금액으로서 대통령령으로 정하는 범위의 금액인 재화 등의 사용으로 소모성 부품을 재판매하기 곤란하거나 재판매가격이 현저히 하락하는 경우에는 해당 소모성 부품을 공급하는 데에 든 금액, 여러 개의 가분물로 구성된 재화 등의 경우에는 소비자의 일부소비로 소비된 부분을 공급하는 데에 든 금액을 초과하여 소비자에게 청구할 수 없다. 할부거래업자는 소비자가 청약을 철회한 경우 공급받은 재화 등의 반환에 필요한 비용을 부담하며, 소비자에게 청약의 철회를 이유로 위약금 또는 손해배상을 청구할 수 없다.

ⓜ 할부거래업자의 할부계약의 해제

할부거래업자는 소비자가 할부금 지급의무를 이행하지 아니하면 할부계약을 해제할 수 있다. 이 경우 할부거래업자는 그 계약을 해제하기 전에 14일 이상의 기간을 정하여 소비자에게 이행할 것을 서면으로 최고하여야 한다. 할부거래업자 또는 소비자는 이에 따라 할부계약이 해제된 경우에는 상대방에게 원상회복하여 줄 의무를 지며, 이 경우 상대방이 원상회복할 때까지 자기의 의무이행을 거절할 수 있다. 할부거래업자는 재화 등의 소유권이 할부거래업자에게 유보된 경우 그 할부계약을 해제하지 아니하고는 그 반환을 청구할 수 없다.

ⓑ 소비자의 기한이익 상실과 기한 전 지급

㉮ 소비자의 기한이익 상실

소비자는 다음의 어느 하나에 해당하는 경우에는 할부금의 지급에 대한 기한의 이익을 주장하지 못한다. 이 경우 할부거래업자 또는 신용제공자가 소비자로부터 한꺼번에 지급받을 금액은 나머지 할부금에서 나머지 기간에 대한 할부수수료를 공제한 금액으로 하되, 할부수수료율는 일단위로 계산한다.
- 할부금을 다음 지급기일까지 연속하여 2회 이상 지급하지 아니하고 그 지급하지 아니한 금액이 할부가격의 100분의 10을 초과하는 경우
- 국내에서 할부금 채무이행보증이 어려운 경우로서 대통령령으로 정하는 경우인 생업에 종사하기 위하여 외국에 이주하는 경우이거나 외국인과의 혼인 및 연고관계로 인하여 외국에 이주하는 경우

④ 소비자의 기한 전 지급

　소비자는 기한이 되기 전이라도 나머지 할부금을 한꺼번에 지급할 수 있다. 소비자가 할부거래업자 또는 신용제공자에게 지급하는 금액은 나머지 할부금에서 나머지 기간에 대한 할부수수료를 공제한 금액으로 한다. 이 경우 할부수수료는 일단위로 계산한다.

Ⓐ 소비자의 항변권

㉮ 소비자는 항변사유가 있는 경우에는 할부거래업자에게 그 할부금의 지급을 거절할 수 있다. 항변사유는 다음과 같다.
- 할부계약이 불성립·무효인 경우
- 할부계약이 취소·해제 또는 해지된 경우
- 재화 등의 전부 또는 일부가 재화 등의 공급 시기까지 소비자에게 공급되지 아니한 경우
- 할부거래업자가 하자담보책임을 이행하지 아니한 경우
- 그 밖에 할부거래업자의 채무불이행으로 인하여 할부계약의 목적을 달성할 수 없는 경우
- 다른 법률에 따라 정당하게 청약을 철회한 경우 등

㉯ 소비자는 간접할부계약인 경우 위 ㉮의 어느 하나에 해당하는 항변사유가 있으면 할부가격이 대통령령으로 정한 금액인 10만 원(다만, 「여신전문금융업법」에 따른 신용카드를 사용하여 할부거래를 하는 경우에는 20만 원) 이상인 경우에만 신용제공자에게 할부금의 지급을 거절하는 의사를 통지한 후 할부금의 지급을 거절할 수 있다. 소비자가 이에 따라 신용제공자에게 지급을 거절할 수 있는 금액은 할부금의 지급을 거절한 당시에 소비자가 신용제공자에게 지급하지 아니한 나머지 할부금으로 한다.

㉰ 소비자의 항변권은 그 항변권의 행사를 서면으로 하는 경우 그 효력은 서면을 발송한 날에 발생한다. 할부거래업자 또는 신용제공자는 소비자의 항변을 서면으로 수령한 경우 지체 없이 그 항변권의 행사가 항변사유에 해당하는지를 확인하여야 하고, 항변사유에 해당하지 아니하는 경우 소비자의 항변을 수령한 날부터 할부거래업자는 5영업일, 신용제공자는 7영업일 이내에 서면으로 소비자의 항변을 수용할 수 없다는 의사와 항변권의 행사가 항변사유에 해당하지 아니한다는 사실을 소비자에게 서면으로 통지하여야 한다. 할부거래업자 또는 신용제공자가 이에 따른 통지를 하지 아니한 경우에는 소비자의 할부금 지급거절의사를 수용한 것으로 본다.

㉱ 할부거래업자 또는 신용제공자는 소비자의 항변사유로 인하여 할부금의 지급을 거절한 경우 소비자와 분쟁이 발생하면 분쟁이 해결될 때까지 할부금 지급거절을 이유로 해당 소비자를 약정한 기일 이내에 채무를 변제하지 아니한 자로 처리하는 등 소비자에게 불이익을 주는 행위를 하여서는 안 된다.

◎ 할부대금채권의 소멸시효와 휴업기간 청약철회 업무

할부계약에 의한 할부대금채권은 3년간 행사하지 아니하면 소멸시효가 완성한다. 할부거래업자 또는 신용제공자는 그 휴업기간 또는 영업정지기간 중에도 청약의 철회에 관한 업무를 계속하여야 하며, 이를 위반하면 500만 원 이하의 과태료가 부과된다.

② **선불식 할부거래**

㉠ 선불식 할부계약이란 계약의 명칭·형식이 어떠하든 소비자가 사업자로부터 장례 또는 혼례를 위한 용역(제공시기가 확정된 경우는 제외) 및 이에 부수한 재화나 이에 준하는 소비자피해가 발생하는 재화 등으로서 소비자의 피해를 방지하기 위하여 대통령령으로 정하는 재화 등의 대금을 2개월 이상의 기간에 걸쳐 2회 이상 나누어 하고 재화 등의 공급은 대금의 전부 또는 일부를 지급한 후에 받기로 하는 계약을 말한다.

㉡ 계약체결 전의 정보제공 및 계약서 발급

선불식 할부거래업자 또는 모집인(이하 "선불식 할부거래업자 등"이라 한다)은 선불식 할부계약을 체결하기 전에 소비자가 계약의 내용을 이해할 수 있도록 다음의 사항을 설명하여야 한다. 그리고 설명한 내용을 소비자가 이해하였다는 사실을 서명, 기명날인, 녹취 또는 그 밖에 대통령령으로 정하는 방법으로 소비자에게 확인받아야 한다.

㉮ 선불식 할부거래업자 및 모집인의 상호·주소·전화번호·전자우편주소·대표자의 이름
㉯ 재화 등의 종류 및 내용
㉰ 재화 등의 가격과 그 지급의 방법 및 시기
㉱ 재화 등을 공급하는 방법 및 시기
㉲ 계약금
㉳ 청약의 철회 및 계약 해제의 기한·행사방법·효과에 관한 사항 및 청약의 철회 및 계약 해제의 권리 행사에 필요한 서식으로서 총리령으로 정하는 것
㉴ 재화 등에 대한 불만 및 소비자와 사업자 사이의 분쟁 처리에 관한 사항
㉵ 소비자피해보상에 관한 사항으로 제27조 제1항에 따른 소비자피해보상보험계약 등의 계약기간, 소비자피해보상금 및 같은 조 제4항에 따른 지급의무자 등 대통령령으로 정하는 사항
㉶ 선불식 할부계약을 체결한 날이 속하는 달의 전월 말일까지 선불식 할부거래업자가 받은 총 선수금 중 제27조 제2항에 따라 보전하고 있는 총보전금액 비율
㉷ 선불식 할부거래에 관한 약관

㉮ 그 밖에 소비자의 구매 여부 판단에 영향을 주는 거래조건 또는 소비자의 피해구제에 필요한 사항으로서 대통령령으로 정하는 사항 등
ⓒ 선불식 할부거래 청약의 철회
㉮ 청약철회의 기간
소비자는 다음의 기간(거래당사자가 다음의 기간보다 긴 기간으로 약정한 경우에는 그 기간) 이내에 선불식 할부계약에 관한 청약을 철회할 수 있다.
- 선불식 할부거래계약서를 받은 날부터 14일
- 다음의 어느 하나에 해당하는 경우에는 그 주소를 안 날 또는 알 수 있었던 날 등 청약을 철회할 수 있는 날부터 14일
  - 선불식 할부거래업자의 주소 등이 적혀 있지 아니한 계약서를 받은 경우
  - 선불식 할부거래업자의 주소변경 등의 사유로 청약철회기간 이내에 청약을 철회할 수 없는 경우
- 계약서에 청약의 철회에 관한 사항이 적혀 있지 아니한 경우에는 청약을 철회할 수 있음을 안 날 또는 알 수 있었던 날부터 14일
- 선불식 할부거래업자가 청약의 철회를 방해한 경우에는 그 방해 행위가 종료한 날부터 14일
- 계약서를 받지 아니한 경우에는 계약일부터 3개월

㉯ 청약철회의 방법과 효과
- 소비자가 청약을 철회할 경우 청약철회기간 이내에 선불식 할부거래업자에게 청약을 철회하는 의사표시가 적힌 서면을 발송하여야 한다. 청약의 철회는 서면을 발송한 날에 그 효력이 발생한다.
- 계약서의 발급사실과 그 시기 등에 관하여 다툼이 있는 경우에는 선불식 할부거래업자가 이를 입증하여야 한다.
- 소비자가 청약을 철회한 경우 선불식 할부거래업자는 청약철회의 서면을 접수한 날부터 3영업일 이내에 이미 지급받은 계약금 및 할부금을 환급하여야 한다. 이 경우 선불식 할부거래업자가 환급을 지연한 때에는 그 지연기간에 따라 지연배상금을 함께 환급하여야 한다.

ⓔ 선불식 할부계약 해제
㉮ 소비자의 선불식 할부계약 해제
- 소비자가 선불식 할부계약을 체결하고, 그 계약에 의한 재화 등의 공급을 받지 아니한 경우에는 그 계약을 해제할 수 있다. 선불식 할부거래업자는 계약이 해제된 경우 소비자에게 해제로 인한 손실을 초과하는 위약금을 청구하여서는 아니 된다.
- 선불식 할부거래업자는 소비자가 다음의 어느 하나에 해당하는 사유로 계약을 해제하는 경우에는 위약금을 청구하여서는 아니 된다.

- 휴업 또는 폐업신고를 한 때
- 영업정지 처분을 받은 때
- 등록이 취소되거나 말소된 때
- 「은행법」에 따른 은행으로부터 당좌거래의 정지처분을 받은 때
- 파산 또는 화의(和議) 개시의 신청이 있는 때
- 소비자가 선불식 할부계약의 이전계약에 동의하지 아니한 때

• 선불식 할부거래업자는 선불식 할부계약이 해제된 경우에는 해제된 날부터 3영업일 이내에 이미 지급받은 대금에서 위약금을 뺀 금액을 소비자에게 환급하여야 한다. 이 경우 선불식 할부거래업자가 환급을 지연한 때에는 그 지연기간에 따라 지연배상금을 함께 환급하여야 한다. 공정거래위원회는 총리령으로 정하는 바에 따라 위약금 및 대금의 환급에 관한 산정기준을 정하여 고시할 수 있다.

⑭ 선불식 할부거래업자의 선불식 할부계약 해제

선불식 할부거래업자는 소비자가 대금 지급의무를 이행하지 아니하면 선불식 할부계약을 해제할 수 있다. 이 경우 선불식 할부거래업자는 그 계약을 해제하기 전에 14일 이상의 기간을 정하여 소비자에게 이행할 것을 서면으로 최고하여야 한다.

4 물품과 용역의 취급 관련 소비자분쟁의 해결

(1) 계약체결상의 과실 책임

계약의 성립과정에 있어서 또는 계약체결을 위한 준비단계에 있어서 당사자의 일방이 그에게 책임 있는 사유로 상대방에게 손해를 준 때에 부담하여야 할 배상책임을 계약체결상의 과실 책임이라고 한다. 우리 민법 제535조는 '고의 또는 과실로 인하여 목적이 불능한 계약을 체결한 자는 상대방에게 그 계약의 유효를 믿었음으로 인하여 받은 손해, 즉 신뢰이익을 배상할 책임이 있다'고 규정하고 있다. 그러나 이를 유추 적용하여 계약체결상의 과실 책임은 ⅰ) 계약체결의 준비단계에서의 계약체결상의 과실 책임, ⅱ) 원시적 불능 등으로 계약이 무효·취소된 경우의 계약체결상의 과실 책임, ⅲ) 계약이 유효한 경우의 계약체결상의 과실 책임을 학설상 논의하고 있다.

① 계약체결의 준비단계에서의 계약체결상의 과실 책임

계약체결의 준비단계에서의 계약체결상의 과실 책임이라 함은 계약체결의 준비단계에서의 과실로 인해 계약이 불성립으로 끝난 경우의 책임을 말한다. 계약체결을 위한 상의에 착수하면 그 순간부터 당사자는 신뢰관계에 서게 되며, 계약체결이라는 공동의 목적을 향해 서로 협력하여야 할 긴밀한 결합관계가 이루어지고 서로 상대방에게 손해를 주어서는 안 되는 의무 또는 상대방의 의사결정에 중대한 의의가 있는 사실을 해명·통지할 의무 등을 포함하는 신의칙

상 의무를 부담한다. 계약체결에 이르지 않았더라도 그 준비단계에서 사업자는 설명의무, 충실의무, 보호의무 등을 갖게 되는데 이에 위반하면 계약위반과 같은 책임을 지게 된다는 것이다. 예컨대 백화점 8층에 전자제품을 사러 가는데 2층에 있는 과일상 앞의 과일껍질에 소비자가 미끄러져 다쳤다면 계약체결의 준비단계에 있어 보호 의무를 다하지 않은 책임이 사업자 측에 있다. 또한, 물건의 매매계약을 체결하기 전에 이루어진 사용방법의 잘못된 설명에 의해 당해 설명대로 사용을 했더니 물건이 손상되거나 폭발한 경우 계약체결 전 설명의무를 다하지 못함으로 인해 사업자 측에 책임이 있다. 뿐만 아니라 백화점에 물건을 사러 어린아이와 함께 갔는데 냉온수기의 안전장치를 제대로 하지 않아 어린아이가 뜨거운 물에 손을 데었다면 이 역시 사업자의 책임이 된다.

② 원시적 불능 등으로 계약이 무효·취소된 경우의 계약체결상의 과실 책임

㉠ 무능력의 경우

일시적인 심신상실자 또는 성년후견개시의 심판을 받지 않은 의사무능력자들이 행한 법률행위는 행위 시에 의사능력이 없었음을 증명함으로써 무효로 할 수 있으며, 이 경우 의사무능력자에게 체약상의 과실을 인정하여 신뢰이익의 배상을 인정하는 것을 말한다. 예컨대 일시적 의사무능력자가 은행에 송금을 의뢰했으나 의사무능력을 이유로 무효화된 경우 송금수수료 등 문제에 있어 의사무능력자에게 체약상의 과실을 인정하여 신뢰이익의 배상을 인정하는 것이 타당하다는 견해가 있다. 법률규정에 의한 무능력자의 취소, 즉 미성년자의 사술 등의 경우에 취소할 수 없다는 것은 법률규정에 의한 것이므로 이 규정의 적용 여지가 없다.

㉡ 착오의 경우

민법 제109조는 의사표시는 법률행위의 내용의 중요부분에 착오가 있는 때에는 취소할 수 있으며, 다만 그 착오가 표의자의 중대한 과실로 인한 때에는 취소하지 못한다고 규정하고 있다. 이 경우 취소하지 못하는 경우는 표의자에게 중과실이 있는 경우이다. 따라서 표의자의 경과실로 인하여 의사표시를 취소한 경우 뜻하지 않는 손해를 입게 되는 상대방의 보호가 문제이다. 독일은 신뢰이익의 배상에 대한 명문규정이 있으나, 우리나라의 경우에는 없으므로 체약상의 과실을 이유로 신뢰이익의 배상을 인정하는 것이 타당하다는 견해가 있다.

㉢ 원시적 불능의 경우

원시적 불능의 경우는 민법 제535조가 명확히 규정하고 있다. 즉, 목적이 불능한 계약을 체결할 때에 그 불능을 알았거나 알 수 있었을 자는 상대방이 그 계약의 유효를 믿었음으로 인하여 받은 손해를 배상하여야 한다. 원시적 불능으로 계약이 무효인 경우에 그 불능한 급부를 이행하였어야 할 자는 계약이 무효이기 때문에 상대방이 받은 손해, 즉 신뢰이익을 배상하여야 한다.

원시적 불능에 의한 체약상의 과실 책임을 인정하기 위해서는 ⅰ) 체결된 계약의 내용이 원

시적·객관적으로 불능이기 때문에 그 계약이 무효이어야 한다. 단, 매매·유상계약에 있어 매매의 목적물 수량이 부족하거나 물건의 일부가 멸실한 경우 또는 목적물의 하자가 있는 경우에는 민법 제574조 및 제580조에 의한 담보책임이 발생한다. ⅱ) 무효인 계약이 유효하였다면 급부를 하였어야 할 자가 그 불능을 알았거나 또는 알 수 있었을 것을 요한다. ⅲ) 상대방은 선의·무과실일 것을 요한다. 원시적 불능에 의한 체약상의 과실 책임은 과실 있는 당사자는 상대방이 그 계약의 유효를 믿었기 때문에 받은 손해, 즉 신뢰이익을 배상하여야 한다. 그러나 그 배상액은 그 계약의 유효로 상대방이 얻었을 이익액, 즉 이행이익을 넘지 못한다.

③ 계약이 유효한 경우의 계약체결상의 과실 책임

유효한 계약이 성립하였으나 그 계약에 어떤 흠이 있기 때문에 계약체결상의 과실 책임이 발생하는 경우가 있다. 매매목적물에 관하여 사용방법을 잘못 알린 경우, 고용계약에서 노무자가 중대한 질병이 있음을 알리지 않고 계약을 맺은 경우, 도급계약·운송계약 등에서 수급인·운송인 등이 계약체결 전에 각종의 통지를 하거나 일정한 사실을 알리는 경우 그 통지나 고지가 잘못된 경우가 이에 해당한다. 계약이 유효한 경우의 계약체결상의 과실 책임이 인정되기 위해서는 ⅰ) 계약이 유효하게 성립하였어야 한다. 계약이 성립하지 않은 경우는 준비단계에서의 체약상의 과실 책임, 성립하였으나 무효 또는 취소된 경우는 무능력 등을 이유로 계약이 무효·취소된 경우의 체약상의 과실 책임이다. ⅱ) 신의칙상 의무위반과 손해사이의 인과관계가 있어야 한다. ⅲ) 원인을 주는 데 과실이 있어야 하고, 상대방은 선의·무과실이어야 한다.

(2) 물건에 대한 하자담보책임

매도인의 담보책임이란 매도인이 매매의 목적물에 하자가 있어서 재산권의 전부 또는 일부를 매수인에게 이전할 수 없거나, 재산권의 객체인 물건에 하자가 있는 경우에 매수인에 대하여 부담하는 책임을 말한다. 매도인의 담보책임의 본질과 관련하여 법정책임으로 보는 견해와 채무불이행책임으로 보는 견해로 나뉘나, 이를 채무불이행책임이라고 보더라도 담보책임은 일반적인 채무불이행책임과 차이가 있다. 즉, ⅰ) 담보책임은 매도인의 고의나 과실을 요하지 않는 무과실 책임인 데 반하여 채무불이행책임은 과실 책임을 원칙으로 하며, ⅱ) 담보책임의 내용으로 매수인에 대한 손해배상청구권은 매수인이 선의인 경우에 인정되고 계약해제도 계약의 목적 달성이 불가능한 경우에 인정되는 데 반하여 채무불이행책임에는 채권자의 선의·악의는 문제됨이 없이 손해가 있으면 언제든지 손해배상청구권이 발생하고 계약해제도 일반적으로 인정된다. 또한, ⅲ) 담보책임은 1년 또는 6개월의 제척기간이 적용되나, 채무불이행책임은 통상 10년의 소멸시효에 걸린다. 매도인이 부담하여야 할 담보책임은 매수인에게 일정한 요건하에서 계약해제권·대금감액청구권·손해배상청구권·완전물급부청구권이 주어진다.

① 권리의 하자담보책임

권리의 하자에 대한 담보책임은 권리가 타인에게 속하는 경우와 권리가 부족하거나 또는 제한을 받고 있는 경우로 나눌 수 있다.

㉠ 권리가 타인에게 속하는 경우

㉮ 권리의 전부가 타인에게 속하는 경우, 즉 매도인이 그 타인의 권리를 취득해서 매도인에게 이전할 수 없는 경우에는 매수인의 선의·악의뿐만 아니라 매도인의 귀책사유의 유무를 묻지 않고 매수인의 계약을 해제할 수 있고(민법 제570조), 선의의 매수인은 그 밖에 손해배상도 청구할 수 있으며(민법 제570조 단서), 이 경우의 매수인의 해제권과 손해배상청구권은 제척기간이 정하여져 있지 않다. 또한 매도인이 계약 당시에 매매의 목적이 된 권리가 자기에게 속하지 아니함을 알지 못한 경우에, 그 권리를 취득하여 매수인에게 이전할 수 없는 때에는 매도인은 손해를 배상하고 계약을 해제할 수 있으며, 매수인이 악의인 때에는 매도인은 손해배상을 하지 않고서 다만 권리이전이 불능임을 통지하고 해제할 수 있다(민법 제571조).

㉯ 권리의 일부가 타인에게 속하는 경우, 즉 매매의 목적인 권리의 일부가 타인에게 속하기 때문에 매도인이 그 부분의 권리를 매수인에게 이전할 수 없는 경우에는 매수인은 그 권리의 타인에게 속하는 부분의 비율로 대금의 감액을 청구할 수 있고(대금감액청구권, 민법 제572조 제1항), 선의의 매수인은 이전된 부분만이면 이를 매수하지 않았으리라는 사정이 있는 경우에 계약의 전부를 해제할 수 있을 뿐만 아니라 손해배상도 청구할 수 있다(민법 제572조 제2항·제3항). 이 권리는 매수인이 선의이면 사실을 안 날부터 1년 내에, 악의이면 계약한 날로부터 1년 내에 행사하여야 한다.

㉡ 권리가 부족하거나 또는 제한을 받고 있는 경우

㉮ 목적물의 수량부족·일부 멸실의 경우에는 권리의 일부가 타인에게 속하고 있는 경우와 마찬가지의 결과가 되며, 다만 이는 특정물의 매매에 대하여만 적용되고 일부 멸실에 의한 담보책임은 계약 당시에 이미 멸실된 경우에 한하여 적용된다. ⅰ) 선의의 매수인은 항시 대금감액청구권과 손해배상청구권이 있고, 계약 당시에 잔존하는 것만으로는 매매하지 않았으리라고 할 만한 사정이 있는 경우에는 계약을 해제하고 손해배상을 청구할 수 있으며, ⅱ) 악의의 매수인에 대하여는 매도인은 담보책임을 지지 않는다. 이 경우 매수인의 권리는 수량부족 또는 일부 멸실의 사실을 안 날로부터 1년의 제척기간에 걸린다.

㉯ 용익적 권리에 의하여 제한되어 있는 경우, 예컨대 매매의 목적물이 지상권·지역권·전세권·질권·유치권 또는 주택임대차보호법의 적용을 받은 임차권이나 채권적 전세의 목적이 되어 있는 경우 등에 있어서는 선의의 매수인은 계약해제권과 손해배상청구권이 있다(민법 제575조 제1항·제2항). 이 경우 매수인의 해제권과 손해배상청구권은 용익권의 존재 또는 지역권의 부존재를 안 날로부터 1년의 제척기간에 걸린다.

㉰ 저당권 · 전세권에 의하여 제한되어 있는 경우, 즉 이들 권리의 행사로 매수인이 소유권을 취득할 수 없거나 또는 잃은 때 등의 경우에는 매수인은 저당권 또는 전세권의 존재에 관한 선의 · 악의를 묻지 않고 계약을 해제하고 손해의 배상을 청구할 수 있다(민법 제576조). 또한 채무자의 출재로 소유권을 보존한 때에는 그 출재의 상환을 청구하고 손해배상을 청구할 수 있다.

② 물건의 하자담보책임

매매의 목적물에 하자가 있는 때에는 매수인은 일정한 요건하에 계약을 해제하고 손해배상을 청구할 수 있고, 경우에 따라서는 흠이 없는 완전물의 급부를 청구할 수 있는데 이는 매수인이 선의이고 과실이 없어야 한다. 물건에 대한 담보책임을 특정물매매의 경우와 불특정매매의 경우로 나누어 살펴보도록 한다.

㉠ 특정물 매매의 경우

특정물 매매에 있어서는 목적물의 하자로 말미암아 매매의 목적을 달성할 수 없는 때에 매수인은 계약을 해제하고 아울러 손해의 배상을 청구할 수 있다. 다만, 목적물의 하자가 계약의 목적을 달성할 수 없을 정도로 중대한 것이 아닌 때에는 매수인은 손해배상을 청구할 수 있을 뿐이고 계약을 해제하지는 못한다. 이 경우 매수인의 계약해제 및 손해배상의 청구는 매수인이 목적물의 하자를 발견한 때로부터 6개월 내에 하여야 한다.

㉡ 불특정물 매매의 경우

불특정물 매매에 있어서 후에 특정된 목적물에 하자가 있는 때에는 민법 제580조가 준용된다. 즉, 목적물의 하자로 매매의 목적을 달성할 수 없는 때에는 매수인은 계약을 해제하고 아울러 손해의 배상을 청구할 수 있으나, 하자가 계약목적을 달성할 수 없을 정도로 중대한 것이 아닌 때에는 손해배상만을 청구할 수 있을 뿐이다. 다만, 이 경우 매수인은 계약의 해제 또는 손해배상을 청구하지 아니하고 그에 갈음하여 하자 없는 완전물의 급부를 청구할 있다는 점에서 특정물 매매의 경우와 다르며, 매수인의 권리는 6개월의 제척기간에 걸린다.

(3) 표시 · 광고의 공정화(표시광고법)

표시 · 광고의 공정화를 위해 「표시 · 광고의 공정화에 관한 법률」이 제정되어 있다. 「표시 · 광고의 공정화에 관한 법률」은 상품 또는 용역에 관한 표시 · 광고를 할 때 소비자를 속이거나 소비자로 하여금 잘못 알게 하는 부당한 표시 · 광고를 방지하고 소비자에게 바르고 유용한 정보의 제공을 촉진함으로써 공정한 거래질서를 확립하고 소비자를 보호함을 목적으로 한다.

① 부당한 표시 · 광고행위의 금지

사업자 등은 소비자를 속이거나 소비자로 하여금 잘못 알게 할 우려가 있는 표시 · 광고행위로서 공정한 거래질서를 해칠 우려가 있는 거짓 · 과장의 표시 · 광고, 기만적인 표시 · 광고, 부당하게 비교하는 표시 · 광고, 비방적인 표시 · 광고 등의 행위를 하거나 다른 사업자 등으로 하여금 하게 하여서는 안 된다(법 제3조 제1항).

㉠ 거짓·과장의 표시·광고란 사실과 다르게 표시·광고하거나 사실을 지나치게 부풀려 표시·광고하는 것
　　㉡ 기만적인 표시·광고란 사실을 은폐하거나 축소하는 등의 방법으로 표시·광고하는 것
　　㉢ 부당하게 비교하는 표시·광고란 비교대상 및 기준을 분명하게 밝히지 아니하거나 객관적인 근거 없이 자기 또는 자기의 상품이나 용역을 다른 사업자 또는 사업자단체나 다른 사업자 등의 상품 등과 비교하여 우량 또는 유리하다고 표시·광고하는 것
　　㉣ 비방적인 표시·광고란 다른 사업자 등 또는 다른 사업자 등의 상품 등에 관하여 객관적인 근거가 없는 내용으로 표시·광고하여 비방하거나 불리한 사실만을 표시·광고하여 비방하는 것(동법 시행령 제3조 제1항 내지 제4항).

② 표시·광고내용의 실증 등
　　㉠ 사업자 등은 자기가 한 표시·광고 중 사실과 관련한 사항에 대하여는 실증할 수 있어야 한다(법 제5조 제1항). 실증에 사용되는 시험 또는 조사의 방법은 학술적으로 또는 산업계에서 일반적으로 인정된 방법 등 객관적이고 타당한 방법일 것을 요하며, 시험 또는 조사는 법령에 따른 시험·조사기관이나 사업자 등과 독립적으로 경영되는 시험·조사기관에서 할 것이 요구된다. 다만, 법령에 따른 시험·조사기관이나 사업자 등과 독립적으로 경영되는 시험·조사기관에서 시험·조사하는 것이 불가능하거나 적당하지 아니하다고 인정되는 경우에는 그러하지 아니하다(동법 시행령 제4조 제1항). 사업자 등과 독립적으로 경영되는 시험·조사기관이란 사업자 등 또는 사업자의 계열회사가 운영하는 시험·조사기관이나 사업자 등이 속한 기업집단의 범위에 속하였으나 「독점규제 및 공정거래에 관한 법률 시행령」 제5조제1항 제2호에 따라 그 기업집단으로부터 제외된 회사가 운영하는 시험·조사기관이 아닌 시험·조사기관을 말한다(동법 시행령 제4조 제2항).
　　㉡ 공정거래위원회는 사업자 등이 부당한 표시·광고행위금지의 규정에 위반할 우려가 있어 실증이 필요하다고 인정하는 경우에는 그 내용을 구체적으로 밝혀 해당 사업자 등에게 관련 자료를 제출하도록 요청할 수 있으며, 실증자료 제출을 요청받은 사업자 등은 요청받은 날부터 15일 이내에 그 실증자료를 공정거래위원회에 제출하여야 한다(제5조 제2항·제3항). 다만, 공정거래위원회는 정당한 사유가 있다고 인정하는 경우에는 그 제출기간을 연장할 수 있다.
　　㉢ 사업자 등은 실증자료를 제출할 때에는 ⅰ) 실증방법, ⅱ) 시험·조사기관의 명칭, 대표자의 성명·주소·전화번호(시험·조사를 하는 경우만 한함), ⅲ) 실증내용 또는 결과, ⅳ) 실증자료 중 영업상 비밀에 해당하여 공개를 원하지 아니하는 경우에는 그 내용 및 사유 등을 적은 서면에 그 내용을 증명하는 서류를 첨부하여야 한다(동법 시행령 제5조).
　　㉣ 공정거래위원회는 상품 등에 관하여 소비자가 잘못 아는 것을 방지하거나 공정한 거래질서를 유지하기 위하여 필요하다고 인정하는 경우에는 사업자 등이 제출한 실증자료를 갖추어

두고 일반이 열람할 수 있게 하거나 그 밖의 적절한 방법으로 이를 공개할 수 있다. 다만, 그 자료가 사업자 등의 영업상의 비밀에 해당하여 공개하면 사업자 등의 영업활동을 침해할 우려가 있는 경우에는 그러하지 아니하다(법 제5조 제4항). 영업상의 비밀은 「부정경쟁방지 및 영업비밀보호에 관한 법률」 제2조 제2호의 규정에 따른 영업비밀, 즉 '공공연히 알려져 있지 아니하고 독립된 경제적 가치를 가지는 것으로서, 비밀로 관리된 생산방법, 판매방법, 그 밖에 영업활동에 유용한 기술상 또는 경영상의 정보'를 말한다(동법 시행령 제6조 제2항). 공정거래위원회는 실증자료를 열람하게 하거나 공개하는 경우에는 소비자의 구매선택에 필요한 정보를 요약·정리하여 할 수 있다(동법 시행령 제6조 제1항).

③ 손해배상

㉠ 손해배상책임

사업자 등은 부당표시광고금지규정(법 제3조 제1항)을 위반하여 부당한 표시·광고행위를 함으로써 피해를 입은 자가 있는 경우에는 그 피해자에 대하여 손해배상의 책임을 진다. 손해배상의 책임을 지는 사업자 등은 고의 또는 과실이 없음을 들어 그 피해자에 대한 책임을 면할 수 없다(법 제10조).

㉡ 손해배상청구권의 재판상의 주장제한 등

부당한 표시·광고 행위의 금지 규정을 위반한 행위로 인하여 손해가 발생한 사실은 인정되나 그 손해액을 증명하는 것이 사안의 성질상 곤란한 경우 법원은 변론 전체의 취지와 증거조사의 결과에 기초하여 상당한 손해액을 인정할 수 있다(법 제11조).

(4) 제조물 책임(제조물 책임법)

제조물 책임과 관련하여 제조물 책임법이 제정되어 있다. 제조물 책임법은 제조물의 결함으로 발생한 손해에 대한 제조업자 등의 손해배상책임을 규정함으로써 피해자 보호를 도모하고 국민생활의 안전 향상과 국민경제의 건전한 발전에 이바지함을 목적으로 한다(법 제1조).

① 용어의 정의

제조물 책임법 제2조는 제조물 책임법에서 사용하는 용어의 정의에 관하여 각각 다음과 같이 규정하고 있다.

㉠ 제조물 : 다른 동산이나 부동산의 일부를 구성하는 경우를 포함한 제조 또는 가공된 동산

㉡ 결 함

㉮ 제조상의 결함 : 제조업자가 제조물에 대하여 제조상·가공상의 주의의무를 이행하였는지에 관계없이 제조물이 원래 의도한 설계와 다르게 제조·가공됨으로써 안전하지 못하게 된 경우를 말한다.

㉯ 설계상의 결함 : 제조업자가 합리적인 대체설계를 채용하였더라면 피해나 위험을 줄이거나 피할 수 있었음에도 대체설계를 채용하지 아니하여 해당 제조물이 안전하지 못하게 된 경우를 말한다.

  ⓒ 표시상의 결함 : 제조업자가 합리적인 설명·지시·경고 또는 그 밖의 표시를 하였더라면 해당 제조물에 의하여 발생할 수 있는 피해나 위험을 줄이거나 피할 수 있었음에도 이를 하지 아니한 경우를 말한다.

② 결함과 하자

통상적으로 기대되는 안전성이 결여된 것. 즉, '결함'이란 해당 제조물에 제조상·설계상 또는 표시상의 결함이 있거나 그 밖에 통상적으로 기대할 수 있는 안전성이 결여되어 있는 것을 말한다. '하자'란 상품적합성이 결여된 것을 말한다.

③ 제조물 책임(제3조)

제조업자가 결함을 알면서도 필요한 조치를 취하지 아니한 결과, 생명·신체에 중대한 손해를 입힌 경우에는 발생한 손해의 3배의 범위 내에서 징벌적 손해배상이 인정된다.

 ㉠ 징벌적 손해배상의 범위는 전보배상(1배) 외에 추가적 손해배상(2배)을 포함한다.
 ㉡ 징벌적 손해배상 발생 요건
  ⓐ 결함을 알고 있었을 것
  ⓑ 필요한 조치를 취하지 아니하였을 것
  ⓒ 생명·신체에 중대한 손해가 발생하였을 것
  ⓓ 필요한 조치를 취하지 아니한 것과 중대한 손해 발생 간에 인과관계가 있을 것
 ㉢ 결함과 확대손해 간의 인과관계

  제조물 책임이 인정되기 위해서는 결함과 확대손해 사이에 원인과 결과의 관계가 존재해야 한다. 제조물로 인해 피해가 발생한 경우에도 피해가 제조물의 결함이 아닌 다른 원인에 의해 발생한 경우 제조물 책임은 인정되지 않는다. 사고 발생 원인은 제조물 결함이 아니지만, 제조물 결함으로 인해 그 피해가 확대된 경우, 확대된 피해에 대해서는 제조물 책임이 인정된다. 징벌적 손해배상의 경우에는 결함을 알면서 필요한 조치를 취하지 아니한 것과 생명·신체상의 중대한 손해 발생 사이에 인과관계의 존재가 필요하다.

 ㉣ 배상액 결정 시 법원이 고려해야 하는 사항
  ⓐ 고의성의 정도
  ⓑ 해당 제조물의 결함으로 인하여 발생한 손해의 정도
  ⓒ 해당 제조물의 공급으로 인하여 제조업자가 취득한 경제적 이익
  ⓓ 해당 제조물의 결함으로 인하여 제조업자가 형사처벌 또는 행정처분을 받은 경우 그 형사처벌 또는 행정처분의 정도
  ⓔ 해당 제조물의 공급이 지속된 기간 및 공급 규모
  ⓕ 제조업자의 재산상태
  ⓖ 제조업자가 피해구제를 위하여 노력한 정도

④ **면책사유(제4조)**

제조물에 대한 손해배상책임을 져야 할 자가 다음의 어느 하나에 해당하는 사실을 입증한 경우에는 손해배상책임을 면한다.

㉠ 제조업자가 해당 제조물을 공급하지 아니하였다는 사실

㉡ 제조업자가 해당 제조물을 공급한 당시의 과학·기술 수준으로는 결함의 존재를 발견할 수 없었다는 사실

㉢ 제조물의 결함이 제조업자가 해당 제조물을 공급한 당시의 법령에서 정하는 기준을 준수함으로써 발생하였다는 사실

㉣ 원재료나 부품의 경우에는 그 원재료나 부품을 사용한 제조물 제조업자의 설계 또는 제작에 관한 지시로 인하여 결함이 발생하였다는 사실

㉤ 다만, 제조물에 대한 손해배상책임을 져야 할 자가 제조물을 공급한 후에 그 제조물에 결함이 존재한다는 사실을 알거나 알 수 있었음에도 그 결함으로 인한 손해의 발생을 방지하기 위한 적절한 조치를 하지 아니한 경우에는 면책을 주장할 수 없다.

⑤ **면책특약의 제한(제6조)**

제조물 책임에 대하여 손해배상책임을 배제하거나 제한하는 특약은 무효로 한다. 다만, 자신의 영업에 이용하기 위하여 제조물을 공급받은 자가 자신의 영업용 재산에 발생한 손해에 관하여 그와 같은 특약을 체결한 경우에는 그러하지 아니하다.

⑥ **소멸시효(제7조)**

㉠ 제조물에 대한 손해배상의 청구권은 피해자 또는 그 법정대리인이 발생한 손해와 이에 따라 손해배상책임을 지는 자를 모두 알게 된 날부터 3년간 행사하지 아니하면 시효의 완성으로 소멸한다.

㉡ 제조물에 대한 손해배상의 청구권은 제조업자가 손해를 발생시킨 제조물을 공급한 날부터 10년 이내에 행사하여야 한다. 다만, 신체에 누적되어 사람의 건강을 해치는 물질에 의하여 발생한 손해 또는 일정한 잠복기간이 지난 후에 증상이 나타나는 손해에 대하여는 그 손해가 발생한 날부터 기산한다.

5 소비자피해예방을 위해 주의해야 할 악덕 상술

(1) 최면 상술

사람들을 모아 놓고 처음에는 일용잡화 등을 무료로 배포해서 일종의 흥분상태에 빠지게 한 후 고액의 물건을 판매하거나, 설명회가 끝난 후 공장을 견학시키고 견학 기념선물을 줌으로써 소비자의 구매욕구를 자극하여 제품을 판매하는 상술

(2) 설문조사 상술

지하철역이나 버스터미널 등 번잡한 장소에서 판매원이 설문조사를 빙자하여 사람을 유인하거나 대학강의실 또는 가정을 방문하여 설문조사를 한다면서 소비자의 관심을 끈 다음 아동도서·학습 교재 및 기타 가정용품 등을 판매하는 상술

(3) 추첨상술·전화당첨 상술

사람이 많은 번화가 노상, 학교 앞, 터미널 등에서 회사창립기념, 신제품개발 등을 빙자하여 추첨된 사람에게 물건이나 경품을 무료로 증정한다고 하거나, 불특정인에게 전화로 당첨 사실을 통보하면서 인적 사항을 확인한 후 추첨된 사람의 주소로 도서나 테이프 등을 보내 마치 구입계약을 한 것처럼 하여 판매하는 상술

(4) 피라미드(Pyramid) 상술

판매자가 일반구매자를 유인하여 다수의 구매자에게 재판매할 것을 조건으로 제품의 무료증정, 가격할인 등의 판매보수를 지급함으로써 피라미드식으로 늘어난 판매원에게 상품을 판매하는 상술

(5) 캐치세일(Catch Sales) 상술

번화가의 노상이나 터미널 등에서 캠페인을 벌이는 것처럼 하여(예 '독서캠페인에 협력을') 행인들을 다방이나 차량 등으로 유인한 후, 도서·건강식품·화장품 및 가정용품 등을 판매하는 상술

(6) 허위 상술(신분사칭)

정부기관의 지원하에 면세가격으로 책을 싸게 판다거나, 육영재단에서 국민교육을 위해 싼값으로 책을 보급한다면서 책이나 테이프 등을 판매하거나, 유명회사 판매원을 가장하여 판매하는 상술

(7) 부업 상술

'취미와 실익을 겸한 고수입 부업'이라는 선전하에 선전회·강습회비 명목으로 돈을 받거나 고액의 기계를 판매하는 상술

(8) 회원권 상술

'장래에 반드시 값이 오른다'고 개장예정도 알지 못하는 골프장, 콘도미니엄 회원권이나 이윤도 없는 리조트(Resort Club) 회원권 등을 판매하는 상술

(9) 자격증빙자 상술

건축, 부동산 등 특정분야의 '사'로 불리는 자격에 대해 '곧 국가가 자격시험을 실시한다'고 선전하면서 자격취득강좌의 수강이나 교재 등을 판매하는 상술

(10) 강습회 상술

일반소비자들의 관심을 끌 수 있는 각종 건강, 학술세미나 또는 강습회 등을 개최하여 소비자를 모은 다음 적당한 강연이나 시연 또는 특정주제의 토론회를 개최하면서 건강식품이나 신상품 등을 판매하는 상술

(11) 홈파티(Home Party) 상술

"요리시식회를 열려고 하는데 장소를 빌려주십시오.", "홈파티를 열지 않겠습니까?" 등의 선전을 하고 안면이 있는 주부를 모집해서 고가의 주방가구, 홈세트 및 건강식품 등을 판매하는 상술

(12) 네거티브옵션(Negative Option) 상술

주문하지 않은 물건을 일방적으로 보낸 후 거절하지 않으면 사는 것으로 보아 요금청구서를 보내 요금을 징수하는 상술

03 소비자관계 강화하기

1 소비자와 고객

일반적으로 사업자가 제공하는 상품과 서비스를 소비생활을 위하여 구입하거나 사용하는 사람을 소비자라 하며, 소비자 중 특정기업의 특정상품과 특정서비스를 구입하거나 사용하는 사람을 고객이라고 한다. 기업의 입장에서 보면 일반 소비자를 대상으로 마케팅과 광고 및 판촉전략을 통하여 자사의 상품이나 서비스에 대해 충성도를 지닌 고객을 확보하는 것이 이윤창출의 출발점이 된다. 소비자 관계를 강화하여 고객화하기 위해서는 고객에 대한 기업의 이해가 필수적이며 나아가 일반고객을 충성고객으로 전환할 수 있는 전략이 필요하다.

(1) 고객의 분류와 특성

① 고객의 분류
  ㉠ 고객관계관리(CRM) 관점에 따른 분류
    ㉮ 잠재고객 : 아직 기업의 상품이나 서비스를 구매하지 않았지만 구매할 능력을 가지고 있는 소비자를 말한다.
    ㉯ 가망고객 : 기업의 상품이나 서비스에 대해 구매할 의사를 가진 소비자를 말한다.

㉰ 신규고객 : 최초로 기업의 상품이나 서비스를 구매한 고객을 말한다.
　　　㉱ 기존고객 : 재구매 이후 반복적 구매 고객으로서 재구매고객, 반복구매고객, 단골고객, 거래회원고객, 옹호고객, 로열티고객, 비활동고객 등을 말한다.
　　　㉲ 탈락고객 : 이탈고객이라고도 하며 더 이상의 거래를 하지 않거나 부적격 대상자인 고객을 말한다.
　　ⓒ 구매과정의 관점에 따른 분류
　　　㉮ 소비자고객 : 시장에서 자신의 개별적인 필요와 욕구를 충족시키기 위하여 기업의 상품과 서비스를 구매하는 개인을 말한다.
　　　㉯ 중간상인 : 재판매업자를 말하는 것으로서 생산자로부터 최종소비자에 이르는 유통경로의 중간에 위치하여 상품과 서비스를 재판매하기 위하여 상품 및 서비스를 구매하는 자를 말한다.
　　　㉰ 산업고객 : 생산 활동에 사용하기 위한 상품인 생산설비와 자신의 상품을 생산하기 위한 상품인 원재료를 구매하는 기업을 말한다.
　　ⓒ 참여관점에 따른 분류
　　　㉮ 직접고객 : 1차 고객, 즉 기업으로부터 상품이나 서비스를 직접 구매하는 사람
　　　㉯ 간접고객 : 기업으로부터 상품이나 서비스를 직접 구매하는 않지만 일정한 단계를 거쳐 해당 상품이나 서비스를 구매 또는 사용하는 최종소비자나 2차 소비자
　　　㉰ 공급업자 : 상품과 서비스를 제공하면서 이에 대한 반대급부로 대가인 금품을 지급받는 행위가 수반되는 고객
　　　㉱ 내부고객 : 기업 내부의 종업원이나 주주
　　　㉲ 의사결정고객 : 직접적으로 상품과 서비스를 구매하고 돈을 지불하지는 않지만 1차 고객의 선택에 큰 영향을 미치는 개인 또는 집단
　　　㉳ 의견선도고객 : 소비자단체, 기자, 평론가, 전문가 등 상품이나 서비스의 평판, 심사, 모니터링에 영향을 미치는 집단
　　　㉴ 법률규제자 : 의회나 정부처럼 소비자보호나 관련조직 운영에 적용되는 법률의 제정 및 집행을 담당하는 조직
　　　㉵ 경쟁자 : 기업의 전략이나 고객관리 또는 고객에게 직·간접적으로 영향력을 행사하여 중요한 인식을 심어 주는 고객
② **고객의 특성**
　　ⓐ 마케팅의 대상이자 출발점은 고객의 욕구
　　　고객이 자신의 필요를 충족시켜 줄 수 있는 구체적인 수단을 원하는 상태를 고객의 욕구라고 한다. 이러한 고객의 욕구는 마케팅의 대상이 되고, 고객의 욕구에 대한 이해는 마케팅의 출발점이 된다.

ⓒ 최상의 가치를 제공한다고 믿는 시장제공물을 구매하는 고객

고객은 최상의 가치를 제공한다고 믿는 시장제공물을 구매하는데, 이 경우 가치란 상품과 서비스의 제공물로부터 얻는 편익을 말한다. 가치는 상품 또는 서비스의 구매로부터 자신이 얻는 부분과 그 대가로 지불하는 부분의 차이이다.

ⓒ 거래 한 번으로 끝나지 않는 고객과의 관계

일반적으로 고객은 한 가지 제품만을 구매하는 것이 아니다. 고객의 필요는 항시 존재하고 고객은 욕구가 변화하는 한 동일 제품군 또는 기업의 다른 제품군을 제품수명주기나 가족생애주기에 따라 반복적으로 구매한다.

ⓔ 획득, 유지, 이탈, 생애가치 등을 통해 고려되는 고객

기업은 고객만족경영을 통한 이윤극대화를 추구함에 있어서 끊임없이 고객을 획득하고 유지해 가는 과정이 필요하다. 오늘날 기업은 시장점유율을 확장하기 위해 노력하는데, 새로운 고객을 끌어들이는 데 소요되는 비용이 기존 고객의 만족을 통해 유지하는 비용보다 5배 이상 소요된다.

따라서 고객과 한 번의 거래에서 나오는 단기이익의 극대화보다는 지속적인 고객관계관리를 통해 장기적인 가치인 고객의 생애가치를 극대화하는 방향으로 마케팅 전략을 변화할 필요가 있다. 고객의 생애가치는 동일하지 않기 때문에 고객획득 및 유지단계에서 고객 포트폴리오와 고객믹스가 필요하다.

ⓜ 관여도에 따라 달라지는 고객의 구매의사결정

고객의 구매의사결정은 개인별, 상품별, 상황별로 달라진다. 고객이 어떤 대상에 대하여 갖는 관심의 정도나 중요하게 여기는 정도를 나타내는 관여도의 높고 낮음에 따라 구매의사결정이 길어지기도 하고 짧아지기도 한다.

(2) 표적고객 선정과 고정고객화

① 표적고객 선정

표적시장 내의 모든 소비자에게 같은 방법, 같은 상품이나 서비스를 판매하는 것에서 이를 개별화하는 것이 필요하다. 개별화된 일대일의 고객 중 생애가치, 충성도 및 기업기여도가 높은 고객 위주로 마케팅을 전개할 때 기업의 이익이 더 높이 창출될 수 있다. 상품 및 서비스 판매 대상으로서 생애가치와 충성도가 높은 고객을 선정하는 것을 표적고객 선정이라고 한다.

표적고객, 즉 우수고객에게 마케팅의 중점을 두어야 하는 이유는 신규고객을 창출해 그에게 판매하고 서비스를 제공하는 데는 비용이 발생하는데, 기업이 이 비용을 감당할 수 있는 기반은 수익을 창출할 수 있는 고객으로부터 나오기 때문이다. 여기에는 우수고객 상위 20%가 기업이익에 공헌하는 비중이 80%를 차지하고, 나머지 80%의 고객이 기업의 이익에 기여하는 바는 20%밖에 되지 않는다는 파레토의 법칙(Pareto Principle)이 적용된다.

② 고객생애가치와 고객충성도 및 고객점유율
　㉠ 고객생애가치 : 한 고객이 특정기업과 거래하는 기간 동안 그 기업에 얼마나 수익을 가져다 주는가를 의미한다. 즉, 특정고객이 어떤 기업과 최초로 거래한 날로부터 거래를 마지막으로 종료한 날까지 누적적으로 그 기업에 기여해 준 순이익 가치를 말한다.
　㉡ 고객충성도 : 어떤 기업의 상품 및 서비스를 구매한 경험이 있는 소비자가 그 기업의 상품 및 서비스를 다시 구입할 가능성이 높아진 상태를 가리켜 고객의 충성도가 높다고 한다.
　㉢ 고객점유율 : 한 고객의 생애가치 중에서 특정회사가 차지하는 비중이다. 고객 개개인을 하나의 독립된 시장으로 보고, 개별 고객당 관련 부분 지출액에서 자사 상품매출액의 비중, 즉 지갑 점유율을 높이려고 하는 것이다.

(3) 고객 포트폴리오와 고객믹스

① 고객 포트폴리오
　기업이 거래하고 있는 모든 고객의 구성을 말하며, 특정형태 고객의 가치와 각 고객형태가 차지하는 비율의 분석을 통해 고객들의 지속적 가치를 미래수익 흐름의 관점에서 파악할 수 있다.

② 고객믹스
　고객을 바라보는 기업의 관점이나 기업의 고객지향적인 발전단계를 보면 고객을 판매의 대상에서 만족의 대상으로, 더 나아가 생애가치나 관계를 관리하는 대상으로 여기는 수준까지 발전하고 있다. 그러나 고객만족(CS)이나 고객생애가치(LTV)관리, 고객관계관리(CRM) 등은 모두 고객의 관점에서 기업 가치를 극대화하고자 하는 전략이다. 고객가치경영은 고객가치를 기업이 아닌 고객의 관점에서 높임으로써 기업 가치를 높이고자 하는 전략이다. 마케팅에 있어서 현재 총 고객수보다 중요한 것이 고객믹스이다. 고객의 양보다는 고객의 질이 기업의 수익성에 영향을 많이 미칠 수 있기 때문이다. 고객믹스를 관리하는 것은 장기적인 관점에서 볼 때 동질적 시장을 선별적으로 추출하여 시장점유율을 선별해 내는 방법과 특정 구매계층에 홍보의 초점을 맞추는 방법, 그리고 회원제 클럽을 운영하는 방법이 있다. 고객믹스 관리의 요건은 기업자원과의 부합성 및 수익성을 고려하는 것, 고객을 상품의 일부로 간주하는 것을 들 수 있다.

2 고객만족과 고객관계관리(CRM)

(1) 고객만족

① 고객만족의 의미
　고객만족이라 함은 제품·서비스의 품질과 성과에 대한 고객의 지각 결과로서 나타나는 감성적 반응을 말한다. 객관적 품질과 고객이 지각하는 품질이 반드시 일치하지 않는다. 객관적으

로 품질수준이 동일하더라도 고객이 주관적으로 받아들이는 품질수준은 상이할 수 있다. 고객만족은 고객이 서비스를 경험하고 그 품질과 성과를 주관적으로 지각한 후 느끼는 감성적 결과이다. 고객만족은 시장의 성숙과 경쟁의 심화, 고객욕구의 다양화 및 증가, 기존고객의 재구매 및 구전효과의 중요성 증가로 인해 더욱 각광받고 있다. 신규고객 확보에는 많은 광고비용과 판촉노력이 선행되어야 하지만 기존고객의 만족을 통한 재구매 유도와 구전효과에는 광고비를 포함한 많은 비용절감이 가능하기 때문이다.

② **고객만족경영**

경영의 목표를 기존 매출액 및 이익 증대에서 고객의 최대 만족으로 바꾸어 잡음으로써 기업의 존재 의의를 찾으려는 경영방식을 말한다. 현대사회에서 우수한 상품의 질은 기본요건이며, 양질의 서비스로 고객감동을 이루어 내야 살아남을 수 있다. 대부분 기업에서 선보이는 상품의 질과 기술의 수준이 비슷하기 때문에, 단순한 고객만족을 넘어 고객감동을 실현해야 한다. 만족감을 느낀 고객은 일반고객에 비해 1.5배 더 기업의 제품을 구매하고, 만족 경험을 새로운 5명의 고객에게 이야기하며, 그 이야기를 들은 고객은 그렇지 않은 고객에 비해 6배 정도 기업에 이익을 준다고 한다.

오늘날 기업은 고객층을 파악하고 세분화해서 이익을 높이는 방향으로 마케팅활동을 전개한다. 이때 고객은 내부고객과 외부고객으로 구분되며, 내부고객은 기업의 직원들을, 외부고객은 기업의 상품이나 서비스를 구매하는 소비자를 의미한다. 마케팅에 있어서 내부고객을 만족시켜야 그들이 자신의 만족을 외부고객에게 전달한다는 사실을 고려해야 하며, 여기에 고객만족경영의 중요성이 있다.

③ **고객만족도 조사**

㉠ 고객만족도 조사의 필요성

기업은 최종소비자는 물론 중간유통단계의 구매자 및 잠재적인 소비자까지를 포함하여 고객이라는 용어를 사용하고 있다. 오늘날 고객만족경영을 통한 기업이윤의 극대화를 추구하는 시대에 있어서 신규고객의 확보와 기존고객의 유지를 위한 지속적인 고객만족조사가 필요하다.

㉮ 고객감소 원인의 파악

고객감소는 기업의 제품과 서비스에 대한 불만에서 비롯되는 경우가 많다. 불만의 원인을 구체적으로 보면 다음과 같다.

- 촉진의 갭 : 기업의 허위·과장광고 또는 고객 자체의 비현실적인 높은 기대에 기업의 제품이나 서비스가 미치지 못하는 경우
- 이해의 갭 : 기업이 고객의 요구나 욕구를 잘못 파악하여 고객의 요구 또는 욕구에 맞지 않는 제품과 서비스를 행한 경우
- 과정의 갭 : 고객이 제품이나 서비스를 구매하는 과정에서의 신속성이나 기타 처리절차의 부적절성에서 오는 불만의 경우

- 행동의 갭 : 기업에 소속된 직원이 훈련미숙으로 인하여 고객을 제대로 응대하지 못한 경우
- 인식의 갭 : 기업과 고객 간의 만족도인식에 대한 차이에서 오는 경우

㉰ 고객유지를 통한 비용이익

기업의 입장에서 보면 신규고객을 확보에 사용되는 비용보다는 기존의 고객을 유지함으로써 단골 고객화하는 데 드는 비용이 더 저렴할 수 있다. 고객을 유지하기 위해서는 지속적으로 고객만족도를 조사하여 고객의 요구 및 욕구를 파악함으로써 이에 맞는 제품과 서비스를 행하는 것이 좋다.

㉱ 기업 수익의 증가

고객만족경영은 결국 신규고객을 확보하고, 기존의 고객을 유지하는 비결이며, 고객의 증가는 기업의 수익을 증가하게 한다.

ⓒ 고객만족도 조사의 내용

기업의 제품과 서비스에 대한 고객의 요구와 욕구는 제품 자체는 물론 판매과정에 따른 다양한 요소에 따라 나타난다. 고객만족조사의 내용 내지 영역은 다양하게 설정할 수 있고, 설정요소를 종합적으로 측정할 수도 있다. 제품에 관하여는 제품·디자인·피드백·인센티브, 판매활동에 관하여는 광고메시지·매장판매인의 친절도, 사후서비스에 관하여는 고객 불만처리, 기업의 문화에 관하여는 소비자보호시스템 등을 생각할 수 있다. 또한, 고객의 요구나 욕구가 다르다는 점을 인식하여 고객의 우선순위, 기업의 서비스 및 불만처리 수준에 대한 고객의 인내 범위, 고객이 중요시하는 우선순위에 대한 기업의 성과수준, 경쟁기업과 비교한 업무성과수준 등을 조사해야 한다.

(2) 고객관계관리(CRM)

① 고객관계관리의 개념

고객관계관리란 기업이 고객과 관련된 내·외부자료를 분석·통합해 고객중심자원을 극대화하고 이를 토대로 고객 특성에 맞게 마케팅활동을 계획·지원·평가하는 과정을 말한다. 기업의 마케팅 담당자를 포함한 모든 구성원과 고객에게 조직에 대한 긍정적인 선호도를 형성하여 고객유지율과 경영성과 모두를 향상시키는 전략이라고 할 수 있다.

② 고객관계관리의 중요성

㉠ 고객유지를 통한 수익성의 증대

기업의 입장에서 보면 고객획득에 드는 비용보다 고객유지에 드는 비용이 낮기 때문에 고객유지에서 보다 높은 수익성을 찾을 수 있다. 충성고객은 기업의 막대한 마케팅 비용을 줄일 수 있기 때문이다. 예컨대 충성고객은 경쟁기업이 가격을 낮추어도 쉽게 동요하지 않으며, 자신이 사용하는 제품이나 서비스에 대해 친지나 지인들에게 알려 주는 홍보역할을 할

뿐만 아니라 제품의 사용방법이나 제품과 관련된 안내사항 등에 익숙하여 서비스 비용을 줄일 수 있다.

ⓒ 구매결정력과 고객충성도

고객만족은 고객충성으로 이어지기 때문에 기업은 마케팅활동에서 기업이미지 개선, 브랜드 인지도 확보를 넘어 고객만족경영에 힘을 기울여 왔다. 고객만족도가 고객의 태도에 대한 문제라면 고객충성도는 고객의 행동에 관한 개념이다. 고객만족도가 피상적이고 일시적인 태도라면, 고객충성도는 오랜 기간의 구매행동을 통해 축적된 보다 강력하며 장기적인 개념이다.

ⓒ 고객점유율 관점의 마케팅

기업 간 경쟁이 점차 격화되어 같은 상품을 파는 경쟁업체들이 산재하면서 지속적으로 시장점유의 우위를 점하기 힘든 상황에서 공격적인 시장개척의 능력보다는 고객수비능력이 보다 실질적인 기업 경쟁력의 잣대가 되었다. 시장점유율에서는 매출액을 보지만 고객점유율에서는 고객 중의 고객획득 비용과 유지서비스 비용, 다른 고객을 추천할 경우의 추가이익과 지속적 구매에서의 미래이익, 그리고 고객의 경쟁기업제품의 구매에서 오는 기회 손실 등의 모든 비용을 제거한 순이익이 얼마인지를 본다.

③ 고객관계관리의 방법과 적응과정

㉠ 고객관계관리의 방법

고객관계관리는 고객데이터의 세분화를 실시하여 신규고객의 획득, 우수고객의 유지, 고객가치 증진, 잠재고객의 활성화, 평생고객화 등의 사이클을 통하여 고객을 적극적으로 관리하고 유도한다. 기존의 마케팅이 단발적인 전술이라면, 고객관계관리는 고객과의 지속적인 관계를 유지하면서 평생고객이 될 수 있는 기회를 만들며 고객의 가치를 극대화하는 장기적인 전술이다.

㉮ 관계회복 : 잠재이탈고객에게 잔류하도록 설득하며, 이미 이탈한 고객을 대상으로 관계개선을 모색한다.

㉯ 고객유치 : 신규고객의 확보를 위하여 고객의 요구 및 특성에 따라 고객을 세분화한 후 목표집단을 대상으로 구매를 유도한다.

㉰ 로열티증진 : 세분화된 고객들을 대상으로 맞춤형 로열티 프로그램을 제공한다.

㉱ 교차판매 및 상승판매 : 고객의 지출을 증가시키는 프로그램을 실시하는 것으로 고객이 선호하는 추가주문 사항을 제시한다.

㉡ 고객관계관리의 고객과의 적응과정

고객의 충성도는 단기간 내에 생겨나는 것이 아니고 오랜 노력 끝에 가져올 수 있는 것이다. 따라서 고객관계관리는 고객의 행동을 장기간에 걸쳐 바꾸어 나가는 것이라고 할 수 있다. 또한, 고객관계관리를 위해서는 고객과의 접촉점에서 모든 데이터를 축적하고 거기서 무엇인가 배울 수 있는 시스템이 필요하다. 또, 제품뿐만 아니라 관련된 서비스가 특정고객의 취향에 맞게 실질적으로 만들어질 수 있어야 하는데, 이를 위하여 고객을 세분화하는 것이 필요하다. 이상을 통하여 기업은 고객과의 유대관계를 강력히 함으로써 경쟁이 치열한 세계에서 고정고객을 많이 확보해야 한다.

④ **고객관계관리 추진전략**
  ㉠ 고객전략
    고객관계관리에 있어서 고객전략은 세분화된 고객집단의 성향과 요구를 이해하고, 각 고객집단의 최적상품과 서비스를 제공한다.
    ㉮ 고객획득단계 : 모든 고객을 중요한 존재로 인식하고 지속적인 고객획득을 목표로 한다. 이를 위해서 조직효율화를 통한 대 고객역량을 강화하며, 교육 및 훈련, 사례벤치마킹, 고객관리프로세스 분석, 기초고객조사 시행 등을 행한다.
    ㉯ 고객유지단계 : 고객유지 및 제한적 차별화를 목표로 한다. 고객을 유지하고 관계를 강화시키기 위해서는 유사한 요구를 하는 고객집단별 세분화 및 상이한 집단별 서비스제공 차별화가 필요하다.
    ㉰ 전략적 고객관리단계 : 선별된 우량고객을 대상으로 한 서비스 차별화 및 고객과 기업 간의 상호 이익 달성을 목표로 한다. 장기고객의 규명 및 대응을 위해서는 정보시스템의 운영을 통해 일반고객과 우량고객을 구분하고, 전체고객 대상의 표준서비스에 덧붙여 우량고객을 대상으로 차별화된 서비스를 제공해야 한다.
  ㉡ 제품 및 채널전략
    ㉮ 제품전략
      제품 라이프사이클 단축 등 시장환경 변화로 신제품 개발을 위한 창안, 평가, 테스트, 실행의 단계에서 고객의 참여유도를 강조한다.
      • 창안단계 : 고객의 욕구충족과 수익창출에 유망한 아이디어나 개념을 발굴한다.
      • 평가단계 : 유망한 제품 및 서비스에 대한 아이디어의 체계적인 평가를 한다.
      • 테스트단계 : 제품과 서비스의 실제효용 여부를 판단한다.
      • 실행단계 : 신제품 또는 서비스 제공에 있어 고객만족도를 높이도록 노력한다.
    ㉯ 채널전략
      채널전략이란 고객에게 제공하는 제품과 서비스 공급경로의 최적화 과정을 의미한다. 정보 측면에서 기업은 제품의 특성과 서비스, 가격 등의 정보를 보유하며 고객과 공유해야 한다. 의사소통 측면에서는 고객이 제품 및 서비스를 구매하는 과정의 의문과 요구에 신속하게 대응할 수 있어야 하고, 거래 측면에서는 고객이 채널에 대해 요구하는 거래의 편의성과 안정성을 충족시켜야 한다.

ⓒ 기술인프라전략

고객관계관리는 기술인프라 측면에서 웹, 워크플로우 관리시스템, 데이터웨어하우징 등 3가지 테크놀로지를 기반으로 이루어진다.
- ㉮ 웹 : 고객과 협력업체를 향한 기업의 창구역할을 수행하게 된다. 기업은 웹을 운용함으로써 경영에 영향을 미치는 협력업체나 제휴업체 등의 사업대상 주체와의 교류 가능성을 높일 수 있게 된다.
- ㉯ 워크플로우 관리시스템 : 문서와 정보, 업무 등을 관련자들에게 자동으로 배치하는 프로세스 자동화 역할을 맡고 있다. 주문관리, 고객서비스 등 기업의 일상업무에서 고객중심의 프로세스 운영을 가능하게 하는 것이다.
- ㉰ 데이터웨어하우징 : 반복된 정보의 입력을 토대로 데이터의 규칙성 파악 및 정보의 활용도 향상 기능을 수행한다.

3 소비자유형별 소비자상담과 관계강화

(1) 소비자의 상황과 상담

① **불만족한 소비자에 대한 상담**

소비자전문상담사는 소속기관(행정기관·기업·소비자단체)에 상관없이 소비자 관련 문제의 해결에 최상의 전문가라는 인식을 갖고 불만족한 소비자를 만족시킬 수 있도록 최대한 노력을 하여야 한다. 보통 불만족한 소비자는 해당 소비자가 속해 있는 집단의 동료나 경쟁자에게 부당한 대우를 받아 오고 있을 가능성이 높기 때문에 이것이 소비현장에 지속적으로 나타나기도 한다. 이에 대한 효과적인 상담은 다음 기준에 의한다.

㉠ 적극적 경청

소비자전문상담사는 상담의 내용이 되는 소비자문제를 해결하기 위해 소비자의 말을 적극적으로 듣는 자세가 필요하다. 말을 잘 들어줌으로써 소비자의 불만이 배출되며, 소비자는 마음에 담았던 불만을 모두 쏟아내어 마음의 안정을 찾을 수 있다.

㉡ 긍정적인 태도의 유지

소비자전문상담사는 에너지를 소모시키더라도 소비자가 제품이나 서비스에 대한 혹평 또는 불만을 나타내는 분위기에 말려들어서는 안 된다. 소비자를 더 화나게 할 수 있기 때문이다. 미소 지으며 긍정적인 이야기를 하여 소비자가 효과적인 결정을 할 수 있도록 유도해야 한다.

ⓒ 배려

　　　불만의 원인을 발견하는 데 있어서 소비자에게 애정을 가지고 감정이입을 할 수 있도록 노력하여야 정확하고 신속하게 서비스를 할 수 있다.

　　ⓔ 개방형 질문

　　　구체적인 개방형 질문을 함으로써 서비스에 필요한 정보를 얻을 수 있다. 예컨대 서비스를 위해 무엇을 기대하는지에 대한 정확한 설명을 요구하면 바른 정보를 얻을 수 있게 된다. 오해와 곤란한 상황이 발생하는 것을 막기 위하여 정확한 메시지를 받도록 노력해야 한다.

　　ⓜ 적합한 행동

　　　타당한 정보를 수집한 후에 의사결정을 하고 그것을 분석해야 한다. 소비자의 요구를 만족시키기 위해 필요한 일을 소비자와 함께 하는 것도 좋으며, 소비자에게 원하는 것을 직접 물어보고 어떻게 했으면 좋겠는지를 의논하는 것도 좋은 방법이 될 수 있다.

② **우유부단한 소비자에 대한 상담**

　우유부단한 소비자는 자신의 불만에 대하여 어떠한 해결을 받을지에 대해 의사결정을 하지 않았거나 의사결정을 할 수 없는 이유를 가지고 있어 소비자상담의 효과적인 처리를 방해할 우려가 크다. 우유부단한 소비자에 대한 상담은 다음과 같은 전략이 필요하다.

　　⊙ 인내심

　　　우유부단한 소비자가 소비자전문상담사의 업무의 신속한 처리를 방해할 수 있더라도 그들 또한 소비자임을 기억하고 인내하는 것이 필요하다. 답답하더라도 상담사가 무엇을 말할까를 생각하기보다는 소비자가 말하는 것을 듣는 것에 충실해야 한다.

　　ⓒ 개방형 질문

　　　개방형 질문은 누가, 무엇을, 언제, 어디서, 왜, 어떻게 해야 하는지를 결정하는 데 도움을 주는 질문이므로, 소비자가 무엇을 원하거나 기대하는지를 파악하는 데 큰 도움을 준다.

　　ⓒ 주의깊은 경청

　　　상담사는 소비자의 정서 · 관심사 · 흥미를 알아내는 데 실마리가 되는 언어적 · 비언어적 메시지에 주의를 기울여 경청해야 한다.

　　ⓔ 선택사항들에 대한 제안

　　　소비자의 불만을 풀어 주고 의사결정을 강화시킬 다른 대안들을 설명함으로써 소비자불만 및 피해구제의 신속을 꾀할 수도 있다.

　　ⓜ 의사결정 과정의 안내

　　　단호하면서도 공격적이지 않게 아이디어를 제공함으로써 소비자가 의사결정을 내리는 데 도움을 줄 수 있다. 그러나 이는 소비자의 의사결정을 돕는 것이므로 상담사가 직접 의사결정을 내리는 것을 삼가야 한다. 만약 소비자에게 상담원이 선호하는 선택지를 주장한다면 나중에 불만족하거나 상품을 반환하게 될지도 모른다.

③ 화난 소비자에 대한 상담

화난 소비자에 대해 효과적인 상담을 위해서는 먼저 소비자가 화난 이유를 알아내야 한다. 일반적으로 소비자가 지닌 사전기대나 의도와 실제적인 행동이 서로 다르기 때문에 소비자는 불만을 갖게 되고 정도가 심하면 화를 낸다. 화난 소비자에 대하여는 다음과 같은 전략으로 응대할 필요가 있다.

㉠ 화난 감정상태 인정

화난 소비자의 감정 상태를 부정하려고 하면 오히려 심한 언쟁의 결과로 이어질 수 있다. 따라서 화난 소비자의 감정 상태를 파악하여 적극적으로 문제를 진단하고 해결하도록 도와줌으로써 소비자의 직접 참여를 유도하는 것이 좋다.

㉡ 안 심

소비자가 화난 이유를 이해할 뿐만 아니라 소비자를 안심시키는 대화를 유도함으로써 문제를 해결할 수 있도록 하여야 한다.

㉢ 객관성 유지

화난 소비자가 목소리를 높이거나 모욕적인 언행을 사용한다 할지라도 침착하게 행동하며 객관성을 유지하는 것이 필요하다. 특히 기업의 입장을 대변하고 있는 상담원은 화난 소비자가 상담원이 아닌 상담원의 소속기업과 제품, 서비스에 대해 화를 내는 것임을 인식해야 한다. 만약 소비자가 흥분을 가라앉히지 못할 경우에도 상담원은 소비자가 계속 흥분하여 아무런 정보를 주지 못하게 되면 도와주고 싶어도 도울 수가 없다는 것을 차분히 설명해 주어야 한다.

㉣ 원인 규명

질문을 종합하고 들은 것을 피드백하고 데이터를 분석하여 소비자가 화난 근본적인 원인을 규명하도록 한다. 소비자는 단순한 오해를 하고 있을 수도 있다. 이런 경우에는 약간의 설명만으로도 문제를 해결할 수 있다.

㉤ 주의깊은 경청

소비자가 화나 있을 때는 이야기를 끝까지 들어주어 화를 발산할 기회를 주는 것이 필요하다. 소비자가 불만을 토로할 때 반어법으로 끼어드는 것은 소비자를 더욱 화나게 한다.

㉥ 불만상황 해소노력

상담 중 다른 상담원과의 교체, 다른 소비자와의 상담으로 인한 상담중단 및 대기, 다른 업무로 인한 상담집중의 결여 등은 지속적으로 불만상황을 야기하므로 이러한 상황들을 해소하는 노력이 필요하다.

㉦ 해결책 협의

화난 소비자들로부터 문제해결 방법에 관한 아이디어를 구하는 것도 좋은 방법이다. 만약 소비자의 의견이 현실적이고 실현 가능하다면 그것을 그대로 이행하도록 한다. 그러나 가능한 것이 아니라면 다른 대안을 협상해 본다.

ⓑ 긍정적인 태도
화난 소비자에게는 해결책으로서 불가능한 것보다는 가능한 것이 무엇인지를 말하는 것이 좋다. 이를 위해 상담원이 할 수 있는 의사결정의 권한 수준은 어느 정도인지 관리자와 미리 점검해 두는 것이 필요하다.

ⓒ 지속적인 소비자 점검
화난 소비자의 불만을 해소하기 위한 해결책이 정해지면 그 결과에 따라 잘 진행되고 있는지 시간을 갖고 점검하는 것이 필요하다. 소비자의 가치를 중시하고 소비자의 만족과 미래를 위해 전화를 하거나 편지를 쓰도록 하는 것도 좋다.

④ 요구사항이 많거나 오만한 소비자에 대한 상담
요구사항이 많거나 오만한 소비자가 과거의 소비자문제 해결에 문제의식을 갖고 있는 경우 향후 지속적인 관리를 요구하거나 요구할 필요를 느끼게 된다. 이를 합리적으로 해결하기 위하여 다음과 같은 상담전략이 필요하다.

㉠ 전문적인 상담자세
소비자전문상담사는 목소리를 높이거나 대꾸하기보다는 전문가답게 차분하고 냉정함을 잃지 않는 상담자세를 유지하며 상담에 임해야 한다.

㉡ 존 중
소비자의 요구에 응하는 동안 소비자전문상담사는 소비자를 존중하며 공정하게 대하는 것이 필요하다. 이는 소비자의 요구에 대해 모든 것을 들어주라는 의미가 아니라, 부정적이거나 불가능하다는 것에 초점을 맞추기보다는 어떤 것이 가능하고, 어떻게 해 줄 수 있는지를 중심으로 상담해야 하는 것을 의미한다.

⑤ 무례하거나 경솔한 소비자에 대한 상담
무례하거나 경솔한 소비자는 상담원의 주의를 끌거나 화를 내기 위해 예외적인 행동을 하는 것처럼 보이거나, 외견상으로 자기만족을 하는 것으로도 보인다. 그러나 내면적으로는 불안정하고 방어적임을 명심하며 다음의 전략으로 상담에 응하도록 한다.

㉠ 유쾌해질 때까지 공정성 유지
소비자와 맞대응하는 자세로 대하거나 다른 소비자들이 무례한 소비자의 행동을 구경하도록 하지 말아야 한다. 다른 사람의 구경거리가 된다면 소비자는 더욱 화가 나게 된다.

㉡ 침착함의 유지와 전문적인 자세
아무리 무례하거나 경솔한 소비자라 하더라도 상담원이 침착하게 행동하고 전문적으로 대하면 문제를 해결할 수 있을 것이다.

(2) 소비자의 행동특성과 목소리 유형에 따른 소비자불만상담

① 소비자의 행동특성에 따른 상담

㉠ 추진형

추진형의 소비자는 결단력과 완고함, 엄격함을 특성으로 하며, 이에 따라 요구적이고 능률적이지만 상담원의 이야기를 경청하는 것에 대하여는 소홀한 편이다. 이러한 소비자는 자신의 행동과 결정에 도움을 주는 상담원에게 호감을 갖게 되므로 상담원은 요점만을 제시하고 결정은 소비자 스스로 내리게 하는 응대기법을 사용하여야 한다.

㉡ 분석형

분석형의 소비자는 신중하고 비판적이며 고집이 세다는 특성이 있지만, 문제를 해결하기 위한 다양한 방법에 있어서 경청과 사고, 분석의 치밀한 과정을 거치는 경향이 있으므로 상담원은 이러한 소비자를 응대하는 데 있어서 자료를 제시하고 애매한 일반화는 피하는 것이 좋다. 왜냐하면 이러한 소비자는 정확성을 중요시하므로 충실한 자료와 증거를 제시하는 상담원에게 호의적이기 때문이다.

㉢ 표현형

표현형의 소비자는 충동, 열성, 비규율, 사교, 감정호소 등의 특성이 있지만 수다스럽고, 세밀하게 숙고해야 할 내용에 대하여는 싫증을 내는 경향이 있다. 이러한 소비자는 자신의 직관에 도움을 주는 상담원에게 호의적이므로 상담원은 관심을 갖는 시간이 짧은 소비자에게 흥미를 잃지 않도록 유의하며 소비자를 응대하여야 한다.

㉣ 온화형

온화형의 소비자는 수동적이고 우유부단하여 경쟁보다 양보를 택하고 단결력이 강해 집단에서 분쟁을 완화시키는 역할을 한다. 상담원의 이야기를 주로 듣고 질문을 받아야 의견을 말하는 형이다. 이러한 소비자는 호의적인 사람에게 긍정적인 경향이 있으므로 상담원은 고객의 의견을 반박하지 않도록 주의하고 편안하고 친근감 있게 대하는 응대기법을 유지하여야 한다.

(3) 불만있는 소비자의 사정을 경청할 때 주의할 점

① 감정을 앞세우지 말고 끝까지 냉정한 자세로 듣는다.

화가 난 소비자로부터 싫은 소리를 듣게 되는 경우가 많은데, '불쾌한 기분이 드는 것이 마땅하다'는 자세로 냉정히 듣는다.

② 상대방의 이야기를 끝까지 모두 들어준다.

중도에 설득이나 변명을 하지 않고 끝까지 열심히 듣는다. 때로는 "그 밖에 폐를 끼친 일은 없는지요?"라는 말도 덧붙이며 성의 있는 태도로 대한다.

③ 사실관계나 내용, 기분 상태를 듣는다.

경청은 사실과 기분을 파악하는 기법이라 해도 과언이 아니다. 소비자가 납득할 수 있는 선에서 처리하기 위해 소비자에게 어떤 사태가 발생했는지 사실을 알아낸다. 명확하지 않은 점은 질문하고 납득할 때까지 듣는다. 또한 소비자의 기분을 공감하는 태도로 경청하며 "그 기분 충분히 이해하겠습니다. 정말 죄송합니다"라는 말을 한다.

④ 공감하면서 경청한다.

소비자에게 공감함과 동시에 경청을 통해 소비자의 입장에서 성실하고 진지하게 응대하여 상대방이 인정받고자 하는 심리에 호소하는 것이 이상적인 방법이다. "저희 회사에서 제품검사 기준이 철저하지 못했기 때문에 파손된 것이 아니냐고 생각하시는 것 같군요", "선생님께서 화내시는 이유에 저도 공감이 됩니다"라는 말 등으로 상대의 발언을 자기 입장처럼 공감한다는 것을 확인시킨다.

⑤ 상대방이 이야기한 것을 정리하고 되풀이한다.

"그 부분을 좀 더 자세하게 말씀해 주시겠습니까?"라는 질문을 하기도 하고, "그렇다면 이번에 저희들이 폐를 끼친 점은 모두 O가지로 첫째는 …, 둘째는 …이군요. 그 밖의 다른 불편한 점은 없으십니까?"라고 상황을 정리한다.

4 인바운드-아웃바운드 상담

(1) 인바운드 상담기법

① 의 의
 ㉠ 일반적으로 전화통화로 이루어지며 고객으로부터 전화가 와서 상담한다.
 ㉡ 인바운드 텔레마케팅은 상품수주, 상품개발이나 서비스 개선을 위한 고객의 의견과 제안 등을 얻을 수 있으며, 고객 불만이나 문제해결을 도와주는 여러 가지 역할을 한다.
 ㉢ 기업의 고객상담실에서의 전화상담이 인바운드 텔레마케팅의 대표적인 기법이다.

② 장 점
 ㉠ 시간 및 노력, 비용을 절감시킨다.
 ㉡ 소비자와 상담하는 편리한 수단이다.
 ㉢ 판매, 정보, 교환, 자료수집, 고객만족도 조사, 불평처리 등 다양한 내용을 처리할 수 있다.
 ㉣ 소비자와의 접촉이 언제, 어디서든 용이하며, 소비자상담의 효과적인 수단이다.
 ㉤ 판촉매체로 경제적이다.

③ 인바운드 상담과 정보제공

기업의 소비자상담 및 정보제공은 인바운드와 아웃바운드가 적절하게 조화를 이루어야 한다. 즉, 인바운드 상담 및 정보제공과 아웃바운드 상담 및 정보제공이 상호 보완 관계를 이루며 고객의 알 권리를 충족하고 고객만족을 이룰 때, 기업의 이미지 향상 및 판매 증대의 견인차 역할을 하기 때문이다.

기업의 고객상담실은 소비자업무부서, 고객관련부서, 또는 고객서비스부서가 주종을 이룬다. 오늘날 고객상담실은 단순한 불만처리에만 제한된 것이 아니라, 회사의 마케팅 노력에 대해 적극 지원을 하고 있다. 예를 들면 고객상담실은 고객의 상품주문에 대하여 고객에게 알려줄 뿐만 아니라 애프터서비스문제, 배달문제, 크레디트 지불문제, 하자상품의 보수문제에 관하여도 문의를 받으면 즉시 알려준다. 기업의 인바운드 상담은 고객과 접촉하기 위한 편리한 수단이다. 판매, 정보교환, 자료수집, 고객만족조사, 불평처리 등은 인바운드 상담을 통하여 이루어지는 여러 가지 가능성 중의 일부이며, 소비자접촉, 세일, 서비스의 경제적인 방법이다.

(2) 아웃바운드 상담기법

① 의 의
㉠ 기업의 텔레마케팅센터에서 기존 고객이나 가망고객에게 발신하는 아웃바운드 텔레마케팅을 통하여 소비자에 대한 시장조사, 자사상품의 정보수집, 경쟁사의 정보수집, 소비자의 요구사항 등 의견을 듣는다.
㉡ 제품이나 서비스를 구매한 후 어떤 불만은 없는지 등을 기업체 주관으로 조사하여 마케팅 전략에 활용하는 역할을 수행한다.
㉢ 콜센터에서 소비자에게 전화를 걸어서 제품, 서비스 사용상의 애로사항이나 문제점을 서비스 차원에서 확인하는 것이 바로 아웃바운드 텔레마케팅의 대표적인 기법이다.
㉮ 판매확대를 위한 전화상담
• 기업이 소비자에게 전화를 걸어서 상품이나 서비스를 주문받거나 신제품에 대한 정보를 제공하여 구매를 유도하는 것이다.
• 소비자는 매장에 나오지 않고 제품을 구입하여 금전적, 시간적, 심리적 이익을 얻을 수 있다.
• 기업의 입장에서도 적은 비용으로 제품판매가 가능하다.
• 교통체증 시대에 바람직한 판매방법으로 많이 활용하고 있다.
㉯ 시장조사활동을 위한 전화상담
• 기업이 필요한 시장정보를 수집하는 데 효과적인 방법이다.
• 신제품의 시장수요 조사나 고객의 반응조사를 한다.
• 경쟁품과의 소비자선호도 등을 조사하는 데 활용한다.

㉣ 고객서비스 차원의 전화상담
- 고객서비스를 위한 전화상담은 대부분 상품과 서비스에 대한 불만처리에 많이 활용된다.
- 고객이 느끼는 불편한 점을 파악한다.

㉤ 서비스의 질적 개선사항
- 상품에 대한 애프터서비스를 실시하여 고객에 대한 서비스의 질을 향상시킨다.
- 텔레마케팅요원을 철저하게 교육시켜 기업에 대한 소비자 인식 향상의 좋은 기회로 만든다.

㉥ 향상된 고객관리를 위한 전화상담
- 고객에 관한 정보를 파악하며 고객의 상품구입 활성화, 대금, 연체금 등을 회수·독촉하는 데 많이 활용된다.
- 고객의 생일, 결혼기념일 등을 컴퓨터에 입력시켜 자동적으로 축하엽서나 축하전화를 띄운다.
- 고객의 취향이나 요구사항, 현재 상황 등을 연구, 분석하여 고객이 필요로 하는 상품과 서비스를 고객의 욕구에 맞게 제공한다.
- 전화와 인터넷, 우편 등을 활용하여 고객에 따라 효율적으로 관리한다.

㉦ 필요한 정보제공을 위한 전화상담
- 고객에 따라 새로운 정보를 제공한다.
- 새로운 상품이나 서비스 및 기업 이미지를 향상시킬 수 있는 정보를 제공한다.
- 정보제공서비스는 각종 상품정보, 회원정보, 이벤트 및 행사안내정보 등 다양하다.

② 아웃바운드 상담과 정보제공

오늘날 대부분의 기업들은 고객서비스를 위해 인바운드 중심의 소비자상담실을 운영함으로써 대부분 상품과 서비스에 대한 소비자피해 및 불만상담과 해결의 형식을 취하고 있다. 그러면서도 기업은 소비환경과 마케팅환경이 지속적으로 변화하면서 유능한 소비자상담전문가나 텔레마케터를 활용하여 소비자피해 및 불만상담 차원을 넘어 적극적으로 고객의 불편사항을 파악하거나 질적 개선사항 또는 상품의 애프터서비스를 실시함으로써 대고객서비스를 향상시키는 전략을 구사하고 있다. 또한 고객에 관한 정보를 파악하며 고객의 상품 구입을 활성화하거나 대금, 미수금 등을 회수함은 물론 기업의 상품과 서비스에 대해 관심을 가지고 있는 잠재고객을 자사의 고정고객으로 유도하기 위한 적극적인 활동을 펼치고 있다. 이로써 소비자의 성향이나 기업의 규모 또는 판매량과 입지 등 여러 변수를 종합적으로 관리함으로써 고객과의 관계가 보다 긴밀하게 유지될 수 있다. 아웃바운드 상담 및 정보제공은 고객에게 새로운 상품이나 서비스 및 기업 이미지를 향상시킬 수 있는 정보를 제공함으로써 고객의 구매를 유도하고 기업의 이윤증대로 이어질 수 있는 역할을 한다. 또한 상품 및 서비스에 대한 사용정보를 통해 소비자피해를 사전에 차단함으로써 소비자피해 및 불만처리에 드는 기업의 비용을 줄일 수 있다. 상품정보, 서비스정보, 품질정보, 사용정보, 이벤트나 행사안내, 회원정보 등이 주요한 아웃바운드 정보이다.

5 소비자교육

소비자교육이란 소비자가 소비자로서의 역할을 현명하고 효율적으로 수행하는 데 필요한 소비자의 지식, 소비자가 지녀야 할 태도, 소비자의 기능, 참여의식 등 소비자능력을 계발할 수 있도록 도와주는 과정을 말한다. 소비자는 경제구조상 약자의 위치에 놓여있다. 그리고 이성적으로 합리적인 소비행동을 추구하는 소비자는 한편으로는 매우 감성적이어서 과거의 경험이나 주변의 환경요소에 의해 많이 좌우된다. 이와 같은 특성으로 인하여 소비자들은 합리적이고 효율적인 의사결정을 하지 못하는 경우가 많다. 그러므로 자유경제체제에서는 약자인 소비자를 보호하고, 개발의 가능성을 키우며, 이성적인 행동을 학습할 수 있도록 도와 소비자 스스로 책임지는 합리적인 선택을 하도록 하고 소비자주권이 실현되도록 하기 위해서 소비자교육이 필요하다.

구체적으로 소비자교육의 필요성에 관해 서술한다면 ⅰ) 소비자교육은 개인이 소비자로서의 다양한 역할을 수행하는 데 필요한 능력을 개발하고 지속적인 소비자의 소비행동에 영향을 미치기 위한 것이고, ⅱ) 소비자교육을 통해서 소비자능력의 개발로 효율적인 소비를 하게 되어 주어진 제한자원을 가지고 도달할 수 있는 최고의 생활의 질을 지속적으로 향유할 수 있게 하고, ⅲ) 소비자로서 올바른 가치관을 확립하여 의사결정능력을 함양함과 동시에 사회조직 속에 존재하는 소비자 시민으로서의 역할을 제대로 수행할 수 있도록 하기 위한 것이다.

(1) 소비자 유형별 특성과 주요 소비자문제

① 아동소비자

자신을 드러내고 싶은 자기과시적 욕구와 자연스러운 호기심 및 탐색욕구가 강한 것이 특징이며, 또래나 부모의 행동을 모방하기 쉽고 자기고집이 강하다. 시장환경의 변화에 따라 아동상품에 대한 구매력도 증가하고 아동기의 구매 및 소비행태가 이후 생애에 중대한 영향을 미친다는 점을 고려하여 합리적인 미래소비자로 성장할 수 있도록 도울 수 있는 교육이 필요하다. 아동소비자에 대해 긍정적인 관심을 가지며 합리적인 소비습관을 일관성 있게 교육하여야 하며, 자신 이외의 다른 사람이 다른 생각을 가질 수 있다는 사고까지 길러 주어야 한다. 교육에 있어 합리적인 소비사고를 위한 반복학습이 필요하고, 부모가 이를 위한 모범을 보여야 하며, 장기적인 안목에서 사리분별을 명확히 할 수 있도록 칭찬과 꾸짖기를 일관성 있게 하여야 한다. 놀이나 게임과 같이 아동들의 흥미를 유발할 수 있는 교육방법이 효과적이다. 주요 교육내용으로는 기본 소비생활교육, 생활 속의 구매와 소비체험, 돈의 가치와 중요성 함양, 용돈의 합리적인 지출과 저축의 생활화, 근검절약 등이 있다.

② 청소년소비자

청소년소비자는 성인소비자로 이행해 가는 과정에 있는 소비자로서 청소년기의 소비습관이 성인소비자 행동에 그대로 이어질 확률이 높다. 가족의 영향을 많이 받는 아동기보다 또래집단의 소비경향이나 습성에 영향을 많이 받으므로 거시적인 관점에서의 합리적인 소비교육이 필요하며, 독립된 소비경제의 주체로 자리매김하려는 경향이 강하므로 본인 스스로 구매의사결정을 하되 책임 있는 소비주체로서 생활할 수 있도록 한다. 특히, 광고나 유행에 민감하기 쉬운 시기이기 때문에 가치관이 혼동되지 않도록 상품에 대한 정보획득과 합리적인 비교능력을 기르도록 하여야 한다. 준거집단인 또래집단과 동시에 교육할 필요가 있으며, 광고나 대중매체에 민감한 특성을 이용하여 이들의 순기능과 역기능을 함께 교육하는 것이 좋다. 주요 교육내용으로는 합리적인 소비결정, 비판적 광고분석, 소비주체로서의 권리와 책임, 지속 가능한 사회에 있어서의 소비와 환경, 상품구매에 따른 법률문제 등을 주로 다루면 된다.

③ 성인소비자

정치·경제·사회·문화의 주역이듯이 소비분야 또한 직접적인 의사결정 주체로서 영향력을 미치게 된다. 성인소비자의 경우에는 교육을 통해 합리적인 사고를 가지려는 인지적 특성이 있어 교육의 효과를 극대화할 수 있지만 다른 한편에서는 새로운 것을 배우는 것에 대한 방어적 행동도 나타날 수 있으므로, 소비주체의 책임의식을 고취시키며 자율적인 가운데 자기주도적 학습을 하도록 교육안을 계획하는 것이 좋다. 이와 같은 상황을 고려하면 성인소비자의 교육계획에는 자기주도적 학습과 참여 위주의 학습, 집단토론 등을 통한 상호 학습 등을 적용할 수 있고, 성인소비자의 가정·사회적 지위에 따라 다양한 계층이 존재할 수 있으므로 이에 맞는 다양한 교육방법과 교육내용을 계획하는 것이 필요하다.

특히, 교육방법에 있어 정보화사회에 맞는 교육방법을 도입하여 변화하는 시대에 적절하게 적응할 수 있도록 한다. 주요 교육내용으로는 시장과 소비자, 소비와 경제, 소비자불만 및 피해구제, 건전한 소비문화, 환경과 소비, 사회안전망과 지역사회공동체 등을 생각할 수 있다.

④ 노인소비자

경제활동의 주체에서 이탈하는 시기이므로 활동능력과 상관없이 소득의 결여에 따라 경제상태가 빈궁한 것이 일반적이고, 신체기능의 노화에 따라 사리분별력이 감퇴함으로써 소비시장에 있어서는 소극적이고 수동적이 되기 쉽다. 사회적 역할 상실과 소외로 심리적 고독감이 있어 개인적 접촉을 특징으로 하는 방문판매 등의 판매유형에 의해 급격한 피해가 발생한다. 과거에는 낮은 소비자교육, 낮은 구매력으로 소비시장에 대한 영향력이 크지 않았지만 실버상품에 대한 구매능력이 날로 증가하고 있다. 노인소비자의 교육에 있어서는 낮은 인지속도를 감안하여 긴 시간 동안 노인소비자의 흥미를 유발할 수 있는 시청각 자료를 활용하여 보다 쉽게 교육을 진행할 필요성이 대두된다. 특히 소비생활 경험을 통하여 이지적인 교육보다는 체험적인 교육을 함으로써 학습효과를 배가할 필요가 있다.

⑤ **저소득층 소비자**

사회 전체 소득수준에 비추어 소득수준이 기준에 미치지 않으므로 소비시장 환경에 미치는 영향력이 적다. 소비주체로서의 소극성으로 말미암아 합리적인 소비, 비교소비보다는 상표명을 중심으로 구매하는 경향이 있을 뿐만 아니라 소비시장에 있어서의 구매의사결정이나 소비습관에 대한 비판적 판단보다는 광고나 구매자의 평가에 따라 구매하는 충동적·감동적 구매가 주를 이룬다. 주요 교육내용으로는 저소득층 소비자라 하더라도 소비시장에 있어서 합리적인 소비주체로서 역할을 할 수 있도록 합리적인 소비지출, 정보비용 절약교육, 금전관리교육, 소비심리의 관리교육 등을 생각할 수 있다.

⑥ **공공재소비자**

공공재라 함은 국방·소방·학교·도로·병원 등과 같이 모든 소비자가 제한을 받지 않고 공동적으로 소비할 수 있는 재화를 말한다. 공공재는 한 소비자가 소비한다고 해서 다른 소비자의 소비에 영향을 미치지 않는다는 비배타적 성격이 있어 이의 소비를 제한할 수 없는 것이 특징이고, 또한 여러 소비자가 소비하였을 경우나 한 소비자가 소비하였을 경우나 만족수준이 동일하다는 비경합적 특성을 갖고 있다. 공공재소비자의 경우는 공공재가 소비시장에서 갖는 의미나 개념, 공공재의 공공성 등에 대한 교육이 필요하다.

(2) 소비자교육계획의 수립

① **소비자교육의 목적**

㉠ 소비자행동의 중요한 부분을 차지하는 구매행위와 관련하여 욕구와 욕망을 구분하여 필수적 지출과 선택적 지출 간의 자원배분을 합리적으로 할 수 있도록 한다.

㉡ 소비자들이 무수히 쏟아져 나오는 재화와 서비스 중에서 최소의 비용으로 최대의 효과를 얻을 수 있는 합리적인 선택을 하도록 한다.

㉢ 소비사의 억할을 제대로 수행하고 합리적인 소비를 하여 생산자로부터 스스로를 보호하고 책임질 수 있는 능동적인 소비자가 되게 한다.

㉣ 소비자에게 체계적으로 정보를 제공함으로써 소비자피해의 발생을 사전에 예방하고 이미 발생한 피해를 최소화하도록 한다.

㉤ 정보선별력을 길러 전체 집단의 효율성과 상기석 효율싱을 생각하여 올바르고 합리적인 소비를 할 수 있게 한다.

㉥ 소비자의 의식수준을 향상시키고 능력을 개발함으로써 올바른 소비문화 및 소비자주권, 책임 등을 알게 하고 생산과정에까지 영향을 미치므로 궁극적으로는 소비자주권을 실현하게 한다.

ⓐ 소비자교육은 소비자의식을 변화시키고 능력을 향상시키므로 소비자행동의 변화를 가져오게 되어 궁극적으로는 소비자를 보호하고 더 나아가 소비자의 권리를 제대로 행사하고 책임을 다할 수 있도록 하기 위한 것이다.

② 소비자교육의 주체와 대상

㉠ 소비자교육의 주체

기업·소비자단체·정부 및 행정기관·한국소비자원 등을 들 수 있는데 보편적으로 소비자단체와 기업이 주로 담당하고 있다. 교육의 주체가 누구냐에 따라 교육의 내용이 다소 달리 설정될 수 있으며 교육내용의 수준, 방법, 성과가 달리 나타날 수 있다.

㉮ 기 업

상품의 품질, 가격, 사용방법, 관리방법 등과 같은 객관적 기능과 관련된 내용을 교육하는 것이 효과적이다.

㉯ 소비자단체

소비자피해를 구제하는 데 초점을 맞춘 내용으로 정보제공과 피해구제방법에 대하여는 기업에 비하여 중립적인 입장에서 전문성을 가지고 비교·평가하여 소비자주권의 실현에 기여할 수 있도록 교육할 수 있다.

㉡ 소비자교육의 대상

모든 연령, 성별, 지역, 계층에 소속된 개인과 가계와 단체는 모두 소비자이므로, 소비자교육의 대상은 매우 광범위하다. 다양한 방법으로 분류되어 소비자교육이 실시될 수 있다.

㉮ 연령별 분류

유아소비자, 아동소비자, 청소년소비자, 성인소비자, 노인소비자 등으로 구분된다. 일반적으로 중년층에서는 의료, 건강, 식사, 투자, 여가를 보내는 방법 등이 관심의 대상이 된다. 젊은 층에서는 다른 연령층과 공통되는 부분도 있으나 젊은이로서의 흥미, 관심, 욕구가 있다. 그러나 연령상 능력의 차이뿐만 아니라 처해있는 사회구조도 감안하여 교육내용을 구성하지 않으면 안 된다. 각 집단의 공통적인 기본 주제로는 금전관리, 예산, 구입, 광고, 식품, 의복, 주거, 교통, 신용, 저축과 투자, 세금, 법률, 소비자보호, 소비자정보 제공기관 등이 있다.

㉯ 소득계층별 분류

저소득층 소비자, 중간소득층 소비자, 고소득층 소비자로 구분된다.

㉰ 지역별 분류

도시소비자, 농촌소비자로 구분된다.

㉱ 소비자 가치와 선호에 따른 분류

개성형 소비자, 합리형 소비자, 서구형 소비자, 혼돈형 소비자, 전통형 소비자 등으로 구분된다.

⑪ 라이프 스타일에 따른 분류

개성적 현대인형 소비자, 소극적 소시민형 소비자, 전통적 한국인형 소비자, 절충적 현실중시형 소비자, 충동적 현실중시형 소비자 등으로 구분된다.

③ 소비자교육자료의 제작

㉠ 소비자교육자료 제작 시 고려사항

㉮ 교육대상에 따라 주제를 선정한다.

㉯ 교육대상과 교육내용에 따른 적절한 교육방법을 결정한다.

㉰ 피교육자의 인원과 적당한 장소를 선택한다.

㉱ 교육내용에 대하여 잘 알고 경험이 풍부한 전문가를 교육자로 선정한다.

㉲ 교육대상과 교육내용에 따라 적당한 시간을 예측하여 교육시간을 정한다.

㉡ 소비자교육자료 제작 시 유의사항

㉮ 교육내용의 주제에 맞는 교육방법을 선택한다.

교육의 목적에 따라 주제가 결정되기 쉽다. 예컨대 ⅰ) 소비자단체에서 소비생활환경과 관련하여 음식물쓰레기 줄이기 운동을 전개하고자 하는 목적의 교육이 이루어질 경우 사례연구가 이용될 수 있다. ⅱ) 소비자단체에서 소비자지식(소비자 관련 법 및 제도)에 대한 정보제공 목적의 교육을 실시하고자 하는 경우 게임(퀴즈)을 이용할 수 있다.

㉯ 교육효과를 높이기 위하여 시청각자료를 활용하도록 하며 해당 자료가 없을 경우 부가 자료를 만들어야 한다. 예컨대 음식물 쓰레기의 특성 및 환경오염과의 관계에 대한 시청각 자료를 제작하여 피교육자에게 제시함으로써 교육효과를 높일 수 있다.

㉢ 자료제작에 필요한 자료검색과 정보수집을 풍부하게 한다. 이를 위해 해당 주제에 따라 인터넷의 다양한 사이트를 이용하고, 기업이 제작한 여러 가지의 자료를 활용할 수 있다.

④ 기업자료의 활용

미국의 ACCI(American Council on Consumer Interest)와 SOCAP(Society of Consumer Affairs Professionals in Business) 등에 의한 기업제작 교재 가이드라인을 살펴보면 다음과 같다. 기업이 제작한 자료는 일반적으로 다음과 같이 교육·정보·촉진의 3가지 범주로 구분할 수 있는데 소비자교육자료를 제작할 때 활용될 수 있다.

㉠ 기업이 제공하는 소비자교육자료의 종류

㉮ 교육자료

교육자료는 교육자가 누구인가, 어떻게 가르칠까를 결정하는 것을 지원하는 것이다. 일반적으로 학습자가 사실의 단순한 기억이 아니고, 사실을 분석하고 평가하는 능력을 개발하는 것을 지원하는 일에 중점을 둔다. 이 교육자료에 이용되는 '정보'는 공평하고 보편적인 것이다. 보통 스폰서의 정체가 포함되나 그 내용은 본래 일반적인 것이고 브랜드명은 포함되지 않는다.

㉯ 정보자료

정보자료는 스폰서의 제품 속에 서비스에 대한 '사실'을 공정하고 객관적으로 제시하는 것이다. 정보자료의 목적은 교육자료와 비교하였을 때 초점이 좁다. 정보자료는 소비자가 한정된 자원을 어떻게 배분하고 시장문제에 어떻게 대응하는가를 결정하는 데 시장에서 이용 가능한 실천적인 정보를 제공하는 것이다.

㉰ 촉진자료

촉진자료는 본래 제품, 서비스, 이미지 혹은 관점과 사고방식 등을 많이 팔기 위한 것이다. 따라서 본래의 목적은 새로운 고객을 획득하고 기존고객을 지원하는 것에 있다. 촉진자료에는 감성적·심미적 방식이 포함되고 좋은 정보, 스폰서의 명칭, 로고 혹은 브랜드명이 제시되기 쉽다. 따라서 피교육자로 하여금 시장에서 정보를 비판·평가하는 관점을 제시하거나 비판평가를 실습할 때 효과적이다.

ⓒ 기업의 소비자교육자료 제공 시 주의점

㉮ 정확함
- 언어와 서술은 그 제목에 관한 기정사실이나 혹은 일반적으로 받아들여지는 전문적인 견해와 모순되지 않을 것
- 정보의 내용은 입증 가능할 것
- 정보는 자료를 제작한 시점에서는 물론 배포기간 중에도 최신의 것일 것

㉯ 객관성
- 다른 의견도 공정하게 제시되고 있을 것
- 논쟁이 되고 있는 경우에는 찬반양론이 모두 나타나 있을 것
- 스폰서의 입장에 선 의견도 명확하게 표현하며 다른 견해도 언급할 것

㉰ 완벽함

교육내용과 자료에는 관련 정보가 포함되고 탈락한 정보에는 오해가 생기지 않도록 할 것

㉱ 언 어
- 자료는 흥미롭고 또 쉽게 이해할 수 있을 것
- 언어의 선택, 조합방식과 문장의 길이는 의도하는 교육대상자 수준에 따를 것
- 전문용어를 최소한으로 줄이고 사용하는 경우에도 의미를 충분하게 설명할 것
- 비차별성 : 본문과 삽화에는 특별한 집단 등을 경멸 또는 유형화한다고 생각되는 표시는 피할 것

㉲ 비영리성
- 교육용으로 제공하기 위한 취지를 명시할 것
- 선전용의 자료를 '교육용'으로 표시해서는 안 됨
- 본문 및 삽화에는 스폰서의 브랜드명, 상표, 관련 상표, 기업명 등이 들어가서는 안 됨

ⓒ 포맷
  ㉮ 소비자교육과 정보의 자료에 어떠한 포맷을 이용하는가는 자료의 내용, 직접 목적으로 하는 대상자, 교육예산액 등의 요인에 따라 결정된다.
  ㉯ 일반적으로 교육장소의 크기, 설비기기가 얼마나 구비되었느냐에 따라 워크북, 게임판, 슬라이드, 영화 등 어떤 품목의 자료를 어떻게 활용할지가 결정된다.

⑤ 소비자교육 프로그램의 개발과 설계
소비자교육 프로그램은 특정 소비자나 소비자 집단에 대한 소비자교육 요구분석을 바탕으로 부족한 소비자능력을 신장시키기 위한 의도적인 학습이다. 보통 소비자의 지식, 태도, 기능 등에 긍정적인 변화를 가져오게 할 목적을 갖는 프로그램을 말한다.

㉠ 소비자교육 프로그램 설계 시 고려사항
  ㉮ 소비자교육을 통하여 달성하고자 하는 목적
  ㉯ 소비자교육의 목적을 달성하기 위해 제공 가능한 내용의 선정과 조직
  ㉰ 소비자교육 내용을 효과적으로 교육하는 방법의 선정
  ㉱ 소비자교육 목적의 달성여부 확인방법(평가)

㉡ 소비자교육 프로그램의 목적과 목표
  ㉮ 목적과 목표의 차이
    프로그램의 계획과정에서 목적과 목표가 혼동되는 경우가 있으나 엄밀한 의미에서 목적과 목표는 다르다. 프로그램의 일반 목적은 최종적으로 도달하여야 할 장기적이고 광범위한 교육활동의 방향성을 제시하는 것이다. 프로그램의 목표는 목적을 달성하기 위하여 단계별로 성취되어야 할 단기간의 소범위 교육활동을 의미한다. 목표는 수업의 절차나 방법을 기술하는 것이 아니라 의도한 결과를 진술해야 한다.
  ㉯ 목표설정 시 고려사항
    • 학습자의 교육적 요구를 정확히 파악하여 충족시킬 수 있도록 해야 한다.
    • 지역사회나 국가, 사회적 요구에 합치될 수 있어야 한다.
    • 모든 프로그램의 목표는 학습자들의 개인적 요구나 필요를 충분히 충족시킬 수 있도록 반영하여야 한다.
    • 사회적 목표를 설정할 때 사회적 변화의 흐름을 파악하여 최소한도의 사회적 요구를 반영시킬 수 있도록 하여야 한다.

㉢ 소비자교육 프로그램 내용설계 시 고려해야 할 원리(1949, 타일러)
  ㉮ 계속성 : 학습경험의 수직적 조직에 요구되는 원리로 중요한 경험요소가 어느 정도 계속해서 반복되도록 조직하는 것이다.
  ㉯ 계열성 : 학습경험의 수직적 조직에 요구되는 원리로 계속성과 관계가 있기는 하나 학습내용의 단순한 반복에서 머무르는 것이 아니라 경험의 수준을 높여가며 더욱 깊이 있고 다양한 학습경험을 할 수 있도록 조직하는 것이다.

㉱ 통합성 : 학습경험의 수평적 조직에 요구되는 원리로 각 학습경험을 단편적으로 구획하는 것이 아니라 횡적으로 상하보충, 보강이 되도록 조직해야 학습효과를 높일 수 있으며 종합적으로 전체적인 안목을 가질 수 있다는 것이다.

(3) 소비자교육의 내용과 실행

① 소비자교육의 내용과 종류

소비자교육의 내용은 개별 소비자의 복지수준 향상과 관련된 내용뿐만 아니라 개인 소비자의 선택이 전체 사회에 미치는 영향, 그리고 현재만이 아닌 미래를 고려한 소비행동에 관한 내용이 포함되어야 한다. 과거에 있어서 소비자교육은 개별 소비자의 선택 및 사적 재화의 구매에 관한 내용을 주로 다루어 합리적인 소비생활을 강조해 왔지만 그 개별 선택이 어떠한 사회적 결과를 가져오는가에 대하여는 많은 관심을 기울이지 않은 것이 사실이다. 소비자교육의 내용에 포함되어야 할 주제들은 다음과 같다.

㉠ 정보제공적 내용

소비자에게 가장 중요하고도 기본적인 정보로서 구매 선택에 도움을 줄 수 있는 정보를 제공함으로써 소비자가 합리적으로 구매의사결정을 하도록 도와준다. 구매 전, 구매 시, 구매 후를 포함하는 구매 전 과정의 소비생활 전반에 관련된 다양한 정보를 제공할 수 있으나 구매 전에 소비자가 요구하는 정보를 적시에 바른 경로로 제공하는 것이 무엇보다 중요하다. 소비자가 정보를 많이 요구하게 되는 경우로는 i) 제품의 현시성이 커서 구매행동의 결과가 명백히 드러날 때, ii) 제품이 독특해서 스타일, 양식, 다른 인적 규범이 더욱 쉽게 확인될 수 있을 때, iii) 새롭게 시장이 형성되어 신제품을 구입할 때, iv) 제품이 준거집단의 규범에 대한 신념체계에 중요한 때, v) 제품의 구매가 위험스러워 보일 때, vi) 쇼핑을 위한 선택의 폭이 넓을 때, vii) 구매에 있어 자아 관련 정도가 높을 때, viii) 개별적 서비스나 각종 지원을 요구하는 정도가 높을 때 등이다. 정보제공적 내용에는 물품관련 정보, 품질·규격·성능정보, 가격정보, 시장정보, 소비자 관련 법과 제도에 관한 정보 등이 있다.

㉡ 소비자의 개별적 능력향상과 관련된 내용

㉮ 의사결정과정

소비자는 무엇을 살 것인가에서부터 얼마나, 어디서, 어떻게 구매할 것인가까지 일련의 선택과정이 끊임없이 이어지는 생활을 한다. 사소한 선택에서 중대한 선택에 이르기까지 많은 선택은 결과도 중요하지만 그 선택을 하기까지의 과정과 선택한 후의 과정, 즉 문제의 인식, 정보탐색, 대안평가, 의사결정과 선택, 그리고 구매 후의 평가로 이어지는 일련의 과정이 모두 연결되어 있기 때문에 어느 하나도 소홀히 해서는 안 된다.

㉯ 재무교육

소비자의 소비행동은 소득이라는 화폐자원의 제약을 크게 받는다. 인간의 욕망은 무한하고 소득은 한정되어 있기 때문에 소득의 범위 내에서 지출을 맞추는 것은 매우 힘든 일이다. 그러므로 경제자원의 크기를 조절할 수 있는 능력과 장기적인 생활설계에 따른 필요자원의 예측과 준비 및 관리에 대한 교육이 필요하다.

ⓒ 현대사회 및 시민의식과 관련된 내용

㉮ 환경교육

대량소비로 인하여 천연자원의 고갈문제, 환경오염과 관련된 소비문제는 심각한 사회문제로 부각되어 소비자, 결국 우리 스스로의 생활환경을 위협하고 있기 때문에 이에 대한 교육이 필요하다. 환경의 오염원인, 자원의 사용과 처리 그리고 고갈문제, 수질오염·토양오염·대기오염 등 다양한 환경오염, 환경보전, 환경대책, 환경위생 등이다.

㉯ 가치의식과 소비자 시민의식

소비자들의 재화와 용역에 대한 행동은 소비자의 가치관, 소비자가 속한 사회의 판단기준, 준거집단의 기준과 매우 밀접하게 관련되어 있다. 따라서 소비자 개인의 소비활동은 그 소비자가 속한 사회의 지속과 발전을 위해서 건전하고 올바르게 이루어져야 하므로 나 하나쯤이라는 의식을 버리고 나부터라는 마음가짐으로 참여하는 자세를 확립하도록 교육하여야 한다. 소비자권리, 소비자책임, 소비자역할, 소비자보호정책, 소비자운동 및 소비자참여제도, 소비욕구와 소비생활, 소비문화, 소비환경 변화(고령화, 정보화, 국제화) 등이 교육내용이 된다.

② 소비자교육 프로그램의 내용선정

㉠ 소비자교육 프로그램 내용의 선정준거

㉮ 합목적성(목표와의 일관성) : 교육내용은 목표가 지시하는 내용이어야 한다.

㉯ 수준의 적절성, 흥미성 및 참신성 : 제공되는 정보는 학습자의 필요와 흥미 또는 능력수준을 고려하여 주제의 내용과 방법이 친밀감 있고 참신해야 한다.

㉰ 현실성 및 지도가능성 : 제공되는 정보는 사실에 토대를 둔 내용이어야 하며, 선정된 내용이 현실적으로 지도 가능한가를 검토하여야 한다.

㉱ 일목적 다경험과 일경험 다목적 원리 : 한 가지 목표를 달성하기 위하여 몇 가지 내용과 연관 지어 선정할 수 있어야 하며, 반대로 한 가지 내용이 두 개 이상의 목표와 관련되어 동시학습이 이루어질 수 있도록 선정되어야 한다.

㉲ 교육적 효용성 및 실용성 : 교육 프로그램을 통해 제공되는 교육내용은 교육적으로 유용할 뿐 아니라, 사회적 요구에 적합하여 사회생활 속에서 실제로 적용·활용할 수 있어야 한다.

㉳ 교육내용의 중요성 : 소비자의 생활향상을 위해 제공되는 정보는 실질적으로 소비자의 생활과 관련하여 중요한 정보여야 한다.

ⓛ 소비자교육 프로그램 내용선정 시 고려해야 할 기준
㉮ 타당성과 중요성으로 당대의 과학적 지식을 반영하는 기본적인 것이며, 탐구방법과 정신을 전달하여야 한다.
㉯ 사회적 실제와의 일치성으로 변화하는 세상을 이해하고 그에 대처할 수 있는 합리적 기술을 개발하게 하며 새로운 상황에 전이될 수 있어야 한다.
㉰ 넓이와 깊이의 균형으로 각 지식의 역할에 따라 필요한 깊이와 범위의 균형을 취하여야 한다.
㉱ 광범위한 목표를 위한 준비로 학습자가 여러 유형의 학습에 능동적으로 참여할 수 있는 기회를 증진시킬 수 있어야 한다.
㉲ 학습자들의 적응능력과 학습자가 내면화하는 데 도움을 줄 수 있는 경험으로 옮겨야 한다.
㉳ 학생들의 욕구와 흥미에 대한 적절성으로 학습내용과 방법에서 학습자의 관심, 장점, 욕구, 흥미 등을 충족시키거나 개발할 수 있는 것으로 선정해야 한다.

③ 소비자교육 내용의 예시
㉠ 소비자 재무교육
㉮ 가족생활주기에 따른 수입과 지출의 구조
- 가족생활주기별로 각각의 과업과 수입, 지출의 평균액을 제시하여 흑자 재정시기 및 적자 재정시기 등을 인식시키고 일생을 주기로 한 재무계획의 필요성을 강조한다.
- 위 부분에 대한 그래프를 시청각 자료로 제시하면 더 효율적일 수 있다.
㉯ 신용카드 사용에 대한 지침
㉰ 신용카드를 이용한 세금공제 혜택
- 근로소득 가정의 세테크로서 연말정산 시 세금공제 혜택에 대한 기본적인 정보를 제공할 수 있다.
- 세금공제 혜택의 방법으로 신용카드 사용분 외의 보험, 교육비 등의 비목도 함께 알려준다.
- 신용카드 사용액을 통하여 실제로 환급받을 수 있는 세금액이 얼마인지 조사해 본다.
㉡ 환경교육
㉮ 쓰레기 발생량
㉯ 음식쓰레기
㉰ 환경오염(수질오염, 대기오염, 토양오염 등)
㉢ 안전교육
㉮ 소비자안전을 위협하는 제품의 사례연구 결과
㉯ 불량식품, 위해식품 등에 대한 피해실태

④ 소비자교육 실행의 원리와 방법
　㉠ 소비자교육 실행의 원리
　　소비자교육을 실시하는 방법은 학습자의 특성, 목표와 내용, 활용자원의 가용성, 교육자의 능력 등에 따라서 그 유형이 달라질 수 있기 때문에 교육방법의 선정이 중요하다. 따라서 이때 고려할 원리로 다양성의 원리, 적절성과 효율성의 원리, 현실성의 원리 등이 거론되고 있다.
　　㉮ 다양성의 원리
　　　소비자교육은 동기를 유발시키고 주의를 집중시키며, 계속적인 흥미와 관심을 끌고 적극적인 참여와 긍정적인 태도를 유지하기 위하여 다양한 방법을 도입하거나 조화와 균형을 이루도록 변화를 주는 것이 필요하다.
　　㉯ 적절성과 효율성의 원리
　　　시간적·경제적으로 적정한 선에서의 최적성과 효율성을 찾아 여러 방법을 선택하여야 한다.
　　㉰ 현실성의 원리
　　　소비자교육방법은 지역·시대·사회·문화적 현실에 맞는 것이어야 한다. 특히, 소비자교육에 있어서는 현실과의 관련성이 높으므로 구체적으로 실생활에 적용할 수 있는 방법이어야 하며, 활동의 결과 또한 실생활에 즉각적으로 적용할 수 있는 것이어야 한다.
　㉡ 소비자교육 실행의 방법
　　교육대상의 수준에 맞추어 적절한 방법이 사용되어야 소비자교육의 효과를 극대화할 수 있는데 이는 다음과 같다.
　　㉮ 매스미디어 활용방법
　　　• 매스미디어는 개개인의 소비자에게 직접적으로 도움이 되는 생활정보에서부터 행동변화의 필요성을 깨닫게 하는 데 사용할 수 있는 다양한 환경정보에 이르기까지 소비자교육에 필요한 다양한 자료를 제공하고 있으므로 이를 적극적으로 활용하는 방법이다.
　　　• 근래에 널리 알려진 신문활동교육(NIE)은 매스미디어를 이용하는 방법이라고 할 수 있다.
　　　• 매스미디어에서 제공하는 정보를 맹목적으로 수용하지 않고 비판적으로 검토하는 시각을 키우도록 하는 것도 중요한 소비자교육이다.
　　㉯ 컴퓨터 활용방법
　　　• 인터넷의 확산에 따라 널리 보급되고 있는 인터넷활용교육(IIE)은 컴퓨터를 이용하는 교육방법의 하나이다.
　　　• 실제로 특정 재화를 판매하는 상점을 일일이 방문하지 않더라도 컴퓨터를 통해 재화의 가격을 알 수 있으며 동일한 재화의 가격이 다를 수도 있다는 것을 확인할 수 있다.

㉓ 실물활용법
- 소비자들이 일상생활에서 쉽게 접할 수 있는 실물을 활용하여 소비자를 교육할 수 있다.
- 제품의 사용설명서, 계약서 등의 내용이나 수입농산물과 국내농산물의 실물을 이용하여 교육할 수 있다.
- 기존의 영상물이나 관람자료를 이용하여 시청할 수 있다.

㉔ 실험실습방법

소비자가 직접 교육과 관련된 내용을 실험이나 실습을 통하여 학습하게 하는 방법으로 다른 방법에 비하여 시간이 다소 소요된다는 것이 단점이다. 예컨대 설거지를 할 때, 물을 틀어놓지 않고 받아서 하면 4인 가족을 기준으로 약 100리터의 수돗물이 절약된다고 한다. 따라서 교육할 때 이러한 기사가 실린 신문을 활용할 수도 있지만, 이와 병행하여 물을 받아서 하는 방법과 물을 틀어놓고 하는 방법 두 가지 방법으로 직접 설거지를 하게 하고 사용한 물의 양을 수도계량기를 통해서 비교해 보도록 하면 보다 효과적이다. 환경오염과 관련하여 폐식용유를 이용하여 세탁비누를 만드는 방법 등 소비자가 학습한 내용을 실제로 직접 만들어보는 실습을 하면서 소비자교육을 하는 것이 좋다.

㉕ 조사기법 활용방법

설문조사, 면접조사, 실태조사, 문헌조사, 관찰조사 등의 방법을 활용하여 교육하는 방법이다. 예컨대 농수산물의 가격이 어떻게 결정되는가를 교육하기에 앞서 일정한 시간 간격을 두고 농수산물의 시장가격을 직접 조사하게 하고 조사된 농수산물의 가격을 계절적인 요인에 따른 출하량, 즉 공급과 소비자들이 구매하려는 수요량과의 관계로 설명함으로써 교육효과를 얻을 수 있다.

㉖ 사례연구

주어진 사례를 분석하여 소비자가 일반적으로 활용할 수 있는 지식을 습득하도록 하는 것으로 귀납적 논리에 의해 소비자를 교육하고자 하는 방법이다. 예컨대 소비자의 구매행동을 고몰입 상품과 저몰입 상품으로 비교·설명하기 위하여 최근에 구매한 세제와 옷의 경우에 어떠한 과정을 거쳐 구매하게 되었는지 자세히 사례를 분석한다. 분석 결과, 소비자들은 고몰입 제품이 저몰입 제품보다 정보탐색이 더 많이 이루어진다는 차이를 발견할 수 있고 그러한 차이가 왜 발생하였는지 자세히 평가함으로써 구매 시에 소비자 행동지침을 교육할 수 있다.

㉗ 게 임

오락적인 요소를 사용하여 소비자를 교육하는 방법이다. 교육내용을 바탕으로 새로운 지식을 배울 수 있도록 게임이나 퀴즈를 구성하여 실시하는 것이다. 게임을 효과적으로 하기 위해서는 게임에 적당한 사람 수를 고려하여 집단을 나누고 사전에 이 집단 수를 감안하여 게임준비를 하여야 한다.

㉮ 역할놀이와 시뮬레이션

소비자가 다양한 역할을 수행하게 하여 필요한 지식을 학습하도록 하는 방법이다. 예컨대 다양한 구매상황을 설정하고 소비자와 판매원의 역할을 수행하게 하여 상거래에서 어떠한 상황이 벌어질 수 있는지 또는 어떠한 행동과 태도를 가져야 하는지 간접적으로 체험하게 함으로써 실제의 상거래에서 합리적인 구매를 할 수 있는 능력을 키운다.

㉯ 견학 및 지역활동 참여

견학과 지역활동 참여는 소비자가 직접 보고 듣고 행함으로써 소비자가 관련 지식을 학습하도록 하는 방법이다. 예컨대 환경문제와 관련하여 환경관리공단을 견학하여 폐수처리시설을 직접 관람하는 방법, 인근 산이나 하천의 쓰레기 수거활동에 참여하는 방법 등이 사용될 수 있다.

⑤ 소비자교육 프로그램의 설계

㉠ 소비자의 특성 및 학습능력 분석

㉮ 소비자의 수준 분석

㉯ 소비자의 흥미 및 배경 조사

㉡ 수업목표 진술

㉮ 교육 프로그램의 목표를 진술, 교육 프로그램을 통해 도달하고자 하는 목표지점을 제시

㉯ 교육대상인 소비자가 중심, 성취 수준의 하한계가 명시

㉢ 교수방법, 매체, 자료의 선정

㉮ 각종 자료, 관련인사의 소개 및 서평을 참고하여 교수매체를 구매

㉯ 교육대상자의 수준과 선호를 고려하여 교수방법, 매체, 자료를 선정하고, 교육 프로그램의 대상자 또는 교육 프로그램에 참가하는 소비자의 일상생활에서 얻을 수 있는 자료를 활용하는 것은 교육 프로그램의 효과를 높일 수 있는 방법

㉣ 선정한 매체와 자료의 활용

㉮ 교재를 활용하기 전에 사전시사를 하고 프레젠테이션 연습

㉯ 교육자는 가능하면 교육에서 제시될 내용, 용어 및 목표를 소비자들에게 미리 제공하여 동기를 유발시키고 쇼맨십을 발휘하여 교육내용을 효과적으로 제시

㉤ 학습자의 참여요구

㉮ 교육대상인 소비자와의 관계 형성

㉯ 형성된 관계를 바탕으로 소비자들의 교육참여 요구

㉥ 평가 및 수정

㉮ 교육 프로그램을 수행한 후에 비교, 평가하여 교육 프로그램을 수정

㉯ 수정된 교육 프로그램을 평가함으로써 프로그램의 계획, 개선, 정당화를 위한 결정을 하는 데 필요한 정보 획득

(4) 소비자교육 결과의 평가와 피드백

① 소비자교육 결과 평가의 실시

㉠ 소비자교육 결과 평가의 의미와 필요성

소비자교육 결과 평가는 소비자교육의 결과를 목적과 관련지어 측정하고 피드백하는 것을 말하고, 소비자교육의 측정은 검사도구 등을 이용하여 표준화된 위치를 결정하는 작업을 말한다. 소비자교육 결과 평가를 통하여 소비자교육의 목표를 얼마나 달성했는지를 측정할 수 있고, 소비자교육의 필요성·계획·내용·방법·강사·관리 등 소비자교육의 전반적인 면을 반성하고 개선할 수 있게 된다.

㉡ 소비자교육 결과 평가의 원칙과 방법

㉮ 소비자교육 결과의 평가원칙

구 분	내 용
타당도(Validity)	• 평가 목적을 재고 있는 정도를 의미 • 무엇을 평가하고 있는가? • 평가할 것을 어느 정도 충실하게 평가하고 있는가?
신뢰도(Reliability)	• 정확성과 일관성 유무 • 어떻게 평가하고 있는가? • 평가의 오차가 적어야 함 • 정확하게 평가하고 있는가?
객관도(Objectivity)	• 철저한 채점기준을 의미 • 평가자의 편견이나 감정에 좌우되고 있지 않은가? • 평가자가 주관적 판단의 오류를 범하지 않도록 과학적인가?
변별도(Discrimination)	잘하고 있는 교육생을 가려내고 있는가?
실용도(Usability)	• 시간과 비용 및 인력을 적게 들이고 쓸 수 있는가? • 과중한 부담과 복잡한 절차가 있는가?

㉯ 소비자교육 결과의 평가방법

구 분	내 용
시기와 목적	• 진단평가 : 소비자교육 실시 전에 실시 • 형성평가 : 소비자교육 실시 중에 실시 • 종합평가 : 소비자교육 완료 후에 실시
실시기준	• 상대평가 : 등위법, 유사동간법, 조합비교법 • 절대평가 : 숫자척도법, 기술척도법, 기술도표척도법
실시방법	• 주관식 평가 : 서답형(논문형, 완성형, 단답형) • 객관식 평가 : 선택형(선다형, 배합형, 진위형)

학습단계	• 반응 : 질문지법 • 학습 : 테스트(필답 및 실기측정) • 행동 : 인사고과 • 결과 : 필요점 조사, 현장성과 측정과정운영
과정운영	• 질문지법 • 면 담 • 감상 또는 소감 • 추수평가
교육담당자	• 교육생의 반응 • 자체평가
투자효과	• 필요점과 비교 • 추수평가 • 성과(생산량 × 단가) - 임금

② 소비자교육 결과 평가의 피드백

소비자교육에는 막대한 비용과 많은 시간, 그리고 노력이 소요되기 때문에 그에 합당한 성과가 어느 정도 나타났는지 검토해 보는 것은 지극히 당연하다. 뿐만 아니라 평가된 결과를 향후 소비자교육에 피드백하는 것 또한 시행착오를 보완하고 소비자교육의 효과를 배가하는 데 큰 도움이 된다.

㉠ 소비자교육 결과 평가 피드백에 고려하여야 할 사항

㉮ 소비자교육을 실시한 소기의 목적을 달성하였는지 명백히 함

㉯ 소비자교육의 테마, 내용, 방법 등이 적절하였는지 확인하고 앞으로의 개선과 연결시킴

㉰ 피드백을 할 수 있는 교육 성과와 정보를 정리하고 교육 후의 지도에 도움이 되도록 함

㉱ 소비자교육 결과 평가의 피드백

㉡ 소비자교육 결과 평가의 피드백의 기대효과

㉮ 소비자교육 동기유발

㉯ 소비자교육 수준의 유지

㉰ 소비자교육환경 및 강사 평가

㉱ 학습진행 및 실시결과의 진단 및 치료

㉲ 소비자교육의 교육과정과 지도방법의 개선

㉳ 계획관리방법의 개선

㉴ 소비자생활 지도

㉵ 소비자교육 담당자의 인사자료 활용

㉶ 소비자학습의 촉진

04 소비자제안·정보 수집·활용하기

1 소비자제안 제도의 의의와 범위

소비자제안이란 제품·서비스 또는 기업의 경영개선 및 서비스 향상을 위해 소비자의 의견을 수렴하여 반영하는 제도를 의미한다. 소비자제안의 범위는 다음과 같다.
① 제품·서비스의 개선 또는 개발을 위한 제안
② 제품·서비스의 안전과 관련하여 개선효과가 예상되는 제안
③ 경영합리화·예산절감 등과 관련하여 정량적 개선효과가 예상되는 제안
④ 기업 이미지 향상이 기대되는 사회활동 등의 제안

※ 기타 업무와 관련하여 정량적·정성적 개선효과가 예상되는 제안 등 특정업체나 상품의 홍보 또는 제안목적으로는 이용할 수 없다.

2 소비자제안 절차

소비자제안 절차는 제안 신청, 제안 접수, 채택 결정, 결정 통보, 제안 적용, 개선효과 측정, 심의 후 보상 순으로 이루어진다.
① **제안 신청** : 홈페이지나 전화, 우편, 사내 제안함 등을 통해 신청
② **제안 접수**
③ **채택 결정** : 단순 불편이나 개선을 바라는 내용, 기 시행중이거나 중복된 내용 등은 일반 상담으로 접수하여 처리하고, 제안내용에 따라 주관부서에서 효과성, 창의성, 적용가능성, 파급효과 등을 종합 판단하여 채택여부 결정
④ **결정 통보** : 결정내용을 제안자에게 통보하고 고객제안시스템에 입력
⑤ **제안 적용** : 주관 부서에서 실행계획서를 수립하여 시행
⑥ **개선효과 측정** : 주관 부서에서 적용 후 3개월이 경과 되면 정성적·정량적 개선효과 측정
⑦ **심의 후 보상** : 검증된 개선효과에 의거 최종 보상내용 확정 후 보상 시행

6장
고객지원

01 고객 요구사항 파악

02 고객 요구사항 대응 및 이력관리

교육은 우리 자신의 무지를 점차 발견해 가는 과정이다.

− 윌 듀란트 −

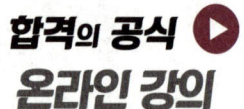

보다 깊이 있는 학습을 원하는 수험생들을 위한
시대에듀의 동영상 강의가 준비되어 있습니다.
www.sdedu.co.kr → 회원가입(로그인) → 강의 살펴보기

6장 고객지원

01 고객 요구사항 파악

1 고객 요구사항 파악하기

(1) 고객 요구사항 응대의 일반원칙

상담을 통해 고객의 요구가 접수되면 신속한 대응으로 해결해야 하며, 불필요한 후속 요구 발생을 방지하는 것이 중요하기 때문에 규정된 매뉴얼에 의해 정확하게 담당자를 지정하여 처리하여야 한다. 고객 상담 프로세스는 먼저 상담이 접수됨과 동시에 고객이 요구하는 내용을 정확히 파악하고 그에 상응하는 맞춤 상담으로 해결을 시도한다.

(2) 고객 요구사항 파악을 위한 경청기술

소비자상담은 상담원과 소비자 간의 의사소통 과정이다. 언어적 의사소통을 잘하기 위해 소비자전문상담사는 먼저 소비자의 말을 잘 듣고 이해해야 한다. 고객이 요구하는 것이 무엇인지, 현재의 불만과 피해는 무엇인지 등을 정확히 파악하기 위하여 적극적인 경청이 필요하다.

① 경청의 방해요인

소비자의 이야기를 조용히 듣고 있다 해서 소비자전문상담사가 진정으로 잘 경청하고 있다고 단언할 수는 없다. 상담대상이 되는 소비자의 문제와 욕구를 파악하여 이를 해결하거나 도와주고자 하는 의도가 없이 듣고 있다면 올바른 경청이 아니다. 상대방에게 흥미를 가지고 있는 것처럼 보여 상대방 마음에 들려고 할 때, 거절당할까 봐 긴장하고 있을 때, 특정한 정보만 듣고 다른 것은 무시할 때, 다음에 할 말을 준비하기 위해 시간을 벌려고 할 때, 내 말을 듣게 하기 위해 상대방의 말을 대충 들어줄 때, 상대방의 약점을 찾아내려고 할 때, 대화의 약점을 찾아서 자신이 항상 옳다는 것을 증명하고자 할 때, 사람들이 어떻게 반응하는지를 점검하고 자신이 바람직한 영향력을 행사했음을 확인하고자 할 때, 자신이 착하고 친절하고 좋은 사람인 것처럼 보이고자 할 때, 상대방에게 상처를 주거나 공격하지 않고 거절하는 방법을 잘 모를 때 등에는 소비자가 이야기하는 바를 진정으로 경청할 수 없다. 학자에 따라서는 모든 사람들이 경청을 방해하는 장애물을 가지고 있는데, 소비자전문상담사 또한 이 때문에 소비자가 요구하는 바를 쉽게 알 수 없다고 하면서 경청을 방해하는 요인으로 다음의 12가지 요인을 들고 있다.

㉠ 비교 : 소비자상담과정에 소비자전문상담사가 자신과 다른 소비자전문상담사, 상담의 상대방인 소비자, 소비자와 다른 소비자 간에 이루어지는 상담방식이나 기술, 표현능력 등을 비교하며 상담을 하게 되면 비교하는 데 집중하게 되어 소비자의 이야기를 잘 경청할 수 없다.

㉡ 예단 : 상담의 상대방인 소비자의 마음이나 원하는 내용을 미리 짐작하여 예단하거나, 읽으려고 집중할 때 소비자가 말하는 내용을 진정으로 경청하기 어려워진다. 특히, 소비자의 마음을 읽는 과정에 소비자전문상담사의 주관이 지나치게 개입하거나, 자신이 진정으로 소비자의 마음을 이해하려고 노력한다는 우월감에서 진실을 파악하기 위해 말보다는 억양이나 미묘한 단서에 더 주의를 기울이게 되면, 소비자가 오히려 당황하거나 불쾌감을 가질 수 있다.

㉢ 응답준비 : 소비자가 상담을 위한 이야기를 하는 동안 소비자전문상담사가 이를 경청하기보다 자신이 무슨 말을 할 것인지에 치중하여 생각하게 되면 소비자의 이야기를 정확히 들을 수 없다. 다음에 할 말과 전략에 모든 주의를 기울이고 있으면서도 소비자의 이야기에 흥미가 있는 것처럼 보여야 한다. 그러나 해야 할 이야기가 있고 주장할 의견이 있기 때문에 마음은 다른 곳에 가 있다.

㉣ 취사선택 : 소비자전문상담사가 스스로 전문가라는 자만심에서 또는 잘 알고 있는 내용이라고 생각하기 때문에 상대방인 소비자의 말을 걸러서 듣는 경우에 올바른 경청이 이루어질 수 없다. 걸러서 듣는 경우 소비자가 상담하는 내용의 전체적인 윤곽을 파악할 수 없을뿐더러 반복질문을 함으로써 소비자를 불쾌하게 할 수 있다.

㉤ 선입견 : 상대방인 소비자에 대해 미리 부도덕하다든지 위선적이라든지 하는 선입견이나 성급한 판단을 내려 이야기를 들을 필요가 없다고 생각하면, 의례적인 반사적 반응만을 보이게 되어 좋은 경청이 될 수 없다.

㉥ 공상 : 소비자전문상담사가 어떤 공상이나 상상을 통해 명상에 잠기는 경우에는 소비자의 이야기에 가치를 두지 않는 무례한 행동이 나올 수 있고, 소비자가 상담하는 내용을 파악할 수 없어 상담이 이루어질 수 없다.

㉦ 경험 회상 : 소비자가 상담하는 내용에 대해 소비자전문상담사가 자신의 경험과 관련지어 대화를 유도하거나, 소비자의 이야기가 끝나기도 전에 자신의 이야기를 시작하는 것은 올바른 경청이라 할 수 없다. 자신의 경험과 관련된 이야기를 늘어놓느라 정신이 없어서 소비자를 이해하거나 이야기를 듣기 어려워지기 때문이다.

㉧ 충고 : 소비자전문상담사는 소비자의 말을 진지하게 듣고 합리적으로 소비자문제를 해결하려고 노력해야 한다. 소비자를 가르치거나 충고를 하는 것은 올바른 경청방법이 아니다. 때로는 조언이나 충고를 통하여 소비자를 설득하려고 시도하는 동안 소비자의 감정이나 아픔 등을 건드릴 수 있기 때문이다.

ⓐ 언쟁 : 소비자전문상담사가 소비자의 이야기에 흥분하거나 의견이 다르다고 해서 언쟁을 하게 되면 소비자의 상담내용에 대한 집중이나 해결책의 마련에 소홀하게 되어 올바른 상담이 될 수 없다. 특히, 소비자의 이야기에 대한 신속한 반대의 표시는 소비자로 하여금 상담사가 자신의 이야기를 잘 경청하고 있지 않다는 느낌을 갖게 한다.
　ⓒ 자기만 옳다는 주장 : 소비자전문상담사가 소비자의 말은 옳지 않고 자신의 이야기만 옳다고 주장하는 경우에 소비자의 상담내용에 소홀하기 쉬워 올바른 경청이 이루어질 수 없다. 또한 소비자전문상담사 자신이 틀렸다는 것을 인정하지 않기 위해서 소리를 지르거나, 변명을 하거나, 소비자의 지난 잘못을 들추는 등의 행동을 하려고 할 때는 상대방의 이야기를 잘 들을 수 없다.
　㉠ 주제이탈 : 소비자는 자신이 경험한 불만이나 피해에 대해 이를 해결할 목적으로 상담에 임하고 있는데, 소비자전문상담사가 대화 도중 갑자기 화제를 바꾸거나 주제를 이탈하게 되면 소비자문제를 제대로 파악할 수 없어 효과적인 소비자상담이 될 수 없다.
　㉡ 비위 맞추기 : 소비자상담에서 소비자의 말에 긍정적인 표시를 하는 것은 꼭 필요하지만 상담사가 계속 반복하여 긍정을 하거나 지나치게 비위를 맞추게 되면 소비자가 오히려 불쾌하게 생각할 수 있다.

② **효과적인 경청전략**

소비자전문상담사의 효과적인 경청은 소비자문제를 정확히 파악하고, 합리적인 해결책을 마련할 수 있는 지름길이다. 소비자는 일반적으로 자신의 이야기를 잘 들어주는 소비자전문상담사를 신뢰하게 되므로 소비자전문상담사는 일방적으로 자신의 이야기만 늘어놓는 것을 지양하고 소비자의 문제와 상담내용을 경청하는 자세가 필요하다. 효과적인 경청전략에는 생산적 경청과 공감적인 경청이 있다.

먼저 생산적인 경청이란 소비자전문상담사가 자신의 마음 속에 숨어있는 잡념이나 이기심 또는 편견을 버리고 소비자의 말에 집중하는 경청방법이며, 공감적인 경청이란 소비자가 말하는 것을 기본적으로 흉내내는 '적극적인 경청'이나 '반사적인 경청'과는 전혀 다른 것으로 이해하려는 의도를 가지고 경청하는 것을 말한다.

소비자전문상담사는 소비자의 말을 적극적으로 경청하는 습관을 익혀야 하며, 소비자가 말하는 내용과 자신이 가지고 있는 문제해결 지식의 일치 여부 등에 대해 인식하며 경청하는 습관을 길러야 한다. 잘 듣기 위해서는 소극적으로 입을 다물고 조용히 앉아 있는 것만으로는 안 된다. 오히려 언어적ㆍ비언어적 수단을 통해 적극적으로 대화과정에 참여하는 것이 필요하다. 의사소통의 의미를 완전히 이해하기 위해서는 소비자가 말한 내용을 다른 말로 바꾸어 말하여 피드백을 주거나 질문해야 한다. 즉, 의사소통의 협력자로서 대화를 주고받으며 적극적인 청취를 해야 한다. 이를 위해 바꾸어 말하거나 명료화하기, 피드백 등을 사용할 수 있다.

㉠ 바꾸어 말하기

바꾸어 말하기는 소비자가 방금 이야기했다고 생각하는 것을 소비자전문상담사 자신의 단어로 다시 진술하는 것을 말한다. 바꾸어 말하기는 효과적으로 듣기 위해 꼭 필요하다. "제가 들은 바로는 …", "그러니까 소비자께서 느끼는 것은 …", "소비자님이 말하고자 하는 것은 …입니까?" 등과 같은 도입부를 사용할 수 있다. 바꾸어 말함으로써 얻을 수 있는 기대효과는 잘 들어준 데에 대해 소비자가 감사하게 되고, 화가 났을 때 격화되는 것을 막아주며, 위기를 완화시켜 주고, 오해를 막아준다. 또한 대화의 내용을 기억하는 데 도움을 주고, 비교·판단·연습·비난·조언·공상 등의 듣기장애를 해결할 수 있다는 데 있다.

㉡ 명료화하기

완전하고 또렷하게 듣기 위해 가끔 더 필요한 내용을 질문하는 것이다. 명료화는 바꾸어 말하기와 동시에 이루어지는 경우가 많다. 이를 통해 대화의 내용을 더욱 선명하게 알 수 있다.

㉢ 피드백

바꾸어 말하기와 명료화하기는 소비자의 대화내용을 더 잘 이해하기 위한 노력이다. 피드백은 소비자전문상담사가 들은 의사소통의 내용에 대한 느낌이나 생각 등을 소비자와 공유하는 것이다. 피드백은 즉각적이고 정직하며 지지적이어야 한다. 바꾸어 말하기와 명료화하기를 통해 의사소통을 이해하면 곧바로 피드백을 제공하고, 공격적이지 않고 친절하게 말해야 하는 것이다. 예를 들면 "소비자님께서 저에게 숨기는 것이 있죠?"라는 것보다 "저에게 아직 말 안 한 것이 있는 것 같아요"라는 말이 지지적이다.

> **인식하면서 경청하기**
> - 인식하면서 듣는다는 것은 먼저 소비자가 말한 내용과 소비자전문상담사 자신이 가지고 있던 기존 지식과의 비교를 통해 이 둘이 일치하는지를 주의하면서 듣는 것을 말한다. 또 하나는 소비자 목소리의 고저, 얼굴표정, 몸짓 등이 말하고 있는 내용과 일치하는가, 즉 일관성이 있는지를 확인하는 것이다. 이와 같은 인식을 통해 일치하지 않는 것이 있다면 이를 확인하거나 피드백을 주어야 한다.
> - 효과적인 듣기를 위해 필수적으로 구사해야 하는 전략은 소비자전문상담사가 소비자의 이야기를 잘 듣고 있음을 확인시켜주는 단서를 여러 가지로 전달해 주는 것이다. 소비자는 상담사가 이야기를 잘 듣고 있음을 증명하는 단서를 찾고자 한다.

(3) 고객 요구사항의 분류

고객의 요구사항을 파악한 후, 이에 대응하기 위한 해결책을 모색하기 위해서는 고객 요구사항에 대한 적정한 분류가 필요하다.

① **제품 또는 서비스에 대한 보상**

가장 기본적인 고객의 요구사항으로, 고객이 이용하고 있는 회사의 제품·서비스의 하자 내지는 결함으로 인해 소비자가 신체·재산·명예 등에 손해를 입은 경우가 이에 해당한다.

② **제도적 문제 해결**

생산·마케팅·유통 등 회사 정책 전반에 대한 고객의 요구사항이다. 과거 고객의 요구사항은 대부분 제품 또는 서비스에 대한 불만이 대부분을 차지하였으나, 최근에는 기업의 사회적 책임(CSR ; Corporate Social Responsibility) 및 사회관계망 서비스(SNS ; Social Networking Service)의 발달로 인해 제도적 문제에 대한 고객의 요구가 크게 증가하는 추세이다.

③ **고객 문제에 의한 요구**

회사의 제품·서비스 및 제도에는 문제가 없으나 고객이 정당하지 않은 오해, 억지, 일방적 주장을 표출하는 경우로, 최근에는 문제행동 소비자(블랙컨슈머)로 규정하여 사회적인 문제로 부각되고 있기도 하다.

④ **오상담·응대미흡으로 인한 2차 요구**

상담과정에서 업무에 관련하여 잘못된 내용으로 상담했거나 상담규정 등을 지키지 않은 경우, 콜백을 하지 않은 경우, 전산처리를 잘못한 경우, 고객이 요구한 자료나 제품을 발송하지 못한 경우, 상담이 지연된 경우, 대안을 제시하지 못하는 경우, 2차 요구사항이 발생할 수 있다.

02 고객 요구사항 대응 및 이력관리

1 고객 요구사항 대응

(1) 고객 요구사항 대응의 일반 원칙
고객요구에 대한 대응의 수준은 고객과의 신뢰를 결정하는 척도가 될 수 있다. 고객에 대한 1차적인 대응이 미숙할 경우, 2차적, 3차적인 고객요구가 발생할 수 있으므로 그 경중 구분 없이 신속하고 정확한 대응이 필요하다.

(2) 고객 요구사항별 대응
고객의 요구사항을 파악한 경우, 그 요구내용에 따라 프로세스와 매뉴얼에 의해 처리한다. 이때의 프로세스 및 매뉴얼은 상담부서 내부 처리뿐 아니라, 타 부서와의 협조 등 전사적인 관리방안을 포함해야 한다.

① 제품 또는 서비스에 대한 보상

제품 또는 서비스에 대한 보상 요구가 접수되는 경우, 신속하게 소비자에게 사과하고 피해상황을 파악하여 보상이 될 수 있도록 한다. 특히, 제품·서비스에 대한 보상 요구가 생산·마케팅·유통라인 등 회사의 조직 또는 절차상 문제에 근거하여 발생하였을 경우에는 고객의 요구가 일회성으로 마무리되지 않고 반복·확산될 우려가 있으므로, 관련 부서에 신속한 통보가 필요하다.

② 제도적 문제에 대한 대응

제도적 문제의 경우에는 고객의 제언이나 아이디어를 경청하여 개선점 및 건의사항으로 보완할 것을 약속하며, 지속적인 관심에 대해 감사인사를 한다. 대응 이후의 후속처리는 상담부서만의 역량으로 대응하기 어려운 경우가 많으므로, 관련 부서와의 긴밀한 협조와 논의를 통해 개선방안을 마련할 수 있는 노력이 필요하다. 특히, 제도적 문제가 발견되었음에도 해결하지 못할 경우, 불매운동이나 기업 이미지 추락과 같은 문제로 확산될 수 있으므로, 제도적 문제에 대한 고객 요구사항이 접수될 경우 이를 전사적으로 공유하고 각 부서별 대응방안을 마련할 수 있는 프로세스를 마련하는 것이 바람직하다.

③ 고객 문제에 대한 대응

고객의 정당성을 객관적으로 판단하기 어려울 뿐 아니라, 대다수의 경우는 회사의 잘못이 전혀 없는 경우보다는 회사의 작은 잘못에 대해 과도하게 요구를 하는 경우가 많으므로, 소수의 인원이 고객 문제 여부를 판단하기보다는 조직차원에서 해결할 수 있는 절차와 시스템 마련이 필요하다. 특히, 최근 감정노동자로서의 상담사 보호가 사회적 이슈가 되고 있으므로, 고객의 무리한 요구가 계속되는 경우에는 적정하게 상담을 종료하고, 이후에 발생하는 후속 문제로부터 상담사를 보호할 수 있는 매뉴얼 마련이 필요하다.

④ 오상담·응대미흡으로 인한 2차 요구에 대한 대응

고객의 요구사항을 경청하고 즉시 사과하며 상담과정에서 발생한 고객의 불이익(연체료 등)은 담당부서와 협의하여 처리한다.

(3) 고객 요구사항 대응을 위한 표현기술

고객 요구사항에 대응하기 위해 상담사와 소비자의 의사소통은 효과적이어야 한다. 예컨대 소비자는 소비자전문상담사의 메시지의 표현을 정확하게 전달받지 못하면 소비자전문상담사와 의사소통을 할 수 없거나 이해를 하지 못한다. 소비자전문상담사는 표현이나 전달의 실패를 줄이기 위해 다음의 표현기술을 익혀야 한다.

① 언어적 표현기술

㉠ 분명하고 정확한 발음

소비자전문상담사가 의도한 상담내용을 정확하게 소비자에게 전달하기 위해서는 분명하고 정확한 발음을 구사하여야 한다. 왜냐하면 소비자전문상담사의 메시지를 정확하게 전달받지 못한 소비자는 소비자전문상담사의 메시지를 이해하기 어려울 뿐만 아니라, 소비자전문상담사의 전문성이 결여되고, 성의가 없거나 지성 또는 교육이 부족하다고 판단할 수 있기 때문이다. 사투리나 속어, 구어체 등은 메시지를 왜곡하며 효과적인 의사소통 능력을 어렵게 하므로 피하는 것이 좋다. 또한 익숙지 않은 단어나 어구가 의사소통 중에 나타나면 소비자는 그런 단어나 어구를 생각하느라 다음 내용을 듣지 못할 수가 있다. 그렇게 되면 소비자전문상담사는 소비자가 놓친 부분을 반복하게 되고, 의사소통에 차질이 생길 수 있다.

㉡ 여유로운 상담 또는 대화

소비자전문상담사의 효과적인 상담기술 중 하나는 쉬는 시간을 가지면서 여유로운 대화를 유도하는 것이다. 소비자전문상담사가 말을 하거나 질문을 한 후에 잠시 멈춤으로써 소비자는 숨을 돌릴 수 있고, 생각할 시간을 줄 수 있기 때문이다. 또한 상담이 잘 진행되지 않을 때 긴장을 감소시키는 효과도 있다.

ⓒ 올바른 문법 사용

소비자와의 상담에 있어서 올바른 문법은 발음만큼이나 중요한 것으로서 긍정적이고 유능한 이미지를 창출한다. 상담에 있어서 올바른 문법을 적용하지 못했을 때, 소비자전문상담사는 나태하거나 교육받지 못한 것으로 인지될 수 있다.

ⓔ 미소 띤 대화

소비자전문상담사가 미소를 지으며 상담을 진행하는 것은 즐겁고 따뜻하며 성실한 분위기를 조성할 수 있다. 긍정적인 태도는 종종 소비자를 기운 나게 하고 짜증을 풀리게도 하며, 친밀감을 형성하기도 한다.

ⓜ 소비자의 대화중단 금지

소비자전문상담사는 보통 정보를 주거나 질문을 하기 위하여 소비자의 이야기를 중단시키려는 경향이 있을 수 있다. 이것은 소비자의 입장에서 보면 소비자전문상담사가 무례하다고 판단할 수 있는 빌미를 제공하거나 화나게 할 수도 있어 상담의 실패원인이 된다. 소비자가 질문을 하거나 말을 하고 있다면, 소비자전문상담사의 의견이나 생각을 말하기 전에 고객의 말이 끝나기를 기다려야 한다.

ⓗ 소리 조정

소비자전문상담사는 상담과정에 있어서 소리의 강약이나 속도를 상황에 맞게 조정할 필요가 있다. 먼저 소비자에게 말할 때는 상황에 따라서 소리를 크게 하거나 부드럽게 할 필요가 있다. 한편 소비자전문상담사는 소비자가 이해할 수 있는 정도의 속도로 상담을 해야 한다. 이 경우 소비자전문상담사는 소비자가 말하는 속도에 맞추어 응대하는 것이 좋다. 왜냐하면 그것이 소비자가 편안하게 여기는 속도이기 때문이다. 너무 늦게 이야기해서 소비자가 지루해 하거나 지나치게 빨리 말해서 소비자가 대화의 흐름을 놓칠 수 있다.

ⓢ 목소리 변화의 이용

소비자의 흥미를 유발하고 집중해서 들을 수 있도록 목소리의 변화를 이용하는 것도 효과적인 상담기술이 될 수 있다. 같은 수준의 음량, 음조, 스피드로 말하는 것은 고객을 지루하게 만들고 더 나아가 상담에 실패할 수도 있다.

ⓞ 긍정적 이미지와 태도

소비자전문상담사는 소비자에게 긍정적 이미지와 태도를 유지할 필요가 있다. 소비자는 일반적으로 소비자전문상담사가 문제를 해결하지 못한다고 하거나 부정적인 이야기를 하는 것을 원하지 않고 소비자전문상담사가 자신의 질문, 문제 또는 관심사에 대하여 확신있게 해결하는 것을 원하기 때문이다.

ⓩ 전문가다운 상담

소비자전문상담사는 전문가적인 상담기술을 익혀야 한다. 예컨대 소비자의 이름, 대화내용, 해야 할 행동 등을 요약하면서 즐겁게 상담을 해야 하고, 때로는 상담내용을 요약하여 소비자에게 전해주어야 한다.

② 비언어적 표현기술

소비자와 더욱 효율적으로 의사소통을 하기 위해서는 소비자의 신체언어에 대하여 인식·이해하고 적절하게 반응하는 것뿐만 아니라 소비자전문상담사 자신의 신체언어를 긍정적으로 사용하는 것이 필요하다. 그러나 배경, 문화, 신체조건 및 의사소통 능력과 그 외의 요인에 대해 모든 사람들이 같은 방법으로 비언어적 단서를 사용하지 않을 수도 있음을 기억해야 한다. 비언어적 단서를 너무 중요시하면 의사소통을 잘못하게 되거나 상담에 실패할 수 있다.

㉠ 눈 맞추기

소비자상담 중 소비자전문상담사의 시선이 소비자를 향하지 않고 다른 곳에 있을 경우에 소비자는 소비자전문상담사가 관심과 도움을 주지 않는다고 오해할 수 있기 때문에 서로 눈을 맞추어 가며 상담하는 것이 효과적이다.

㉡ 자 세

소비자전문상담사가 경직된 태도로 앉아 있거나 몸을 앞으로 굽히거나 떨어져 있는 것도 소비자에게 다양한 메시지를 잠재적으로 보내는 것이다. 소비자와 상담할 때 약간 몸을 앞으로 숙이고 미소를 짓는 것은 소비자전문상담사가 소비자의 이야기에 흥미가 있으며 열심히 듣고 있다는 단서가 될 수 있다. 그렇지 않다면 반대 메시지를 보내는 것이다.

㉢ 미 소

미소는 범문화적으로 긍정적인 감정을 나타내주는 요소 중의 하나이다. 미소는 만남을 가지거나 누군가를 설득해야 할 때 등 다양하게 변화한다. 확신과 약속을 표시할 수 있는 매력적인 미소, 밝은 미소, 미심쩍어하는 미소를 상황에 적절하게 사용하는 것이 중요하다. 특히 소비자전문상담사는 불안한 상태에 있는 소비자에게 온화한 웃음을 잃지 말아야 한다. 미소는 상대방의 거절이나 긴장을 해소시키는 강력한 무기가 될 수 있다.

㉣ 머리 끄덕이기

일반적으로 소비자의 의견에 동의한다는 것을 나타내는 비언어적 소비자상담기술이다. 소비자전문상담사가 소비자의 불만 및 피해 등을 듣고 소비자의 요구를 이해한다고 신호를 보내려면 소비자전문상담사가 천천히 고개를 끄덕이고, 가끔 "그렇군요"라고 말하고, 고객이 말할 때 미소를 짓도록 한다.

ⓜ 몸짓

언어적 소비자상담기술을 강조하기 위해서 손과 팔을 사용하는 것은 상담과정인 의사소통에 생각과 자극 그리고 열의를 증가시킬 수 있다. 개방적이고 풍부한 제스처는 듣기를 장려하고, 소비자를 위한 메시지를 설명하는 것에 도움을 준다. 한편, 폐쇄적이고 자제하는 동작은 냉담, 불안 또는 관심이 부족하다는 메시지를 보낼 수 있다.

ⓑ 의복과 용모

깨끗하고 잘 다려진 의복과 잘 정돈된 용모는 소비자전문상담사의 긍정적이고 전문가적인 이미지를 주는 데 도움을 준다. 어떤 의복과 용모는 작업환경 기준에 맞는 반면, 어떤 의복과 용모는 정신을 어수선하게 하고 때와 장소에 적당하지 않는 경우가 있다. 적절하지 못한 의복과 용모는 소비자에게 신뢰감을 떨어트리고 때로는 비난과 불만을 사게 된다.

(4) 고객 요구사항 대응 절차

고객 요구사항에 대해 파악된 원인과 취해진 조치에 대해 고객에게 반드시 알려주어야 한다. 간혹 표준화된 대응이 오히려 고객의 불만을 가중시킬 수도 있으므로 고객의 유형별로 관리하는 것이 중요하다. 고객이 품질 감시자, 즉 제안자인 경우에는 요구사항에 대한 설명과 문제해결이 되었는지에 대한 확인 편지를 송부하는 것이 좋으며, 고객이 피해자인 경우에는 공감과 이해를 보여주고 적절하고 개별적인 보상을 해주어야 한다. 고객요구에 대한 대응이 부득이하게 지연될 경우에는 반드시 고객에게 사전에 양해를 구하고, 중간중간 처리되고 있는 상황과 향후 계획에 대해 통지하여 공감대를 형성할 수 있도록 노력하여야 한다.

2 고객 요구사항 이력관리

고객 요구가 접수되었을 때 이를 처리하는 것도 중요하지만, 그보다 부정적인 요구가 재발하지 않도록 이력 관리와 사전, 사후 관리 활동을 철저히 실시해야 한다.

(1) 예방관리 활동

일일 업무점검을 통해 상담사별 민원 재발 소지가 있는 상담과 특정 상황이나 특정 고객에 의해 발생된 상담에 대해 함께 논의토록 하며, 정기적인 교육을 통해 정확한 상담이 되도록 하고, 전사적인 문제에 대해서는 전사적으로 공유하도록 한다. 고객 요구사항을 유형별 일별 데이터로 분류하여 처리 프로세스 및 매뉴얼에 맞게 처리되고 있는지 확인하고, 여기에서 드러난 개선점은 실시간 피드백을 실시한다. 또한 주 또는 월 단위로 상담 분석내용을 회람자료로 작성하여 배포한다.

(2) 고객요구 기록관리

고객요구를 제시한 고객에 대한 데이터베이스를 만들어 고객이 어떤 불만을 어떻게 표출했으며 어떤 것을 기대했는지, 사후 만족도가 어땠는지 등을 체계적으로 기록하고 관리해야 한다. 이를 통해 고객요구를 관계개선의 기회로 인식하고 고객에 대해 심층적으로 이해할 수 있으며, 요구의 증가, 구매빈도의 감소, 구매액의 감소, 경쟁사 전환, 약속 취소 등 고객불만 징후를 파악할 수 있다.

(3) 고객요구 원인 분석

고객요구 접수와 더불어 진행해야 하는 것이 이에 대한 원인 분석이다. 제기된 요구사항에 대한 원인을 다각적으로 파악하기 위해 노력해야 하는데, 설문조사나 심층면접 등의 실시를 그 도구로 활용할 수 있다.

(4) 고객대응 전략 및 매뉴얼의 점검

처리된 고객요구에 대하여 적절한 대응전략을 구사하였는지 점검하는 것 역시 중요하다. 대응의 유형은 일반적으로 심리적 대응과 경제적 대응으로 나뉘는데, 상황에 따라 적절한 방법을 사용해야 한다. 회사 측의 귀책사유가 경미할 때, 혹은 장기적인 관계 속에서 일어난 서비스 실패일 때는 사과와 같은 심리적 대응을 하도록 한다. 반면 서비스 실패의 규모가 크거나 회사 측에 분명한 책임이 있을 때는 심리적 대응과 더불어 적극적인 경제적 대응을 하는 것이 좋다.

7장
소비자상담 결과의 피드백

01 고객관계관리와 활용

02 소비자상담의 분석 및 자료정리

교육이란 사람이 학교에서 배운 것을 잊어버린 후에 남은 것을 말한다.

— 알버트 아인슈타인 —

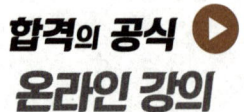

보다 깊이 있는 학습을 원하는 수험생들을 위한
시대에듀의 동영상 강의가 준비되어 있습니다.

www.sdedu.co.kr ➜ 회원가입(로그인) ➜ 강의 살펴보기

7장 소비자상담 결과의 피드백

소비자전문상담사 Consumer Adviser Junior

01 고객관계관리와 활용

1 고객관계관리(CRM ; Customer Relationship Management)

1990년대 후반부터 널리 주목받은 용어로, 신규고객 획득, 기존고객의 유지 및 고객 수익성 증대를 위하여 지속적인 커뮤니케이션을 통해 고객 행동을 이해하고 영향을 주기 위한 광범위한 접근으로 정의를 내릴 수 있다. 기존의 다른 경영법과 구별되는 특징은 모든 전략적 요소들이 고객 중심으로 수립된다는 점과 다양한 정보기술의 활용을 통해 객관적인 근거에 의해 경영활동을 전개한다는 점이다. CRM의 구현을 통해 고객 유지 기반을 갖추고 초기의 고객이 남아있을 수 있도록 하여 그 고객을 통해 높은 수익성을 거두는 것이다. 경쟁이 심한 업종의 기업일수록, 고객과의 상호작용이 필수일수록 고객관계관리와 커뮤니케이션은 필수적이다.

2 고객관계관리 실행

(1) 학습단계와 대응단계

고객관계관리는 크게 두 단계로 구분할 수 있는데 고객에 대한 학습단계와 고객에 대한 대응단계이다. 이와 같은 두 단계가 계속적으로 반복되면서 고객 행동을 이해하고 영향을 주며 고객 수익성 증대, 기존고객 유지, 신규고객 획득이 가능해진다(한국능률협회, 2001). 고객관계의 향상을 위해 고객을 학습하여야 하고 학습된 기반을 가지고 대응을 하며, 고객에 대응된 결과는 다시 학습에 중요한 정보로 활용·피드백할 수 있다.

(2) CRM 프로세스

Greenberg(2001)는 'CRM이란 ㉠ 개별고객이 평생 동안 고객으로 유지될 수 있도록 개별고객의 경험을 넓힐 수 있는 수단과 방법을 제공하고, ㉡ 고객을 식별하고, 획득하고, 유지하기 위한 기술적이고 기능적인 수단을 제공하고, ㉢ 전사적으로 고객에게 통일된 시각을 제공하는 완벽한 시스템이다.'라고 정의했다.

오늘날 기업에게 가장 극적인 영향을 끼치게 된 것 중 하나가 기술력이다. 이러한 기술의 변화는 예측할 수 없는 속도의 변화를 만들어 내고 바로 이 기술이 소비에게 권한을 주어 이제는 소비자가 기업과의 관계에서 주도권을 쥐게 되었다고 볼 수 있다. 소비자들에게 과거 대면 접촉에 비해 훨씬 더 다양한 대안을 가지고 거래를 할 수 있게 된 셈이다. 게다가 비교가 안 될 만큼 많은 정보에 접근하고 선택할 수 있게 해주었다. 이렇게 높아진 자각은 여유 있는 시간에 대한 요구와 결합하여 정보로 무장되었다. 그들의 높아진 기대치를 충족시키는 것은 필수적이며 아마도 기업의 생존에 결정적일 것이다.

기업은 장기적 가치를 최적화시키기 위해 고객을 선별하고 관리하는 사업전략을 취하며 효과적인 마케팅과 영업, 서비스 프로세스를 지원하기 위해 고객 중심적인 기업 철학과 문화를 필요로 한다(채정숙 外, 2005).

[CRM 프로세스]

3 고객관계관리 활용

(1) 개 요

기업의 CRM 전략은 소비자 개개인의 모든 데이터가 수집되고 저장되어 기업의 중요한 자산이 된다. 특히, 온라인을 통한 e-CRM이 활성화되면서 기업의 경쟁은 불가피해질 것이다. 기업이 고객을 돌볼 수 있는 것 혹은 고객 스스로 고객 자신을 돌볼 수 있는 모든 것들이 데이터로 통합, 관리되면서 성공적인 결과가 창출될 수 있을 것이다.

(2) CRM을 통한 기대효과

① 고객관계관리를 통한 수익 창출

우량고객의 이탈을 방지하고 이탈 고객을 미리 분석하여 집중관리가 가능하며 고객을 타깃화하여 마케팅활동이 가능하다.

② 수익지향적 영업 및 마케팅활동

고객지향적 상품 개발이 이루어질 수 있으며 그에 따른 효과 분석을 통해 생산성을 높일 수 있다.

③ 다양한 채널과의 연계를 통해 실질적 고객관리

효과적인 일대일 마케팅, 맞춤형 마케팅을 통해 고객 충성도 형성할 수 있다.

02 소비자상담의 분석 및 자료정리

1 소비자불만 접수양식 작성

소비자불만 내용은 일정한 양식에 맞추어 전산으로 입력되는 것이 보통이나 어떤 매체에 의하여 접수되느냐에 따라 기록내용이나 양식에 약간씩 차이가 있는데 일반적으로 제시하면 다음과 같다.

(1) 접 수

접수를 받으면 담당자는 맨 먼저 다음 두 가지 사항을 정확 · 신속하게 파악해야 한다.

① 요청자의 소비자불만 내용이 소비자기본법상 소비자의 범위에 포함되는지 여부와 피해구제 청구인이 될 수 있는지의 여부

② 소비자의 상담내용이 해당 조직의 범위에 포함되는지 여부

㉠ 접수는 전화, 방문, 문서 등에 의해서 행해지지만 수로 전화상담이 많은 편이다. 따라서 접수양식에 직접 기입하기에 앞서 메모를 먼저 하는 것이 효과적이다.

㉡ 상담요청자의 신분과 상담의 개요, 긴급을 요하는 것, 복잡한 내용, 전문적 정보를 요하는 내용 등 요구되는 정보 및 구체적인 내용을 기입한다.

㉢ 불만과 관련된 상품의 내용, 즉 상품의 구매날짜, 사용기간, 구매장소, 구매가격, 지불방법, 문제점 등을 기입한다.

(2) 상담카드의 작성

접수를 받으면 상담카드를 작성한다. 상담카드를 일목요연하게 작성하기 위하여 미리 다른 메모지에 작성하였다가 옮겨 적는 방법도 좋다. 상담카드의 작성요령은 다음과 같다.

① 상담접수에 따라 상담카드를 작성하되 팸플릿, 계약서, 불만상품의 사진 등을 자료로 첨부한다.
② 상담카드는 상품별 분류와 내용별 분류가 있는데 해당 양식에 기입한다. 품목에 따라서는 그 품목에서만 반드시 기재해야 할 사항이 있으므로 빠지지 않도록 한다. 예컨대 자동차소비자상담의 경우 자동차의 운행기간, 주행거리, 차량번호, 차주성명 등을 반드시 기재해야 한다.
③ 카드기입이 완료되면 컴퓨터에 입력한다.
④ 상담처리의 결과가 입력되지 않은 경우에는 종료되는 시점에 입력한다.
⑤ 처리과정 및 처리 종료된 카드는 상담요청자 등의 프라이버이므로 엄중하게 보관·관리한다.
⑥ 되도록 많은 메모를 남겨 후에 재정리할 때 참고가 되도록 한다.

(3) 상담처리에 대한 기록 작성

소비자불만 접수에 따라 처리결과가 어떠한 방법으로 피해구제 되었는지에 대한 구체적인 내용을 기입한다. 처리결과는 크게 문의 및 건의와 피해구제로 나눌 수 있는데 다음 중 어디에 해당되는지 기록한다.

① **문의 및 건의**
  ㉠ 소비생활 관련 정보 제공
  ㉡ 불만, 피해에 대한 구제방안 제시(1차적으로 소비자분쟁해결기준에 근거하여 방안을 제시하고 각종 법규, 조례, 거래 약관, 처리 사례 등을 참고로 피해구제방안을 선택하여 기입)
  ㉢ 시험·검사의뢰 안내
  ㉣ 건의나 제안의 처리

② **피해구제**
  ㉠ 수 리
  ㉡ 교 환
  ㉢ 환 불
  ㉣ 배 상
  ㉤ 취 하
  ㉥ 중 지
  ㉦ 처리불능
  ㉧ 조정요청

(4) 소비자상담결과에 대한 보고서 작성

소비자피해구제에 관한 상담 후 보고서 작성에 포함되어야 할 내용은 다음과 같다.
① 소비자의 인적사항
② 상담내용의 원인, 배경과 요지
③ 상담기법
④ 상담과정의 주요 내용 요약 및 축어록
⑤ 소비자의 상태, 상황
⑥ 피해사례의 처리경과 및 결과
⑦ 소비자의 상담결과에 대한 만족여부
⑧ 전체 상담과정에 대한 상담자의 평가 및 소비자의 느낌
⑨ 기 타

2 상담결과분석에 따른 자료정리

(1) 자료의 분류

소비자피해 상담자료를 내용별, 품목별, 연도별, 처리결과별 등으로 정리 및 재구성하여 양적 자료를 만들어 보고서를 작성한다. 이때 상담자료를 내용에 따라 분류한 후 자료제시의 목적에 적합한 방법으로 분할표를 작성해야 하는데, 자료의 정리 및 재구성의 이해를 돕기 위하여 도표 등을 적절히 사용하는 것이 필요하다.

(2) 자료의 제시

도표를 활용함으로써 보고서를 읽는 사람으로 하여금 특정한 정보를 정확하고 신속하며 완전하게 이해하도록 할 수 있다. 상황에 따라 도표 외에도 원문이나 표를 활용할 수 있으며, 자료는 컴퓨터를 활용하여 다양하게 제시할 수 있다.

(3) 보고서 작성법

보고서를 어떠한 형식으로 작성하여야 할 것인가에 관하여는 일정한 기준이 없다. 특정 목적을 달성하기 위하여 제목, 목차, 요약, 서론, 본론, 결론과 같은 요소들이 포함되는 것이 보통이지만 그러한 요소들이 절대적으로 모두 포함되어야 하는 것은 아니다. 읽는 사람이 쉽게 이해할 수 있도록 보고서의 내용은 일정한 기준에 적합하여야 한다. 즉, 내용이 완전하고 정확하며 명료하면서도 간결해야 하는데 보고서 내용의 작성기준을 살펴보면 다음과 같다.

① 완전성
  ㉠ 읽거나 듣는 사람으로 하여금 이해할 수 있는 용어로 표현하여 필요로 하는 정보를 모두 제공할 수 있어야 한다.
  ㉡ 보고의 목적에 맞게 제기되었던 문제점들이 제대로 파악될 수 있도록 자료가 분류·정리되어 제시되어야 한다.
  ㉢ 보고서가 지나치게 간결하거나 장황해서도 안 된다.
② 정확성
  ㉠ 수집된 현황 자료의 내용이 정확하고 올바르며 보고 목적에 맞게 처리·정리되어 해석되어야 한다.
  ㉡ 논리적으로 해석하여야 하며 문법적으로 올바르게 작성되어야 한다.
③ 명료성
  ㉠ 명확하면서도 논리적인 사고와 정확한 표현을 구사하여야 한다.
  ㉡ 보고서에 사용할 단어는 정확해야 하고 애매해서는 안 된다.
  ㉢ 문장을 체계적으로 배열하여야 하며 간결하면서도 함축적인 의미가 내포되도록 해야 한다.
④ 간결성
  ㉠ 보고서에 기재할 내용을 선별적으로 택하여야 한다.
  ㉡ 현황 자료의 사실을 모두 전달하려고 해서는 안 되며, 주제와 직접 관련이 없는 내용은 가능하면 삭제하여야 한다.

(4) 보도자료 작성
① 이용 가능한 자료의 종류
  ㉠ 뉴스성 보도자료
    ㉮ 일반적 보도자료
    ㉯ 업무(행정), 행사, 제품, 계약, 안내, 사업성과 등
  ㉡ 해설 기사성 보도자료
    ㉮ 사건을 심층 취재하여 사건의 중요성, 발생원인 등 동기를 설명하고 전망하는 글
    ㉯ 소비자와 관련된 내용이나 정보의 과거, 현재, 미래에 대하여 구체적으로 설명한 기사
    ㉰ 활용방안

부록 1
답안작성방법과 답안작성예시

01 답안작성방법

02 답안작성예시

모든 전사 중 가장 강한 전사는 이 두 가지, 시간과 인내다.

− 레프 톨스토이 −

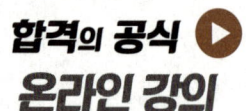 

보다 깊이 있는 학습을 원하는 수험생들을 위한
시대에듀의 동영상 강의가 준비되어 있습니다.
www.sdedu.co.kr ➜ 회원가입(로그인) ➜ 강의 살펴보기

소비자전문상담사 Consumer Adviser Junior

답안작성방법과 답안작성예시

01 답안작성방법

- 이미 필기시험과 어느 정도의 학습을 통해 많은 지식을 습득한 상태이므로 자신감을 갖는다.
- 각 문제당 문제난이도에 따라 배점이 다르므로 주의하도록 한다.
- 답안이 생각나지 않는 경우 아예 답안을 작성하지 않으면 채점의 여지가 없으므로 답과 연관되는 내용이나 자신의 머릿속에 그려지는 이론을 작성하도록 한다.
- 단답식으로 작성하거나 주요 목차만을 적고 나오면 개인적으로 알고 작성한 답안이라도 시험에서 실패한다는 것을 숙지한다.
- 특별한 경우가 아니면 가능한 한 서술식으로 작성하도록 한다.
- 15문항 내외로 출제되므로 시험 시작 전에 문제 수를 확인한다.
- 답안은 8~10줄 정도로 핵심사항을 일목요연하게 간략히 기술한다.
- 100% 맞는 답안이 없는 경우가 많아 수험생에 따라 답안이 천차만별임을 인지하고, 이미 공부한 내용을 성실히 반영하도록 한다.

02 답안작성예시

"주차장 내 도난, 파손 등 제반사고에 대한 책임을 일체 지지 아니합니다"라는 약관과, "운동장에서 연습 혹은 경기장 파울볼, 기타에 의해 보상을 당할 때에는 주최 측이 현장의 응급치료만 책임지고, 그 뒤의 책임을 지지 않으니 특히 주의하시기 바랍니다"라는 약관에 대해서 공정거래위원회의 약관 심의 결과 무효로 처리되었다. 이러한 공정위의 무효심결에 대하여 법적 근거를 들어 설명하라.

약관의 규제에 관한 법률(이하 "약관법"이라 함)에서는 불공정한 약관조항의 무효를 위해 일반적 기준 또는 원칙을 제시하고 있으며, 8가지 불공정한 약관조항의 구체적 유형이 규정되어 있다. 이 중 위 사례의 경우는 중대한 사업자의 과실로 인한 법률상의 책임이나 사업자의 손해배상 범위를 제한하는 조항, 사업자 부담책임을 소비자에게 전가하는 조항, 사업자의 담보책임을 배제 또는 제한하는 조항들의 일부로서 약관의 규제에 관한 법률 제7조 '면책조항의 금지'에 근거하여 무효이다. 위 사례 중 주차장 이용약관의 경우 사업자의 고의 또는 중대한 과실로 인한 책임을 배제하는 조항으로서, 약관법 제7조 제1호에 해당하여 법에 의거 무효 처리된다. 다음으로 경기장 약관의 경우 사업자의 손해배상의 범위를 상당한 이유 없이 제한하는 조항으로서, 약관법 제7조 제2호에 해당하여 법에 의거 무효 처리된다. 공정거래위원회는 사업자가 불공정약관조항의 사용금지 규정을 위반한 경우에는 사업자에게 해당 불공정약관조항의 삭제·수정 등 시정에 필요한 조치를 권고할 수 있다.

더 알아보기

본 사례에 있어 주차계약과 경기관람계약은 다수 고객을 상대로 하는 계약이므로 약관에 의해 계약이 체결되는 것이 일반이다. 약관규제에 관한 법률은 사업자가 그 거래상의 지위를 남용함으로 인하여 불공정약관을 작성·통용하는 것을 방지하고, 불공정약관조항을 규제할 목적으로 제정되었으며, 이에 따라 동 법률은 불공정약관조항의 유형을 8가지로 분류하여 이를 무효로 하고 있다. 주차계약 사례에 있어서는 "사업자의 고의·중대한 과실로 인한 책임"까지 배제함으로써, 그리고 경기관람계약은 "상당한 이유 없이 사업자의 손해배상책임을 제한"함으로써 면책금지조항의 불공정약관조항에 해당한다. 따라서 이 약관조항은 무효이며 피해를 입은 소비자는 각 사업자에게 손해배상청구를 할 수 있다. 주의할 것은 원칙적으로 일부무효의 특칙에 따라 당해 약관조항만 무효이고 다른 계약은 유효한 것이 일반적이라는 것이다.

16세의 미성년자가 휴대폰이 너무 가지고 싶어 휴대폰을 구입하러 갔는데 사업자가 부모 동의 여부를 묻자 몰래 가지고 나온 부모의 주민등록증을 제시하였다. 이 경우 미성년자 계약철회는 가능한가?

가능하다. 민법에 따르면 미성년자와의 계약은 법정대리인의 동의가 없으면 기한에 관계없이 언제라도 취소할 수 있으며, 다만 계약에 관련된 금액이 용돈의 범위 내에 들거나 법정대리인의 동의가 있었던 것처럼 사술을 쓴 경우는 제외한다고 규정되어 있다. 위 사례의 경우 미성년자가 부모의 주민등록증을 제시한 것을 사업자가 미성년자와의 계약을 위해 법정대리인의 동의를 성실히 확인한 것으로 볼 수 있느냐의 문제인데, 이동통신 이용약관에 따르면 미성년자가 계약을 하고자 할 때는 법정대리인의 인감증명서나 동의서와 같은 구비서류를 포함하도록 하여 법정대리인의 동의를 확인하는 절차를 밟고 있다. 따라서 위 사례의 경우 계약철회가 가능하며, 이때 사업자는 위약금이나 미납요금을 청구할 수 없으며 단말기도 위약금 없이 현재 상태 그대로 반환하면 된다.

더 알아보기

본 사례는 미성년자의 행위능력에 관한 문제이다. 민법 제5조는 "미성년자, 19세 미만인 자가 법률행위를 함에는 법정대리인의 동의를 얻어야 한다. 그러하지 아니하면 취소할 수 있다"라고 규정함으로써 법률에 예외적 규정이 있는 경우를 제외하고는 법정대리인의 동의 없는 미성년자의 행위는 취소할 수 있음을 원칙으로 한다. 그러나 이러한 미성년자의 취소권은 미성년자 쪽에만 주어져 있고 그 행사가 자유롭다는 점에서 미성년자와 거래한 상대방은 법적 불안전성을 갖게 된다. 이에 민법은 미성년자와 거래한 상대방을 보호하기 위한 제도를 두고 있는데 그중의 하나가 속임수를 쓴 미성년자의 행위를 취소할 수 없도록 하고 있는 것이다. 즉, 미성년자가 속임수로써 자기를 능력자로 믿게 한 경우, 그리고 미성년자가 속임수로써 법정대리인의 동의가 있는 것으로 믿게 한 경우에는 그 행위를 취소할 수 없다. 사례의 경우와 같이 미성년자가 부모의 신분증을 제시한 것만으로는 법정대리인의 동의가 있는 것처럼 사술을 쓴 경우라고 보기 어려워 계약을 취소할 수 있다.

03

소비자정보의 특성 중 공공재적 특성에 대해 설명하고, 이것이 소비자 정책에 미치는 의미에 대해 서술하라.

소비자정보는 공공재적 특성을 가지고 있기 때문에 시장을 통해서는 충분히 공급될 수 없다. 즉, 소비자정보는 일반적인 재화와는 달리 그것이 얼마만큼 공급되든지 간에 일단 공급되기만 하면 공급자가 누구든 모두가 불편이나 효용의 감소 없이 공동으로 이용할 수 있는 성질, 즉 비배타성과 비경합성을 가지고 있다. 이러한 소비자정보의 공공재적 특성으로 인하여 소비자문제에는 여타의 공공재의 경우와 마찬가지로 무임승차자의 문제가 야기된다. 즉, 모든 소비자가 소비자정보를 필요로 하지만 개개의 소비자는 다른 누군가가 그러한 소비자정보를 획득하여 제공해 주기만을 원할 뿐, 스스로는 이를 위한 시간과 비용을 들이지 않으려 하는 것이다.

이러한 소비자정보의 공공재적 특성 때문에 시장의 자율적인 기능을 통해서는 소비자정보가 충분히 공급될 수 없으므로, 정부가 적극적으로 나서서 소비자정보를 생산하고 분배하여 주는 소비자정보정책을 펼쳐야 한다.

04

어린이소비자의 구매력이 증가하고 어린이를 대상으로 한 판매활동이 늘어나면서 어린이소비자문제 또한 증가하고 있다. 12~13세가량의 어린이소비자를 대상으로 소비자교육을 실시한다고 할 때, 교육을 통해 어떠한 효과를 얻을 수 있을지 소비자교육의 효과 6가지를 서술하라.

① **가치관 교육** : 성인소비자는 이미 나름대로의 가치관이 정립되어 있어서 가치관 교육이 힘들다. 이에 비해 어린이소비자는 바람직한 소비가치 측면에 대한 교육의 효과가 높다.
② **자원의 효율적인 사용** : 금전관리교육은 어린 시절부터 제대로 이루어져야 성인기 이후에도 적절하게 관리할 수 있다. 이러한 점에서 점차 독립적인 소비생활이 증가하는 어린이에게 용돈의 기록과 예산생활, 저축 등의 소비자교육을 실시하는 것은 매우 효과적이다.
③ **부모 세대에 역사회화** : 어린이가 소비자교육을 받고 집에 돌아가서 부모의 소비생활에도 영향을 줄 것이다.
④ **또래집단에 영향** : 어린이들은 부모에게서 받는 영향도 크나 또래집단에서 주고받는 영향이 매우 크다. 따라서 어린이들에 대한 적절한 소비가치 및 소비행동에 관한 교육은 또래집단에까지 영향을 미치는 효과를 가진다.

⑤ **합리적인 의사결정** : 어린이들은 아직 판단능력이 제대로 갖추어지지 않아서 제품의 질에 대한 판단보다는 스티커나 아바타 등 끼워 파는 작은 선물에 현혹되기 쉽다. 따라서 광고를 바로 보고, 제품에 대한 올바른 판단 능력을 길러주는 교육을 통해, 구매력이 더욱 증가된 어린이들이 합리적인 의사결정을 내릴 수 있도록 도울 수 있다.

⑥ **피해처리 능력** : 어린이들은 소비자문제를 경험하더라도 이에 대한 대처능력이 미숙하여 적절히 처리하지 못하는 경우가 많다. 어린이들이 경험하는 소비자문제와 그 대처방법의 교육은 문제를 스스로 해결하게 할 뿐만 아니라 피해를 예방하는 데도 도움이 될 것이다.

> **더 알아보기**
>
> 12~13세 어린이는 준청소년에 가깝다. 이 시기에는 성인과는 다른 어린이 특유의 정체성을 갖고 구매의사결정을 내리는 독립된 소비행동이 나타난다. 또한, 유행이나 광고에 현혹되기 쉬우며, 또래집단의 소비행위에 많은 영향을 받는다. 동조소비·과시소비·충동소비가 많고, 성인소비자로 이행되는 과정이기 때문에 성인의 소비성향을 그대로 이어받을 가능성이 높다.
> 이러한 점을 미루어 보아 12~13세 어린이소비자교육 시행 시 다음과 같은 효과를 얻을 수 있다. 첫째, 올바른 소비가치관을 형성할 수 있다. 둘째, 필수적 지출과 선택적 지출을 구분하게 되어 자원배분의 효율화를 꾀할 수 있다. 셋째, 유행이나 광고에 현혹되지 않는 합리적인 소비결정을 할 수 있다. 넷째, 합리적인 소비생활이 또래집단에 영향을 미칠 수 있다. 다섯째, 부모의 소비생활에 영향을 준다는 점에서 부모세대에 역사회화될 수 있다. 여섯째, 소비자피해예방 및 이미 발생한 피해에 대한 처리능력을 키울 수 있다.

05

기업이 소비자에게 자사의 상품에 대해 정확한 정보를 제공해 줄 때, 소비자와 기업이 얻을 수 있는 이점에 대해서 설명하라.

① **소비자 측면**
  ㉠ 먼저 구매의사결정 전에 정확한 정보가 제공된다면, 소비자가 직접 필요한 정보를 찾아나서는 경우에 비해 드는 시간, 노력 및 금전적인 비용을 줄일 수 있다.
  ㉡ 구매의사결정 시의 정확한 정보는 보다 효율적인 구매의사결정을 할 수 있도록 해 준다.
  ㉢ 구매의사결정 후 사용 및 사후관리에 있어서 정확한 정보는 고장이나 사고 등의 소비자피해를 줄여주는 이점이 있다.

② **기업 측면**
  ㉠ 소비자들로 하여금 제품을 올바르게 사용·관리하도록 할 수 있으므로 기업의 소비자피해보상에 들이는 비용을 줄일 수 있다.

ⓛ 정확한 정보는 해당 상품에 대해 적정한 기대를 형성하여 지나친 기대와 이의 불충족으로 인한 소비자불만족이 최소화될 수 있으며, 이것은 곧 소비자만족으로 이어져 기업의 이미지를 향상시킨다.
　　ⓒ 소비자만족은 곧 재구매로 연결된다. 충분한 정보제공으로 고객만족도를 높일 수 있고 제품에 만족한 사람들의 재구매율을 높임으로써 기업의 이윤증대를 가져올 수 있다.

> **더 알아보기**
>
> 상품에 대한 정확한 정보의 제공은 상품의 기능, 상품의 작동원리, 상품의 사용방법과 내용, 상품사용 시 주의사항, 위험경고, 손질 및 관리, 소비자피해보상내용 등을 소비자에게 제공하는 것을 말한다. 따라서 소비자의 경우에서 보면 첫째, 구매 전 정보를 얻게 될 경우 필요한 정보를 찾게 되는 수고를 덜어 경제적이고 둘째, 구매 시 정보를 얻게 될 경우 효율적인 구매의사결정에 도움이 될 뿐 아니라 셋째, 구매 후 정보는 상품에 대한 사용방법을 숙지하여 소비자피해를 사전에 예방할 수 있다는 이점이 있다. 또한 기업의 경우에서 보면 첫째, 상품에 대한 소비자의 올바른 사용으로 고장 등을 미연에 방지하여 소비자피해보상에 드는 비용을 줄일 수 있고 둘째, 소비자의 만족을 통한 재구매를 유도하는 고객로열티(고객충성도)를 증가시켜 종국적으로는 기업의 이윤을 극대화할 수 있다.

소비자문제 해결을 위해 소비자단체는 사업자에게 자료 및 정보제공을 요청할 수 있다.

① 정보제공요청 주체와 절차에 대해서 설명하라.
　　정보제공요청권은 기획재정부 또는 지방자체단체에 등록된 소비자단체와 한국소비자원에게 있다. 이들이 그 업무를 추진함에 있어 필요한 자료 및 정보제공을 사업자(기업)에게 요청할 수 있는데, 정보제공요청의 절차는 우선 소비자단체가 정보를 요청한 때에는 소비자정보요청협의회의 협의·조정을 거쳐야 하며, 자료 및 정보의 제공을 요청하는 소비자단체 및 한국소비자원은 그 자료 및 정보의 사용목적·사용절차 등을 미리 사업자 또는 사업자단체에 알려야 한다.

② 사업자에게 정보제공요청을 할 수 있는 범위는 어디까지인가?
　　소비자기본법 시행령 제65조 제3항에 의거, 소비자단체 등이 사업자(기업)에게 요청할 수 있는 대상인 자료 및 정보의 범위는 사업자의 영업비밀에 해당하지 아니하는 것으로 ① 시험·검사 및 조사·분석에 필요한 자료 및 정보, ② 시험·검사기관이 중대한 하자 또는 결함이 있다고 판정한 물품 등에 대한 처리계획 및 실적이다.

③ 합당한 이유 없이 사업자가 정보요청에 불응하는 경우 소비자단체는 어떻게 해야 하는가?

정보제공을 요청한 소비자단체 등은 기업이 정당한 사유 없이 정보제공요청을 거부, 방해, 기피하거나 허위로 제출한 경우는 사업자의 이름을 정보제공요청거부 등의 사실과 함께 일반 일간신문에 게재할 수 있도록 하여 정보제공요청권의 실효성을 구체화시켰다. 반면, 사업자의 이익보호를 위하여 제공받은 자료 및 정보를 소비자보호 목적 외의 용도로 사용함으로써 사업자에게 손해를 끼친 때에는 소비자단체가 그 배상책임을 지도록 하고 있다.

> **더 알아보기**
>
> 소비자기본법(제78조)에 의하면 "소비자단체 및 한국소비자원은 그 업무를 추진함에 있어 필요한 자료 및 정보의 제공을 사업자 또는 사업자단체에 요청할 수 있으며, 이 경우 사업자 또는 사업자단체는 정당한 사유가 없는 한 이에 응하여야 한다."고 하고 있으며, 정보제공을 요청한 소비자단체 등은 기업이 정당한 사유 없이 정보제공요청을 거부·방해·기피하거나 허위로 제출한 경우에는 사업자의 이름과 정보제공요청거부 등의 사실을 일반 일간신문에 게재할 수 있도록 하고 있다.

07

소비자상담 업무를 수행하기 위해서는 소비자상담사로서 요구되는 자질과 능력이 필요하다. 소비자상담사에게 요구되는 인간적 자질과 전문적 자질에 대해 설명하라.

① 인간적 자질

인간적인 능력으로는 상담 및 설득의 문제해결에 필요한 인내심, 타인의 상황에 대해 예민한 관심을 가지는 공감능력 또는 이해력, 공정하고 객관적인 판단능력 등이 있으며 이는 단기간의 교육을 통해서 길러지기는 어려우나, 관심을 가지고 꾸준히 노력하면 어느 정도 향상될 수 있다고 본다.

② 전문적 자질

전문적인 능력으로는 먼저 소비자보호의 구조와 관련기관, 소비자와 판매자의 법적 권리와 책임, 상품의 특성과 성능의 이해 및 상품관리, 판매 및 광고의 촉진활동, 기업구조와 유통시스템의 내적 구조, 서비스업에 대한 지식 등이 필요하다. 또한 타인과의 대화를 통해 상담이 이루어지기 때문에 상담의 핵심원리와 대인관계 및 언어적·비언어적 의사소통기술이 필요하다. 그 밖에 교섭능력, 각종 정보를 조사·분석하고 문서화하는 기술도 필요하며, 이를 위해 컴퓨터를 능숙하게 이용할 수 있어야 하고 판매촉진기법과 홍보기술도 이해하여 활용할 수 있어야 한다.

③ 상담기관별 상담자의 자질

소비자상담사에게 요구되는 기본적인 능력은 어떤 기관에서 활동을 하든지 공통적이지만, 기관별로 강조되는 능력에서 차이를 보인다.

민간소비자단체나 한국소비자원과 같은 공적인 소비자기구에서는 소비자가 피해보상을 받을 권리를 실현시키기 위해 소비자 입장에서 공정한 합의안을 제시하려고 노력하며, 소비자의 알 권리를 실현시키기 위하여 상품테스트자료, 정보네트워크 등을 통한 정보제공을 해주어야 한다. 발생한 소비자문제를 해결하도록 돕는 일뿐만 아니라 소비자가 스스로 구매 및 사용행동에 관해 생각하고 자각하여 문제의 원인을 찾고 차후에 대비할 수 있는 능력을 키워주는 것이 중요하다. 즉, 피해구제의 수준을 넘어서 소비생활 전반에 관해 유용한 정보를 제공하고 조언함으로써 소비자상담을 소비자교육의 차원으로 이끌어갈 수 있어야 한다. 이런 활동을 원활히 해낼 수 있도록 소비자상담사는 소비자 관련 법에 대한 전반적인 이해와 관련 지식 및 새로운 형태의 소비자피해정보 수집능력 및 합리적 소비생활유도를 위한 소비자교육기획 등의 능력이 요구된다.

기업의 소비자상담은 기업과 소비자 사이의 의사소통을 강조하고 소비자 욕구의 기업에의 반영이라는 일을 수행하게 되며 이런 활동을 통해 궁극적으로 소비자를 만족시켜 재구매를 창조하는 등 결국 마케팅과 연결된다. 이러한 점에서 기업에서 활동을 하는 소비자상담사는 기업경영에 대한 전반적인 이해와 마케팅 지식, 그리고 자사상품에 대한 지식과 최근의 새로운 상품거래방법에 의한 소비자 피해정보 등의 지식이 크게 요구된다.

> **더 알아보기**
>
> **전문적 자질을 설명하라고 제시했을 경우**
>
> 소비자전문상담사는 소비자 피해를 합리적으로 해결하고, 복잡한 현대 시장환경에서 소비자의 선택을 돕는 상품정보를 제공하며, 소비자교육을 기획, 실행함으로써 소비문화를 합리화·건전화하는 데 기여하는 전문가를 말한다. 또한 복잡한 소비자문제를 상담을 통하여 해결하고, 소비자문제 처리업무를 기획·관리·평가하며, 소비자·기업·소비자단체·행정기관의 업무를 연결하여 조정하는 역할 및 소비 관련 전략을 수립한다. 소비자전문상담사에게는 다른 분야의 상담사와 공통적으로 가져야 할 자질인 일반적 자질이 필요하고, 소비 분야의 전문가라는 측면에서 전문적 자질이 필요하다. 전문적 자질로는 첫째, 소비자보호구조 및 기관 그리고 관련 법률을 숙지하여야 하고 둘째, 소비자행동에 대한 이해를 필요로 하며 셋째, 상품에 대한 전문적 지식이 있어야 할 뿐만 아니라 넷째, 각종 소비자정보조사 및 분석기술을 요하고 다섯째, 컴퓨터 및 통계활용기술능력을 가져야 한다.

이 경우 답안지를 '1. 소비자보호 구조 숙지, 2. 소비자행동 이해, 3. 상품에 대한 지식, 4. 정보조사 및 분석기술, 5. 컴퓨터 및 통계활용기술'과 같이 단답식으로 작성하면 좋은 점수를 못 받는다는 것을 명심하자.

08
기업에서 소비자상담 동향조사를 실시하였다. 상담결과가 분석되어 피드백이 되면 어떤 결과가 나타나는가? 4점

결함 또는 하자제품에 대한 전산입력 및 관리, 불량품 관련 피드백과 관련한 자료관리 및 보고 등의 활동은 상담실에서 수행한다. 상담실에서 행한 다양한 업무들, 즉 정보제공 관련 상담, 구매 후 불만 및 피해구제 상담, 소비자들의 의견이나 아이디어 수집, 각종 고객만족도 조사 등 상담실에서 소비자들과 어우러진 모든 업무내용은 자료로 구축, 정리하여 분석하고 이를 경영진에 보고하여 고객만족경영 실현에 기여하여야 한다. 구체적으로 월별 또는 연도별 불량 및 불만 원인별 분석 자료를 작성하여 상품 기획과 품질관리에 반영되도록 피드백하게 한다.

> **더 알아보기**
>
> 대부분 소비자상담실은 소비자피해의 구제에만 머물러 왔던 것이 사실이나, 오늘날 고객만족경영을 통한 우량고객 유지에 기업의 활동이 집중되면서 소비자전문가의 역할 비중이 커졌다. 기업이 소비자상담 동향조사를 하게 되면 상담을 통해 나타난 고객욕구를 파악하게 될 뿐만 아니라 상품에 대한 하자 등을 쉽게 발견할 수 있다. 따라서 기업은 소비자상담 동향조사를 통하여 첫째, 신상품 기획 및 품질개선 둘째, 고객만족경영과 기업이미지 향상을 통한 이익창출 셋째, 소비자피해에 대한 실질적 구제를 달성할 수 있다.

09

아파트 우편함에 무료 사우나입장권이 있어 무료 사우나를 하던 중 누군가가 찜질방으로 모이라고 했다. 입장객을 모아 놓고 스쿠알렌을 광고하고 있었다. 스쿠알렌을 3개월만 복용하면 간이 깨끗이 낫는다고 하여 3개월 할부로 150만 원을 주고 구입했다. 집에 돌아와 생각하니 비싼 것 같아 반품을 요구하자 구입한 제품은 반품이 안 된다고 한다. 개봉도 하지 않았고 구입하고 바로 반품하려는 것이다. 〔6점〕

① 위 상황에서 청약철회가 가능한가?

위의 사례는 방문판매와 할부거래가 혼합된 거래형태로서 할부거래에 관한 법률 제8조(청약의 철회) 및 방문판매 등에 관한 법률 제8조(청약철회 등)에 의거하여 철회할 수 있다.

② 만약 청약철회가 가능하다고 할 때 언제까지 가능한가?

방문판매 등에 관한 법률 제8조에 의거하여 14일 또는 할부거래에 관한 법률 제8조에 의거하여 7일 이내에 청약을 철회할 수 있다. 이때 소비자에게 유리한 조건인 방문판매 등에 관한 법률로 적용하는 것이 바람직하다.

③ 제품의 반송 또는 반품 시 소요되는 배송비는 누가 부담해야 하는가?

위 사례의 청약철회 등의 경우 공급받은 재화 등의 반환에 필요한 비용은 사업자가 부담하여야 한다.

> **더 알아보기**
>
> 본 사례에서는 사업장이 아닌 장소에서 직접 대면방식에 의한 방문구매를 하였다는 점과 3개월 할부라는 할부구매를 하였다는 점을 발견할 수 있다. 따라서 방문판매 등에 관한 법률과 할부거래에 관한 법률 양자가 적용될 여지가 있다. 다만, 방문판매 등에 관한 법률 제4조에 의하면 "이 법을 우선 적용하되, 다른 법률을 적용하는 것이 소비자에게 유리한 경우에는 그 법에 의한다."라고 규정하고 있다. 본 사례는 청약의 철회에 관한 문제인데 청약철회기간과 관련하여 그 기준을 방문판매법은 14일, 할부거래에 관한 법률은 7일로 규정하고 있으므로 소비자의 입장에서 보면 청약철회가능기간이 긴 방문판매법을 적용하는 것이 유리하므로 이에 의해 해결해야 한다. 따라서 소비자는 계약서를 교부받은 날로부터 14일, 계약서교부일보다 물품의 공급이 늦은 경우에는 물품공급이 이루어진 날 또는 개시된 날로부터 14일, 계약서가 교부되지 않았거나 계약서가 교부되었더라도 주소가 기재되지 않은 경우 그리고 주소가 기재되었더라도 사업자의 주소 이전으로 주소를 알 수 없는 경우에는 그 주소를 안 날 또는 알 수 있었던 날로부터 14일 이내에 청약을 철회할 수 있다. 청약철회는 서면으로 하여야 하고, 그 효과는 서면을 발송한 날 생기며, 법률관계를 명확히 하기 위해서는 내용증명우편을 이용하는 것이 좋다.

10 소비자가 방문판매를 통해 물품을 구매하고 법에 명시된 청약철회기간 내에 해약을 서면으로 통고할 경우 반드시 필요한 내용을 포함하는 청약철회서 양식을 작성하라. `6점`

청약철회 · 계약해제 통보서

수신자 인적사항 및 연락처	
성 명	회사대표 귀하
주 소	
연락처	

발신자 인적사항 및 연락처	
성 명	
주 소	
연락처	

계약 관련 사항			
상품 · 서비스명			
계약 연월일		계약서를 받은 날	
상품 · 서비스를 제공받은 날		상품 수량	
계약금액		이미 지급한 금액	
계약 경위 및 상황			
청약철회 및 계약해제 사유			
제품의 현재 상태			
기 타			

「방문판매 등에 관한 법률」 제8조, 제17조 및 제29조 제3항에 따라 위와 같이 청약을 철회하거나 계약을 해제함을 알립니다.

년   월   일

성 명   (서명 또는 인)

> **더 알아보기**
>
> 청약철회통지의 건
> - 수신인 : 주식회사 올챙이 대표이사 ○○○
>   서울시 종로구 종로2가 00번지
> - 발신인 : 홍길동
>   경기도 광명시 하안1동 702번지 주공APT 000동 0000호
>   연락처 010-0000-0000
>
> 위 발신인 홍길동은 2025년 8월 15일 오후 2시 30분경 서울시 종로구에 위치한 삼성빌딩 앞에서 ㈜올챙이의 방문판매원인 김개동으로부터 자석요 1개를 150만 원에 구입하였습니다. 구입 후 집에 와서 곰곰이 생각해 보니 충동구매였을 뿐만 아니라 방문판매원이 허위·과장광고를 했던 것으로 사료되어, 상품을 일체 개봉하지 않았기에 본 청약을 철회하고자 하오니 이에 따른 후속처리를 취하여 주시기 바랍니다. 또한 이에 대한 대답을 내용증명우편으로 오는 8월 25일까지 답변하여 주시기 바랍니다.
>   2025년 8월 20일
>   (주의 : 상품구입일로부터 14일 이내의 날짜 기재)
>   위 발신인 홍길동 (인)

위 내용을 내용증명우편으로 보낸다. 내용증명우편은 우편물의 내용인 문서를 등본에 의하여 증명하는 제도로 어떤 내용의 것을 언제, 누가, 누구에게 발송하였는가 하는 사실을 발송인이 작성한 등본에 의하여 우체국장이 공적인 입장에서 증명하는 제도이다. 위 통지서 3통을 작성하여 1통은 내용문서의 원본으로서 수취인에게 우송하고, 등본 2통은 우체국과 발송인이 각각 1통씩 보관한다. 발송인은 내용증명우편물을 발송한 날로부터 3년 이내에 한하여 발송 우체국에서 재차 증명을 받거나 등본의 열람을 청구할 수 있다. 이때에는 특수우편물의 수령증을 제시하여야 한다.

부록 2
기출복원문제

2020~2005년 기출복원문제

※ 본 문제는 실제 시험 문제와 다소 차이가 있을 수 있습니다.

남에게 이기는 방법의 하나는 예의범절로 이기는 것이다.

− 조쉬 빌링스 −

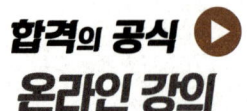 

보다 깊이 있는 학습을 원하는 수험생들을 위한
시대에듀의 동영상 강의가 준비되어 있습니다.
www.sdedu.co.kr → 회원가입(로그인) → 강의 살펴보기

부록 2 기출복원문제

01 2020년 소비자전문상담사 2급 실기 기출복원문제

CS 접점리더의 역할은 무엇인가?

서비스리더로서의 역할

① 리더 자신에 대한 파악

리더는 무엇보다도 먼저 본인 자신에 대한 파악을 통해 강점과 약점을 파악하여야 한다. 이를 통해 강점은 살리고 약점은 제거하기 위해 변화를 시도하고 이를 통하여 한층 발전된 리더십을 발휘할 수 있게 된다.

② 리더와 구성원

리더는 구성원에게 조직의 성공은 구성원 전체의 일치된 호흡에 의한 협력의 결과이며 한 개인의 뛰어난 재능에 의한 결과가 아님을 인식시켜야 한다. 또한 리더는 구성원에게 권한이양을 통해 조직과 고객 모두에게 만족을 줄 수 있는 의사결정을 스스로 할 수 있도록 훈련시킴으로써 역량을 발휘할 수 있도록 해야 한다.

③ 구성원에 대한 상담자 조언자로서의 리더

리더는 구성원들을 끊임없이 훈련시키고 칭찬하고 격려함으로써 고객에게 감동할 만한 서비스를 제공할 수 있도록 하여야 한다. 리더는 구성원들의 업무상 고충 등에 항상 관심을 갖고 대처해야 한다. 리더는 자신의 임무에 대하여 확실하게 터득한 구성원에게는 권한이양을 통해 권한과 책임을 부여함으로써 보다 책임감 있게 서비스를 제공하도록 한다. 상담자로서 리더가 개방적인 태도로 여러 사람들의 의견을 수렴함으로써 참신하고 창의적인 업무수행을 가능하게 하면 구성원들이 고객들에게 만족할 만한 지원을 하는 데 큰 도움이 될 것이다.

02

일반적인 소비자 피해 3가지를 쓰시오.

소비자피해라 함은 물품 및 용역으로 인한 생명, 신체, 재산상의 위해 즉, 소비자들이 상품 및 서비스를 구입하고 그것을 이용 또는 사용하는 과정에서 발생하는 상품의 자체적 결함이나, 거래과정에서의 부당한 대우, 상품 및 서비스를 이용할 때 발생하는 확대 손해 등과 같이 소비자들이 겪게 되는 정신적, 물리적, 경제적 손해를 말한다.

03

설문조사 질문지 작성 시 유의사항을 쓰시오.

① 설문의 성격이나 내용에 따라 배열 순서를 적정하게 결정함으로써 설문조사의 실효성을 높이고, 정확한 문제점과 해결방안을 모색할 수 있다.
② **질문배열의 방법**
  ㉠ 민감하거나 어려운 질문은 가급적 마지막에 배치한다.
  ㉡ 주제와 관련된 설문이나 흥미를 유발할 수 있는 설문을 앞에 배치한다.
  ㉢ 연상작용을 일으켜 뒤 질문에 영향을 주는 질문은 떨어트려 배치한다.
  ㉣ 같은 주제나 관련된 문항들은 모아서 배치한다.
  ㉤ 대상자가 봤을 때 설문의 흐름이 논리적이게 배치한다.
  ㉥ 인구통계학적 질문은 맨 앞이나 맨 뒤(민감한 요소가 많을 경우)에 배치한다.

04

상호배타성과 포괄성의 개념을 설명하시오.

상호배타성과 포괄성은 측정의 원칙으로, 상호배타성은 측정치가 하나 이상의 범주에 속할 수 없도록 해야 하는 개념이고, 포괄성은 한 변수의 측정을 위해서는 그 안에 포함된 모든 속성들이 포괄적으로 나타날 수 있어야 하는 개념이다.

05 청약철회권에 대해 설명하시오.

방문판매 또는 전화권유판매, 통신판매, 할부거래 등 구매에 관한 계약을 체결한 소비자는 당해 계약에 관한 청약철회 등을 할 수 있다.

① **청약철회기간**
  ㉠ 할부거래, 전자상거래, 통신판매 등에 있어 소비자는 다음의 기간 이내 계약에 관한 청약을 철회할 수 있다. 계약서를 받은 날부터 7일. 다만 그 계약서를 받은 날보다 재화 등의 공급이 늦게 이루어진 경우에는 재화를 공급받은 날부터 7일
  ㉡ 방문판매, 전화권유판매 등에 있어 소비자는 다음의 기간 이내 계약에 관한 청약을 철회할 수 있다. 계약서를 받은 날부터 14일. 다만 그 계약서를 받은 날보다 재화 등의 공급이 늦게 이루어진 경우에는 재화를 공급받은 날부터 14일
  ㉢ 재화 등의 내용이 표시·광고의 내용과 다르거나 계약내용과 다르게 이행된 경우에는 그 재화 등을 공급받은 날부터 3개월. 그 사실을 안 날 또는 알 수 있었던 날부터 30일

② **청약철회를 할 수 없는 경우**
  ㉠ 소비자에게 책임 있는 사유로 재화 등이 멸실 또는 훼손된 경우. 다만, 재화 등의 내용을 확인하기 위하여 포장 등을 훼손한 경우를 제외
  ㉡ 소비자의 사용 또는 일부 소비로 재화 등의 가치가 현저히 감소한 경우
  ㉢ 시간이 지나 다시 판매하기 곤란할 정도로 재화 등의 가치가 현저히 감소한 경우
  ㉣ 복제가 가능한 재화 등의 포장을 훼손한 경우
  ㉤ 그 밖에 거래의 안전을 위하여 대통령령이 정하는 경우

06

여행사 일방 취소 시 분쟁해결기준과 보상금액을 쓰시오.

여행사의 귀책사유로 인해 여행사가 취소하는 경우에는 아래와 같은 분쟁해결기준에 따라 보상하여야 한다.

① 당일여행인 경우
　㉠ 여행개시 3일 전까지 통보 : 계약금 환급
　㉡ 여행개시 2일 전까지 통보 : 계약금 환급 및 요금의 10% 배상
　㉢ 여행개시 1일 전까지 통보 : 계약금 환급 및 요금의 20% 배상
　㉣ 여행당일 통보 및 통보가 없는 경우 : 계약금 환급 및 요금의 30% 배상

② 숙박여행인 경우
　㉠ 여행개시 5일 전까지 통보 : 계약금 환급
　㉡ 여행개시 2일 전까지 통보 : 계약금 환급 및 요금의 10% 배상
　㉢ 여행개시 1일 전까지 통보 : 계약금 환급 및 요금의 20% 배상
　㉣ 여행당일 통보 및 통보가 없는 경우 : 계약금 환급 및 요금의 30% 배상

07

한국소비자원 합의권고와 소송지원에 대해 설명하시오.

사실조사를 바탕으로 관련 법률 및 규정에 따라 공정하고 객관적으로 양 당사자에게 합의를 권고하며 합의가 이루어질 경우에는 사건은 종결(합의서 작성)된다.

만약, 양 당사자 간 원만한 합의가 이루어지지 않은 경우, 한국소비자원 소비자분쟁조정위원회에 조정을 신청(거부 시 조정요청)할 수 있으며, 소비자분쟁조정위원회 개최 후 분쟁조정 결과에 대한 양 당사자의 수락으로 조정이 성립되면, 확정판결과 동일한 '재판상 화해 효력'이 발생하게 된다. 분쟁당사자 중 누구라도 이 조정결정에 불복하는 경우에는 민사소송을 제기할 수 있다.

노인소비자 특성에 따른 상품설명서를 제작할 때 유의사항을 쓰시오.

노인소비자는 신체 기능의 노화에 따라 사리분별력이 감퇴하여 소비시장에서 소극적이고 수동적이 되기 쉽다. 과거에는 낮은 소비자교육, 낮은 구매력으로 소비시장에 대한 영향력이 크지 않았지만 최근 노인인구가 증가하고 일부 구매력 향상으로 실버상품에 대한 관심과 능력이 증가하고 있는 추세이다. 노인소비자의 낮은 인지 속도를 감안하여 글씨 크기를 달리하여 크고, 쉽게 알아볼 수 있도록 제작하며 자료의 시각화로 설명서의 이해를 도울 수 있으면 더욱 효과적일 것이다. 디지털의 변화와 함께 일상에서 사용하는 제품과 서비스를 중심으로 설명서를 동영상, 오디오 등으로 제작하여 활용하는 것도 좋은 방법일 수 있겠다. 어렵고 많은 내용들을 쉽게 접근하여 볼 수 있고 피해를 줄일 수 있도록 사용자 관점, 노인의 입장에서 우선적으로 제작되어야 한다.

상담사를 위해 기업의 관리자가 해야 할 일에 대해 쓰시오.

① 고객을 염두에 두고 리더십을 발휘해야 한다.
② 상황에 따른 대처방법을 잘 인지하고 솔선수범하는 모습을 보인다.
③ 강력하게 일을 추진하는 능력을 가지고 있어야 한다.
④ 상담실 근무자들에게 기업에서 추구해야 할 가치가 무엇인지를 공유하여 궁극적으로 문화를 바꾸어 간다.
⑤ 모든 요소들을 잘 조직화하여 조직적으로 실천한다.

10. 소비자상담사 모니터링 활용방법 4가지를 쓰시오.

소비자상담원에 대한 모니터링을 통해 데이터를 활용할 수 있다.

① **통화품질 측정** : 모니터링 통화품질을 측정하는 가장 효과적인 방법이며 생산성 측정과 마찬가지로 중요하다. 모니터링을 통해 친절성과 정확성 등 모든 고객서비스 행동을 포함하여 고객만족과 고객 로열티 요소들을 광범위하게 평가할 수 있다.

② **개별적인 코칭과 Follow-up** : 모니터링 데이터를 활용하여 콜센터 상담원 개개인의 특성에 맞는 개발계획을 마련하고 교육함으로써 전화상담 기술향상을 효과적으로 지원할 수 있다. 이때 유의할 점은 이러한 모니터링 내용의 피드백이 제때 정확하게 이루어지고 전화 상담원의 행동을 변화 시키는데 코칭의 초점이 맞추어져야 한다는 것이다. 그리고 이러한 피드백은 지속적으로 이루어져야 한다.

③ **보상과 인정의 근거자료** : 모니터링이 6가지 기준(대표성, 객관성, 차별성, 신뢰성, 타당성, 유용성)에 따라 효과적으로 수행된다면 그 결과 데이터는 성과평가의 자료가 되며, 탁월한 성과를 보인 콜센터의 상담원에 대한 보상의 근거로 활용할 수 있다. 이러한 보상과 인정은 전화 상담원들에게 확실한 동기를 부여할 뿐 아니라, 모니터링을 감시가 아닌 자신을 발전시키는 수단으로 인식할 수 있도록 해준다.

④ **교육요구(Needs) 파악** : 모니터링을 통해 드러난 평가 자료를 근거로 전화상담원 개개인과 콜센터 전체의 교육요구를 명확히 알 수 있다. 이를 통해 개별적인 자기개발요구에 맞춰 교육을 실시할 수 있다.

⑤ **인력선발과정 수정** : 모니터링을 통해 드러난 개개인의 자질을 분석함으로써 선발과정에서의 문제점을 알 수 있다.

⑥ **업무과정 개선** : 모니터링 과정에서 고객의 다양한 소리(컴플레인, 클레임, 어려운 문제, 원하는 서비스 등)를 듣게 되며, 이 정보는 마케팅, 판매, 기술관련 부서에서 유용하게 활용될 뿐 아니라 업무 과정 개선의 기회를 발견하게 해준다.

11. 세탁물 피해와 보상에 대해 쓰시오.

공정거래위원회가 일반적 소비자분쟁해결기준에 따라 품목별 소비자분쟁해결기준을 제정하여 고시하고 있다. 세탁물 피해도 마찬가지로 분쟁유형에 따라 보상의 기준이 다르다.

① **하자발생(탈색, 변색, 퇴색, 재오염, 손상 등)** : 사업자의 책임(사업자 부담)하에 원상회복, 불가능 시 손해배상

② **분실 또는 소실** : 손해배상

12
조사계획서에 들어가야 할 내용을 설명하시오.

연구(조사)계획서에는 반드시 연구문제를 구체적으로 제시하고 연구방법에 대해서도 명확히 하여야 한다.
① **연구(조사)문제** : 연구(조사)목적이나 필요성, 가설, 방법, 자료수집 등
② **연구(조사)방법** : 내용과 도구, 조사대상 모집단과 표집, 자료처리와 분석방법 등

13
우편조사 시 수신율을 높이기 위한 방법 4가지를 쓰시오.

응답자들이 응답결과를 우편을 통하여 보내주는 조사방법으로 표본을 근거리에 위치한 사람으로 선정하였을 경우보다 전국적으로 선정하였을 경우에 적합하다. 우편조사는 넓은 지역을 대상으로 할 수 있기 때문에 표본의 대표성이 확보되며, 비용이 비교적 적게 소요된다는 장점이 있다. 그러나 응답자들이 귀찮아하거나 주소가 불명확할 경우 등의 이유로 인하여 응답률이 가장 낮고 시간이 비교적 오래 걸린다는 단점이 있다. 응답률은 조사에 의미를 부여해주며 연구하고자 하는 집단의 특성에 대한 정보를 제공케 해준다. 내적타당성과 외적타당성이 관계되어 응답률이 낮으면 표본의 편중이 생길 수 있으며 외적타당성도 저해된다.
우편을 통한 설문조사 시 응답률을 높이기 위한 방법은 다음과 같다.
① 조사목적에 맞는 적절한 조사대상 선정
② 정확한 조사대상자의 데이터베이스 유지
③ 적절한 독촉 및 질문지 추가 발송 등 추가 요청
④ 설문내용은 체계적으로 일관성 있게 제작

02 2019년 소비자전문상담사 2급 실기 기출복원문제

설문지 작성 순서를 서술하시오.

① 조사목적 달성을 위한 자료 파악
　설문지 제작에 있어서 가장 먼저 소비자 관련 조사목적 달성을 위한 정보가 무엇인가를 판단하여, 관련 정보를 획득하기 위해 필요한 자료를 결정해야 한다.

② 자료수집방법의 결정
　소비자 관련 조사목적 달성을 위해 필요한 자료가 결정되면 다음으로 필요한 자료의 형태, 조사비용, 조사기간 등을 고려하여 자료수집방법을 결정하여야 한다. 자료수집방법에 따라 설문지의 내용이나 형태, 분량 등이 달라지기 때문이다. 자료수집방법으로는 대인면접에 의한 조사, 전화조사, 우편조사, 컴퓨터를 이용한 조사 등이 있다.

③ 설문 문항 내용 결정
　조사목적 달성을 위해 필요한 자료나 자료수집방법이 결정되면 얻고자 하는 정보의 성격에 따라 질문 문항 내용을 결정하여야 한다. 응답자의 응답을 유도하기 위해 효과적인 설문 문항의 내용을 결정하여야 하고, 이 경우 기술한 설문지 제작 시 주의사항을 고려하여야 한다.

④ 질문 형태의 결정
　설문내용의 유형에 따라 얻게 되는 정보의 차이 및 코딩과 분석방법을 고려하여 개방형 질문으로 하느냐, 선택형 질문으로 하느냐를 결정한다.

⑤ 설문 문항 순서 결정
　설문의 성격이나 내용에 따라 배열 순서를 적정하게 결정함으로써, 설문조사의 실효성을 높이고 정확한 문제점과 해결방안을 모색할 수 있다.

⑥ 설문지의 외형 결정
　설문지를 제작할 때에 설문내용이나 순서를 체계적으로 배열하는 것도 중요하지만 설문지의 외관 또는 응답자의 설문을 받는 데 있어 응답결과에 중대한 영향을 미칠 수 있음을 고려하여야 한다.

⑦ 설문지 검증과 재수정
　설문지가 완성되면 설문조사 실시 전 오류나 수정하여야 할 사항이 없는가에 대한 검증이 필요하다. 표본추출을 통한 사전조사나 전문가집단의 검토 등이 필요하고, 이 검증절차를 거쳐 다시 한 번 설문지를 수정한다.

⑧ 최종설문지 완성

마지막 검증을 거친 최종설문지를 완성한다. 설문조사가 끝나면 조사의 목적에 따른 결론을 도출하기 위하여 통계분석이 필요하고, 이를 위해 자료정리가 필요하다.

02. 설문 시 신뢰도를 낮추는 요소를 예방하는 방법을 서술하시오.

신뢰도는 측정하려는 것을 얼마나 안정적으로 일관성 있게 측정하였느냐의 문제이며, 검사도구가 오차 없이 정확하게 측정한 정도를 의미하는 것이다.

① 설문 문항을 분명하게 작성하여 모호한 문항은 제거한다.
② 설문 문항 수를 늘린다. 설문 문항이 많아지면 측정값의 평균치가 측정하고자 하는 속성의 실제값에 가까워진다.
③ 조사과정에서 측정의 일관성을 보장해야 한다. 즉, 면접자가 조사과정의 일관성을 유지하지 못하면 동일한 문항에 대한 응답자의 반응이 달라져 측정오차가 발생한다.
④ 응답자가 잘 모르거나 전혀 관심이 없는 내용은 측정하지 않는 것이 좋다.
⑤ 동일한 질문이나 유사한 질문을 2회 이상하여 일관성 있는 답을 유도한다.
⑥ 예비조사와 사전조사를 실시하여 설문 문항의 명확성을 높이고 잘못된 점을 개선한다.

03. 소비자조사 시 전화조사의 장점과 단점을 서술하시오.

① 장 점
   ㉠ 자료수집 기간이 가장 빠른 방법이다.
   ㉡ 자료수집에 들어가는 노력이 적게 들 뿐 아니라 전국적인 조사에 적합하다.
   ㉢ 단순한 조사에는 활용도가 높다.
② 단 점
   ㉠ 시간의 제약이 있는 대상자의 경우 조사가 힘들다.
   ㉡ 응답률이 낮다.
   ㉢ 그림이나 참고자료 첨부에 어려움이 있다.
   ㉣ 개방형 질문을 하기 힘들다.

04
개방형 질문, 양자택일형 질문, 폐쇄형 질문의 단점을 각각 2가지씩 서술하시오.

① 개방형 질문
  ㉠ 장 점
    ㉮ 응답자가 자유롭게 기록할 수 있어 얻을 수 있는 정보의 폭이 넓다.
    ㉯ 예상하지 못했던 정보를 얻을 수 있다.
  ㉡ 단 점
    ㉮ 응답의 체계성 부족으로 필요 없는 정보가 입력될 수 있다.
    ㉯ 응답을 분석하는 데 비용이 많이 든다.
    ㉰ 무응답률이 높다.
② 양자택일형 질문
  ㉠ 장 점
    ㉮ 응답자가 대답하기 쉽다.
    ㉯ 응답자가 신속하게 응답할 수 있으며, 응답 처리가 쉽다.
  ㉡ 단 점
    ㉮ 중간 의견을 집계할 수 없다.
    ㉯ 응답 범위가 극도로 제한되어 다양한 의견을 처리할 수 없다.
③ 폐쇄형 질문
  ㉠ 장 점
    ㉮ 개방형 질문에 비해 응답결과의 처리가 용이하다.
    ㉯ 설문 협조가 용이하고 응답 오류가 줄어든다.
  ㉡ 단 점
    ㉮ 설문에 대한 완성도가 부족할 경우 응답자의 의견을 충분히 반영하기 힘들다.
    ㉯ 몇 개의 한정된 범위 내에서 응답을 선택해야 하므로 응답자의 의견을 충분히 반영할 수 없다.

05

품질경영팀에서 소비자상담 시 책임과 역할을 서술하시오.

종래에 기업의 소비자에 대한 인식은 단순히 자기 회사의 제품을 구매하는 사람이었으나, 오늘날 기업 간 경쟁이 치열해지고 소비자들의 선호가 다양해지면서, 고객만족경영을 통한 기업 이미지 향상과 이윤의 극대화에 경영의 중심을 두어 소비자에 대한 인식이 바뀌어 가고 있다. 즉, 모든 부문을 고객인 소비자의 입장에서 생각하고 소비자를 만족시켜야 한다. 소비자상담 시 소비자의 불만과 피해를 효과적으로 처리하는 것은 물론 고객만족경영과 기업이미지 향상을 통한 이익창출의 기반으로써 소비자피해에 대한 실질적 구제 수단이 되어야 한다. 또한, 소비자욕구 및 선호도 등에 관한 관련 정보의 수집, 소비자와 기업 간 의사소통의 연결기능을 통한 신제품의 개발, 광고·표시 및 사용설명서 등의 점검기능을 하게 된다.

06

설문조사 작성 시 유의해야 할 사항 4가지를 서술하시오.

① **합목적성** : 소비자 관련 조사기획에 있어 설문내용이 조사목적에 합치하게 구성되어야 한다.
② **가치중립성** : 연구자의 편견이나 의견이 개입된 질문 또는 특정 대답을 유도하는 질문으로 구성해서는 안 된다.
③ **상호배타성과 포괄성** : 설문 문항 중 중첩되는 문항이 있으면 안 되며, 모든 응답자가 대답할 수 있는 문항으로 만들어야 한다.
④ **단일 질문** : 하나의 문항에는 하나만 물어야 한다.
⑤ **조사 가능성** : 설문내용을 결정하기 위해서는 해당 설문이 당초 기획되었던 소비자 관련 자료를 수집하기에 적당한가의 문제이다. 이 경우 응답자들이 소비자 관련 조사의 의도를 용이하게 이해할 수 있도록 하여야 한다. 응답자가 잘 이해할 수 없는 내용을 설문조사를 통해 묻는다면 정확한 자료를 얻을 수 없다.

07
고객의 소리(V.O.C)에서 확인해야 할 3가지 사항을 서술하시오.

V.O.C 시스템은 온라인과 오프라인으로 들어오는 모든 고객의 소리를 통합적으로 접수하고 그 처리 결과를 저장하여 고객의 불만사항, 칭찬사항, 성향, 만족도 등을 측정한다.

08
기업과 소비자의 고객관계의 유형 3가지를 서술하시오.

고객관계관리 관점에 따라 고객은 잠재고객, 가망고객, 신규고객, 기존고객, 탈락고객으로 분류된다.
① 잠재고객 : 아직 기업의 상품이나 서비스를 구매하지 않았지만 구매할 능력을 가지고 있는 고객
② 가망고객 : 기업의 상품이나 서비스에 대해 구매할 의사를 가진 고객
③ 신규고객 : 최초로 기업의 상품이나 서비스를 구매한 고객
④ 기존고객 : 재구매 이후 반복적 구매고객으로서 재구매고객, 반복구매고객, 단골고객, 거래회원 고객, 옹호 고객, 로열티 고객, 비활동 고객 등이 포함된다.
⑤ 탈락고객 : 이탈고객이라고도 하며 이미 더 이상의 거래를 하지 않거나 부적격 대상자인 고객

09
고객관계관리(CRM)의 특징 3가지를 서술하시오.

고객관계관리(CRM)란 선별된 고객으로부터 수익을 창출하고 장기적인 고객관계를 유지하는 경영기법으로 그 특징으로는 먼저, 고객획득보다는 고객유지에 중점을 두고, 시장점유율보다는 고객점유율에 비중을 두며, 제품판매보다는 고객관계에 중점을 두는 것이 있다.

03 2018년 소비자전문상담사 2급 실기 기출복원문제

01 소비자정보 시스템을 구성하고 있는 3가지 시스템에 대해 기술하시오.

데이터베이스시스템의 하드웨어나 소프트웨어는 비교적 단기간에 평가하기 용이하지만 시스템 내의 데이터는 시스템 운영에 필요한 최소한의 정보가 축적되어야 한다. 또한 등록되어 있는 정보의 질이나 정보의 이용 측면에서 평가되어야 하므로 단기간 내에 평가하기는 어렵기 때문에 데이터베이스의 필요성이 증대되어 구축에 착수하게 되면 수년간의 데이터를 축적하여야만 효용성이 증대되므로 장기적인 비전을 가지고 구축되어야 하며 데이터베이스는 모든 사람이 활용하기 쉬운 시스템으로 많은 정보이용자를 확보하는 것이 필요하다.

① 고객콜센터 시스템

고객의 주문 및 불만이나 의견 등을 처리하고 데이터화·관리하며 텔레마케팅과 사후 마케팅을 수행한다. 고객관리는 물론 의사결정을 지원하는 역할도 담당하므로 그 중요성이 증가하고 있다. 고객콜센터 시스템은 고객설문조사·분석, 인바운드·아웃바운드 성과, 콜관리·분석, 부서별 고객만족도 조사 등 활동 폭이 매우 넓다.

② 고객정보관리 시스템

새로운 고객의 정보를 입력하는 것에서부터 출발해서 데이터베이스 마케팅 관리, 고객응대의 처리, 주문 및 콜의 처리, 고객의 이탈 방지와 중요도 체크 등의 활동을 통해 양질의 마케팅활동을 수행한다.

③ 성과분석 시스템

조직의 생산성, 효율성, 활동의 수익성, 고객만족도 등을 측정한다. 근래에 들어서 성과분석 시스템은 분석의 측면을 탈피해 차별적 방법들이 시도되고 있다. 성과분석 시스템은 활동결과를 수치화하고 분석하여 앞으로의 활동전략을 개선할 수 있는 기능을 담당한다.

02. 블랙컨슈머 대응요령 3가지를 설명하시오.

블랙컨슈머의 개념과 기준, 범위 등은 아직까지 확실히 정해져 있지 않지만 일반적 대응요령으로는 다음과 같다.
① 사람, 시간, 장소를 변경하며 상담을 시도한다.
② 적극적인 경청과 공감을 통해 설득한다.
③ 수용 가능한 상황과 수용 불가능한 상황을 명확히 구별하여 응대한다.
④ 소란을 부리거나 불법행위를 하는 경우 법적 조치 내용을 정확히 고지한다.

03. 소비자조사방법 중 타운워칭에 대해 설명하시오.

거리는 사람들이 이동하는 통로로서 길이라는 일차적인 의미를 넘어 다양한 생활 구성요소들이 상호작용하여 복합적인 이미지를 만들어 내는 곳이다. 그러므로 시대의 흐름을 호흡하고 사람들의 움직임을 생생하게 파악하여 트렌드를 예측하기 위해서는 거리의 동향에 주목하고 거리에 나타나는 각종 기호를 읽어야 한다. 이러한 징후들을 발견함으로써 그 징후들이 어떠한 변화를 초래할지 미리 예견해 볼 수 있다.
타운워칭(Townwatching)은 어느 특정 거리를 오가는 통행인들이나 어느 일정 장소에 모여 있는 일반 대중들의 사실적인 행동을 살펴보거나 또는 각종 소매점이라든지 외식업소 및 위락시설 등을 상세하게 관찰하는 행위를 의미한다. 현대 소비사회에서 소비패턴이 다양해지고 빠르게 움직이고 변화하는 상점, 상품, 거리가 모두 관찰대상이 될 수 있다.

04. 제조물 책임법의 3가지 결함에 대해 기술하시오.

제조물 책임과 관련하여 제조물 책임법이 제정되어 있다. 제조물 책임법은 제조물의 결함으로 인하여 발생한 손해에 대한 제조업자 등의 손해배상책임을 규정함으로써 피해자 보호를 도모하고 국민생활의 안전 향상과 국민경제의 건전한 발전에 이바지함을 목적으로 한다(법 제1조).

① **제조상의 결함** : 제조업자가 제조물에 대하여 제조상·가공상의 주의의무를 이행하였는지에 관계없이 제조물이 원래 의도한 설계와 다르게 제조·가공됨으로써 안전하지 못하게 된 경우를 말한다.
② **설계상의 결함** : 제조업자가 합리적인 대체설계를 채용하였더라면 피해나 위험을 줄이거나 피할 수 있었음에도 대체설계를 채용하지 아니하여 해당 제조물이 안전하지 못하게 된 경우를 말한다.
③ **표시상의 결함** : 제조업자가 합리적인 설명·지시·경고 또는 그 밖의 표시를 하였더라면 해당 제조물에 의하여 발생할 수 있는 피해나 위험을 줄이거나 피할 수 있었음에도 이를 하지 아니한 경우를 말한다.

05 노인소비자의 교육내용과 교수매체, 교수방법 3가지씩 설명하시오.

노인소비자 피해는 주로 정상적인 판매보다는 방문판매를 통해 이루어지며 판매방법도 공공기관 사칭이나 효도관광 빙자 등 허위나 강박에 의한 소위 악덕상술이 대부분이다. 이러한 문제를 해결하기 위한 소비자교육의 내용으로는 다음과 같은 것을 제시할 수 있다.

① 교육내용

  사기적인 악덕상술의 사례와 대처법, 건강식품을 강매 당했을 때 대처법 및 청약철회 방법, 안전한 거래를 위해 알아야 할 점 및 사기거래 대처법

② 교육방법 및 교수매체 3가지

  ㉠ 고령소비자들은 이해속도와 인지속도가 매우 느리며 학습속도도 느리기 때문에 교육시간을 충분히 여유 있게 배정한다. 뿐만 아니라 정해진 시간 내에 다루게 될 내용이나 자료들도 그 양을 제한적으로 설정해야 한다.
  ㉡ 교육내용이나 주제가 노인들의 관심 및 흥미와 관련이 있으며 특히 일상의 경험에서 찾을 수 있는 사례들을 통해 현실적이며 활용도가 높아지도록 해야 한다.
  ㉢ 노인들은 자신의 경험에 더 의존적이므로 학습자의 참여를 유도하고 실생활에서 접할 수 있는 구체적인 사례를 제시하는 것이 더 효과적이다.
  ㉣ 적극적이지 못한 노인소비자들에게 직접 찾아가는 방법을 택하여 더 많은 교육기회를 제공해야 한다.
  ㉤ 노인소비자 피해 및 상담에 관한 팸플릿이나 책자를 활용하고 연극, 인형극 등을 통하여 흥미를 높인다.

06

녹색구매 3가지를 기술하시오.

환경위기의 시대에는 소비자가 가장 효용이 높은 제품을 구매하는 합리적인 소비 못지않게 소비가 환경에 미치는 영향을 고려하는 소비생활이 요구되는데, 이와 같이 환경을 고려하는 소비생활을 녹색소비(구매)라 한다. 말하자면 인간의 기본욕구를 최소한도 이상으로 충족시키면서 자원의 이용을 최소화하고 상품의 생산과 소비로 인한 환경파괴도 최소화함으로써 미래 세대의 욕구충족이 저해되는 것을 사전에 예방하는 소비라고 할 수 있으며 지속 가능한 소비라고도 한다. 환경기술과 녹색상품의 개발, 재생불능자원 이용의 억제, 오염자부담의 원칙 확립, 환경친화적 교통체계의 수립, 쓰레기 발생량 감축 등 지속 가능한 소비를 위한 5대 과제를 통한 실천이 중요하며 우리나라에서 생산된 먹거리 구매, 꼭 필요한 제품 구매, 환경마크를 인증받은 친환경 상품 구매 등을 들 수 있다.

07

인터넷 상담기법 중 이메일 상담방법의 특성 3가지를 설명하시오.

이메일을 이용한 전자우편 상담은 컴퓨터를 활용한 통신으로 편지를 주고받으며 진행되는 상담이다.
① 소비자가 인터넷상담원에게 소비자문제를 적어서 편지로 보낸다.
② 상담원이 소비자에게 답장을 보내는 방식으로 이루어진다.
③ 소비자 스스로 자신의 심정을 먼저 정리해 볼 수 있는 기회를 갖게 한다.
④ 소비자는 24시간 중 여유 있는 시간에 편지를 작성함으로써 상담으로 인한 시간 손실을 줄일 수 있다.
⑤ 익명성 보장으로 상대방의 인적사항을 파악하기 어렵고 왜곡된 정보를 받을 가능성도 있다.
⑥ 소비자가 보내 온 편지의 내용에만 의존하기 때문에 상담원과 소비자가 서로 편지내용에 대한 해석을 달리 할 수도 있다.
⑦ 제품명이나 사업자명이 쓰여 있지 않고 연락처조차 없기 때문에 추가로 이메일을 주고받아야 하는 불편함이 있다.

08
조사기법 중 전화조사의 장·단점을 3가지씩 설명하시오.

① 장 점
  ㉠ 고객과 접촉하기 위한 편리한 수단이다.
  ㉡ 소비자문제가 발생하면 언제, 어디서나 즉시 상담할 수 있다.
  ㉢ 문제해결방법에 불만족할 때 또는 소비자피해보상이 어려울 때는 다른 전문상담기관을 즉시 알선 받을 수 있고 시간절약과 신속해결의 효과가 있다.
  ㉣ 소비자 접촉, 세일 또는 서비스의 경제적인 방법이다.
  ㉤ 상담의 효과적인 수단이다. 상담사나 고객은 편지를 쓰거나 응답을 받는 등의 늦춰짐 없이 상호작용할 수 있다.

② 단 점
  ㉠ 의사소통의 잘못으로 소비자문제가 잘못 전달될 수 있다.
  ㉡ 목소리만을 통해서 의사전달이 이루어지므로 상담내용이 복잡할 경우 전화로 의사소통이 어려울 수 있다.
  ㉢ 상담사가 근무시간에만 전화를 받으므로 상담시간에 제약이 있을 수 있다.
  ㉣ 소비자가 흥분되어 있거나 자신의 의사를 정확히 표현하지 못하는 경우 상담내용을 파악하기 어렵다.
  ㉤ 얼굴을 보지 않고 상담을 하기 때문에 욕설이나 불쾌한 언어표현을 하는 경우가 있다.
  ㉥ 상대방의 표정, 태도, 주변의 환경을 알기가 어렵다.
  ㉦ 증거를 남기기 어렵고 정확한 전달 여부를 확인하기 어렵다.
  ㉧ 예약 없이 불시에 걸려온다.

09

CRM의 개념을 정의하시오.

고객관계관리(CRM)란 기업이 고객과 관련된 내·외부자료를 분석·통합해 고객중심자원을 극대화하고 이를 토대로 고객 특성에 맞게 마케팅활동을 계획·지원·평가하는 과정을 말한다. 고객에게 기업의 마케팅 담당자를 포함한 모든 구성원과 조직에 대한 긍정적인 선호도를 형성하여 고객유지율과 경영성, 모두를 향상시키는 전략이라고 할 수 있다.

10 소비자모니터링 보고서 결과를 작성할 때 고려사항 3가지를 설명하시오.

보고서를 어떠한 형식으로 작성해야 할 것인가에 대해서는 일정한 기준이 없다. 특정 목적을 달성하기 위하여 제목, 목차, 요약, 서론, 본론, 결론과 같은 요소들이 포함되는 것이 보통이지만 그러한 요소들이 절대적으로 모두 포함되어야 하는 것은 아니다. 보고서 작성은 읽는 사람이 쉽게 이해할 수 있도록 하고 보고서의 내용은 일정한 기준에 적합하여야 한다. 즉, 내용이 완전하고 정확하며 명료하면서도 간결해야 한다.

① **완전성** : 읽거나 듣는 사람으로 하여금 이해할 수 있는 용어로 표현하여 필요로 하는 정보를 모두 제공해 주는 보고서이다.
② **정확성** : 수집된 현황자료의 내용이 정확하고 올바르며 보고 목적에 맞게 처리·정리되어 해석되어야 한다.
③ **명료성** : 명확하면서도 논리적인 사고와 정확한 표현을 구사하여야 한다.
④ **간결성** : 보고서에 기재할 내용을 선별적으로 선택해야 한다.

11 불만이 접수되었다. 접수를 하고 소비자상담 결과보고서에 작성해야 할 5가지 내용에 대해 설명하시오.

소비자전문상담사는 상담을 통해 축적된 정보를 보고서로 작성하여 자신이 속한 기업 또는 단체에 유용한 정보를 제공하는 역할을 할 수 있다. 소비자상담 자료를 유용한 자료로 변환하기 위한 보고서를 만들기 위하여 상담이유, 처리결과, 시간(계절)별 상담내역, 상담요청 고객의 인구학적 특성, 상담접수를 위해 이용한 매체, 품목별 상담접수 빈도 등을 분석한 자료를 활용할 수 있다.

① 소비자의 인적사항
② 상담내용의 원인, 배경과 요지
③ 상담기법
④ 상담과정의 주요 내용 요약 및 축어록
⑤ 소비자의 상태, 상황
⑥ 피해사례의 처리경과에 대한 만족여부
⑦ 전체 상담과정에 대한 상담자의 평가 및 소비자의 느낌

12. 소비자의 일반적 욕구 3가지를 설명하시오.

소비자의 일반적 욕구는 다음과 같다.
① 소비자는 관심과 정성을 원한다.
② 소비자는 적시에 서비스를 제공받길 원한다.
③ 소비자는 자신의 문제에 대해 공감받고 공정하게 처리되길 원한다.
④ 소비자는 유능하고 책임 있는 일처리를 기대한다.

13. 상담사가 소비자의 구매 전 정보를 제공하는 역할 3가지를 설명하시오.

소비자들에게 기업과 제품정보, 구매방법 등을 조언하여 소비자들이 합리적으로 제품과 서비스를 구매하도록 돕는 것이 바로 구매 전 상담이다.
구매 전 상담의 역할로는 다음과 같다.
① 구매에 관한 상담과 조언 제공의 역할이 있다.
② 합리적인 소비촉진과 교육역할을 한다.
③ 제품이나 서비스에 대한 정보제공의 역할을 한다.

14. 인터넷 구매를 했다. 청약철회를 하지 못하는 경우 3가지를 기술하시오.

전자상거래 청약철회 불가사유로는 다음과 같다.
① 소비자에게 책임 있는 사유로 재화 등이 멸실되거나 훼손된 경우. 다만 재화 등의 내용을 확인하기 위하여 포장 등을 훼손한 경우는 제외한다.
② 소비자의 사용 또는 일부 소비로 재화 등의 가치가 현저히 감소한 경우
③ 시간이 지나 다시 판매하기 곤란할 정도로 재화 등의 가치가 현저히 감소한 경우
④ 복제가 가능한 재화 등의 포장을 훼손한 경우
⑤ 그 밖에 거래의 안전을 위하여 대통령령으로 정하는 경우

04 2017년 소비자전문상담사 2급 실기 기출복원문제

01
제조물 책임법상 결함에 관하여 설명하시오.

제조물 책임과 관련하여 제조물 책임법이 제정되어 있다. 제조물 책임법은 제조물의 결함으로 인하여 발생한 손해에 대한 제조업자 등의 손해배상책임을 규정한다. 해당 제조물에 다음의 어느 하나에 해당하는 제조상·설계상 또는 표시상의 결함이 있거나 그 밖에 통상적으로 기대할 수 있는 안전성이 결여되어 있는 것을 말한다.

① **제조상의 결함** : 제조업자가 제조물에 대하여 제조상·가공상의 주의의무를 이행하였는지에 관계없이 제조물이 원래 의도한 설계와 다르게 제조·가공됨으로써 안전하지 못하게 된 경우를 말한다.

② **설계상의 결함** : 제조업자가 합리적인 대체설계를 채용하였더라면 피해나 위험을 줄이거나 피할 수 있었음에도 대체설계를 채용하지 아니하여 해당 제조물이 안전하지 못하게 된 경우를 말한다.

③ **표시상의 결함** : 제조업자가 합리적인 설명, 지시, 경고 또는 그 밖의 표시를 하였더라면 해당 제조물에 의하여 발생할 수 있는 피해나 위험을 줄이거나 피할 수 있었음에도 이를 하지 아니한 경우를 말한다.

02
소비자는 신용카드사에 항변권을 행사할 수 있다. 신용카드 항변권의 항변사유와 항변의 효과에 관하여 설명하시오.

① **항변사유** : 신용카드 항변권은 20만 원 이상의 거래대금을 2개월 이상에 걸쳐 3회 이상 분할납부하기로 한 계약에 있어서 계약의 취소나 매도인의 채무불이행의 경우 대금의 지급을 거절할 수 있는 권리로서 할부 항변권이라고도 한다.

② **항변의 효과** : 항변이 가능한 경우에는 신용제공자에게 할부금 지급거절의사를 통지 후 할부금의 지급을 거절할 수 있으며, 이때 할부금의 지급거절의사를 한 사이에 매수인이 신용제공자에게 지급하지 아니한 나머지 할부금에 대해 지급을 거절할 수 있다. 즉, 신용카드사에 대해 항변권을 행사하게 되는 때 이미 지급한 할부금에 대한 환급은 인정되지 않고, 차후에 도래하는 할부금에 대한 지급을 거절할 수 있다.

03

기업의 고객서비스 업무의 수행과 내용에 따라 조직형태나 규모가 다양해질 수 있다. 운영방식에 따른 고객서비스 조직을 분류하여 설명하시오.

기업조직 내 운영방식에 따른 분류로서 중앙 집중적, 지역 중심적 운영으로 나누어 분류할 수 있다.

① **중앙 집중적 운영**
   ㉠ 효율성이 높고 전산화할 수 있다.
   ㉡ 성과측정이 쉽고 전문화를 꾀할 수 있다.
   ㉢ 정책과 과정을 적용하는 데 원칙을 고수할 수 있으며, 최고결정권자에게 접근이 용이하다.
   ㉣ 대량생산체제에 적합하다.

② **지역 중심적 운영**
   ㉠ 고객과의 밀접한 관계를 가질 수 있으며, 지역적 조건과 문제에 민감하다.
   ㉡ 규모가 작아 적응에 유연하고 감각이 있다.
   ㉢ 소규모 다품종 생산에 적합하고 지역형 사업과 기관에 적합하다.

04

소비자교육 자료의 내용을 선정하는 기준을 4가지 이상 설명하시오.

① 합목적성, 즉 목표와의 일관성으로 교육내용은 목표가 지시하는 내용이어야 한다.
② 능력수준과 흥미에의 적합성으로 학습자의 필요와 흥미 또는 능력수준을 고려하여 주제의 내용과 방법이 친밀감 있는 것이어야 한다.
③ 지도 가능성으로 이성적으로 선정된 내용이 현실적으로 지도 가능한가를 생각하여야 한다.
④ 일목적 다경험과 일경험 다목적의 원리로 한 가지 목표를 달성하기 위하여 몇 가지 내용이 두 개 이상의 목표와 관련되어 동시학습이 이루어질 수 있도록 선정되어야 한다.
⑤ 실용성으로 사회적 요구에 적합하여 사회생활 속에서 실제로 적용·활용할 수 있어야 한다.

05

소비자정보가 제공될 시 기업과 소비자가 얻는 편익을 각각 3가지 이상 쓰시오.

① 소비자가 얻을 수 있는 편익
　㉠ 각 제품의 장·단점에 대한 충분한 정보를 제공받음으로써 구매의사결정의 질이 향상된다.
　㉡ 충분한 정보제공으로 인하여 소비자들이 보다 나은 품질의 제품을 식별할 수 있다면 기업들은 자사제품의 품질을 향상시키도록 노력하게 된다.
　㉢ 판매업자의 정보독점으로부터 발생된 시장파워가 감소됨에 따라 가격인하가 촉진될 수 있다.

② 기업에서 얻을 수 있는 편익
　㉠ 소비자에게 제품의 특성, 가격, 품질, 거래조건 등에 관한 각종 정보를 제공함으로써 소비자의 올바른 구매결정을 도와주어 판매가 증가한다.
　㉡ 소비자의 문의 및 상담을 줄여 비용절감의 효과가 있다.
　㉢ 정보제공을 통해 소비자교육의 효과를 가지게 되고 올바른 제품사용을 통해 소비자불만 및 피해감소로 고객만족도 증가의 효과를 볼 수도 있다.

06

소비자정보 중 무임승차자의 문제가 무엇인지 설명하고, 왜 그러한 문제가 발생하는지 설명하시오.

소비자정보는 공공재적 특성을 가지고 있기 때문에 시장을 통해서는 충분히 공급될 수 없다. 즉, 소비자정보는 일반적인 재화와는 달리 그것이 얼마만큼 공급되든지 간에 일단 공급이 되기만 하면 공급자가 누구든 모두가 불편이나 효용의 감소 없이 공동으로 이것을 이용할 수 있는 성질, 즉 비배타성과 비경합성을 가지고 있다. 이러한 소비자정보의 공공재적 특성으로 인하여 소비자문제에는 여타 공공재의 경우와 마찬가지로 무임승차자의 문제가 야기된다. 즉, 이는 모든 소비자가 소비자정보를 필요로 하지만 개개의 소비자는 다른 누군가가 그러한 소비자정보를 획득하여 제공해 주기만을 원할 뿐 스스로는 이를 위한 시간과 비용을 들이지 않으려 하는 것이다. 이러한 이유로 소비자정보가 충분히 제공되지 않아 소비자문제가 발생하는 것을 막기 위하여 정부는 소비자정책 등을 통해 소비자정보의 생산·배급에 관여하게 된다. 정부가 개입하여 소비자정보를 직접 생산·배급하거나 또는 기업으로 하여금 소비자정보를 생산·배급하도록 하기도 한다. 이런 정책을 통해 모든 소비자는 정보비용을 줄일 수 있고 국가 전체적으로도 자원의 낭비를 막으면서 소비자정보가 제공될 수 있다.

07

노인소비자 대상 교육효과를 증대시키기 위한 방안 및 소비자교육 프로그램 제작 시 교육내용 3가지를 제시하시오.

① 노인소비자들은 이해속도와 인지속도가 매우 느리고 학습속도도 느리기 때문에 교육시간을 충분히 여유 있게 배정한다. 그뿐만 아니라 정해진 시간 내에 다루게 될 내용이나 자료들도 그 양을 제한적으로 설정해야 한다.

② 교육내용이나 주제는 노인들의 관심과 흥미와 관련이 있으며 특히 일상의 경험에서 찾을 수 있는 사례들을 통해 현실적이며 활용도가 높아지도록 해야 한다.

③ 노인들은 자신의 경험에 더 의존적이므로 학습자의 참여를 유도하고 실생활에서 접할 수 있는 구체적인 사례를 제시하는 것이 더 효과적이다.

④ 적극적이지 못한 노인소비자들에게 직접 찾아가는 방법을 택하여 더 많은 교육기회를 제공해야 한다. 노인소비자피해 및 상담에 관한 팸플릿이나 책자를 활용해야 하고, 노인소비자들에게는 주로 정상적인 판매보다는 방문판매를 통해 이루어지기 때문에 판매방법도 공공기관 사칭이나 효도관광을 빙자하는 등 허위나 강박에 의한 소위 악덕상술이 대부분이다. 이러한 문제를 해결하기 위한 소비자교육의 내용은 각종 표시제도, 약관 제시의 의무화, 피해구제에 대한 정보제공의 의무화 등이다.

08
브레인스토밍 개념과 특징을 설명하시오.

① 개 념

창의적이고 독창적인 아이디어가 요망될 때 많이 사용하는 것으로 질적으로 우수한 아이디어를 얻을 수 있으며, 자유분방하고 엉뚱한 의견을 출발점으로 아이디어를 모아가는 조사기법이다. 어떠한 내용의 발언이라도 그에 대한 비판을 해서는 안 되며, 오히려 자유분방하고 엉뚱하기까지 한 의견을 출발점으로 해서 아이디어를 전개시켜 나가도록 하고 있다. 이를테면, 일종의 자유연상법이라고도 할 수 있다. 회의에는 리더를 두고, 구성원 수는 10명 내외로 한다.

② 특 징
- ㉠ 짧은 시간 내에 방대한 아이디어 얻기에 효과적이다.
- ㉡ 브레인스토밍을 주도하는 리더의 역할이 매우 중요하다.
- ㉢ 비판활동을 제한하므로 구성원들 간의 갈등이 감소한다.
- ㉣ 기존 아이디어를 창의적으로 조합할 수 있는 기회를 가질 수 있다.
- ㉤ 브레인스토밍의 토의방법은 비형식적이다.
- ㉥ 주제 선정 시 가급적 장기적이고 융통성 있는 주제로 선정해야 한다.

09
최근 소비환경이 변화함에 따라 시장의 판매형태도 다양해지고 있다. 전자상거래를 통해 구현되는 시장의 하나인 T-Commerce에 관해 설명하시오.

T-Commerce는 TV와 커머스(Commerce)가 결합된 단어로 디지털 데이터방송을 통해 TV와 리모컨만으로 상품정보 검색 · 구매 · 결제 등의 상거래를 할 수 있는 서비스로서, TV를 통해 구현되는 전자상거래를 말한다.

T-Commerce는 인터넷 TV를 통해서 할 수 있으며, 간단한 리모컨과 무선 키보드 조작으로 인터넷 접속과 전자상거래를 할 수 있다. 2000년 6월 국내에서는 처음으로 삼성전자가 컨소시엄을 구성해 인터넷 TV를 시판하였으며 최근 시장의 형태가 다양해짐에 따라 타 기업들도 많이 진출하고 있다.

10 소비자중심경영 인증제도(CCM)의 개념과 기대효과를 소비자 측면과 기업 측면으로 구분하여 각각 3가지 쓰시오.

① 개 념

　소비자중심경영 인증제도(CCM)는 기업이 수행하는 모든 경영활동을 소비자 관점에서, 소비자중심으로 구성하고 관련 경영활동을 지속적으로 개선하고 있는지를 평가하여 인증하는 제도로, 기업 및 기관의 소비자지향적 경영문화 확산과 소비자 권익 증진 노력을 통한 경쟁력 강화 및 소비자 후생증대에 기여함을 목적으로 한다.

② 기대효과

　㉠ 소비자 측면
　　㉮ 상품 및 서비스 선택정보 제공 효과
　　㉯ 인증기업과의 소비자문제 발생 시 신속하고 합리적인 해결 가능
　　㉰ 인증기업의 제품 및 서비스 안심구매

　㉡ 기업 측면
　　㉮ 기업 전체가 소비자를 생각하고 소비자문제를 공감하는 효율적인 경영문화 정착
　　㉯ 소비자불만 및 피해발생 최소화
　　㉰ 소비자분쟁으로 인한 법적 분쟁 감소

05 2016년 소비자전문상담사 2급 실기 기출복원문제

01
기업에서 고객의 소리를 통해 피드백을 받은 이후의 상황을 기재하시오.

결함 또는 하자제품에 대한 전산입력 및 관리, 불량품 관리 피드백과 관련한 자료관리·보고 등의 활동을 상담실에서 수행하게 된다. 상담실에서 행한 다양한 업무들, 즉 정보제공 관련 상담, 구매 후 불만 및 피해구제 상담, 소비자들의 의견이나 아이디어 수집, 각종 고객만족도 조사 등 상담실에서 소비자들과 어우러진 모든 업무 내용은 자료로 구축·정리하여 분석하고 이를 경영진에 보고하여 고객만족경영 실현에 기여한다. 구체적으로 월별 또는 연도별, 불량 및 불만 원인별 분석 자료를 작성하여 상품 기획과 품질관리에 반영되도록 한다.

02
소비자상담사는 언어적 의사소통기술뿐만 아니라 비언어적 의사소통기술도 중요하다. 비언어적 의사소통 유형 2가지를 기재하시오.

소비자와 효율적으로 의사소통을 하기 위해서는 신체언어에 대하여 인식·이해하고 적절하게 반응하는 것뿐만 아니라 소비자전문상담사 자신의 신체언어를 긍정적으로 사용하는 것이 필요하다. 그러나 배경, 문화, 신체조건 및 의사소통 능력과 그 외의 요인에 대해 모든 사람들이 같은 방법으로 비언어적 단서를 사용하지 않을 수도 있음을 기억해야 한다. 그러나 비언어적 의사소통을 잘 활용하게 되면 문제해결의 단초를 마련할 수도 있으며 훨씬 효과적일 수 있다. 여기에는 눈 맞추기, 자세, 미소, 머리 끄덕이기, 몸짓, 의복과 용모 등의 유형이 있다.

03

소비자상담사의 일반적 자질 3가지를 서술하시오.

소비자전문상담사는 소비자피해를 합리적으로 해결하고 복잡한 현대 시장환경에서 소비자의 선택을 돕는 상품정보를 제공하며, 소비자교육을 기획·실행함으로써 소비문화를 합리화·건전화하는 데 기여하는 전문가를 말한다. 소비자전문상담사의 일반적 자질로는 상담 및 설득의 문제해결에 필요한 인내심, 타인의 상황에 대해 예민한 관심을 가지는 공감능력 또는 이해력, 공정하고 객관적인 판단능력 등이 있으며 이는 단기간의 교육을 통해서 길러지기는 어려우나 관심을 가지고 꾸준히 노력하면 어느 정도 향상될 수 있다고 본다. 친절한 태도와 언어, 공정하고 객관적인 응대, 적극적 경청을 통한 문제의 정확한 이해 그리고 숙련된 언어 및 비언어적 표현기술의 습득을 필요로 한다.

04

소비자조사 횟수에 영향을 미치는 시장요인 3가지를 적으시오.

예산과 시간의 제약 속에서 현실적으로 무조건 조사 횟수가 많은 것은 바람직하지 않으므로, 고객만족도나 애호도 수준, 시장의 변화나 경쟁 상황, 제품의 구매 사이클 등의 요인을 고려해야 한다. 예컨대, 고객만족 수준이 낮거나 고객애호도가 낮은 제품시장에서는 조사 횟수가 많은 것이 바람직하며, 장기적인 구매 사이클을 가진 제품시장이나 경쟁이 심하지 않은 시장에서는 조사 횟수를 줄여도 된다.

05

1차, 2차 자료를 정의·요약하시오.

① 1차 자료
  조사자가 직접 조사목적을 달성하기 위해 자료를 수집하여 얻은 자료를 말하며, 이는 조사자가 주어진 의사결정문제, 조사목적 등에 적합한 자료를 수집하기 위하여 사전에 적절한 통계에 의해 수집된 자료이기 때문에 2차 자료보다는 적합성이나 타당성, 신뢰성 등이 높다.
② 2차 자료
  소비자문제를 해결하거나 의사결정에 필요한 정보를 얻고자 직접적으로 자료를 수집하는 것이 아니라 소비자문제와 관련하여 이미 조사된 자료를 구하고 이를 통하여 문제해결이나 의사결정에 필요한 정보를 추출하는 것이다. 즉, 2차 자료는 직접적으로 얻은 자료라기보다는 미리 다른 목적으로 구해진 자료이다.

06
소비자조사 방법 중 "갱 서베이"의 정의와 2가지 장점을 기재하시오.

갱(Gang)은 무리, 집단을 의미하는 용어로 갱 서베이(Gang Survey)는 조사 대상자를 집단으로 일정한 장소에 모아 놓고 동시에 일제히 조사하는 방법이다. 조사 진행자가 직접 신제품 또는 보조물(시제품 · 사진 · 슬라이드 · 비디오 등)을 이용하여 조사 목적에 대한 상세한 설명을 하며, 자료수집 과정에서도 통제가 가능하므로 보다 높은 질의 자료를 수집할 수 있고, 조사 과정이 외부에 유출되는 것을 방지할 수 있다.

07
내용증명의 정의와 효과를 기재하시오.

내용증명 우편은 우편물의 내용인 문서를 등본에 의하여 증명하는 제도로 어떤 내용의 것을 언제, 누가, 누구에게 발송하였는가 하는 사실을 발송인이 작성한 등본에 의하여 우체국장이 공적인 입장에서 증명하는 제도이다. 위 통지서 3통을 작성하여 1통은 내용문서의 원본으로 수취인에게 우송하고, 등본 2통은 우체국과 발송인이 각각 1통씩 보관한다. 발송인은 내용증명 우편물을 발송한 날로부터 3년 이내에 한하여 발송 우체국에서 재차 증명을 받거나 등본의 열람을 청구할 수 있다. 이때 특수우편물의 수령증을 제시하여야 한다. 내용증명 우편 자체만으로 법적인 효력이 발생하는 것은 아니지만, 의사표시의 존재 및 발송 · 수신의 시기를 명확하게 증명할 수 있는 효과가 있다.

08
고객관계 유지를 위한 관계마케팅의 특징 3가지를 쓰시오.

고객관계관리(CRM)란 선별된 고객으로부터 수익을 창출하고 장기적인 고객관계를 유지하는 경영기법으로, 그 특징으로는 먼저, 고객획득보다는 고객유지에 중점을 두고, 시장점유율보다는 고객점유율에 비중을 두며, 제품판매보다는 고객관계에 중점을 둔다는 데 있다.

09

인바운드의 정의, 활용 방법을 기재하시오.

인바운드 상담이란 고객으로부터 걸려오는 전화를 통하여 소비자문제 및 불만을 상담하는 응대방법이다. 기업의 고객상담실을 통한 인바운드 상담은 소비자불만 및 피해에 대해 직접적으로 구제하는 효과를 얻을 수 있고, 또한 사후서비스의 만족을 통해 고객만족 및 기업의 이미지 형성, 나아가 기업의 이윤극대화에 영향을 미칠 수 있다. 뿐만 아니라 상품수주로 연결될 가능성이 높으며, 상품개발이나 서비스에 대한 고객의 의견 및 제안 등을 수렴할 수 있다.

10

기업 모니터링을 실시할 때 조사설계, 조사방안, 조사결과 항목에 기재해야 할 내용을 서술하시오.

보고서를 통하여 기업 모니터링 결과를 보여주는 데 효과적이어야 하므로 서론, 표집연구, 연구방법, 조사결과, 효과 및 개선방안 등이다. 조사의 목적, 장소, 형태, 시기, 표본의 수, 자료수집방법을 간단히 설명하고, 결과로부터 문제점, 해결방안, 개선방안 등 결론을 도출하여 제시하여야 한다. 또한 조사를 통해 조사의 목적 달성 여부에 대한 평가를 내린다.

11

구매 전 상담 시 상담실에서 제공하는 정보에 관해 기재하시오.

구매 전 소비자정보는 소비자들의 최선의 선택을 돕거나 소비자문제를 사전에 예방하는 차원의 정보적 성격이 짙다. 따라서 소비자전문상담사는 구매 전 상담과정에서 소비자의 사용목적과 경제상태에 맞추어 최선의 구매를 할 수 있도록 상담, 조언, 교육 등을 제공한다. 제품의 특성이나 사용방법 등에 대해 설명하는 등 소비자의 구매선택에 도움을 줄 수 있는 정보를 제공함으로써 소비자의 합리적 구매의사를 도와 소비생활의 질적 향상을 꾀한다. 예컨대 소비자상담사가 구매 전 단계에서 소비자에게 제공하는 정보로는 ⅰ) 제품의 특성, ⅱ) 제품의 선택방법, ⅲ) 합리적이고 친환경적인 소비생활, ⅳ) 소비자피해 시 대응요령, ⅴ) 가격비교방법 등이 있다.

12

["XX 경품에 당첨되었습니다."라는 문자를 받아 업체에 연락을 하니, 상품구매에 대한 안내를 받고 결국 상품구매를 하였다.]
이 경우 청약철회를 할 수 있는 기준과 근거는?

이는 전기·통신 등을 이용한 통신판매에 해당할 것이므로 「전자상거래 등에서의 소비자보호에 관한 법률」 제17조에 따라 청약철회를 할 수 있다. 따라서 단순 변심에 의한 경우, 원칙적으로 계약내용에 관한 서면을 받은 날부터 7일 또는 그 서면을 받은 때보다 재화 등의 공급이 늦게 이루어진 경우에는 재화 등을 공급받거나 재화 등의 공급이 시작된 날부터 7일 이내에 청약철회를 할 수 있으며, 재화 등의 내용이 표시·광고의 내용과 다르거나 계약내용과 다르게 이행된 경우에는 그 재화 등을 공급받은 날부터 3개월 이내, 그 사실을 안 날 또는 알 수 있었던 날부터 30일 이내에 청약철회를 할 수 있다. 다만, 문자의 구체적인 내용이 특정 상품에 대한 소비자의 구매의사가 당초에 존재하지 않았음에도 판매업자의 권유에 의하여 구매가 유도된 것으로 판단하기에 충분한 정도인 경우, 전화회신을 유도하는 방법으로 재화 등을 판매하는 전화권유판매의 방식으로 볼 수도 있으므로, 이 경우에는 「방문판매 등에 관한 법률」 제8조에 따라 단순 변심에 의한 경우라고 하더라도 원칙적으로 계약내용에 관한 서면을 받은 날부터 14일 또는 그 서면을 받은 때보다 재화 등의 공급이 늦게 이루어진 경우에는 재화 등을 공급받거나 재화 등의 공급이 시작된 날부터 14일 이내에 청약철회를 할 수 있다. 또한 구매가 유도됐다고 보기 힘든 경우에도 「전자상거래 등에서의 소비자보호에 관한 법률」 제17조 제3항에 의해 재화 등의 내용이 표시·광고의 내용과 다르거나 계약내용과 다르게 이행된 경우에는 그 재화 등을 공급받은 날부터 3개월 이내, 그 사실을 안 날 또는 알 수 있었던 날부터 30일 이내에 청약철회를 할 수 있다.

13

소비자조사 유형 중 고객인식조사에 대해 설명하시오.

고객인식조사란 기업이나 제품에 대한 고객들의 인식을 조사하는 방법으로, 현재 고객의 만족을 유지함으로써 목표를 달성하고자 하는 기업들에게 가장 적절하다. 경쟁 대상이 거의 존재하지 않는 공공분야나 기존 고객의 반복구매에 많은 부분을 의존하는 사기업에서 주로 사용되며, 고객만족이 판매나 소비 시점에서 측정될 경우 적합하다.

14
제공받은 제품이나 서비스에 고객이 만족했을 때 발생하는 긍정적인 효과를 기재하시오.

상품에 대한 정확한 정보의 제공은 상품의 기능, 상품의 작동원리, 상품의 사용방법과 내용, 상품사용 시 주의사항, 위험경고, 손질 및 관리, 소비자피해보상내용 등을 소비자에게 제공하는 것을 말한다. 상품에 대해 정확한 정보를 제공한다면 소비자는 ⅰ) 구매 전 정보를 얻게 될 경우 필요한 정보를 찾게 되는 수고를 덜어 경제적이고, ⅱ) 구매 시 정보를 얻게 될 경우 효율적인 구매의사결정을 도울 수 있으며, ⅲ) 구매 후에는 상품에 대한 사용방법을 숙지하여 소비자피해를 사전에 예방할 수 있다. 또한 기업은 ⅰ) 상품에 대한 소비자의 올바른 사용으로 고장 등을 미연에 방지하여 소비자피해보상에 드는 비용을 줄일 수 있고, ⅱ) 소비자의 만족을 통한 재구매를 유도하는 고객충성도를 증가시켜 종국적으로는 기업의 이윤을 극대화할 수 있다.

15
기업 입장에서 고객만족도 조사가 필요한 이유를 4가지 기재하시오.

기업에서 고객만족도 조사를 하는 이유는 다음과 같다.
① **고객감소 원인 규명** : 고객감소는 기업의 제품과 서비스에 대한 불만에서 비롯되는 경우가 많다.
② **고객유지와 비용이익** : 기업의 입장에서 보면 신규고객을 확보하기 위해 사용되는 비용보다는 기존의 고객을 유지함으로써 단골고객화하는 데 드는 비용이 저렴할 수 있다.
③ **직원의 동기와 참여유도** : 만족도 조사를 통하여 직원으로 하여금 제품향상 등의 동기와 실질적인 참여를 유도할 수 있다.
④ **기업의 수익성 증가** : 고객만족경영은 결국 신규고객을 확보하고, 기존고객을 유지하는 비결이며, 고객의 증가는 기업의 수익을 증가하게 한다.

16
방문판매에 대한 청약철회서 작성 시 기재해야 할 3가지 항목은?

① 수신자 이름 및 연락처, 주소
② 발신자 이름 및 연락처, 주소
③ 상품명
④ 상품가격 및 이미 지급한 금액
⑤ 계약일 및 계약 경위
⑥ 계약서 및 상품을 받은 날
⑦ 당초 상품 상태(수량) 및 현재 상태(수량)
⑧ 청약철회를 원한다는 의사표시와 그 날짜
※ 청약철회서는 정해진 양식이 따로 있는 것이 아니고, 일반적으로 알려진 청약철회서의 양식도 표준화되지 않은 권장사항일 뿐이므로, 위의 항목 중 필요한 내용을 발췌하여 적절하게 작성하면 된다. 다만, 수신자, 발신자 및 청약철회를 원한다는 의사표시와 그 날짜에 대한 증명은 반드시 필요하므로, 이를 누락해서는 안 된다.

17
고객서비스 부서가 지역 집중식으로 운영될 시 장·단점을 3가지씩 기재하시오.

기업조직 내 운영방식에 따른 분류로 중앙 중심적 운영과 지역 집중식 운영이 있다.
① **지역 집중식 운영의 장점**
  ㉠ 고객과의 밀접한 관계를 가질 수 있으며 지역적 조건과 문제에 민감하다.
  ㉡ 규모가 적어 적응에 유연하고 감각이 있다.
  ㉢ 소규모 다품종 생산에 적합하고 지역형 사업과 기관에 적합하다.
② **지역 집중식 운영의 단점**
  ㉠ 중심적 지원이 어렵다.
  ㉡ 모든 지역에 일관적인 과정이나 정책을 적용하기가 어렵다.
  ㉢ 서비스 품질을 측정하고 원칙을 유지하기 어려우며 최고결정권자에게 접근이 쉽지 않다.

18
정기적으로 국가고객만족도인 NCSI 조사가 이루어진다. NCSI 조사의 정의와 기업별 만족도조사, 분석 요인을 기재하시오.

고객만족지수란 상품이나 기업에 대한 고객의 만족도를 수치상으로 표현한 것을 말한다. 이는 고객만족경영의 일환으로 조사하게 되는데, 고객만족경영이란 경영의 모든 부분을 고객인 소비자의 입장에서 생각하고, 소비자를 만족시켜 기업을 유지하고자 하는 신경영기법이다. 소비자의 기대를 충족시킬 수 있는 제품을 제공하고, 소비자의 불만과 피해를 효과적으로 처리하는 것이 필수적이다. 소비자만족은 상품의 품질뿐 아니라 제품의 기획 · 설계 · 디자인 · 제작 · 사후 서비스 등 모든 과정에 걸쳐 제품에 내재된 기업문화 이미지와 함께 상품이미지 · 기업이념 등을 소비자에게 제공하여 소비자에게 만족감을 기대 이상으로 충족시킴으로써 고객의 재구매율을 높이고 선호가 지속되도록 해야 한다. 고객만족경영을 함으로써 신규고객이 창출되고, 기존고객을 유지하며, 충성도 있는 고객이 늘어남으로써 기업의 경쟁력을 확보할 수 있다.

06 2015년 소비자전문상담사 2급 실기 기출복원문제

01
기업의 대표적인 소비자상담실 업무 중 4가지를 쓰시오.

기업의 소비자상담실은 회사의 규모·업종·형태에 따라 다양한 업무를 수행하고 있으나, 대표적으로 다음과 같은 업무가 있다.
① 제품 정보 및 각종 정보 제공
② 소비자불만 접수와 해결
③ 소비자상담 자료 정리·분석·보고
④ 소비자만족도 조사
⑤ 고객관련 정보를 수집하고 분석
⑥ 고객관리와 사내·외 소비자교육
⑦ 소비자단체, 소비자 정책동향 파악 및 대응책 마련 등

02
소비자조사 시 전수조사보다는 표본조사를 하는 이유 3가지를 쓰시오.

대상을 모두 조사하는 것을 전수조사라 하며, 대상 중 일부를 객관적으로 골라 조사하는 것을 표본조사라고 하는데, 일반적으로 전수조사보다 표본조사를 하는 이유는 다음과 같다.
① 전수조사에 비하여 비용과 시간을 절약할 수 있다.
② 표본조사를 통해 전수조사보다 더 정확한 자료를 얻을 수 있다.
③ 파괴적인 조사에 적용할 수 있다.
④ 다량의 정보를 확보할 수 있다.
⑤ 적은 비용으로 전체의 특성을 파악할 수 있다.

조사 측정 시 신뢰도를 제고할 수 있는 방안을 설명하시오.

신뢰도는 측정하려는 것을 얼마나 안정적으로 일관성 있게 측정하였느냐의 문제이며, 검사도구가 오차 없이 정확하게 측정한 정도를 의미하는 것으로, 신뢰도를 제고하기 위해서 다음과 같은 방법이 사용된다.
① 설문 문항을 분명하게 작성하여 모호한 문항은 제거한다.
② 설문 문항 수를 늘린다. 설문 문항이 많아지면 측정값의 평균치가 측정하고자 하는 속성의 실제값에 가까워진다.
③ 조사과정에서 측정의 일관성을 보장해야 한다. 즉, 면접자가 조사과정의 일관성을 유지하지 못하면 동일한 문항에 대한 응답자의 반응이 달라져 측정오차가 발생한다.
④ 응답자가 잘 모르거나 전혀 관심이 없는 내용은 측정하지 않는 것이 좋다.
⑤ 동일한 질문이나 유사한 질문을 2회 이상하여 일관성 있는 답을 유도한다.
⑥ 예비조사와 사전조사를 실시하여 설문 문항의 명확성, 잘못된 점을 개선한다.

소비자조사 결과보고서 작성 시 전문가 오류가 발생할 수 있는 이유에 대해 설명하시오.

전문가의 오류는 전문가의 입장에서 독자를 자신과 동일한 수준으로 판단하는 오류로, 의식·무의식적으로 다음과 같은 가정을 함으로써 발생한다.
① 독자가 문서의 모든 단어를 읽을 것이다.
② 문서를 읽는 사람은 이 주제에 대해 전문가들이다.
③ 독자들은 이 문서를 읽고 어떻게 행동해야 할지 잘 알고 있을 것이다.

05

소비자정보의 특성 중 무임승차자의 문제가 무엇인지 설명하고, 왜 그러한 문제가 발생하는지 설명하시오.

소비자정보는 공공재적 특성을 가지고 있기 때문에 시장을 통해서는 충분히 공급될 수 없다. 즉, 소비자정보는 일반적인 재화와는 달리 그것이 얼마만큼 공급되든지 간에 일단 공급이 되기만 하면 공급자가 누구든 모두가 불편이나 효용의 감소 없이 공동으로 이것을 이용할 수 있는 성질, 즉 비배타성과 비경합성을 가지고 있다. 이러한 소비자정보의 공공재적 특성으로 인하여 소비자문제에는 여타의 공공재의 경우와 마찬가지로 무임승차자의 문제가 야기된다. 즉, 이는 모든 소비자가 소비자정보를 필요로 하지만 개개의 소비자는 다른 누군가가 그러한 소비자정보를 획득하여 제공해 주기만을 원할 뿐, 스스로는 이를 위한 시간과 비용을 들이지 않으려 하는 것이다.

06

데이터 웨어하우징에 대해 설명하시오.

데이터 웨어하우징(Data Warehousing)이란 개방형 시스템의 도입으로 흩어져 있는 각종 기업정보를 사용자의 관점에서 주제별로 별도의 장소에 저장하여 공동으로 활용할 수 있도록 통합하는 정보시스템 구축의 기반 기술이다.

07

현재 우리나라에서 정부는 한국소비자원, 정부 각 부처, 지방자치단체에서 소비자피해구제 및 소비자불만해소를 위한 소비자상담을 적극적으로 실시하도록 하고 있다. 정부 입장에서 이와 같이 소비자상담에 관심을 가지는 이유는 어떠한 논리에 근거한 것인지 설명하시오.

소비자상담의 필요성은 소비자 측면과 기업 측면 그리고 정부 측면으로 구분하여 설명할 수 있다. 소비자상담은 궁극적으로 그 목표가 소비자복지의 증진이라는 점에서 동일하나 목표달성 과정은 다르기 때문이다. 그 가운데 정부 측면에서 살펴보면 다음과 같다.
① 국민 전체의 안전한 소비생활을 통해 건전한 소비문화정책 실현이 가능하다.
② 소비자의 권리를 보장하기 위한 각종 제도적, 정책적 수립에 활용할 자료수집이 필요하다.

③ 소비자보호는 사회경제구조의 효율성, 사회자원의 효율적 배분, 사회전체운영의 평가기준과 직결되므로 정부차원에서의 소비자보호가 요구된다.
④ 국가는 소비자의 정당한 권리를 보호함으로써 소비생활의 합리화를 도모하여 나아가 국민경제의 건전한 발전에 기여할 수 있다.
⑤ 소비자상담을 통해 국민의 소비생활을 보다 현실적으로 파악할 수 있어 제도적·정책적으로 안정을 도모할 수 있다.

08 인터넷상담의 장·단점을 각각 3가지씩 쓰시오.

① 장 점
　㉠ 상담자와 소비자가 통신이 가능한 하드웨어를 갖추고 있는 상태라면 인터넷상담은 편리한 상담수단이 된다. 직접 상담실을 방문하지 않아도 되기 때문에 오고 가는 시간과 경비를 절약할 수 있으며 신체적인 소모를 줄여준다.
　㉡ 게시판에 상담자료를 올려놓은 경우 상담자와 소비자가 별도로 시간을 맞추지 않아도 상담을 받을 수 있고, 상담내용을 그대로 정리·보관할 수 있기 때문에 자료를 정리·보관하는 데 걸리는 시간과 비용이 따로 들지 않는다.
　㉢ 상담자와 소비자는 시간이나 공간의 제약을 받지 않고 상담을 할 수 있다.
　㉣ 인터넷상담에서는 소비자들의 익명성이 보장되기 때문에 상담자와 직접 대면하기를 꺼리는 소극적이고 예민한 소비자에게 개방적이고 솔직한 상담을 할 수 있다. 그러나 소비자들이 대면상담보다 장난으로 상담을 받으려고 하고 책임의식이나 윤리의식 없이 행동할 수도 있다.

② 단 점
　㉠ 원하지 않는 개인정보나 상담내용이 공개되는 문제가 있다.
　㉡ 상담사이트의 구성체계나 상담내용의 관리가 체계적이지 못해 이용하는 데 불편한 경우가 발생할 수 있다.
　㉢ 상담서비스가 신속하게 이루어지지 못하고 지연되는 문제가 발생할 수 있다.
　㉣ 전문적인 상담인력을 구하기가 쉽지 않다.
　㉤ 인터넷상담 이용이 어려운 소외계층은 상담을 하기 어렵다.
　㉥ 기계에만 의존하는 FAQ 등을 지나치게 활용하는 경우, 적절한 상담이 어려울 수 있다.

09
소비자기본법에 명시되어 있는 집단분쟁조정제도의 의의에 대해 설명하시오.

집단분쟁조정제도란 여러 소비자(50명 이상)가 동일하거나 유사한 피해가 발생한 경우 한국소비자원 내의 소비자분쟁조정위원회에서 일괄적으로 분쟁조정을 하는 제도를 말한다. 소액 다수의 소비자 피해를 신속히 구제하기 위해 도입됐다. 대상 업체가 조정안을 수용, 보상할 뜻을 밝히면 피해를 입었지만 분쟁조정 신청을 하지 않은 피해자도 보상받을 수 있다.

10
방문판매의 방법으로 재화 등을 구매한 경우 청약의 철회가 금지되는 경우를 설명하시오.

「방문판매 등에 관한 법률」제8조 제2항은 다음과 같은 경우에는 방문판매자 등의 의사에 반하여 청약철회 등을 할 수 없도록 규정하고 있다.
① 소비자에게 책임 있는 사유로 재화 등이 멸실 또는 훼손된 경우(다만, 재화 등의 내용을 확인하기 위하여 포장 등을 훼손한 경우를 제외)
② 소비자의 재화 등의 사용 또는 일부 소비에 의하여 그 가치가 현저히 감소한 경우
③ 시간의 경과에 의하여 재판매가 곤란할 정도로 재화 등의 가치가 현저히 감소한 경우
④ 복제가 가능한 재화 등의 포장을 훼손한 경우
⑤ 그 밖에 거래의 안전을 위하여 대통령령이 정하는 경우

11
Negative Option 상술에 대하여 기술하시오.

네거티브옵션이란 구매자가 구매의욕이 있어서 주문하는 포지티브옵션(Positive option)과 대비되는 말로서 제품구입 결정과 상관없이 일단 제품을 모든 대상에게 발송 또는 배포한 후 거절하지 않으면 모두 구입하는 것으로 간주하여 대금을 청구하는 것으로 최근 전화권유판매나 휴대폰 소액결제를 이용한 네거티브옵션이 문제가 되기도 하였다.

12

소비자중심경영(CCM) 인증제도의 기대효과를 소비자 측면과 기업 측면으로 구분하여 각각 3가지 쓰시오.

소비자중심경영, 즉 CCM은 기업이 수행하는 모든 활동을 소비자 관점에서, 소비자중심으로 구성하고, 관련 경영활동을 지속적으로 개선하고 있는지를 평가하여 인증하는 제도를 의미하며 소비자와 기업은 각각 다음과 같은 기대효과를 누릴 수 있다.

① 소비자 측면
- ㉠ 상품 및 서비스 선택정보 제공 효과
- ㉡ 인증기업과의 소비자문제 발생 시 신속하고 합리적인 해결 가능
- ㉢ 인증기업의 제품 및 서비스 안심구매

② 기업 측면
- ㉠ 기업 전체가 소비자를 생각하고 소비자문제를 공감하는 효율적인 경영문화 정착
- ㉡ 소비자불만 및 피해발생 최소화
- ㉢ 소비자분쟁으로 인한 법적 분쟁 감소

13

기업에서 고객관계시스템인 CRM이 중요한 이유를 설명하시오.

CRM이란 현재의 고객과 잠재 고객에 대한 정보 자료를 정리·분석해 마케팅 정보로 변환함으로써 고객의 구매 관련 행동을 지수화하고, 이를 바탕으로 마케팅 프로그램을 개발, 실현, 수정하는 고객중심의 경영 기법을 의미하는데, 다음과 같은 이유로 그 중요성이 더욱 대두되고 있다.

① 고객의 획득에 드는 비용보다 고객유지에 드는 비용이 적기 때문에 결국 고객유지에서 보다 높은 수익성을 찾을 수 있다.
② 고객만족을 넘어서 보다 강력하고 장기적인 고객충성도를 높일 수 있다.
③ 기업 간 경쟁이 점차로 격화되어 같은 상품을 파는 경쟁업체들이 산재하면서 지속적으로 시장점유의 우위를 점하기 힘든 상황에서 공격적인 시장개척능력보다는 고객수비능력이 보다 실질적인 기업경쟁력의 잣대가 되었다.

07 2014년 소비자전문상담사 2급 실기 기출복원문제

01
소비자조사에 있어서 신뢰도와 타당도에 대해 설명하시오.

신뢰도란 조사 및 분석의 정확성 내지 일관성을 의미하는 것으로서 반복적으로 측정하여 조사·분석하여도 동일한 결과를 도출할 수 있는 경우 신뢰도가 높다고 평가한다. 타당도란 조사자가 만든 측정도구 내지 조사방법이 측정하고자 하는 개념을 올바르게 측정하고 있는가에 관한 것으로서 적합성이라고도 한다. 이러한 신뢰도와 타당도가 높은 소비자조사는 건전한 소비의식의 유도에 기여하며 소비자교육 등에 유효하게 사용된다.

02
소비자자료 중 하나인 2차 자료의 특징을 서술하시오.

① 개념
  2차 자료란 이미 조사된 자료를 바탕으로 문제해결이나 의사결정에 필요한 정보를 추출한 자료로서 내부 자료와 외부 자료로 구분된다.

② 장·단점
  필요한 자료가 이미 구축되어 있기 때문에 1차 자료보다 비용이 저렴하며, 1차 자료의 수집타당성 여부의 판단이나 1차 자료 수집에 필요한 시간이나 비용을 절감할 수 있으나 소비자 관련 조사문제에 적합한 경우가 흔치 않다는 단점이 있다. 따라서 2차 자료가 소비자문제 해결에 적합하게 활용되기 위해서는 유용성, 적합성, 정확성, 충분성이라는 조건을 충족해야 한다.

03

다단계판매와 피라미드판매의 차이점을 비교·서술하시오.

① 다단계판매

다단계판매란 방문판매 등에 관한 법률상 다단계판매조직을 통하여 재화 등을 판매하는 것을 말한다. 하지만 현실에서는 방문판매 등에 관한 법령에 따른 합법적인 다단계판매와 불법 피라미드판매의 외형상 구별이 쉽지 않으며, 불법 피라미드 사업자들은 청약철회의 거부나 환급지연, 단기 영업 후 폐업 등으로 많은 소비자 피해를 야기하고 있다.

② 피라미드판매

불법 피라미드는 저질의 고가 상품을 통해 단기간에 일확천금을 노리는 투기적 성격을 지닌 판매수법으로서 월별 강제구매액을 설정하여 승급을 빌미로 강제구매를 유도한다. 또한 판매원을 등록시키는 행위자체로 수익이 발생하는 구조로서 하위 판매원의 확보 의무가 부과되며 공제조합 등에 가입되어 있지 않은 경우가 대부분이다.

③ 비 교

합법적인 다단계판매의 경우에는 우수한 품질의 중·저가 상품을 장기적 관점에서 자유로운 상품구매의 의사에 따라 판매함을 목적으로 하고, 재고부담의 강요가 없으며, 판매조직은 개방적이고 자유로운 가입 및 탈퇴가 보장됨과 동시에 공제조합 등에 가입되어 소비자피해 발생 시 보상이 가능하다. 따라서 불법 피라미드판매에 의한 피해를 최소화하기 위하여 관련 업체의 실체 여부를 정확히 파악하고, 그 등록여부를 반드시 확인하여야 한다.

04

기업의 서비스 제공 시 발생하는 5가지 갭(Gap)에 대해 설명하시오.

Leonard L. Berry, A. Parasuraman 등이 제시한 서비스 제공 시 문제를 야기할 수 있는 갭, 즉 기업의 제품과 서비스에 대한 불만에서 발생하는 5가지 유형의 갭은 다음과 같다.

① 촉진의 갭에 관한 것으로서 기업의 허위·과장광고 또는 고객 자체의 비현실적인 높은 기대에 기업의 제품이나 서비스가 미치지 못하는 경우이다.

② 이해의 갭에 관한 것으로서 기업이 고객의 요구나 욕구를 잘못 파악하여 고객의 요구 또는 욕구에 맞지 않는 제품과 서비스를 행한 경우이다.

③ 과정의 갭에 관한 것으로서 고객이 제품이나 서비스를 구매하는 과정에서의 신속성이나 기타 처리절차의 부적절성에서 오는 불만의 경우이다.

④ 행동의 갭에 관한 것으로서 기업에 소속된 직원이 훈련 미숙으로 인하여 고객을 제대로 응대하지 못 하는 경우이다.
⑤ 인식의 갭에 관한 것으로서 기업과 고객 간의 만족도 인식에 대한 차이에서 오는 경우이다.

05 청소년의 이상 소비형태에 대해 설명하시오.

핵가족화와 1자녀 가정의 증가와 함께 우리 청소년들은 소비의 주 연령층으로 대두되었고 시장세분화의 타깃층으로서 소비주의적 생활양식을 부추기는 소비주의 문화에 노출되어 있다. 이러한 상황으로 인해 청소년들의 소비형태는 다음과 같은 특성을 보인다.
① 청소년은 상품의 중요한 차이를 구별하지 못하고, 금전적 가치와 자신의 선호에 대한 이해부족 등으로 성인소비자에 비해 더 많은 소비자문제를 경험한다.
② 우리나라 청소년은 일반적으로 즉흥적이고, 충동적이며, 물질적인 것에 강한 집착과 높은 가치를 부여한다.
③ 청소년소비자는 동료집단과 TV 광고의 영향을 크게 받으며, 광고를 바르게 이해하고 식별할 수 있는 광고판별 능력이 낮다.
④ 청소년의 소비생활 문제는 소비지향적 태도, 즉 물질주의나 과시소비 성향에 의해 가장 큰 영향을 받고 있다. 또한 사회계층이 높은 청소년의 소비생활에 많은 문제가 있는데, 이는 상류계층의 과소비와 과시적 소비풍조를 반영한 것이라 할 수 있다.
⑤ 우리나라 청소년은 용돈관리에 소홀하고 낭비적인 것으로 조사되었는데, 이는 청소년에게 입시 위주의 교육을 강조하고 있어서 소비자교육과 같은 생활교육이 제대로 시행되지 못하고 있기 때문이다.

06 제조물 책임법상 결함의 유형에 관해 설명하시오.

제조물 책임법상 결함이란 해당 제조물에 다음의 어느 하나에 해당하는 제조상·설계상 또는 표시상의 결함이 있거나 그 밖에 통상적으로 기대할 수 있는 안전성이 결여되어 있는 것을 말한다.
① **제조상의 결함** : 제조업자가 제조물에 대하여 제조상·가공상의 주의의무를 이행하였는지에 관계없이 제조물이 원래 의도한 설계와 다르게 제조·가공됨으로써 안전하지 못하게 된 경우를 말한다.

② **설계상의 결함** : 제조업자가 합리적인 대체설계(代替設計)를 채용하였더라면 피해나 위험을 줄이거나 피할 수 있었음에도 대체설계를 채용하지 아니하여 해당 제조물이 안전하지 못하게 된 경우를 말한다.
③ **표시상의 결함** : 제조업자가 합리적인 설명·지시·경고 또는 그 밖의 표시를 하였더라면 해당 제조물에 의하여 발생할 수 있는 피해나 위험을 줄이거나 피할 수 있었음에도 이를 하지 아니한 경우를 말한다.

07 미성년자의 법률행위에 관하여 설명하시오.

미성년자는 민법상 제한능력자로 취급되므로 민법 제5조에 의하여 법률행위를 함에 있어서 법정대리인의 동의를 얻어야 하고 동의를 얻지 아니하면 그 법률행위를 취소할 수 있다. 이에 따라 미성년자 상대방의 보호를 위하여 민법 제15조에서는 제한능력자 상대방의 확답을 촉구할 권리를, 민법 제16조에서는 제한능력자 상대방의 철회권과 거절권을 규정하고 있다. 또한, 민법 제17조에 따라 제한능력자인 미성년자가 속임수로써 자기를 능력자로 믿게 한 경우이거나 법정대리인의 동의가 있는 것으로 믿게 한 경우에는 그 행위를 취소할 수 없으므로 이러한 경우가 아닌 한 위약금 없이 내용증명우편으로 그가 체결한 계약을 취소하면 된다.

08 고령화 사회와 노인층의 소비·생활양식에 관하여 설명하시오.

최근 급속한 고령화 현상으로 인해 노인들의 소비 형태 및 양식에 관한 연구와 관심이 많아지고 있다. 하지만 많은 노인들이 적절하고 합리적인 노후준비를 하지 못하여 노인소비자가 주요 소비층으로 대두되지 못하고 있다. 노인소비자는 경제활동의 주체에서 이탈하는 시기이므로 활동능력과 상관없이 소득의 결여에 따라 경제상태가 빈궁한 것이 일반적이고, 신체기능의 노화에 따라 사리분별력이 감퇴함으로써 소비 시장에 있어서 소극적·수동적인 존재가 된 것이다. 특히 사회적 역할 상실과 소외로 심리적 고독감이 발생하여 개인적 접촉을 특징으로 하는 방문판매 등의 판매유형에 의해 많은 피해가 발생하고 있다. 하지만 꾸준한 소비자교육을 통한 소비자의식 제고와 탄탄한 노후를 준비하는 인구가 늘어나면서 앞으로는 실버상품 분야 등에 있어 주요 소비층으로 각광받을 것으로 예상된다.

08 | 2013년 소비자전문상담사 2급 실기 기출복원문제

01
구매활동과 관련된 소비자의 정보를 활용하는 RFM 공식에서 RFM의 의미를 각각 설명하시오.

RFM은 고객구매행동모델로서 고객의 등급을 계산하기 위한 모델이며 R은 구매기간(최근 구매일, Recency), F는 구매횟수(구매빈도, Frequency), M은 구매금액(Monetary)을 말한다. 이들 각각의 3가지 요소는 고객들의 가치를 판단하고 이들에 대한 마케팅 효율을 높이며 앞으로 이들로부터 얻을 수 있는 수익을 극대화하도록 해주는 중요한 요소이다. 만일 고객 데이터를 처음 분석하려 한다면 먼저, RFM 모델을 구축하는 것이 고객정보를 활용하는 최상의 방법이 될 것이다.

02
상품설명서 작성 시 고려할 사항 5가지를 서술하시오.

상품설명서는 다음 기준에 의해 제작하여야 한다.
① 소비자가 충분히 숙지할 수 있도록 자세하게 작성할 것
② 주요 내용이 한눈에 파악되도록 간결하게 작성할 것
③ 지나치게 어려운 단어를 사용하거나 뜻이 불명확한 단어, 비문법적인 표현, 한문투의 표현은 사용하지 말 것
④ 제품설명서의 문구는 눈에 잘 띄도록 색상이 적절할 것, 특히 제품 위험이나 경고사항은 위험마크를 표시하거나 색상을 다르게 해 한눈에 들어오게 할 것
⑤ 제품의 작동원리 등은 쉬우면서도 과학적인 용어로 설명할 것
⑥ 제품에 대한 진실되고 정확한 정보를 제공할 것
⑦ 소비자가 알아야 할 중요한 정보는 누락하지 말 것

03 기업의 소비자상담실에서 하는 업무의 필요성에 대해 서술하시오.

종래에 기업의 소비자에 대한 인식은 단순히 자가의 회사제품을 구매하는 사람 정도였으나 기업 간 경쟁이 심화되면서 고객만족경영을 통한 기업 이미지의 향상과 이윤의 극대화를 경영의 중심에 두어 소비자에 대한 인식이 바뀌어 가고 있다. 즉, 기업은 고객만족경영을 함으로써 신규고객을 창출하고, 기존의 고객을 유지하며, 충성도 있는 고객이 늘어남으로써 기업의 경쟁력을 확보할 수 있는 것이다. 따라서 기업의 입장에서 보면 소비자상담은 고객만족경영과 기업 이미지 향상을 통한 이익창출의 기반이 되고, 소비자피해에 대한 실질적 구제수단이 된다는 점에서 그 필요성이 증대되고 있다.

04 기업의 입장에서 고객만족도 조사의 필요성에 대해 서술하시오.

기업에서 고객만족도 조사를 하는 이유는 다음과 같다.
① **고객감소 원인 규명** : 고객감소는 기업의 제품과 서비스에 대한 불만에서 비롯되는 경우가 많다.
② **고객유지와 비용이익** : 기업의 입장에서 보면 신규고객을 확보하기 위해 사용되는 비용보다는 기존의 고객을 유지함으로써 단골고객화하는 데 드는 비용이 저렴할 수 있다.
③ **직원의 동기와 참여유도** : 만족도 조사를 통하여 직원으로 하여금 제품향상 등의 동기와 실질적인 참여를 유도할 수 있다.
④ **기업의 수익성 증가** : 고객만족경영은 결국 신규고객을 확보하고, 기존고객을 유지하는 비결이며, 고객의 증가는 기업의 수익을 증가하게 한다.

05 고객접점이 최상위 임원까지 미치지 못하는 이유를 서술하시오.

고객접점이란 소비자 혹은 고객들이 기업의 상품이나 상표를 경험하거나 접하는 모든 순간을 말한다. 텔레비전광고, 신문광고, 옥외광고, 웹사이트, 청구서, 길거리 자판기, 백화점 매장, 대리점, 소비자상담실 등등 매우 다양한 경우에서 상품이나 상표를 만나게 되는데 이런 모든 것들을 고객의 입장에서 보면 고객의 접점이 되는 것이다. 고객접점의 수단 및 방법은 굉장히 다양하며 하부적인 단계에서 이루어지기 때문에 직접적으로 고객이 기업의 최상위 임원과 만나는 일은 없게 되는데 이러한 이유로 최상위 임원은 고객과의 직접적인 소통이 곤란해진다.

06
소비자 관련자료 보고서 작성 시 고려사항에 대해 서술하시오.

① 보고서는 논리적으로 이해가 쉽도록 구성되어야 한다.
② 전문적인 용어의 사용을 가능한 줄인다.
③ 보고서의 양은 가능한 한 많지 않도록 한다.
④ 실무자가 주로 관심을 가지는 문제에 대한 해결방안을 강조해야 한다.
⑤ 실무자의 이해를 돕기 위해 시각적인 보조자료를 많이 활용해야 한다.

07
소비자자료의 종류로 1차 자료와 2차 자료를 비교·서술하시오.

1차 자료는 조사자가 직접 조사목적을 달성하기 위해 자료를 수집하여 얻은 자료를 말하며, 이는 조사자가 주어진 의사결정문제, 조사목적 등에 적합한 자료를 수집하기 위하여 사전에 적절한 통계에 의해 수집된 자료이기 때문에 2차 자료보다는 훨씬 적합성이나 타당성, 신뢰성 등이 높다. 2차 자료는 소비자문제를 해결하거나 의사결정에 필요한 정보를 얻고자 직접적으로 자료를 수집하는 것이 아니라 이미 소비자문제와 관련하여 조사된 자료를 구하고 이를 통하여 문제해결이나 의사결정에 필요한 정보를 추출하는 것이다. 즉, 2차 자료는 직접적으로 얻은 자료라기보다는 미리 다른 목적으로 구해진 자료이다.

08
저소득층 소비자 교육 시 고려할 사항에 대해 서술하시오.

저소득층 소비자는 사회 전체의 소득수준에 비추어 소득수준이 기준에 미치치 않으므로 소비시장환경에 미치는 영향력이 적다. 주로 합리적인 소비나 비교 소비보다는 상표명 중심으로 구매하는 소극적인 소비 경향을 띨 뿐만 아니라 구매의사결정이나 소비습관에 대한 비판적인 판단보다는 광고 혹은 구매자의 평가에 따라 구매하는 충동적·감동적 구매가 주를 이룬다. 주요 교육의 내용으로는 저소득층 소비자라 하더라도 소비시장에 있어서 합리적인 소비주체로서 역할을 할 수 있도록 합리적인 소비지출 교육, 정보비용의 절약교육, 금전관리 교육, 소비심리의 관리교육 등을 생각할 수 있다.

09

갑돌이는 인터넷에서 목도리를 하나 구입하였으나 상품이 배송되자 색상 등이 마음에 들지 않아 상품을 반품하려 한다. 이때 반품에 따른 배송비는 누가 부담하는가?

전자상거래를 통해 구입한 물품에 대해서 단순 변심으로 인한 환불을 요청하는 경우 물품 수령 후 7일 이내에 반품이 가능하며 반품에 대한 배송비(초기배송비+반품배송비)는 원칙적으로 구매자가 부담한다(다만, 상품이 표시, 광고 내용과 상이하거나 물품에 하자가 있는 경우에는 물품 수령 후 3개월 이내, 또는 그 사실을 안 날 또는 알 수 있었던 날로부터 30일 이내에 반품이 가능하며 반품배송비는 판매자가 부담한다).

10

고객의 소리(VOC)를 기업에서 관리하는 방법에 대해 서술하시오.

VOC는 Voice of Customer의 약자로서 VOC 시스템은 온라인과 오프라인으로 들어오는 모든 고객의 소리를 통합적으로 접수하고 그 처리 결과를 저장하여 고객의 불만사항, 칭찬사항, 성향, 만족도 등을 측정하여 서비스 품질관리 활동으로 연결시킬 수 있는 보다 포괄적인 고객관계 관리시스템을 말한다. VOC를 기업에서 관리하는 방법은 다음과 같다.

① **불만형 VOC** : 신속한 대응으로 불만족을 만족으로 전환시키는 한편, 재발하지 않도록 구조적 해결(고객의 이탈 방지)을 한다.
② **만족형 VOC** : 서비스 및 상품의 우위성을 객관적으로 평가할 수 있으며 우수사례로 활용한다.
③ **제안형 VOC** : 상품 개발 및 서비스 개선에 중장기적으로 적용한다.
④ **임의적 VOC** : 대화, 행동 등 무의식적으로 튀어나오는 고객의 선호도, 취향 등으로 1:1 고객서비스에 활용한다.

11

구매 전 상담이 중요한 이유를 서술하시오.

상품에 대한 정확한 정보의 제공은 상품의 기능, 작동원리, 사용방법 등의 정보를 소비자에게 제공하는 것을 말한다. 소비자의 입장에선 구매 전 자세한 상품정보를 얻게 되면 필요한 정보를 찾는 수고를 덜 수 있고, 효율적인 구매의사결정을 할 수 있으며 소비자피해를 사전에 예방할 수 있다는 장점이 있다. 또한 기업의 경우도 소비자의 올바른 사용으로 고장 등을 미연에 방지할 수도 있다. 따라서 소비자피해보상에 드는 비용을 줄일 수 있으며 소비자의 만족을 통한 재구매를 유도하는 고객 충성도를 증가시켜 종국적으로는 기업이윤을 극대화할 수 있다.

12 고객상담실의 인바운드 상담 활용 분야를 서술하시오.

인바운드 상담이란 고객으로부터 걸려오는 전화를 통해 소비자문제 및 불만을 상담하는 응대방법을 말한다. 기업의 고객상담실을 통한 인바운드 상담은 소비자불만 및 피해에 대해 직접적으로 구제하는 효과를 얻을 수 있고 또한 사후 서비스의 만족을 통해 기업의 이미지 향상, 나아가 기업의 이윤극대화에 영향을 미칠 수도 있다. 그뿐만 아니라 상품 수주로 연결될 가능성이 높으며, 상품개발이나 서비스에 대한 고객의 의견 및 제안 등을 수렴할 수도 있다.

13 기업이 모니터링을 하는 4가지 이유에 대해 서술하시오.

기업의 모니터링이란 소비자가 기대하는 수준의 서비스를 제대로 제공하고 있는지를 평가·점검하는 최상의 수단이며, 소비자들의 고충과 제안, 의견 등을 청취하여 소비자의 문제에 대한 발견과 해결방안을 모색하는 조사활동을 말한다. 기업의 모니터링은 다음과 같은 장점이 있다.
① 소비자서비스의 수준이 지속적으로 유지되고 있는지를 확인할 수 있다.
② 회사 전체의 수익극대화에 중요한 가치 있는 정보를 획득할 수 있다.
③ 소비자 만족과 소비자 로열티 향상을 통한 기업의 수익극대화에 이바지할 수 있다.
④ 조사활동에서 얻어진 자료를 토대로 소비자문제를 발견함으로써 사회문제화, 여론화, 이슈화를 꾀할 수 있다.
⑤ 소비자들의 의견과 요구를 기업과 정부에 전달하여 제품향상을 꾀할 수 있으며 정부에 소비자 정책 수립 제안이나 건의 등을 할 수 있다.

09 2012년 상반기 소비자전문상담사 2급 실기 기출복원문제

01
소비자정보의 공공재적 특성에 대해 설명하고, 이것이 소비자 정책에 미치는 의미에 대해 서술하라.

소비자정보는 공공재적 특성을 가지고 있기 때문에 일반적인 재화와는 달리 그것이 얼마만큼 공급되든지 간에 일단 공급되기만 하면 공급자가 누구든 모두가 불편이나 효용의 감소 없이 공동으로 이용할 수 있는 성질, 즉 비배타성과 비경합성을 가지고 있다. 이러한 공공재적 특성으로 인하여 모든 소비자가 소비자정보를 필요로 하지만 개개의 소비자는 다른 누군가가 그러한 소비자정보를 획득하여 제공해 주기만을 원할 뿐, 스스로는 이를 위한 시간과 비용을 들이지 않으려 하는 것이다.
이러한 소비자정보의 공공재적 특성 때문에 시장의 자율적인 기능을 통해서는 소비자정보가 충분히 공급될 수 없으므로, 정부가 적극적으로 나서서 소비자정보를 생산하고 분배하여 주는 소비자정보 정책을 펼쳐야 한다.

02
노인소비자의 문제점과 교수방법에 대해 설명하시오.

노인소비자는 경제활동의 주체에서 이탈하는 시기에 있으므로 활동능력과 상관없이 소득의 결여에 따른 경제상태가 빈궁한 것이 일반적이고, 신체기능의 노화에 따라 사리분별력이 감퇴함으로써 소비시장에 있어서 소극적·수동적이 되기 쉽다. 사회적 역할 상실과 소외로 심리적 고독감이 있어 개인적 접촉을 특징으로 하는 방문판매 등의 판매유형에 의한 급격한 피해가 발생한다. 낮은 소비자교육, 낮은 구매력으로 소비시장에 영향력이 적지만 실버상품에 대한 구매욕이 날로 증가하게 된다. 노인소비자의 교육에 있어서는 낮은 인지 속도를 감안하여 보다 긴 시간 동안 노인소비자의 흥미를 유발할 수 있는 시청각 자료를 활용하여, 보다 쉽게 교육을 진행할 필요성이 대두된다. 특히, 소비생활경험을 통하여 이지적인 교육보다는 체험적인 교육을 함으로써 학습효과를 배가할 필요가 있다.

03 소비자피해예방을 위해 주의해야 할 악덕상술 중 네거티브옵션에 대해 설명하라.

네거티브옵션이란 구매자가 구매의욕이 있어서 주문하는 포지티브옵션(Positive option)에 대응하는 말로서 제품구입 결정과 상관없이 일단 제품을 모든 대상에게 발송 또는 배포한 후 거절하지 않으면 모두 구입하는 것으로 간주하여 대금을 청구하는 것으로 최근 다단계나 방문판매에서 악덕 상술로 유행됨으로써 그에 따른 소비자문제가 증가되고 있다.

04 회의 방식 중 하나로 브레인스토밍이란 무엇인가?

브레인스토밍이란 집단토의의 일종으로 특정한 문제나 주제에 대하여 머릿속에 떠오르는 모든 생각을 내어 놓는 방법으로 하는 회의형식을 말한다. 브레인스토밍에서 중요한 것은 산출된 생각에 대하여 비판을 하거나 섣부른 결론을 내리지 않아야 하며 여러 사람들이 자유롭게 제시한 창의적인 아이디어를 종합하여 합리적인 해결책을 모색하여야 한다는 것이다. 한 가지 문제를 집단적으로 토의해 제각기 자유롭게 의견을 말하는 가운데 정상적인 사고방식으로는 도저히 생각해 낼 수 없는 독창적인 아이디어가 나올 수 있다는 장점이 있다. 혼자서 머릿속의 생각을 백지에 모두 기재해 보는 것을 1인 브레인스토밍이라고 한다.

05 내용증명우편의 발송방법과 법률효과 등에 대해 서술하시오.

내용증명은 우편물의 내용인 문서를 등본에 의하여 증명하는 제도로 어떤 내용의 것을 언제, 누가, 누구에게 발송하였는가 하는 사실을 발송인이 작성한 등본에 의하여 우체국장이 공적인 입장에서 증명하는 제도이다. 내용증명내용 3통을 작성하여 1통은 내용문서의 원본으로서 수취인에게 우송하고, 등본 2통은 우체국과 발송인이 각각 1통씩 보관한다. 이는 내용증명에 나타난 의사를 표시하였다는 공적 증거이므로 민사소송에 있어서 당사자 간에 다툼이 생긴 경우 그 증거물로 제출할 수 있다. 특히, 소비자문제에 있어 청약의 철회는 내용증명우편으로 하는 것이 필요하다. 발송인은 내용증명우편물을 발송한 날로부터 3년 이내에 한하여 발송한 우체국에서 재차 증명을 받거나 등본의 열람을 청구할 수 있다. 이때에는 특수우편물의 수령증을 제시하여야 한다.

06
신문구독을 해지함에 있어서 구독 개시 당시 받은 사은품 반환은 어떻게 되는가?

계약의 해지란 계속되는 거래관계에 있어서 당사자의 일방적 의사표시에 의하여 계약의 효력을 장래에 향하여 소멸케 하는 것을 말한다. 계약해지는 소급효과가 없으므로 해제와 같은 원상회복의 의무가 없고 계약이 해지되어도 계약이 해지되기 전에 발생된 권리의무관계는 소멸하지 않는다. 신문을 일정기간 계속하여 구독하는 계약을 체결하였다고 하더라도 법률상 또는 당사자 간 정한 계약해지 사유가 발생하면 계약을 해지할 수 있으며, 신문구독 계약에 의하여 계약개시 당시 받은 사은품에 관하여 일정한 조건이 붙여져 그 조건을 완성하지 못하였다면 일반적 소비자분쟁해결기준에 따라 반환하면 된다.

일반적 소비자분쟁해결기준에 의하면 경품류의 하자ㆍ채무불이행에 대한 기준에 대하여 '사업자가 물품 등의 거래에 부수하여 소비자에게 제공하는 경제적 이익인 경품류의 하자ㆍ채무불이행 등으로 인한 소비자피해에 대한 분쟁해결기준은 물품 등의 자체 하자ㆍ채무불이행에 대한 소비자분쟁해결기준과 같다. 다만, 소비자의 귀책사유로 계약이 해제되거나 해지되는 경우 사업자는 소비자로부터 그 경품류를 반환받거나 반환이 불가능한 경우에는 해당 지역에서 거래되는 같은 종류의 유사물품 등을 반환받거나 같은 종류의 유사물품 등의 통상적인 가격을 기준으로 환급받는다'고 규정하고 있다.

07
상품정보 제공 시 소비자와 기업에 이로운 점을 3가지 이상 쓰시오.

상품정보의 제공은 고객에게 새로운 상품이나 서비스 및 기업이미지를 향상시킬 수 있는 정보를 제공함으로써 고객의 구매를 유도하고 기업의 이윤증대로 이어질 수 있는 역할을 한다. 또한 상품 및 서비스에 대한 사용정보를 통해 소비자피해를 사전에 차단함으로써 소비자피해 및 불만처리에 드는 기업의 비용을 줄일 수 있다.

한편 기업은 고객에 관한 정보를 파악하여 고객의 상품구입을 활성화하거나 대금, 미수금 등을 회수함은 물론 기업의 상품과 서비스에 대해 관심을 가지고 있는 잠재고객을 자사의 고정고객으로 유도하기 위한 적극적인 활동을 펼치고 있다. 이로써 소비자의 성향이나 기업의 규모 또는 판매량과 입지 등 여러 변수를 종합적으로 관리함으로써 고객과의 관계가 보다 긴밀하게 유지될 수 있다.

08

소비자상담 과정에서 상담사가 소비자의 태도를 변화시키려고 함으로써 소비자는 기존에 가지고 있던 태도에 대한 도전을 받게 되고, 이때 심리적 갈등이 발생한다. 이 경우 상담사의 대응방법을 설명하시오.

소비자와 기업 간 소비자문제가 발생하였을 경우 소비자와 상담자는 대립적인 관계가 형성된다. 소비자는 적시에 정확한 서비스를 받기 원하는 반면 상담자는 기업의 입장과 법률에 의해 상담에 임하게 된다. 그러므로 소비자전문상담사는 소비자가 관심과 정성을 원하고, 적시에 서비스를 제공받기를 원하며, 이해받기를 원한다는 사실, 그리고 유능하고 책임 있는 일처리를 기대한다는 소비자의 심리를 이해하고 상담에 임해야 한다.

09

고객질문의 형태로서 개방형 질문과 폐쇄형 질문의 장단점에 대하여 설명하시오.

개방형 질문은 응답자가 자신의 의견을 자유롭게 표현할 수 있도록 주관식 형태로 질문하는 것을 말한다. 개방형 질문은 응답자가 자유롭게 기록할 수 있기 때문에 얻을 수 있는 정보의 폭이 넓고, 예상치 못했던 정보도 얻어낼 수 있다는 장점이 있지만, 응답의 체계성 부족으로 필요 없는 정보가 입력될 수 있으며, 다양한 부류의 응답으로 이를 분석하는 데 많은 비용을 지불할 수밖에 없는 한계점이 있다. 개방형 질문은 탐색조사에 유용하게 쓸 수 있는 응답형태이며, 소비자들이 조사목적과 관련한 문제들을 정확하게 인지하고 있는가를 알아볼 때 주로 쓰인다.

선택형 질문은 응답자가 응답할 수 있는 내용을 몇 가지로 제한하는 방법, 즉 보기를 제시하여 여러 개의 예상응답 중 선택하도록 객관식 형태로 질문하는 것을 말한다. 선택형 질문은 예상응답을 미리 제시하기 때문에 응답자들이 쉽게 설문에 응할 수 있어 설문 협조가 용이해지고 응답오류가 줄어들게 된다. 또한, 설문결과를 받고 이를 정리할 때 편리하다는 장점이 있다. 그러나 설문 제작 시 예상되는 응답을 제작하는 데 시간과 비용이 많이 들 뿐만 아니라 설문에 대한 완성도가 부족할 경우 응답자의 의견을 충분히 받아들일 수 없다는 단점도 있다. 선택형 질문은 본조사의 설문지에 주로 쓰이는 방법이며, 특히 선택형 질문을 제작하는 데 있어서는 응답 내용들이 중복되지 않게 상호 배타적으로 만들고 모든 응답 내용들을 포괄하고 있어야 한다.

10
상품설명서 제작 시 내용선정의 기준을 쓰시오.

상품의 종류가 나날이 다양해지고 새로운 상품들이 등장하면서 상품의 표시사항이 더욱 중요해지고 있다. 표시내용이 충실해지고 있는 한편으로는 표시나 제품설명서의 내용이 미흡하다거나 이해하기 어렵다는 소비자불만도 끊이지 않고 있다. 아무리 잘 만든 제품이라도 소비자가 제대로 사용할 수 있는 정보를 제공해 주어야 하는데 판매 시 일일이 설명할 수 없기 때문에 설명서를 쉽고 완벽하게 만들어 주는 것이 기업의 역할이다. 상품설명서에 들어가야 할 일반적 내용으로는 제품기능, 제품의 작동원리, 사용방법에 관한 내용, 제품 사용 시 주의해야 할 사항, 제품 사용 시 위험·경고사항, 손질 및 보관방법, 수리 의뢰 전 확인사항, 소비자분쟁해결기준, 고객센터 연락처 등이 있다.

11
고객 애호도 및 수준별 분류, 즉 고객 세분화에 대해 설명하시오.

오늘날 기업은 고객 세분화를 통하여 고객관계관리를 수행해 간다. 고객관계관리는 고객데이터의 세분화를 실시하여 신규고객의 획득, 우수고객의 유지, 고객가치증진, 잠재고객의 활성화, 평생고객화 등의 사이클을 통하여 고객을 적극적으로 관리하고 유도한다. 기존의 마케팅이 단발적인 마케팅 전술이라면, 고객관계관리는 고객과의 지속적인 관계를 유지하면서 평생고객이 될 수 있는 기회를 만들며 평생고객화를 통해 고객의 가치를 극대화하는 것이다. 즉, 고객 세분화를 통해 현재 및 미래의 고객 가치 도출에 활용할 수 있다. 즉, 고객이 현재까지 기여한 현재가치뿐만 아니라 미래에 고객으로부터 발생될 미래가치를 추정하여 고객 등급별로 차별화된 마케팅 서비스 전략을 전개하기 위한 기초자료로 활용할 수 있다.

12

전화면접의 장단점을 쓰시오.

소비자관련 조사의 방법으로 전화면접법이 널리 이용된다. 전화면접의 장점으로는 ⅰ) 시간과 공간을 초월하여 면접대상인 소비자 접촉이 항시 가능하고, ⅱ) 경제적일 뿐만 아니라 상호 접촉이 편리하고 고객만족도 교환 등 포괄적인 소비자 업무처리가 가능하다는 점이 있다. 반면 ⅰ) 불시 상담에 의해 업무에 지장이 발생할 수 있고, ⅱ) 목소리에 의해서만 의사전달이 가능하기 때문에 주변 환경이나 소비자의 심리상태 파악이 어려우며, ⅲ) 증거를 남기기 어렵고 자신의 의사전달이 확실히 되었는지 확인하기 어렵다는 단점이 있다.

13

소비자상담사의 일반적·전문적 자질에 대해 설명하시오.

소비자전문상담사는 소비자피해를 합리적으로 해결하고, 복잡한 현대시장환경에서 소비자의 선택을 돕는 상품정보를 제공하며, 소비자교육을 기획·실행함으로써 소비문화를 합리화·건전화하는 데 기여하는 전문가를 말한다. 또한 복잡한 소비자문제를 상담을 통하여 해결하고, 소비자문제 처리업무를 기획·관리·평가하며, 소비자·기업·소비자단체·행정기관의 업무를 연결하여 조정하는 역할 및 소비 관련 전략을 수립한다. 소비자전문상담사에게는 다른 분야의 상담사와 공통적으로 가져야 할 자질인 일반적 자질이 필요하고, 소비 분야의 전문가라는 측면에서 전문적 자질이 필요하다.

일반적 자질로는 상담 및 설득의 문제해결에 필요한 인내심, 타인의 상황에 대해 예민한 관심을 가지는 공감능력 또는 이해력, 공정하고 객관적인 판단능력 등이며 이는 단기간의 교육을 통해서 길러지기는 어려우나 관심을 가지고 꾸준히 노력하면 어느 정도 향상될 수 있다고 본다. 전문적 자질로는 첫째, 소비자보호구조 및 기관 그리고 관련 법률을 숙지하여야 하고 둘째, 소비자행동에 대한 이해를 필요로 하며 셋째, 상품에 대한 전문적 지식이 있어야 할 뿐만 아니라 넷째, 각종 소비자정보조사 및 분석기술을 요하고 다섯째, 컴퓨터 및 통계활용기술능력을 가질 것을 요한다.

14

대인면접 시 '소비자 의견 구하기'의 의미를 구체적으로 서술하시오.

일대일 대면 면접은 조사원과 응답자가 직접적으로 대면하고 상호작용을 하기 때문에 조사원의 역할이 조사결과에 큰 영향을 미치며, 자기기입식 응답이 어려운 노인·아동·저교육자 등에게 실시하는 데 적합하다. 특히 응답자의 노출 정도가 크기 때문에 프라이버시 침해의 소지가 높지만 조사원의 분위기 조성에 따라 오히려 응답자들에게 더욱 적극적인 참여를 유도할 수도 있어 응답률이 높다는 특징이 있다. 따라서 반복질문, 추가질문, 질문에 대한 자료제시 등을 통해 소비자의 의견을 구하는 데 상당히 효과적이다.

15

개인정보 보호법상 개인정보처리자가 개인정보를 수집하고 그 수집목적의 범위에서 이용할 수 있는 경우는?

개인정보 보호법 제15조 제1항은 '개인정보처리자는 다음의 어느 하나에 해당하는 경우에는 개인정보를 수집할 수 있으며 그 수집 목적의 범위에서 이용할 수 있다'라고 규정한다. 그 경우로는 ⅰ) 정보주체의 동의를 받은 경우, ⅱ) 법률에 특별한 규정이 있거나 법령상 의무를 준수하기 위하여 불가피한 경우, ⅲ) 공공기관이 법령 등에서 정하는 소관 업무의 수행을 위하여 불가피한 경우, ⅳ) 정보주체와 체결한 계약을 이행하거나 계약을 체결하는 과정에서 정보주체의 요청에 따른 조치를 이행하기 위하여 필요한 경우, ⅴ) 명백히 정보주체 또는 제3자의 급박한 생명, 신체, 재산의 이익을 위하여 필요하다고 인정되는 경우, ⅵ) 개인정보처리자의 정당한 이익을 달성하기 위하여 필요한 경우로서 명백하게 정보주체의 권리보다 우선하는 경우(이 경우 개인정보처리자의 정당한 이익과 상당한 관련이 있고 합리적인 범위를 초과하지 아니하는 경우에 한함), ⅶ) 공중위생 등 공공의 안전과 안녕을 위하여 긴급히 필요한 경우로 정하고 있다.

16

고객을 설득함에 있어서 상담원이 가져야 할 태도에 대하여 쓰시오.

소비자전문상담사에게 있어 고객 설득능력은 참으로 중요하다. 구매 전 또는 구매 시 상담을 통하여 자기 기업의 상품을 구매하도록 유도하고 구매 후 소비자피해나 불만이 있는 경우 소비자를 설득하여 원만한 해결을 유도하여야 하기 때문이다. 특히 기업의 소비자상담원이 고객을 설득함에 있어서는 감정을 앞세우지 말고 끝까지 냉정한 자세로 들어야 하고, 고객의 이야기를 끝까지 들어주는 자세가 필요하다. 또한 사실관계나 내용뿐만 아니라 고객의 기분이나 상태를 듣는 것도 필요하며, 무엇보다도 공감하며 경청하는 자세가 필요하다.

17

종단조사와 횡단조사의 의미 그리고 장단점에 대하여 서술하시오.

① **종단조사** : 소비자문제 해결을 위한 자료를 여러 시점에서 수집하는 조사를 말한다. 시간을 두고 반복적으로 실시하기 때문에 변화상황을 파악할 수 있으며, 소비자의 반응·욕구변화·가격변화·태도 변화 등의 변화나 시간에 따른 차이 등을 조사할 때 적합하다는 장점이 있으나, 여러 번 반복적으로 실시해야 되기 때문에 횡단조사보다 까다롭다는 단점이 있다.

② **횡단조사** : 소비자문제 해결을 위한 자료를 수일, 수개월, 혹은 수년 동안 단 한 번에 걸쳐 수집하는 조사로서 단발조사라고도 한다. 이는 한 시점에서 시장의 전반적인 상황을 파악할 수 있으며, 제품의 인지도·선호도·구매경험 등을 조사함으로써 시장구조(점유율, 소비자 등의 마케팅 상황) 분석에 적합하다는 장점이 있으나, 과거의 조사자료는 취득하기 어려우며, 변화상황은 파악할 수 없다는 단점이 있다.

10 2012년 하반기 소비자전문상담사 2급 실기 기출복원문제

소비자 관련 조사에 있어서 신뢰도와 타당도의 개념에 대해 설명하시오.

신뢰도는 조사 및 분석의 정확성 내지는 일관성을 의미한다. 즉, 몇 번을 반복해서 측정하여 조사·분석하여도 마찬가지의 결과를 도출할 수 있는 경우 이를 신뢰도가 높다고 평가한다. 예를 들어 어떤 제품의 만족도를 여러 가지 문항으로 물어보았는데 각각 다른 결과들이 나타난다면 이 문항들은 믿을 수가 없게 되는 것이다.

타당도는 조사자가 만든 측정도구 내지는 조사방법이 측정하고자 하는 개념을 제대로 측정하고 있는가에 관한 것으로, 적합성이라고도 이야기할 수 있다. 또한 타당성은 조사하고자 하는 대상과 조사한 대상이 일치하는가를 이야기하는 것이다. 예를 들어 기업에 대한 인지도를 조사하려고 하는데, 만족도를 물어보는 질문으로 인지도를 조사하려 한다면 그 조사결과는 인지도에 대한 정보를 제공해주지 않을 것이다.

국제소비자연맹(IOCU)이 정의한 소비자교육의 5가지 원칙을 설명하시오.

소비자는 소비생활의 질적 향상을 도모하기 위하여 현명한 소비자로서의 역할을 수행할 수 있는 소비자능력을 갖추어야 하는데, 소비자능력을 개발하고 양성하기 위해서는 소비자교육이 필요하다. 오늘날 소비자단체 소비자교육의 기본개념이 되고 있는 국제소비자연맹(IOCU)에 의해 마련된 소비자교육의 5대 원칙은 다음과 같다.

① **비판적 자각** : 우리가 사용하는 재화와 서비스의 가격과 질에 대해 보다 경계하고 의문을 갖는 책임
② **능동적 행동** : 우리 자신을 주장할 책임과 우리가 공정하게 대우를 받고 있음을 확신하기 위한 행동
③ **사회적 관심** : 다른 시민들 특히 불이익집단이나 약자 집단을 위한 소비자 영향을 인식하는 책임
④ **환경적 책임** : 우리 자신의 소비가 가져올 환경적 결과를 이해하는 능력, 즉 미래 세대를 위한 지구 보호에 대한 개인적·사회적 책임 인식
⑤ **연대** : 소비자들이 소비자 권익을 촉진시키고 보호할 힘과 영향력을 개발하기 위하여 함께 조직할 책임의 인식

03

전자상거래의 효율적 이용을 위한 소비자교육 자료를 만들고자 한다. 교육대상을 초등학교 고학년으로 할 때 교육목표를 설정하고 이를 토대로 교육내용과 교육방법을 포함한 소비자교육 자료를 구성하시오.

① **교육주제** : 정보화사회에 있어 효율적인 전자상거래
② **교육대상** : 초등학교 4, 5, 6학년
③ **교육목표**
　㉠ 전자상거래의 의미와 거래절차
　㉡ 전자상거래에 있어서의 소비자 피해와 해결방안
　㉢ 인터넷상의 정보와 가격비교사이트
④ **교육내용**
　㉠ 일반상거래와 전자상거래
　　㉮ 정보화시대에 있어서 상거래 문화의 변화
　　㉯ 전자상거래의 안전을 위한 법률적·제도적 보장
　㉡ 효율적인 전자상거래를 위한 소비자 지식
　　㉮ 사이버몰상 사업자의 신원확인
　　㉯ 이용약관 살피기
　　㉰ 인터넷 정보상의 상품과 가격비교
　　㉱ 표시·광고 바로보기
　　㉲ 전자상거래의 소비자피해와 구제절차
　㉢ 전자상거래 등에 있어서의 소비자보호에 관한 법률
　　㉮ 전자상거래와 통신판매의 의미
　　㉯ 계약내용의 고지와 계약서의 필요적 기재사항
　　㉰ 청약철회기간과 청약철회 불가사유
　　㉱ 청약철회에 따른 후속조치
⑤ **교육방법**
　㉠ 온·오프라인상 교육방법 병행
　㉡ 전자상거래의 효율적 이용과 피해 및 구제에 관한 신문자료 이용
　㉢ 전자상거래 모의체험

04

기업의 상품설명서 제작 시 갖추어야 할 조건 5가지를 쓰시오.

상품설명서는 다음 기준에 의해 제작하여야 한다.
① 소비자가 충분히 숙지할 수 있도록 자세하게 작성해야 한다.
② 주요 내용이 한눈에 파악되도록 간결해야 한다.
③ 상품설명서는 이해하기 쉬워야 하므로 지나치게 어려운 단어, 뜻이 불명확한 단어, 비문법적인 표현, 한문 투의 표현은 사용하지 말아야 한다.
④ 제품설명서의 문구는 눈에 잘 띄도록 크기나 색상이 적절해야 한다. 특히, 제품위험이나 경고사항은 위험마크를 표시하거나 색상을 다르게 해 한눈에 들어오도록 한다.
⑤ 제품의 작동원리 등은 쉬우면서도 과학적인 용어로 설명한다.
⑥ 제품에 대한 진실되고 정확한 정보를 제공해야 한다.
⑦ 소비자가 알아야 할 중요한 정보는 누락하지 말고 꼭 포함시켜야 한다.

05

소비자단체에서 제공하는 식기세척기의 구매 전 정보 5가지를 쓰시오.

구매 전 소비자상담이나 소비자정보제공은 소비자들에게 정보와 조언을 통하여 소비자들의 최선의 선택을 돕거나, 소비자문제를 사전에 예방하게 된다. 예를 들어 식기세척기의 구매 전 정보제공내용을 예로 들면 해당 기업 식기세척기의 재원과 특징, 식기세척기의 사용방법, 식기세척기 사용 중의 이상에 대한 응급처치요령, 가격비교 및 애프터서비스, 소비자불만 및 피해구제절차 등을 생각할 수 있다.

06

소비자 관련 조사방법 중 고객만족지수(CSI) 이외의 기업의 소비자상담의 성과를 측정하기 위한 조사방법에 대해 설명하시오.

소비자모니터링, 소비자 접점조사, 고객인식조사 등이 있다.
① **소비자모니터링** : 소비자가 기대하는 수준의 서비스를 제대로 제공하고 있는지를 평가·점검하는 최상의 수단이고, 소비자서비스 수준이 지속적으로 유지되고 있는지를 확인할 수 있으며, 더 나아가 회사 전체의 수익 극대화에 중요한 가치 있는 정보를 획득할 수 있다. 이는 소비자 만족과 소비자 지위 향상을 통한 기업의 수익극대화에 이바지하게 된다.
② **소비자 접점조사** : 물건이나 서비스를 구매하기 위하여 판매원을 만난다든지, 불평이 생겨 고객센터와 접촉을 한다든지, 서비스 갱신을 위하여 서비스 요원과 접촉을 한다든지 등 소비자와 접촉하는 순간에 소비자들을 통하여 직원의 친절도, 서비스 만족도, 불편사항 등을 조사하는 것을 말한다.
③ **고객인식조사** : 자신의 상품이나 서비스를 이용하는 기존고객에 대하여 기업의 성과수준을 측정하는 것이다. 이로 인하여 기업이 좋은 품질과 서비스를 제공하는지를 모니터링하는 데 관심이 있는 경우에 고객인식조사를 통하여 기업의 성과수준을 적절히 검토할 수 있다.

07

모니터링의 핵심요소 4가지를 쓰시오.

소비자모니터링이란 소비자가 기대하는 수준의 서비스를 제대로 제공하고 있는지를 평가·점검하는 최상의 수단으로, 소비자서비스 수준이 지속적으로 유지되고 있는지를 확인할 수 있으며, 회사 전체의 수익극대화에 중요한 가치 있는 정보를 획득할 수 있다. 이는 소비자 만족과 소비자 지위 향상을 통한 기업의 수익극대화에 이바지하게 된다. 모니터링은 대표성, 객관성, 차별성, 신뢰성, 타당성을 핵심요소로 한다.
① **대표성** : 모니터링은 표본추출 테크닉이기 때문에 모니터링 대상콜을 통하여 전체 콜센터의 특성과 수준을 측정할 수 있어야 한다.
② **객관성** : 모니터링은 편견 없이 객관적인 기준으로 평가하여 누구든지 인정할 수 있게 해야 한다. 모니터링이 객관성을 유지할 수 있도록 하는 방법이 프로그램 개발 시 반드시 고려되어야 한다.
③ **차별성** : 모니터링 평가는 서로 다른 스킬 분야의 차이를 반드시 인정하고 반영해야 한다.
④ **신뢰성** : 모니터링 평가는 지속적으로 이루어져야 하고 누구든지 결과를 신뢰할 수 있어야 하므로 평가자는 성실하고 정직해야 하며 업무능력이 뛰어나다고 인정받는 사람이어야 한다.
⑤ **타당성** : 모니터링은 고객들이 실제적으로 어떤 대우를 받았는지에 대한 고객의 평가와 모니터링 점수가 일치해야 하고 이를 반영하여야 한다.

08

타일러의 소비자교육 프로그램 내용 설계 시 교육 목적 달성을 위해 고려해야 할 원리를 쓰시오.

타일러의 교육과정개발모형은 논리적이면서 체계적으로 교육과정 개발을 유도하기 위해 교육기관에서 교육과정과 수업프로그램을 해석·분석하기 위한 이론적 근거로 제시된 것이다. 교육과정과 수업은 하나의 과정이며, 그의 교육과정개발모형은 합리적 모형, 목표중심모형, 평가중심모형 등으로 불린다. 목표달성에 가장 도움이 될 만한 활동과 조직의 종류를 선택하고, 선정·조직된 학습경험이 어떤 결과를 낳는가 평가함으로써 효과적인 학습이 이루어지기 위한 단계를 제시하였다. 한편 교육목적 달성을 위해 고려해야 할 원리로서 계속성, 계열성, 통합성을 제시하고 있다.

① **계속성** : 학습경험의 수직적 조직에 요구되는 원리로서 중요한 경험요소가 어느 정도 계속해서 반복되도록 조직하는 것이다.
② **계열성** : 학습경험의 수직적 조직에 요구되는 원리로서 계속성과 관계가 있기는 하지만 학습내용의 단순한 반복이 아니라 점차로 경험의 수준을 높여서 더욱 깊이 있고 다양한 학습경험을 할 수 있도록 조직하는 것이다.
③ **통합성** : 학습경험의 수평적 조직에 요구되는 원리로 각 학습경험을 제각기 단편적으로 구획하는 것이 아니라 횡적으로 상호 보충·보강되도록 조직해야 학습효과를 높일 수 있으며 종합적이고 전체적인 안목을 가질 수 있다.

09

기업에서 상품의 사용설명서를 제작해야 하는 필요성 3가지를 쓰시오.

사용설명서는 제품 사용이나 기능과 관련된 사항, 주의사항 등을 소비자에게 알려줌으로써 소비자불만과 소비자피해를 사전에 예방해 주는 역할을 한다. 상품의 종류가 나날이 다양해지고 새로운 상품들이 등장하면서 상품의 표시사항이 더욱 중요해지고 있다.

① 소비자불만과 피해를 사전에 예방한다. 사용설명서는 소비자의 가장 1차적이고 중요한 정보이다. 사용설명서는 제품사용이나 기능과 관련된 사항, 주의사항 등을 소비자에게 알려줌으로써 소비자 불만과 소비자피해를 사전에 예방해 주는 역할을 한다.
② 제조물 책임법 관련 대응자료로 활용된다. 기업에서는 정확하고 적절한 사용설명서를 제공함으로써 분쟁의 소지를 없앨 수 있고 책임 여부를 따질 때 상당부분 책임을 면할 수 있다.
③ 소비자상담업무에 활용할 수 있다. 기업은 소비자에게 충분한 정보를 주는 사용설명서를 작성하고, 소비자상담부서나 A/S 직원은 사용설명서에 나타난 제품 관련 정보와 지식을 충분히 숙지하여 소비자의 불만을 잘 처리하고 정확한 정보를 제공할 수 있도록 소비자상담업무에 활용할 수 있다.

10. 소비자중심경영(CCM) 인증제도 도입의 소비자 및 기업 측면의 기대효과 3가지를 서술하시오.

소비자중심경영(CCM) 인증제도란 기업의 모든 활동을 소비자중심으로 구성하고 이를 지속적으로 개선해 나가고 있는지에 관하여 한국소비자원에서 평가하고 공정거래위원회가 인증하는 국가인증제도를 말한다. 소비자 입장에서 보면 소비자는 CCM 마크가 부착된 제품과 서비스를 선택함으로써 소비자의 권리가 보호되고 있는 제품과 서비스를 선택한다는 판단의 기준이 됨과 동시에 피해발생 시에도 신속한 처리를 받을 수 있다. 또한 기업의 입장에서는 소비자중심의 경영을 하고 있다는 신뢰성을 바탕으로 끊임없이 혁신하고 소비자의 피해요소를 줄일 뿐만 아니라 사전에 예방함으로써 기업의 경쟁력 제고에 기여하는 효과를 가져온다.

11. 바니스터와 몬스마의 소비자교육 이론에 의하여 소비자법, 소비자단체, 소비자대표, 소비자권리, 소비자주장, 소비자원조, 소비자책임 등을 소비자보호와 소비자옹호로 분류하시오.

바니스터와 몬스마(R. Banister & C. Monsma)는 소비자로 하여금 재정자원의 효율적 관리능력을 향상토록 하는 것이 무엇보다도 중요하다는 인식 아래 소비자 재무교육의 필요성을 강조한 것으로 유명한 소비자학자이다. 그러나 소비자들이 스스로 재무설계에 필요한 지식과 기능을 습득하여 효율적으로 재무설계를 하는 데는 다소 어려움이 따르므로 국가나 지방자치단체, 소비자단체 등의 소비자들의 재무관리능력을 향상시킬 수 있도록 하는 소비자 재무교육을 적극적으로 실시하여야 한다. 소비자보호로는 소비자권리, 소비자책임, 소비자법, 소비자원조 등이 있고, 소비자옹호로는 소비자주장, 소비자대표, 소비자단체 등이 있다.

12
소비자단체의 한계점을 소비자피해구제상담과 관련하여 설명하시오.

소비자단체는 소비자피해구제의 상담과 관련하여 소비자기본법에 그 업무로서 '소비자불만 및 피해구제를 위한 상담, 정보제공 및 당사자 사이의 합의권고'를 제시하고 있다. 즉, 합의권고만을 할 수 있으며 강제조정권이나 합의에 대한 법적 효력이 임의적이다. 소비자단체협의회의 경우 자율분쟁조정권이 있는데 자율분쟁조정에 의한 조정내용에 대한 효력도 당사자 사이에 합의한 것과 마찬가지의 효력이 있도록 함으로써 재판상 화해 등과 같이 강력한 법적 효력이 뒷받침되지 못하여 상담의 실효성에 대해 회의적이라는 비판이 제기된다. 다만, 소비자상담과정에 나타난 소비자문제 등을 국가나 지방자치단체의 소비자권익 관련 시책에 반영하기 위한 건의 등에서는 긍정적인 역할을 한다.

13
기업에서 아웃바운드 텔레마케팅의 활용 분야를 서술하시오.

아웃바운드 텔레마케팅은 기업의 텔레마케팅센터에서 기존의 고객이나 가망고객에게 발신하는 텔레마케팅을 말하는 것으로 판매활동, 고객서비스, 시장조사, 고객관리 등에 사용한다.
① **판매활동** : 상품발주 권유, 판매지원, 직접 판매, 신상품 안내
② **고객서비스** : 확인전화 및 사후관리, 감사전화 및 예고전화, 서비스 전화, 정보제공, 상품 도착·불만 확인전화
③ **시장조사** : 소비자의견 수집, 앙케이트 콜, 광고효과 측정, 구매예측조사
④ **고객관리** : 주소·전화번호 확인, 휴면고객 활성화, 정기적 갱신, 각종 재테크 정보

14

저소득층 소비자에게 소비자교육을 실시하려고 한다. 저소득층 소비자의 특징과 교육방법 그리고 교육자의 태도를 서술하시오.

저소득층 소비자는 사회전체 소득수준에 비추어 소득수준이 기준에 미치지 않으므로 소비시장환경에 미치는 영향력이 적다. 소비주체로서의 소극성으로 인하여 합리적인 소비, 비교 소비보다는 상표명을 중심으로 구매하는 경향이 있다. 그뿐만 아니라 소비시장에 있어서의 구매의사결정이나 소비습관에 대한 비판적 판단보다는 광고나 구매자의 평가에 따라 구매하는 충동적·감동적 구매가 주를 이룬다. 주요 교육내용으로는 저소득층 소비자라 하더라도 소비시장에 있어서 합리적인 소비주체로서 역할을 할 수 있도록 합리적인 소비지출 교육, 정보비용절약교육, 금전관리교육, 소비심리의 관리교육 등을 생각할 수 있다.

15

소비자교육의 목표 설정에 대해 기술하시오.

소비자교육의 목표란 소비자교육의 목적을 달성하기 위하여 단계별로 성취되어야 할 단기간의 소범위 교육활동을 의미한다. 소비자교육의 목표 설정에 있어서는 학습자의 교육적 요구를 정확히 파악하여 충족시킬 수 있도록 해야 하고, 지역사회나 국가, 사회적 요구에 합치될 수 있어야 하며, 학습자들의 개인적 요구나 필요를 충분히 충족시킬 수 있도록 반영하여야 한다. 또한 사회적 변화의 흐름을 파악하여 최소한의 사회적 요구를 반영시킬 수 있도록 하여야 한다. 구체적인 목표의 예로서는 i) 가치교육 차원에서 소비행위 주체성 확보, 합리적 소비문화 형성, 소비행위 가치기준 형성, ii) 구매교육 차원에서 기본적 경제원리에 의한 이해 증진, 합리적 구매방법 습득, iii) 시민의식교육 차원에서 소비자 불만처리와 해결능력 배양, 소비자 책임의 자각 등이 있다.

16
구매 시 상담할 때 소비자상담사의 역할에 대해 설명하시오.

구매 시 상담은 소비자가 상점을 찾을 때 소비자와 직접 접촉하여 정보를 제공하고 설득하여 구체적으로 소비자의 욕구와 기대에 맞는 상품과 상표를 선택할 수 있도록 도와주는 일이다. 구매 시 상담 과정은 소비자상담자로서의 역할을 하는 판매원이 담당하게 되는데, 판매원인 소비자상담원은 상품에 대한 전문적 지식을 바탕으로 소비자의 문제를 이해하고 이를 해결하기 위해 소비자에게 상품선택에 구체적인 정보와 판단기준을 제공하여 소비자가 현명한 구매의사결정을 할 수 있도록 종합적인 조언을 해주는 역할을 담당한다.

17
학원에서 수강인원이 광고와 다를 때 수강료 환불기준에 대해 서술하시오.

품목별 소비자분쟁해결기준에 의하면 학원운영업 및 평생교육시설운영업의 경우 사업자가 정원을 초과한 수강생을 모집하여 교습을 할 경우 수강자는 이 사실을 안 후 지체 없이 계약해제를 요구할 수 있고, 수강료 전액에 대하여 환급을 청구할 수 있다.

18
노인소비자의 피해유형에 대하여 설명하시오.

노인소비자는 경제활동의 주체에서 이탈하는 시기에 있으므로 활동능력과 상관없이 소득의 결여에 따른 경제상태가 빈궁한 것이 일반적이고, 신체기능의 노화에 따라 사리분별력이 감퇴함으로써 소비시장에 있어서는 소극적·수동적이 되기 쉽다. 사회적 역할 상실과 소외로 심리적 고독감이 있어 개인적 접촉을 특징으로 하는 방문판매 등의 판매유형에 의해 급격한 피해가 발생한다.

11 2011년 상반기 소비자전문상담사 2급 실기 기출복원문제

대학생을 대상으로 신용카드를 올바르게 사용하고, 사용상 피해를 예방할 수 있는 소비자 교육 자료를 작성하려고 한다. 아래의 내용에 답하시오. 　12점

① 교육목표
　㉠ 합리적인 의사결정능력을 함양할 수 있다.
　㉡ 가격비교 사이트 등을 통하여 구매 전 소비자정보를 충분히 활용할 수 있다.
　㉢ 신용카드 할부거래에 관한 관련 법규를 설명하고 취소 등에 관한 법률을 적용할 수 있다.
　㉣ 구입한 물품을 확인하고 문제가 발생하였을 시 대처방법(내용증명서 작성 등)을 숙지한다.

② 교육내용
　㉠ 합리적 의사결정능력 함양(경제, 광고와 의사결정, 기회비용 등)
　㉡ 바람직한 소비가치 함양(구매 전 고려해야 할 요소들, 다양한 구매방법, 소비자를 속이는 사례 등)
　㉢ 나만의 예산안 짜보기(예산안의 필요성, 수입과 지출 등)
　㉣ 저축과 투자(재정목표, 저축과 투자의 종류 등)
　㉤ 신용카드 일반(신용, 신용카드의 종류, 신용카드 사용수칙 등)

③ 교육방법
　㉠ 인터넷을 활용한 소비자교육방법
　㉡ 신문이나 잡지를 이용한 인쇄매체 활용
　㉢ 동아리 활동을 통한 소비자교육방법
　㉣ 각종 게임을 포함한 전문경제교육 프로그램 등

02 소비자조사방법 중 집단조사법의 단점을 3가지 서술하시오. [6점]

소비자조사방법 중 집단조사는 응답자들을 한 자리에 모아 놓고 설문지를 배부한 다음 응답자가 설문지를 직접 기입한 후 회수하는 방법으로 하는 조사방법을 말한다. 집단조사법은 조사비용이 저렴하고 조사시간이 짧으며 간편하다는 장점이 있으나, 대화나 토론에 참여한 집단의 영향을 받기 쉽고, 조사대상자의 통제가 어려우며, 조사대상자를 한 곳에 모으기 어려울 뿐만 아니라, 조사대상자의 개인별 차이를 무시할 수 있다는 단점이 있다.

03 기업에서 사용설명서 제작 시 갖추어야 할 5가지 조건을 서술하시오. [5점]

사용설명서는 제품 사용이나 기능과 관련된 사항, 주의사항 등을 소비자에게 알려줌으로써 소비자불만과 소비자피해를 사전에 예방해 주는 역할을 한다. 상품설명서는 다음 기준에 의해 제작하여야 한다.
① 소비자가 충분히 숙지할 수 있도록 자세하게 작성해야 한다.
② 주요 내용이 한눈에 파악되도록 간결하여야 한다.
③ 상품설명서는 이해하기 쉬워야 하므로 지나치게 어려운 단어, 뜻이 불명확한 단어, 비문법적인 표현, 한문 투의 표현은 사용하지 말아야 한다.
④ 제품설명서의 문구는 눈에 잘 띄도록 크기나 색상이 적절해야 한다. 특히, 제품위험이나 경고사항은 위험마크를 표시하거나 색상을 다르게 해 한눈에 들어오도록 한다.
⑤ 제품의 작동원리 등은 쉬우면서도 과학적인 용어로 설명한다.
⑥ 제품에 대한 정확한 정보를 제공해야 한다.
⑦ 소비자가 알아야 할 중요한 정보는 누락하지 말고 꼭 포함시켜야 한다.

04 기업에서 운영하는 소비자전담부서의 권한 또는 기능을 3가지 적으시오. 　6점

① **제품정보 및 각종 정보의 제공** : 소비자상담부서는 제품의 유통과 올바른 사용방법, 구매방법 등 각종 정보를 소비자들에게 신속하고 정확하게 제공하는 역할을 한다.

② **소비자불만의 접수와 해결** : 소비자상담부서는 소비자의 불만을 접수하고 이를 관련 부서에 연락하여 신속하게 불만이 처리되도록 한다. 이 외에도 대리점이나 영업점 등의 평가자료를 작성하고, 판매사원 및 신규매장 관련 소비자교육 등을 실시하기도 한다.

③ **소비자상담자료의 정리·분석·보고** : 정보제공 관련 상담, 구매 후의 불만 및 피해구제상담, 소비자들의 의견이나 아이디어 수집, 각종 고객만족도 조사 등 상담결과를 토대로 이를 정리하고 데이터베이스화하여 분석한 내용을 최고경영진에게 보고하는 역할을 담당한다.

④ **소비자만족도 조사** : 전화나 인터넷, 우편, 제품 내의 응모 등을 통한 소비자만족도를 조사하여 제품의 개발이나 서비스 개선에 이를 반영하는 역할을 담당한다.

⑤ **고객관련 정보 수집·분석** : 기업제품에 대한 소비자들의 의견 및 고객들의 요구나 욕구를 파악하고 이를 기업경영에 반영하도록 하는 업무를 수행한다.

⑥ **고객관리와 사내·외 소비자교육** : 소비자상담부서는 고객들에 대한 지속적인 관리를 통하여 시장의 수요를 유지하고, 차별적인 고객관리전략을 통하여 시장의 수요를 개발하는 역할을 담당한다. 그리고 사내·외 소비자교육을 통하여 고객의 중요성, 고객대응태도, 고객서비스 상담기술과 능력 향상, 고객 지향적 기업경영 등에 대한 교육을 실시한다.

05 고객상담실의 운영방식 중 중앙 집중적 운영방식의 장점을 4가지 기술하시오. 　4점

소비자상담조직의 중앙 집중적 운영은 효율성이 높고 전산화할 수 있으며, 성과측정이 쉽고 부서의 전문화를 꾀할 수 있다. 또한 정책과 과정을 적용하는 데 있어서 원칙을 고수할 수 있고, 최고경영자에게 접근이 용이하며, 대량생산 체제에 적합하다는 장점이 있다. 이에 비하여 단점으로는 특정지역이나 지역적 욕구에 민감하게 대응하기 어렵고, 고정 원칙을 모든 지역이나 시장에 맞출 수 없다는 것이 있다. 뿐만 아니라 현장실무분야의 경험이 미약하고 지나치게 구조적인 접근으로 개인의 창의력 발휘가 어렵다.

06 인터넷상담의 단점 3가지를 서술하시오. [3점]

인터넷상담이란 컴퓨터 가상공간을 활용한 상담활동을 말한다. 즉, 인터넷 환경을 사용하여 소비자의 고민과 궁금증을 해결하고 소비자문제를 해결하여 주는 데 필요한 각종 정보와 프로그램을 제공하는 커뮤니케이션 활동이다. 정보화시대에 인터넷과 통신기술이 급격히 발전하면서 상담분야에도 인터넷상담이라는 새로운 상담방식이 생겨나게 되었다. 인터넷 공간에서의 상담이라 함은 직접대면방식에 의한 상담처럼 쌍방 커뮤니케이션이라는 형태에서 다소 자유롭다. 인터넷상담은 사이버 공간에서의 개인정보문제가 심각하게 발생하듯이 개인정보유출 가능성이라는 단점이 있고, 비대면방식에 의한 상담이라는 특성상 상담과정 중 감정이 폭발하면 비속어가 난무할 수 있다는 단점도 있다.

07 인바운드 텔레마케팅의 정의와 활용분야를 4가지 서술하시오. [5점]

인바운드 텔레마케팅이란 고객으로부터 전화를 수신받는 텔레마케팅을 말한다. 상품수주로 연결되기가 비교적 쉽고, 상품개발이나 서비스 개선을 위한 고객의 의견, 제안 등을 얻을 수 있으며, 적절하고 신속한 응대가 이루어지면 고객서비스 향상에 크게 공헌할 수 있다. 대표적인 예로 기업의 고객상담실에서의 전화상담이 있다.

08 소비자정보의 특징과 그 내용을 3가지 서술하시오. [6점]

① **비귀속성** : 소비자정보는 정보제공자가 정보를 제공한다고 해도 당해 정보의 채택여부는 소비자의 판단에 맡겨져 있다.
② **비대칭성** : 소비자정보는 같은 정보라 하더라도 판매자와 소비자 간 전문적 지식의 차이로 인해 이해도가 다르며 이를 소비자정보의 비대칭성이라 한다.
③ **이용능력에 따른 효용성** : 소비자정보는 이용자의 사전지식 정도에 따라 효용성과 정보의 가치가 다르다.
④ **결합성** : 소비자정보는 결합되고 가공되어 새로운 정보를 생성해 내는 결합성을 갖는다.
⑤ **비소비성과 비이전성** : 소비자정보는 그 정보를 타인에게 양도한다고 하더라도 사라지지 않는다.

⑥ **공공재적 특성** : 소비자정보는 공공재적 특성을 가지고 있기 때문에 일반적인 재화와는 달리 그것이 얼마만큼 공급되든지 간에 일단 공급되기만 하면 공급자 모두가 불편이나 효용의 감소 없이 공동으로 이용할 수 있는 성질, 즉 비배타성과 비경합성을 가지고 있다.

09 저소득층 소비자에게 소비자교육을 실시하려고 한다. 저소득층 소비자의 특징과 교육방법 그리고 교육자의 태도를 서술하시오. 8점

저소득층 소비자는 사회 전체 소득수준에 비추어 소득수준이 기준에 미치지 않으므로 소비시장환경에 미치는 영향력이 적다. 소비주체로서의 소극성으로 인하여 합리적인 소비, 비교 소비보다는 상표명을 중심으로 구매하는 경향이 있다. 그뿐만 아니라 소비시장에 있어서의 구매의사결정이나 소비습관에 대한 비판적 판단보다는 광고나 구매자의 평가에 따라 구매하는 충동적 · 감동적 구매가 주를 이룬다. 주요 교육내용으로는 저소득층 소비자라 하더라도 소비시장에 있어서 합리적인 소비주체로서 역할을 할 수 있도록 합리적인 소비지출교육, 정보비용절약교육, 금전관리교육, 소비심리의 관리교육 등을 생각할 수 있다.

10 생태주의 교육의 오류와 이로 인한 개인주의에 대해서 설명하시오. 4점

생태주의 교육이란 생태론적 세계관에 기초를 둔 교육을 의미한다. 즉, 생명주의, 자연주의, 생명사상 등에 따라 심각한 환경문제를 해결하기 위한 인간중심적 사고에서 출발한다. 그리하여 학습자가 처한 상황과 맥락 및 생태적 특수성 예컨대 학습자의 상황, 맥락, 흥미도, 적성, 욕구, 경험 등을 고려하여 교육현상을 새롭게 평가하고 해석하려는 패러다임이다. 그러나 생태주의 교육은 진리의 절대성이나 보편적 문화에 대한 학습기회를 적게 배려하고, 학습자의 개별적 체험이나 환경적 요소를 지나치게 고려하며, 교육의 내용이 불확정적 · 가변적이어서 평가의 타당성이 적어지는 요인도 있다.

11
소비자상담사가 구매 전 단계에서 제공하는 정보 5가지를 적으시오. [5점]

구매 전 소비자정보는 소비자들의 최선의 선택을 돕거나, 소비자문제를 사전에 예방하는 차원의 정보적 성격이 짙다. 따라서 소비자상담사는 구매 전 상담과정에서는 소비자의 사용목적과 경제상태에 맞추어 최선의 구매를 할 수 있도록 상담·조언·교육 등을 제공한다. 제품의 특성이나 사용방법 등에 대해 설명을 하는 등 소비자의 구매선택에 도움을 줄 수 있는 정보를 제공함으로써 소비자의 합리적 구매의사를 도와 소비생활의 질적 향상을 꾀한다. 소비자상담사가 구매 전 단계에서 소비자에게 제공하는 정보로는 제품의 특성, 제품의 선택방법, 합리적이고 친환경적인 소비생활, 소비자피해 시 대응요령, 가격비교방법 등이 있다.

12
소비자가 포장을 훼손한 경우 방문판매의 철회방법을 설명하시오. [5점]

방문판매 등에 관한 법률에 의하면 소비자가 방문판매자 등의 의사와 다르게 청약철회 등을 할 수 없는 경우로서 소비자에게 책임이 있는 사유로 재화 등이 멸실되거나 훼손된 경우를 들고 있으나, 재화 등의 내용을 확인하기 위하여 포장 등을 훼손한 경우는 청약철회 등을 할 수 있도록 하고 있다. 청약철회의 의사표시는 법률관계를 명확히 하기 위하여 내용증명우편 등의 서면으로 하는 것이 좋고, 할부거래에 관한 법률은 청약철회 등을 서면으로 하도록 규정하고 있다.

13
고객콜센터의 서비스품질을 평가하는 기준을 5가지 적으시오. [5점]

고객콜센터의 서비스품질을 평가하는 기준으로는 대표성, 객관성, 차별성, 신뢰성, 타당성 등이 있다. ⅰ) 대표성과 관련하여 모니터링은 표본추출 테크닉이기 때문에 모니터링 대상 콜을 통하여 전체 콜센터의 특성과 수준을 측정할 수 있어야 한다. ⅱ) 객관성과 관련하여 모니터링은 편견 없이 객관적인 기준으로 평가하여 누구든지 인정할 수 있게 해야 한다. 모니터링이 객관성을 유지할 수 있도록 하는 방법이 프로그램 개발 시 반드시 고려되어야 한다. ⅲ) 차별성과 관련하여 모니터링 평가는 서로 다른 스킬분야의 차이를 반드시 인정하고 반영해야 한다. ⅳ) 신뢰성과 관련하여 모니터링 평가는 지속적으로 이루어져야 하고 누구든지 결과를 신뢰할 수 있어야 하므로 평가자는 성실하고 정직해야 하며 업무능력이 뛰어나다고 인정받는 사람이어야 한다. ⅴ) 타당성과 관련하여 모니터링은 고객들이 실제적으로 어떻게 대우를 받았는지에 대한 고객의 평가와 모니터링 점수가 일치해야 하고 이를 반영하여야 한다.

14

일반적으로 고객이 종업원과 접촉함으로써 고객이 받게 될 서비스품질에 대한 인식에 영향을 미치는 상황을 진실의 순간 또는 결정적 순간이라고 한다. 하지만 고객과 종업원의 접촉 없이도 MOT가 발생하는 상황이 있다. 이런 상황을 5가지 쓰시오.

기업이 고객만족도를 알아보고자 할 때 고객만족도의 순간인 MOT(Moment of Truth, 접점)를 조사하고 분석한다. 고객창구, 담당직원 그리고 고객이 마주치는 모든 환경이 고객접점이라 할 수 있다. 고객접점에서 고객이 받게 될 서비스품질에 대한 인식이 고객만족도와 기업이미지를 좌우하게 된다. 고객과 기업의 종업원이 직접 접촉(대면접점)하지는 않더라도 ⅰ) 원격접점(예 자판기커피, 폰뱅킹, ATM머신 등), ⅱ) 전화접점(예 전화를 통한 문의, 예약, 주문 등), ⅲ) 물적 서비스접점(예 매장 내부 상태, 분위기, 인테리어 등), ⅳ) 시스템 서비스접점(예 소비자정보 제공, 서비스 절차, 제도적 도움 등) 등의 상황에서 MOT가 발생한다.

15

설문지에 질문을 배열할 때 고려할 점을 3가지 적으시오. 3점

① 주제와 관련된 질문을 가장 먼저 하는 것이 좋다. 응답자들에게 설문지에 대한 흥미를 유발시킬 수도 있고 주제에 관심을 갖게 만들기 때문에 더 정확한 답변을 받아낼 가능성이 높아지기 때문이다.
② 서두의 질문은 용이성의 측면에서 간단하고 쉬워야 한다. 주제와 관련된 질문에 너무 초점을 맞추어 지나치게 전문적이면 응답자가 쉽게 이해하기 어렵고, 설문기법상으로도 쉬운 설문에서 점차 어려운 질문으로 넘어가는 것이 타당하다.
③ 전체적이면서 일반적인 내용을 먼저 물어보고, 차차 세부적인 내용으로 들어가는 것이 좋으며, 순서의 흐름을 논리적으로 자연스럽게 배치하여 응답자의 혼란을 줄이도록 하여야 한다.
④ 응답이 망설여지는 질문은 중반 이후에 배치하여 처음부터 응답자들이 응답을 하는 데 거부감을 갖지 않도록 하는 것이 좋으며, 개인적인 특성을 묻는 사적인 질문은 가장 마지막에 배치하는 것이 합리적이다.

⑤ 설명이 필요한 부분의 지시문은 설문을 하기 바로 전에 첨가하여야 하며, 주제가 전환될 경우에는 그 경계를 확실히 하여 두는 것이 좋다.

16 기업에서 고객유치보다 고객유지를 중요시하는 이유를 적으시오. [4점]

기업의 입장에서 보면 신규고객을 확보하기 위하여 사용되는 비용보다는 기존의 고객을 유지함으로써 단골고객으로 만드는 비용이 저렴할 수 있다. 고객을 유지하기 위해서는 지속적으로 고객만족도를 조사하여 고객의 요구 및 욕구를 파악함으로써 이에 맞는 제품과 서비스를 제공하는 것이 좋다.

17 청소년소비자의 비이성적 소비행태 3가지와 이를 설명하시오. [6점]

① 청소년소비자의 특성은 발달단계 및 소비행위 측면으로 구분하여 파악할 수 있다. 우선 발달단계 측면에서 볼 때 청소년소비자는 첫째, 신체적·심리적으로 불안정하며, 둘째, 왕성한 성장발달의 진행에 따른 지적·정서적 작용이 활발하며, 셋째, 정신적 동요가 비교적 빈번하게 일어난다는 특성이 있다. 소비행위 측면에서 볼 때에는 첫째, 부모로부터 독립된 소비자행동이 확대되며, 둘째, 또래집단으로부터 큰 영향을 받고, 셋째, 성인소비자의 행동으로 이행하는 과정에 있고, 넷째, 가치관 혼란에서 기인하는 소비행동이 일어난다는 특성이 있다.

② 청소년소비자의 문제로는 첫째, 영향력 있는 소비규범이나 의견 등에 동화되어 소비하는 동조소비문제, 둘째, 제품과 서비스의 상징성을 통하여 지위를 획득하거나 유지하려는 목적으로 구매·사용하는 과시소비문제, 셋째, 연예인이나 또래집단 등 어떤 집단이나 특정인의 소비행동을 관찰, 그에 자극되어 닮은 행동을 하는 모방소비문제, 넷째, 재정적·사회적·심리적 상태와 관계없이 지속적으로 제품을 구매함으로써 구매의사나 필요와 상관없는 소비행위인 충동구매문제, 다섯째, 무책임한 구매행동문제, 여섯째, 상품의 중요성 구별능력 부족문제 등이 있다.

18. 우유부단한 소비자의 특성과 상담기술을 적으시오. [5점]

우유부단한 소비자는 자신의 불만에 대하여 어떠한 해결을 받아야 할지에 대해 의사결정을 하지 않았거나 의사결정을 할 수 없는 어떤 이유를 가진 소비자이며 이러한 소비자는 소비자상담의 효과적인 처리를 방해할 우려가 크다. 우유부단한 소비자에 대한 상담에는 다음과 같은 전략이 필요하다.

첫째, 우유부단한 소비자가 소비자전문상담사 업무의 신속한 처리를 방해할 수 있더라도 그들 또한 소비자임을 기억하고 인내하는 것이 필요하다. 둘째, 개방형 질문은 누가, 무엇을, 언제, 어디서, 왜, 어떻게 해야 하는지는 결정하는 데 도움을 주는 질문이므로, 소비자가 무엇을 원하거나 기대하는지를 파악하는데 큰 도움을 준다. 셋째, 상담사는 우유부단한 소비자의 정서·관심사·흥미를 알아내는 데 실마리가 되는 언어적·비언어적 메시지에 주의를 기울여 경청할 필요가 있다. 넷째, 선택할 사항들에 대한 제안을 통해 소비자불만 및 피해구제의 신속을 꾀할 수도 있다. 다섯째, 상담사가 직접 의사결정을 하지 말고 우유부단한 소비자의 의사결정을 돕는 의사결정과정의 안내가 필요하다.

12　2011년 하반기 소비자전문상담사 2급 실기 기출복원문제

01
Leonard L. Berry, A. Parasuraman 등이 제시한 서비스품질모형 연구에서 제시한 서비스 제공 시 발생하는 5가지 갭(Gap)에 대해서 설명하시오. [10점]

서비스품질모형 연구에서 제시한 서비스 제공 시 문제를 야기할 수 있는 갭, 즉 기업의 제품과 서비스에 대한 불만에서 발생하는 고객감소 원인의 5가지 유형의 갭은 ⅰ) 촉진의 갭에 관한 것으로서 기업의 허위·과장광고 또는 고객 자체의 비현실적인 높은 기대에 기업의 제품이나 서비스가 미치지 못하는 경우, ⅱ) 이해의 갭에 관한 것으로서 기업이 고객의 요구나 욕구를 잘못 파악하여 고객의 요구 또는 욕구에 맞지 않는 제품과 서비스를 행한 경우, ⅲ) 과정의 갭에 관한 것으로서 고객이 제품이나 서비스를 구매하는 과정에서의 신속성이나 기타 처리절차의 부적절성에서 오는 불만의 경우, ⅳ) 행동의 갭에 관한 것으로서 기업에 소속된 직원이 훈련 미숙으로 인하여 고객을 제대로 응대하지 못한 경우, ⅴ) 인식의 갭에 관한 것으로서 기업과 고객 간의 만족도 인식에 대한 차이에서 오는 경우 등이 있다.

02
2차 자료의 정의와 특징을 두 가지 서술하시오. [4점]

소비자 관련 자료는 보통 1차 자료와 2차 자료로 구분해 볼 수 있는데, 1차 자료는 조사자(기획자)가 수행 중인 조사(기획) 목적을 달성하기 위하여 직접 수집한 자료를 의미하며, 2차 자료는 수행 중인 조사(기획) 목적에 도움을 줄 수 있는 기존의 모든 자료를 뜻한다. 2차 자료는 기존의 정부문서, 기관의 간행물이나 학술지에 빌표된 논문, 기업에서 수집, 발표하는 동향분석 등으로부터 구할 수 있어서 1차 자료에 비해 자료수집에 드는 시간과 노력은 적지만, 자료의 신뢰도와 목적에 부합하지 않을 수도 있기 때문에 자료수집 시 타당성을 확보하는 데 신중을 기해야 한다.

03

소비자교육 프로그램 내용설계 시 교육목적 달성을 위해 고려해야 할 원리 3가지를 서술하시오. `4점`

첫째, 교육내용의 주제에 맞는 교육방법을 선택한다.
둘째, 교육효과를 높이기 위하여 시청각 자료를 활용하도록 하며, 해당 자료가 없을 경우 부가자료를 만들어야 한다.
셋째, 자료제작에 필요한 자료검색과 정보수집을 풍부하게 한다.

04

관계마케팅의 특징 3가지를 서술하시오. `3점`

고객과의 관계를 형성·유지·발전시키는 것을 강조하는 마케팅으로서 이는 상호작용적 마케팅이 필수적이므로 통합적 마케팅 커뮤니케이션의 촉진도구가 잘 어우러져 사용될 때 효과를 발휘할 수 있다. 또한 관계마케팅은 쌍방향 커뮤니케이션이 가능하게 된 뉴미디어를 바탕으로 하고 있다.
① 관계마케팅은 기업의 제품보다는 협력업체와 고객층에 초점을 맞춘다.
② 새로운 고객을 끌어들이기보다는 기존 고객의 유지와 성장에 더욱 역점을 둔다.
③ 단일 부서의 활동보다는 여러 부서를 망라한 팀 운용으로 활동한다.
④ 말을 많이 하기보다는 상대방의 말에 귀 기울이고 그 속에서 새로운 것을 배우는 데 주력한다는 특징이 있다.

05

기업에서 사용설명서를 제작해야 하는 이유를 3가지 서술하시오. `6점`

기업의 상품설명서는 소비자불만과 피해를 사전에 예방할 수 있고, 제조물 책임법상 기업의 책임에 대응할 수 있으며, 소비자상담업무에 활용할 수 있다는 점에서 제작의 필요성이 있다. 먼저, 상품설명서는 소비자의 가장 1차적이고 중요한 정보이다. 제품사용이나 기능과 관련된 사항, 주의사항 등을 소비자에게 알려줌으로써 소비자불만과 소비자피해를 사전에 예방해 주는 역할을 한다. 둘째, 최근 제조물 책임법(PL법)의 시행으로 인해 기업들이 상품설명서에 경고나 주의사항 표기에 더욱 관심을 기울이고 있으며 상품설명서의 중요성에 대한 기업의 관심이 높아지고 있다. 셋째, 기업은 소비자에게 충분한 정보를 주는 사용설명서를 작성하고, 소비자상담부서나 A/S 직원은 사용설명서에 나타난 제품 관련 정보와 지식을 충분히 숙지하여 소비자의 불만을 잘 처리하고 정확한 정보를 제공할 수 있도록 소비자상담 업무에 활용해야 할 것이다. 소비자상담실에서는 PL 사후대응업무 및 예방업무를 지원할 수 있다.

06

25살 여성이 길을 가다가 다이어트 식품을 10개월 할부로 구입하였다. 집에 와서 생각해보니 효능이 의심되어 계약서가 교부되고 상품이 도착한 지 10일 후에 내용증명을 작성하였다. 내용증명의 효력과 근거를 설명하시오. 6점

본 사례에서는 사업장이 아닌 장소에서 직접 대면방식에 의한 방문구매를 하였다는 점과 10개월 할부구매를 하였다는 점을 발견할 수 있다. 따라서 방문판매 등에 관한 법률과 할부거래에 관한 법률 양자가 적용될 여지가 있는데, 방문판매 등에 관한 법률 제4조에 의하면 "이 법을 우선 적용하되, 다른 법률을 적용하는 것이 소비자에게 유리한 경우에는 그 법에 의한다"고 규정하고 있다. 본 사례는 청약의 철회에 관한 문제인데 청약철회기간과 관련하여 그 기준을 방문판매법은 14일, 할부거래에 관한 법률은 7일로 규정하고 있으므로 소비자의 입장에서 보면 청약철회 가능기간이 긴 방문판매법을 적용하는 것이 유리하므로 이에 의해 해결해야 한다. 따라서 이 여성의 내용증명우편에 의한 청약철회는 효력이 있다.

07

불만족한 소비자의 상담기법을 3가지 기술하시오. 3점

불만족한 소비자는 환경적으로도 당해 소비자가 속해 있는 집단의 동료나 경쟁자에게 부적당하게 대우를 받아 오고 있을 가능성이 높기 때문에 이것이 소비현장에서도 지속적으로 나타날 수 있다. 불만족한 소비자에 대하여는 적극적 경청, 긍정적인 태도의 유지, 배려 등이 필요하다.

① **적극적 경청** : 소비자전문상담사는 상담의 내용이 되는 소비자문제를 해결하기 위해 소비자의 말을 적극적으로 듣는 자세가 필요하다. 소비자의 말을 잘 들어줌으로써 소비자의 불만이 배출되게 되며, 소비자는 마음에 담았던 불만을 모두 쏟아내어 마음의 안정을 찾을 수 있다.

② **긍정적인 태도의 유지** : 소비자전문상담사는 에너지를 소모시키더라도 소비자의 제품이나 서비스에 대한 혹평 또는 불만을 나타내는 분위기에 말려들어서는 안 된다. 소비자를 더 화나게 할 수 있기 때문이다. 미소 지으며 긍정적인 이야기를 하여 소비자가 효과적인 결정을 할 수 있도록 유도해야 한다.

③ **배려** : 소비자전문상담사는 불만의 원인을 발견하는 데 있어서 애정을 가지고 대하며 소비자의 감정이입이 될 수 있도록 노력하여야 정확하고 신속하게 서비스를 할 수 있다.

08. Focus Group Interview(FGI)의 의미와 장단점을 2가지씩 서술하시오. [6점]

표적집단면접법(FGI)이란 소수의 응답자와 집중적인 대화를 통하여 정보를 찾아내는 소비자면접조사를 말한다. 표적시장으로 예상되는 소비자를 일정한 자격기준에 따라 6~12명 정도 선발하여 한 장소에 모이게 한 후 면접자의 진행 아래 조사목적과 관련된 토론을 함으로써 자료를 수집하는 마케팅 조사기법이다. 소비자를 대상으로 수치화된 자료를 수집하는 정량적(Quantitative) 조사방법과는 달리 토론을 통하여 소비자의 심리상태를 파악하는 정성적(Qualitative) 조사방법이며, 정량적 조사에 앞서 탐색조사로 이용된다. 보통 1시간 30분에서 2시간 정도 걸리며, 응답자들 간의 상호작용을 통하여 유익한 정보가 도출되어야 하므로 면접자는 응답자 전원이 자유로운 분위기에서 자신의 의견을 말할 수 있도록 유도해야 한다. 또한 대화에 의해 자료가 수집되므로 면접자의 대인 간 커뮤니케이션 능력과 청취능력, 응답자 발언에 이은 탐사질문능력이 요구된다. 면접법의 결과로 설문지 작성에 필요한 기본정보를 수집할 수 있고, 신제품에 대한 아이디어, 소비자의 제품구매 및 사용실태에 대한 이해, 제품사용에서의 문제점 등을 파악할 수 있다.

09. 기업에서 소비자 모니터링을 실시하는 목적 3가지를 서술하시오. [6점]

특정한 대상에 대해 비판적인 안목에서 객관적이고 합리적인 방법으로 관찰·분석하여 관리 기준대로 관리되고 있는지 평가하고 문제점을 찾아내어 이를 개선·해결하기 위한 방안을 모니터링이라고 한다. 소비자 모니터링은 소비자가 기대하는 수준의 서비스를 제대로 제공하고 있는지를 평가·점검하는 최선의 수단이며, 소비자서비스 수준이 지속적으로 유지되고 있는가를 확인할 수 있다. 더 나아가 회사 전체의 수익 극대화에 중요한 가치 있는 정보를 획득할 수 있다.

기업의 소비자 모니터링 목적은 다음과 같다.

① 소비자와 거래처(특약점, 대리점, 납품업체)로부터 각종 고충과 제안된 의견 등을 접수·분석하여 경영 개선에 도움이 되는 자료를 생산하는 것
② 소비자의 불만평가 등을 토대로 제품향상과 고객만족을 목표로 소비자의 의견을 청취하고 기업이 의도하는 바대로 조정해 나가고자 하는 것

③ 회사 이미지 및 제품의 불만사항을 조기에 발견해 시의적절하게 대응하는 것
④ 소비자피해에 대해서도 단순처리보다는 이를 해결하는 과정에서 제품하자의 근본적인 원인을 적극적으로 규명하는 것

10
기업홍보물의 유형 4가지를 서술하시오. [4점]

기업의 홍보물에는 브로슈어, 카탈로그, 팸플릿, 리플릿 등이 있다. 브로슈어(브로셔)는 회사를 소개하는 책자이고, 카탈로그(카다록)는 상품을 소개하는 책자이며, 팸플릿은 설명이나 광고, 선전 따위를 위한 얇고 작은 책자이다. 그리고 리플릿은 회사 또는 상품을 소개하는 용도지만 브로슈어나 카탈로그처럼 책자형이 아닌 1~4페이지 정도의 매우 간략한 형태의 홍보물이다.

11
인바운드 텔레마케팅의 의미와 활용분야 5가지를 서술하시오. [5점]

인바운드 텔레마케팅이란 고객으로부터 전화를 수신받는 텔레마케팅을 말한다. 상품수주로 연결되기가 비교적 쉽고, 상품개발이나 서비스 개선을 위한 고객의 의견, 제안 등을 얻을 수 있으며, 적절하고 신속한 응대가 이루어지면 고객서비스 향상에 크게 공헌할 수 있다. 대표적인 예로 기업의 고객상담실에서의 전화상담이 있다.

12
우편조사의 응답률을 높이는 방법 4가지를 서술하시오. [4점]

응답자들이 응답결과를 우편을 통하여 보내주는 조사방법으로 표본을 근거리에 위치한 사람으로 선정하였을 경우보다 선국석으로 선정하였을 경우에 적합하다. 우편조사는 넓은 지역을 대상으로 할 수 있기 때문에 표본의 대표성이 확보되며, 넓은 지역을 대상으로 하지만 비용이 비교적 적게 소요된다는 장점이 있으며, 응답자들이 귀찮아하거나, 주소가 불명확할 경우 등의 이유로 인하여 응답률이 가장 낮고 시간이 비교적 오래 걸린다는 단점이 있다. 응답률은 조사에 의미를 부여해주며 연구하고자 하는 집단의 특성에 대한 정보를 제공해 준다. 응답률이 낮으면 표본의 편중이 생길 수 있으며 외적 타당성도 저해한다.

13

정보의 부족은 시장실패의 원인이 된다. 정보가 시장에 충분히 공급되지 못하는 이유를 '정보의 비귀속성'과 관련지어 설명하시오.

소비자의 알 권리와 더불어 사업자는 소비자에게 정보를 제공해야 할 의무를 가지고 있다. 사업자는 소비자들이 상품을 합리적으로 선택할 수 있도록 이에 필요한 정보를 정확하고 성실하게 제공해야 한다. 장점뿐만 아니라 문제점도 정보로 제공해야 하고, 사후서비스나 보상방법에 대한 정보도 제공해야 한다. 그러나 판매자는 자신들이 제공하고 싶은 정보를 제공하는 경우가 많다. 특히, 품질과 관련된 정보는 진실한 정보를 제공하기보다는 자신들에게 유리한 정보를 중심으로 편파적으로 제공하는 경향이 있다. 이것은 정보의 비귀속성(Inappropriability) 때문이다. 판매자가 상품 특성에 대하여 단점까지 자세하게 정보를 제공할 경우 소비자는 구매를 하지 않거나 다른 상표의 제품을 구매하려고 할 것이다.

14

기업이 소비자만족도 조사를 할 때 제품이나 서비스 자체 이외에 조사해야 할 것 3가지를 서술하시오. 6점

기업의 제품과 서비스에 대한 고객의 요구와 욕구는 제품 자체는 물론 판매과정에 따른 다양한 요소에 나타나므로 고객만족조사의 내용 내지 영역은 다양하게 설정할 수 있고, 설정요소는 종합적으로 측정할 수도 있다. 먼저 제품에 관하여는 제품·디자인·피드백·인센티브, 판매활동에 관하여는 광고메시지·매장판매인의 친절도, 사후서비스에 관하여는 고객 불만처리, 기업의 문화에 관하여는 소비자보호시스템 등을 생각할 수 있다.

또한 고객의 요구나 욕구가 다르다는 점을 인식하여 고객의 우선순위, 기업의 서비스 및 불만처리 수준에 대한 고객의 인내 범위, 고객이 중요시하는 우선순위에 대한 기업의 성과수준, 경쟁기업과 비교한 업무성과수준 등이 있다.

15
구매 전 상담이 중요한 이유를 설명하시오. 6점

상품에 대한 정확한 정보의 제공은 상품의 기능, 상품의 작동원리, 상품의 사용방법과 내용, 상품사용 시 주의사항, 위험경고, 손질 및 관리, 소비자피해보상내용 등을 소비자에게 제공하는 것을 말한다. 따라서 소비자의 경우에서 바라보면 첫째, 구매 전 정보를 얻게 될 경우 필요한 정보를 찾게 되는 수고를 덜어 경제적이고, 둘째, 구매 시 정보를 얻게 될 경우 효율적인 구매의사결정을 도울 뿐만 아니라, 셋째, 구매 후 정보는 상품에 대한 사용방법을 숙지하여 소비자피해를 사전에 예방할 수 있다는 이점이 있다. 또한 기업의 경우에서 보면 첫째, 상품에 대한 소비자의 올바른 사용으로 고장 등을 미연에 방지하여 소비자피해보상에 드는 비용을 줄일 수 있고, 둘째, 소비자의 만족을 통한 재구매를 유도하는 고객로열티(고객충성도)를 증가시켜 종국적으로는 기업의 이윤을 극대화할 수 있다.

16
제품사용설명서에 들어가야 하는 것 5가지를 서술하시오. 5점

상품설명서는 소비자에게 가장 1차적이고 중요한 정보이다. 제품사용이나 기능과 관련된 사항, 주의사항 등을 소비자에게 알려줌으로써 소비자불만과 소비자피해를 사전에 예방해 주는 역할을 한다. 제품사용설명서에는 제품기능, 제품의 작동원리, 사용방법에 관한 내용, 제품 사용 시 주의해야 할 사항, 제품 사용 시 위험·경고사항, 손질 및 보관방법, 수리 의뢰 전 확인사항, 소비자피해보상규정, 고객센터 연락처 등이 들어간다.

17
소비자상담의 핵심원리 3가지에 대해서 쓰시오. 6점

첫째, 소비자상담은 상담원과 소비자 간의 의사소통의 과정이다. 언어적 의사소통을 잘하기 위해 소비자전문상담사는 먼저 소비자의 말을 잘 듣고 이해해야 한다. 소비자가 요구하는 것이 무엇인지, 현재의 불만과 피해는 무엇인지 등을 정확하게 파악하기 위하여 적극적인 경청이 필요하다. 둘째, 소비자상담에 있어서 소비자전문상담사와 소비자와의 의사소통은 효과적이어야 한다. 예컨대 소비자는 소비자전문상담사의 메시지의 표현을 정확하게 전달받지 못하면 소비자전문상담사와 의사소통을 할 수 없거나 이해를 하지 못한다. 소비자전문상담사는 표현이나 전달의 실패를 줄이기 위해 표현기술을

익혀야 한다. 셋째, 소비자와 더욱 더 효율적으로 의사소통을 하기 위해서는 소비자의 신체언어에 대하여 인식하고, 이해하고 적절하게 반응하는 것뿐만 아니라 소비자전문상담사 자신의 신체언어를 긍정적으로 사용하는 것이 필요하다.

18 어린이소비자 교육 시 주의사항에 대해서 쓰시오. [6점]

어린이소비자는 자신을 드러내고 싶은 자기과시적 욕구와 자연스러운 호기심 및 탐색욕구가 강한 것이 특징이며, 또래나 부모의 행동을 모방하기 쉽고 자기고집이 강하다. 시장환경의 변화에 따라 아동상품에 대한 구매력이 증가하고 아동기의 구매 및 소비행태가 이후 생애에 중대한 영향을 미친다는 점을 고려하여 합리적인 미래소비자로 성장할 수 있도록 도울 수 있는 교육이 필요하다. 어린이소비자에 대해 긍정적인 관심을 가지며 합리적인 소비습관을 일관성 있게 교육하여야 하며, 자신 이외의 다른 사람이 다른 생각을 가질 수 있다는 사고까지 길러 주어야 한다. 교육에 있어 합리적인 소비 사고를 위한 반복학습이 필요하고, 부모가 이를 위한 모범을 보여야 하며, 장기적인 안목에서 사리분별을 명확히 할 수 있도록 칭찬과 꾸짖기를 일관성 있게 하여야 한다. 놀이나 게임과 같이 아동들의 흥미를 유발할 수 있는 교육방법이 효과적이다. 주요 교육내용으로는 기본소비생활교육, 생활 속의 구매와 소비체험, 돈의 가치와 중요성 함양을 위한 내용, 용돈의 합리적인 지출과 저축의 생활화, 근검절약 등이 있다.

19 암행쇼핑이란 무엇인지 서술하시오. [5점]

암행쇼핑이란 조사자가 일반소비자로 위장하여 매장(판매사원)에 방문하여, 정해진 필수 질문을 하고, 직원이 어떤 식으로 고객 응대를 하는지 정해진 체크리스트(평가시트)에 체크해 오는 활동을 의미한다. 이는 자사제품에 대한 시장상황을 점검함으로써 서비스 품질의 일류화를 통해 경쟁자와의 서비스 경쟁력을 차별화하는 데에 그 목적이 있다.

13　2010년 상반기 소비자전문상담사 2급 실기 기출복원문제

01 고객만족도 조사에서의 전화면접법 장단점에 대해 쓰시오. [4점]

소비자 관련 조사의 방법으로 전화면접법이 널리 이용된다. 전화면접의 장점은 시간과 공간을 초월하여 면접대상인 소비자 접촉이 항시 가능하고, 경제적일 뿐만 아니라 상호접촉이 편리하고 고객만족도 교환 등 포괄적인 소비자 업무처리가 가능하다는 점이 있다. 이에 대하여 불시 상담에 의해 업무에 지장이 발생할 수 있고, 목소리에 의해서만 의사전달이 가능하기 때문에 주변 환경이나 소비자의 심리상태 파악이 어려우며, 증거를 남기기 어려워 자신의 의사전달이 확실히 되었는지 확인하기 어렵다는 단점이 있다.

02 우유부단한 소비자 응대방법을 쓰시오. [4점]

우유부단한 소비자는 자신의 불만에 대하여 어떠한 해결을 받아야 할지에 대해 의사결정을 하지 않았거나 의사결정을 할 수 없는 어떤 이유를 가진 소비자이며 이러한 소비자는 소비자상담의 효과적인 처리를 방해할 우려가 크다. 우유부단한 소비자에 대한 상담은 다음과 같은 전략이 필요하다. 첫째, 우유부단한 소비자가 소비자전문상담사 업무의 신속한 처리를 방해할 수 있더라도 그들 또한 소비자임을 기억하고 인내하는 것이 필요하다. 둘째, 개방형 질문은 누가, 무엇을, 언제, 어디서, 왜, 어떻게 해야 하는지를 결정하는 데 도움을 주는 질문이므로, 소비자가 무엇을 원하거나 기대하는지를 파악하는 데 큰 도움을 준다. 셋째, 상담사는 우유부단한 소비자의 정서·관심사·흥미를 알아내는 데 실마리가 되는 언어적·비언어적 메시지에 주의를 기울여 경청할 필요가 있다. 넷째, 선택할 사항들에 대한 제안을 통해 소비자불만 및 피해구제의 신속을 꾀할 수 있다. 다섯째, 상담사가 직접 의사결정을 하지 말고 우유부단한 소비자의 의사결정을 돕는 의사결정과정의 안내가 필요하다.

03
내용증명의 개념과 효과에 대해 설명하시오. `6점`

내용증명은 우편물의 내용인 문서를 등본에 의하여 증명하는 제도로 어떤 내용의 것을 언제, 누가, 누구에게 발송하였는가 하는 사실을 발송인이 작성한 등본에 의하여 우체국장이 공적인 입장에서 증명하는 제도이다. 내용증명내용 3통을 작성하여 1통은 내용문서의 원본으로서 수취인에게 우송하고, 등본 2통은 우체국과 발송인이 각각 1통씩 보관한다. 이는 내용증명에 나타난 의사를 표시하였다는 공적 증거이므로 민사소송에 있어서 당사자 간에 다툼이 생긴 경우 그 증거물로 제출할 수 있다. 특히, 소비자문제에 있어 청약의 철회는 내용증명우편으로 하는 것이 필요하다. 발송인은 내용증명 우편물을 발송한 날로부터 3년 이내에 한하여 발송 우체국에서 재차 증명을 받거나 등본의 열람을 청구할 수 있다. 이때 특수우편물의 수령증을 제시하여야 한다.

04
소비자 A가 해외여행을 가려고 한다. 사업자와의 분쟁을 피하기 위해 참고해야 할 공식적인 자료와 그 이유에 대해 설명하시오. `4점`

여행계약은 통상 한쪽 당사자인 여행사와 여행을 하려고 하는 여러 명의 고객 간에 체결되기 때문에 통상 약관에 의해 체결되는 것이 보통이다. 약관이라 함은 명칭이나 형태 또는 범위에 상관없이 한쪽 당사자가 여러 명의 상대방과 계약을 체결하기 위하여 일정한 형식으로 미리 마련한 계약의 내용을 말한다. 따라서 여행사와 고객 간의 법률관계, 특히 채무불이행, 즉 한쪽 당사자가 약관에 따른 의무를 이행하지 않는 경우의 책임관계 등이 당해 약관에 기재되어 있다. 따라서 소비자 A가 해외여행을 가려고 하여 여행계약을 체결하려고 한다면 사업자인 여행사와의 분쟁을 피하기 위하여 해외여행 약관의 내용을 꼼꼼히 살펴볼 필요가 있다. 뿐만 아니라 소비자기본법상의 일반적 소비자분쟁해결기준과 공정거래위원회가 고시한 품목별 소비자분쟁해결기준을 숙지하여야 한다.

05 사용설명서가 갖추어야 할 조건은 무엇인가? [5점]

상품의 사용설명서라 함은 상품의 사용방법, 작동원리, 고장 시 응급처치요령, 소비자피해보상보험 등에 관한 사항을 기재한 문서를 말한다. 사용설명서는 소비자에게 미리 올바른 사용방법을 고지함으로써 소비자피해를 사전에 예방하고, 사후적으로 신속하고 공정한 절차에 따라 적절한 보상을 받도록 한다. 기업의 입장에서는 고객만족경영을 통한 기업이미지 향상 및 이윤극대화에 기여하는 유용한 소비자정보이다. 사용설명서는 다음 기준에 의해 제작하여야 한다.

① 소비자가 충분히 숙지할 수 있도록 자세하게 작성해야 한다.
② 주요 내용이 한눈에 파악되도록 간결해야 한다.
③ 이해하기 쉬워야 하므로 지나치게 어려운 단어, 뜻이 불명확한 단어, 비문법적인 표현, 한문 투의 표현은 사용하지 말아야 한다.
④ 제품설명서의 문구는 눈에 잘 띄도록 크기나 색상이 적절해야 한다. 특히, 제품위험이나 경고사항은 위험마크를 표시하거나 색상을 다르게 해 한눈에 들어오도록 한다.
⑤ 제품의 작동원리 등은 쉬우면서도 과학적인 용어로 설명한다.
⑥ 제품에 대한 진실되고 정확한 정보를 제공해야 한다.
⑦ 소비자가 알아야 할 중요한 정보는 누락하지 말고 꼭 포함시켜야 한다.

06 소비자불만과 소비자피해란? [6점]

소비자불만이라 함은 소비자가 상품을 구입할 때 당해 상품에 대한 효용과 기대수준을 어느 정도 설정하게 되는데 상품을 구입하고 나서 자신이 설정한 수준에 못 미치게 될 경우에 갖게 되는 심리적 불만을 말한다. 이에 대하여 소비자피해라 함은 물품 및 용역으로 인한 생명·신체·재산상의 위해, 즉 소비자들이 상품 및 서비스를 구입하고 그것을 이용 또는 사용하는 과정에서 발생하는 상품의 자체적 결함이나, 거래과정에서의 부당한 대우, 상품 및 서비스를 이용할 때 발생하는 확대손해(2차적 손해) 등과 같이 소비자들이 겪게 되는 정신적·물리적·경제적 손해를 말한다.

07 기업의 입장에서 소비자 동향 및 요구파악이 필요한 이유를 설명하시오. [4점]

대부분 소비자상담실은 소비자피해의 구제에만 머물러 왔던 것이 사실이나, 오늘날 고객만족경영을 통한 우량고객 유지에 기업의 활동이 집중되면서 소비자전문가의 역할 비중이 커졌다. 기업이 소비자 상담 동향조사를 하게 되면 상담을 통해 나타난 고객 욕구를 파악하게 될 뿐만 아니라 상품에 대한 하자 등을 쉽게 발견할 수 있다. 소비자 동향 및 요구파악은 첫째, 신상품 기획 및 품질개선, 둘째, 고객만족경영과 기업이미지 향상을 통한 이익창출, 셋째, 소비자피해에 대한 실질적 구제를 달성할 수 있다는 장점이 있다.

08 고객상담실의 인바운드 상담 활용분야 5가지를 쓰시오. [5점]

인바운드 상담이란 고객으로부터 걸려 오는 전화를 통하여 소비자문제 및 불만을 상담하는 응대방법이다. 기업의 고객상담실을 통한 인바운드 상담은 소비자불만 및 피해에 대해 직접적으로 구제하는 효과를 얻을 수 있고, 또한 사후서비스의 만족을 통해 고객만족 및 기업의 이미지 향상, 나아가 기업의 이윤극대화에 영향을 미칠 수도 있다. 뿐만 아니라 상품 수주로 연결될 가능성이 높으며, 상품개발이나 서비스에 대한 고객의 의견 및 제안 등을 수렴할 수도 있다.

09 인터넷 상담의 장단점을 2가지씩 쓰시오.

① 장 점
  ㉠ 상담 장소, 시간 등에 구애받지 않고 상담을 수시로 할 수 있는 편리함이 있다.
  ㉡ 대면상담이나 문서상담 등에 비해 경제적이며 상담내용을 공개할 수 있어 유사한 내용의 반복 상담을 줄일 수 있다.
  ㉢ 업무상 스트레스를 줄일 수 있어 명확하고 효과적인 상담이 가능하다.
  ㉣ 정보제공 상담이나 구매 전 상담에 효과적이다.

② 단점
　㉠ 사이버 공간에서 개인정보문제가 심각하게 발생하듯이 개인정보유출 가능성이 있다.
　㉡ 비대면방식에 의한 상담이라는 특성상 상담과정 중 감정이 폭발하면 속어나 비어가 난무할 수 있다.

10 노인소비자 교육효과를 증대시키기 위한 방안은 무엇인가? [5점]

노인소비자는 경제활동의 주체에서 이탈하는 시기에 있으므로 활동능력과 상관없이 소득의 결여에 따른 경제상태가 빈궁한 것이 일반적이고, 신체기능의 노화에 따라 사리분별력이 감퇴함으로써 소비시장에 있어서 소극적이고 수동적이기 쉽다. 또한, 사회적 역할 상실과 소외로 심리적 고독감이 있어 개인적 접촉을 특징으로 하는 방문판매 등의 판매 유형에 의한 급격한 피해가 발생한다. 이처럼 낮은 소비자교육, 낮은 구매력으로 소비시장에 영향력이 적지만 실버상품에 대한 구매욕은 날로 증가하고 있다. 노인소비자의 교육에 있어서는 낮은 인지속도를 감안하여 보다 긴 시간 동안, 노인소비자의 흥미를 유발할 수 있는 시청각 자료를 활용하여, 보다 쉽게 교육을 진행할 필요성이 대두된다. 특히 이지적인 교육보다는 소비생활경험을 통한 체험적인 교육을 함으로써 학습효과를 배가시킬 필요가 있다.

11 타일러가 제시한 교육프로그램 내용설계원리에 대해 설명하시오. [6점]

타일러의 교육과정개발모형은 논리적이면서 체계적으로 교육과정 개발을 유도하기 위해 교육기관에서 교육과정과 수업프로그램을 해석·분석하기 위한 이론적 근거로 제시된 것이다. 교육과정과 수업은 하나의 과정이며, 그의 교육과정개발모형은 합리적 모형, 목표중심모형, 평가중심모형 등으로 불린다. 목표달성에 가장 도움이 될 만한 활동과 조직의 종류를 선택하고, 선정·조직된 학습경험이 어떤 결과를 낳는가를 평가함으로써 효과적인 학습이 이루어지기 위한 단계를 제시하였다.

12 소비자단체의 한계점 및 소비자피해구제상담과 관련하여 설명하시오. [4점]

소비자단체는 소비자피해구제의 상담과 관련하여 소비자기본법에 그 업무로서 '소비자불만 및 피해구제를 위한 상담, 정보제공 및 당사자 사이의 합의권고'가 제시되고 있다. 즉, 합의권고만을 할 수 있을 뿐 강제조정권이나 합의에 대한 법적 효력이 임의적이다. 소비자단체협의회의 경우 자율분쟁조정권이 있는데 자율분쟁조정에 의한 조정내용에 대한 효력도 당사자 사이에 합의한 것과 마찬가지의 효력이 있도록 함으로써 재판상 화해 등과 같이 강력한 법적 효력이 뒷받침되지 못하여 상담의 실효성에 대해 회의적이라는 비판이 제기된다. 다만, 소비자상담과정에 나타난 소비자문제 등을 국가나 지방자치단체의 소비자권익 관련 시책에 반영하기 위한 건의 등에서는 긍정적인 역할을 한다.

13 RFM의 뜻과 3가지 요소에 대해 설명하시오. [6점]

RFM은 고객구매행동모델로서 고객의 등급을 계산하기 위한 모델이며, 이 중 R은 구매기간(최근 구매일, Recency)을 말하고, F는 구매횟수(구매빈도, Frequency)를 말하며, M은 구매금액(Monetary)을 말한다. 이들 각각의 3가지 요소는 고객들의 가치를 판단하고, 이들에 대한 마케팅 효율을 높이며, 앞으로 이들로부터 얻을 수 있는 수익을 극대화하도록 해주는 중요한 요소다. 만일 고객데이터를 처음 분석하려 한다면, 먼저 RFM 모델을 구축하는 것이 고객정보를 활용하는 최상의 방법이 될 것이다.

14 청소년소비자의 소비특징 3가지를 쓰시오. [6점]

청소년소비자는 성인과 구별되는 특유의 정체성을 갖고 구매의사결정 비율이 증가하는 독립된 소비행동이 나타나게 된다. 또한 유행이나 광고에 현혹되기 쉬우며, 또래집단의 소비행위에 영향을 많이 받게 된다. 동조소비·과시소비·충동소비가 많고 성인소비자로 이행하는 과정에 있기 때문에 이때의 소비성향이 성인으로 성장해 가며 그대로 영향을 끼칠 가능성이 많다. 이 점에 유의하여 12~13세 어린이 소비자교육을 시행하게 되면, 첫째, 올바른 소비가치관을 형성할 수 있고, 둘째, 필수적 지출과 선택적 지출을 구분하게 되어 자원배분의 효율화를 꾀할 수 있고, 셋째, 유행이나 광고에 현혹되지 않는 합리적인 소비결정을 할 수 있고, 넷째, 합리적인 소비생활이 또래집단에 영향을 미칠 수 있고, 다섯째, 부모의 소비생활에도 영향을 준다는 점에서 부모 세대로 역사회화될 뿐만 아니라, 여섯째, 소비자피해예방 및 이미 발생한 피해에 대한 처리능력을 키울 수 있다.

15. 네거티브 옵션 상술이란? [4점]

네거티브 옵션이란 구매자가 구매의욕이 있어서 주문하는 포지티브 옵션(Positive option)에 대응하는 말로서 제품구입 결정과 상관없이 일단 제품을 모든 대상에게 발송 또는 배포한 후 거절하지 않으면 모두 구입하는 것으로 간주하여 대금을 청구하는 것으로 최근 다단계나 방문판매에서 악덕 상술로 유행됨으로써 그에 따른 소비자문제가 증가되고 있다.

16. 소비자불만 자율관리프로그램(CCMS) 도입효과를 소비자와 기업 입장에서 설명하시오. [6점]

소비자불만 자율관리프로그램은 2005년 공정거래위원회와 소비자피해 자율관리위원회가 확정·공표하였으며 영문 약어로 CCMS(Consumer Complaints Management System)라 통칭한다. CCMS는 소비자불만의 예방 및 구제를 위한 실행체계와 행동기준을 제시하며, 기업은 실행체계의 구축·프로그램의 운영·자율관리의 유지촉진 및 개선 등 3단계를 거쳐 이를 실행하게 된다. 자율관리실천 사무국으로 기업소비자전문가협회(The Organization of Consumer Affairs Professional in Business)가 CCMS 지원 및 확산에 참여하고 있다. 실행체계의 구축단계에서는 기업이 추구하는 자율관리정책의 목표를 명확히 설정하여 행동강령이나 행동준칙을 마련한다. 이후 자율관리를 담당할 임원을 임명하고 조직을 구축하여 적절한 권한과 책임을 부여하며, 내부통제체제를 구축한다. 소비자의 입장에서는 소비자의 기본 권익 향상에 이바지하게 되며, 기업의 입장에서는 고객만족경영을 통한 이윤극대화에 기여하게 된다.

17
제시된 사례의 경우 청약철회가 가능한가?　　　　　　　　　　　　　　5점

> 〈사 례〉
> 인터넷 사이트에서 신용카드로 전자레인지를 구입·결제한 지 7일 이내에 제품 확인을 위해 포장을 뜯어 확인해보니 색상과 디자인이 마음에 들지 않아 반품하려고 하였으나 판매자가 제품 개봉을 했다는 이유로 반품이 불가하다고 한다.

전자상거래를 한 소비자는 ⅰ) 계약내용에 관한 서면을 받은 날부터 7일 이내(다만, 그 서면을 받은 때보다 재화 등의 공급이 늦게 이루어진 경우에는 재화 등을 공급받거나 재화 등의 공급이 시작된 날부터 7일 이내), ⅱ) 계약내용에 관한 서면을 받지 아니한 경우, 통신판매업자의 주소 등이 적혀 있지 아니한 서면을 받은 경우 또는 통신판매업자의 주소 변경 등의 사유로 위 ⅰ)의 기간에 청약철회 등을 할 수 없는 경우에는 통신판매업자의 주소를 안 날 또는 알 수 있었던 날부터 7일 이내에 청약철회 등을 할 수 있다.

청약철회기간에 관한 규정에도 불구하고 재화 등의 내용이 표시·광고의 내용과 다르거나 계약내용과 다르게 이행된 경우에는 그 재화 등을 공급받은 날부터 3개월 이내, 그 사실을 안 날 또는 알 수 있었던 날부터 30일 이내에 청약철회 등을 할 수 있도록 규정하고 있다. 복제가 가능한 재화 등의 포장을 훼손한 경우 청약철회를 제한하고 있으나 청약철회 등이 불가능한 재화 등의 경우라도 그 사실을 재화 등의 포장이나 그 밖에 소비자가 쉽게 알 수 있는 곳에 명확하게 적거나 시험 사용 상품을 제공하는 등의 방법으로 청약철회 등의 권리 행사가 방해받지 아니하도록 조치하지 않았다면 청약철회 등을 할 수 있다. 제시된 사례의 경우 전자레인지의 포장을 훼손하였다 하더라도 이는 복제가 가능한 제품에 해당하지 않으므로 소비자는 청약철회 등을 할 수 있다.

18
전자상거래 피해유형 5가지, 예방방법 5가지를 쓰시오.　　　　　　　　　10점

전자상거래라 함은 전자거래의 방법으로 상행위를 하는 것을 말한다. 인터넷의 발달에 따라 전자상거래가 급속히 확산되고 있으며 이에 따라 발생하는 소비자피해도 날로 증가하고 있다. 피해유형으로는 표시, 광고한 것과 다른 불량제품의 배송, 반품과 환불의 거절 및 회피, 거래했던 쇼핑몰의 웹사이트 폐쇄, 대금을 지급하였음에도 불구하고 제품을 배달하지 않는 경우, 이용하지 않은 제품과 서비스 등에 대한 대금청구 등이 있으며, 이로부터 발생하는 피해를 예방하기 위하여 소비자는 전자상거래 전에 사이버몰에서 사업자의 신원 등(사이버몰 표시사항) 확인, 거래이용약관의 내용 숙지, 제품정보와 거래조건의 확인, 주문내역의 명시 확인, 보안시스템 구비 여부 확인, 개인정보유출 주의 등 철저한 예방이 필요하다.

14 2010년 하반기 소비자전문상담사 2급 실기 기출복원문제

01. 불만 고객이나 화난 소비자상담방법 3가지를 서술하시오.

불만 있는 고객이나 화난 소비자에 대한 효과적인 상담을 위해서는 먼저 소비자가 불만 있는 이유 및 화난 이유를 알아내어야 한다.

일반적으로 소비자가 지닌 사전기대나 의도와 실제적인 행동이 서로 다르기 때문에 소비자는 불만을 갖게 되고 정도가 심하면 화를 낸다. 화난 소비자에 대하여는 다음과 같은 전략으로 응대할 필요가 있다.

① 화난 감정 상태를 부정하면 언쟁으로 이어지기 때문에 먼저 화난 감정 상태를 인정한다.
② 소비자를 안심시키는 대화를 유도함으로써 문제를 해결할 수 있도록 한다.
③ 침착하게 행동하며 객관성을 유지한다.
④ 질문을 종합하고 들은 것을 피드백하고 데이터를 분석하여 소비자가 화난 근본적인 원인을 규명하도록 한다.
⑤ 이야기를 끝까지 들어주어 화를 발산할 기회를 준다.
⑥ 불만상황을 해소하기 위하여 노력한다.
⑦ 화난 소비자들로부터 문제해결방법에 관한 아이디어를 구하는 것도 좋은 방법이다.
⑧ 해결책으로서 불가능한 것보다는 가능한 것이 무엇인지를 말하는 것이 좋다.

02. 내용증명과 그 절차에 대해 설명하시오.

내용증명우편은 우편물의 내용인 문서를 등본에 의하여 증명하는 제도로 어떤 내용의 것을 언제, 누가, 누구에게 발송하였는가 하는 사실을 발송인이 작성한 등본에 의하여 우체국장이 공적인 입장에서 증명하는 제도이다. 위 통지서 3통을 작성하여 1통은 내용문서의 원본으로서 수취인에게 우송하고, 등본 2통은 우체국과 발송인이 각각 1통씩 보관한다. 발송인은 내용증명우편물을 발송한 날로부터 3년 이내에 한하여 발송 우체국에서 재차 증명을 받거나 등본의 열람을 청구할 수 있다. 이때에는 특수우편물의 수령증을 제시하여야 한다.

03 상품설명서 작성방법 5가지는 무엇인가?

상품설명서라 함은 상품의 사용, 사용방법, 작동원리, 고장 등의 응급처치요령, 소비자피해보상 등에 관한 사항을 게시한 문서를 말한다. 상품설명서는 다음 기준에 의해 제작하여야 한다.
① 소비자가 충분히 숙지할 수 있도록 자세하게 작성해야 한다.
② 주요 내용이 한눈에 파악되도록 간결하여야 한다.
③ 상품설명서는 이해하기 쉬워야 하므로 지나치게 어려운 단어, 뜻이 불명확한 단어, 비문법적인 표현, 한문 투의 표현은 사용하지 말아야 한다.
④ 제품설명서의 문구는 눈에 잘 띄도록 크기나 색상이 적절해야 한다. 특히, 제품위험이나 경고사항은 위험마크를 표시하거나 색상을 다르게 해 한눈에 들어오도록 한다.
⑤ 제품의 작동원리 등은 쉬우면서도 과학적인 용어로 설명한다.
⑥ 제품에 대한 진실되고 정확한 정보를 제공해야 한다.
⑦ 소비자가 알아야 할 중요한 정보는 누락하지 말고 꼭 포함시켜야 한다.

04 소비자조사에서 신뢰성·타당성의 의미에 대해 서술하시오.

① **신뢰도** : 조사 및 분석의 정확성 내지는 일관성을 의미한다. 즉, 몇 번을 반복해서 측정하여 조사·분석하여도 마찬가지의 결과를 도출할 수 있는 경우 이를 신뢰도가 높다고 평가한다. 예를 들어 어떤 제품의 만족도를 여러 가지 문항으로 물어보았는데 각각 다른 결과들이 나타난다면 이 문항들은 믿을 수가 없게 되는 것이다.
② **타당도** : 조사자가 만든 측정도구 내지는 조사방법이 측정하고자 하는 개념을 제대로 측정하고 있는가에 관한 것으로, 적합성이라고도 이야기할 수 있다. 또한 타당성은 조사하고자 하는 대상과 조사한 대상이 일치하는가를 이야기하는 것이다. 예를 들어 기업에 대한 인지도를 조사하려고 하는데, 만족도를 물어보는 질문으로 인지도를 조사하려 한다면 그 조사 결과는 인지도에 대한 정보를 제공해 주지 않을 것이다.

05

미스터리 쇼핑, 포커스 그룹, 고객패널에 대해 각각 설명하시오.

① **미스터리 쇼핑** : 기업에서 고용한 사람, 즉 가장직원이 상품을 구입하면서 직원의 친절도, 제품에 대한 지식, 업무능력 등을 체크하는 것을 말한다.
② **포커스 그룹** : 상품, 서비스, 조직 또는 다른 마케팅 요소에 관해 토론하기 위해 노련한 중재자와 함께 몇 시간을 보낼 수 있도록 초대된 6~10명 정도의 사람으로 구성된 모임을 말한다.
③ **고객패널** : 구매날짜, 구매장소, 구매수량, 판매가격 등에 대한 지속적인 소비자동향 조사를 위하여 선정된 고객그룹을 말한다.

06

CCMS 도입 시 좋은 점을 소비자, 기업별로 각 3가지씩 서술하시오.

소비자불만 자율관리프로그램은 2005년 공정거래위원회와 소비자피해 자율관리위원회가 확정·공표하였으며 영문 약어로 CCMS(Consumer Complaints Management System)라 통칭한다. CCMS는 소비자불만의 예방 및 구제를 위한 실행체계와 행동기준을 제시하며, 기업은 실행체계의 구축·프로그램의 운영·자율관리의 유지촉진 및 개선 등 3단계를 거쳐 이를 실행하게 된다. 자율관리 실천사무국으로 기업소비자전문가협회(The Organization of Consumer Affairs Professional in Business)가 CCMS 지원 및 확산에 참여하고 있다. 실행체계의 구축 단계에서는 기업이 추구하는 자율관리정책의 목표를 명확히 설정하여 행동강령이나 행동준칙을 마련한다. 이후 자율관리를 담당할 임원을 임명하고 조직을 구축하여 적절한 권한과 책임을 부여하며, 내부통제체제를 구축한다. 소비자의 입장에서는 소비자의 기본권익 향상에 이바지하게 되며, 기업의 입장에서는 고객만족경영을 통한 이윤극대화에 기여하게 된다.

07 기업이 모니터링을 하는 이유 4가지는 무엇인가?

기업의 모니터링이란 소비자가 기대하는 수준의 서비스를 제대로 제공하고 있는지를 평가·점검하는 최상의 수단이며, 소비자들의 고충과 제안, 의견 등을 청취하여 소비자의 문제에 대한 발견과 해결방안을 모색하는 조사활동을 말한다. 기업의 모니터링은 ⅰ) 소비자서비스 수준이 지속적으로 유지되고 있는지를 확인, ⅱ) 회사 전체의 수익극대화에 중요한 가치 있는 정보를 획득, ⅲ) 소비자 만족과 소비자 로열티 향상을 통한 기업의 수익극대화에 이바지, ⅳ) 조사활동에서 얻어진 자료를 토대로 소비자문제를 발견함으로써 사회문제화, 여론화, 이슈화, ⅴ) 소비자들의 의견과 요구를 기업과 정부에 전달하여 제품향상을 꾀할 수 있고 정부에 소비자정책 수립에 제안이나 건의 등을 할 수 있다는 장점이 있다.

08 기업에서 아웃바운드 텔레마케팅 활용분야 5가지는?

아웃바운드 텔레마케팅은 기업의 텔레마케팅센터에서 기존의 고객이나 가망고객에게 발신하는 텔레마케팅를 말하는 것으로 시장조사, 판매수단의 개발 및 판매촉진, 상품판매 등의 부분에서 주로 활용되고 있다.

09 전자상거래 5단계에서 단계별로 발생하는 소비자문제 2개씩을 서술하시오. [10점]

전자상거래라 함은 전자거래의 방법으로 상행위를 하는 것을 말한다. 인터넷의 발달에 따라 전자상거래가 급속히 확산되고 있으며 이에 따라 발생하는 소비자피해도 날로 증가하고 있다. 피해 유형으로는 표시·광고한 것과 다른 불량제품의 배송, 반품과 환불의 거절 및 회피, 거래했던 쇼핑몰의 웹사이트 폐쇄, 대금을 지급하였음에도 불구하고 제품을 배달하지 않는 경우, 이용하지 않은 제품과 서비스 등에 대한 대금청구 등이 있으며, 이로부터 발생하는 피해를 예방하기 위하여 소비자는 전자상거래 시 사이버몰에서 사업자의 신원 등(사이버몰 표시사항) 확인, 거래이용약관의 내용 숙지, 제품정보와 거래조건의 확인, 주문내역의 명시 확인, 보안시스템 구비 여부 확인, 개인정보유출 주의 등 철저한 예방이 필요하다.

10

전자상거래 청약철회가 불가능한 이유 4가지는 무엇인가?

전자상거래 청약철회 불가사유로서는 다음이 있다.
① 소비자에게 책임이 있는 사유로 재화 등이 멸실되거나 훼손된 경우. 다만, 재화 등의 내용을 확인하기 위하여 포장 등을 훼손한 경우는 제외한다.
② 소비자의 사용 또는 일부 소비로 재화 등의 가치가 현저히 감소한 경우
③ 시간이 지나 다시 판매하기 곤란할 정도로 재화 등의 가치가 현저히 감소한 경우
④ 복제가 가능한 재화 등의 포장을 훼손한 경우
⑤ 그 밖에 거래의 안전을 위하여 대통령령으로 정하는 경우

11

소비자행동에서 지식 불확실성, 선택 불확실성의 의미는?

소비자행동에 있어서 지식 불확실성이란 대안들의 정보에 관한 불확실성을 말하는 것으로 소비자가 대안을 선택할 때 어떤 속성을 이용해야 하는지, 어떤 속성을 가장 중요하게 고려해야 하는지 등과 관련된 불확실성을 말한다. 이에 비해서 선택 불확실성이란 어떤 대안을 선택할지에 대한 불확실성으로 고려 대상 상표군 중에서 어떤 상표를 선택할 것인가, 어떤 상점에서 구입할 것인가와 관련된 불확실성을 말한다.

12

성인소비자교육에서 자기주도형 학습의 원리와 현실성의 원리를 설명하시오.

성인소비자교육에서 자기주도형 학습의 원리란 개개인이 학습의 주체가 되어 어떤 것을 언제부터 학습할 것인지를 결정하여 자기학습의 속도 및 결과의 평가에 이르기까지 타인의 판단이나 기준에 의하지 않고 스스로 결정할 것을 촉구하는 원리를 말한다. 이에 대하여 현실성의 원리란 교육이 점차 제도화·형식화되면서 일상적인 생활, 즉 현실성, 현재의 상황과 거리가 멀어지고 있는 것을 감안하여 실제의 생활 속에 기반을 구축하고, 교육의 목적이나 내용의 선택으로부터 교육받은 결과가 생활 속에 즉각적으로 되돌려질 수 있도록 내용이 구성되고 실시되어야 함을 강조하는 원리를 말한다.

13

어린이소비자교육 시 효과를 높이는 교육방법 4가지를 쓰시오.

어린이소비자의 경우 자신을 드러내고 싶은 자기과시의 욕구가 생기므로 개인적이고도 긍정적인 관심을 기울여 줄 필요가 있고, 자연스러운 호기심과 탐색의 욕구에 도움이 되는 환경을 조성하여야 하며, 해야 할 것과 하지 말아야 할 것을 일관성 있게 지도할 필요가 있다. 또한 좋은 행동이든 나쁜 행동이든 어른들을 그대로 모방하므로 가정에서의 부모의 역할이 중요하고, 자기의지·자기중심적이라 자기고집을 강압적으로 억누르거나 부모의 의사에 따라 꺾으려는 것은 바람직하지 못하며, 다른 사람이 자신과 다른 견해를 가질 수 있다는 것을 깨닫게 하여 협동적인 방향으로 지도하는 것이 바람직하다.

교육 시 주의사항으로는 논리적인 사고를 위한 반복학습, 부모가 보여주는 솔선수범의 교육, 장기적인 안목의 교육, 칭찬이나 꾸짖기의 명확성, 실수나 경험을 통해서도 배운다는 사실 인식, 어린이의 시각과 어른의 시각이 다를 수 있다는 것 염두, 놀이나 게임 같은 유희적 방법을 통한 경험 제공 등을 생각할 수 있다.

14

청소년을 대상으로 환경을 주제로 한 소비자교육을 할 때 교육주제가 될 수 있는 4가지는?

환경문제를 소비자학의 관점에서 소비생활과 관련하여 교육할 때에는 단순한 환경문제로 끝나서는 안 되고 실천이 더욱 중요하다는 점을 강조하여야 한다. 주요 주제로는 환경과 소비자와의 관계, 녹색소비와 구매방안, 녹색도시를 위한 실천방안, 실생활에서의 분리수거 실천 등을 생각해 볼 수 있다.

15

중학생이 휴대폰을 구입하고 싶어서 부모 동의 없이 부모의 주민등록증을 제출하고 휴대폰을 구입하였을 때 이 계약은 취소할 수 있는가?

본 사례는 미성년자의 행위능력에 관한 문제이다. 민법 제5조는 "19세 미만인 자가 법률행위를 함에는 법정대리인의 동의를 얻어야 한다. 그러하지 아니하면 취소할 수 있다"라고 규정함으로써 법률에 예외적 규정이 있는 경우를 제외하고는 법정대리인의 동의 없는 미성년자의 행위는 취소할 수 있는 것이 원칙이다. 그러나 이러한 미성년자의 취소권은 미성년자 쪽에만 주어져 있고 또한 그 행사가 자유롭다는 점에서 거래한 상대방은 법적 불안전성을 갖게 된다. 이에 민법은 상대방을 보호하기 위한 제도를 두고 있는데 그중의 하나가 속임수를 쓴 미성년자의 행위를 취소할 수 없도록 하고 있는 것이다. 즉, 미성년자가 속임수로써 자기를 능력자로 믿게 한 경우, 그리고 미성년자가 속임수로써 법정대리인의 동의가 있는 것으로 믿게 한 경우에는 그 행위를 취소할 수 없다. 사례의 경우와 같이 미성년자가 부모의 신분증을 제시한 것만으로는 법정대리인의 동의가 있는 것처럼 사술을 쓴 경우라고 보기 어려워 계약을 취소할 수 있다.

16 상품권 20만 원으로 17만 원 사용 시, 잔액 3만 원은 현금 수령할 수 있는가?

상품권 표준약관에 따르면 '상품권면 금액(상품권을 여러 장 동시에 사용하는 경우에는 총 금액)의 100분의 60(1만 원 이하 상품권은 100분의 80) 이상에 해당하는 물품 등을 제공받고 고객이 잔액의 반환을 요구하는 경우, 발행자 또는 가맹점은 잔액을 현금으로 반환한다'라고 규정하고 있다. 사례에 있어서 소비자는 업체에 잔액을 현금으로 요구하고 해결되지 않을 경우 영수증 등을 첨부하여 소비자피해구제기관에 구제접수하면 된다.

17 서비스품질모형에서 서비스 제공 시 5대 갭을 설명하시오. [10점]

서비스품질모형 연구에서 제시한 서비스 제공 시 문제를 야기할 수 있는 갭, 즉 기업의 제품과 서비스에 대한 불만에서 발생하는 고객감소 원인의 5가지 유형 갭은 ⅰ) 촉진의 갭에 관한 것으로서 기업의 허위·과장광고 또는 고객 자체의 비현실적인 높은 기대에 기업의 제품이나 서비스가 미치지 못하는 경우, ⅱ) 이해의 갭에 관한 것으로서 기업이 고객의 요구나 욕구를 잘못 파악하여 고객의 요구 또는 욕구에 맞지 않는 제품과 서비스를 행한 경우, ⅲ) 과정의 갭에 관한 것으로서 고객이 제품이나 서비스를 구매하는 과정에서 신속성이나 기타 처리절차의 부적절성에서 오는 불만의 경우, ⅳ) 행동의 갭에 관한 것으로서 기업에 소속된 직원이 훈련미숙으로 인하여 고객을 제대로 응대하지 못한 경우, ⅴ) 인식의 갭에 관한 것으로서 기업과 고객 간의 만족도 인식에 대한 차이에서 오는 경우가 있다.

15 | 2009년 상반기 소비자전문상담사 2급 실기 기출복원문제

01

가구점에서 혼수용으로 장롱, 침대, 소파, 식탁세트 등을 금 480만 원에 계약하고 계약금으로 금 100만 원을 지급하였으나, 결혼계획의 취소로 인해 해약을 요구하였다. 그러나 판매자는 계약 후 인도준비를 마친 상태여서 해약은 불가능하고, 금 100만 원에 대한 현금보관증을 발급해 준다하고 추후에 다시 구입하라고 주장한다. 소비자분쟁해결기준에 의한 계약취소 요건을 쓰시오.

소비자분쟁해결기준에 의거하면 선금 지급 후 물품배달 전 해약 시 소비자의 귀책사유로 인한 해약의 경우 선금에서 물품대금의 10%를 공제한 후 환급받을 수 있다. 따라서 계약금 100만 원에서 위약금으로 물품대금의 10%를 공제한 잔금 52만 원의 환급을 받을 수 있다. 참고로 사업자의 귀책사유로 인한 해약의 경우 선금이 물품대금의 10% 이하인 경우 선금의 배액을, 선금이 물품대금의 10%를 초과하는 경우 선금에 물품대금의 10%를 가산하여 환급받을 수 있다.

02

전화를 통한 소비자상담의 장단점에 대해 쓰시오.

전화상담은 소비자상담의 대표적인 형태로 소비자상담사가 일정한 양식이나 형식을 미리 준비해 두고 소비자와 전화상의 대화를 통해 상담하는 방법이다. 전화상담은 전화가 가지는 즉시성 · 익명성 · 보편성의 이점 때문에 다양한 채널을 통해 사용되고 있다. 전화상담은 소비자의 입장에서는 상담 필요시 언제든지 전화를 걸어 쉽게 서비스를 받을 수 있다는 장점이 있다. 그러나 목소리만을 통해 의사가 전달되기 때문에 상대방의 얼굴표정 · 태도 · 용모 등 시각적이고 비언어적인 정보를 얻을 수 없고, 증거를 남기기 어려울 뿐 아니라 정확한 전달여부를 확인하기 어렵다는 단점이 있다. 또한 예약 없이 불시에 전화가 걸려오고, 상담 요청자가 상담내용을 명확히 설명하지 못하거나 상담 당시 계약서 · 상품 등 자료를 직접 보지 못하므로 소비자문제나 피해 파악이 어려운 경우도 있다.

03 기업 소비자교육의 긍정적 효과를 소비자 측면, 기업 측면, 전체 사회적 측면으로 설명하시오.

기업 소비자교육의 긍정적 효과를 살펴보면 소비자 측면에서는 합리적 소비생활 유도, 소비자의식의 향상, 경제효율성을 고려한 삶의 질 향상, 비판적 사고의 배양, 생활에 필요한 기능의 습득, 자신감 및 독립심 고양, 소비가치관의 형성 등의 효과가 있고, 기업 측면에서는 경영비용의 감소, 마케팅 비용의 절감, 품질향상 및 신제품 개발에 긍정적인 영향, 기업의 이미지 제고, 자율규제 촉진, 국제 경쟁력 향상 등의 효과가 있으며, 사회적 측면에서는 건전한 소비문화의 형성, 소비자중심 경제구조의 형성, 국가적·경제적 복지향상 등의 효과가 있다.

04 다음 예시의 소비자행동 스타일을 보고 질문에 답하시오.

> "○○ 은행의 고객인 ××할머니는 자주 은행에 들러 직원과 이런저런 얘기를 나눈다. 오늘도 은행에 들러 자신의 딸에 대해서 한참 얘기를 했다. 그리고 손자의 사진을 꺼내서 보여주고는 자랑을 했다."
> 가. 어느 형태의 소비자 스타일인가?
> 나. 그렇게 판단한 근거 2가지는?
> 다. 적절한 응대법은?

표현형 소비자이며 판단근거는 감정의 호소와 수다스러움이다. 표현형 소비자는 충동, 열성, 비규율, 사교, 감정호소 등의 특성이 있지만 수다스럽고, 세밀하게 숙고해야 할 내용에 대하여는 싫증을 내는 경향이 있다. 이러한 소비자는 자신의 직관에 도움을 주는 상담원에게 호의적이므로 상담원은 관심을 갖는 시간이 짧은 소비자에게 흥미를 잃지 않도록 유의하며 소비자를 응대하여야 한다.

05
소비자교육 요구분석 개념에서 소비자교육 프로그램 작성 시 요구분석의 필요성을 설명하라.

요구분석이란 바람직한 상태와 현재 상태의 격차를 확인하고, 이를 해결하기 위하여 자원 배분의 우선순위를 합리적으로 결정하기 위한 체계적인 과정과 절차이다. 소비자교육의 요구분석이 필요한 이유는 소비자교육은 그 특성상 교육내용이 다양하고 포괄적이므로, 한정된 시간에 효과적인(효율적인) 교육이 이루어지려면 가장 적절한 내용이 선정되어야 하기 때문이다. 따라서 소비자교육에 대한 요구 파악이 우선적으로 이루어져야 한다.

06
소비자주권 실현에 소비자교육이 어떤 기여를 할 수 있는지 설명하라.

소비자들은 합리적이고 효율적인 의사결정을 하지 못하는 경우가 많다. 그러므로 경제체제에서 약자인 소비자를 보호하고 이성적인 행동을 학습할 수 있도록 도와 소비자 스스로 책임지는 합리적인 선택을 하여 궁극적으로 소비자주권을 실현하기 위해서 소비자교육이 필요하다. 구체적으로 소비자교육의 필요성에 관해 서술한다면 첫째, 소비자교육은 개인이 소비자로서의 다양한 역할을 수행하는 데 필요로 하는 능력을 개발하도록 도와 지속적으로 이루어지는 소비자의 소비행동에 영향을 미치기 위한 것이고, 둘째, 소비자교육을 통해서 소비자 능력을 개발하므로 효율적인 소비를 하게 되어 주어진 제한자원을 가지고 도달할 수 있는 최고 생활의 질을 지속적으로 향유할 수 있게 하고, 셋째, 소비자로서 바른 가치관을 확립하도록 하고, 의사결정능력을 함양함과 동시에 사회조직 속에 존재하는 소비자 시민으로서 역할을 제대로 수행할 수 있도록 하기 위함이다.

07

소비자모니터링의 핵심요소 4가지를 쓰시오.

소비자모니터링이란 소비자가 기대하는 수준의 서비스를 제대로 제공하고 있는지를 평가·점검하는 최상의 수단이고, 이를 통해 소비자서비스 수준이 지속적으로 유지되고 있는지 확인할 수 있으며, 회사 전체의 수익극대화에 중요한 가치 있는 정보를 획득할 수 있다. 궁극적으로는 소비자 만족과 소비자 지위향상을 통한 기업의 수익극대화에 이바지하게 된다. 모니터링은 대표성, 객관성, 차별성, 신뢰성, 타당성을 핵심요소로 한다.

① **대표성** : 모니터링은 표본추출 테크닉이기 때문에 모니터링 대상콜을 통하여 전체 콜센터의 특성과 수준을 측정할 수 있어야 한다.
② **객관성** : 모니터링은 편견 없이 객관적인 기준으로 평가하여 누구든지 인정할 수 있게 해야 한다. 모니터링이 객관성을 유지할 수 있도록 하는 방법이 프로그램 개발 시 반드시 고려되어야 한다.
③ **차별성** : 모니터링 평가는 서로 다른 스킬분야의 차이를 반드시 인정하고 반영해야 한다.
④ **신뢰성** : 모니터링 평가는 지속적으로 이루어져야 하고 누구든지 결과를 신뢰할 수 있어야 하므로 평가자는 성실하고 정직해야 하며 업무능력이 뛰어나다고 인정받는 사람이어야 한다.
⑤ **타당성** : 모니터링은 고객들이 실제적으로 어떻게 대우를 받았는지에 대한 고객의 평가와 모니터링 점수가 일치해야 하고 이를 반영하여야 한다.

08

고객만족지수에서 기업 관련 CSI에 대해 설명하시오.

고객만족지수란 상품이나 기업에 대한 고객의 만족도를 수치상으로 표현한 것을 말한다. 이는 고객만족경영의 일환으로 조사하게 되는데, 고객만족경영이란 경영의 모든 부문을 고객인 소비자의 입장에서 생각하고, 소비자를 만족시켜 기업을 유지하고자 하는 신경영기법이다. 소비자의 만족을 높이기 위해서는 소비자의 기대를 충족시킬 수 있는 제품을 제공하고, 소비자의 불만과 피해를 효과적으로 처리하는 것이 필수적이다. 상품의 품질뿐 아니라 제품의 기획·설계·디자인·제작·사후 서비스 등 모든 과정에 걸쳐 제품에 내재된 기업문화 이미지와 함께 상품이미지·기업이념 등을 소비자에게 제공하여 소비자의 만족감을 기대 이상으로 충족시킴으로써 고객의 재구매율을 높이고 선호가 지속되도록 해야 한다. 고객만족경영을 함으로써 신규고객이 창출되고, 기존의 고객을 유지하며, 충성도 있는 고객이 늘어남으로써 기업의 경쟁력을 확보할 수 있다.

09

노인소비자 대상 소비자교육 프로그램 제작 시 교육내용 3가지와 교육매체를 포함한 교수법을 쓰시오.

노인소비자는 경제활동의 주체에서 이탈하는 시기에 있으므로 활동능력과 상관없이 소득의 결여에 따른 경제상태가 빈궁한 것이 일반적이고, 신체기능의 노화에 따라 사리분별력이 감퇴함으로써 소비시장에 있어서는 소극적이고 수동적이 되기 쉽다. 사회적 역할 상실과 소외로 심리적 고독감이 있어 개인적 접촉을 특징으로 하는 방문판매 등의 판매유형에 의한 급격한 피해가 발생한다. 낮은 소비자교육과 구매력으로 소비시장에서 영향력은 적지만 실버상품에 대한 구매욕은 날로 증가하고 있다. 노인소비자의 교육내용으로 합리적인 소비지출방안교육, 정보비용절약교육, 금전관리교육, 소비심리의 관리교육 등이 필요하다. 노인소비자의 교수법은 낮은 인지속도를 감안하여 보다 긴 시간 동안 노인소비자의 흥미를 유발할 수 있는 시청각 자료를 활용하여 보다 쉽게 교육을 진행할 필요성이 있다. 특히, 이지적인 교육보다는 소비생활경험을 통한 체험적인 교육을 함으로써 학습효과를 배가시킬 필요가 있다.

10

소비자불만 혹은 피해접수양식에 반드시 포함되어야 할 소비자정보 5가지를 쓰시오.

소비자불만이나 피해내용은 일정한 양식에 맞추어 전산으로 입력되는 것이 보통이나 어떤 매체에 의하여 소비자불만이 접수되느냐에 따라 기록내용이나 양식에 약간씩 차이가 있다. 그러나 상담을 접수할 때에는 상담매체가 전화, 방문, 문서 등 어떠한 것이든지 상담요청자의 신분과 거래상대방의 신분을 명확히 하고, 상담의 개요, 거래관계의 실질, 상담의 목적 등을 확인하는 것이 필요하다. 상담을 접수할 때 상담요청자인 소비자에 대한 이름, 주소, 전화번호 등이 분명할 경우 상담이 접수된다. 처음부터 이름, 주소 등을 사무적으로 질문하면 상담자가 불필요한 경계를 하기도 하고 솔직한 상담내용을 듣기 어렵게 된다. 일반적으로 문의나 불평의 경우 그 실태 파악 등을 한 후에 연락할 필요가 생길 경우도 있으므로 상담자의 정확한 연락처를 알아둔다. 거래상대방의 신분을 명확히 하는 것은 소비자 피해구제를 위한 절차를 진행할 경우 상대방을 명확하게 하기 위해서이다.

11

기업 상품설명서 제작 시 갖추어야 할 5가지 조건을 쓰시오.

상품설명서는 다음 기준에 의해 제작하여야 한다.
① 소비자가 충분히 숙지할 수 있도록 자세하게 작성해야 한다.
② 주요 내용이 한눈에 파악되도록 간결해야 한다.
③ 이해하기 쉬워야 하므로 지나치게 어려운 단어, 뜻이 불명확한 단어, 비문법적인 표현, 한자 투의 표현은 사용하지 말아야 한다.
④ 제품설명서의 문구는 눈에 잘 띄도록 크기나 색상이 적절해야 한다. 특히, 제품위험이나 경고사항은 위험마크를 표시하거나 색상을 다르게 해 한눈에 들어오도록 한다.
⑤ 제품의 작동원리 등은 쉬우면서도 과학적인 용어로 설명한다.
⑥ 제품에 대한 진실되고 정확한 정보를 제공해야 한다.
⑦ 소비자가 알아야 할 중요한 정보는 누락하지 말고 꼭 포함시켜야 한다.

12

소비자정보의 공공재적 특성에 대해 설명하고 그 문제점과 해결방안에 대해 쓰시오.

소비자정보는 공공재적 특성을 가지고 있기 때문에 일반적인 재화와는 달리 그것이 얼마만큼 공급되든지 간에 일단 공급되기만 하면 공급자 모두가 불편이나 효용의 감소 없이 공동으로 이용할 수 있는 성질, 즉 비배타성과 비경합성을 가지고 있다. 이러한 공공재적 특성으로 인하여 모든 소비자가 소비자정보를 필요로 하지만 개개의 소비자는 다른 누군가가 그러한 소비자정보를 획득하여 제공해 주기만을 원할 뿐, 스스로는 이를 위한 시간과 비용을 들이지 않으려 한다. 이러한 공공재적 특성 때문에 시장의 자율적인 기능을 통해서는 소비자정보가 충분히 공급될 수 없으므로, 정부가 적극적으로 나서서 소비자정보를 생산하고 분배하여 주는 소비자정보 정책을 펼쳐야 하는 것이다.

13 소비자정보가 유용성을 가지기 위해 갖추어야 할 요건 3가지를 쓰시오.

소비자정보가 유용성을 가지기 위해서는 적합성, 정확성, 적시성을 요건으로 한다.
① **적합성(적절성)** : 소비자정보는 정보를 필요로 하는 소비자 대상에 따라 적절하게 주어져야 한다. 정보가 그 역할을 하기 위해서는 소비자의 상황과 특성에 맞게 적절히 제공되어야 한다.
② **정확성** : 올바른 해석과 정확한 선택을 할 수 있는 것이어야만 소비자에게 필요한 정보가 되는 것이다. 여기서 정보제공의 형태도 명백해야 하지만 정보 자체도 진실하고 허위가 없어야 한다.
③ **적시성** : 소비자정보도 그 정보가 발생되는 시점이 중요하다. 일반인에게 아무리 내용이 좋고 유용한 정보라 할지라도 그것을 사용하는 소비자가 필요성을 느끼지 못한다면 그 정보는 가치 없는 정보로서 활용성이 없는 것이다.

14 심리적 갈등이 무엇인지 쓰고 이를 대처하기 위한 상담사의 자세를 쓰시오.

소비자와 기업 간 소비자문제가 발생하였을 경우 소비자와 상담자는 대립적인 관계가 형성된다. 소비자는 적시에 정확한 서비스를 받기 원하는 반면 상담자는 기업의 입장과 법률에 의해 상담에 임하게 된다. 그러므로 소비자전문상담사는 소비자가 관심과 정성을 원하고, 적시에 서비스를 제공받기를 원하며, 이해받기를 원한다는 사실, 그리고 유능하고 책임 있는 일처리를 기대한다는 소비자의 심리를 이해하고 상담에 임해야 한다.

15

TV홈쇼핑을 통해서 식기홈세트를 350,000원에 구입하고 교자상을 사은품으로 받았다. 아래의 물음에 답하시오.

- 철회 가능기간은?
- 반환비용 부담 주체는?
- 법률적 근거는?
- 제공된 사은품 처리방안 및 가격산정의 기준을 근거와 함께 설명하라.

TV홈쇼핑을 통해 식기홈세트를 구매하는 것은 통신판매에 해당한다. 전자상거래 등에서의 소비자보호에 관한 법률 제17조 제1항에 의하면 통신판매업자와 재화 등의 구매에 관한 계약을 체결한 소비자는 ⅰ) 계약내용에 관한 서면을 받은 날부터 7일 이내(다만, 그 서면을 받은 때보다 재화 등의 공급이 늦게 이루어진 경우에는 재화 등을 공급받거나 재화 등의 공급이 시작된 날부터 7일 이내), ⅱ) 계약내용에 관한 서면을 받지 아니한 경우, 통신판매업자의 주소 등이 적혀 있지 아니한 서면을 받은 경우 또는 통신판매업자의 주소 변경 등의 사유로 청약철회기간에 청약철회 등을 할 수 없는 경우에는 통신판매업자의 주소를 안 날 또는 알 수 있었던 날부터 7일 이내에 청약철회 등을 할 수 있다. 소비자는 청약철회 등을 한 경우에는 이미 공급받은 재화 등을 반환하여야 하는데, 반환에 필요한 비용은 통상 소비자가 부담한다. 다만, 재화 등의 내용이 표시·광고의 내용과 다르거나 계약내용과 다르게 이행된 경우에는 그 재화 등을 공급받은 날부터 3개월 이내, 그 사실을 안 날 또는 알 수 있었던 날부터 30일 이내에 청약철회 등을 하는 경우에는 사업자가 부담한다. 사업자가 물품 등의 거래에 부수(附隨)하여 소비자에게 제공하는 경제적 이익인 사은품 역시 반환하여야 하고, 사은품을 사용한 경우에는 같은 종류의 물품으로, 같은 종류의 물품이 없는 경우에 해당 지역에서 거래되는 같은 종류의 유사물품 등을 반환받거나, 같은 종류의 유사물품 등의 통상적인 가격을 기준으로 환급받는다.

16

소비자교육 프로그램 내용 설계 시 교육목적 달성을 위해 고려해야 할 원리 3가지를 설명하라.

① 교육내용의 주제에 맞는 교육방법을 선택한다.
② 교육효과를 높이기 위하여 시청각 자료를 활용하도록 하며 해당 자료가 없을 경우 부가자료를 만들어야 한다.
③ 자료제작에 필요한 자료검색과 정보수집을 풍부하게 한다.

17

식기세척기를 구입하고자 할 때 구매 전 정보확인을 통하여 소비자문제를 사전에 예방하고자 한다. 소비자단체 등 인터넷 홈페이지를 통해서 확인해야 할 5가지 정보의 내용을 쓰시오.

구매 전 소비자상담이나 소비자정보제공은 소비자들에게 정보와 조언을 제공하여 소비자들의 최선의 선택을 돕거나, 소비자문제를 사전에 예방하게 된다. 식기세척기의 구매 전 정보제공 내용을 예로 들면, 당해 기업의 식기세척기의 재원과 특징, 식기세척기의 사용방법, 식기세척기 사용 중 이상에 대한 응급처치요령, 가격비교 및 애프터서비스, 소비자불만 및 피해구제절차 등을 확인해야 한다.

18

노인소비자상담 시 전문상담사에 요구되는 상담기법 5가지를 쓰시오.

① 노인은 신체기능의 노화에 따라 사리분별력이 감퇴한 상태이므로 말하는 것을 잘 듣는 것에 보다 충실하여야 한다.
② 상담사는 소비자의 정서·관심사·흥미를 알아내는 데 실마리가 되는 언어적·비언어적 메시지에 주의를 기울여 경청할 필요가 있다.
③ 구체적인 개방형 질문을 함으로써 서비스에 필요한 정보를 얻을 수 있다.
④ 단호하면서도 공격적이지 않게 아이디어를 제공함으로써 소비자가 의사결정을 내리는 데 도움을 줄 수 있다.
⑤ 부정적이거나 불가능하다는 것에 초점을 맞추기보다는 어떤 것이 가능하고, 어떻게 해줄 수 있는지를 중심으로 상담해야 한다.

19
인터넷상담의 장단점을 각각 3가지씩 쓰시오.

인터넷상담의 장점은 ⅰ) 기존 상담방법과는 달리 상담 장소, 시간 등에 구애받지 않고 상담을 수시로 할 수 있는 편리함이다. ⅱ) 상담내용을 공개할 수 있어 유사한 내용의 반복적 상담을 줄임으로써 대면상담이나 문서상담 등에 비해 경제적이다. ⅲ) 상담을 제공하는 소비자전문상담사의 업무상 스트레스를 줄일 수 있고, 인터넷을 통해 명확하고 효과적인 상담을 할 수 있다. 특히, 인터넷상담은 정보제공 상담이나 구매 전 소비자상담에 보다 효과적으로 활용할 수 있다.

이에 비하여 인터넷상담의 단점은 ⅰ) 사이버 공간에서의 개인정보문제가 심각하게 발생하고 개인정보유출 가능성이 높다. ⅱ) 비대면방식에 의한 상담이라는 특성상 상담과정 중 감정이 폭발하면 속어나 비어가 난무할 수 있다. ⅲ) 위기상황에 즉각적으로 대처하기가 어렵다.

20
기업에서 고객만족조사를 하는 이유 4가지를 쓰시오.

① **고객감소 원인 규명** : 고객감소는 기업의 제품과 서비스에 대한 불만에서 비롯되는 경우가 많다.
② **고객유지와 비용이익** : 기업의 입장에서 보면 신규고객을 확보하기 위하여 사용되는 비용보다는 기존의 고객을 유지함으로써 단골고객화하는 데 드는 비용이 저렴할 수 있다.
③ **직원의 동기와 참여유도** : 만족도조사를 통하여 직원으로 하여금 제품향상 등의 동기와 실질적인 참여를 유도할 수 있다.
④ **기업의 수익성 증가** : 고객만족경영은 결국 신규고객을 확보하고, 기존의 고객을 유지하는 비결이며, 고객의 증가는 기업의 수익을 증가하게 한다.

16 2009년 하반기 소비자전문상담사 2급 실기 기출복원문제

01
대학생들을 대상으로 신용카드를 올바르게 사용하고, 사용상 피해를 예방할 수 있는 소비자교육 자료를 작성하려고 한다. 아래의 내용에 답하시오.

① 교육목표
- ㉠ 합리적인 의사결정능력을 함양할 수 있다.
- ㉡ 가격비교 사이트 등을 통하여 구매 전 소비자정보를 충분히 활용할 수 있다.
- ㉢ 신용카드 할부거래에 관한 관련 법규를 설명하고 취소 등에 관한 법률을 적용할 수 있다.
- ㉣ 구입한 물품을 확인하고 문제가 발생하였을 시 대처방법(내용증명서 작성 등)을 숙지할 수 있다.

② 교육내용
- ㉠ 합리적 의사결정능력 함양(경제, 광고와 의사결정, 기회비용 등)
- ㉡ 바람직한 소비가치 함양(구매 전 고려해야 할 요소들, 다양한 구매방법, 소비자를 속이는 사례 등)
- ㉢ 나만의 예산안 짜보기(예산안의 필요성, 수입과 지출 등)
- ㉣ 저축과 투자(재정목표, 저축과 투자의 종류 등)
- ㉤ 신용카드 일반(신용, 신용카드의 종류, 신용카드 사용수칙 등)

③ 교육방법
- ㉠ 인터넷을 활용한 소비자교육 방법
- ㉡ 신문이나 잡지를 이용한 인쇄매체 활용
- ㉢ 동아리 활동을 통한 소비자교육 방법
- ㉣ 각종 게임을 포함한 전문경제교육 프로그램 등을 활용

기업이 소비자 모니터링을 실시하는 목적 3가지를 쓰시오.

① 소비자와 거래처(특약점, 대리점, 납품업체)로부터 각종 고충과 제안의견 등을 접수하고 분석하여 경영개선에 도움이 되는 자료를 생산한다.
② 소비자의 불만평가 등을 토대로 제품향상과 고객만족을 목표로 소비자의 의견을 청취하고 기업이 의도하는 바대로 조정해 나간다.
③ 회사이미지 및 회사제품의 불만사항을 조기에 발견하여 회사가 시의적절하게 대응할 수 있다.
④ 소비자 피해를 단순처리하기보다는 이를 해결하는 과정에서 제품하자의 근본적인 원인을 적극적으로 규명함을 목적으로 해야 최대 성과를 얻을 수 있다.

가격비교사이트를 효과적으로 활용하기 위해 고려해야 할 사항 5가지를 쓰시오.

① 구매하고자 하는 상품의 범주를 미리 정하고 검색을 시작한다.
② 구매하고자 하는 상품을 특정하고 사이트별 가격검색을 한다.
③ 구매하고자 하는 상품의 품질 등에 관한 정보를 검색하기 위해 소비자단체나 상품경험 사이트에 접속하여 해당 물품을 소비해 본 소비자들의 경험이나 불만을 검색한다.
④ 가격정보 사이트별 소비자정보의 제공형식이나 검색방식이 다소 상이하므로 가능한 한 많은 가격정보사이트를 방문해서 비교·분석한다.
⑤ 컴퓨터 제품이나 전자제품 등 특정상품은 전문매장에서 특화된 가격정보를 얻는다.
⑥ 가격정보 이외에 운송료, 애프터서비스의 조건, 사양, 부가세의 포함여부, 배송기간 등 종합적인 정보를 통해 가장 합리적인 소비선택이 이루어지도록 한다.

04

화가 난 소비자에게 적용할 수 있는 상담기법 3가지를 쓰시오.

화가 난 소비자에 대해 효과적인 상담을 하기 위해서는 먼저 소비자가 화난 이유를 알아내야 한다. 일반적으로 소비자가 지닌 사전 기대나 의도와 실제적인 행동이 서로 다르기 때문에 소비자는 불만을 갖게 되고 정도가 심하면 화를 낸다. 화난 소비자에 대하여는 다음과 같은 전략으로 응대할 필요가 있다.
① 화난 감정 상태를 부정하면 언쟁으로 이어지므로 먼저 화난 감정 상태를 인정한다.
② 소비자를 안심시키는 대화를 유도함으로써 문제를 해결할 수 있도록 한다.
③ 침착하게 행동하며 객관성을 유지한다.
④ 질문을 종합하여 들은 것을 피드백하고 데이터를 분석하여 소비자가 화난 근본적인 원인을 규명하도록 한다.
⑤ 이야기를 끝까지 들어주어 화를 발산할 기회를 준다.
⑥ 불만상황을 해소하기 위하여 노력한다.
⑦ 화난 소비자들로부터 문제해결방법에 관한 아이디어를 구하는 것도 좋은 방법이다.
⑧ 해결책으로서 불가능한 것보다는 가능한 것이 무엇인지를 말하는 것이 좋다.

05

소비자상담과정에서 전화를 다른 사람에게 돌려야 할 경우, 상담사가 고객을 위해 해야 할 4가지 사항에 대해 쓰시오.

전화를 오래 끌면서 한 사람에게서 다른 사람에게로 연결하는 것은 몹시 짜증스러운 일이다. 소비자의 마음이 상하지 않게 전화를 다른 사람에게 돌려줄 수 있는 지침은 다음과 같다.
① 전화를 다른 사람에게 돌려야 하는 이유와 받는 사람을 밝힌다. 전화를 받고 이를 다른 사람에게 돌려야 할 때 전화를 건 소비자에게 누구에게, 그리고 왜 전화를 돌려야 하는지 밝힘으로써 마음의 준비를 하도록 한다.
② 전화를 다른 사람에게 돌려도 괜찮겠는지 물어본다. 전화를 건 사람이 원하지도 않았는데 다른 사람에게 전화가 돌려진다면 이는 소비자를 화나게 하는 일일 것이며, 휴대전화 또는 장거리 전화로 전화를 걸어온 소비자를 기다리게 하는 것은 금전적인 손해를 입히는 것이기도 하다. 소비자가 통화하기 원하는 사람을 바꿔주려 할 때에는 일방적으로 전화를 돌리기 전에 항상 그럴 의향이 있는지 먼저 물어 보아야 한다.

③ 수화기를 내려놓기 전에 바꿔 줄 당사자에게 먼저 전화를 걸어 확인한다. 만일, 상담사가 다른 부서 혹은 사람에게 전화를 돌리고 그냥 끊어 버렸는데 그 부서에서 아무도 전화를 받지 않을 경우 소비자는 화가 날 것이다. 따라서 자리에 있지 않은 사람에게 전화를 돌려서 전화를 건 소비자를 당혹스럽게 만들지 않도록 조치하여야 한다.
④ 당사자가 전화를 받을 수 없다면 소비자와 다시 연락을 해서 설명해야 한다. 그리고 소비자가 기다리겠다고 하는 경우를 제외하고는 기다리는 동안 다른 사람과 연결해 주기보다는 메시지를 남기도록 제안한다.
⑤ 전화를 돌려받을 사람에게 전화를 건 소비자의 이름과 용건을 전달한다. 전화를 돌려받은 담당자가 소비자의 이름과 기본적인 정황을 전혀 모르고 있다면, 전화를 건 소비자는 똑같은 말을 다시 몇 번이고 반복해야 하기 때문이다.

06. 소비자피해구제에 관한 상담결과 보고서에 포함되어야 할 5가지 사항을 쓰시오.

소비자피해구제에 관해 상담한 후 보고서에는 소비자상담유형이나 내용에 따라 피해가 어떠한 방법으로 구제되었는지에 대한 구체적인 내용을 기입한다. 소비자상담 결과에 대한 보고서의 내용은 일반적으로 ⅰ) 소비자의 인적 사항, ⅱ) 상담내용의 원인, 배경과 요지, ⅲ) 상담기법, ⅳ) 상담과정의 주요 내용 요약 및 축어록, ⅴ) 소비자의 상태, 상황, ⅵ) 피해사례의 처리경과 및 결과, ⅶ) 소비자의 상담 결과에 대한 만족 여부, ⅷ) 전체 상담과정에 대한 상담자의 평가 및 소비자의 느낌 등을 포함하여야 한다.

07. 기업 소비자상담의 기능 3가지를 쓰시오.

오늘날 기업은 고객만족을 통한 이익의 창출에 최대 목표를 두고 소비자상담실의 기능을 강화하고 있다. 기업의 소비자상담실의 주요 업무로는 ⅰ) 자사제품에 대한 각종 정부제공 및 상담, ⅱ) 소비지불만 및 피해구제, ⅲ) 소비자상담 자료의 정리, 분석 및 보고, ⅳ) 소비자만족도 조사, ⅴ) 사내·외 소비자교육, ⅵ) 소비자단체, 소비자정책 동향 파악과 대응책 마련 등이 있다.

08

기업에서 사용설명서를 제작해야 하는 필요성 3가지를 쓰시오.

상품의 종류가 나날이 다양해지고 새로운 상품들이 등장하면서 상품의 표시사항이 더욱 중요해지고 있다.

① 소비자불만과 피해를 사전에 예방한다. 사용설명서는 소비자에게 가장 1차적이고 중요한 정보이다. 사용설명서는 제품사용이나 기능과 관련된 사항, 주의사항 등을 소비자에게 알려줌으로써 소비자불만과 소비자피해를 사전에 예방해 주는 역할을 한다.

② 제조물 책임법 관련 대응자료로 활용된다. 기업에서는 정확하고 적절한 사용설명서를 제공함으로써 분쟁의 소지를 없앨 수 있고 책임여부를 따질 때 상당부분 책임을 면할 수 있다.

③ 소비자상담업무에 활용할 수 있다. 기업은 소비자에게 충분한 정보를 주는 사용설명서를 작성하고, 소비자상담부서나 A/S 직원은 사용설명서에 나타난 제품 관련 정보와 지식을 충분히 숙지하여 소비자 불만을 잘 처리하고 소비자에게 정확한 정보를 제공하는 등 소비자상담업무에 활용할 수 있다.

09

전자상거래로 구입한 상품을 소비자가 철회할 수 없는 경우 3가지를 쓰시오.

전자상거래 소비자는 다음 어느 하나에 해당하는 경우 통신판매업자의 의사에 반하여 청약철회 등을 할 수 없다. 다만, 통신판매업자가 청약철회 등이 불가능하다는 사실을 재화 등의 포장이나 그 밖에 소비자가 쉽게 알 수 있는 곳에 명확하게 표시하거나 시험사용상품을 제공하는 등의 방법으로 청약철회 등의 권리 행사가 방해받지 아니하도록 조치하지 아니한 경우 ②부터 ⑤까지는 청약철회 등을 할 수 있다.

① 소비자에게 책임이 있는 사유로 재화 등이 멸실되거나 훼손된 경우(다만, 재화 등의 내용을 확인하기 위하여 포장 등을 훼손한 경우는 제외)

② 소비자의 사용 또는 일부 소비로 재화 등의 가치가 현저히 감소한 경우

③ 시간이 지나 다시 판매하기 곤란할 정도로 재화 등의 가치가 현저히 감소한 경우

④ 복제가 가능한 재화 등의 포장을 훼손한 경우

⑤ 용역 또는 디지털콘텐츠의 제공이 개시된 경우(다만, 가분적 용역 또는 가분적 디지털콘텐츠로 구성된 계약의 경우에는 제공이 개시되지 아니한 부분에 대하여는 그러하지 아니함)

⑥ 그 밖에 거래의 안전을 위하여 대통령령으로 정하는 경우

10

내용증명의 발송절차와 기입 내용을 쓰시오.

내용증명우편은 우편물의 내용인 문서를 등본에 의하여 증명하는 제도로 어떤 내용의 것을 언제, 누가, 누구에게 발송하였는가 하는 사실을 발송인이 작성한 등본에 의하여 우체국장이 공적인 입장에서 증명하는 제도이다. 위 통지서 3통을 작성하여 1통은 내용문서의 원본으로서 수취인에게 우송하고, 등본 2통은 우체국과 발송인이 각각 1통씩 보관한다. 발송인은 내용증명우편물을 발송한 날로부터 3년 이내에 한하여 발송우체국에서 재차 증명을 받거나 등본의 열람을 청구할 수 있다. 이때에는 특수우편물의 수령증을 제시하여야 한다. 기입내용으로는 내용증명우편의 수신인과 발신인, 내용증명우편을 하는 이유, 내용증명우편에 대한 답변요청, 날짜, 서명 또는 날인이 있다.

11

품질보증기간이 경과한 DVD 수리를 의뢰했으나 2개월이 지나도록 제품을 돌려받지 못하였다. 제품 구입가격이 30만 원이었다면 환불기준과 환불금액 품질보증기간 경과 후의 부품을 보유하지 않아 수리가 불가능한 경우에는 얼마를 환불받을 수 있는가?

소비자와 사업자 사이에 발생하는 분쟁을 원만하게 해결하기 위해 소비자분쟁해결기준이 마련되어 있으므로 이에 의한 기준이 적용되어야 한다. 소비자기본법상 일반분쟁해결기준은 소비자가 수리를 의뢰한 날로부터 1개월이 경과한 후에도 사업자가 수리된 물품을 소비자에게 인도하지 못한 경우 품질보증기간 경과 후이면 구입가를 기준으로 정액감가상각한 금액의 100분의 10을 가산하여 환급하도록 되어 있고, 품목별 소비자분쟁해결기준에 의하면 DVD부품은 보유기간이 6년이다. 사례에 있어 부품보유기간이 경과했는지 정확하지는 않으나 부품보유기간 내이면 사업자의 귀책사유가 명백하고, 이 외라도 어떠한 사유이든 2개월이 지나도록 제품을 돌려 주지 않은 사업자에게 귀책사유가 인정된다. 따라서 소비자는 DVD 구입가격 30만 원에서 구매연수에 따른 감가상각액을 구한 후 여기에 감가상각된 금액의 10%를 가산하여 사업자에게 환불하여 줄 것을 요구할 수 있다.

12
고객관계유지를 위한 관계마케팅의 특징 3가지를 쓰시오.

기존 마케팅이 제품의 질에 관심을 둔 마케팅이었다면, 관계마케팅이란 기업의 거래당사자인 고객과 지속적으로 유대관계를 형성·유지·대화하면서 관계를 강화하고 상호 이익을 극대화할 수 있는 다양한 마케팅을 말한다.

관계마케팅은 ⅰ) 고객을 장기적인 거래유지를 통한 수익 창출을 유지하는 동반자로 본다. ⅱ) 고객으로부터의 정보전달이 중요시되고 고객에 대한 서비스 차별화의 기초가 됨으로써 기업과 고객 간 의사소통의 쌍방향 커뮤니케이션이 이루어진다. ⅲ) 고객에게 많은 제품이 아닌 다양한 제품을 판매하거나 거래기간을 연속적으로 유지하는 범위의 경제를 도모한다. ⅳ) 차별화나 관리의 초점이 상품에서 고객으로 확산된다는 특징이 있다.

13
어린이소비자를 교육할 때의 주의사항 3가지를 쓰시오.

12~13세 어린이는 준청소년에 가깝다. 이 시기에는 성인과는 다른 어린이 특유의 정체성을 갖고 구매의사결정을 내리는 독립된 소비행동이 나타난다. 또한, 유행이나 광고에 현혹되기 쉬우며, 또래집단의 소비행위에 많은 영향을 받는다. 동조소비·과시소비·충동소비가 많고, 성인소비자로 이행되는 과정이기 때문에 성인의 소비성향을 그대로 이어받을 가능성이 높다.

이러한 점을 미루어 보아 12~13세 어린이소비자교육 시행 시 다음과 같은 효과를 얻을 수 있다. 첫째, 올바른 소비가치관을 형성할 수 있다. 둘째, 필수적 지출과 선택적 지출을 구분하게 되어 자원배분의 효율화를 꾀할 수 있다. 셋째, 유행이나 광고에 현혹되지 않는 합리적인 소비결정을 할 수 있다. 넷째, 합리적인 소비생활이 또래집단에 영향을 미칠 수 있다. 다섯째, 부모의 소비생활에 영향을 준다는 점에서 부모세대에 역사회화될 수 있다. 여섯째, 소비자피해예방 및 이미 발생한 피해에 대한 처리능력을 키울 수 있다.

따라서 어린이소비자 교육은 ⅰ) 교육에 있어 합리적인 소비 사고를 위한 반복학습이 필요하다. ⅱ) 부모가 이를 위한 모범을 보여야 한다. ⅲ) 장기적인 안목에서 사리분별을 명확히 할 수 있도록 칭찬과 꾸짖기를 일관성 있게 하여야 한다. ⅳ) 놀이나 게임과 같이 아동들의 흥미를 유발할 수 있는 교육방법이 효과적이다.

14

기업의 소비자상담사가 구매 전 소비자상담 시 제공할 수 있는 정보 3가지를 쓰시오.

상품에 대한 정확한 정보의 제공은 상품의 기능, 상품의 작동원리, 상품의 사용방법과 내용, 상품사용 시 주의사항, 위험경고, 손질 및 관리, 소비자피해보상내용 등을 소비자에게 제공하는 것을 말한다. 소비자의 경우에 구매 전 정보를 얻게 될 경우 필요한 정보를 찾게 되는 수고를 덜어 경제적이고, 기업의 경우에서 보면 첫째, 상품에 대한 소비자의 올바른 사용으로 고장 등을 미연에 방지하여 소비자피해보상에 드는 비용을 줄일 수 있고, 둘째, 소비자의 만족을 통한 재구매를 유도하는 고객로열티(고객충성도)를 증가시켜 종국적으로는 기업의 이윤을 극대화할 수 있다. 기업의 소비자상담사가 구매 전 소비자상담 시 제공할 수 있는 정보로는 ⅰ) 대체안의 제시와 특성비교, ⅱ) 가격과 판매점에 관한 정보, ⅲ) 대체안 평가방법에 대한 정보, ⅳ) 다양한 판매방법에 대한 정보 등이 있다.

15

소비자불만 자율관리프로그램(CCMS) 도입의 기대효과를 쓰시오.

소비자불만 자율관리프로그램은 2005년 공정거래위원회와 소비자피해 자율관리위원회가 확정·공표하였으며 영문 약어로 CCMS(Consumer Complaints Management System)라 통칭한다. CCMS는 소비자불만의 예방 및 구제를 위한 실행체계와 행동기준을 제시하며, 기업은 실행체계의 구축·프로그램의 운영·자율관리의 유지촉진 및 개선 등 3단계를 거쳐 이를 실행하게 된다. 자율관리 실천사무국으로 기업소비자전문가협회(The Organization of Consumer Affairs Professional in Business)가 CCMS 지원 및 확산에 참여하고 있다. 실행체계의 구축 단계에서는 기업이 추구하는 자율관리정책의 목표를 명확히 설정하여 행동강령이나 행동준칙을 마련한다. 이후 자율관리를 담당할 임원을 임명하고 조직을 구축하여 적절한 권한과 책임을 부여하며, 내부통제체제를 구축한다. 소비자의 입장에서는 소비자의 기본권익 향상에 이바지하며, 기업의 입장에서는 고객만족경영을 통한 이윤극대화에 기여하게 된다.

16

미스터리 쇼핑, 포커스 그룹, 고객패널에 대해 각각 설명하시오.

① **미스터리 쇼핑** : 기업에서 고용한 사람, 즉 가장직원이 상품을 구입하면서 직원의 친절도, 제품에 대한 지식, 업무능력 등을 체크하는 것을 말한다.

② **포커스 그룹** : 상품, 서비스, 조직 또는 다른 마케팅 요소에 관해 토론하기 위해 노련한 중재자와 함께 몇 시간을 보낼 수 있도록 초대된 6~10명 정도의 사람으로 구성된 모임을 말한다.

③ **고객패널** : 구매날짜, 구매장소, 구매수량, 판매가격 등에 대한 지속적인 소비자동향 조사를 위하여 선정된 고객그룹을 말한다.

17 2008년 소비자전문상담사 2급 실기 기출복원문제

01
우리나라 노인인구가 급증함에 따라 노인소비자 피해 또한 증가하고 있다. 노인소비자 문제 3가지를 제시하고 노인을 대상으로 한 소비자교육을 실시하고자 할 때 어떤 내용을 교육해야 할지를 서술하시오. [12점]

노인소비자는 경제활동의 주체에서 이탈하는 시기에 있으므로 활동능력과 상관없이 소득의 결여에 따른 경제상태가 빈궁한 것이 일반적이고, 신체기능의 노화에 따라 사리분별력이 감퇴함으로써 소비시장에 있어서는 소극적이고 수동적이 되기 쉽다. 사회적 역할 상실과 소외로 심리적 고독감이 있어 개인적 접촉을 특징으로 하는 방문판매 등의 판매 유형에 의한 급격한 피해가 발생한다. 낮은 소비자교육, 낮은 구매력으로 소비시장에서 영향력이 적지만 실버상품에 대한 구매욕이 날로 증가하고 있다. 노인소비자의 교육에 있어서는 낮은 인지속도를 감안하여 보다 긴 시간 동안, 노인소비자의 흥미을 유발할 수 있는 시청각 자료를 활용하여, 보다 쉽게 교육을 진행시킬 필요가 있다.

02
미성년자가 부모의 동의 없이 시장에서 건강식품을 구매하였는데, 업체에 해약할 의사를 표시하자 위약금 50%를 내라고 한다. 이 경우 위약금 없이 취소할 수 있는가?

민법 제5조는 "미성년자가 법률행위를 함에는 법정대리인의 동의를 얻어야 한다. 그러하지 아니하면 취소할 수 있다"라고 규정하고 있다. 사례의 경우에 미성년자는 부모의 동의 없이 건강식품을 구매하였으므로 취소할 수 있는 법률행위를 한 것이며, 미성년자나 그 법정대리인이 취소할 수 있다. 취소된 법률행위는 민법 제141조에 의하여 처음부터 무효인 것으로 보나, 다만 제한능력자는 그 행위로 인하여 받은 이익이 현존하는 한도에서 상환할 책임이 있다고 하고 있으므로 미성년자는 위약금을 낼 필요 없이 환급받을 수 있고, 현존하는 상태로 건강식품을 반환하면 된다.

03

A씨는 2008년 7월 1일 애완동물가게에서 애완견을 구입하였다. 애완견 구입 후 14일 이내 폐사 시 보상기준과 14일 이내에 질병이 발생하였을 시 보상기준 그리고 계약서 미교부 시 대처방안을 각각 논하시오.

애완동물판매업(개와 고양이에 한함)에 관한 품목별 소비자분쟁해결기준에 의하면 ⅰ) 구입 후 15일 이내 폐사 시 동종의 애완견으로 교환 또는 구입가 환급(단, 소비자의 중대한 과실로 인하여 피해가 발생한 경우에는 배상을 요구할 수 없음)이 가능하고, ⅱ) 구입 후 15일 이내 질병 발생 시 판매업소(사업자)가 제반 비용을 부담하여 회복시켜 소비자에게 인도하여야 한다. 다만, 업소 책임하의 회복기간이 30일을 경과하거나, 판매업소 관리 중 폐사 시에는 동종의 애완견으로 교환 또는 구입가를 환급하여야 한다. 한편 품목별 소비자분쟁해결기준은 판매업자에게 계약서 교부의무를 지우고 있는데 만약 판매업자가 계약서를 교부하지 않았다면 구입 후 7일 이내에 계약을 해제할 수 있다.

04

소비자동향과 요구 추이 파악을 위한 조사를 설계하고자 한다. 설계과정에서 조사의 신뢰도와 타당도가 고려되어야 하는데, 신뢰도와 타당도의 개념에 대해 논하시오.

신뢰도는 조사 및 분석의 정확성 내지는 일관성을 의미한다. 즉, 몇 번을 반복해서 측정하여 조사·분석하여도 마찬가지의 결과를 도출할 수 있는 경우 이를 신뢰도가 높다고 평가한다. 예를 들어 어떤 제품의 만족도를 여러 가지 문항으로 물어보았는데 각각 다른 결과들이 나타난다면 이 문항들은 믿을 수가 없게 되는 것이다.

타당도는 조사자가 만든 측정도구 내지는 조사방법이 측정하고자 하는 개념을 제대로 측정하고 있는가에 관한 것으로, 적합성이라고도 이야기할 수 있다. 또한 타당성은 조사하고자 하는 대상과 조사한 대상이 일치하는가를 이야기하는 것이다. 예를 들어 기업에 대한 인지도를 조사하려고 하는데, 만족도를 물어보는 질문으로 인지도를 조사하려 한다면 그 조사결과는 인지도에 대한 정보를 제공해 주지 않을 것이다.

05
소비자정보의 특성 중 공공재적 특성에 대해 설명하고, 이것이 소비자 정책에 미치는 의미에 대해 서술하시오.

소비자정보는 공공재적 특성을 가지고 있기 때문에 일반적인 재화와는 달리 그것이 얼마만큼 공급되든지 간에 일단 공급되기만 하면 공급자 모두가 불편이나 효용의 감소 없이 공동으로 이용할 수 있는 성질, 즉 비배타성과 비경합성을 가지고 있다. 이러한 공공재적 특성으로 인하여 모든 소비자가 소비자정보를 필요로 하지만 개개의 소비자는 다른 누군가가 그러한 소비자정보를 획득하여 제공해 주기만을 원할 뿐, 스스로는 이를 위한 시간과 비용을 들이지 않으려 한다.
이러한 소비자정보의 공공재적 특성 때문에 시장의 자율적인 기능을 통해서는 소비자정보가 충분히 공급될 수 없으므로, 정부가 적극적으로 나서서 소비자정보를 생산하고 분배하여 주는 소비자정보 정책을 펼쳐야 하는 것이다.

06
내용증명의 개념과 의미를 설명하고 발송절차를 쓰시오.

내용증명우편은 우편물의 내용인 문서를 등본에 의하여 증명하는 제도로 어떤 내용의 것을 언제, 누가, 누구에게 발송하였는가 하는 사실을 발송인이 작성한 등본에 의하여 우체국장이 공적인 입장에서 증명하는 제도이다. 위 통지서 3통을 작성하여 1통은 내용문서의 원본으로서 수취인에게 우송하고, 등본 2통은 우체국과 발송인이 각각 1통씩 보관한다. 발송인은 내용증명우편물을 발송한 날로부터 3년 이내에 한하여 발송 우체국에서 재차 증명을 받거나 등본의 열람을 구할 수 있다. 이때에는 특수우편물의 수령증을 제시하여야 한다.

07

소비자의 바람직한 제품 사용을 위해 사용설명서를 제작하고자 한다. 제작 시 갖추어야 할 요건과 고려사항을 기술하시오.

사용설명서는 제품 사용이나 기능과 관련된 사항, 주의사항 등을 소비자에게 알려줌으로써 소비자 불만과 소비자피해를 사전에 예방해 주는 역할을 한다. 상품설명서는 다음 기준에 의해 제작하여야 한다.
① 소비자가 충분히 숙지할 수 있도록 자세하게 작성해야 한다.
② 주요 내용이 한눈에 파악되도록 간결하여야 한다.
③ 이해하기 쉬워야 하므로 지나치게 어려운 단어, 뜻이 불명확한 단어, 비문법적인 표현, 한문 투의 표현은 사용하지 말아야 한다.
④ 제품설명서의 문구는 눈에 잘 띄도록 크기나 색상이 적절해야 한다. 특히, 제품 위험이나 경고사항은 위험마크를 표시하거나 색상을 다르게 해 한눈에 들어오도록 한다.
⑤ 제품의 작동원리 등은 쉬우면서도 과학적인 용어로 설명한다.
⑥ 제품에 대한 진실되고 정확한 정보를 제공해야 한다.
⑦ 소비자가 알아야 할 중요한 정보는 누락하지 말고 꼭 포함시켜야 한다.

08

기업이 소비자에게 자사의 상품에 대해 정확한 정보를 제공해 줄 때, 소비자와 기업이 얻을 수 있는 이점에 대해서 설명하시오.

상품에 대한 정확한 정보의 제공은 상품의 기능, 상품의 작동원리, 상품의 사용방법과 내용, 상품사용 시 주의사항, 위험경고, 손질 및 관리, 소비자피해보상내용 등을 소비자에게 정확히 제공하는 것을 말한다. 상품에 대해 정확한 정보를 제공한다면 소비자는 ⅰ) 구매 전 정보를 얻게 될 경우 필요한 정보를 찾게 되는 수고를 덜어 경제적이고, ⅱ) 구매 시 정보를 얻게 될 경우 효율적인 구매의사결정을 도울 수 있으며, ⅲ) 구매 후에는 상품에 대한 사용방법을 숙지하여 소비자피해를 사전에 예방할 수 있다. 또한 기업은 ⅰ) 상품에 대한 소비자의 올바른 사용으로 고장 등을 미연에 방지하여 소비자피해보상에 드는 비용을 줄일 수 있고, ⅱ) 소비자의 만족을 통한 재구매를 유도하는 고객충성도를 증가시켜 종국적으로는 기업의 이윤을 극대화할 수 있다.

09

인터넷상담의 장점과 단점을 서술하시오.

인터넷을 통한 소비자상담은 ⅰ) 상담 장소, 시간 등에 구애받지 않고 상담을 수시로 할 수 있는 편리함이 있고, ⅱ) 대면상담이나 문서상담 등에 비해 경제적이며 상담내용을 공개할 수 있어 유사한 내용의 반복상담을 줄일 수 있으며, ⅲ) 업무상 스트레스를 줄일 수 있으며 명확하고 효과적인 상담일 뿐 아니라 ⅳ) 정보제공 상담이나 구매 전 상담에 효과적이다. 이에 비하여 인터넷상담은 사이버 공간에서 개인정보문제가 심각하게 발생하듯이 개인정보유출 가능성이 있고, 비대면 방식에 의한 상담이라는 특성상 상담과정 중 감정이 폭발하면 속어나 비어가 난무할 수 있다는 단점이 있다.

10

인터넷쇼핑몰을 이용하는 경우에 있어 주의사항을 설명하시오.

인터넷상의 상점이나 점포에 접속해서 사용자가 물건을 구매하는 것을 인터넷쇼핑, 온라인쇼핑, 사이버쇼핑이라고 한다. 인터넷쇼핑은 상품을 직접 눈으로 확인하지 않은 상태에서 사람과 사람이 직접 만나지 않고 거래가 이루어진다는 점에서 소비자피해의 우려가 높으므로 온라인거래로부터 피해를 예방하려면 무엇보다도 소비자의 주의가 필요하다.

인터넷쇼핑의 피해예방을 위해서는 먼저 신뢰성 있는 전자상거래 업체를 통해서 거래를 해야 하며, 거래를 하기 전에 홈페이지 하단에 사업자등록번호 및 통신판매업 신고가 되어있는지 확인을 해야 하고, 거래 시 결제의 보안상태나 결제한 후 영수증을 꼭 받아야 할 뿐 아니라 거래한 후 고객센터 전화번호를 확인한 후 차후 문제발생 시 대처할 수 있도록 해야 한다. 또한 인터넷쇼핑 중 피해를 당했다면 전자상거래분쟁조정위원회, 사이버소비자센터 등을 이용하면 피해에 대처할 수 있다.

11

특정 금융기관의 소비자가 어느 정도 만족하고 있는지 조사할 때 조사항목에 포함되어야 할 사항 5가지를 쓰시오.

기업의 제품과 서비스에 대한 고객의 요구와 욕구는 제품 자체는 물론 판매과정에 따른 다양한 요소에 따라 나타나므로 고객만족도 조사의 내용 내지 영역은 다양하게 설정될 수 있고, 설정요소를 종합적으로 측정할 수도 있다. 금융기관의 소비자만족도를 조사한다면 조사항목으로는 ⅰ) 금융상품의 만족도, ⅱ) 행원의 친절한 언어와 태도, ⅲ) 고객의 사후불만처리, ⅳ) 고객증가 및 감소의 원인, ⅴ) 타 금융기관 상품과의 경쟁력 등을 생각할 수 있다.

12

소비자만족도 조사 이외 기업의 소비자상담의 성과를 측정할 수 있는 방법을 2가지 이상 기술하시오.

소비자모니터링, 소비자 접점조사, 고객인식조사 등이 있다. ⅰ) 소비자모니터링이란 소비자가 기대하는 수준의 서비스를 제대로 제공하고 있는지를 평가·점검하는 최상의 수단이고, 소비자서비스 수준이 지속적으로 유지되고 있는지를 확인할 수 있으며, 더 나아가 회사 전체의 수익극대화에 중요한 가치 있는 정보를 획득할 수 있다. 이는 소비자 만족과 소비자 지위향상을 통한 기업의 수익극대화에 이바지하게 된다. ⅱ) 소비자 접점조사란 소비자가 물건이나 서비스를 구매하기 위하여 판매원을 만날 때, 불평이 생겨 고객센터와 접촉을 할 때, 서비스 갱신을 위하여 서비스 요원과 접촉을 할 때 등 소비자와 접촉하는 순간에 소비자들을 통하여 직원의 친절도, 서비스 만족도, 불편사항 등을 조사하는 것을 말한다. ⅲ) 고객인식조사란 자신의 상품이나 서비스를 이용하는 기존 고객에 대하여 기업의 성과수준을 측정하는 것이다. 기업이 좋은 품질과 서비스를 제공하는지를 모니터링하는 데 관심이 있는 경우에 고객인식조사를 통하여 기업의 성과수준을 적절히 검토할 수 있다.

13

고객만족도 조사방법 4가지를 쓰시오.

고객만족도를 조사하는 방법으로는 사내 벤치마킹, 암행쇼핑, 고객불평조사, 중요고객조사법 등이 있다. ⅰ) 사내 벤치마킹이란 서비스 성과를 계량화하여 모니터하기 위하여 내부적 자료를 수집하고 사용하여 기업에 대한 낮은 평가가 기업의 문제인지 고객의 문제인지를 알아내고자 할 때 사용한다. ⅱ) 암행쇼핑이란 조사자가 일반소비자로 위장하여 매장(판매사원)에 방문하여, 정해진 필수 질문을 하고, 직원이 어떤 식으로 고객 응대를 하는지 정해진 체크리스트(평가시트)에 체크해 오는 활동을 의미한다. 이는 자사제품에 대한 시장상황을 점검함으로써 서비스 품질의 일류화를 통해 경쟁자와의 서비스 경쟁력을 차별화하는 데에 그 목적이 있다. ⅲ) 고객불평조사란 고객은 회사에 불평을 잘 말하지 않으므로 고객이 불평을 쉽게 말할 수 있는 상황을 회사가 만들어서 고객과 의사소통을 하는 방법이다. ⅳ) 중요고객조사법이란 기업의 이익을 창출해 주는 중요고객을 대상으로 만족도를 조사하는 것을 말한다.

14
소비자교육 프로그램의 실행방법 선정 시 고려할 원리 3가지를 쓰시오.

교육대상의 수준에 맞추어 적절한 방법이 사용되어야 소비자교육의 효과를 극대화할 수 있다. 통상 소비자교육의 방법으로는 매스미디어 활용방법, 컴퓨터 활용방법, 실물활용법, 실험실습법, 조사기법 활용방법, 사례연구, 게임, 역할놀이와 시뮬레이션, 견학 및 지역활동 참여 등 다양하게 생각할 수 있다. 실행방법을 선정함에 있어서는 ⅰ) 목표와 내용의 부합성, ⅱ) 소비자의 능력수준과 흥미와의 적합성, ⅲ) 현실적인 지도 가능성, ⅳ) 일목적 다경험과 일경험 다목적의 원리, ⅴ) 동시학습의 가능 여부와 같은 실용성 등을 고려하여야 한다.

15
인터넷쇼핑몰 전자상거래를 통하여 전자레인지를 구매하였으나 광고의 내용과 맞지 않아 이를 철회하고자 한다. 청약철회의 조건을 설명하고 전자레인지의 포장을 개봉하였을 시에 청약철회 방법을 설명하시오.

전자상거래 등에서의 소비자에 관한 법률 제17조 제3항에 의하면 전자상거래를 한 소비자는 청약철회기간에 관한 규정에도 불구하고 재화 등의 내용이 표시·광고의 내용과 다르거나 계약내용과 다르게 이행된 경우에는 그 재화 등을 공급받은 날부터 3개월 이내, 그 사실을 안 날 또는 알 수 있었던 날부터 30일 이내에 청약철회 등을 할 수 있도록 규정하고 있다. 복제가 가능한 재화 등의 포장을 훼손한 경우 청약철회를 제한하고 있으나 청약철회 등이 불가능한 재화 등의 경우라도 그 사실을 재화 등의 포장이나 그 밖에 소비자가 쉽게 알 수 있는 곳에 명확하게 적거나 시험사용상품을 제공하는 등의 방법으로 청약철회 등의 권리행사가 방해받지 아니하도록 조치하지 않았다면 청약철회 등을 할 수 있다. 사례의 경우 전자레인지의 포장을 훼손하였다 하더라도 이는 복제가 가능한 제품에 해당하지 않으므로 소비자는 전자상거래 등에서의 소비자보호에 관한 법률 제17조 제3항에 따라 청약철회 등을 할 수 있다.

16. 소비자상담원에 대한 모니터링 데이터의 활용방법 5가지를 설명하시오.

모니터링 데이터는 다음과 같은 방법으로 유용하게 활용할 수 있다.

① **통화품질 측정** : 모니터링 통화품질을 측정하는 가장 효과적인 방법이며 생산성 측정과 마찬가지로 중요하다. 모니터링을 통해 친절성과 정확성 등 모든 고객서비스 행동을 포함하여 고객만족과 고객로열티 요소들을 광범위하게 평가할 수 있다.

② **개별적인 코칭과 Follow-up** : 모니터링 데이터를 활용하면 콜센터상담원 개개인의 특성에 맞는 개발계획을 마련하여 교육함으로써 전화상담기술 향상을 효과적으로 지원할 수 있다. 이때 유의할 점은 이러한 모니터링 내용의 피드백이 제때 정확하게 이루어지고 전화상담원의 행동을 변화시키는 데 코칭의 초점이 맞추어져야 한다는 것이다. 그리고 이러한 피드백은 지속적으로 이루어져야 한다.

③ **보상과 인정의 근거자료** : 모니터링이 6가지 기준(대표성, 객관성, 차별성, 신뢰성, 타당성, 유용성)에 따라 효과적으로 수행된다면 그 결과 데이터는 성과평가의 자료가 되며, 탁월한 성과를 보인 콜센터의 상담원에 대한 보상의 근거로 활용할 수 있다. 이러한 보상과 인정은 전화상담원들에게 확실한 동기를 부여할 뿐 아니라, 모니터링을 감시가 아닌 자신을 발전시키는 수단으로 인식할 수 있도록 해준다.

④ **교육요구(Needs) 파악** : 모니터링을 통해 드러난 평가자료를 근거로 전화상담원 개개인과 콜센터 전체의 교육요구를 명확히 알 수 있다. 이를 통해 개별적인 자기개발 요구에 맞춰 교육을 실시할 수 있다.

⑤ **인력 선발과정 수정** : 모니터링을 통해 드러난 개개인의 자질을 분석함으로써 선발과정에서의 문제점을 알 수 있다.

⑥ **업무과정 개선** : 모니터링 과정에서 고객의 다양한 소리(컴플레인, 클레임, 어려운 문제, 원하는 서비스 등)를 듣게 되며, 이 정보는 마케팅, 판매, 기술관련 부서에서 유용하게 활용될 뿐 아니라 업무과정 개선의 기회를 발견하게 해준다.

17

인터넷상거래에서 발생 가능한 소비자피해 유형 5가지를 쓰고 전자상거래 피해 예방을 위한 대처방안을 쓰시오.

전자상거래는 상품을 직접 눈으로 확인하지 않은 상태에서 사람과 사람이 직접 만나지 않고 거래가 이루어진다는 점에서 소비자 피해의 우려가 높으며, 온라인거래로부터 피해를 예방하려면 무엇보다도 소비자의 주의가 필요하다. 전자상거래의 소비자피해 유형으로는 ⅰ) 표시·광고한 것과 다른 상품 또는 불량상품의 배송, ⅱ) 반품과 환불의 거절 및 회피, ⅲ) 거래했던 쇼핑몰의 웹사이트 폐쇄, ⅳ) 대금을 지급했으나 상품 미배달, ⅴ) 이용하지 않은 제품 및 서비스에 대한 대금청구 등이 있다. 전자상거래 피해예방을 위해서는 먼저 신뢰성 있는 전자상거래업체를 통해서 거래를 해야 하며, 거래를 하기 전에 홈페이지 하단에 사업자등록번호 및 통신판매업 신고가 되어있는지 확인을 해야 하고, 거래 시 결제의 보안 상태나 결제한 후 영수증을 반드시 받아야 할 뿐 아니라 거래한 후 고객센터 전화번호를 확인하여 차후 문제발생 시 대처할 수 있도록 해야 한다. 또한, 거래이용약관을 읽고 확인하여 게재조건을 명확히 인지하는 것이 필요하며, 전자상거래 피해 발생 시 사이버소비자센터나 전자상거래 분쟁조정위원회 등을 이용해 피해에 대처해야 한다.

18 2007년 소비자전문상담사 2급 실기 기출복원문제

01
고객만족 조사방법 중 전화면접법의 장단점을 각각 2가지씩 쓰시오. [4점]

소비자관련 조사의 방법으로 전화면접법이 널리 이용된다. 전화면접의 장점은 ⅰ) 시간과 공간을 초월하여 면접대상인 소비자 접촉이 항시 가능하고, ⅱ) 경제적일 뿐만 아니라 상호 접촉이 편리하고 고객만족도 교환 등 포괄적인 소비자 업무처리가 가능하다는 점이 있다.
반면 ⅰ) 불시 상담에 의해 업무에 지장이 발생할 수 있고, ⅱ) 목소리에 의해서만 의사전달이 가능하기 때문에 주변 환경이나 소비자의 심리상태 파악이 어려우며, ⅲ) 증거를 남기기 어렵고 자신의 의사전달이 확실히 되었는지 확인하기 어렵다는 단점이 있다.

02
김 씨는 웹마스터 과정의 수강을 원하여 2007년 1월 27일 (주)A디자인학원에 웹마스터 3개월 과정을 계약하고 수강료 월 30만 원씩 90만 원을 신용카드 3개월 할부로 결제하였다. 2007년 2월 6일 수강 중 2007년 3월 4일 학원 폐업 안내문을 받았다. 김 씨가 받을 수 있는 수강료 환급 여부를 판단하고 그 근거를 제시하시오.

품목별 소비자분쟁해결기준에 의하면 학원운영업의 경우에 수강기간 도중 학원인가 또는 등록취소, 일정기간 교습정지 등 행정처분이나 학원의 이전, 폐강, 기타 사업자의 사정으로 인한 수강불능의 경우에는 잔여기간에 대한 수강료를 환급하도록 하고 있다. 환급방법은 일할 계산하여 사유발생일로부터 5일 이내에 환급받을 수 있으므로 사례에 있어서 김 씨는 (주)A디자인학원에 2007년 3월 4일까지 수강할 경우 다음 날부터 잔여기간인 2007년 4월 27일까지의 일할 계산 수강료를 환급받을 수 있고, 2월 7일부터 수강을 중단한다면 그다음 날부터 잔여기간인 2007년 4월 27일까지의 일할 계산한 수강료를 환급받을 수 있다.

03

중3 여학생이 휴대폰 대리점에서 휴대폰을 청약하고자 하여 부모님 동의를 묻자 신분증을 제시하며 동의가 있는 것처럼 하여 계약을 체결하였다. 이 경우 미성년자 계약의 철회 여부를 판단하고 이에 대한 근거를 설명하시오. 4점

본 사례는 미성년자의 행위능력에 관한 문제이다. 민법 제5조는 "미성년자가 법률행위를 함에는 법정대리인의 동의를 얻어야 한다. 그러하지 아니하면 취소할 수 있다"라고 규정함으로써 법률에 예외적 규정이 있는 경우를 제외하고는 법정대리인의 동의 없는 미성년자의 행위는 취소할 수 있는 것이 원칙이다. 그러나 이러한 미성년자의 취소권은 미성년자 쪽에만 주어져 있고 또한 그 행사가 자유롭다는 점에서 미성년자와 거래한 상대방은 법적 불안전성을 갖게 된다. 이에 민법은 미성년자와 거래한 상대방을 보호하기 위한 제도를 두고 있는데 그중의 하나가 속임수를 쓴 미성년자의 행위를 취소할 수 없도록 하고 있는 것이다. 즉, 미성년자가 속임수로써 자기를 능력자로 믿게 한 경우, 그리고 미성년자가 속임수로써 법정대리인의 동의가 있는 것으로 믿게 한 경우에는 그 행위를 취소할 수 없다. 사례의 경우와 같이 미성년자가 부모의 신분증을 제시한 것만으로는 법정대리인의 동의가 있는 것처럼 사술을 쓴 경우라고 보기 어려워 계약을 취소할 수 있다.

04

A씨는 2007년 2월 15일 할인판매기간에 숙녀복을 7만 원에 구매하였다. 4일 후 어머니께 선물하였는데 치수가 맞지 않아 익일 매장을 방문하여 교환을 요구하였으나, 할인판매기간이 종료되었다며 불친절하게 거부당했다. 이 경우 A씨의 법적 권리는? 6점

품목별 소비자분쟁해결기준에 의하면, 의복류의 경우 치수(사이즈)가 맞지 않거나 디자인·색상에 불만이 있으면, 제품구입 후 7일 이내 제품에 손상이 없는 경우에 한하여 교환 또는 환급하도록 하고 있다. 또한 일반 소비자분쟁해결기준에 의하면 교환은 같은 종류의 물품 등으로 하되, 같은 종류의 물품 등으로 교환하는 것이 불가능한 경우에는 같은 종류의 유사물품 등으로 교환한다. 다만, 같은 종류의 물품 등으로 교환하는 것이 불가능하고 소비자가 같은 종류의 유사물품 등으로 교환하는 것을 원하지 않을 경우에는 환급한다. 따라서 사례의 경우 같은 종류의 유사물품 등으로의 교환이 가능하다. 그리고 할인판매된 물품 등을 교환하는 경우에는 그 정상가격과 할인가격의 차액에 관계없이 교환은 같은 종류의 물품 등으로 하되, 같은 종류의 물품 등으로 교환하는 것이 불가능한 경우에는 같은 종류의 유사물품 등으로 교환한다. 다만, 같은 종류의 물품 등으로 교환하는 것이 불가능하고 소비자가 같은 종류의 유사물품 등으로 교환하는 것을 원하지 아니하는 경우에는 환급한다. 환급금액은 거래 시 교부된 영수증 등에 적힌 물품 등의 가격을 기준으로 한다. 다만, 영수증 등에 적힌 가격에

대하여 다툼이 있는 경우에는 영수증 등에 적힌 금액과 다른 금액을 기준으로 하려는 자가 그 다른 금액이 실제거래가격임을 입증하여야 하며, 영수증이 없는 등의 사유로 실제거래가격을 입증할 수 없는 경우에는 그 지역에서 거래되는 통상적인 가격을 기준으로 한다. 사례의 경우에 있어서 A씨는 제품 구입 후 4일밖에 지나지 않아 제품 구입 후 7일 이내이므로 할인판매기간 종료와 관계없이 같은 종류의 제품으로 교환이 가능하다.

05

Leonard L. Berry, A. Parasuraman과 Valarie Zeithaml 등이 서비스품질모형 연구에서 제시한 서비스 제공 시 문제를 야기할 수 있는 5가지 갭을 쓰고 이를 설명하시오.

10점

서비스품질모형 연구에서 제시한 서비스 제공 시 문제를 야기할 수 있는 갭, 즉 기업의 제품과 서비스에 대한 불만에서 발생하는 고객감소 원인의 5가지 유형 갭은 다음과 같다.
① **촉진의 갭** : 기업의 허위·과장광고 또는 고객 자체의 비현실적인 높은 기대에 기업의 제품이나 서비스가 미치지 못하는 경우
② **이해의 갭** : 기업이 고객의 요구나 욕구를 잘못 파악하여 고객의 요구 또는 욕구에 맞지 않는 제품과 서비스를 행한 경우
③ **과정의 갭** : 고객이 제품이나 서비스를 구매하는 과정에서의 신속성이나 기타 처리절차의 부적절성에서 오는 불만의 경우
④ **행동의 갭** : 기업에 소속된 직원이 훈련 미숙으로 인하여 고객을 제대로 응대하지 못한 경우
⑤ **인식의 갭** : 기업과 고객 간의 만족도 인식에 대한 차이에서 오는 경우

06

기업의 상품설명서 제작 시 갖추어야 할 조건 5가지를 서술하시오. 5점

상품설명서는 다음 기준에 의해 제작하여야 한다.
① 소비자가 충분히 숙지할 수 있도록 자세하게 작성해야 한다.
② 주요 내용이 한눈에 파악되도록 간결하여야 한다.
③ 이해하기 쉬워야 하므로 지나치게 어려운 단어, 뜻이 불명확한 단어, 비문법적인 표현, 한문 투의 표현은 사용하지 말아야 한다.
④ 제품설명서의 문구는 눈에 잘 띄도록 크기나 색상이 적절해야 한다. 특히, 제품위험이나 경고사항은 위험마크를 표시하거나 색상을 다르게 해 한눈에 들어오도록 한다.
⑤ 제품의 작동원리 등은 쉬우면서도 과학적인 용어로 설명한다.
⑥ 제품에 대한 진실되고 정확한 정보를 제공해야 한다.
⑦ 소비자가 알아야 할 중요한 정보는 누락하지 말고 꼭 포함시켜야 한다.

07

가격비교사이트를 효과적으로 활용하기 위해 고려해야 할 5가지를 쓰시오. 5점

소비자정보 중 가격비교사이트를 통한 효과적인 가격비교방법은 다음과 같다.
① 구매하고자 하는 상품의 범주를 미리 정하고 검색을 시작한다.
② 구매하고자 하는 상품을 특정하고 사이트별 가격검색을 한다.
③ 구매하고자 하는 상품의 품질 등에 관한 정보를 검색하기 위해 소비자단체나 상품경험사이트에 들러 해당 물품을 소비해 본 소비자들의 경험이나 불만을 검색한다.
④ 가격정보사이트별 소비자정보의 제공형식이나 검색방식이 다소 상이하므로 가능한 한 많은 가격정보 사이트를 방문해서 비교·분석한다.
⑤ 컴퓨터제품이나 전자제품 등 특정상품은 선분매장에서 특화된 가격정보를 얻는다.
⑥ 가격정보 이외에 운송료, 애프터서비스의 조건, 사양, 부가세의 포함 여부, 배송기간 등 종합적인 정보를 통해 가장 합리적인 소비선택이 이루어지도록 한다.

08 소비자정보의 의미와 특성 5가지를 쓰시오.

① **소비자정보의 의미**
　　소비자정보란 소비자가 의사결정을 하는 데 사용될 수 있도록 의미 있고, 유용한 형태로 가공된 내용을 말한다.

② **소비자정보의 특성**
　　㉠ 공공재적 특성 : 소비자정보는 공공재적 특성을 가지고 있기 때문에 일반적인 재화와는 달리 그것이 얼마만큼 공급되든지 간에 일단 공급되기만 하면 공급자가 누구이든 불편이나 효용의 감소 없이 공동으로 이용할 수 있는 성질, 즉 비배타성과 비경합성을 가지고 있다.
　　㉡ 비소비 또는 비이전적 특성 : 소비자정보는 아무리 사용해도 소진되지 않고, 타인에게 양도해도 자신에게 그대로 남는다.
　　㉢ 비대칭적 특성 : 거래 당사자 중 한 사람이 가지고 있는 소비자정보를 다른 사람이 정확하게 파악할 수 없는 현상이 있다.
　　㉣ 비귀속적 특성 : 기업이 소비자에게 구매 전 상품정보를 자세히 제공하였다고 하더라도 소비자는 그 상품을 사지 않기로 결정하거나 다른 상품 및 상표를 찾아갈 수도 있다.
　　㉤ 누적효과적 특성 : 소비자정보는 사용에 따른 감가가 발생하지 않으며 오히려 축적되고, 사용할수록 그 가치가 증대되기도 한다.

09 고객만족도 조사의 일환으로 애호도(충성도)별 고객 세분화 분석을 할 경우 어떻게 할 것인지 분석내용을 3가지 쓰시오. 〖6점〗

효율적이고 효과적인 기업활동을 위해서는 개인별로 각기 다른 소비자의 특성, 요구사항, 행동양식을 기반으로 그룹별로 분류하고, 어떤 제품·서비스를 어떻게 제공할 것인가를 고려할 필요가 있다. 고객세분화는 고객 특성을 더 정확하게 파악하여 기업의 경쟁적 강점과 약점을 평가하고 가장 유리한 고객계층을 선택하여 효율적인 마케팅활동을 전개해 나감으로써 경쟁력 있는 지위를 획득할 수 있게 된다. 그리고 고객의 세분화를 통해 고객들의 욕구를 정확히 충족할 수 있으므로 기업에 대한 고객의 충성도를 제고시킬 수 있고, 마케팅활동에 대한 고객들의 반응 역시 쉽게 파악할 수 있어 그 반응에 적절하게 자원을 배분할 수 있다. 고객은 충성도나 애호도에 따라 잠재고객, 신규 또는 고정고객, 우수고객으로 세분화할 수 있다. ⅰ) 잠재고객은 판매하고자 하는 제품이나 서비스에 대한 구매가능성이 있는 고객이므로 가치와 실질적인 혜택을 부여하여 신규고객 또는 고정고객화 한다. ⅱ) 신규 또는 고정고객은 고객 유지보다 신규고객을 발굴하는 데 비용이 더욱 지출된다는 점을 감안하여 지속적인 서비스관리를 하면서 충성도를 높여나가 우수고객화한다. ⅲ) 충성도가 가장 높은 고객을 우수고객이라 하며 소득별 취미나 관여클럽성향별 차별화 전략 등으로 충성도를 지속적으로 유지하도록 한다.

10 소비자 피해구제에 관해 상담한 후 보고서 작성 시 포함되어야 할 내용 5가지를 쓰시오. 5점

소비자 피해구제에 관해 상담한 후 보고서에는 소비자상담 유형이나 내용에 따라 처리결과가 어떠한 방법으로 피해구제 되었는지에 대한 구체적인 내용을 기입한다. 소비자상담결과에 대한 보고서의 내용은 일반적으로 ⅰ) 소비자의 인적 사항, ⅱ) 상담내용의 원인, 배경과 요지, ⅲ) 상담기법, ⅳ) 상담과정의 주요 내용의 요약 및 축어록, ⅴ) 소비자의 상태, 상황, ⅵ) 피해 사례의 처리경과 및 결과, ⅶ) 소비자의 상담결과에 대한 만족 여부, ⅷ) 전체 상담과정에 대한 상담자의 평가 및 소비자의 느낌 등을 포함하여야 한다.

11 국제적 시장개방에 따라 나타나고 있는 소비자문제 3가지를 제시하고 설명하시오. 6점

국제적 시장개방에 의해 글로벌 소비자시장이 형성되면 국가 및 기업의 경쟁이 더욱 치열해져 소비자는 원하는 상품을 보다 값싸게 구입할 수 있고, 특히 정보화 내지는 기술혁신을 동반할 때 소비자중심의 시장경제로 안정화된다.

반면, 국제적 시장개방은 치열한 경쟁시장에서 기업마케팅의 고도화 또는 교묘화로 마케팅 상술에 의한 소비자의 피해가 더욱 증가할 수 있고 이 경우 피해를 보상해 주어야 할 사업자가 외국에 거주하고 있는 경우 실질적으로 피해구제를 받기 어렵다. 또한 부수히 많은 상품들에 대한 소비자정보비용이 증대될 뿐 아니라, 소비자가 피해를 입은 경우 불만 및 피해구제에 관해 어떤 나라의 법을 적용할 것인가 등에 관한 법적·제도적 정비가 필요하다.

12

소비자상담을 하는 데 있어 우유부단한 소비자를 응대하는 방법 3가지를 쓰시오. 6점

우유부단한 소비자는 자신의 불만에 대하여 어떠한 해결을 받아야 할지에 대해 의사결정을 하지 않았거나, 의사결정을 할 수 없는 어떤 이유를 가진 소비자이며 이러한 소비자는 소비자상담의 효과적인 처리를 방해할 우려가 크다. 우유부단한 소비자에 대한 상담은 다음과 같은 전략이 필요하다. 첫째, 우유부단한 소비자가 업무의 신속한 처리를 방해할 수 있더라도 그들 또한 소비자임을 기억하고 인내하는 것이 필요하다. 둘째, 개방형 질문은 누가, 무엇을, 언제, 어디서, 왜, 어떻게 해야하는지를 결정하는 데 도움을 주는 질문이므로, 소비자가 무엇을 원하거나 기대하는지를 파악하는 데 큰 도움을 준다. 셋째, 상담사는 우유부단한 소비자의 정서 · 관심사 · 흥미를 알아내는 데 실마리가 되는 언어적 · 비언어적 메시지에 주의를 기울여 경청할 필요가 있다. 넷째, 선택할 사항들에 대한 제안을 통해 소비자불만 및 피해구제의 신속을 꾀할 수도 있다. 다섯째, 상담사가 직접 의사결정을 하지 말고 우유부단한 소비자의 의사결정을 기다리는 안내가 필요하다.

13

소비자조사를 위한 종단조사와 횡단조사의 의미와 각각의 장단점 1가지를 쓰시오.

① **종단조사** : 소비자문제 해결을 위한 자료를 여러 시점에서 수집하는 조사를 말한다. 시간을 두고 반복적으로 실시하기 때문에 변화상황을 파악할 수 있으며, 소비자의 반응 · 욕구 변화 · 가격변화 · 태도변화 등 변화나 시간에 따른 차이 등을 조사할 때 적합하다는 장점이 있으나, 여러 번 반복적으로 실시해야 되기 때문에 횡단조사보다 까다롭다는 단점이 있다.

② **횡단조사** : 소비자문제 해결을 위한 자료를 수일, 수개월, 혹은 수년 동안 단 한 번에 걸쳐 수집하는 조사로서 단발조사라고도 한다. 이는 한 시점에서 시장의 전반적인 상황을 파악할 수 있으며, 제품의 인지도 · 선호도 · 구매경험 등을 조사함으로써 시장구조(점유율, 소비자 등의 마케팅 상황) 분석에 적합하다는 장점이 있으나, 과거의 조사자료는 취득하기 어려우며, 변화상황은 파악할 수 없다는 단점이 있다.

14
기업 소비자상담실의 업무내용(기능) 5가지를 쓰시오. [5점]

오늘날 기업은 고객만족을 통한 이익의 창출에 최대 목표를 두고 소비자상담실의 기능을 강화하고 있다. 기업 소비자상담실의 주요 업무로는 ⅰ) 자사제품에 대한 각종 정보제공 및 상담, ⅱ) 소비자불만 및 피해구제, ⅲ) 소비자상담 자료의 정리, 분석 및 보고, ⅳ) 소비자만족도 조사, ⅴ) 사내외 소비자 교육, ⅵ) 소비자단체, 소비자정책 동향 파악과 대응책 마련 등이 있다.

15
인터넷상담의 장점 3가지를 쓰시오. [3점]

인터넷을 통한 소비자상담은 ⅰ) 상담 장소, 시간 등에 구애받지 않고 상담을 수시로 할 수 있는 편리함이 있고, ⅱ) 대면상담이나 문서상담 등에 비해 경제적이며 상담내용을 공개할 수 있어 유사한 내용의 반복상담을 줄일 수 있으며, ⅲ) 업무상 스트레스를 줄일 수 있으며 명확하고 효과적인 상담일 뿐 아니라 ⅳ) 정보제공 상담이나 구매 전 상담에 효과적이다.

16
구매활동과 관련된 소비자의 정보를 활용하는 방법인 RFM 공식에서 RFM의 의미를 각각 설명하시오. [6점]

RFM은 고객구매행동모델로서 고객의 등급을 계산하기 위한 모델이며, 이 중 R은 구매기간(최근 구매, Recency)을 말하고, F는 구매횟수(구매빈도, Frequency)를 말하며, M은 구매금액(Monetary)을 말한다. 이들 각각의 3가지 요소는 고객들의 가치를 판단하고, 이들에 대한 마케팅 효율을 높이며 앞으로 이들로부터 얻을 수 있는 수익을 극대화하도록 해주는 중요한 요소이다. 만일, 고객데이터를 처음 분석하려 한다면, 먼저 RFM 모델을 구축하는 것이 고객정보를 활용하는 최상의 방법이 될 것이다.

17 전자상거래 시 소비자 피해의 유형과 예방법을 각각 5가지 쓰시오. [10점]

전자상거래는 상품을 직접 눈으로 확인하지 않은 상태에서 사람과 사람이 직접 만나지 않고 거래가 이루어진다는 점에서 소비자 피해의 우려가 높으며, 온라인거래로부터 피해를 예방하려면 무엇보다 소비자의 주의가 필요하다. 전자상거래의 소비자피해 유형으로는 ⅰ) 표시·광고한 것과 다른 상품 또는 불량상품의 배송, ⅱ) 반품과 환불의 거절 및 회피, ⅲ) 거래했던 쇼핑몰의 웹사이트 폐쇄, ⅳ) 대금을 지급했으나 상품 미배달, ⅴ) 이용하지 않은 제품 및 서비스에 대한 대금청구 등이 있다. 전자상거래 피해예방을 위해서는 신뢰성 있는 전자상거래 업체를 통해서 거래를 하여야 하며, 거래를 하기 전에 홈페이지 하단에 사업자등록번호 및 통신판매업 신고가 되어있는지 확인을 해야 하고, 거래 시 결제의 보안상태나 결제한 후 영수증을 꼭 받아야 할 뿐 아니라 거래한 후 고객센터 전화번호를 확인하여 차후 문제발생 시 대처할 수 있도록 해야 한다. 또한 거래이용약관을 읽고 확인하여 게재조건을 명확히 인지하는 것이 필요하며, 전자상거래 피해 발생 시 전자상거래분쟁조정위원회, 사이버소비자센터 등을 이용해 피해에 대처해야 한다.

19 2006년 소비자전문상담사 2급 실기 기출복원문제

01

소비자의 바람직한 제품 사용을 위해 사용설명서를 제작하고자 한다. 고려해야 할 사항 다섯 가지를 쓰시오.

사용설명서는 제품 사용이나 기능과 관련된 사항, 주의사항 등을 소비자에게 알려줌으로써 소비자불만과 소비자피해를 사전에 예방해 주는 역할을 한다. 상품설명서는 다음 기준에 의해 제작하여야 한다.
① 소비자가 충분히 숙지할 수 있도록 자세하게 작성해야 한다.
② 주요 내용이 한눈에 파악되도록 간결하여야 한다.
③ 이해하기 쉽도록 지나치게 어려운 단어, 뜻이 불명확한 단어, 비문법적인 표현, 한문 투의 표현은 사용하지 말아야 한다.
④ 제품설명서의 문구는 눈에 잘 띄도록 크기나 색상이 적절해야 한다. 특히, 제품 위험이나 경고사항은 위험마크를 표시하거나 색상을 다르게 해 한눈에 들어오도록 한다.
⑤ 제품의 작동원리 등은 쉬우면서도 과학적인 용어로 설명한다.
⑥ 제품에 대한 진실되고 정확한 정보를 제공해야 한다.
⑦ 소비자가 알아야 할 중요한 정보는 누락하지 말고 꼭 포함시켜야 한다.

02

소비자가 한 의류매장에서 블라우스를 8만 원에 구입을 했다. 그러나 2일이 경과 후 교환을 하기 위해 매장에 방문했을 때는 20% 할인판매가 진행되고 있었다. 할인 전의 가격과 할인가격 중 어느 기준으로 교환이 가능한지 서술하고, 맞는 사이즈가 없어 환불을 받기 위한 조건과 환불금액을 적으시오.

품목별 소비자분쟁해결기준에 의하면, 의복류의 경우 치수(사이즈)가 맞지 않거나 디자인·색상에 불만이 있으면, 제품 구입 후 7일 이내 제품에 손상이 없는 경우에 한하여 교환 또는 환급하도록 하고 있다. 또한 일반 소비자분쟁해결기준에 의하면 교환은 같은 종류의 물품 등으로 하되, 같은 종류의 물품 등으로 교환하는 것이 불가능한 경우에는 같은 종류의 유사물품 등으로 교환한다. 다만, 같은 종류의 물품 등으로 교환하는 것이 불가능하고 소비자가 같은 종류의 유사물품 등으로 교환하는 것을 원하지 아니하는 경우에는 환급한다. 따라서 사례의 경우 같은 종류의 유사물품 등으로의 교환이 가능하다. 그리고 할인 판매된 물품 등을 교환하는 경우에는 그 정상가격과 할인가격의 차액에 관계없이 교환은 같은 종류의 물품 등으로 하되, 같은 종류의 물품 등으로 교환하는 것이 불가능한 경우에는 같은 종류의 유사물품 등으로 교환한다. 다만, 같은 종류의 물품 등으로 교환하는 것이 불가능하고 소비자가 같은 종류의 유사물품 등으로 교환하는 것을 원하지 아니하는 경우에는 환급한다. 환급금액은 거래 시 교부된 영수증 등에 적힌 물품 등의 가격을 기준으로 한다. 다만, 영수증 등에 적힌 가격에 대하여 다툼이 있는 경우에는 영수증 등에 적힌 금액과 다른 금액을 기준으로 하려는 자가 그 다른 금액이 실제거래가격임을 입증하여야 하며, 영수증이 없는 등의 사유로 실제거래가격을 입증할 수 없는 경우에는 그 지역에서 거래되는 통상적인 가격을 기준으로 한다.

결국 사례에 있어서 소비자가 맞는 사이즈가 없어 환불을 받기 위한 조건은 같은 종류의 물품 등으로 교환하는 것이 불가능하고 소비자가 같은 종류의 유사물품 등으로 교환하는 것을 원하지 않는 경우이어야 하며, 환불금액은 영수증에 적힌 물품의 가격, 즉 8만 원이다. 교환은 환급이 아니므로 할인 전 가격, 할인가격과 관계없이 같은 종류의 블라우스, 유사한 블라우스로 교환이 가능하다.

03 인터넷 매체를 통해 얻을 수 있는 디지털 소비자정보가 소비자 및 소비환경에 미치는 영향을 긍정적·부정적 두 측면에서 서술하시오.

디지털 소비자정보가 소비자 및 소비환경에 미치는 긍정적 영향으로는 ⅰ) 소비자가 사업자와 대등한 교섭력을 가질 수 있는 정보를 제공받음으로써 소비자와 사업자가 대등한 정보력을 갖게 되어 시장의 효율성을 달성할 수 있다. ⅱ) 시간과 공간을 초월하여 전국적인 판매망에 있어서의 상품정보와 가격정보를 접할 수 있으므로 소비자가 상품을 좀 더 저렴하게 접할 수 있다. ⅲ) 소비자가 인터넷 소비자정보를 비용없이 제공받을 수 있게 됨으로써 소비시장의 주도권이 소비자중심으로 재편된다. 부정적 영향으로는 ⅰ) 인터넷 소비자정보는 컴퓨터 장비와 인터넷서비스를 제공받을 수 있어야 획득할 수 있기 때문에 소비자의 지불능력과 이용능력에 따라 정보불평등구조가 형성될 가능성이 있다. ⅱ) 기업이 이익실현을 위해 소비자정보를 왜곡하거나 일정층의 소비자를 위한 정보제공에 편중된다면 사실상 정보왜곡 상태를 초래한다. ⅲ) 그 밖에 정보의 과부화, 정보격차, 정보결함, 프라이버시 및 개인정보침해, 정보범죄, 정보재산 보호미흡, 비용의 문제 등으로 나타난다.

04 소비자상담원에 대한 모니터링 데이터의 활용방법 5가지를 설명하시오.

모니터링 데이터는 다음과 같은 방법으로 유용하게 활용할 수 있다.

① **통화품질 측정** : 모니터링 통화품질을 측정하는 가장 효과적인 방법이며 생산성 측정과 마찬가지로 중요하다. 모니터링을 통해 친절성과 정확성 등 모든 고객서비스 행동을 포함하여 고객만족과 고객로열티 요소들을 광범위하게 평가할 수 있다.

② **개별적인 코칭과 Follow-up** : 모니터링 데이터를 활용하면 콜센터상담원 개개인의 특성에 맞는 개발계획을 마련하여 교육함으로써 전화상담기술 향상을 효과적으로 지원할 수 있다. 이때 유의할 점은 이러한 모니터링 내용의 피드백이 제때 정확하게 이루어지고 전화상담원의 행동을 변화시키는 데 코칭의 초점이 맞추어져야 한다는 것이다. 그리고 이러한 피드백은 지속적으로 이루어져야 한다.

③ **보상과 인정의 근거자료** : 모니터링이 6가지 기준(대표성, 객관성, 차별성, 신뢰성, 타당성, 유용성)에 따라 효과적으로 수행된다면 그 결과 데이터는 성과평가의 자료가 되며, 탁월한 성과를 보인 콜센터의 상담원에 대한 보상의 근거로 활용할 수 있다. 이러한 보상과 인정은 전화상담원들에게 확실한 동기를 부여할 뿐 아니라, 모니터링을 감시가 아닌 자신을 발전시키는 수단으로 인식할 수 있도록 해준다.

④ **교육요구(Needs) 파악** : 모니터링을 통해 드러난 평가자료를 근거로 전화상담원 개개인과 콜센터 전체의 교육요구를 명확히 알 수 있다. 이를 통해 개별적인 자기개발 요구에 맞춰 교육을 실시할 수 있다.

⑤ **인력 선발과정 수정** : 모니터링을 통해 드러난 개개인의 자질을 분석함으로써 선발과정에서의 문제점을 알 수 있다.

⑥ **업무과정 개선** : 모니터링 과정에서 고객의 다양한 소리(컴플레인, 클레임, 어려운 문제, 원하는 서비스 등)를 듣게 되며, 이 정보는 마케팅, 판매, 기술관련 부서에서 유용하게 활용될 뿐 아니라 업무과정 개선의 기회를 발견하게 해준다.

05

기업이 소비자에게 자사의 상품에 대해 정확한 정보를 제공해 줄 때 소비자 측면에서 있을 수 있는 이점에 대해서 설명하라.

첫째, 소비자는 구매 전 정보를 기업으로부터 손쉽게 입수하게 되므로 필요한 소비자정보를 찾아 활용하는 데 소요되는 시간적·금전적 비용과 노력을 줄일 수 있다는 이점이 있다. 둘째, 구매의사 결정 시 기업으로부터 제공되는 정보는 정확성이 내재되어 있다는 전제하에서 소비자가 효율적인 구매의사결정을 할 수 있도록 도와주는 이점이 있다. 셋째, 소비자는 기업으로부터 제공받은 소비자정보를 통해 구매의사결정 이후에도 사용 또는 사후 관리 시 소비자피해를 줄일 수 있다.

06

우유부단한 소비자에 대한 대응기술을 서술하시오.

우유부단한 소비자는 자신의 불만에 대하여 어떠한 해결을 받아야 할지에 대해 의사결정을 하지 않았거나 의사결정을 할 수 없는 소비자이며 이러한 소비자는 소비자상담의 효과적인 처리를 방해할 우려가 크다. 우유부단한 소비자에 대한 상담은 다음과 같은 전략이 필요하다. 첫째, 우유부단한 소비자가 업무의 신속한 처리를 방해할지라도 그들 또한 소비자임을 기억하고 인내하는 것이 필요하다. 둘째, 개방형 질문을 통해 소비자가 무엇을 원하거나 기대하는지를 파악하는 데 도움을 준다. 셋째, 상담사는 우유부단한 소비자의 정서·관심사·흥미를 알아내는 데 실마리가 되는 언어적·비언어적 메시지에 주의를 기울여 경청한다. 넷째, 선택할 사항들에 대한 제안을 통해 소비자불만 및 피해구제의 신속을 꾀할 수 있다. 다섯째, 상담사가 직접 의사결정을 하지 말고 우유부단한 소비자의 의사결정을 기다리는 인내가 필요하다.

07

A씨는 휴대용카세트를 구입하기 위해 대규모 집중상가에서 18만 원을 주고 구입하였다. 그러나 근처의 소형매장에서 15만 원에 동일한 제품이 판매되고 있는 것을 확인한 후 분노를 금할 수 없었다. 위 사례처럼 동일제품의 가격 차이로 인해 발생하는 소비자불만을 막기 위한 제도를 설명하고 아울러 소비자가 제품 구매 전 가격정보를 탐색하는 방안을 서술하시오.

동일제품의 가격 차이로 인한 소비자불만을 방지하기 위한 방법으로 가격표시제도가 있다. 이는 제조회사가 출하가격만을 표시하고, 그 후 가격을 비용과 이윤의 폭을 고려하여 유통업자가 가격을 결정하여 표시하는 방법을 말한다. 제조회사가 최종소비자 단계까지 관여하는 희망소매가격, 또는 권장소비자가격과는 완전히 다른 시스템이다. 가격정보의 탐색방안으로는 ⅰ) 직접 오프라인시장을 조사하거나 광고 등 상업정보를 통해 탐색하는 방법, ⅱ) 자신이나 다른 소비자의 구매경험이나 판단에 의해 탐색하는 방법, ⅲ) 사실에 근거하고 편견 없이 신뢰할 수 있는 소비자관련 기관 기타 정부보고서, 신문 등 매체에서 탐색하는 방법, ⅳ) 가격비교사이트를 통해 탐색하는 방법 등이 있다.

08

소비자단체의 주요업무에 대해 쓰시오.

소비자기본법 제28조는 소비자단체의 업무로 ⅰ) 국가 및 지방자치단체의 소비자의 권익과 관련된 시책에 대한 건의, ⅱ) 물품 등의 규격·품질·안전성·환경성에 관한 시험·검사 및 가격 등을 포함한 거래조건이나 거래방법에 관한 조사·분석, ⅲ) 소비자문제에 관한 조사·연구, ⅳ) 소비자의 교육, ⅴ) 소비자의 불만 및 피해를 처리하기 위한 상담·정보제공 및 당사자 사이의 합의의 권고를 명시하고 있으며, 소비자단체의 소비자전문상담사는 이 업무와 관련 있는 상담을 하게 된다.

09
소비자상담을 분류할 때의 기준 중 품목에 따른 분류 이외에 4가지 기준을 제시하시오.

소비자상담은 여러 가지 기준에 따라 분류할 수 있는데, 품목에 따른 분류 이외에도 첫째, 구매의 시기를 기준으로 구매 전·구매 시·구매 후 상담으로 분류할 수 있으며, 둘째, 상담주체에 따라 민간소비자단체·기업·정부기관상담으로 분류할 수 있고, 셋째, 상담의 매체에 따라서 방문·인터넷·문서 및 Fax·전화상담으로 분류할 수도 있다. 그 밖에 서비스관련·신용카드관련·약관관련·특수판매관련·전자상거래관련 상담 등으로 분류하기도 한다.

10
방문판매의 방법으로 재화 등을 구매한 경우 청약의 철회가 금지되는 경우 4가지를 설명하시오.

방문판매 등에 관한 법률 제8조 제2항에 의하면 소비자가 방문판매자 등의 의사와 다르게 청약철회 등을 할 수 없는 경우로 ⅰ) 소비자에게 책임이 있는 사유로 재화 등이 멸실되거나 훼손된 경우(다만, 재화 등의 내용을 확인하기 위하여 포장 등을 훼손한 경우는 제외), ⅱ) 소비자가 재화 등을 사용하거나 일부 소비하여 그 가치가 현저히 낮아진 경우, ⅲ) 시간이 지남으로써 다시 판매하기 어려울 정도로 재화 등의 가치가 현저히 낮아진 경우, ⅳ) 복제할 수 있는 재화 등의 포장을 훼손한 경우, ⅴ) 그 밖에 거래의 안전을 위하여 대통령령으로 정하는 경우로, 소비자의 주문에 의하여 개별적으로 생산되는 재화 등에 대한 것으로서 청약의 철회 및 계약의 해제를 인정하면 방문판매자에게 회복할 수 없는 중대한 피해가 예상되는 경우로서 사전에 해당 거래에 대하여 별도로 그 사실을 고지하고 소비자의 서면(전자문서를 포함) 동의를 받은 경우 등을 규정하고 있다. 다만, ⅱ), ⅲ), ⅳ)에 해당하는 경우라고 하더라도 청약철회 등을 할 수 없는 사실을 재화 등의 포장이나 그 밖에 소비자가 쉽게 알 수 있는 곳에 분명하게 표시하거나 시용(試用) 상품을 제공하는 등의 방법으로 청약철회 등의 권리행사가 방해받지 아니하도록 조치를 하지 아니한 경우에는 청약철회 등을 할 수 있다.